LAROUSSE
DEL
AJEDREZ

LAROUSSE
DEL
AJEDREZ

DESCUBRIR ♚ PROFUNDIZAR ♖ DOMINAR

LAROUSSE

ES UNA OBRA

LAROUSSE

Edición original
Dirección editorial: **Édith Ybert, Catherine Boulègue** y **Laurence Passerieux**.
Lectura y corrección: **Annick Valade**, *con la colaboración de* **Henri Goldszal** y **Françoise Moulard**. Dirección de arte: **Laurence Lebot**.
Diseño gráfico: **Susan Jones**. Maquetación: **Incidences**. Iconografía: **Nathalie Bocher-Lenoir**.
Investigación iconográfica: **Viviane Seroussi**.

Edición en lengua española
Coordinación editorial: **Rosa Fragua Corbacho**. Traducción: **Paulino Rodríguez Blimenes**.
Revisión y adaptación: **Abel Segura Fontarnau**, *profesor de ajedrez*.

© MCMXCVIII, LAROUSSE-BORDAS
Título original: *Larousse du Jeu d'Échecs*

© 2000, LAROUSSE EDITORIAL, S.A. para la versión española

LAROUSSE EDITORIAL, S.A.
Avda. Diagonal 407 bis, 10ª, 08008 Barcelona
Tel.: 93 292 26 66 Fax: 93 292 21 62
editorial@larousse.es / www.larousse.es

ISBN 84-8016-329-1
Depósito legal: B. 204-2000
Impresión: Industria Gráfica Domingo, S.A.
Impreso en España - Printed in Spain

¿Qué representa el ajedrez para quien lo practica asiduamente? Ante esta pregunta, muy habitual, los jugadores de ajedrez dan respuestas tan variadas como sus diferentes niveles. A menudo he comprobado que cuanto más fuerte es el jugador interrogado, cuanto mayor es su dedicación al estudio del juego, más difícil le resulta responder a una pregunta en apariencia tan simple.

Por mi parte, como jugador de competición, al inquisidor curioso e impaciente le diría que se trata de un juego en el fondo y de un deporte en la forma. Si dispone de más tiempo, le hablaría de la rigurosa preparación previa a la partida, de la intensa concentración necesaria para calcular con precisión las variantes, del profundo goce estético cuando se descubre una combinación, del absoluto dominio de uno mismo en el momento crítico en que la partida se decanta, de la paciencia imprescindible para desmontar una a una las últimas defensas del adversario. Y si fuera mi confidente, le hablaría también de la angustia de la lucha, de esas terribles derrotas que son como pequeñas muertes momentáneas. Le diría, en fin, y esto es lo más importante, que, además de por su complejidad, el ajedrez fascina por su lógica intrínseca o, mejor aún, por ese equilibrio casi divino que el gran jugador pone de manifiesto gracias a su intuición y a su imaginación, y que el ordenador consigue alcanzar en ocasiones gracias a cálculos de una precisión prodigiosa.

Ésta sería, más o menos, la explicación de un jugador de competición, aunque no cabe duda que la de un Marcel Duchamp, un Albert Einstein o un Vladimir Nabokov, todos grandes apasionados del noble juego, hubiese sido diferente y, por supuesto, más fascinante, especialmente en el caso del último.

Sin embargo, ningún artista, ningún sabio, ningún escritor puede enseñarles tanto sobre el ajedrez como la obra que tienen en sus manos, la más completa y más erudita de las publicadas hasta ahora.

El *Larousse del ajedrez* les permitirá descubrir la larga y agitada historia de los grandes campeones, desde los más antiguos hasta las nuevas promesas, y también el privilegiado lugar que ocupa el ajedrez en la cultura de las grandes civilizaciones occidentales y orientales. En él encontrarán la explicación detallada de todas las formas de competición y de composición sobre el tablero, además de la enseñanza del juego en sí, propiciada por un manual de iniciación y de perfeccionamiento extraordinariamente claro y rico en ejercicios pedagógicos.

Si ya son unos aficionados al juego, el *Larousse del ajedrez* les mostrará la manera de mejorar el nivel o de derrotar (¡por fin!) a su ordenador. Y si son principiantes, su detenida lectura les permitirá abordar con plena confianza las primeras partidas en el club o a través de Internet.

Para acabar, deseo citar al gran maestro de ajedrez Xavier Tartacower, que ha formulado la más bella definición del jugador: «Quien asume riesgos puede perder; pero quien no los asume, pierde siempre.»

Les deseo una buena lectura.

JOËL LAUTIER

*Obra realizada
en colaboración con la Federación francesa de ajedrez
bajo la dirección de* Marc Gatine
con la participación de:

PHILIPPE BARROT
CHRISTIAN BERNARD
RICHARD BERUBÉ
MARC BILS
DOMINIQUE DIGEON
JACKY DUBOIS
HÉLÈNE FATOU

AURÉLIEN FERENCZI
SÉBASTIEN GARNIER
NICOLAS GIFFARD
JEAN-CLAUDE LOUBATIÈRE
BERNARD LUCAS
FRANCIS MEINSOHN
GILLES MIRALLES

JOËLLE MOURGUES
GILLES NÉRON DE SURGY
ALAIN NOBLE
MICHEL PIGUET
CHARLES QUACH
CHARLES-HENRI ROUAH
MARC SCHAERER

Prefacio: JOËL LAUTIER

Agradecimientos

*El editor expresa su agradecimiento a las personas y organismos
que le han prestado su ayuda para la realización de esta obra:*

*Agnès Basaille-Gahitte, Olivia Boulay, Youna Brésolin, Sophie Compagne,
Josette Courtois, Sylvie Daumal, Cécile Edrei, Lucile Gaudin, Claude Geiger,
Patrick Gonneau, Astrid de Laage de Meux, Marie-Claire Lévy,
Jean-Pierre Mercier, Stéphanie Nicolas, Caroline Regnaut-Labord, Marie Vilarem;
las Federaciones de ajedrez belga, quebequesa y suiza; la galería «13, rue Jacob», de París;
las librerías y almacenes «Le Damier de l'Opéra», «Pixi et Cie» y «Variantes», de París.*

Sumario

La historia del ajedrez

«En el ajedrez, la victoria supone una satisfacción para el amor propio; pero la derrota no comporta deshonor.»

Benjamin Franklin

La historia del ajedrez

Más que la idea brillante de un genio, el ajedrez debe considerarse una creación de toda la humanidad. El equilibrio del juego moderno apareció cuando el segundo milenio daba sus primeros pasos, pero la alquimia que permite agrupar de forma armoniosa sus seis «criaturas» –esas figuras fruto del ingenio humano– sobre un tablero formado por treinta y dos casillas blancas y otras tantas negras es el resultado de innumerables viajes por las civilizaciones de la Antigüedad.

Resulta del todo imposible reconstruir con precisión la historia de los intercambios que condujeron a la creación del juego moderno. Pero se pueden esbozar sus perfiles, gracias a documentos y objetos diversos: manuscritos iraníes, árabes o españoles de la Edad Media, piezas o tableros de hueso, marfil, ébano, barbas de ballena, cuero o metales preciosos, encontrados desde los confines del Extremo Oriente hasta la Europa más occidental, y que tienen, en algunos casos, diez siglos de antigüedad. Tanto el tablero chino, con los ejércitos separados por un río y piezas que simbolizan animales venerados por los pueblos de Corea y Japón, como el elefante de marfil de Irak o el caballo de cristal de Barcelona son testimonios de una expansión casi universal. Y en todas partes han prevalecido, finalmente, las mismas reglas del juego.

Hace ya varios siglos que, de Bangkok a Otawa, de Johannesburgo a Moscú, pasando por París, todo el planeta juega con las mismas reglas y elabora estrategias que permiten dominar mejor los mecanismos del juego. Una vez completada esta mundialización, se pusieron en marcha sistemas de comparación entre los adeptos al ajedrez.

Las competiciones, que comenzaron con encuentros improvisados en lugares públicos, o con desafíos informales entre practicantes de cierta fama, fueron rápidamente a más y se convirtieron en auténticos torneos que reproducen el modelo deportivo. En ellos, la igualdad de oportunidades, garantizada por un árbitro, preside el acontecimiento.

Pero la fascinación que suscita el ajedrez tanto entre sus practicantes como entre el gran público –por razones diferentes en uno y otro caso– ha provocado que haya nuevas cuestiones implicadas en estas competiciones internacionales. La aspiración al éxito y los debates intelectuales que generan la búsqueda de la verdad sobre el juego no han sido los únicos motivos que han exacerbado las tensiones. El dinero y la política también tienen mucho que ver. Así, el combate ha rebasado con frecuencia los límites del tablero y ha sacado a la luz las fuertes personalidades de los trece campeones del mundo que la historia del ajedrez registra de forma oficial.

Los tiempos antiguos

El ajedrez nació fruto de la combinación
entre la chaturanga*, juego indio de azar y guerra,*
y la petteia*, juego griego de lógica y estrategia.*

Pocos juegos han hecho correr tanta tinta, generado tantas leyendas o suscitado tanta curiosidad y pasión como el ajedrez. Su misma dispersión mundial, facilitada por el gran interés que genera, hace que el ajedrez se acomode a la cultura, el pensamiento y el lenguaje de los pueblos que lo adoptan.

Pese a que fue privativo de una elite durante largo tiempo, el ajedrez ha conseguido entusiasmar también a las multitudes. Criticado, cuando no censurado, por las autoridades religiosas, ha inspirado a poetas y escritores, ha sido musa de artistas y orfebres, combate el aburrimiento, cura la neurastenia, provoca la exasperación e impulsa al crimen. Y sin embargo, no es más que un juego, ¡pero un juego que fascina a los hombres desde hace siglos!

Los orígenes

A pesar de que resulta difícil fechar con precisión la remota aparición del ajedrez, todas las hipótesis coinciden en situar su origen geográfico en la India, muy probablemente en Cachemira.

La leyenda india

Para el gran poeta persa Firdusi, el origen indio del ajedrez no ofrece duda alguna. En su *Libro de los reyes* (finales del siglo X), se hace eco de una antiquísima leyenda india. Según ella, el juego se inventó a raíz de la polémica planteada tras una sangrienta guerra de sucesión entre dos hermanos. Entonces, un

consejo de sabios decidió reproducir la batalla en la que sucumbió uno de los pretendientes. Un enlosado de teca y marfil representaba el teatro de operaciones; sobre él, los sabios enfrentaron una serie de estatuillas que comprendía 2 filas de infantes y, tras ellas, dispuestos en forma simétrica a uno y otro lado del rey y de su general en jefe, 2 elefantes, 2 carros y 2 caballos con sus respectivos caballeros. Los sabios atribuyeron a cada una de estas fuerzas el papel que les había correspondido en la batalla, y lo simbolizaron mediante desplazamientos sobre las casillas. Tales desplazamientos prefiguran los de las piezas del ajedrez: el general en jefe no se aleja de su rey más de una casilla; el elefante avanza cada vez 3 casillas, franqueando los obstáculos para observar el campo de batalla en su conjunto, mientras que el carro lo atraviesa rápidamente; el caballo o caballero se desplaza 3 casillas en diagonal, y a él le corresponde el efecto sorpresa y la contraofensiva. En primera fila, cada infante avanza en línea recta con pasos lentos, golpeando a derecha e izquierda.

Para corroborar su demostración, Firdusi recuerda la composición del ejército comandado por el rey indio Paurava en el año 326 a.C. Éste intentó oponerse en vano a las ansias de conquista de Alejandro Magno y le presentó batalla a orillas del Hidaspo, con 3 000 infantes, 4 000 caballeros, 200 elefantes y 300 carros. Tal ejército se designa con el muy antiguo término indio de *chaturanga* (de *chatur*, «cuatro», y *anga*, «miembros»), que alude a los cuatro cuerpos que lo integraban: infantería, caballería, elefantes y carros. Pero qué importa que se trate de una leyenda o de una evocación de hechos verídicos. Lo sustancial es que el ajedrez se ha instalado en la memoria humana como un juego de guerra y estrategia.

Los antecesores del juego

Desde siempre, los hombres han jugado a juegos de mesa, consistentes, en su mayoría, en una persecución del adversario que progresa mediante tiradas de dados. Es el caso del *senet*, que utiliza 30 casillas y que ya se jugaba en Egipto tres mil años antes de nuestra era, o del *juego de las 20 casillas*, practicado en Oriente Próximo en la misma época. Junto a estos juegos, en los que la suerte es decisiva para la marcha de las piezas, los griegos se dedicaban en la Antigüedad a un pasatiempo muy diferente, la *petteia*.

La petteia. Este juego de mesa de la Grecia clásica no se basa en el azar, sino en la reflexión y la estrategia. En vez de utilizar los dados para que los peones progresen sobre el tablero, los jugadores modifican una y otra vez su táctica, en función de la que adopte el adversario, para conseguir dicho objetivo. Una pintura sobre ánfora (realizada a principios del siglo VI a.C.) representa a Aquiles y Áyax disputando una partida de *petteia*. Es probable que en esa época ya se jugase en la India a la *chaturanga*, un juego en el que interviene la táctica, pero con apoyo de los dados, lo que implica un importante margen de azar.

La chaturanga. Este juego se practicó en el norte de la India, sin duda, mucho antes del siglo VII de nuestra era, época en que su existencia está comprobada. Las piezas que utiliza corresponden a los 4 cuerpos del ejército: infantes, caballeros, elefantes y carros. El desarrollo del juego, copia de la estrategia bélica del ejército indio, consiste en matar al rey enemigo, o bien en derrotar a su ejército para conseguir la victoria. La partida se disputa sobre un tablero rojo y verde con 64 casillas; en él, 4 jugadores libran batalla progresando con la ayuda de los dados. El componente de azar que implica la utilización de éstos confiere un considerable atractivo a la *chaturanga*, pues permite que participen jugadores con niveles muy desiguales.

El encuentro entre los dos juegos. El ajedrez habría nacido como una combinación de la *chaturanga*, juego de azar y guerra, y la *petteia*, juego de lógica y estrategia. La invasión de la India por Alejandro, en el siglo IV a.C., posiblemente favoreció la influencia del segundo sobre el primero y la fusión de ambos juegos. Poco a poco, de la *chaturanga* desapareció el uso del dado y, con él, la noción de azar. La reflexión reemplazó al imprevisible golpe de suerte, y los competidores mediocres quedaron marginados. Los participantes pasaron a agruparse por parejas, pues el juego se desarrollaba entre dos. En su nueva acepción, el término *chaturanga* pasó a designar un juego de ajedrez que se encaminaba hacia su forma moderna.

Las rutas comerciales y las invasiones propiciaron que este juego se expandiese desde la India a Oriente y Occidente.

La expansión del juego en Oriente

Entre los diversos países del mundo oriental siempre hubo un activo comercio. Por las rutas de la sal, de las especias y de la seda circulaban de manera regular caravanas de negociantes al acecho de cualquier novedad susceptible de despertar interés y generar benefi-

13

cios. Indirectamente, estos comerciantes favorecieron también la penetración de religiones y culturas de unos países en otros. En todos esos intercambios, China representó una etapa esencial hacia Extremo Oriente.

China

Muy pronto, entre el noroeste de la India y el norte de China se abrió una ruta comercial que atravesaba Cachemira, el paso del Karakorum y Turquestán. Así entraron en China el budismo y muchos otros elementos de la cultura india. Se conservan documentos chinos que mencionan la introducción del juego del chaquete a partir del siglo III. Aunque es muy difícil reconstruir con exactitud el camino seguido por el ajedrez, parece verosímil imaginar que se trata de esta misma vía. Un argumento suplementario en favor del paso directo de la India a China lo proporcionan las semejanzas entre las primeras piezas de ambos países (carro, caballo, elefante y consejero). Sin embargo, algunos historiadores creen que el juego del ajedrez habría pasado por Irán antes de entrar en China.

Irán

En el *Libro de los reyes* antes citado, Firdusi se basa en textos anteriores para evocar la introducción del juego en Irán: en el siglo VI, el soberano indio Bevisara encargó a su embajador que ofreciera como presente al rey de Persia (Irán), Chosroes I (531-579), un precioso juego de *chaturanga* confeccionado con esmeraldas y rubíes. El embajador planteó a Chosroes el reto de desentrañar la clave del juego. Todos los sabios del reino buscaron en vano la solución, hasta que uno de ellos no sólo explicó el sentido del juego y razonó su interpretación bélica, sino que además ganó la partida que disputaba con el embajador indio. Pronunciado en iraní, el nombre del juego se convirtió en *chatrang* o *ciatrang*, y los iraníes se revelaron muy pronto como excelentes jugadores. Desde Asia, el juego llegó a las regiones occidentales por vías muy diversas.

El mundo musulmán

Es el tiempo en que, obedientes al mandato de Mahoma (622), y después de haber sometido a la Arabia propiamente dicha, los árabes parten a la conquista de Oriente. La primera oleada los lleva a Siria (634), Mesopotamia o Irak (*c.* 636), Irán (638) y Egipto (*c.* 642). Luego se extenderían por el norte de África (*c.* 700/705). Durante la conquista de Irán, dirigida por el califa Omar, los árabes, muy dotados para la abstracción y brillantes matemáticos, se apropiarían del *ciatrang*, que ellos pronunciaban *chatrandj*, y pronto demostrarían una sorprendente habilidad en su práctica.

Un siglo y medio más tarde, bajo el reinado del califa abásida Harun al-Rasid (766-809), Bagdad pasa a ejercer una considerable influencia. La corte del califa es un ejemplo para otros soberanos con los que aquél mantiene relaciones y a los que colma de regalos. El califa considera el tablero y sus piezas como objetos de gran valor, dignos de ser ofrecidos a quienes desea honrar, pues están confeccionados con materiales raros y adornados con piedras preciosas. Objeto de lujo para unos, el ajedrez pasa a convertirse en materia de estudio para otros. Los grandes jugadores desean comunicar su pasión y sus conocimientos del ajedrez.

Los escritos árabes. A partir del siglo VII, se encuentran descripciones del juego en obras árabes e iraníes. En efecto, el ajedrez suscita una abundante literatura que se difunde por los países bajo dominio musulmán. Resulta imposible citar aquí todos los escritos de la época que lo mencionan. Baste destacar el *Libro del ajedrez*, de Al-Adli (842), y el primer tratado de ajedrez digno de tal nombre (*c.* 890), obra de Abul-Abbas, médico de Bagdad. En cuanto a As-Suli, que explica los movimientos de las piezas tal como los practicaban sus contemporáneos, su manuscrito (siglo X) será referencia obligada durante seiscientos años.

En el *Libro del ajedrez* de Al-Masudi (934) aparece la célebre leyenda que atribuye la paternidad del juego al sabio Sissa ben Dahir. He aquí su esencia: deseoso de distraer a su soberano, aquejado de profundo aburrimiento, el sabio Sissa concibió el juego del ajedrez. Absorto en este sutil ejercicio, el rey se curó de su melancolía y, ansioso por recompensar a Sissa, le prometió concederle cuanto pidiera. «Trigo», respondió el sabio. «¿Cuánto?», le preguntó el rey, felizmente sorprendido por la modesta respuesta. «Me conformo –le contestó Sissa– con un grano de trigo en la primera casilla, 2 en la segunda, 4 en la tercera, 8 en la cuarta, y así en las siguientes, doblando el número de granos en cada casilla, hasta la última.» El rey jamás pudo cumplir su palabra: hubiera tenido que depositar 18.446.744.073.709.551.615 granos sobre el tablero, ¡lo que exigiría sembrar de trigo todas las tierras del planeta durante setenta y seis años!

Esta leyenda ilustra perfectamente la progresión geométrica de los números, y subraya al mismo tiempo las virtudes terapéuticas del juego. Las mismas virtudes, y otras añadidas, que celebraron los poetas, como el califa de Bagdad, que en 1038 escribió:

¡Oh tú!, que censuras con cinismo
Nuestro juego favorito y de él te burlas,
Sepas que es pura y sutil ciencia.
Él disipa la aflicción extrema.
Reconforta al enamorado inquieto,
Y aparta al bebedor de los excesos.
Si acecha o amenaza el riesgo,
Aconseja en su arte al guerrero.
Él nos presta compañía
Cuando nos domina el tedio.

15

El Juego Antiguo

La denominación castellana de *ajedrez* viene del árabe *al-sitrany*, pero las otras lenguas románicas utilizan nombres derivados de la raíz latina *scacum* (proveniente a su vez de la voz iraní *shah*, sustitutiva de la india *rajah*), que dará *scacco* en italiano. Así nacieron el *escac* catalán (registrado en Barcelona en 1058), el *escaque* castellano (luego desplazado por la palabra ajedrez), el *esches* anglo-francés, el *eschac* provenzal (1100) y el *eschec* francés. Las raíces árabes se conservan también en el grito victorioso que se lanza cuando se da mate al rey contrario: *al-shah-mat* («el rey está muerto»), cuya pronunciación («al scacmat») se ha alterado hasta convertirse en jaque mate.

Las reglas aplicadas por los contemporáneos de As-Suli (siglo X) se refieren al Juego Antiguo, por oposición al Juego Nuevo, que se impondrá hacia finales del siglo XV: el *shah* (antiguo rajá y futuro rey) se desplaza una sola casilla cada vez y en todas las direcciones (como hoy). El *fiz* o *visir* (antiguo general al que reemplazará la dama, con renovados poderes) se desplaza en diagonal una casilla cada vez. El *rokh* (futura torre), la pieza más poderosa, avanza en línea recta en todos los sentidos. El *fil* (antiguo elefante y futuro alfil) se desplaza en diagonal y puede saltar por encima de cualquier otra pieza. El *faras* (caballo) puede saltar sobre todos los obstáculos (como hoy). El *baidaq* (peón) avanza sólo en línea recta y captura en diagonal (como nuestro peón actual), pero no avanza 2 casillas en el primer movimiento, no «captura al paso» y no puede ser promocionado.

Virtuosos maestros en el arte del ajedrez, los conquistadores árabes siempre incluyen el tablero en su equipaje. Así, se convierten en uno de los instrumentos para la difusión del juego por el mundo occidental.

La expansión por la Europa medieval

Los sarracenos –así llamaban los cristianos de la época a los árabes– se despliegan por el norte de África e invaden luego el sur de Europa. Pronto dominan España, Portugal y el sur de Francia. Llegan incluso hasta Poitiers, donde Carlos Martel frena su avance en el año 732. Llevan consigo su religión, el islam, su floreciente cultura, sus poetas, sus astrónomos, sus matemáticos y sus jugadores de ajedrez.

En Europa meridional

Antes de que los primeros cruzados favorezcan a su regreso a Europa la expansión del juego, que han aprendido de los turcos, los árabes de España ya incluyen el ajedrez entre las materias que enseñan en sus universidades.

En España. Influidos por los maestros árabes, los cristianos y los judíos se interesan por este entretenimiento, nuevo para ellos. Los textos más antiguos que se conservan son el testamento de Ermengol I –conde de Urgel, muerto en combate contra los árabes en Córdoba el 1 de septiembre de 1010–, que lega sus «piezas (de ajedrez) al convento de Saint-Gilles», y el de Ermesinda, condesa de Barcelona y cuña-

da del anterior, que en 1058 cede sus piezas de cristal al mismo convento de Niza.

En el momento de la reconquista de la península Ibérica por los cristianos, los judíos de España desempeñan un importante papel cultural y, gracias a su capacidad para hablar y escribir varias lenguas, son el lazo de unión entre el mundo cristiano y el musulmán. También contribuyen a la difusión del ajedrez, un juego al que se entregan con entusiasmo tanto hombres como mujeres, ambos muy aficionados a los juegos de mesa. El ajedrez es incluso el único juego permitido durante el *sabbat*, siempre que no medien apuestas. En los períodos turbulentos, cuando los rabinos prohíben todos los juegos, el ajedrez es el único que se salva.

Apenas quedan manuscritos de esa época. Un poema hebreo, atribuido al rabino español Abraham ben Ezra (1088-*c*. 1167), y traducido e impreso en latín tres siglos después, describe el movimiento de las piezas. A principios del siglo XII, Petro Alfonsi, judío converso y médico en la corte de Alfonso VI de Castilla, publica la *Disciplina clericalis*. La lista de las siete «disciplinas de la caballería» que en ella presenta incluye el ajedrez.

En Francia y Alemania. Como el latín es la lengua hablada en toda la Europa cristiana y las gentes viajan, las ideas se propagan, las modas se difunden y el ajedrez se beneficia de estos intercambios. En la corte del rey francés Roberto el Piadoso (970-1031), es un juego muy apreciado. Un pasaje del *Ruodlieb*, poema escrito en 1030 por un monje de la alta Baviera, refleja el interés que el mismo rey siente por él: éste invita a jugar al ajedrez al embajador de Enrique II, emperador del Sacro imperio romano germánico, que teme disgustarle si lo gana. Pero el rey lo tranquiliza: «Has de saber –le dice rien-

Alfil (elefante). Juego iraquí, marfil, siglo X. (Museo nacional del Bargello, Florencia.)

do– que quiero jugar contigo para aprender los movimientos que hagas y que yo aún no conozca.» Esta curiosidad no es exclusiva de los nobles. Las piezas de ajedrez de mediados del siglo XI encontradas en la región de Grenoble, hechas con madera de avellano y de aliso, parecen haber pertenecido a campesinos-soldados que las habrían fabricado con sus propias manos.

En Italia. La península tampoco escapa al contagio. El documento italiano más antiguo que menciona el ajedrez es una carta, fechada a finales de 1061, que el cardenal Damiani dirige al papa Alejandro II y al futuro Gregorio VII. No describe el juego como una novedad, sino como una distracción popular, a la que los miembros del clero no desdeñan entregarse.

En Europa septentrional

Gracias a los intercambios comerciales y culturales entre Oriente y la Europa septentrional, el ajedrez se extiende por los países nórdicos. Seguramente, fueron los mercaderes rusos y escandinavos que comerciaban con Bagdad desde el año 900 los que introdujeron el ajedrez en Rusia y en los países vecinos. El juego se habría difundido después por Polonia, la antigua Prusia y los países escandinavos. Desde allí, los negociantes escandinavos (los vikingos) lo llevarían a las islas Británicas y a Islandia. Esto es lo que parecen indicar las piezas de ajedrez más antiguas que se han encontrado en el norte de Europa, tales como las piezas de madera blanda conservadas en Ströbeck (antigua Prusia), que datan de 1011, y otras de finales del siglo XI o principios del siglo XII descubiertas en Polonia. En cuanto a las piezas del siglo X encontradas en Dorset (Inglaterra), están talladas en hueso de ballena, lo que parece indicar una fabricación escandinava. Asimismo, el conjunto de piezas del siglo XII hechas con marfil de morsa que se han encontrado en la isla Lewis (Hébridas), a lo largo de la costa oeste de Escocia, confirma esta hipótesis. La abundancia de piezas ha permitido reconstruir un juego completo (el más antiguo de los conocidos hasta el presente), e indica que en aquella época ya había una clientela nada despreciable para esa mercancía.

Las sagas islandesas sobre los reyes de Noruega ofrecen menor fiabilidad para poner fecha a la aparición del juego en los países nórdicos, pues pertenecen a la tradición oral y sólo se transcribieron en época tardía. Sin embargo, atestiguan la presencia del juego entre los escandinavos.

La más célebre de esas sagas es *Heimskringla*, que data de 1230 y recoge las gestas del rey Knut I el Grande (995-1035). Entre ellas, incluye el relato detallado de una partida de ajedrez con final trágico: en el año 1027, Knut I recibe al *jarl* (conde) Ulf, llegado para prestar juramento de fidelidad tras una rebelión. ¿Qué mejor prueba de sus buenas intenciones podría darle el soberano, sino invitar a su vasallo a jugar al ajedrez? Pero ¡ay!, en un momento del juego, el rey hace un mal movimiento con su caballo y Ulf lo captura. Knut le pide que lo devuelva al tablero y le propone que avance otra pieza o que se anulen los movimientos. Ulf se niega y llegan a las manos. Knut, loco de furia, persigue al conde hasta el coro de una iglesia, donde lo mata.

La práctica del juego entre los siglos
XII y XV

Desde el siglo XII, poemas épicos, sagas y canciones de gesta se propagan de

17

norte a sur por la Europa feudal. Sus autores ensalzan las cualidades bélicas de los nobles caballeros. Sorprende constatar el entusiasmo de los señores por un juego como el ajedrez, que exige concentración, rigor mental y capacidad de cálculo, mientras que su educación tiende a desarrollar cualidades muy diferentes, como la fuerza, el aguante y el valor, cuando no la brutalidad y la insensibilidad.

Las costumbres feudales

Cuando no se dedican a guerrear, los señores viven retirados y ociosos en sus castillos, rodeados de criados que se ocupan de las tareas cotidianas y los liberan de gran parte de sus obligaciones. Su pasatiempo favorito, la caza, no es más que una distracción. Las largas veladas de invierno son interminables, y se comprende el placer con que los señores acogen a menestrales, juglares de paso o poetas ambulantes. Entre esos troveros o trovadores, no hay ni uno digno de tal nombre que no sea jugador de ajedrez. Agentes privilegiados de la propagación del juego por las cortes feudales, en ellas encuentran una asistencia ávida de dedicarse a una ocupación más intelectual que los juegos de dados al uso, como el chaquete.

Poco a poco, las costumbres evolucionan: es la época de la novela cortés, de los torneos, de una vida social en la que las mujeres tienen un papel cada vez más preponderante. Muchas de ellas practican el ajedrez. Excepto en Alemania, donde el juego sigue siendo patrimonio exclusivo de los nobles durante un tiempo, el entorno del señor y la dama se pone también a jugar, y lo mismo los caballeros de fortuna, los mercenarios y, luego, los burgueses de las ciudades y, en algunas regiones, la gente del campo, como esos campesinos del Ariège que, según uno de ellos (1294), se reu-

nían con regularidad en casa de un tal Pierre Michel para jugar a los dados y al ajedrez.

Relatos de pendencias

Sin embargo, el juego no está exento de peligro, e incluso puede convertirse en arma o en argumento defensivo. ¡El jugador de ajedrez, que suele aguantar el tablero sobre las rodillas, puede imaginarse lo fácil que es lanzar el tablero a la cabeza de su adversario en un momento de tensión y exasperación! El poeta inglés Alexander Neckam (c. 1190) refiere que «Reginald, hijo de Eymund, cuando jugaba al ajedrez con un noble caballero en el palacio de Carlos el Grande [Carlomagno], mató salvajemente a su adversario [golpeándolo] con una pieza del juego». Otros se retiran con una oreja ensangrentada (*Porgils Saga*, 1241) o con heridas y chichones: Fernando de Portugal, esposo de Juana de Flandes, tenía la detestable costumbre de dar puñetazos a su mujer cuando ésta le ganaba una partida. A comienzos del siglo XII, con motivo de una disputa por la posesión de Normandía, Enrique I, rey de Inglaterra, echa mano de un tablero para golpear a Luis VI el Gordo, rey de Francia, y por poco lo mata. Este mismo Luis el Gordo, cuando estuvo a punto de ser hecho prisionero por un arquero inglés en la batalla de Brémule (Brenneville), se puso a gritar, mientras le abría la cabeza con un golpe de espada: «¡El rey no se captura!», una alusión cuyo sentido exacto se le escapó al inglés para siempre.

Los tratados de ajedrez

La sorprendente rapidez con que se propaga el juego desde Italia hasta Islandia y desde Portugal hasta el Báltico demuestra el interés de los

«Ajedrez». Miniatura extraída del «Guiron de Courtois», de Rusticien de Pise, 1370-1380. (BNF, París.) ▶

nez uos dire noue
ldoist un chr il est
ndes uos gele ue
t il. Car ge li apoit
n gres. dont ge vie
z por dieu sue fai
qe uos me faites

tenant le valet. ⁊
lu a cui uos estes
dourai qe dusqe
la chambre ou

op die? En tor na me nens
a toute uoies gaaignet sor le roi
puis qe li roi feramont se fu poin
fuit. Blyo. est donc pou li roi de Ga
oil. Bien le deuom tenir. A pou pu
ne poin sauoir ou il est. il sen pri
si soudainemant qe nuls ne set. ou
ne puis ne peustnes aprndre de lui
nouelles. ne pl qe sil fust entres en
et por ce diet cil de gaules tout pl
qe li rois feramont estoit pdue. T
remant co il fu en la gerre. et il nolen

contemporáneos por el ajedrez. Pronto aparecen numerosos manuales y tratados. Los manuscritos en latín que se conocen son, sin duda, traducciones del árabe, con añadidos incorporados por los jugadores cristianos. El admirable códice de Alfonso X El Sabio (1283) –una obra ricamente iluminada e ilustrada con diez miniaturas «a toda página», que se conserva en el monasterio de San Lorenzo de El Escorial– dedica una tercera parte del volumen a diferentes juegos de mesa, y el resto al ajedrez. Incluye las descripciones de 103 partidas, acompañadas con diagramas explicativos. A la literatura lombarda de la Edad Media pertenecen dos manuscritos latinos sin título –conocidos después por los seudónimos de sus compiladores, *Bonus Socius* y *Civis Bononiae*–, que fueron objeto de nu-merosas copias y traducciones desde su aparición. Tal como hacen las más usuales enciclopedias de los juegos, ellos también presentan diagramas de ajedrez.

Entre el siglo XII y el XV, los jugadores lombardos alcanzan una excepcional reputación. Los mejores campeones de la época van a su encuentro, y ellos también se desplazan. Así, se plantea la necesidad de llegar a un acuerdo que permita a los jugadores de muy diferentes países disputar partidas que se rijan por reglas comunes. Los italianos son los primeros que adoptan un punto de vista científico en esta reflexión. Una de las principales cuestiones planteadas es la promoción del peón. La decisión del universitario lombardo Cynus de Pistoia (1310), según la cual el peón promocionado sigue siendo peón, pero funciona como dama, será después la referencia obligada. Pero las reglas siguen siendo oscuras, y los métodos del juego no progresan. Incluso en el caso de los maestros árabes de España, los más hábiles jugadores de la Edad Media occidental, habrá que

esperar hasta finales del siglo XV para que se abra camino el análisis de las aperturas.

Juego moral o inmoral

La lentitud con que progresa el juego provoca una auténtica marcha atrás: algunos jugadores impacientes utilizan los dados para determinar qué pieza toca mover. Este elemento de azar, y la costumbre, tanto entre los jugadores como en su entorno, de apostar grandes sumas de dinero, desata las pasiones. La Iglesia interviene: en 1208, los obispos Guy y Eudes de Sully condenan el juego, que es objeto de anatema en el concilio de París de 1212. San Luis confirma esta sentencia en 1254, y, en 1291, el arzobispo de Canterbury se lamenta de una «grave perversidad» –el ajedrez, «vicio odioso que debe ser erradicado»– que aflige a una de sus comunidades religiosas.

Richard de Fournivall, canciller de Amiens (siglo XIII), pone las cosas en su sitio en el poema *Vetula* (la *Vieja*): «El ajedrez es un juego noble si se practica con moderación y sin ánimo de lucro. La utilización de los dados mancilla el juego, y el primero que los introdujo era sin duda incapaz de apreciar un juego que exige tiempo, o bien estaba dominado por el ansia de ganancias.»

Estos juicios sobre el juego y sus adeptos tienen puntos en común con un nuevo género literario de la época, las «moralidades». La simbología del ajedrez se utilizará en adelante más para elaborar un «sermón» que para explicar las reglas del juego, y dicho discurso se expresa bajo formas muy variadas. Entre los textos más significativos, el *Ajedrez amoroso* es una pálida y cargante imitación del *Romance de la Rosa*. Se ignora quién fue el autor de estos 30 000 versos, escritos a finales del siglo XIII, que narran la aventura de un jugador de ajedrez y una dama tan bella como hábil jugadora.

El tablero es un objeto precioso, realizado con ámbar y diamantes. Todas las piezas son representaciones simbólicas de diferentes cualidades humanas, al estilo de la novela cortés. La partida que se desarrolla es una alegoría de la progresión del sentimiento amoroso.

De forma claramente más moralizante, el dominico Jacques de Cessole, en *Liber de moribus hominum et officiis nobilium* (*Tratado de la vida social y los deberes de los nobles*, segunda mitad del siglo XIII), al tiempo que da algunas indicaciones sobre la evolución del ajedrez, transcribe diversos sermones en los que éste se utiliza como una representación de la sociedad. La obra alcanza una considerable difusión. Casi simultáneamente, aparecen dos traducciones en francés: el *Gieu des eschas moralisé* (*El ajedrez moralizado*, 1347), por Jehan Ferron, capellán de Bertrand de Tarascon, que lo dedica a su maestro, y el *Livre des eschecs moralisé en françois* (*El libro del ajedrez moralizado en francés*), por Jehan de Vignay,

fraile de la orden hospitalaria de Saint-Jacques du Haut-Pas. Este último texto será traducido al inglés en 1474 por William Caxton, con el título de *The Game and Pláye of the Chesse*, impreso poco más tarde en Brujas y reeditado en Londres hacia 1480.

El Museo Británico conserva un manuscrito anterior (*c.* 1250), atribuido al poeta galés John de Waleys. «El mundo es como un tablero cuadriculado en blanco y negro, colores que significan la vida y la muerte, o la alabanza y la censura», escribe el poeta. Sigue una descripción de las piezas, que representan a los seres humanos y sus debilidades, con especial saña hacia las mujeres, a través de la dama: «[ella] sólo se desplaza en oblicuo, porque las mujeres son hasta tal punto ávidas que todo lo quieren conseguir mediante la rapiña y la injusticia». (¡Apresurada conclusión que sólo compromete a su autor!) Cuando una pieza está en jaque, ello se debe a que el ser humano es un pecador. Aún puede arrepentirse, pero si es mate, no

21

El nombre de las piezas

Los nombres de las piezas se fijan durante el Renacimiento.

Así, el rey (*roi* en francés, *re* en italiano, *könig* en alemán, *king* en inglés), el caballo (*cavalier, cavallo, springer, knight*) y el peón (*pion, pedone, bauer, pawn*) sustituyen al *shah*, el *faras* y el *baidaq*.

La dama ha seguido un camino más tortuoso. En la India, es el general (*aparzen*) quien ostenta el mando supremo. En Irán, donde el *shah* no delega el poder, el sentido del nombre evoluciona, y el general se convierte en consejero o sabio, el *farzin*. Éste se transforma en *firzan*, y luego en *fir, fers* y *fierge*, y de ahí en *virgo* o *virgen*, que dará en castellano dama (*dame* en

francés, *regina* en italiano, *dame* en alemán, *queen* en inglés).

El *rokh*, término árabe que designaba al carro, es sustituido por el de torre (*tour* en francés, *rocca* o *torre* en italiano, *turm* en alemán, *rook* en inglés). Sin embargo, el *rokh* original aún persiste en el verbo enrocarse.

El elefante, *al-fil*, se conserva tal cual en castellano y dio origen al *alfino* italiano y al *aufin* francés, reemplazado más tarde por *fou* («bufón»). El papel desempeñado por la pieza propiciará una diferente evolución fonética en inglés y alemán, idiomas en los que el *al-fil* pasará a llamarse, respectivamente, *bishop* (obispo) y *laufer* (mensajero).

hay perdón posible, y el diablo se lo lleva al infierno.

Gautier de Coincy lleva el paralelismo aún más lejos y, en *Milagros de la Santa Virgen* (*c.* 1230), compara la caída de Adán y Eva con un «mate» de ajedrez, lo que da mucho que pensar.

El Renacimiento

El Renacimiento acaba con la pesada carga de las «moralidades». Los siglos XV y XVI coinciden en la Europa cristiana con una renovación de las letras, las artes y las ciencias iniciada en Italia. Las luchas partidistas se apaciguan. Las ciudades dejan de estar amenazadas y, liberadas de la obsesión por la defensa, impulsan las actividades intelectuales y artísticas. El afán de belleza abarca todos los ámbitos: iglesias, viviendas, joyas, telas... La misma moral aspira a un mayor grado de pureza. Se busca el hombre ideal, la mujer perfecta.

El ajedrez se beneficia con este refinamiento de las costumbres. Juego de reflexión y de abstracción que requiere inteligencia, se convierte en el «noble juego» de un momento en el que se afina la noción de nobleza. Pero el juego no es patrimonio exclusivo de una sola clase social. La invención de la imprenta (*c.* 1440) y del grabado facilita mucho la difusión de las obras. Hombres y mujeres apasionados por el ajedrez esperan impacientes la aparición de libros que precisen el vocabulario del juego y establezcan las reglas con mayor rigor. Los libros circulan y los jugadores se desplazan de país en país para disputar torneos.

La aparición del Juego Nuevo

Se habla ya del «Juego Nuevo», el juego del *ajedrez de la dama* o de la *dama implacable*, en contraposición al *viejo ajedrez*. El papel de la dama en las nuevas denominaciones refleja de forma significativa su acrecentado poder. Obsoleto en España y en Italia desde 1510, el Juego Antiguo se deja de mencionar en Francia e Inglaterra a partir de 1530.

El Juego Nuevo difiere del Antiguo en varios puntos, sobre todo en dos: la dama y el alfil cambian las reglas y privilegios medievales por sus movimientos actuales. La dama puede desplazarse en cualquier dirección, siempre que el camino esté expedito. Lo mismo pasa con el alfil, que puede recorrer toda la diagonal, en lugar de saltar una casilla en oblicuo. Ambos renuncian a saltar por encima de una casilla ocupada, algo que tanto el alfil, siempre, como la dama, a veces, podían hacer en el Juego Antiguo. En contrapartida, las 2 piezas adquieren una potencia de la que antes carecían, sobre todo la dama, que pasa a ser más fuerte que la torre (*rokh*), pieza dominante en el Juego Antiguo. El peón se aprovecha de esta ventaja cuando logra coronar. Asimismo se establece la posibilidad de avanzar 2 casillas en el primer movimiento. El rey, en su primer movimiento, puede saltar a una casilla desocupada, siempre que no pase sobre otra controlada por el adversario. Nace el enroque: su libertad –no modificada hasta el siglo XIX, como los otros movimientos– permite un mínimo de 16 posibilidades.

Como la concepción y el enfoque del Juego Nuevo exigen una reflexión más científica, la actitud del jugador también cambia. Éste ya no dispone

Torre. Juego italiano, marfil, siglos XI-XII. (Museo nacional del Bargello, Florencia.)

de todo el tiempo que quiera para aplicar su estrategia: necesita observar el juego de su adversario desde el primer movimiento. Como el peón puede coronar y convertirse en dama, ya no se sacrifica alegremente para despejar el camino. El ritmo del juego se acelera, y la tensión entre los jugadores es más intensa.

Los mecenas

Reyes, papas y señores se convierten en mecenas, y en sus cortes se pone de moda organizar torneos e invitar a jugadores famosos, como el italiano Giovanni Leonardo, llamado Leonardo da Cutri, o el español Ruy López. Rivalizando en generosidad, les pagan los viajes, les ofrecen una lujosa hospitalidad y les recompensan con creces los intensos momentos que les procuran. Uno de ellos, el papa León X (1475-1521), ocupa un destacado lugar en la historia del ajedrez. Apasionado por un juego en el que sobresale, favorece su difusión por todas las cortes europeas, encarga escritos y fomenta la aparición de libros que satisfagan el creciente interés de los aficionados.

Los tratados

Presionados por su entorno, los jugadores elaboran tratados que hacen furor. Estos manuales representan un avance considerable hacia la unificación (¡y eso que las reglas universales no se establecerán hasta 1929!). En 1497, Lucena, un estudiante de la Universidad de Salamanca, publica una obra (*Repetición de Amores e Arte de Axedres*) en la que, tras disertar sobre el amor, aborda el ajedrez y compara el Juego Antiguo con el Nuevo, el «de la Dama». Enuncia reglas, introduce la noción de «pieza tocada, pieza jugada», precisa los movimientos de las piezas y describe 150 problemas y posiciones –entre ellas el clásico «mate Lucena»–, además de 11 aperturas. Las explicaciones que contiene este libro lo convierten en la primera obra teórica sobre el ajedrez.

Los cincuenta años siguientes son estériles. Durante este período sólo se publica un pequeño opúsculo, el del boticario portugués Damiano, que aparece en 1512 con algunos consejos muy elementales sobre el juego. Pese a su mediocridad, los ansiosos aficionados se lo disputan. Sólo en Roma, se hacen siete reediciones antes de 1560.

El relevo lo toma Étienne Pasquier (1529-1615), abogado general en la Cámara de cuentas y autor de una obra considerable. Él describe el enroque en *Recherches de la France*, editada en 1560 y 1621, y aporta su grano de arena al edificio del ajedrez en la correspondencia que mantiene con la intelectualidad europea de su época.

Sin embargo, habrá que esperar hasta 1561 para encontrar un verdadero progreso analítico con el *Tratado sobre la invención y el arte liberal del ajedrez* de Ruy López, considerado por esta razón como el fundador de la teoría moderna del ajedrez. Por primera vez, aparece una obra que no se limita a establecer una nomenclatura, sino que va más allá del manual de Lucena, analizando las aperturas y los problemas planteados por las diferentes posiciones. Su éxito es enorme. Respaldado y alentado por Felipe II, López recibe invitaciones de varios países europeos y se gana la reputación de mejor jugador de su tiempo. Ruy López ha dado nombre a la apertura más usualmente llamada «española».

La supremacía italiana

Hacia 1560, Ruy López, a la sazón obispo de Segura, aprovecha un viaje a Roma para enfrentarse con un joven calabrés estudiante de Derecho, Leo-

23

nardo da Cutri, apodado *il Puttino* («el Amorcillo») a causa de su baja estatura, que tiene fama de excelente jugador. López gana la partida. Picado en su amor propio, Leonardo se traslada a Nápoles para perfeccionar su juego. Allí se enfrenta con Paolo Boi, *il Siracusano* («el Siracusano»), célebre por su fulgurante ejecución. Leonardo es más lento, pero más preciso, y su rivalidad favorece que ambos realicen notables progresos. Pero Leonardo considera que aún tiene que mejorar, y dedica dos intensos años a afinar su estrategia. Conocedor de que su hermano había caído en poder de los sarracenos, desafía a su jefe a jugar al ajedrez y gana la partida, obteniendo así la libertad del prisionero.

Juzgando que ya ha mejorado suficientemente su arte, Leonardo se dirige a Madrid para conseguir la revancha de López. El acontecimiento causa sensación. En presencia del rey, una numerosa concurrencia se apiña en torno a los jugadores. Leonardo bate a López. Luego se enfrenta a

Alfonso Zerone (o Cerón, o Girona), el principal rival de López, y lo vence también. Felipe II lo recompensa con 1 000 escudos de oro, joyas y pieles. Al mismo tiempo, entre 1566 y 1572, Boi realiza una gira por Italia que le proporciona fama y dinero. Luego, entre 1572 y 1574, se instala en la corte española, donde vuelve a encontrarse con Leonardo. Boi también vence a López y a Zerone; el rey le concede una renta anual de 500 coronas y remite a don Juan de Austria una carta de recomendación (22 de agosto de 1575) que aún se conserva. Los dos italianos se dirigen luego a la corte del rey Sebastián de Portugal, también aficionado al ajedrez, que apodará a Leonardo *il Cavaliero errante* («el Caballero errante»).

Tras visitar diversos palacios, Leonardo se instala en la corte del duque de Bisignano y muere asesinado en 1585. En cuanto a Paolo Boi, de vuelta de España, es hecho prisionero por los piratas berberiscos, gana su libertad al ajedrez y se instala en el

---

Greco, un destino excepcional

En 1600, hijo de una familia pobre, nace en Calabria Gioacchino Greco, llamado *Calabrese* («el Calabrés»), que se convertirá en el más brillante jugador de su tiempo.

Autodidacta, aprende a jugar al ajedrez leyendo los libros de Ruy López y de Alessandro Salvio. Se traslada a Roma, donde se gana la amistad de los prelados. Por encargo de ellos, escribe una obra sobre ajedrez que se imprimirá por primera vez en 1619. En 1621 aparece en Nancy, en el palacio del duque de Lorraine, al cual dedica una espléndida copia de su libro *Primo Modo del gioco di partito*, conservada hasta época reciente en Salzburgo (Austria). Desde Nancy, se traslada a París, juega en la

corte del duque de Lorraine y amasa una pequeña fortuna.

En 1622 pasa a Inglaterra, donde unos ladrones le roban todo su dinero. Pero parece que las partidas contra los mejores jugadores ingleses, como sir Francis Godolphin y Nicholas Mounstephen, le permiten rehacerse de la pérdida. De vuelta a París en 1624, Greco pasa dos años jugando y escribiendo para sus mecenas franceses. Luego se dirige a Madrid, a la corte de Felipe IV, donde nadie consigue derrotarlo. Un noble español lo invita a acompañarlo a las Antillas, y allí muere hacia 1634. La originalidad de Greco radica en que supo analizar las partidas que reseña en su obra.

palacio del duque de Urbino, que le concede una renta anual de 300 escudos de oro. Tras una corta estancia en Sicilia, regresa a Nápoles y allí es derrotado, en 1598, por un jugador más joven, Alessandro Salvio. Tres días más tarde, muere emponzoñado, sin que se sepa con certeza si se suicidó porque no pudo soportar la derrota o si fue asesinado. Se dice que a lo largo de su vida ganó más de 30 000 escudos de oro, una suma muy considerable para la época.

Junto con Greco (*véase el recuadro de la página anterior*), que tuvo un destino menos trágico, Leonardo da Cutri y Paolo Boi están considerados como los más brillantes jugadores italianos de su tiempo.

El juego en Europa durante el siglo XVII

Las disputas religiosas entre católicos y protestantes degeneran en conflicto abierto y, de 1618 a 1648, la guerra de los Treinta Años asola Europa. Pero, pese a los desórdenes generados por la guerra europea, en el siglo XVII florece una abundante literatura sobre el ajedrez y brillan auténticos jugadores profesionales.

El auge del juego en Alemania

La expansión del juego continúa. Los aficionados son cada vez más numerosos, y las partidas se disputan en los más diversos lugares. Los mercaderes daneses, suecos, alemanes y croatas juegan durante las grandes ferias, y registran ante notario la situación de la partida ¡para continuarla en la siguiente feria!

Numerosos tableros fabricados en Alemania hacia 1600 atestiguan la popularidad del juego. En 1616, Augusto, duque de Brunswick-Luneburg,

mediocre jugador pero buen escritor, publica en Leipzig, bajo el seudónimo de Selenus, una voluminosa obra sobre ajedrez ilustrada con grabados de Jacob Van der Heyden. En ella traduce la versión italiana de Ruy López y añade anotaciones históricas que hacen del libro un valioso documento sobre la forma de jugar de sus compatriotas.

En Inglaterra

Gracias a los intercambios comerciales con Rusia, acrecentados durante el siglo XVI, bajo los Tudor, y al interés de los negociantes ingleses por el ajedrez, éste consiguió una gran difusión.

Aunque no fue jugador, Thomas Hyde (1634-1702), orientalista y profesor universitario, aprovechó sus conocimientos de la literatura árabe para establecer el origen indio del ajedrez. Su obra, aparecida en 1694, despertó gran interés entre los ingleses aficionados al juego.

En 1611, Shakespeare estrena en Londres su comedia *La tempestad*. En el acto V, escena 1, los dos enamorados que la protagonizan, Miranda y Fernando, son sorprendidos por Próspero mientras disputan una partida de ajedrez. En 1624, una concurrencia multitudinaria acude al teatro del Globo para ver una nueva obra que causa sensación: los actores escenifican sobre un tablero gigante la batalla entre los ingleses (los blancos) y sus enemigos jurados, los españoles (los negros). Estos últimos no hacen un papel muy brillante y sucumben ante los blancos. La sátira es tan violenta, que el embajador de España fuerza a la interrupción de las representaciones.

El declive de los jugadores italianos

En Italia, el impulso del siglo XVI prosigue gracias a brillantes figuras herede-

25

ras de sus antecesores. En 1617 aparece el *Tratado del ajedrez de Polerio*, alumno de Leonardo. El libro es más que una compilación excepcional, y contiene el primer estudio del gambito de rey. El joven Alessandro Salvio, que consiguió vencer a Paolo Boi, publica varios tratados teóricos (1604, 1612, 1634), y en el primero de ellos incluye una suerte de biografía novelada dedicada a *il Puttino*.

Pietro Carrera (1571-1647), gran jugador y adversario irreductible de Sal-

vio, escribe dos obras, aparecidas en 1617 y 1634, en las que recopila las teorías de sus predecesores y da consejos para jugar «a ciegas» (en el siglo siguiente, el francés Philidor los utilizará). Dotado de un cierto espíritu práctico, preconiza comer ligeramente antes de jugar una partida para estar en mejores condiciones, e incluso recomienda purgarse.

En la segunda mitad del siglo XVII, Italia, que había sido hasta entonces el centro ajedrecístico por excelencia,

Algunos aficionados famosos

Entre el siglo XIV y el XVI

Eduardo III de Inglaterra (1312-1377); Juan II el Bueno, rey de Francia (1319-1364); el papa Gregorio XII (1329-1378); el turco Tamerlán, soberano de Asia central (1336-1405).

Juan sin Miedo, duque de Borgoña (1371-1419); el poeta Charles d'Orleans (1391-1465); Luis XI (1423-1483) y su hijo, Carlos VIII de Francia (1470-1498).

El humanista Erasmo (*c.* 1469-1536), que discute de filosofía mientras juega, lo que nubla su concentración y lo convierte en un jugador mediocre. Enrique VIII (1491-1547), rey de Inglaterra y de Irlanda; Francisco I de Francia (1494-1547), que aprovecha los seis meses de cautividad en España tras la batalla de Pavía (1525) para perfeccionar su juego; Rabelais (1494-1525), cuyo héroe, Gargantúa, disputa partidas homéricas.

Isabel I de Inglaterra (1533-1603); don Juan de Austria (1545-1578), hijo natural de Carlos V, vencedor de la batalla de Lepanto contra los turcos en 1571.

Enrique de Guisa, llamado *el Acuchillado* (1550-1588); Catalina de Médicis (1519-1589); Enrique IV de Francia (1553-1610).

El zar Iván IV el Terrible (1530-1584), que el 18 de marzo de 1584, aún convaleciente de una crisis de gota, reclama un tablero y pide a su favorito, Boris Godunov, que se siente frente a él. Colocan las piezas y el rey se dispone a jugar «cuando sus dedos tiemblan, la vista se le nubla y cae muerto sobre el tablero».

En el siglo XVII

Luis XIII de Francia (1601-1643); el Gran Condé (1621-1686), que jugaba al ajedrez antes de las batallas.

El zar Pedro el Grande (1672-1725), que dio origen a los clubes de ajedrez en Rusia; el filósofo y matemático alemán Leibniz (1646-1716); Carlos II de Suecia (1682-1718).

En el siglo XVIII

Henri François d'Aguesseau, canciller de Francia; Alain René Lesage, autor de *El diablo cojuelo*; d'Alembert; Jean-Jacques Rousseau y Voltaire, entusiastas pero mediocres jugadores. Federico II el Grande de Prusia (1712-1786), prototipo de «déspota ilustrado»; Charles Spencer, tercer conde de Sunderland (1674-1722), secretario de Estado en los primeros años del reinado de Jorge I de Inglaterra; Charles James Fox (1749-1806), político británico favorable a las ideas de la Revolución francesa.

pierde la preeminencia con la aparición del preciosismo. La búsqueda de la libertad de inspiración, a menudo extravagante, lleva al rechazo de constreñir el genio creador con reglas rígidas. Para los adeptos al juego, tal actitud obstaculiza el progreso. Durante largo tiempo, los jugadores italianos se oponen a las reglas francesas, adoptadas en casi toda Europa. Habrá que esperar al siglo siguiente para que Ponziani, del Río y Lolli den nuevo brillo al juego italiano.

Los primeros maestros modernos

A principios del siglo XVIII, la escena del ajedrez está dominada por Francia e Inglaterra, donde ya se juega en los cafés. En París, en el Procope o en el café de la Régence, que es el principal club. En Londres, el más frecuentado es el Slaughter's Coffee House. Los apasionados por el juego, entre ellos el joven francés Philidor y el sirio Felipe Stamma, se dan cita en estos locales.

El apogeo de un estilo: los maestros de Módena

Mientras Londres bulle y Philidor establece en Francia los fundamentos de su *Análisis* (publicado en 1749), tres brillantes jugadores italianos encumbran el estilo agresivo, brutal e impaciente de su época. El sacerdote Domenico Lorenzo Ponziani, Domenico Ercole del Río y Giambattista Lolli son originarios de la misma ciudad, Módena. Ellos elaboran los principios del juego de Salvio, Greco y otros italianos del siglo XVI. Cuando publican sus obras, estos ardientes defensores del ataque relámpago aún desconocen la «revolución philidoriana» que ha estallado en Francia e Inglaterra.

El padre Ponziani, sacerdote y jurista, profesor de derecho civil en la universidad, publica en 1769 un tratado teórico en el que analiza aperturas y finales. El jurista Ercole del Río escribe en 1750 el *Anónimo de Módena*. La introducción a las aperturas contenida en este pequeño opúsculo supera de largo a todos los escritos preexistentes; pero es un texto oscuro, reservado a los jugadores de gran nivel y avaro en explicaciones. Lolli decide glosarlo y vulgarizarlo en una voluminosa enciclopedia de 632 páginas, publicada en Bolonia en 1763. En ese momento, el *Análisis del juego de ajedrez* de François André Danican, llamado Philidor, llega a Módena.

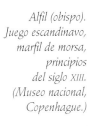

Alfil (obispo). Juego escandinavo, marfil de morsa, principios del siglo XIII. (Museo nacional, Copenhague.)

La época de los desafíos
(1740-1886)

Llega el tiempo de Philidor, el analista, el maestro indiscutido; el tiempo de los primeros torneos internacionales; el tiempo de los relojes y del primer Campeonato del mundo.

El ajedrez se convierte en una de las distracciones favoritas de la aristocracia en toda Europa. Presente en las cortes reales, que suelen invitar a buenos jugadores, irrumpe también en los salones, donde acompaña a los antiguos juegos de dados y de cartas, como el *whist*.

A partir de 1850, los duelos entre los mejores jugadores dejan paso a torneos presididos por reglas cada vez más precisas, y luego a los campeonatos. Son competiciones dominadas por los desafíos que se lanzan los principales jugadores del momento, sobre todo ingleses y franceses.

Los duelos franco-británicos

Las postrimerías del siglo XVIII y la primera mitad del XIX están marcadas por la disputa de la hegemonía ajedrecística entre París y Londres. La batalla comienza en la plaza del Teatro Francés, y luego sigue al otro lado del canal de la Mancha, a orillas del Támesis.

El primer gran combate de Philidor. Aunque aún no existe ninguna estructura competitiva que permita comparar el nivel de los jugadores, casi todos los historiadores coinciden en considerar a Felipe Stamma como el mejor jugador del mundo a principios del siglo XVIII. Este sirio nacido en Alepo publicó una obra en francés, *Essai sur le jeu d'échecs* (París, 1737), en la que estudia 100 posiciones aparentemente desesperadas. Pero, como por arte de magia, siempre ofrece un lance imprevisto, bajo la forma de un contraataque sorpresa, que invierte la situación. Stamma hace gala de una imaginación impresionante. El libro cosecha también gran éxito en Londres, que es a la sazón la segunda capital del ajedrez mundial. Stamma emigra a la capital inglesa y, entre partida y partida en el café Slaughter's, vive dando clases de lenguas orientales.

Entretanto, el palacio de Versalles había encontrado a su campeón, ¡en la persona de un niño del coro de la capilla real! A los seis años, François André Danican, llamado Philidor, ya había disputado algunas partidas; cuatro años después, no tiene rival. Pronto acude a enfrentarse con los mejores jugadores del famoso café de la Régence, en la plaza del Teatro Francés. Entre ellos, Kermur de Legal (1702-1792) era el maestro más reputado. Dos años necesitó Philidor para rivalizar con él y, luego, para superarlo definitivamente y alzarse con la supremacía en el lugar. Todo París acude a admirar su talento, incluido Diderot, quien, en *El sobrino de Rameau,* califica de «sutil» el juego de Philidor.

El enfrentamiento Philidor-Stamma, tan esperado como inevitable, tiene lugar en Londres en 1747 y se desarrolla en 10 partidas. El francés, que ha llegado precedido por su fama parisina, parte como favorito y, según la costumbre de la época, concede un hándicap a su adversario: las partidas nulas contarán como victorias de Stamma.

Pero pronto se ve que la compensación resulta insuficiente, y Philidor se impone rotundamente con 8 victorias y 2 «derrotas» (en realidad, una, porque la otra es partida nula).

La revolución sobre el tablero. Dos años después, Philidor publica el fruto de sus reflexiones en el libro *Análisis del juego de ajedrez*. Entre las revolucionarias ideas que expresa en él, destaca su gran principio: «Los peones son el alma del juego.» Hasta entonces, a estos dieciséis elementos, la infantería del ajedrez, no se les concedía mayor importancia. El ataque directo al rey enemigo, única estrategia considerada válida, los tenía de hecho como objetos de «tiro al blanco» a los que correspondía un ingrato papel de sacrificados que servían justo para abrir las líneas en torno al rey enemigo, en beneficio de las otras piezas. «Ellos son los únicos que forman el ataque y la defensa. De su buena o mala disposición depende el triunfo o la derrota en la partida», insiste un Philidor que arremete contra el conservadurismo de muchos. Y de hecho, el impacto de esta auténtica revolución del mundo del ajedrez es enorme. Nunca más se estudiará una situación sobre el tablero con la vieja actitud mental. Tanto como la situación de los reyes, el armazón que formen los peones (se habla incluso de «esqueleto») será determinante para juzgar tal o cual posición. Ya no se decidirá qué bando está en ventaja sin contar el número de peones. Es el desquite de los pequeños, una evidente metáfora de los acontecimientos revolucionarios que tendrán lugar en París unos años más tarde.

El café de la Régence

En el siglo XVIII no había lugares dedicados en exclusiva al ajedrez, y tanto principiantes como jugadores famosos tenían que ir a los cafés para satisfacer su pasión.

En París, el primer sitio donde se dan cita los mejores jugadores es el Procope, en la calle Fossé Saint-Germain (hoy calle Ancienne-Comédie). Luego, hacia mediados de siglo, el café de la Régence, en la plaza del Teatro Francés, es el lugar donde se codean los campeones de ajedrez y de damas de la capital. Algunos acuden a disputar una partida amistosa a la salida del trabajo, otros permanecen allí todo el día, jugando a veces con apuestas de por medio, o concediendo uno u otro hándicap (la salida, un peón o dos, una torre, ¡e incluso la dama!). El silencio se ve turbado ocasionalmente por alguna riña.

En *El sobrino de Rameau*, Diderot ha dejado constancia de su interés por el lugar: «Si el tiempo es frío o lluvioso, me refugio en el café de la Régence. Allí, me divierto viendo jugar al ajedrez [...] En casa de Rey [el gerente del café] rivalizan Legal el profundo, Philidor el sutil, el sólido Mayot; allí se contemplan los movimientos más sorprendentes y se oyen las peores palabras; pues se puede ser hombre inteligente y gran jugador de ajedrez, como Legal, pero también se puede ser un gran jugador de ajedrez y un perfecto necio, como Foubert y Mayot.»

Otras celebridades frecuentan el lugar: Jean-Jacques Rousseau, amigo de Philidor, es capaz de jugar largas horas; un tal Robespierre pasa por allí casi a diario; a Bonaparte, Voltaire o Benjamin Franklin se los vio con la cabeza inclinada sobre el tablero.

Rey. Juego de Rajastán, marfil, anterior al siglo XVIII. (Col. part.)

30

Philidor, maestro indiscutido.

Después de Londres, Philidor viaja por Alemania, donde hace valer su talento, sobre todo en la corte de Federico II, en Potsdam. Allí causa furor una de las especialidades de Philidor: el «juego a ciegas», un ejercicio iniciado por Legal en el que destaca. Con los ojos tapados con una venda, puede jugar varias partidas simultáneas gracias a la representación mental del tablero. Su capacidad de abstracción le permite ser también un músico brillante que compondrá una veintena de obras, como la ópera cómica *Tom Jones*, en 1765, la *Carmen saeculare*, en 1779, y el *Te Deum* de 1786.

De vuelta a Francia en 1755, se impone una vez más a Legal, su antiguo maestro de ajedrez. A falta de adversarios de su nivel, Philidor dedica luego la mayor parte de su tiempo a la composición, y sólo vuelve al tablero con ocasión de exhibiciones destinadas a subvencionar sus trabajos musicales, mal remunerados.

Cuando estalla la Revolución francesa, el cortesano que lleva dentro se siente amenazado, y emigra en 1792 a Londres, donde muere tres años después, a la edad de sesenta y nueve años. En más de cuarenta años de práctica del juego, nunca encontró quien lo superase.

La ascensión de La Bourdonnais.

Desaparecido Philidor, el café de la Régence sigue reuniendo a los mejores jugadores. Durante quince horas al día, allí se disputan encuentros informales. Entre los habituales del lugar destaca un personaje pintoresco, ex militar del ejército napoleónico. Alexandre Louis Honoré Deschapelles (1780-

1847), convencido de su superioridad, sólo juega si concede ventaja a sus adversarios. Nada propenso a una visión científica del juego (justo lo contrario que Philidor), declara sin ambages: «¡El estudio teórico de las aperturas es una pérdida de tiempo!»

En 1820, Deschapelles descubre un joven talento, La Bourdonnais, y decide ayudarlo a progresar. Al año siguiente, John Cochrane, jugador inglés de cierta fama, pasa por París y se organiza un torneo triangular. Mientras que Deschapelles se enfrenta a sus dos rivales con un peón de menos (renuncia al peón f2 si juega con blancas, y al f7 si lo hace con negras) y les concede los 2 primeros movimientos, La Bourdonnais y Cochrane juegan en condiciones de igualdad. El público de la Régence asiste a la victoria de La Bourdonnais, y luego al claro triunfo (6-1) de Deschapelles, sobre el pobre Cochrane. Pero ¡oh sorpresa!, los incrédulos espectadores contemplan la derrota de Deschapelles ante su alumno... ¡por 7-0!

Herido en su orgullo y sintiéndose superado, Deschapelles decide retirarse para dedicarse al *whist*. Antes, pronunciará estas elogiosas palabras: «Nunca habría cedido el cetro del ajedrez si no hubiera podido transmitírselo a La Bourdonnais. Con él, la reputación de Francia está a salvo.»

Louis Charles Mahé de La Bourdonnais sólo tiene entonces veintiséis años, pero ya sorprende por su soltura. Nativo de la isla Bourbon (la actual Reunión), se traslada a París para estudiar y pasa casi todo su tiempo en el café de la Régence, donde acepta cualquier desafío si el rival pone dinero sobre la mesa. Georges Walker, cronista de la época y autor de una biografía de La Bourdonnais, refleja así la impresión que le causó: «Cuando uno juega con él por primera vez, queda estupefacto ante su rapidez de movimientos. Te dispones a mover una pieza y, antes de que tu mano llegue a medio tablero, tropieza con la del adversario, que se dispone a rechazar el ataque proyectado. Sigues jugando, intentas un movimiento que has meditado durante un cuarto de hora y, satisfecho de la decisión, te apoyas indolente en el respaldo de la silla para recuperarte del esfuerzo. ¡Vana esperanza! ¡Ilusiones terrenales! Apenas tocas el ansiado respaldo, tu adversario ya ha vuelto a jugar; ¡adiós a cualquier idea de reposo y tranquilidad!»

La victoria sobre MacDonnell. Al mismo tiempo, Londres ha encontrado su campeón en la persona de Alexander MacDonnell, un irlandés nacido en 1798, que desafía uno tras otro a sus adversarios, sin que nadie pueda oponerse a su elegante estilo de ataque. En 1834, animado por sus admiradores, MacDonnell lanza un desafío a La Bourdonnais, que lo acepta de inmediato. El francés acude al Westminster Club de Londres para disputar el encuentro.

El duelo comienza en junio de 1834... ¡y dura hasta octubre! Dividido en 6 confrontaciones, se desarrolla en un ambiente apasionado y ruidoso, pues los espectadores no se privan de hacer comentarios en voz alta. Hasta 85 partidas se disputan. La Bourdonnais gana 45 y pierde 27; las 13 restantes acaban en tablas.

La Bourdonnais se impone porque es un jugador más completo. Supera a MacDonnell en destreza, gasta menos energías y juega más rápido, todo gracias a su mejor comprensión de la estrategia. La cuarta partida del primer encuentro ya ilustra esta superioridad, pues el británico está poco menos que derrotado tras el intercambio de damas:

Blancas: La Bourdonnais; negras: MacDonnell

Partida italiana
1.e4 e5 2.Cf3 Cc6 3.Ac4 Ac5 4.c3 d6 5.d4 exd4 6.cxd4 Ab6 7.d5 Ce5 8.Cxe5 dxe5 9.Cc3 Cf6 10.Ag5 0-0 11.Df3 Dd6 12.Axf6 Dxf6 13.Dxf6 gxf6 14.g4!
La Bourdonnais impide así que las negras se liberen con f6-f5. Este juego de bloqueo, de factura más bien moderna, al que sigue una transición voluntaria hacia un final de partida con ligera ventaja, muestra las cualidades de La Bourdonnais como estratega. Por supuesto, el peón no se puede capturar, debido a la inmovilización de la columna g.
14... Rg7 15.Ce2 Th8 16.Tg1 Rf8 17.Tg2 Re7 18.0-0-0 h5 19.g5 f5 20.Cc3 Ac5 21.g6! Ad6 22.gxf7 Rxf7 23.f4 exf4 24.Tdg1 Rf8 25.Tg6 f3 26.exf5 Ae5?

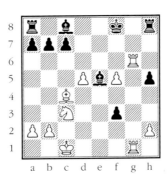

27.d6! cxd6 28.Tg8+ Txg8 29.Txg8+ Re7 30.Cd5+ Rd7 31.Ab5 mate.

De vuelta a París, La Bourdonnais funda *Le Palamède*, la primera revista de la historia del ajedrez. Aún juega algunas partidas con hándicap (peón y primer movimiento). Aunque vence a Saint-Amant, pronto se inclina ante el húngaro Joszef Szen. Los problemas de salud, que se suman a las dificultades pecuniarias, minan sus energías. Una propuesta financiera le hace volver a Londres para realizar una serie de exhibiciones en el Simpson's Divan. Pero su estado se agrava y muere de hidropesía en 1840.

El fin de la supremacía francesa. La sucesión de La Bourdonnais, tanto en el café de la Régence como en la revista *Le Palamède*, recae en Pierre Charles Fournier de Saint-Amant, nacido en 1800. Se dice que, durante un tiempo, sólo la llegada de su mujer podía impedirle ganar las partidas que jugaba en el célebre café. Un golpe de paraguas en la ventana bastaba para que abandonase la partida inmediatamente y fuese tras ella.

Desde 1834, Saint-Amant es el líder del equipo parisiense que vence por correspondencia al del Westminster Club de Londres. En 1843 cruza el canal de la Mancha y desafía a los mejores jugadores londinenses, entre ellos el campeón Howard Staunton (1810-1874).

Pero Staunton no es hombre que se rinda fácilmente y, a finales del mismo año, decide intentar la revancha y desafía a Saint-Amant en su propio terreno, el café de la Régence. Allí se produce la sorpresa. Ante los incrédulos aficionados parisinos, el inglés dicta su ley. Su juego lento, muy prudente, no le conviene a Saint-Amant, que es un jugador clásico. El triunfo sin paliativos de 11 victorias a 6 a favor de Staunton incita a éste a otorgarse el título oficioso de campeón del mundo.

Estamos a principios de 1844, y Francia ha perdido definitivamente su preeminencia ajedrecística.

Los primeros torneos

A partir de la segunda mitad del siglo XIX, los campeones no se enfrentan sólo en duelos, sino que ya se organizan torneos. Si al principio éstos funcionan por eliminación directa, luego pasan a ser competiciones donde cada jugador se enfrenta a los demás participantes al menos una vez.

De Alemania llegan rumores sobre nuevos talentos emergentes. Staunton da buena cuenta de Daniel Harrwitz y de Bernhard Horwitz, a quienes bate en 1846, pero aparece otro nombre: Adolf Anderssen, un profesor de Breslau (hoy Wroclaw, en Polonia) que bate a todos sus contrincantes con facilidad.

El torneo de 1851. En vez de retarlo en duelo, Staunton decide organizar un torneo de eliminación directa en Londres, en 1851. Entre los 16 jugadores invitados, además de Anderssen y él mismo, figuran el húngaro Szen, el alemán Horwitz y los ingleses Williams, Wyvill, Mucklow y Kennedy.

La historia de los torneos sólo está en sus comienzos, pero por primera vez el problema del tiempo de reflexión con que puede contar un jugador condiciona seriamente una competición. Hasta entonces, el honor era el único factor que impulsaba a los jugadores a efectuar sus movimientos en un tiempo razonable. Pero un jugador con problemas puede perderse en conjeturas y buscar una solución... ¡aunque sepa que ésta no existe!

Durante este torneo, hubo quien se concedió un tiempo de reflexión de más de una hora para un solo movimiento, y algunas partidas duraron hasta doce horas. Para los jugadores impacientes, esto resultaba intolerable. Así, el irritable Staunton, cansado de esperar, abandona de súbito su partida contra Williams declarando con altanería: «Yo no admito la lentitud de la mediocridad.»

Anderssen bate sucesivamente a Szen, Staunton (con problemas) y Wyvill y gana el torneo, arrebatando a Staunton el título oficioso de mejor jugador del mundo.

Morphy, campeón de Estados Unidos.
Cuando conquistaron el Nuevo Mundo, los europeos se llevaron consigo el juego del ajedrez, y el primer Campeonato de Estados Unidos se celebró en 1857. Aunque en él participan jugadores experimentados, la victoria es para Paul Morphy, un joven prodigio de Nueva Orleans que tiene entonces veinte años. Desde su infancia, Morphy causa sensación con sus ininterrumpidas victorias y con sus demostraciones de juego a ciegas. En 1850, con doce años, ya ha vencido al campeón húngaro Janos Löwenthal.

Morphy intriga. Es bajo y endeble, tiene la piel clara y unas maneras tan delicadas que se le podría tomar por una mujer. Su gigantesca memoria se manifiesta tanto en el juego como en los estudios de derecho que cursa en paralelo. Se dice que era capaz de recitar de memoria el Código Civil de Luisiana. Por lo demás, se presenta como jurista y rechaza la consideración de profesional. Su aplastante victoria en el Campeonato de Estados Unidos hace que uno de los participantes, Ludwig Paulsen, declare: «Si Staunton o Anderssen estuviesen aquí, no tendrían nada que hacer contra Morphy; ni tampoco Philidor o La Bourdonnais, si aún viviesen.»

Morphy en Europa. En 1858, Morphy embarca para Europa, decidido a enfrentarse a Staunton, que hasta entonces ha esgrimido pretextos sin cuento para no medirse con el joven prodigio. Así, se dirige a Londres, al Saint George's Chess Club. Ante las repetidas evasivas de Staunton, Morphy se enfrenta con el inglés John Owen y con Löwenthal, a quienes derrota con claridad. Meses después renuncia a conseguir que Staunton acepte enfrentarse con él y cruza el canal de la Mancha para dirigirse a París y al café de la Régence. El campeón del momento es Daniel Harrwitz. ¡Sorpresa!

Morphy pierde las 2 primeras partidas y Harrwitz se pavonea: «A decir verdad, no resulta difícil ganar a este muchacho.» Morphy no rechista, pero juega sobre seguro ¡y obtiene 5 victorias! En el momento de recibir el dinero del premio, el americano, opuesto a cualquier forma de profesionalismo, propone reservarlo para sufragar el viaje de Anderssen, en camino hacia París.

Cuando llega el alemán, el café de la Régence es un puro frenesí. Todos quieren asistir al choque entre el enigmático americano y los fogosos ataques del profesor de Breslau. Pero se anuncia que, dado que Morphy está ligeramente indispuesto, el encuentro comenzará en el cercano hotel donde éste se aloja. Para satisfacer al público del café, se decide hacer públicos cada treinta minutos los movimientos realizados.

Lo mismo que ante Harrwitz, Morphy se muestra débil en la primera partida y cae derrotado tras 70 movimientos. Pero de vuelta a la Régence, donde prosigue el enfrentamiento, se rehace de inmediato y consigue éxitos clamorosos, como el de la novena partida:

Blancas: Morphy; negras: Anderssen
Defensa siciliana. Ataque Morphy
1.e4 c5 2.Cf3 Cc6 3.d4 cxd4 4.Cxd4 e6 5.Cb5 (el movimiento básico del ataque Morphy)
5... d6 6.Af4 e5 7.Ae3 f5 8.C1c3 f4 (creyendo contrarrestar el alfil, pero...)

9.Cd5! (el comienzo de un ataque espectacular y devastador que Anderssen, buen conocedor, seguro que ha adivinado)

9... fxe3 10.Cbc7+ Rf7 11.Df3+ Cf6 12.Ac4 Cd4 13.Cxf6+ d5 14.Axd5+ Rg6⸮ (la única defensa posible consistía en 14... Dxd5!)

15.Dh5+! Rxf6 16.fxe3! Cxc2+ 17.Re2 (y Anderssen se rinde, pues no puede frenar el jaque mortal 18.Tf1+) 17... Las negras abandonan.

Anderssen está maravillado: «No se puede jugar al ajedrez mejor de como lo ha hecho el señor Morphy –declara–. Si hay una diferencia de nivel entre él y La Bourdonnais, es en su favor.» Finalmente, Morphy consigue una diferencia de 7 victorias.

El eclipse de Morphy. Como Londres y Staunton se mantienen en completo silencio, Morphy decide regresar a Estados Unidos en 1859. En Nueva York le espera un recibimiento triunfal. Aún participa en algunas exhibiciones, pero, para sorpresa de todos, decide no tomar parte en los torneos que se empiezan a organizar en todo el mundo. «No soy un jugador profesional», repite una y otra vez. Sin embargo, quienes tuvieron la oportunidad de tratarlo dan fe de su auténtica pasión por el juego, claramente manifestada en algunas partidas que disputa con sus allegados. Aprisionado entre su rechazo a convertirse en profesional y la frustración de no poder dar rienda suelta a su genio en el juego, se hunde rápidamente en una profunda depresión y vive desde entonces recluido, al cuidado de su madre y de su hermana pequeña. Un día de 1884, ambas lo encuentran muerto en el baño. La deslumbrante carrera de Morphy ha durado poco más de seis meses.

Los nuevos principios del juego. Londres vuelve a ser el centro, y el torneo que organiza en 1862 introduce dos novedades.

Se acaba la eliminación directa: los torneos ya no se organizarán «por rondas», sino que cada jugador tiene que enfrentarse a los demás participantes al menos una vez. En Londres se concede un punto por victoria, y las partidas que acaban en tablas no cuentan. Otra innovación, todavía más importante: se limita el tiempo de reflexión. Los relojes de arena garantizan que los jugadores no tarden más de dos horas en efectuar veinte movimientos.

Anderssen, que es un jugador rápido, no se ve afectado por las nuevas condiciones y se impone con dos puntos de ventaja sobre Paulsen. Los siguen John Owen, George MacDonnell (homónimo del adversario de La Bourdonnais), el italiano Serafino Dubois, un austriaco de nombre Wilhelm Steinitz y el inglés Thomas Barnes.

La época sigue marcada por el juego de ataque, y la victoria de Anderssen lo confirma. Pero la llegada de nuevos jugadores trae consigo estilos e ideas diferentes. En el caso de Morphy ya se había percibido cierta paciencia en la organización de las ofensivas, lo que denotaba una comprensión del juego superior a la media. Con su máxima: «Si ayudáis a vuestras piezas, ellas os ayudarán», expresaba la idea estratégica de que las piezas activas garantizan una buena posición, sin necesidad de proceder a un cálculo concreto de las líneas de juego. Así, con Morphy y otros se esbozan los «principios» del juego; aunque no sean guías fiables en cualquier situación, sirven para la mayoría de los casos.

El juego prudente de Paulsen empieza a considerarse con más respeto. Sus maniobras defensivas cada vez están mejor elaboradas y, en este torneo de Londres de 1862, muchos jugadores se estrellan contra sus «murallas», lo que le vale un meritorio segundo lugar.

La ascensión de Steinitz. Aparecen otras estrategias diferentes que también parecen dar sus frutos. Las que adopta Steinitz en este mismo torneo le ayudan a conseguir el sexto lugar.

Pequeño y barbudo, originario de la comunidad judía de Praga, estudiante del Talmud en Viena, Steinitz se instala en Londres para ejercer su única profesión confesada: jugador de ajedrez. Más que un competidor, es un analista insaciable que siempre busca «el» mejor movimiento. Luchador también, defiende incansablemente sus ideas, hasta el punto de protagonizar en ocasiones vivos altercados con sus oponentes.

Steinitz subsiste jugando partidas por dinero, o dando clases a aficionados ocasionales. Se cuenta que en Viena tenía un cliente asiduo que, invariablemente, jugaba, perdía y pagaba. Un amigo le aconsejó que, de vez en cuando, se dejase ganar una partida por el aficionado, a fin de que éste no se desanimase y siguiera financiándolo de manera regular. Steinitz siguió el consejo y, al día siguiente, jugó con una apertura endeble, y siguió con una arriesgada salida de la dama, que pronto se encontró rodeada y fue capturada por el aficionado. Indefenso, Steinitz proclamó: «¡Abandono!» Inmediatamente, el aficionado se puso a saltar de alegría gritando: «¡Oh! ¡Qué día más maravilloso! ¡Por fin he conseguido mi objetivo! ¡He batido al gran Steinitz!» Sin dejar de brincar, salió por la puerta. Steinitz no lo volvió a ver nunca más.

Un sólido estilo defensivo. En 1866, Staunton organiza un encuentro entre Steinitz y Anderssen. Después de su primera posición en el torneo de Londres, el alemán está considerado como el mejor jugador del mundo. La victoria, y 100 libras esterlinas (una suma enorme para la época), corresponderá a quien consiga ganar primero 8 partidas.

La confrontación se disputa alternativamente en los 3 clubes londinenses –el Westminster, el London Chess Club y el Saint George's– y se revela rica en contrastes y enseñanzas. A los rápidos y ligeros ataques de Anderssen, Steinitz contrapone un juego basado en la consistencia, que a veces se convierte en pasividad exagerada. Cuando finalmente obtiene la victoria, por 8-6, la opinión general es que la ha conseguido más por los descuidos y las precipitaciones de Anderssen que por haber desarrollado un juego de mayor calidad.

El juego de Steinitz da un giro decisivo en esta época. Analista infatigable, examina las situaciones con una precisión cada vez mayor y se apoya indefectiblemente en su gran principio: «La victoria es un resultado lógico de la acumulación de pequeñas ventajas.» Prescinde de los riesgos ofensivos en sus aperturas y, en un papel de defensor, prefiere ingeniárselas para evidenciar el carácter prematuro de los ataques enemigos. Muchos de sus contemporáneos se horrorizan ante este estilo que da la espalda a la ofensiva. El inglés Henry Bird se burla así de él: «Poned todas las piezas en el sombrero, agitadlas con fuerza, dejadlas caer sobre el tablero desde dos pies de altura... ¡y tendréis el estilo Steinitz!» Un estilo que, sin embargo, se demuestra ganador.

En 1872, la British Chess Association organiza un torneo en Londres. Un nuevo talento es invitado: Johannes Zukertort, prusiano de treinta y dos años que acaba de derrotar en Alemania a Anderssen, su maestro. La incertidumbre dura poco: Steinitz no

Dama. Juego de Dieppe, marfil, siglo XVIII. (Col. part.)

35

encuentra oposición y consigue todos los puntos en disputa. Zukertort sólo es tercero.

En este verano de 1872 toma cuerpo la idea de un enfrentamiento entre Steinitz y Zukertort. Una colecta permite reunir 20 libras esterlinas para el vencedor y 10 para el perdedor. Steinitz se impone por 3 victorias de diferencia.

Quienes desprecian el nuevo estilo defensivo de Steinitz tienen que inclinarse ante una amarga constatación: tras el declive de Anderssen, Steinitz se ha convertido en el jugador más potente del mundo. Para convencer a los últimos escépticos, el West End Club organiza en 1876 un encuentro entre Joseph Henry Blackburne y Steinitz. Se conviene que, tras cuatro horas de juego, se haga cada día una pausa para cenar. Al *bon vivant* y truculento Blackburne, cada pausa le resulta invariablemente fatal: ¡pierde las 7 partidas!

Los primeros enfrentamientos Steinitz-Zukertort.

Paradójicamente, pasan casi diez años antes de que Steinitz vuelva a participar en un torneo importante. No juega en Leipzig, ni en 1877 (primero, Paulsen), ni en 1879 (primero, Englisch); no viaja a París en 1878 (primeros, *ex aequo*, Zukertort y Winawer), ni a Wiesbaden en 1880 más que como periodista de *The Field*, y sigue de lejos el torneo de Berlín de 1881 (primero, Blackburne).

Vuelve en la primavera de 1882. El club de Viena cumple veinticinco años y, con el patrocinio del emperador Francisco José, organiza un torneo con dieciocho jugadores y una duración prevista de seis semanas. La tarea de Steinitz es ardua, pues cada tarde debe redactar además su crónica para *The Field*. Le falta entrenamiento práctico, pues sólo ha batallado en los análisis para la prensa, donde su opositor más habitual ha sido Zukertort. Éste le bate en la cuarta ronda. Al cabo de 34 partidas, Steinitz ha cosechado 20 victorias

y 8 partidas tablas. Ha concedido 6 derrotas, lo que le coloca en igualdad con el polaco Simon Winawer, un hombre de negocios que sólo juega como aficionado, con un estilo ultraagudo. Disputan un encuentro a dos partidas, con una victoria para cada uno. Los dos son declarados vencedores *ex aequo*. Los siguen los americanos James Mason y George Mackenzie; tras ellos queda Zukertort.

De vuelta a Londres, y ante la sorpresa general, Steinitz dimite de su cargo como cronista de *The Field*, acepta la invitación del club de Filadelfia y parte para Estados Unidos. El programa incluye una serie de exhibiciones: simultáneas, partidas a ciegas... Recorre América del Norte y sus clubes de ajedrez y llega a Nueva Orleans, donde disputa una partida informal con Morphy, un año antes de la muerte de éste. Constata entonces el desasosiego del americano, pero fracasa en su tentativa de hacerle volver al tablero. Un año antes, Zukertort también había recibido calabazas con estas palabras inapelables: «No soy un jugador de ajedrez.»

El torneo de Londres de 1883.

Steinitz vuelve a Europa en la primavera de 1883 para participar en el torneo de Londres. El montante total de los premios alcanza la suma (extraordinaria para la época) de 1 100 libras. Casi todos los grandes jugadores del mundo participan en esta competición, en la que, por primera vez, el tiempo de reflexión no se controla mediante relojes de arena, sino con relojes creados especialmente para la ocasión. Están divididos en dos partes, cada una de ellas con un cuadrante. Tras cada movimiento, el jugador detiene el mecanismo de su lado y pone en marcha simultáneamente la aguja del otro cuadrante. El ritmo del juego se fija así: cada jugador tiene una hora para realizar sus 15 primeros movimientos, otra hora para los 15 siguientes, y así sucesivamente.

«Jugadores de ajedrez». Miniatura iraní. Siglos XIV-XV.
(Royal Asiatic Society, Londres.) ▶

Así pues, cada jugador es libre de administrar su tiempo como quiera: puede demorarse 55 minutos en realizar un movimiento, siempre que haga los 14 restantes en 5 minutos.

Hay una regla particular en este torneo: las tablas no cuentan, y la partida debe jugarse de nuevo. Así, Steinitz se ve obligado a jugar ¡6 veces! para derrotar al joven americano Sellman. Zukertort domina el encuentro. En las 23 primeras partidas consigue el increíble tanteo de 22 victorias, y sólo concede una derrota a Steinitz. Con el triunfo asegurado, Zukertort pierde las 3 últimas partidas, pero conserva 3 puntos de ventaja y se embolsa 300 libras.

El clima psicológico ha cambiado. Ahora es Steinitz quien se impacienta por verse las caras con Zukertort, pues, tras este torneo londinense, se ha instalado la duda de cuál de los dos es superior. Con ocasión de un banquete, el huésped concluye su discurso con un: «Y ahora propongo un brindis por el mejor jugador del mundo...» ¡Los dos jugadores se levantan al unísono! Después de cruzarse invectivas a través de la prensa, ambos acuerdan disputar un Campeonato del mundo oficial. Cada uno nombra su mediador para que establezca el reglamento y consiga financiación.

El primer título mundial en juego

Se necesitan más de dos años de negociaciones para organizar el encuentro en Nueva York. El vencedor será quien gane primero 10 partidas, y obtendrá el título de campeón del mundo. Se prevén 3 partidas por semana. Cada cuatro horas de juego se realizará una pausa de dos horas. Cuando uno de los dos jugadores haya conseguido 4 victorias, el encuentro se trasladará a Saint Louis. Cuando uno de los protagonistas haya conseguido 3 victorias allí, seguirá en Nueva

Orleans. En fin, cada uno de los bandos debe aportar una bolsa de 2 000 dólares.

Comienzos inciertos. La confrontación comienza el 11 de enero de 1886 bajo los auspicios del Manhattan Chess Club, y se celebra en los locales del restaurante Cartier's, en el número 80 de la 5.ª Avenida. Un enorme tablero mural permite que la concurrencia siga la partida, disputada al ritmo de una hora de reflexión para jugador por cada 15 movimientos. Steinitz gana brillantemente la primera partida y parece dominar el encuentro, ¡pero pierde las 4 siguientes! En cada ocasión, se repite el mismo escenario: consigue una buena posición, pero luego comete un error que la echa por tierra. Zukertort, gran experto en la combinación, no desaprovecha las ocasiones y fuerza la salida de Nueva York mucho antes de lo previsto.

El 1 de febrero de 1886, se reinicia el encuentro en Saint Louis. Las condiciones del juego plantean algunos problemas. Steinitz hace que cambien el tablero, pues no acepta que las casillas claras sean de color rojo. Luego, una avería de la calefacción provoca un ambiente glacial y le pide a Zukertort suspender la partida. La negativa de éste reaviva su combatividad ¡y se impone en 61 movimientos!

La victoria de Steinitz. La segunda partida jugada en Saint Louis, séptima del encuentro, resulta crucial:
Blancas: Zukertort; negras: Steinitz

Cuando el público, unas doscientas personas, piensa que Steinitz colocará su alfil de casillas negras en d4 para atacar a la dama blanca, él inventa el asombroso:

32... Ae5+!! (que demuestra que, a los cincuenta años, no ha perdido ni un ápice de su potencia en el cálculo de las posibilidades tácticas...)

33.f4 (en efecto, si 33.Dxe5, 33... Dh1+ 34.Rg3 Df3+ 35.Rh4 Dxf2+ 36.Dg3 g5+! y el rey blanco debe abandonar la protección de su dama...)

33... Axf4+!! (continua el festival de ataque...)

34.Dxf4 Dh1+ 35.Rg3 Dg1+! (y Zukertort abandona sin esperar 36.Rh4 De1+! 37.Dg3 g5+ 38.Axg5 hxg5+ 39.Rxg5 Dxg3).

En la octava partida, se avería el péndulo de los dos cuadrantes. Los organizadores los envían inmediatamente a que los repare ¡el relojero del barrio! Los dos campeones se arman

de paciencia y, en un ambiente campechano, responden a las preguntas de los espectadores y también de los periodistas.

El 11 de febrero de 1886, Steinitz gana la novena partida y empata a 4 victorias. Tal como estaba previsto, el encuentro se traslada a Nueva Orleans.

Allí, se confirma la tendencia. El juego de Steinitz no presenta fisuras, mientras que el nerviosismo de Zukertort se traduce sobre el tablero en estrategias endebles y movimientos imprecisos. Aunque este último consigue ganar la decimoquinta partida, pierde 4 de las 5 siguientes, y en la vigésima y última aguanta poco más de media hora.

Wilhelm Steinitz gana con un resultado final de 10 victorias, 5 derrotas y 5 partidas nulas. Se embolsa los 4 000 dólares y, a punto de cumplir cincuenta años, se convierte en el primer campeón mundial de la historia del ajedrez.

La ley de los campeones
(1886-1939)

*La corona de campeón del mundo es un bien preciado
que se disputa con saña en desafíos y torneos.
Tras el reinado de Steinitz, vienen los del alemán
Lasker, el cubano Capablanca y el ruso Alekhine.*

Con el aumento del número de torneos, la información circula cada vez más. Así se construyen las reputaciones y se engendran los desafíos. ¿Hace falta animarlos? Sólo los campeones tienen la respuesta: según la fuerza del adversario y el dinero que se ponga en juego... será positiva o negativa.

Si la primera mitad del siglo XX registra una gran expansión de la pasión por el ajedrez en todo el mundo, también se resiente por la ausencia de una autoridad capaz de regular la organización del Campeonato del mundo. La arbitrariedad reina demasiado a menudo, bloqueando el ascenso de algunos jugadores. La Federación Internacional de Ajedrez (FIDE), creada en 1924, cubre este vacío.

Apogeo y declive de Steinitz

Como si se hubiera quebrado un resorte, el juego de Zukertort ya no volverá a recuperar su brillantez. Pese a los consejos médicos, sigue participando en las competiciones; pero, poco después de conseguir un penoso séptimo lugar en el torneo de Londres de 1888, fallece de un derrame cerebral.

Tras ser coronado campeón mundial, Steinitz apenas juega. Rechaza el desafío que le lanza Henry Bird, al que no considera de suficiente nivel. Poco después, los alemanes expresan el deseo de enfrentarlo a Paulsen. Esta vez, Steinitz rehúsa por razones financieras. Pero nuevos asaltos llegan desde el Este.

Tchigorine, un adversario virtuoso. Mikhaïl Tchigorine, nacido en San Petersburgo en 1850, empieza a distinguirse por su original estilo, a medio camino entre el romanticismo de los antiguos y el enfoque de Steinitz, demasiado dogmático y defensivo para su gusto. Tchigorine insiste en la unicidad de cada posición y en la imposibilidad de limitar la reflexión al espacio que queda entre los «raíles» impuestos por algunos principios del juego. Una de las particularidades del ruso es su virtuosismo con los caballos.

El encuentro Steinitz-Tchigorine se celebra en Cuba, organizado por el club de La Habana. Tras un agotador mes de viajes en diferentes barcos, Tchigorine llega a la isla a mediados de enero. El 20 de enero de 1889, a las 14 horas, avanza dos casillas su peón del rey y comienza la lucha.

Los reglamentos del encuentro son los mismos del que había enfrentado a Steinitz con Zukertort. Curiosamente, las 16 primeras partidas acaban todas en victoria, y las únicas tablas que se dan son las que le conceden a Steinitz los 10,5 puntos que le aseguran la victoria.

La cuarta partida, en la que Steinitz domina todas las complicaciones tácticas, refleja muy bien su clara superioridad:

Blancas: Steinitz; negras: Tchigorine

Partida de peón dama (por inversión de movimientos)

1.Cf3 d5 2.d4 Ag4 3.c4 Axf3 4.gxf3 e6 5.cxd5 Dxd5 6.e4 Ab4+ 7.Cc3 Da5 8.Ad2 Cc6 9.d5! exd5 10.a3 Cd4 11.Ad3 0-0-0 12.axb4! Cxf3+ 13.Dxf3! Dxa1+ 14.Re2 Dxb2 15.Tb1 Da3 16.Cb5 Da6 17.Dxf7 Db6 18.Tc1 Ch6 19.Dxg7 dxe4 20.Dxc7+ Dxc7 21.Txc7+ Rb8 22.Axe4. Las negras abandonan.

A juicio de sus enemigos (cosechó muchos durante sus años londinenses), Steinitz se aprovechó del cambio de clima sufrido por Tchigorine, que había pasado directamente del invierno de San Petersburgo al calor del trópico. Por eso le reclaman la revancha, pero en Rusia.

Debates estratégicos. En 1890, el club de La Habana, decididamente activo, invita a Tchigorine y a Gunsberg a un duelo en 24 partidas. Tras 23 partidas y un resultado igualado, ¡los cubanos deciden que no se juegue la última para no crear un sentimiento de injusticia hacia una lucha tan igualada! Isidor Gunsberg, un húngaro de treinta y seis años, se sitúa como posible rival de Steinitz.

En agosto de este mismo 1890, el club de Manchester es escenario del enfrentamiento entre un buen número de jugadores de alto nivel. El vencedor es el alemán Siegbert Tarrasch, un médico de veintiocho años que ya había ganado los torneos de Nuremberg y Breslau. Más que un competidor, él se considera un teórico del juego. Hace suya la idea de Steinitz según la cual «el jaque mate es el fin, pero no el primer objetivo de una partida de ajedrez», y se opone a los últimos «románticos», como Tchigorine, empeñados en dirigirse cuanto antes contra el rey enemigo. Para Tarrasch, la apertura debe perseguir el dominio del centro y, para ello, hay que ocuparlo con los peones.

Durante toda su vida, se atendrá a este principio.

En otoño, tras un debate sobre los fundamentos de algunas aperturas, Steinitz y varios miembros del Manhattan Chess Club se enfrentan por telégrafo a Tchigorine, asociado al club de San Petersburgo. Las concepciones un tanto extremistas que defiende Steinitz en esta polémica reciben un auténtico varapalo, y las 2 partidas acaban, al año siguiente, con la victoria de los rusos.

Steinitz, siempre invencible. Steinitz vuelve a poner su título en juego a finales de 1890, y se enfrenta a Isidor Gunsberg en el Manhattan Chess Club. El aspirante podía haber sido Tarrasch, pero éste antepone el cuidado de sus enfermos y declina la invitación.

Hace dos años que Steinitz no participa en una competición. La lucha resulta más apretada de lo previsto y su inquietud no se disipa hasta la decimoctava partida, que le proporciona los 10,5 puntos necesarios para conservar el título.

Las dos partidas jugadas, y perdidas, a distancia contra Tchigorine han dejado un regusto amargo a Steinitz. Sus cualidades de analista han quedado en entredicho. Así, cuando llega una invitación del club de La Habana para un nuevo duelo con el ruso, olvida sus problemas de salud, la afección en la rodilla que le obliga a caminar con un bastón, y acepta el desafío.

En Rusia reina el optimismo. León Tolstoi, que juega a menudo con Tourguéniev, confiesa su admiración por Tchigorine y, según él, no puede refrenar su patriotismo cuando se sorprende deseando ardientemente la victoria del ruso.

El ajedrez, llevado a Cuba por los españoles, se ha hecho muy popular, y el club de La Habana, en cuyos suntuosos locales se disputa el encuentro, tiene ¡5 000 miembros!

41

El primer peón se mueve el 1 de enero de 1892. El título será para el primero que gane 10 partidas. Tchigorine se pone por delante: tras 11 partidas, gana por 4 victorias a 3. Pero cuando empieza la vigesimotercera, el resultado es de 9-8 a favor de Steinitz. Se presiente que todo se decidirá en esta partida. La violenta apertura favorece a Steinitz. Pero el campeón del mundo, en un exceso de optimismo, decide sacrificar un caballo para hacerse con algunos peones blancos. Concepción errónea, pues 3 piezas blancas apuntan inmediatamente contra su rey. Todos los expertos predicen la victoria de Tchigorine. La continuación ya no es más que pura tragedia.

Blancas: Tchigorine; negras: Steinitz

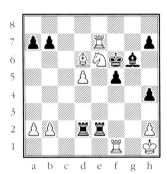

Le toca jugar a Tchigorine, con las blancas. Las amenazantes torres negras están neutralizadas por el alfil blanco, que controla la casilla h2. Alrededor de mil personas asisten a la partida, reproducida en un tablero gigante. De súbito, Tchigorine mueve una pieza e, inmediatamente, se lleva las manos a la cabeza. Está lívido, y su rostro expresa auténtico terror. ¡Acaba de mover su alfil de d6 a b4, dando a Steinitz la posibilidad de hacer mate en 2 movimientos! Sin esperar a que las torres negras lleguen a h2 y después a g2 para esta conclusión, el ruso abandona la lucha en medio del griterío de los incrédulos espectadores, que impide oír las palabras que se intercambian los jugadores.

El desafío de Lasker. Un jugador alemán entra en escena. En 1892, Emanuel Lasker gana dos encuentros seguidos en Londres, contra Bird y Blackburne. Desde hace cuatro años, este estudiante de matemáticas de veinticuatro años, nacido en Berlinchen (actualmente Berlinek, en Polonia), acumula éxito tras éxito. Parece al margen de la guerra ideológica entre el romanticismo de Tchigorine y el rigor metódico de Steinitz. Arriesgándose a que lo tachen de cínico, confiesa que sólo está interesado en una verdad: la de la victoria. Lasker espera cubrir una nueva etapa en su ascensión enfrentándose a Tarrasch, pero su compatriota se niega, con el pretexto de la falta de experiencia de Lasker. Entonces decide apuntar al número uno, Steinitz, y le lanza un desafío oficial durante el verano de 1893.

Tras varios meses de negociaciones, se llega a un acuerdo financiero: cada uno aportará 2 000 dólares. El primero que obtenga 10 victorias será campeón del mundo y se embolsará los 4 000 dólares.

Lasker, segundo campeón del mundo. El encuentro empieza el 16 de marzo de 1894 en el hotel Union Square de Nueva York. Las simpatías del público se decantan en favor de Steinitz, que se apoya en un bastón y una muleta para caminar. Unos pocos años más, y podría ser el abuelo del alemán. Tras 2 partidas en tablas, Lasker gana la séptima y la octava. Como estaba previsto, el duelo se traslada entonces a Filadelfia.

La competición se reanuda a mediados de abril en el Franklin Chess Club de Filadelfia. Allí, las cosas se ponen peor para Steinitz, y la diferencia se ensancha a 5 puntos. Aunque el combate es reñido, lo más usual es que Steinitz acabe cediendo, como en la novena partida, en la que se libra una encarnizada lucha técnica:

Blancas: Lasker; negras: Steinitz
Apertura española. Defensa Steinitz
1.e4 e5 2.Cf3 Cc6 3.Ab5 d6 4.Cc3 a6
5.Ac4 Ae6 6.Axe6 fxe6 7.d4 exd4
8.Cxd4 Cxd4 9.Dxd4 Ce7 10.Ag5 Cc6
11.Axd8 Cxd4 12.0-0-0 Cb5¿ 13.Cxb5
axb5 14.Axc7 Txa2 15.Ab6 Ae7
16.c3 Rf7 17.Rc2 Tha8 18.Rb3 T2a4
19.f3 T8a6 20.Ad4 g6 21.Td3 Re8
22.Thd1 e5 23.Ae3 Rd7 24.Ac5! Ta1
25.T1d2 Re6 26.Aa3 g5 27.Td5 Tb6
28.Rb4 g4 29.Ra5 Ta6+ 30.Rxb5 h5
31.Td1 Txd1 32.Txd1 gxf3 33.gxf3
Ta8 34.Rb6 Tg8 35.Rxb7 Tg2 36.h4
Th2 37.Rc6 Axh4 38.Txd6+ Rf7
39.Rd5 Af6 40.Td7+ Rg6 41.Re6 h4
42.Td1 h3 43.Tg1+ Tg2 44.Txg2+ hxg2
45.Ac5 Ad8 46.b4 Rg5 47.Rd7 Af6
48.b5 Rf4 49.b6. Las negras abandonan.

Tras los triunfos de Lasker en las
partidas décima y undécima, el encuentro emigra a Montreal. Los días de
recuperación hacen que Steinitz se
encuentre allí como resucitado y gana
las partidas 13 y 14, poniendo el marcador en 4-7. Breve suspense. Emanuel Lasker, veintiséis años, se impone definitivamente el 20 de mayo de
1894, convirtiéndose en el segundo
campeón oficial del mundo.

A pesar de este golpe que pone fin
a treinta años de dominio, Steinitz no
muestra ningún rencor. Rinde un sin-
cero homenaje al talento de Lasker...
¡y le pide la revancha!

Un premio de belleza para Steinitz. En
el verano de 1895, se celebra en Inglaterra la primera edición del torneo de
la estación balnearia de Hastings. Allí
se da cita la flor y la nata del ajedrez
mundial: Lasker, el campeón del mundo, Steinitz, el ex campeón, los desa-
fortunados finalistas Mikhaïl Tchigorine e Isidor Gunsberg, Siegbert
Tarrasch, que gana casi todos los torneos en los que participa, sus compatriotas Kurt von Bardeleben, Richard
Teichmann y Jacques Mieses, el im-

perturbable austriaco Carl Schlechter,
los dos veteranos londinenses Henry
Bird y Joseph Henry Blackburne, y
también el francés de origen polaco
David Janowski, célebre por su mane-
jo ofensivo de los alfiles.

Ante la sorpresa general, Bardeleben va en cabeza después de 9 rondas. Por desgracia, se enfrenta entonces a un Steinitz en la cima de su arte,
y éste consigue un premio a la belleza,
otorgado especialmente por la partida
que enfrenta a ambos. A pesar de la
indefensión de su rey, Steinitz logra
proseguir el ataque gracias a una
«torre loca» que no hay manera de
atacar.

Blancas: Steinitz; negras: von Bardeleben
Partida italiana
1.e4 e5 2.Cf3 Cc6 3.Ab5 Ab4 4.c3 Cf6
5.d4 exd4 6.cxd4 Ab4+ 7.Cc3 d5 8.exd5
Cxd5 9.0-0 Ae6 10.Ag5 Ae7 11.Axd5
Axd5 12.Cxd5 Dxd5 13.Axe7 Cxe7
14.Te1 f6 15.De2 Dd7 16.Tac1 c6 17.d5!!
cxd5 18.Cd4 Rf7 19.Ce6 Thc8 20.Dg4 g6
21.Cg5+ Re8 22.Txe7+!! Rf8! 23.Tf7+!!
Rg8 24.Tg7+!! Rh8 25.Txh7+
Entonces, von Bardeleben se levanta
y, sin pronunciar ni una sola palabra,
se pone el abrigo y sale. El mismo
Steinitz explica a los pasmados espectadores el porqué. Se disponía a dar
mate en 10 movimientos, así: 25...
Rg8 26.Tg7+ Rh8 27.Dh4+ Rxg7
28.Dh7+ Rf8 29.Dh8+ Re7 30.Dg7+
Re8 31.Dg8+ Re7 32.Df7+ Rd8
33.Df8+ De8 34.Cf7+ Rd7 35.Dd6
¡mate!

Tras 19 rondas, Tchigorine va en
cabeza, seguido por Pillsbury y Lasker. Pero entonces pierde contra Janowski y es superado por el sorprendente Harry Nelson Pillsbury, que
acaba en primer lugar, con 16,5 puntos sobre 21, y gana 150 libras. Lasker
queda tercero, Tarrasch, cuarto, y
Steinitz, quinto.

Un personaje asombroso este Pillsbury, con aspecto de dandi y una

43

Peón. Juego de ajedrez de Toula, acero, finales del siglo XVIII. (Museo del Ermitage, San Petersburgo.)

capacidad intelectual muy por encima de lo común. Realiza exhibiciones muy originales: se le conceden dos minutos para leer cincuenta palabras sin relación unas con otras, luego juega unas simultáneas de ajedrez, después unas manos de *whist* y, por último, se le pide que reproduzca la lista de palabras, ¡y lo hace en el orden exacto!

El triunfo de Lasker en Moscú. Steinitz va a Baviera para someterse a una cura a base de baños helados. Espera resolver así los problemas de reumatismo que, sumados a los de insomnio, dificultan su concentración.

La insistencia de Steinitz en reclamar una revancha a Lasker da frutos en el otoño de 1896. Moscú los acoge. El vencedor, el primero que gane 10 partidas, se embolsará 2 000 rublos, y el perdedor, 1 000. El encuentro comienza el 25 de octubre en los locales del club de los Médicos, uno de los pocos inmuebles de Moscú que cuenta con iluminación eléctrica. El coraje y las ideas estratégicas del sexagenario no han perdido vivacidad, pero la resistencia física es su punto débil en la revancha. Pronto se ve en dificultades con el reloj. En la sexta partida, se eterniza haciendo conjeturas y sobrepasa el tiempo de reflexión. Lasker, magnánimo, no lo tiene en cuenta y acepta continuar la partida. Steinitz comienza a manifestar un comportamiento extraño. En plena partida, llega a ponerse bolsas de hielo en la frente.

El talento y el oportunismo del campeón del mundo hacen maravillas y, a pesar de una tardía y efímera reacción de Steinitz, el encuentro acaba el 14 de enero de 1897 con el triunfo de Lasker.

Steinitz reconoce la superioridad del alemán, y confiesa que nunca se había enfrentado a un adversario tan poderoso. Sin embargo, busca mil razones para su derrota: la excesiva temperatura en la habitación de su hotel, la imposibilidad de conseguir hielo o el mal estado de su rodilla, que le molesta cuando se mueve. De hecho, Steinitz se hunde en una depresión nerviosa y permanece en un hospital psiquiátrico de Moscú durante más de un mes. En lo peor de la crisis, se imagina que puede telefonear sin ayuda del aparato.

El trágico fin de Steinitz. Tarrasch o Pillsbury son los dos nombres que más suenan para un posible enfrentamiento con Lasker. Pero éste quiere obtener primero su doctorado en matemáticas, y pasa dos años en la Universidad de Heidelberg. Los problemas monetarios acucian a Steinitz, que intenta negociar mejores condiciones financieras para un nuevo Campeonato del mundo.

Habrá que esperar al mes de mayo de 1899 para asistir a una nueva cita de la elite mundial: Londres organiza un torneo con 15 jugadores, a doble ronda. Es un triunfo para Lasker, y un drama para Steinitz, que, por primera vez en su carrera, no consigue ningún premio. El campeón del mundo acaba con 23,5 puntos sobre 28 y un considerable margen de 4,5 puntos sobre el segundo. El quinto es el austriaco Carl Schlechter, que asciende lento pero seguro en la jerarquía. Steinitz es décimo, y no consigue ni la mitad de los puntos en disputa.

Lasker consigue su doctorado en matemáticas y se mantiene al margen durante cierto tiempo. Para volver a la competición, pide unos fijos de salida que los organizadores de los torneos consideran excesivos.

Y para una eventual disputa del título, el alemán exige que se pongan 2 000 dólares sobre la mesa.

La supremacía de Lasker

Tras un período de ocho años durante el cual no pone en juego su título de campeón del mundo, Lasker derrota cada año a nuevos candidatos. Pero se inclina en 1921 ante Capablanca, joven cubano con un estilo fluido, rápido, claro, lógico y enérgico.

Los torneos de principios de siglo. En mayo de 1900, París organiza un torneo internacional que coincide con la gran Exposición universal. A los premios previstos, el presidente de la República añade cuatro jarrones de Sèvres. Como años atrás en Londres y Nueva York, se decide que, en caso de tablas, la partida se juegue otra vez, y no se admite el reparto de puntos más que en caso de reincidencia. Una vez más, Lasker justifica su título y se impone con 2 puntos de ventaja.

Mónaco organiza su primer y lujoso torneo en 1901. Del vencedor, David Janowski, se dice que perdió el importe de su premio en el casino, a las pocas horas de recibirlo.

En el segundo torneo de Montecarlo, en 1902, se establece un curioso sistema. ¡Se decide conceder un baremo de puntos en caso de tablas! Al final de una partida equilibrada se otorga el medio punto habitual a cada jugador, pero si hay ventaja (por ejemplo, rey y un alfil contra rey), se concede 3/4 (o 0,75) de punto al atacante, y el otro jugador se queda con 1/4 de punto. El húngaro Geza Maroczy se impone por 14,75 puntos sobre 19 posibles en el único torneo en que funciona este sistema.

Al año siguiente, en 1903, tiene lugar en Viena un torneo temático, con apertura impuesta. Todas las partidas deben comenzar con 1.e4 e5 2.f4 exf4, el «gambito de rey aceptado», la apertura romántica por excelencia. Es la fórmula ideal para el caduco estilo de Tchigorine, que gana ante Marshall, Marco y Pillsbury.

La ascensión de Marshall. Lasker sigue en silencio. Dicen haberlo visto con las cartas en la mano en un torneo de bridge..., y luego reaparece en 1904. En Cambridge Springs, Estados Unidos, acaba segundo, empatado con Janowski y por detrás de un asombroso Frank James Marshall. El neoyorquino se convierte en la gran esperanza del otro lado del Atlántico, pues Pillsbury, que había contraído la sífilis años antes en Europa, está aquejado de parálisis y muere a los treinta y cinco años sin haber podido disputar el título supremo.

En 1905, París acoge la explosiva confrontación entre dos jugadores de contundentes estilos: Marshall y Janowski. El final de la tercera partida es un célebre ejemplo de sacrificio de dama:

Blancas: Janowski; negras: Marshall

12... Dxf3!! 13.cxb4 Cc6 14.Ab2 Cxb4!! 15.Axh7+ Rh8 16.gxf3 Cxc2 17.Axc2 Ah3+ 18.Rg1 Te2 19.Tc1 Tae8 20.Ac3 T8e3!! 21.Ab4 Txf3 22.Ad1 Tf6!! 23. Las blancas abandonan.

Al final, Marshall se impone con 3 partidas de ventaja.

Las victorias de Lasker sobre todos los candidatos. Estamos en 1907. Lasker es campeón desde hace ocho años, y nunca ha puesto el título en juego. Decide reducir sus exigencias financieras a 1 000 dólares para enfrentarse a un eventual candidato. Frank Marshall es el primero que se presenta. El encuentro se reparte entre Nueva York, Filadelfia, Baltimore, Chicago y Memphis. Se declarará campeón del mundo al primero que gane 8 partidas.

De entrada, Lasker gana 3. Tras 15 partidas, la cosa queda perfectamente clara: Lasker ha conseguido 8 victorias y no ha sufrido ninguna derrota.

En 1908, Lasker acepta un nuevo duelo en la cumbre. Es el turno de su compatriota Siegbert Tarrasch, apodado el *Praeceptor germaniae*, que critica el juego de Lasker, demasiado defensivo para su gusto. La confrontación empieza en Düsseldorf y continúa en Munich. En la recepción previa al encuentro, cuando Tarrasch divisa a Lasker, le suelta: «¡Con usted, doctor Lasker, me bastan dos palabras: jaque mate!», y le vuelve la espalda. Lasker le da una réplica contundente sobre el tablero: le bastan 16 partidas para conseguir 8 victorias, y no concede más que 3 derrotas.

Por su parte, David Janowski encuentra en París el apoyo financiero para enfrentarse a Lasker. Con su habitual optimismo, lanza sus ataques sin suficiente preparación, y cosecha un cruel resultado. Mal perdedor, proclama: «Este Lasker juega de una forma tan estúpida que no puedo mirar el tablero mientras él reflexiona. Me temo que no haré nada bueno en este encuentro.» Bastaron 10 partidas para consumar su derrota. Antes de que transcurran dos meses, Lasker pone su título en juego ante el austriaco Carl Schlechter, pero no sin asegurarse antes unas ventajosas condiciones. Para arrebatarle la corona, Schlechter tiene que conseguir 2 puntos de ventaja en 10 partidas. Si lo logra, tiene que conceder inmediata-

mente la revancha a Lasker; si la gana, ¡podrá considerarse campeón del mundo!

El encuentro comienza en Viena el 7 de enero de 1910. Schlechter confirma su apodo de «rey de las tablas»; pero ¡oh sorpresa!, gana la quinta partida. Las 4 siguientes acaban en tablas. Todo se juega en la décima, la última. Schlechter consigue sacar al rey enemigo de su enroque, pero falla en su ataque y acaba perdiendo. Resultado final: 5-5. Lasker entra así en su decimosexto año de reinado.

En 1910, David Janowski vuelve a la carga... y es aplastado de nuevo por Lasker: sólo consigue 3 penosas partidas en tablas.

La aparición de un joven prodigio.
Estamos en el mes de febrero de 1911, y los grandes maestros acogen con escepticismo a José Raúl Capablanca en el Gran Casino de San Sebastián. Los organizadores de este nuevo torneo del País Vasco (en el que, por primera vez, todos los jugadores están subvencionados al ciento por ciento) habían tenido la idea de invitar al joven jugador cubano, de veintitrés años, que recibía todo tipo de elogios al otro lado del Atlántico. Su aplastante victoria sobre Marshall en un encuentro disputado en Nueva York en 1909 había dado mucho que hablar. Pero los europeos, como Schlechter, Tarrasch o Rubinstein, no se acaban de creer la valía de este nuevo prodigio. Lasker, el campeón del mundo, abriga las mismas dudas y acaba de responder negativamente a una desafiante carta de Capablanca. «¡Demasiado presuntuoso. Primero, que haga los deberes!», piensan todos. Del cubano se sabe que juega muy rápido, que tiene un estilo fluido y que descolla en las posiciones simples. Sobre todo, parece que juega sin hacer esfuerzos. ¿Será por su precoz iniciación a los cuatro años en las ro-

dillas de su padre, buen jugador de club? Capablanca suele afirmar que el juego es para él «como una lengua materna».

El polaco Akiba Rubinstein consigue batir a Capablanca en su encuentro individual, pero en el marcador general, su renuncia a asumir riesgos en ataque le cuesta demasiadas partidas nulas. Capablanca da la sorpresa alzándose con el primer puesto del torneo. Lasker lo ve claro: Capablanca y Rubinstein son dos candidatos peligrosos.

Rubinstein prosigue su ascensión y se impone en 1912: disputa 3 torneos y consigue otras tantas victorias. Todos admiran la cristalina calidad de su juego, pero nadie le da ayuda financiera para enfrentarse con Lasker.

El torneo de San Petersburgo. Mientras tanto, siguen las negociaciones para un encuentro Lasker-Capablanca. El campeón del mundo pone alto el listón y exige una garantía superior a los 5 000 dólares.

San Petersburgo organiza en 1914 una nueva cita a la que acuden los mejores jugadores del mundo, salvo los del Imperio austrohúngaro. Antes de empezar la última ronda, Capablanca tiene medio punto de ventaja sobre Lasker; los otros quedan atrás. Sólo falta la partida entre los dos líderes. El campeón del mundo está obligado a ganar. Curiosamente, escoge con las blancas una línea de juego considerada poco ambiciosa por la precoz desaparición de las damas. La trampa psicológica es soberbia. El joven Capablanca olvida el peligro y recibe una cruel lección. Se encuentra con sus piezas rodeadas y paralizadas y tiene que rendirse, cediendo el primer puesto a Lasker:

Blancas: Lasker; negras: Capablanca
Partida española. Variante del cambio
1.e4 e5 2.Cf3 Cc6 3.Ab5 a6 4.Axc6 dxc6 5.d4 exd4 6.Dxd4 Dxd4 7.Cxd4

Ad6 8.Cc3 Ce7 9.0-0 0-0 10.f4 Te8 11.Cb3 f6 12.f5 b6 13.Af4 Ab7 14.Axd6 cxd6 15.Cd4 Tad8 16.Ce6 Td7 17.Tad1 Cc8 18.Tf2 b5 19.Tfd2 Tde7 20.b4 Rf7 21.a3 Aa8 22.Rf2 Ta7 23.g4 h6 24.Td3 a5 25.h4 axb4 26.axb4 Tae7 27.Rf3 Tg8 28.Rf4 g6 29.Tg3 g5+ 30.Rf3 Cb6 31.hxg5 hxg5 32.Th3 Td7 33.Rg3 Re8 34.Tdh1 Ab7 35.e5 dxe5 36.Ce4 Cd5 37.C6c5 Ac8 38.Cxd7 Axd7 39.Th7 Tf8 40.Ta1 Rd8 41.Ta8+ Ac8 42.Cc5. Las negras abandonan.

El estupor preside la inmediata posguerra. Mientras Capablanca prosigue su ascensión haciéndose con el torneo de Nueva York en 1918, recibe una carta de Lasker ¡en la que el campeón del mundo le cede el título y le desea una larga y brillante carrera! Una profunda decepción se apodera de Cuba, y Capablanca declara que prefiere la derrota frente a Lasker antes que ostentar un título conseguido de esta forma. Finalmente, una colecta en La Habana permite reunir 20 000 dólares. Lasker se deja convencer...

Los grandes desafíos de los años veinte-treinta

La Federación internacional de ajedrez (FIDE), creada en 1924, intenta dictar su ley a unos campeones habituados a poner el título en juego cuando les apetece. Pero enfrentada a personalidades tan excepcionales como las de Capablanca o Alekhine, avanza con mucha lentitud en sus propósitos.

El Campeonato del mundo de 1921. Tras once años de interrupción, el Campeonato del mundo de ajedrez renace el 16 de marzo de 1921 en un casino de la capital cubana. Se disputa

LA HISTORIA DEL AJEDREZ

al mejor de 24 partidas, con un ritmo de una hora de reflexión para cada 15 movimientos. No hay un pronóstico claro. La voluntad de hierro y las artimañas psicológicas de Lasker parecen compensar su avanzada edad.

La lucha es muy técnica. Ni Lasker ni Capablanca desean correr riesgos. Las 4 primeras partidas, más bien aburridas para los amantes del riesgo, acaban en tablas. La quinta también podría haber finalizado de la misma manera:

Blancas: Capablanca; negras: Lasker

Estamos en el movimiento 45 y llevamos más de cinco horas de partida. Lasker conduce las piezas negras y su rey está en jaque, amenazado por la dama blanca. Tiempo atrás, seguramente habría visto el peligro y lo movería a e6 o f6. ¿La edad, la fatiga? Lasker coge el rey y comete el irreparable error de desplazarlo a f8. La réplica de Capablanca es automática y contundente: 46.Db8+! Lasker, estremecido, comprende que es el fin. La dama blanca puede seguir la huida del rey y darle jaque en h8 o en e5, lo que le permitirá capturar la dama o el caballo negros. Lasker tiende su mano a Capablanca en signo de abandono.

El encuentro sigue con el mismo ritmo de sus inicios: 4 partidas nulas. Luego, como se preveía, Lasker se desmorona y pierde las partidas 10 y 11.

Hace veintisiete años que dura su reinado, y el sentimiento de resigna-

ción que expresaba en su carta de meses atrás parece poder más que él. Vuelve a perder y decide abandonar la lucha. «Mi mala salud se agrava con el opresivo calor que reina en la isla», declara a modo de excusa. ¡Pero los testigos afirman que nunca lo vieron salir sin abrigo, sombrero y bufanda!

Un año después, una vez superada la decepción, Lasker rinde homenaje a su joven vencedor: «Su juego es claro, lógico y poderoso.»

La confirmación de los nuevos talentos. Budapest, Triberg y de nuevo La Habana, 3 torneos en este año de 1921, y 3 triunfos para Alexander Alekhine. Este joven descendiente de la aristocracia rusa empieza a competir con Rubinstein por el papel de candidato frente al nuevo campeón del mundo. Pero Capablanca no tiene prisa. Interrogado al respecto, responde que hay que esperar a sus resultados en otros torneos.

En 1922, Rubinstein se impone en Viena al francés de origen polaco Xavier Tartacower, que tiene un gran sentido del humor. «El ganador es quien comete el penúltimo error», o «Nunca he ganado a un adversario que goce de buena salud», son algunas de las ocurrencias con que regocija al mundo del ajedrez.

Los participantes en el torneo de Londres fijan con ayuda de Capablanca las condiciones para una nueva disputa del título. Será para «el primer ganador de 6 partidas, sin que cuenten las nulas». Este texto, llamado «protocolo de Londres», tendrá suma importancia más tarde.

Lasker reaparece en 1923, en Ostrava. Acaba primero, por delante de Richard Réti, uno de los fundadores de la Escuela hipermoderna, con Gyula Breyer y Aaron Nimzowitsch. Este grupo de pensadores preconiza ideas revolucionarias, en especial la de que los peones no ocupen el centro durante las aperturas. Breyer la lleva al límite: afirma que 1.e4 supone un debilitamiento, pues los peones centrales son demasiado valiosos para enviarlos al asalto en primera línea, y preconiza el despliegue de los alfiles por las grandes diagonales («en fianchetto»). Nimzowitsch, por su parte, defiende en *Mi sistema* los beneficios de una «sobreprotección de los peones fuertes».

El carisma de Capablanca. En 1924, el hotel Alamac de Nueva York, en la esquina de Broadway con la calle 47, reúne en un torneo a los dos campeones del mundo aún vivos. Gran parte de la elite del momento los acompaña.

A medio torneo, Capablanca pierde contra Réti y termina segundo, detrás de Lasker. Visiblemente decepcionado por no haber hecho honor a su categoría, se limitará a alabar la «determinación» de Lasker.

De porte elegante, el «Señor» Capablanca fascina a las muchedumbres. Juega tan rápido y con tal eficacia en las exhibiciones, que se gana el apodo de «Chess Machine». Cuando participa en los torneos, sus derrotas son tan raras que parece que sea invencible cuando decide no correr riesgos. Temeroso de que en el futuro proliferen las partidas acabadas en tablas, ¡propone ampliar el tablero a 100 casillas y añadir nuevas piezas! Por lo demás, fija estas condiciones para aceptar un desafío, venga de donde venga: hay que poner sobre la mesa una bolsa de 10 000 dólares, de los cuales le corresponderán 2 000 como fijo de salida; el 60 % de los 8 000 dólares restantes será para el vencedor; y el 40 %, para el perdedor.

Hace seis años que el título de campeón del mundo no se pone en juego. Para desbloquear la situación, los organizadores neoyorquinos deciden reeditar en febrero de 1927 un torneo como el de 1924, para decidir así el candidato para un duelo con Capablanca. Ignoran que éste y Alekhine ya se han puesto de acuerdo para disputar un encuentro a finales de año. La competición suscita gran interés, pues el carisma de Capablanca es enorme. A media prueba, el cubano está empatado con Nimzowitsch, pero el inventivo danés no aguanta el ritmo y deja escapar a Capablanca, que consigue uno de los mayores éxitos de su carrera. Alekhine es segundo.

Alekhine, cuarto campeón del mundo. La esperada final entre Capablanca y Alekhine empieza, por fin, el 16 de septiembre de 1927 en Buenos Aires. El cubano es el gran favorito: de las 158 partidas disputadas en trece años, ¡sólo ha perdido 4! Pero Alekhine se ha preparado minuciosamente y ha examinado a fondo todas las partidas de su adversario, en busca de eventuales puntos débiles. El ruso, gran admirador de Tchigorine, no comparte las declaraciones de Capablanca, para quien los recursos del ajedrez comenzaban a agotarse. Las considera un ejemplo de suficiencia.

El encuentro parece dar la razón al ruso, que empieza ganando. Pero la orgullosa reacción de Capablanca no se hace esperar: empata y luego se pone por delante, tras ganar la tercera y la séptima partidas. Luego se produce un nuevo vuelco: Alekhine gana las partidas 11 y 12 y se pone por delante, 3-2.

A partir de aquí, el encuentro responde a las predicciones de Capablanca, en el sentido de que es imposible establecer diferencias entre adversarios del más alto nivel. Ambos desarrollan un juego muy sólido y se suceden las tablas, para desespera-

49

Caballo. Juego chino, hueso o marfil, siglo XIX. (Col. part.)

ción de los espectadores argentinos: 8 partidas nulas, luego una victoria de Alekhine (4-2), otras 7 nulas, una victoria de Capablanca (4-3), 2 nulas y una nueva victoria de Alekhine (5-3). Tras un maratón de tres meses, todo acaba en la trigesimocuarta partida, muy técnica y una perfecta ilustración del encuentro.

En la primera parte del juego, Alekhine consigue capturar un peón. En el movimiento 69, la partida se aplaza hasta el día siguiente, 27 de noviembre, y los jugadores pasan buena parte de la noche analizando las posibilidades. Sobre el tablero sólo quedan los reyes, 2 torres y peones. ¿Bastará la ligera ventaja de Alekhine para darle la victoria? Cuando se reanuda la partida, éste paraliza las fuerzas enemigas y luego abre una brecha decisiva. La partida se interrumpe de nuevo, como estaba previsto. Al día siguiente, 28 de noviembre, el ruso recibe una carta de Capablanca. En ella, le comunica su renuncia y felicita al cuarto campeón del mundo de ajedrez, ¡Alexander Alekhine!

Alekhine en la cima de su arte. Tras el encuentro de Buenos Aires, Alekhine había prometido verbalmente a Capablanca que le concedería la revancha «en los meses próximos, en las mismas condiciones». Ante la ausencia de noticias, Capablanca decide recurrir a la FIDE en el verano de 1928. Dirige una carta al holandés Alexander Rueb, primer presidente de la Federación, y éste le aconseja finalmente que insista él mismo ante Alekhine. Capablanca se siente doblemente autorizado a reclamar la revancha, pues ese año ha ganado los torneos de Budapest y Berlín.

La respuesta de Alekhine le llega en el otoño de 1928. Ya ha comprometido un encuentro con Bogoljubow para el verano de 1929, y le hace ver a Capablanca que no debe impacientar-

se, pues él mismo ha hecho esperar a los candidatos durante seis años antes de poner el título en juego.

Efim Bogoljubow, ucraniano emigrado a Alemania en 1926, tenía un palmarés de doble campeón de la URSS y había ganado algunos grandes torneos, pero esto no era suficiente para que el público lo considerase un contrincante peligroso para Alekhine. De hecho, el encuentro, que comenzó el 6 de septiembre en Wiesbaden y continuó en varias ciudades alemanas, fue un auténtico paseo para Alekhine, que se impuso por 11 victorias, 9 partidas nulas y 5 derrotas.

1930-1933: cuatro años triunfales para Alekhine. Acapara los primeros puestos en cuantos torneos participa, con diferencias enormes. En ninguno de ellos está presente Capablanca: Alekhine disuade a los organizadores exigiendo un suplemento de 2 000 dólares si invitan al cubano...

En la cima de su arte, Alekhine crea numerosas obras maestras, como la partida que sigue, jugada en el torneo de Bled de 1931:
Blancas: Pirc; negras: Alekhine
Defensa Tarrasch. Contragambito Schara-Hennig
1.d4 d5 2.c4 e6 3.Cc3 c5 4.cxd5 cxd4 5.Da4+ Ad7 6.Dxd4 exd5 7.Dxd5 Cc6 8.Ag5 Cf6 9.Dd2 h6 10.Axf6 Dxf6 11.e3 0-0-0 12.0-0-0? Ag4 13.Cd5 Txd5! 14.Dxd5 (y aquí Alekhine muestra todo su arte) 14... Aa3!! 15.Db3 Axd1 16.Dxa3 Dxf2 17.Dd3 Ag4 18.Cf3 Axf3 19.Df5+ Rb8 20.Dxf3 De1+ 21.Rc2 Tc8 22.Dg3+ Ce5+ 23.Rb3 Dd1+ 24.Ra3 Tc5 25. Las blancas abandonan.

Las competiciones entre jugadores de varias generaciones. Las duras negociaciones entre Alekhine y Capablanca para un encuentro en la cumbre marcan estos años. Las cartas que se cruzan muestran el orgullo de Capablanca, que no acepta la imposición de fechas, y el oportunismo de Alekhine, se aferra a cualquier pretexto para esquivar un duelo en el que no tiene nada que ganar. La crisis económica añade nuevas dificultades, y cuando Bogoljubow encuentra financiación, Alekhine acepta de inmediato un segundo duelo con él.

El encuentro, disputado en Alemania de abril a junio de 1934, no depara ninguna sorpresa, y Alekhine consigue 8 victorias, 3 derrotas y 15 partidas nulas. A su finalización, el campeón del mundo aprovecha para anunciar que ha aceptado un desafío para finales del año siguiente... ¡frente al joven holandés Max Euwe!

A comienzos de 1935 se enfrentan en Moscú varias generaciones de jugadores. Se impone la más joven: Botvinnik (URSS) y Flohr (Checoslovaquia) son los primeros. Pero el tercer puesto es para el indestructible Lasker (¡sesenta y seis años!), que queda por delante de Capablanca.

Diciembre de 1935: ¡increíble, Alekhine acaba de perder el título! Max Euwe, treinta y cuatro años, ha conseguido 9 victorias, 8 derrotas y 13 partidas nulas. Se convierte en el quinto campeón mundial de la historia. Aunque nadie puede negar el talento de Euwe, la precipitación de Alekhine ha sido manifiesta, tanto como su inclinación por el alcohol.

Alekhine había previsto escrupulosamente el derecho a la revancha en las cláusulas del encuentro, y en 1937 recupera sin problemas el cetro, gracias a un marcador de 10 victorias a 4, con 11 partidas nulas.

La FIDE impone a Alekhine el próximo candidato, el checoslovaco Salo Flohr, que acaba de ganar el importante torneo de Kemeri (Finlandia). Pero él se hace el sueco.

Entretanto, Capablanca ha ganado en 1936 dos importantes torneos, los de Moscú y Nottingham. En este último, se juntaron 5 campeones del mundo, pasados, presentes o futuros. La clasificación quedó así: primeros, Capablanca y Botvinnik; terceros, Euwe, Fine y Reshevsky (americanos, estos dos); sexto, Alekhine; séptimos, Lasker (fue su último torneo) y Flohr. El electrificante encuentro entre Alekhine y Capablanca, el primero después de nueve años, acabó con la victoria del cubano.

En 1938, las confusas maniobras de Alekhine dan pie a la iniciativa de organizar un torneo (al margen de la FIDE) para designar a su contrincante. La Radiodifusión holandesa (AVRO) financia este encuentro que reúne a Alekhine y a sus siete delfines potenciales. ¡Sorpresa!: ¡se imponen los dos benjamines de la prueba, el estonio Paul Kérès y el americano Reuben Fine! Los siguen Botvinnik, Alekhine, Euwe, Reshevsky, Capablanca (que empieza a padecer hipertensión) y Flohr.

1939. Mientras en Buenos Aires se celebran los Campeonatos del mundo por equipos nacionales (llamados también Olimpiadas), estalla la segunda guerra mundial.

Alfil. Juego francés «Régence», boj, siglo XIX. (Col. Galeri «13, rue Jacob», París.)

Las rivalidades contemporáneas

(de 1939 a nuestros días)

Los campeones soviéticos dominan la escena hasta la irrupción del americano Bobby Fischer, que abre la era de los enfrentamientos entre los supergrandes. Luego, dos rusos, las «2 K», dominan la escena mundial.

Tras los cinco años de guerra, el mundo del ajedrez intenta cicatrizar sus heridas. Capablanca había muerto de una crisis cardíaca en 1942, en el Manhattan Chess Club, mientras contemplaba una partida. Alekhine, que aún conserva el título de campeón del mundo, se ha exiliado en Portugal. Durante la guerra, ha participado en torneos organizados en Alemania y, circunstancia agravante, ha publicado artículos antisemitas. Aunque ha sido puesto en cuarentena, recibe un desafío de Botvinnik para disputar el título. Pero sus esperanzas de volver a la competición acaban en un hotel de Estoril, donde fallece al mes siguiente, asfixiado por un trozo de carne y con su tablero de bolsillo ante él.

Desde 1946, la tensión política que reina en el mundo exacerba la rivalidad entre unos campeones que siempre han tratado de imponer su ley en la organización de las competiciones. La Federación internacional asume algunas de sus exigencias y se encarga en lo sucesivo de seleccionar a los participantes. Durante la época de la guerra fría se mueve con temeraria eficacia y consigue organizar con regularidad los torneos y los Campeonatos del mundo. Pero su autoridad quedará en entredicho a partir de 1993,

cuando una federación de jugadores profesionales decide organizar su propio Campeonato del mundo.

La hegemonía soviética

En Rusia, la pasión por el juego crece sin cesar desde los tiempos de Tchigorine. El poder comunista llega incluso a declarar el ajedrez como «un medio de educación y progreso cultural de las masas». Las fábricas tienen sus clubes de ajedrez; los locales de los pioneros, profesores encargados de enseñar el juego y descubrir eventuales talentos... Un cuarto de siglo después, los jugadores soviéticos no tienen rivales que les hagan sombra.

El reinado de Botvinnik

Como quiera que el trono de campeón del mundo está vacante, la FIDE organiza un torneo en el que los 6 mejores jugadores del mundo se disputan el título. Invita a Botvinnik (URSS), que tiene los mejores resultados de los últimos años, a Euwe, el campeón del mundo en 1935-1937, a Smyslov (URSS), a Reshevsky (varias veces campeón de Estados Unidos),

52

a Kérès (URSS) y a Fine (Estados Unidos), los 2 vencedores en el torneo AVRO de 1938. El último de ellos, que está a punto de diplomarse en psiquiatría, declina la invitación.

Cada jugador disputa 5 partidas contra cada uno de los otros 4. El torneo se desarrolla en dos fases: en marzo en La Haya, en abril en Moscú. Mikhaïl Botvinnik consigue 14 puntos sobre 20 posibles y supera con claridad a sus 4 adversarios. La FIDE ciñe a Botvinnik, de treinta y siete años, con la corona de campeón del mundo (el quinto de la historia).

La nueva organización de los Campeonatos. La FIDE anuncia el reglamento que se aplicará en lo sucesivo:

- La final del Campeonato del mundo se disputará cada tres años entre el poseedor del título y el aspirante designado oficialmente.
- Se desarrollará al mejor de 24 partidas, con un ritmo de 3 partidas por semana. Una victoria supone un punto; tablas medio punto, y una derrota, cero puntos. El tiempo de reflexión por jugador será de dos horas y media para efectuar 42 movimientos. Si la partida no concluye tras 5 horas de juego, se aplazará hasta el día siguiente, durante un máximo de 4 horas y a un ritmo de 16 movimientos por hora. Si hace falta, podrá aplazarse varias veces más.
- En caso de empate, 12 puntos para cada jugador, el campeón retiene el título.
- En caso de victoria del aspirante, el campeón derrotado tiene derecho a la revancha, en el plazo máximo de un año.
- El aspirante oficialmente designado será el vencedor del torneo de los Candidatos, en el que participarán los jugadores clasificados en los torneos interzonales, constituidos a su vez con los jugadores clasificados en los torneos zonales (distribuidos geográficamente), cuyos participantes serán designados por las diferentes federaciones naciona-

les. ¡La trayectoria de los participantes queda fijada!

El enfrentamiento Botvinnik-Bronstein.
El proceso para la designación del contrincante de Botvinnik comienza en 1948, unos meses después de su coronación. El primer torneo interzonal se disputa en Saltsjöbaden, cerca de Estocolmo, y reúne a 20 jugadores que se disputan 10 plazas. La URSS clasifica a 5 de los 6 miembros –límite impuesto por la FIDE– que forman su contingente.

El torneo de los Candidatos, última etapa para designar al contrincante de Botvinnik, se juega dos años más tarde, en 1950, en una isla del Danubio próxima a Bucarest. El moscovita David Bronstein, de veintisiete años, se convierte en el aspirante oficial.

La final del Campeonato del mundo comienza en Moscú el 16 de marzo de 1951 sin un pronóstico claro. Botvinnik ha dedicado el tiempo transcurrido desde su conquista del título, tres años atrás, a obtener el doctorado de ingeniero electricista. Su falta de entrenamiento se deja notar en los inicios del encuentro: las 4 primeras partidas acaban en tablas, y pierde la quinta. Enfrente, Bronstein ofrece una oposición contrastada: combate el juego «trabajado» y pretendidamente científico del campeón con un estilo más barroco. Botvinnik tiene que integrar en sus composiciones las situaciones imprevistas que crean las aperturas del astuto Bronstein.

A dos partidas del final, el campeón tiene un punto de desventaja. Todo se juega en la vigesimotercera partida. Bronstein tiene una cómoda posición, pero le pierde la glotonería: por ganar un peón, desmonta la armonía de su combinación y cae derrotado. El encuentro acaba con 12 puntos para cada uno y, como establece el nuevo reglamento de la FIDE, Botvinnik conserva el título tres años más.

Botvinnik contra Smyslov. La lucha por llegar hasta Botvinnik fuerza una selección implacable. A la conclusión del torneo interzonal, cuatro soviéticos, Kotov, Petrossian, Taïmanov y Geller, ocupan los cuatro primeros lugares. En un intento de rebajar la hegemonía soviética, la FIDE decide incluir también a los cuatro *ex aequo* siguientes en el torneo de los Candidatos, que se juega en Zurich en 1953. Pero la presencia del yugoslavo Gligoric, el sueco Stahlberg y el húngaro Szabo no impide un combate entre soviéticos por la plaza de aspirante. Vassili Smyslov, de treinta y dos años, la consigue con claridad.

En marzo de 1954, Mikhaïl Botvinnik defiende su corona por segunda vez en Moscú. Ha aprendido la lección, y durante los tres años de su reinado se ha entrenado en los torneos. Pero el estilo del adversario es muy diferente: el de un técnico, no el de un pegador. Al contrario que Bronstein, Smyslov no teme la clarificación del juego ni las partidas-maratón. Su sentido artístico se expresa a la perfección en el despejado tablero de los finales de partida. A medio encuentro, el marcador registra empate, luego Botvinnik consigue 2 puntos de ventaja. Pero en vez de desmoralizarse, Smyslov se crece y gana las partidas vigésima y vigesimotercera. Una vez más, Botvinnik se juega el título en la última partida. Unas tablas le bastan. Smyslov, obligado a ganar, corre riesgos excesivos que lo debilitan; Botvinnik escoge la seguridad y propone tablas. El encuentro termina así con 12 puntos para cada uno, y Botvinnik conserva el título. Como si quisiera desvanecer las críticas, proclama sin ambages: «¡Soy el primero entre mis iguales!»

Smyslov vuelve a ganar fácilmente el siguiente torneo de los Candidatos que se celebra en Amsterdam en 1956, y es nuevamente aspirante. Así, el público moscovita asiste en marzo de 1957 a un segundo duelo Botvinnik-Smyslov en la final del Campeonato del mundo. Ambos conocen al dedillo el estilo de su adversario, y el aspecto psicológico de la lucha pasa a un primer plano. Smyslov gana la primera partida, y esto le da una seguridad que será determinante. Se mantiene en cabeza hasta la vigesimosegunda partida, que es la última del encuentro. Con sus 3 puntos de ventaja, ya es inalcanzable. Vassili Smyslov, de treinta y seis años, es el nuevo campeón, el séptimo de la lista.

Botvinnik hace valer su derecho a la revancha. Dedica un año entero a perfeccionar sus armas, y se nota. El 4 de marzo de 1958, sobre el escenario de un gran teatro de Moscú, sorprende a Smyslov con la defensa Caro-Kann. Todo queda prácticamente decidido en las 3 primeras partidas, ganadas por Botvinnik. El 19 de mayo, Folke Rogard, presidente de la FIDE, lo corona una vez más.

La aparición de nuevos talentos. En agosto de 1958, la estación balnearia eslovena de Portoroz organiza el torneo interzonal. Todas las miradas se dirigen hacia Robert James, llamado «Bobby» Fischer, un muchacho de quince años que hace gala de increíble seguridad entre estos hombres de aspecto austero. El año anterior ha ganado el Campeonato de Estados Unidos y consigue clasificarse en el presente torneo al terminar quinto. Otro joven, Mikhaïl Tal, soviético de origen letón, se alza con la victoria. Bronstein queda eliminado.

La pasión de los yugoslavos por el ajedrez hace que la FIDE designe a las ciudades de Bled, Zagreb y Belgrado como sedes del torneo de los Candidatos de 1959. La codiciada plaza se la adjudica Mikhaïl Tal con un brillante juego que deslumbra a los aficionados. Fischer acaba quinto.

«El rey juega al ajedrez con un guardia nacional». Grabado francés, siglo XVIII.
(BNF, París.) ▶

La final del Campeonato del mundo de 1960 se celebra en Moscú. El duelo Botvinnik-Tal no decepciona. ¡Se acabó la letanía de partidas tablas! El campeón se enfrenta a un adversario dispuesto a todo con tal de atacar: sacrificios, riesgos para su rey..., lo que sea. La primera partida, sumamente embrollada, lo ilustra bien:

Blancas: Tal; negras: Botvinnik
Defensa francesa
1.e4 e6 2.d4 d5 3.Cc3 Ab4 4.e5 c5 5.a3 Axc3+ 6.bxc3 Dc7 7.Dg4 f5 8.Dg3 Ce7 9.Dxg7 Tg8 10.Dxh7 cxd4

11.Rd1!? Ad7 12.Dh5+ Cg6 13.Ce2 d3 14.cxd3 Aa4+ 15.Re1 Dxe5 16.Ag5 Cc6 17.d4 Dc7 18.h4 e5 19.Th3 Df7 20.dxe5 Ccxe5 21.Te3 Rd7 22.Tb1 b6 23.Cf4 Tae8 24.Tb4 Ac6 25.Dd1! Cxf4 26.Txf4 Cg6 27.Td4 Txe3+ 28.fxe3 Rc7 29.c4! dxc4 30.Axc4 Dg7 31.Axg8 Dxg8 32.h5... Las negras abandonan.

Botvinnik se siente trastornado, cosa rara en él, y se deja dominar. Pierde por 4 puntos de diferencia. Mikhaïl Tal, de veinticuatro años, es el octavo campeón del mundo y el más joven de la historia.

Los campeones soviéticos en la cumbre

Los torneos se multiplican por todo el mundo. La URSS organiza pocos, pero envía a sus mejores jugadores a pelear en Occidente. El Comité de deportes soviético, tal como hace con otros deportistas de elite, organiza sus des-

plazamientos y sólo les concede un porcentaje de los premios que consiguen. Así ocurre con Mikhaïl Tal, que justifica plenamente su título de campeón del mundo ganando los torneos de Estocolmo y Bled.

Tal contra Botvinnik. Moscú, 16 de marzo de 1961. La revancha Tal-Botvinnik sorprende. Se daba por hecho que Botvinnik había iniciado el declive, pero, psicológicamente rejuvenecido por su papel de aspirante, hace una demostración de fuerza y derrota a Tal por 10 victorias a 5 en un encuentro trepidante (sólo 6 partidas tablas).

La séptima partida es característica del dominio estratégico y táctico que ejerce Botvinnik:

Blancas: Botvinnik; negras: Tal
Defensa Nimzo-india. Variante Sämisch
1.c4 Cf6 2.Cc3 e6 3.d4 Ab4 4.a3 Axc3+ 5.bxc3 b6 6.f3 Aa6 7.e4 d5 8.cxd5 Axf1 9.Rxf1 exd5 10.Ag5 h6 11.Da4+ c6 12.Ah4! dxe4 13.Te1 g5 14.Af2 De7 15.Ce2 b5 16.Dc2 Dxa3 17.h4 gxh4 18.Axh4 Cbd7 19.Cg3 0-0-0 20.Cxe4 The8 21.Rf2! Cxe4+ 22.fxe4 f6 23.Ta1 De7 24.Txa7 Dxe4 25.Dxe4 Txe4 26.Ta8+ Cb8 27.Ag3 Rb7 28.Tha1 Tc8 29.T8a7+! Rb6 30.Axb8 b4 31.Ad6 bxc3 32.Ac5+ Rb5 33.T1a4. Abandonan.

La ascensión de Petrossian. En respuesta a las críticas que tachan al reglamento de favorecer al poseedor del título, la FIDE decide abolir el derecho a la revancha al cabo de un tiempo.

Mientras, Fischer prosigue su fulgurante carrera. A los diecinueve años, domina en el torneo interzonal de Estocolmo (1962) y participa en el torneo de los Candidatos, que se celebra en el mismo año en Curaçao. El mundo occidental tiene sus ojos puestos en el joven americano, pero éste, nervioso, comienza con mal pie el torneo. Exasperado porque los 5 soviéticos en liza (sobre un total de 8 jugadores) practican una especie de juego de equipo, arreglando jornadas de descanso mediante tablas convenidas previamente, Fischer estalla: «¡Hacen trampa!», y decide boicotear las competiciones organizadas por la FIDE. La victoria es para Petrossian; el pobre Kérès, después de treinta años, fracasa a las puertas de la final.

Llega el día de la final: 22 de marzo de 1963, en Moscú. Botvinnik se enfrenta a un candidato que tiene un estilo inédito. Tigran Petrossian, de treinta y cuatro años, de origen armenio, es un estratega prudente. «Quienes confían en el azar, deberían dedicarse a las cartas o a la ruleta», responde cuando le reprochan su falta de audacia. La primera parte del encuentro es equilibrada. Luego, la lasitud se apodera del menos joven Botvinnik (tiene cincuenta y dos años), que pierde 3 partidas casi seguidas. El 20 de mayo de 1963, Tigran Petrossian, ovacionado por toda Armenia, se proclama campeón del mundo.

Mikhaïl Botvinnik, emblemático campeón de la URSS, que ha reinado durante quince años en el mundo del ajedrez y no tiene derecho a la revancha, pierde la pasión por la pelea y renuncia a intentar la recuperación de su título.

La aparición de Spassky. En 1964, el torneo interzonal da 4 vencedores: 3 soviéticos, Smyslov, Spassky y Tal, y un danés, Bent Larsen, cuyo extraño estilo recuerda al de Aaron Nimzowitsch, su ilustre compatriota. Stein y Bronstein, víctimas de la «cuota» impuesta a los soviéticos, tienen que dejar sus plazas a quienes han quedado por detrás de ellos: Borislav Ivkov (Yugoslavia) y Lajos Portisch (Hungría).

Haciéndose eco de las críticas de Fischer, la FIDE cambia el torneo de los Candidatos por un sistema de eliminación. Los cuartos de final, disputados al mejor de 10 partidas, dan la victoria de Geller sobre Smyslov, Tal sobre Portisch, Larsen sobre Ivkov y Spassky sobre Kérès. Boris Spassky, de veintinueve años, que bate después a Geller y gana la final a Tal (en 12 partidas), se convierte en el aspirante oficial.

Deseoso de volver a la competición, Fischer acepta una invitación de La Habana. Pero estamos en 1965, y el boicot americano a Cuba le impide acceder a la isla. Los otros participantes acuerdan jugar con Fischer, que está en Nueva York, ¡por telex! El «ausente» acaba décimo, por detrás de Smyslov.

Petrossian contra Spassky. El 16 de abril de 1966, en Moscú, Petrossian defiende su título frente a Spassky. Para el campeón, apodado «el tigre» por su juego de falsas somnolencias, preludio de zarpazos tan felinos como mortíferos, los tres años de reinado no han sido muy brillantes: de 7 torneos disputados, sólo ha ganado 2. Sus derrotas son rarísimas, pero su prudencia genera un elevado número de partidas tablas (a menudo en pocos movimientos). Frente a él, Boris Spassky, sin caer en la temeridad de un Mikhaïl Tal, da muestras de mayor audacia.

Los comienzos del encuentro no pueden ser más exasperantes: 6 partidas en tablas. Luego, Petrossian despliega su genio estratégico y crea una obra maestra típica de su estilo:

Blancas: Spassky; negras: Petrossian

Séptima partida del encuentro

Apertura de peón dama. Ataque Torre

1.d4 Cf6 2.Cf3 e6 3.Ag5 d5 4.Cbd2 Ae7 5.e3 Cbd7 6.Ad3 c5 7.c3 b6 8.0-0 Ab7 9.Ce5 Cxe5 10.dxe5 Cd7 11.Af4 Dc7 12.Cf3 h6 13.b4 g5! 14.Ag3 h5 15.h4 gxh4 16.Af4 0-0-0 17.a4 c4! 18.Ae2 a6 19.Rh1 Tdg8 20.Tg1 Tg4 21.Dd2 Thg8 22.a5 b5 23.Tad1 Af8 24.Ch2 Cxe5! 25.Cxg4 hxg4 26.c4 Ad6 27.De3 Cd7 28.Axd6 Dxd6 29.Td4 e5 30.Td2 f5! 31.exd5 f4 32.De4 Cf6 33.Df5+ Rb8 34.f3 Ac8 35.Db1 g3 36.Te1 h3 37. Af1 Th8 38.gxh3 Axh3 39.Rg1 Axf1 40.Rxf1 e4 41.Dd1 Cg4!! 42.fxg4 f3 43.Tg2 fxg2+ 44. Las blancas abandonan.

El armenio resiste los asaltos hasta la última partida y conserva el título por tres años más.

El efímero regreso de Fischer. Bobby Fischer vuelve a la acción. En 1967 acepta participar en el torneo interzonal que se disputa en Susa (Túnez), para el que se ha clasificado tras ganar el Campeonato de Estados Unidos. El deseado retorno del americano no decepciona: arrasa a cuantos le salen al paso y, tras 10 rondas, va en cabeza con amplia ventaja. Pero surge el incidente: para compensar el retraso del americano, ocasionado por su respeto al *sabbat*, los organizadores tunecinos quieren hacerle jugar cuatro días seguidos, sin descanso. Fischer se siente maltratado, hace las maletas... ¡y dice adiós a la lucha por el título!

La victoria de Spassky. En 1968, Boris Spassky aparta sucesivamente de su camino a Geller, Larsen y Kortchnoï y se convierte nuevamente en aspirante. Hace gala de su capacidad para cambiar de estilo según el adversario y se impone con una facilidad asombrosa.

Moscú asiste en abril de 1969 a su nuevo intento de derrocar a Petrossian. Es el favorito de los pronósticos, pero un exceso de optimismo le hace perder la primera partida. Ante la sorpresa general, sigue arriesgándose en las siguientes partidas, incluso con las negras. ¡Y funciona! Petrossian, desconcertado, juega de modo muy pasivo y pierde su ventaja. Luego, Spassky demuestra su talento en la quinta partida:

Blancas: Spassky; negras: Petrossian

Defensa semi-Tarrasch

1.c4 Cf6 2.Cc3 e6 3.Cf3 d5 4.d4 c5 5.cxd5 Cxd5 6.e4

Cxc3 7.bxc3 cxd4 8.cxd4 Ab4+ 9.Ad2 Axd2+ 10.Dxd2 0-0 11.Ac4 Cc6 12. 0-0 b6 13.Tad1 Ab7 14.Tfe1 Tc8 15.d5! exd5 16.Axd5 Ca5 17.Df4 Dc7 18.Df5 Axd5 19.exd5 Dc2 20.Df4! Dxa2 21.d6 Tcd8 22.d7 Dc4 23.Df5 h6 24.Tc1 Da6 25.Tc7 b5 26.Cd4 Db6 27.Tc8 Cb7 28.Cc6 Cd6 29.Cxd8!! Cxf5 30.Cc6... Las negras abandonan.

A los treinta y dos años, Spassky se convierte en el décimo campeón del mundo.

El enfrentamiento de los supergrandes

Los soviéticos dominan el mundo del ajedrez desde hace casi un cuarto de siglo. La URSS ha puesto todo su peso político para organizar del mejor modo posible las competiciones y para descubrir jóvenes talentos, desde Leningrado (San Petersburgo) hasta Vladivostok. El «patriarca» Mikhaïl Botvinnik, campeón del mundo desde 1948, había cedido la corona a Tigran Petrossian, batido a su vez por Boris Spassky. Pero he aquí que en el jardín de los soviéticos irrumpe un joven americano de Brooklyn, Bobby Fischer, que acaba de ganar la plaza de aspirante al título.

La ascensión de Fischer

En marzo de 1970, la FIDE, presidida ahora por Max Euwe, organiza en Belgrado un encuentro «URSS contra el resto del mundo». Los 10 soviéticos son, por orden de jerarquía: Spassky, Petrossian, Kortchnoï, Polougaïevski, Geller, Smyslov, Taïmanov, Botvinnik (que se retirará definitivamente ese mismo año), Tal y Kérès. Cada uno de ellos juega 4 partidas contra, respectivamente: Larsen (que, gracias a los brillantes

Rey. Juego africano, marfil, siglo XX. (Col. part.)

resultados cosechados últimamente, ha reclamado el primer puesto, adjudicado en principio a Fischer), Fischer, Portisch, Hort, Gligoric, Reshevsky, Uhlmann, Matanovic, Najdorf e Ivkov. Después de 40 partidas, los soviéticos se imponen sólo por un punto. Fischer derrota a Petrossian por 2 victorias y 2 partidas tablas.

Como no ha disputado el Campeonato de Estados Unidos, torneo zonal, Fischer no se ha clasificado para el torneo interzonal de Palma de Mallorca, que se celebra en septiembre de 1970. Pero Pal Banko, generoso, le cede su puesto. Bobby Fischer se desmelena: en 23 partidas, consigue 18,5 puntos, y sólo concede una derrota.

El año 1971 está jalonado por los encuentros de los Candidatos. En Vancouver (Canadá), Bobby Fischer se enfrenta a Mark Taïmanov en cuartos de final. El encuentro está previsto a 10 partidas, pero concluye mucho antes: ¡Fischer gana por 6 a 0 y las 4 últimas no son necesarias! Taïmanov, concertista de piano, está desmoralizado y sólo puede decir: «Me queda la música...»

Unos meses después, Fischer se enfrenta a Larsen en Denver. El danés recibe idéntico castigo: ¡6 derrotas, sin una sola partida tabla! El mundo asiste estupefacto a estos resultados, únicos en la competición moderna de alto nivel.

Buenos Aires, octubre de 1971: por fin se frena la marcha de Fischer. Petrossian y su legendaria solidez resisten el ímpetu del americano durante 5 partidas. Pero la incertidumbre se acaba ahí. Fischer derriba inmediatamente sus murallas, gana por 6,5 a 2,5 y se convierte en el aspirante oficial.

El Campeonato de Reykjavík (1972)

El primer semestre de 1972 está marcado por la elección del lugar donde se celebrará el enfrentamiento entre Spassky y Fischer.

Preliminares tumultuosos. La FIDE y Max Euwe, ante la incapacidad de la Federación soviética y de Fischer para llegar a un acuerdo, deciden que una parte del encuentro se juegue en Reykjavík –cuyo clima conviene a Spassky, originario de Leningrado– y la otra mitad en Belgrado, donde Fischer es muy popular. Pero el americano «agradece» los servicios prestados por los representantes de la Federación de Estados Unidos, demasiado blandos en la negociación, para su gusto, y rehúsa. Más aún: sus exigencias financieras, constantemente en alza, provocan la retirada de los yugoslavos.

Un ultimátum de la FIDE, que amenaza con transformar el encuentro en una nueva final Spassky-Petrossian en Moscú, hace que Fischer se pliegue. Acepta Reykjavík.

La primera partida está prevista para el 2 de julio de 1972, pero la víspera, cuando se celebra la ceremonia de apertura, Fischer aún no ha llegado a la capital islandesa. De Nueva York llegan noticias de que reclama el 30 % de los ingresos del encuentro (especialmente los derechos de televisión), calculados en más de 125 000 dólares. El desastre financiero que puede ocasionar la suspensión hace que Max Euwe se tome la libertad de atrasar dos días el encuentro, esperando que el americano entre en razones en ese tiempo. Se produce el milagro. El banquero londinense Jim Slater, un apasionado del ajedrez, añade 50 000 libras a la bolsa, y escribe a Fischer: «Si el dinero es el problema, aquí está. Ahora, joven, ¡vaya y juegue!»

Fischer llega a Reykjavík el 4 de julio, justo antes del límite fijado por Euwe. ¡Pero ahora es Spassky, apoyado por la Federación soviética, quien se niega a empezar el encuentro mientras Fischer no se excuse públicamente por haber violado las reglas establecidas! Extrañamente, al día siguiente, Spassky recibe una carta de Fischer, que se excusa humildemente...

La batalla contra las cámaras de televisión. Por fin, a primera hora de la tarde del 11 de julio, ante un enjambre de periodistas inédito en un torneo de ajedrez, Spassky mueve el primer peón.

En contraste con los acontecimientos anteriores, la primera partida tiene unos comienzos tranquilos. Estamos en el movimiento 30, en un final de partida con rey, alfil y 6 peones por bando.

Juega Fischer. Los grandes maestros prevén tablas, pero Fischer no se conforma y captura un peón, a riesgo de que su alfil quede encerrado. El ruso, incrédulo al principio, aprovecha la ocasión, hace gala de una hermosa técnica y se alza con la victoria.

«No quiero cámaras de televisión durante la partida. Me desconcentran. ¡O ellas, o yo!», anuncia entonces Fischer a los organizadores islandeses. ¡El mismo Fischer que había reclamado el 30 % sobre los derechos de sus imágenes!

Jueves, 13 de julio, 17 horas. Boris Spassky está sentado ante las piezas negras. El árbitro, el alemán Lothar Schmid, aprieta el botón del reloj de Fischer, pues el americano debe conducir las piezas blancas. Pero no está allí: como los organizadores no han retirado las cámaras, se niega a salir de la habitación del hotel. Tras treinta y cinco minutos de espera insoportable (el árbitro no puede decretar abandono antes de que transcurra una hora de ausencia), Chester Fox, propietario de los derechos de televisión, cede y telefonea a Fischer: si acude a jugar, retirará las cámaras. «De acuerdo, pero que el árbitro me devuelva los treinta y cinco minutos de reflexión», replica el americano. Es demasiado, y Schmid anuncia: «Spassky 2, Fischer 0».

El encuentro parece decidido. El presidente Nixon telegrafía a Fischer para animarlo a jugar, pero muy pocos creen en una reacción positiva. El americano ha formulado además otra reivindicación: ¡quiere que la partida se desarrolle en una sala detrás del estrado, aislada de los espectadores! Schmid, nada convencido, traslada la petición a Spassky, pero éste no plantea reparos. El campeón del mundo pierde esta tercera partida, la primera derrota ante Fischer en toda su carrera. Más tarde explicará que aquí se decidió psicológicamente la confrontación: «Fui víctima de la ilusión de que Fischer quería abandonar el encuentro. [...] Aceptar este injustificado cambio de lugar fue un gran error psicológico. Más aún, lo considero como el fruto de una influencia negativa en mi conciencia, causada por la deuda moral del punto ganado por abandono.»

Cuando Spassky se rinde al final de la tercera partida, genialmente jugada por Fischer, anuncia su negativa a continuar el encuentro en esa pequeña sala.

La lucha vuelve al tablero. Antes de la cuarta partida, todo el mundo teme la actitud de Fischer. El árbitro ha vuelto a instalar el tablero en la sala grande, y la cámara del circuito cerrado está preparada para regresar. ¿Ha funcionado la llamada telefónica de Henry Kissinger? El caso es que Fischer llega (con algunos minutos de retraso, como siempre) y, como si nada hubiera pasado, ¡se sienta tranquilamente y mueve el peón del rey para comenzar la partida! Acabará en tablas, tras un fuerte ataque del ruso.

Al día siguiente, Fischer transmite a los islandeses sus nuevas exigencias, detalladas en 14 puntos. Entre otras, quiere mudarse de su habitación en el hotel, más dinero para los gastos de bolsillo, un Mercedes nuevo, que las casillas del tablero se agranden en unos 5 milímetros, que se ponga a su disposición una pista de tenis, el uso exclusivo de la piscina del hotel... Pese a todo, el temor a una suspensión del encuentro parece desvanecerse, tanto más cuanto que Fischer iguala el marcador tras aprovechar un grave error defensivo de Spassky en la quinta partida.

La siguiente es histórica. Fischer sorprende absolutamente a Spassky con un primer movimiento que implica la renuncia a adelantar el peón del rey y crea una obra maestra de estilo simple y enérgico:

Blancas: Fischer; negras: Spassky
Sexta partida
Gambito de dama. Variante Tartacover
1.c4 e6 2.Cf3 d5 3.d4 Cf6 4.Cc3 Ae7 5.Ag5 0-0 6.e3 h6 7.Ah4 b6 8.cxd5 Cxd5 9.Axe7 Dxe7 10.Cxd5 exd5 11.Tc1 Ae6 12.Da4 c5 13.Da3 Tc8 14.Ab5! a6 15.dxc5 bxc5 16.0-0 Ta7 17.Ae2 Cd7 18.Cd4 Df8 19.Cxe6 fxe6 20.e4! d4 21.f4! De7 22.e5 Tb8 23.Ac4 Rh8 24.Dh3! Cf8 25.b3 a5 26.f5 exf5 27.Txf5 Ch7 28.Tcf1 Dd8 29.Dg3 Te7 30.h4 Tbb7 31.e6 Tbc7 32.De5 De8 33.a4 Dd8 34.T1f2 De8 35.T2f3 Dd8 36.Ad3 De8 37.De4 Cf6 38.Txf6!! gxf6 39.Txf6 Rg8 40.Ac4 Rh8 41.Df4. Las negras abandonan.

Spassky se siente dominado en el juego y, fatigado, vuelve a perder las partidas 8 y 10. El tiempo de descanso le resultará muy beneficioso, pues gana brillantemente la undécima partida con las piezas blancas.

Fischer reaviva sus reivindicaciones. Ya ha hecho evacuar las dos primeras filas de espectadores, y ahora reclama el vacío hasta la séptima fila. Además, exige que en el hall no pueda haber niños con caramelos, para evitar el ruido de los envoltorios.

La victoria de Fischer. En la decimotercera partida, el americano sorprende de nuevo a todos los espectadores, a Spassky, el primero, empleando la rara defensa Alekhine. Sigue una partida barroca, llena de recovecos, en la que Spassky finalmente se desmorona. Tras la derrota, permanecerá sentado mucho tiempo, como sonado.

El clan soviético se pregunta entonces a qué se debe la baja forma de Spassky, y emite la hipótesis de que puede estar bajo la influencia de una «sustancia extraña». ¡Reclama la «disección» de su butaca, así como la de la lámpara que hay sobre el tablero! Según los datos del informe oficial, se encuentran dos moscas muertas.

A falta de un verdadero suspense, sobre el tablero reina el equilibrio, y las 7 partidas siguientes acaban en tablas. Por fin, el 15 de julio de 1972, Robert James Fischer, de veintinueve años, se proclama campeón del mundo, el undécimo de la serie.

Un decenio turbulento

La FIDE reafirma su autoridad en circunstancias particularmente difíciles. En 1975, rechaza las imposiciones de Fischer y declara campeón del mundo a Karpov, su contrincante. A continuación, tiene que arbitrar el rocambolesco conflicto entre el disidente Kortchnoï, que se ha pasado a Occidente, y el soviético Karpov. Así, las tensiones políticas se traducen en enfrentamientos ajedrecísticos, con la intervención de curiosos personajes.

La respuesta soviética

Moscú ha encajado muy mal la pérdida de la corona mundial en favor de un hijo del capitalismo. Sobre Spassky llueven críticas que lo tachan de «*bon vivant* perezoso». Le secuestran las invitaciones recibidas de Occidente, y él no encuentra mejor respuesta que ¡ganar el Campeonato de la URSS!

La FIDE cambia los reglamentos del torneo interzonal que clasifica para el Campeonato del mundo de 1975. Se dividirá en 2 torneos y se clasificarán 3 jugadores de cada uno de ellos.

61

En 1973, en Leningrado, Kortchnoï, Robert Byrne (Estados Unidos) y Anatoli Karpov (URSS) superan el obstáculo. Mientras, en Petropolis (Brasil), Henrique Mecking, Lev Polougaïevski y Lajos Portisch logran idéntico objetivo.

Las semifinales entre los Candidatos producen encuentros explosivos. Petrossian y Kortchnoï, que se detestan cordialmente, casi llegan a las manos. Finalmente, la victoria es para Kortchnoï..., gracias a que Petrossian abandona prematuramente por motivos de salud. En la otra semifinal, Spassky se enfrenta a Karpov, que sólo tiene veintidós años. El ex campeón del mundo gana la primera partida, pero la gran esperanza soviética lo domina a continuación con facilidad.

En octubre de 1974, la final de los Candidatos opone en Leningrado (hoy San Petersburgo) a Viktor Kortchnoï y Anatoli Karpov. El ganador será el primero que consiga 5 victorias o, en su defecto, quien tenga mejor puntuación tras 24 partidas. Las simpatías están divididas. Viktor Kortchnoï, de cuarenta y tres años, apodado «el viejo león», tiene muchos seguidores, aunque saben que no tiene la menor posibilidad frente a Fischer. Por lo demás, y para escándalo de las autoridades, Kortchnoï, con su habitual franqueza, ya ha afirmado: «Las victorias de Fischer demuestran, simplemente, que es el mejor.» En contrapartida, predice un brillante futuro para Karpov, un joven talento de físico endeble, descubierto y entrenado por Botvinnik desde su infancia.

Torneo interzonal de Leningrado 1973

	País	Ka	Ko	By	Sm	La	Hü	Kou	Gl	Taï	Tal	Qu	Ra	To	Uh	Ru	Tu	Es	Cu	Total	Posición
KARPOV	URSS		=	=	1	=	=	1	1	=	=	1	=	1	1	1	1	1	1	13,5	1-2
KORTCHNOÏ	URSS	=		1	=	1	1	=	=	1	1	1	1	1	=	0	1	1	1	13,5	1-2
BYRNE	EE.UU.	=	0		=	1	=	=	=	1	=	1	1	1	=	1	1	1	1	12,5	3
SMEJKAL	Chec.	0	=	=		0	0	=	1	1	=	0	1	1	1	1	1	1	1	11	4
LARSEN	Din.	=	0	0	1		1	1	0	=	0	0	1	=	1	1	=	1	1	10	5-6
HÜBNER	RFA	=	0	=	1	0		=	1	=	1	=	1	1	=	=	=	0	1	10	5-6
KOUZMINE	URSS	0	=	=	=	0	=		0	=	1	=	=	=	1	1	1	1	=	9,5	7
GLIGORIC	Yug.	0	=	=	0	1	0	1		=	0	=	=	1	=	=	0	1	1	8,5	8-10
TAÏMANOV	URSS	=	0	0	0	=	=	=	=		=	=	1	=	1	1	0	1	=	8,5	8-10
TAL	URSS	=	0	=	=	1	0	0	1	=		1	1	0	=	0	1	0	1	8,5	8-10
QUINTEROS	Arg.	0	0	0	1	1	=	=	=	=	0		0	=	0	=	1	=	1	7,5	11-12
RADULOV	Bulg.	=	0	0	0	0	0	=	=	0	0	1		1	1	=	=	1	1	7,5	11-12
TORRE	Fil.	0	0	0	0	=	0	=	0	=	1	=	0		=	=	1	1	1	7	13-14
UHLMANN	RDA	0	=	=	0	0	=	0	=	0	=	1	0	=		=	1	=	1	7	13-14
RUKAVINA	Yug.	0	1	0	0	0	=	0	=	0	1	=	=	=	=		0	1	=	6,5	15
TUKMAKOV	URSS	0	0	0	0	=	=	0	1	1	0	0	=	0	0	1		=	1	6	16
ESTEVEZ	Cuba	0	0	0	0	0	1	0	0	0	1	=	0	0	=	0	=		1	4,5	17
CUELLAR	Col.	0	0	0	0	0	0	=	0	=	0	0	0	0	0	=	0	0		1,5	18

Tras 18 partidas, todo parece decidido. Karpov gana por 3 victorias a 0. Pero Kortchnoï, imprevisible, recupera terreno ganando las partidas diecinueve y veintiuna. Karpov, pese a una evidente fatiga (pesa menos de 50 kg y está en los huesos), recurre a todo su talento para conservar la sangre fría y obtener las tablas que le permiten llegar a la final contra Fischer.

Karpov, campeón del mundo

Fischer no ha jugado desde su victoria en Reykjavík. Recluido en California, ha rechazado incluso los jugosos contratos publicitarios. Sólo sale de su mutismo para enviar a la Federación internacional una lista de exigencias relativas a la futura final contra Karpov. Quiere que la FIDE reconsidere su decisión de limitar el encuentro a 36 partidas, apruebe una duración ilimitada y declare ganador al primero que obtenga 10 victorias. Pero, detalle crucial, exige que, en caso de empate a 9 victorias, el encuentro se suspenda y el campeón retenga el título.

En marzo de 1975, la FIDE celebra un congreso extraordinario para debatir las exigencias de Fischer. Sus peticiones de modificación son rechazadas por 34 votos frente a 32, y el presidente Max Euwe fija el 1 de abril como fecha límite para que Fischer acepte las reglas de la FIDE.

El 24 de abril de 1975, Max Euwe levanta acta del abandono de Fischer y proclama campeón del mundo a Anatoli Karpov, de veinticuatro años.

Los enfrentamientos Karpov-Kortchnoï

Ganador del título sin pelea, Karpov quiere probar sus fuerzas en los torneos internacionales. Con su estilo sigiloso, puño de hierro en guante de seda, ganará a lo largo de los años más de cien primeros premios.

Los asaltos del disidente. En julio de 1976, Viktor Kortchnoï, a quien las autoridades ajedrecísticas de su país le han puesto la proa, se refugia en una comisaría de Amsterdam y pide asilo político en Holanda. Recibe entonces el apoyo de un inesperado telegrama: «Querido Viktor. Felicidades por tu acertada decisión y buena suerte en tu nueva andadura. Saludos. Bobby Fischer.»

Peón.
Juego ruso,
madera
pintada,
siglo XX.

Los encuentros de los Candidatos empiezan en 1977. Kortchnoï y Fischer están clasificados de oficio, pero el último continúa recluido en su silencio. La FIDE lo sustiuye por... Boris Spassky.

Como revigorizado tras su paso a Occidente, Kortchnoï maravilla en el ciclo eliminatorio y bate uno tras otro a Petrossian, Polougaïevski y Spassky, siempre con resultados muy nítidos, pero en un asfixiante clima político. Las revistas soviéticas de ajedrez llegan a extremos insospechados: cubren estos encuentros... ¡sin reproducir ni una sola vez el nombre de Kortchnoï!

La organización de la final. La final Karpov-Kortchnoï se celebra en Baguio City (Filipinas) el 18 de julio de 1978. El reglamento es similar al que rigió la final de Buenos Aires de 1927, entre Capablanca y Alekhine. El vencedor será el primero que consiga 6 victorias en un número ilimitado de partidas.

Los soviéticos han aprendido la lección de 1972 y no dejan nada al azar. Doce personas forman la delegación que acompaña a Karpov: los grandes maestros Igor Zaïtsev y Youri Balachov, un médico, un masajista, un psicólogo, el corresponsal de la agencia Tass, un cocinero, dos intérpretes y dos guardaespaldas, todos dirigidos por

Victor Batourinski, un antiguo coronel de la justicia militar que oficia como jefe de delegación.

Tras 2 partidas tablas, el clima está tan cargado de electricidad que, cuando a Karpov le sirven un yogur en el curso de la tercera partida, los ayudantes de Kortchnoï formulan una protesta. Creen que este gesto podría ocultar un mensaje codificado, como «¡Propón tablas!», si el yogur es de arándanos, o «¡Continúa el ataque!», si es de albaricoque... Lothar Schmid, el árbitro, que ya había sufrido lo suyo en Reykjavík, se lo toma tan en serio que exige a los soviéticos que traigan el yogur siempre a la misma hora ¡y con idéntico aroma!

Paranoia e incidentes. Kortchnoï pierde una fácil ocasión de ganar la larga y agotadora quinta partida (dos veces aplazada). Nervioso, declara al árbitro que la presencia del psicólogo de Karpov, el doctor Vladimir Zoukhar, lo perturba. Éste, encargado teóricamente de «apoyar» a Karpov, se sienta en la primera fila de los espectadores y no aparta su penetrante mirada de Kortchnoï. Schmid atiende de nuevo la petición y exige a Zoukhar que permanezca en el fondo de la sala el resto del encuentro.

Tras 12 partidas, el resultado es una victoria por bando. Luego llega la noche del domingo 20 de agosto, negra para Kortchnoï. El apátrida (conseguirá la nacionalidad suiza años más tarde) sucumbe en los finales de las partidas 13 y 14, disputadas en la misma sesión del juego: 3-1 para Karpov.

Al principio de la decimoséptima partida, la persistente paranoia provoca un nuevo incidente. Kortchnoï divisa a Zoukhar sentado en la primera fila. El disidente monta en cólera: «¡Sacadlo de ahí o me lo cargo!», grita a Schmid. El árbitro ordena evacuar las seis primeras filas y Zoukhar se instala en la séptima... Desgraciadamente para Kortchnoï, esta pequeña satisfacción no le servirá de nada. Presionado por el tiempo en una posición favorable, comete un grave error que le permite a Karpov dar mate: 4-1.

El principio de la decimonovena partida está marcado por una presencia insólita: ¡entre los espectadores, dos yoguis, con los brazos cruzados en la posición del loto, miran fijamente a Zoukhar! Anticomunistas y admiradores de Kortchnoï, han venido para apoyar al disidente. El resultado no se hace esperar: ¡Zoukhar se levanta y abandona la sala! Durante los días siguientes, los yoguis tendrán una presencia más discreta y se limitarán a transmitir sus métodos de relajación al candidato.

El remonte de Kortchnoï. Mientras las autoridades filipinas empiezan a impacientarse y a lamentar haber organizado un encuentro de duración indefinida, Karpov consigue su quinta victoria en la partida 27. Sólo le falta una. Kortchnoï, que únicamente ha ganado 2 veces, parece irremediablemente vencido, máxime cuando su campo se deshace. El gran maestro inglés Raymond Keene, encargado de llevar las negociaciones con los soviéticos, es acusado de desidia e incluso de complacencia por la virulenta compañera de Kortchnoï.

Y sin embargo, se produce el milagro: Kortchnoï gana las partidas 28, 29 y 31 e iguala a 5 victorias. Karpov toma entonces dos medidas que quiebran esta espiral. ¡Lanza un ultimátum a los organizadores, negándose a continuar si los yoguis permanecen en la zona! Además, solicita el último descanso a que tiene derecho y se va unos días a Manila.

La victoria de Karpov. El remonte del marcador genera un clima de euforia en el campo del disidente, que, confiado en una inminente victoria, acepta sin objeciones el alejamiento de los yoguis. La presencia del doctor Zoukhar en la sala, sin embargo, no parece preocupar a nadie cuando comienza la tan esperada trigesimosegunda partida:

Blancas: Karpov; negras: Kortchnoï
Trigesimosegunda partida
Defensa Pirc

1.e4 d6 2.d4 Cf6 3.Cc3 g6 4.Cf3 Ag7 5.Ae2 0-0 6.0-0 c5 7.d5 Ca6 8.Af4 Cc7 9.a4 b6 10.Te1 Ab7 11.Ac4 Ch5 12.Ag5 Cf6 13.Dd3 a6 14.Tad1 Tb8 15.h3 Cd7 16.De3 Ac8 17.Ah6 b5 18.Axg7 Rxg7 19.Af1 Cf6 20.axb5 axb5 21.Ce2 Ab7 22.Cg3 Ta8 23.c3 Ta4 24.Ad3 Da8

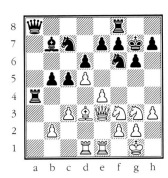

25.e5!! (Un soberbio movimiento de ataque. Karpov entrega su peón central d5, pues ha descubierto la vulnerabilidad del rey negro que supondría 25... Cfxd5: entonces, habría continuado con 26.Cf5+!! gxf5 27.Dg5+ Rh8 28.Dxf5 que conduce al mate. Así pues, Kortchnoï juega con la réplica forzada, pero su frágil posición será destruida sin piedad.)

25... dxe5 26.Dxe5 Cxd5 27.Axb5 Ta7 28.Ch4! Ac8 29.Ae2 Ae6 30.c4! Cb4 31.Dxc5 Db8 32.Af1 Tc8 33.Dg5 Rh8 34.Td2 Cc6 35.Dh6 Tg8 36.Cf3 Df8 37.De3 Rg7 38.Cg5 Ad7 39.b4 Da8 40.b5 Ca5. 41.b6. Aplazamiento.

En el momento de la interrupción de la sesión, Kortchnoï, a quien le toca jugar, escribe su movimiento en un papel y lo introduce en el sobre que le tiende el árbitro, tal como prescribe el reglamento. Pero nadie en la sala duda sobre el final: la posición negra no tiene salvación. Al día siguiente, Kortchnoï telefonea al árbitro para anunciarle su abandono.

El 17 de octubre de 1978, Max Euwe consagra a Karpov campeón del mundo por tres años más. Kortchnoï no asiste a la ceremonia y presenta una denuncia a la FIDE por la presencia de Zoukhar en la cuarta fila de los espectadores durante la última partida. El juicio, que se celebra tres años después, rechaza su demanda y condena a Kortchnoï a pagar las costas judiciales.

La imposible revancha de Kortchnoï.

En 1978, la FIDE elige un nuevo presidente, el islandés y gran maestro Fridrik Olafsson.

El torneo de Banja Lunka (Yugoslavia) está marcado por la brillante victoria de un joven soviético, Gari Kasparov, de dieciséis años, nacido en Bakú. Los otros participantes, entre ellos Tigran Petrossian, quedan muy atrás. Luego, la final de los encuentros entre los Candidatos opone en 1980 a Kortchnoï y Hübner. El alemán tiene un talento indudable, pero no soporta el estrés de los encuentros de alto nivel. Comete un error de principiante en la séptima partida y luego, antes de que termine el encuentro, ¡lo abandona a escondidas!

El 1 de octubre de 1981 se celebra una nueva final Karpov-Kortchnoï en Merano, en los Alpes italianos. La atmósfera política es aún más asfixiante. Durante estos tres años, todos los jugadores soviéticos han boicoteado a Kortchnoï. Los organizadores de los torneos se ven obligados a elegir: soviéticos o Kortchnoï. Por lo demás, la esposa y los hijos del disidente siguen retenidos en la URSS; el joven Igor incluso ha sido encarcelado por insumisión al servicio militar.

Como tres años antes, Kortchnoï empieza muy mal: en sólo 4 partidas, ya pierde por 3-0. Su humor es tal, que llega a injuriar gravemente a su adversario durante la novena partida: una ligera sonrisa de Karpov –provocativa, según él– basta para irritarlo. El árbitro tiene que dirigirle una advertencia oficial.

Todo acaba en la decimoctava partida. Karpov juega de maravilla la partida española, su favorita, y consigue la sexta victoria necesaria.

Las «2 K» y la ley de la FIDE

El talento de Karpov ha permitido a la URSS recuperar el título supremo. Sin embargo, la situación al más alto nivel no es estable, pues irrumpe un nuevo prodigio. El emblemático ascenso de Kasparov coincide con el de Mijaíl Gorbachov. Pero el cambio de poder en el mundo del ajedrez no es tarea fácil: hará falta un dilatado enfrentamiento de quince meses para que Kasparov –que ha de combatir a la vez contra los obstáculos puestos por su propia federación y contra el juego sucio de la FIDE– arrebate la corona a su rival.

La ascensión de Kasparov

En 1982, mientras la FIDE sustituye en la presidencia a Olaffson por Florencio Campomanes (Filipinas), Kasparov se clasifica en el interzonal de Moscú.

Al año siguiente, Anatoli Karpov consigue el Campeonato de la URSS. En tanto él sigue acumulando victorias en los torneos, el mundo lamenta no verlo luchar con Kasparov, pues, curiosamente, casi nunca participan en las mismas competiciones.

Las semifinales de los encuentros de los Candidatos deben enfrentar a Kasparov y Kortchnoï y a Smyslov y Ribli. Su preparación desvela las tor-

tuosas maquinaciones de la Federación soviética de ajedrez. En vez de discutir la dictatorial decisión de Campomanes, que ha elegido a las ciudades de Pasadena y de Abu Dabi como sedes de estos encuentros, la Federación soviética se opone a la participación de sus campeones Kasparov y Smyslov, que pierden así por abandono. Uno de los responsables de la federación responde de esta forma tan cínica a quienes le reprochan su decisión, que compromete el futuro de un joven prodigio: «¡Nosotros ya tenemos un campeón del mundo. No necesitamos otro!» Pero Kasparov se rebela y solicita el apoyo de Geidar Aliev, influyente político originario de Bakú como él, y consigue cambiar el curso de los acontecimientos. La Federación soviética se aviene finalmente a entablar negociaciones. Forzada a compensar a Kortchnoï y Ribli, inicialmente declarados vencedores por abandono, acepta que los encuentros se disputen en Londres.

Si la victoria de Kasparov, la nueva estrella, no es ninguna sorpresa, la de Smyslov fascina. A pesar de sus sesenta y dos años, el campeón del mundo de 1957 hace gala de un brillante estilo juvenil y bate a Ribli.

1984: Vilnius, capital de Lituania, acoge el encuentro Kasparov-Smyslov. ¡Cuarenta y dos años separan a los duelistas! Con su estilo un tanto anticuado, Smyslov tutea a su joven adversario al principio, pero luego cede a la presión. A sus veintiún años, Kasparov se convierte en el rival oficial de Karpov.

1 de julio de 1984: como hace cada seis meses, la FIDE publica la jerarquía que establecen los puntos Elo. Sorpresa: Karpov, líder de esa lista durante diez años, ha sido superado por Kasparov. Sus victorias en los torneos no son inferiores a las del aspirante, pero son menos claras, y ello afecta a la contabilidad inventada por

Gari Kasparov en Moscú, marzo de 1983. ▶

el profesor húngaro Arpad Elo en los años sesenta.

Un maratón sin fin

Karpov sabe que Kasparov representa una amenaza más seria que los desordenados asaltos de Kortchnoï. Los comienzos del choque contra su joven rival le aportan serenidad, pero el resto del encuentro no sigue un curso tan tranquilo...

Comienzos prometedores. Tras quince años de exilio, la final del Campeonato del mundo vuelve a Moscú. El 10 de septiembre de 1984, la sala de las Columnas de la Casa de los sindicatos está llena a rebosar de espectadores, que no se contentan con mirar el gran tablero mural y se inclinan sobre sus tableros de bolsillo para explorar las posibilidades de la partida en curso.

Ingenuo, Kasparov inicia el encuentro con el audaz espíritu que le es habitual. Pero muerde el polvo. Karpov da una gran lección de lucidez y, tras 9 partidas, se pone 4-0, a 2 puntos de la victoria.

Ya no reina la atmósfera asfixiante que el telón de fondo político había creado durante la década anterior. Los finalistas, amables, llegan incluso a analizar juntos las partidas que acaban de jugar, lo cual hará que Kasparov diga años después: «¡He tenido el mejor profesor particular que hubiera podido desear!»

Kasparov se siente al borde del abismo y opta por una estrategia defensiva. A partir del 6 de octubre de 1984, este cambio de actitud provoca una agotadora serie de 17 partidas tablas.

El 24 de noviembre, Karpov, con un estilo que recuerda al de Capablanca y haciendo gala de una impresionante economía de medios, consigue su quinta victoria. Tras dos meses y medio y 27 partidas intensísimas, parece que Kasparov, atrapado en una

especie de lucha técnica al milímetro, que le va de perlas a Karpov, sufrirá la humillación de un 6-0, rematada por un comentario del tipo: «¡Demasiado tierno!», que sin duda alguna le asestará el profesor Karpov. Ante la inminencia del desenlace, los periodistas acuden en tropel a la Casa de los sindicatos. Pero empieza de nuevo el rosario de partidas tablas, con algunas ocasiones de rematar que Karpov falla.

¿Hacia un cambio de situación? Por fin, el 12 de diciembre, al cabo de tres meses de lucha infructuosa, Kasparov consigue una pequeña recompensa a su perseverancia: gana la primera partida de su vida contra Karpov. Luego, el maratón sigue su curso. Prudentes, los protagonistas esperan el fallo del contrario..., que no se produce. Tablas, tablas y más tablas. Comienzan las presiones sobre los organizadores del encuentro. Se necesita la sala de las Columnas para un homenaje al mariscal Oustinov... Pero Karpov se opone: «¡Ganaré antes de finales de enero!», declara, y se sale con la suya.

Sin embargo, el único cambio de situación, a principios de febrero, es en favor de Kasparov. El aspirante gana la partida número 47, con un juego extrañamente pasivo de Karpov. Otro duro golpe para este último: los organizadores imponen el traslado del encuentro al hotel Sport, a 12 kilómetros del centro de Moscú. El 8 de febrero, tras una semana de interrupción, se reanuda la confrontación y Kasparov consigue su tercera victoria con una facilidad desconcertante. Karpov, demacrado, con los ojos rojos por la fatiga, ya no parece el mismo jugador.

La arbitraria decisión de Campomanes. El presidente de la FIDE se siente entonces obligado a intervenir. Tras cinco meses de maratón, el 15 de febrero ¡anuncia en una conferencia de prensa su decisión de suspender el encuentro! Y añade: «El campeón del mundo acepta mi decisión, y el aspirante se somete a ella. Un próximo encuentro a 24 partidas, empezando desde cero, se celebrará a finales de verano.» La indignación es unánime. Los periodistas no se lo pueden creer... y los dos jugadores montan en furia.

Kasparov se ha visto frenado en su remonte frente a un adversario vacilante; pero, aunque parezca mentira, el más tocado es Karpov, quien, con 5-3, sólo necesitaba un punto para conseguir la victoria final.

La transparencia se ha instalado en la URSS, y los dos jugadores no ocultan sus opiniones. Kasparov es mordaz: siempre que se refiere al presidente de la FIDE lo hace con el nombre de «Karpomanes». Karpov, que se toma cinco meses de descanso, se considera víctima del filipino, que ha mancillado su reputación «deportiva y social».

La victoria de Kasparov

La segunda final Karpov-Kasparov comienza el 3 de septiembre de 1985, en Moscú, en la sala de conciertos Chaikovski. Se vuelve a las reglas que regían los encuentros de Botvinnik: al mejor de 24 partidas, ventaja para el poseedor del título en caso de empate a 12 puntos y encuentro de revancha en el plazo de un año si gana el aspirante.

La limitación a 24 partidas se opone a la pasividad y fuerza a los contendientes a un juego más audaz. Kasparov gana de entrada, pero luego es alcanzado y superado por Karpov, que gana las partidas cuarta y quinta. Las 5 confrontaciones siguientes, cargadas de suspense, acaban en tablas.

La comunicación entre los dos jugadores ya no es tan fluida como en el año anterior. Karpov intenta hablar con su adversario al final de la segunda partida, pero Kasparov abandona la sala inmediatamente después de firmar el acta de la partida.

Una estrategia original. A medio encuentro, Kasparov consigue igualar el marcador y, luego, una sublime invención estratégica le permite ponerse por delante:

Blancas: Karpov; negras: Kasparov
Decimosexta partida
Defensa siciliana
1.e4 c5 2.Cf3 e6 3.d4 cxd4 4.Cxd4 Cc6 5.Cb5 d6 6.c4 Cf6 7.C1c3 a6 8.Ca3 d5 9.cxd5 exd5 10.exd5 Cb4 11.Ae2

11... Ac5!! (En vez de recuperar el peón central, Kasparov inventa una estrategia original. Utilizará ese peón para proteger a sus propias piezas y, poco a poco, paralizar por completo las fuerzas blancas. Karpov comprenderá demasiado tarde la eficacia de esta grandiosa concepción.)
12.0-0 0-0 13.Af3 Af5 14.Ag5 Te8! 15.Dd2 b5 16.Tad1 Cd3! 17.Cab1 (Todavía ignorante del verdadero peligro que le acecha, Karpov no se apercibe de que debe entregar su peón central, mediante 17.d6, para facilitar el movimiento de sus piezas.)
17... h6 18.Ah4 b4 19.Ca4 Ad6 20.Ag3 Tc8 21.b3 g5!! 22.Axd6 Dxd6 23.g3 Cd7! 24.Ag2 Df6 25.a3 a5 26.axb4 axb4 27.Da2 Ag6 28.d6 g4 29.Dd2 Rg7 30.f3 Dxd6 31.fxg4 Dd4+ 32.Rh1 Cf6 33.Tf4 Ce4 34.Dxd3 Cf2+ 35.Txf2 Axd3 36.Tfd2 De3! 37.Txd3 Tc1!! 38.Cb2 Df2 39.Cd2 Txd1+ 40.Cxd1 Te1+ 41. Las blancas abandonan.

Las últimas partidas. Con su triunfo en la partida 19, Kasparov parece apun-

Dama.
Juego de Nicolas
Alquin, bronce,
siglo XX. (Galería
Adrien Maeght,
París.)

tar directamente a la victoria; pero Karpov gana la partida 22 y todo vuelve a empezar. Si Karpov gana la última partida, empatará a 12 puntos y conservará el título. Juega con blancas y mueve el peón del rey. De Kasparov se espera una defensa sólida, capaz de asegurarle las tablas y el título. Pero no: con la defensa siciliana, elige los caminos más vertiginosos, en los que el menor paso en falso resulta fatal. Karpov juega su ataque a fondo. Tiene una posición favorable, pero sus problemas con el reloj lo obligan a jugar de prisa cuando la posición es más complicada. Así, comete un error decisivo en su movimiento número 40 y, dos movimientos después, se ve obligado a abandonar. El aspirante se pone entonces en pie y, como si fuese un tenista, alza los brazos en signo de victoria.

Gari Kasparov, de veintidós años, se convierte en este 9 de noviembre de 1985 en el decimotercero campeón del mundo, el más joven de la historia.

El nuevo orden

Entre las «2 K» y los otros jugadores del mundo, netamente inferiores, se ha abierto una gran distancia. La calidad de sus enfrentamientos apasiona a los aficionados de todo el mundo, y la oposición de sus caracteres –Kasparov, el fuego, Karpov, el hielo– contribuye a una mayor repercusión mediática.

A principios de los años noventa, la prematura eliminación de Karpov en las clasificaciones para el Campeonato del mundo y la creciente hostilidad de Kasparov hacia la FIDE ponen fin a esos duelos y provocan una escisión en el mundo del ajedrez. En efecto, el campeón del mundo crea la PCA (Professional Chess Association), una federación rival de la FIDE, nacida con la doble intención de profesionalizar y mediatizar las competiciones.

La revancha

Por supuesto, Karpov hace valer su derecho a la revancha inmediatamente después de la derrota. Pero las «2 K» no confían en que Campomanes y la FIDE se pongan manos a la obra. Por eso, cuando les llega directamente una propuesta conjunta de Londres y San Petersburgo, ambos aceptan de inmediato, felices de poner al filipino ante los hechos consumados.

Estilos opuestos. Finales de julio de 1986. Margaret Thatcher preside la ceremonia inaugural en el Park Lane Hotel de Londres, y la suerte le concede a Anatoli Karpov las piezas blancas en la primera partida. Los dos rivales saben que están en el país del *fair-play*; por eso, limitan sus enfrentamientos a las 64 casillas y prodigan declaraciones apaciguadoras.

Los dos duelistas están acompañados por sendos equipos técnicos integrados por grandes maestros soviéticos. En el caso de Kasparov, a ellos se añaden dos personas que siempre han jugado un papel primordial: su madre, que gobierna la intendencia y sabe cómo subirle la moral en caso de necesidad, y el inglés Andrew Page, hombre de negocios, viejo actor y piloto de carreras, que se encarga de los contratos.

A medio encuentro, cuando éste se traslada a San Petersburgo, Kasparov gana por 2 victorias a 1 y 10 partidas tablas, todas espectaculares. Kasparov asume casi siempre el papel de atacante, el que da los impulsos; Karpov, el de quien espera recoger los beneficios generados por los riesgos del adversario. Una especie de McEnroe-Borg, en versión ajedrez. El fuego y el hielo.

Desde la llegada a la URSS, Kasparov aumenta su ventaja ganando con las blancas las partidas 14 y 16. Las esperanzas de Karpov, obligado a 4 victorias en 8 partidas, parecen haberse esfumado.

Pero, incomprensiblemente, Kasparov se viene abajo. Pierde las 3 partidas siguientes de una tacada, en dos ocasiones con las piezas negras y la defensa Grünfeld. Extrañado por la insistencia de Karpov en esta apertura, da en sospechar que hay un traidor en su equipo técnico. Del trío Timochtchenko, Dorfman y Vladimirov, concentra las acusaciones sobre este último, al que ha visto reproducir análisis en una libreta, y lo despide.

La confirmación de Kasparov. Karpov debe vencer aún una vez si quiere recuperar el título que ha ostentado durante diez años. Por su parte, Kasparov juega con extrema prudencia y alcanza su objetivo: 2 tablas en las 2 partidas siguientes. El desenlace se produce en la vigesimosegunda partida. En el movimiento 40, momento en el que la partida se aplaza hasta el día siguiente, Kasparov reflexiona durante un cuarto de hora antes de escribir el movimiento que el árbitro conservará en secreto hasta la reanudación. La conjetura da sus frutos, y al día siguiente se ve que el campeón ha calculado todas las ramificaciones que llevan a la victoria.

El 10 de octubre de 1986, con un resultado de 12,5 puntos frente a 11,5, Gari Kasparov revalida su título de campeón del mundo.

Suspense de alto nivel

Kasparov critica el inmovilismo de la FIDE y participa en la creación de la GMA (Gran Master Association), una especie de sindicato de grandes maestros que organiza una nueva Copa del mundo de los torneos. Descuida el entrenamiento y está a punto de dejarse arrebatar el título por Anatoli Karpov, su eterno rival.

Las competiciones de la FIDE. Dado el creciente número de grandes maestros de muy alto nivel, la FIDE cambia las reglas de la clasificación para el Campeonato del mundo de 1987: después de los torneos interzonales, se celebrará un nuevo torneo de los Candidatos que precederá a los encuentros del mismo nombre.

El torneo de los Candidatos se celebra en Montpellier y registra la derrota de jugadores experimentados –como Smyslov, Kortchnoï, Spassky o Portisch– en beneficio de Yusupov, Vaganian, Sokolov y Timman, que elimina a Mikhaïl Tal en el desempate.

Los encuentros de los Candidatos, preliminares del Campeonato del mundo de 1987, se saldan con las victorias de Sokolov sobre Vaganian y de Yusupov sobre Timman. Después, Andreï Sokolov, un ruso de veintitrés años, se impone sobre Artur Yusupov.

Anatoli Karpov entra en liza en la final de los encuentros de los Candidatos, en la que se enfrenta a Sokolov. El encuentro se desarrolla en Linares en febrero de 1987, y está patrocinado por el propietario de una cadena alimentaria. Tras 11 partidas, Karpov consigue 4 puntos de ventaja: el encuentro, previsto a 14 partidas, concluye. Por cuarta vez en cuatro años, Karpov se sentará frente a Kasparov para disputar una larga confrontación.

La nueva Copa del mundo. Estamos en abril de 1987. Por primera vez en muchos años, un torneo reúne a Karpov y Kasparov. La victoria de este último en Bruselas, *ex aequo* con el yugoslavo Ljubojevic, estuvo acompañada de un acontecimiento trascendental para los grandes maestros: la crea-

71

ción de la Gran Master Association (GMA). Esta asociación se plantea un doble objetivo: ayudar a los grandes maestros y promover competiciones. Así, con la ayuda de un industrial belga, crea la Copa del mundo de los torneos, un circuito de 6 torneos concebido para designar al campeón del mundo de los torneos, en contraposición al campeón del mundo tradicional surgido de los encuentros-duelos.

Un nuevo duelo entre las «2K». El 12 de octubre de 1987, el teatro Lope de Vega de Sevilla acoge un nuevo Campeonato del mundo entre las «2K». La bolsa en juego (3 millones de francos suizos), la asidua presencia de las televisiones y un público que llena a diario todos los asientos del teatro testimonian la pasión de los españoles por el ajedrez.

La segunda partida evidencia el mal estado de forma de Kasparov. En el décimo movimiento, Karpov adelanta un peón en una jugada que había preparado años antes para sus enfrentamientos con Kortchnoï y que no había tenido ocasión de emplear. Completamente sorprendido, Kasparov tarda una hora y veinte minutos en decidir su réplica. Unos movimientos después, ¡el campeón se queja al árbitro... de los maullidos de un gato, que hay que desalojar! En fin, los crueles apremios de tiempo de reflexión hasta el movimiento 40 le resultan fatales. Karpov se pone por delante ¡hasta el comienzo de la vigesimocuarta y última partida!

Cuando Kasparov entra en la sala ese último día, sus ayudantes, con su madre a la cabeza, tuercen el gesto. Derrotar el rocoso estilo de Karpov en una única partida resulta una tarea casi imposible. El mismo Kasparov refleja abatimiento. Está mal afeitado, y parece que no ha dormido. Conduce las piezas blancas y comienza prudentemente con 1.Cf3, la apertura Réti. La televisión española retransmite íntegramente y en directo esta partida decisi-

va. Karpov, como es lógico, aprovecha todas las ocasiones posibles para simplificar el juego mediante intercambios de piezas. Su único problema radica en el reloj. Había consumido mucho tiempo. Demasiado. Y poco después del movimiento número 30, cuando la tensión está en su máximo apogeo, yerra y pierde un peón. En medio del ruido de las conversaciones de los espectadores, que intentan anticipar la continuación, la partida se aplaza hasta el día siguiente. Durante toda la noche, los dos jugadores y sus ayudantes analizan las posibilidades. Como ambos revelarán más tarde, Kasparov calculaba las posibilidades de triunfo de las blancas en un 50 %, y Karpov, pesimista, ¡en un 75 %!

El juego se reanuda. Karpov se muestra impreciso en la defensa y se declara vencido en el movimiento número 62. Marcador final, ¡12 puntos para cada uno! Kasparov conserva el título *in extremis*.

La multiplicación de las competiciones

Los grandes maestros de primera línea están en todos los frentes: ciclo eliminatorio del Campeonato del mundo FIDE, torneos de la Copa del mundo de la GMA, torneos tradicionales...

Los jóvenes libran una lucha no menos áspera. En la final del Campeonato del mundo júnior, que se celebra en Australia a finales de 1988, un joven francés de quince años, Joël Lautier, da la sorpresa: bate a las mejores esperanzas soviéticas y, ante la estupefacción general, se hace con el título de campeón del mundo júnior (reservado a los menores de veinte años).

Kasparov, un campeón insaciable. En agosto de 1988, el Campeonato de la URSS corona a dos laureados, Gari Kasparov y... Anatoli Karpov. Ante la incapacidad de ambos rivales para decidir las modalidades de un desempate, el todopoderoso Comité soviético de deportes decide proclamarlos cocampeones de la URSS.

La última etapa de la Copa del mundo se desarrolla en la pequeña ciudad sueca de Skelleftea, en agosto de 1989. Karpov y Kasparov acaban primeros *ex aequo.* Pero en la clasificación general, Kasparov (que ha ganado 4 de los 6 torneos) se impone por delante de Karpov, Valeri Salov, el estonio Ehlvest y Ljubojevic. La Copa del mundo no se reeditará, y su fundadora, la GMA, desaparecerá cuatro años más tarde.

Pero 1989 es sobre todo el año de un récord establecido por Kasparov. En septiembre, gana el torneo de Tilburg (Holanda) con el fantástico resultado de 12 puntos sobre 14 posibles. En noviembre, insaciable, conquista el torneo de Belgrado con 8 victorias y 3 tablas, sin conocer la derrota, y deja al segundo a 3 puntos de distancia. Con sus resultados de 1989, el campeón del mundo alcanza el nivel récord de 2 800 puntos Elo. El límite anterior pertenecía a Bobby Fischer, con 2 780 puntos.

Poco después, en Kuala Lumpur, Anatoli Karpov derrota a Jan Timman en la final de los encuentros de los Candidatos y se clasifica, una vez más, para enfrentarse a Kasparov.

El ajedrez en escena. En mayo de 1990, París asiste al nacimiento de una nueva forma de competición en partidas rápidas, concebida para el espectador. El organizador parisino Dan-Antoine Blanc-Saphira, con ayuda de una inmobiliaria, ha creado un torneo de eliminación directa en el que los mejores jugadores del mundo se enfrentarán en 2 partidas de 50 minutos y eventual desempate relámpago. Las partidas se suceden sobre el escenario del teatro de los Campos Elí-

seos, y el público asiste a una inmensa representación electrónica del juego en tiempo real. También dispone de auriculares para escuchar los comentarios. Este primer torneo lo gana, ¡cómo no!, Kasparov.

Una obra cumbre del ajedrez. En octubre de 1990, el Hudson Theatre de Nueva York acoge la nueva final del Campeonato del mundo entre Karpov y Kasparov. ¡Es su quinta confrontación! En más de 100 partidas, Kasparov sólo ha conseguido 2 victorias de ventaja.

El ambiente es más que frío, pues el georgiano Azmaïparachvili, miembro del equipo técnico de Kasparov, había afirmado días antes que le habían ofrecido 100 000 dólares por desvelar los secretos de la preparación del campeón del mundo. Tras su negativa, ¡una bomba había explotado ante la casa de su madre!

El encuentro empieza dominado por la prudencia, con 14 partidas tablas en las 16 primeras.

El 7 de noviembre, el marcador está igualado y la confrontación, como estaba convenido, abandona Estados Unidos para trasladarse a Francia. Lyon alberga la continuación del duelo.

La lucha se desencadena a partir de la decimosexta partida, y alcanza su punto culminante en la vigésima:

Blancas: Kasparov; negras: Karpov
Vigésima partida
Apertura española. Variante Zaïtsev
1.e4 e5 2.Cf3 Cc6 3.Ab5 a6. 4.Aa4 Cf6 5.0-0 Ae7 6.Te1 b5 7.Ab3 d6 8.c3 0-0 9.h3 Ab7 10.d4 Te8 11.Cbd2 Af8 12.a4 h6 13.Ac2 exd4 14.cxd4 Cb4 15.Ab1 c5 16.d5 Cd7 17.Ta3 f5 18.Tae3 Cf6 19.Ch2 Rh8 20.b3 bxa4 21.bxa4 c4 22.Ab2 fxe4 23.Cxe4 Cfxd5 24.Tg3 Te6 25.Cg4 De8 26.Cxh6!! c3 27.Cf5! cxb2 28.Dg4 Ac8 29.Dh4+ Th6 30.Cxh6 gxh6 31.Rh2 De5 32.Cg5! Df6 33.Te8 Af5

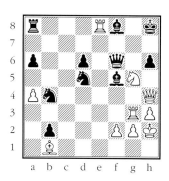

34.Dxh6+!! (Uno de los movimientos más espectaculares en toda la historia de los Campeonatos del mundo. Las blancas obtendrán un colosal beneficio con el sacrificio de su dama.)

34... Dxh6 35.Cf7+ Rh7 36.Axf5 Dg6 37.Axg6+ Rg7 38.Txa8 Ae7 39.Tb8 a5 40.Ae4+ Rxf7 41.Axd5+. Las negras abandonan.

Kasparov gana el encuentro por 12,5 a 11,5 y revalida su título por tres años más.

De sorpresa en sorpresa. En 1991, en el torneo de juego rápido del Teatro de los Campos Elíseos de París, salta la sorpresa: Kasparov pierde la final contra Timman. Al año siguiente, la clara eliminación (4 a 6) de Karpov en la semifinal de los encuentros de los Campeones, frente al inglés Nigel Short (veintiséis años) vuelve a crear sensación. En el otro encuentro, Timman bate a Yusupov.

En septiembre de 1992, veinte años después de Reykjavík, Spassky y Fischer (que no ha dejado de considerarse el campeón del mundo) se vuelven a ver las caras en un encuentro de revancha. El clima es surrealista. El organizador, un banquero serbio de dudosa trayectoria, y el lugar, una estación balnearia de Montenegro, a pocos kilómetros de la guerra civil de Bosnia, añaden más confusión. Los dos jugadores, envejecidos, no figuran entre los mejores del mundo, y la victoria de Fischer no consuela a quienes consideran que esta reaparición ha empañado su imagen mítica.

En la final de los Candidatos, Nigel Short bate a Jan Timman por 7,5 a 5,5 y se convierte en el rival de Kasparov para la final del Campeonato del mundo, que se disputará en el otoño de 1993.

La escisión FIDE/PCA

La final del Campeonato del mundo de 1993, marcada por la ausencia de Karpov, pone de manifiesto las disensiones entre la FIDE y los dos contrincantes. Éstos rompen con cuarenta y cinco años de tradición, niegan la organización de la final a la FIDE y la disputan bajo una nueva etiqueta, la de la PCA. En lo sucesivo, dos federaciones gestionarán otros tantos Campeonatos del mundo. Una situación a la que las «2 K» deberían poner fin en 1997 con un encuentro de reunificación en los próximos años.

El creciente poder de la PCA. Durante el verano de 1993, Campomanes, aún presidente de la FIDE, llega a un acuerdo con la ciudad de Manchester para organizar la final Kasparov-Short. Pero este último, que ha conseguido el patrocinio del diario *Times*, pretende imponer que el encuentro se dispute en Londres. Los argumentos financieros priman y, finalmente, Short y Kasparov deciden jugar al margen de la FIDE ¡y crean una federación internacional diferente, la Professional Chess Association (PCA)! «El título pertenece al campeón del mundo, no a la FIDE», argumenta Kasparov.

Todas las tentativas orientadas a que los dos finalistas reconsideren su decisión fracasan, y el 7 de septiembre de 1993, en la sala de teatro del hotel Savoy de Londres, comienza el duelo, muy mediatizado, bajo la égida de la PCA. Short se deja dominar en la primera mitad del encuentro, entre otras razones, a causa de su inexperiencia. Impresionable, se muestra dubitativo en los momentos cruciales, a pesar de que su sentido de la estrategia le proporciona buenas posiciones. Pese a todo, evita un resultado aplastante. Kasparov se impone por 12,5 a 7,5 y conquista el primer título de campeón del mundo PCA.

Entre tanto, la FIDE excluye provisionalmente a Kasparov y a Short de la clasificación mundial y organiza en Indonesia una final del Campeonato del mundo FIDE que enfrenta a Karpov y Timman, con victoria del primero.

La PCA, siempre activa, sigue su camino. Con el apoyo financiero de una firma de ordenadores, organiza en abril de 1994 un circuito de torneos de partidas rápidas, al estilo de los que se celebran en París desde hace unos años. Moscú, primera etapa; Nueva York, en junio; Londres, en agosto, y París, en noviembre. Son los cuatro torneos del «gran slam» ajedrecístico. El joven ruso Vladimir Kramnik se impondrá, *ex aequo* con Kasparov, en la clasificación general a finales de año. Karpov, legitimista, renuncia a participar en toda competición organizada por la PCA.

Los dos circuitos de competiciones.
Durante los años 1994-1995, la PCA y la FIDE, cada una por su lado, organizan encuentros de los candidatos. En el bando de la PCA, el indio Anand, apodado el «Lucky Luke del ajedrez» por su veloz juego, se convierte en el rival de Kasparov. En el bando de la

FIDE, un joven norteamericano de origen tártaro, Gata Kamsky, se planta en la final frente a Karpov.

En septiembre de 1995, el ático del World Trade Center de Nueva York sirve de escenario para que Kasparov derrote a Anand y conserve su título de campeón del mundo PCA.

Para remate, Kasparov se impone poco después en la etapa parisina del circuito de partidas rápidas organizado por la PCA, y gana al mismo tiempo la clasificación general de 1995.

En junio de 1996, tras múltiples problemas organizativos, Karpov conserva su título de campeón del mundo versión FIDE batiendo a Gata Kamsky. El encuentro se disputa en Elista, capital de Calmuquia. El presidente de este pequeño país del norte del Cáucaso, Kirsan Iljumzhinov, se había convertido el año anterior en presidente de la FIDE.

A finales del mismo año, el torneo de Las Palmas reúne a los seis mejores jugadores del mundo, entre ellos, ¡oh sorpresa!, las «2 K». Kasparov lo gana por delante de Anand. Karpov sólo es quinto.

La situación de la organización mundial del ajedrez no mejora en absoluto. La FIDE está dirigida por un dictador antojadizo, y la PCA ha perdido su principal apoyo financiero.

Torre. Juego «Schtroumpfs», plomo pintado, siglo XX.

El ajedrez, los hombres y la sociedad

*«El ajedrez, lo mismo que el amor y la música, tiene la capacidad
de hacer felices a los hombres».*

Siegbert Tarrasch

*Escena cortesana: partida de
ajedrez. Cofrecillo matrimonial,
madera pintada, atribuido
a Liberale de Verona,
(Liberale di Jacomo) hacia
1475-1480. (Metropolitan
Museum of Art, Nueva York.)*

El ajedrez, los hombres y la sociedad

La primera impresión es de inmovilidad. Inclinados sobre una posición estática, las cabezas de los protagonistas apenas oscilan. Sin embargo, cuando uno se aproxima, percibe la violencia del momento en sus ojos. Barren el tablero de derecha a izquierda, anticipando las peores agresiones que pueden infligir al campo enemigo. No hay piedad; se trata de matar el rey y, en consecuencia, dicen todos, desde los grandes maestros a los psicólogos, la mente del adversario.

Los movimientos reales o imaginados que ejecutan las piezas sobre el tablero, capturas, intercambios, avances de peones, son otras tantas heridas que se reflejan mentalmente en los cerebros de los contendientes. Pero los jugadores se revisten con una máscara de impasibilidad, que sólo se ve traicionada a veces por la intensidad de su mirada. No deben traslucir nada. Lo contrario supondría una pista para el adversario, un error tan grave como un descuido táctico o un fallo estratégico. En este duelo, las armas son cerebrales, y las agresiones, psicológicas. La victoria casi siempre corresponde a quien mejor sepa comprender al otro, a quien capte sus fuerzas y sus debilidades mentales. La literatura, el cine y otras formas de manifestación artística lo han comprendido a la perfección, y así, cuando quieren sublimar las relaciones entre sus personajes, recurren al ajedrez. La batalla sobre las 64 casillas se vuelve emblemática de una situación y de las relaciones de fuerza o, a veces, de seducción de los personajes presentes.

Pero la ficción se queda mucho más corta que la realidad desde el momento en que el mejor campeón humano se ve obligado a movilizar toda la inteligencia de su especie para enfrentarse con un Goliat tecnológico. Y, milagro de este juego milenario, los formidables progresos de la ciencia de la informática no siempre consiguen eliminar el suspense en este tipo de confrontación. No, los misterios del ajedrez y de sus vínculos con la humanidad se resisten incluso a los más poderosos cálculos, aun cuando la máquina consiga imponerse momentáneamente sobre el hombre.

Estatuillas y peones

El estilo, las formas, los materiales y los colores de las piezas dan testimonio de su origen y de las culturas, antiguas y contemporáneas, que las han producido.

Desde su misma creación, hace ya quince siglos, el ajedrez ejerce una poderosa fascinación sobre la mente humana. Sus piezas, estatuillas con una rígida jerarquía, reflejan la evolución del pensamiento, la vida social y la historia de los diferentes países.

Materiales y colores

Gracias a los intercambios comerciales, el juego se ha difundido por todo el mundo y en todas las clases sociales, y la producción de sus piezas ha ido cada vez a más. Fruto de culturas diferentes, éstas presentan una gran riqueza de formas y estilos, diversidad a la que se suma la de los materiales utilizados por sus cinceladores.

Del marfil a la madera

En la época medieval, el ajedrez es, esencialmente, una distracción propia de los señores, y sus juegos son muy a menudo auténticos objetos de lujo. Tanto, que las piezas aparecen con frecuencia en los inventarios y los testamentos.

El oro, la plata y el bronce son los metales más empleados. Las piezas hechas con ellos suelen ser bastante pesadas y están destinadas principalmente a los ricos y poderosos.

Pero tan precioso como el oro es el marfil, el material manifiestamente más utilizado. Entre las piezas de marfil más espectaculares que nos ha dejado la Edad Media, figuran las del juego llamado «de Carlomagno», elaboradas en el siglo XI.

Carlomagno probablemente no jugó nunca al ajedrez, pues éste no apareció en Occidente hasta el siglo X; pero la leyenda quiere que su juego fuera un presente del califa de Bagdad Harun al-Rasid. Las 16 piezas que han llegado hasta nosotros se descubrieron en la abadía de Saint-Denis (hoy se conservan en el Cabinet des Médailles de París) y están hechas de colmillo de elefante; por sus dimensiones y por su peso, no parecen destinadas al juego, sino más bien a formar parte de un tesoro.

La expansión colonial de los siglos XVIII y XIX da un gran impulso a la producción de marfil, y potencia el desarrollo de los talleres establecidos en Europa y en la India; estos últimos producen gran cantidad de juegos destinados al mundo occidental.

Los artesanos también han labrado piezas en materiales tan variados como el cuerno, el ámbar, la porcelana, el esmalte, el hierro o el vidrio. Hasta nosotros han llegado varias piezas de un precioso juego de cristal elaborado en Cataluña, anterior al siglo X. Pero a partir del siglo XIV se utiliza sobre todo la madera, especialmente para los juegos más ordinarios y cotidianos. La producción de piezas de ajedrez de madera se acrecienta sobremanera con la vulgarización del juego y el desarrollo de los torneos internacionales, en especial a partir de la segunda mitad del siglo XIX.

Variedad de colores

Si la alternancia blanco-negro de piezas y tableros es absolutamente natural para un jugador contemporáneo, no siempre ha sido así.

La leyenda afirma que el rojo y el verde fueron los colores del predecesor del juego, la *chaturanga* india, o «juego de los cuatro ejércitos». El autor de un importante poema persa del siglo VII, el *Chatrang-namak*, cuenta que una embajada del rey de las Indias ofreció al monarca persa un juego compuesto por 15 piezas hechas con esmeraldas y 15 con rubíes; el lujoso regalo era una forma de demostrar la inteligencia y la sabiduría de las gentes de su reino.

En la India, el verde, el rojo y el negro eran los colores más corrientes. Para destacar la alternancia de los dos primeros colores, a veces se añadía marfil natural y madera de sándalo o cuerno.

Los juegos árabes estaban coloreados de manera muy diversa, sobre todo en rojo y negro, pero también en blanco y rojo o en blanco y verde. Las primeras piezas europeas conocidas eran incoloras; el uso de la coloración blanco-negro se establece luego de forma gradual. El tablero tampoco tenía color en un principio; sólamente las líneas delimitaban las 64 casillas, y así siguió hasta el siglo XII, cuando se hizo bicolor. En nuestros días, las piezas blancas se suelen fabricar con madera clara, y las piezas negras, con madera oscura o teñida.

Formas y símbolos

Las piezas no son simples objetos, hechos con materiales diversos, que se desplazan sobre un tablero. De formas estilizadas o abstractas, a veces cargadas de simbolismo, también testimonian a lo largo de la historia las diversas culturas y civilizaciones que las han producido.

Pocas piezas nos han llegado de los juegos más antiguos. Lo esencial de nuestros conocimientos sobre formas y estilos se debe a los numerosos dibujos, grabados y pinturas que han tomado el ajedrez como tema.

De los orígenes al período medieval

Las piezas del Juego Antiguo, tal como se practicaba en la India y en el mundo islámico, simbolizan los principales elementos de un ejército, y dan fe así del estrecho vínculo que en origen hubo entre el ajedrez y la guerra. El poema persa *Chatrang-namak*, citado más arriba, describe así el juego indio: «Han hecho el rey para indicar el jefe supremo; el carro, a derecha e izquierda, para representar al comandante de la guardia; el caballo, para designar al comandante de la caballería, y la infantería, para materializar las fuerzas de choque en el campo de batalla.» Además de la simbología bélica, aquí aparece claramente el estilo figurativo de las piezas del Juego Antiguo.

Las piezas de marfil descubiertas en Nichapur, Irán (hoy conservadas en el Metropolitan Museum de Nueva York), datan del siglo IX a lo sumo y asocian dos estilos diferentes: formas estilizadas (elefante, caballo, representado con una cabeza del animal, y carro) y formas abstractas (rey, dama y peones). Esta mezcla revela la transición de las formas figurativas hacia el arte no figurativo que se desarrolla bajo la influencia del islam.

La prohibición de representar seres animales que establece la ley coránica conduce a la producción de figuras asombrosamente similares en todo el mundo musulmán, pese a las diferencias de diseño y de estilo entre las esculturas de unos países y otros.

En Europa, las piezas evolucionarán a lo largo de los siglos XI y XII desde el estilo «islámico», de formas abstractas, hacia otras más naturalistas o figurativas.

Peón.
«Juego de Lewis»
(islas Hébridas),
marfil de morsa,
finales
del siglo XII.
(Museo Británico,
Londres.)

Las protuberancias y abultamientos característicos se transforman poco a poco en cabezas humanas o de animales. Después, los artesanos producen piezas por completo figurativas: representan reyes bajo baldaquinos, caballeros armados, soldados con espadas y escudos... Las piezas llamadas «de Lewis», descubiertas en 1831 en la isla Lewis (Hébridas), datan probablemente de los años 1150-1170 y son típicas de esta evolución. Estas 78 piezas (67 se conservan en el Museo Británico de Londres, y las otras 11 en el museo nacional de Antigüedades de Escocia), que formaban parte de cuatro juegos diferentes labrados en marfil de morsa, presentan al tiempo un carácter figurativo y estilizado. Cada juego consta de un rey, una dama, un alfil y un hombre armado que simboliza la torre. Los peones tienen la apariencia de mojones decorados.

Más que un ejército en campaña, los juegos medievales simbolizan un Estado en miniatura, con su jerarquía social. Esta representación, ampliamente explotada en la literatura medieval, sobre todo por los clérigos, contribuyó a la difusión del juego y a su evolución.

La era moderna

Favorecido por la invención de la imprenta, el ajedrez se extenderá a nuevas clases sociales. Entonces cambia su dimensión y se convierte en un juego serio e intelectual. El simbolismo medieval de las piezas desaparece con estas transformaciones. Las reglas modernas aparecen en el siglo XVIII con Philidor, el primero que considera el ajedrez como una ciencia con principios propios.

La elaboración de las piezas de ajedrez refleja esta nueva concepción. La diferencia entre los juegos decorativos y los destinados a la práctica es cada vez mayor. Los últimos, los más numerosos con mucho, no tienen figuras humanas. Un modelo fabricado en Inglaterra, el «Staunton», se convierte en el prototipo universal, el que se utiliza en todas las competiciones.

El siglo XX

El cambio de siglo abre nuevas perspectivas para el ajedrez. Los clubes se multiplican, la prensa popular le dedica secciones semanales, incluso diarias, y los Campeonatos del mundo se convierten en espectáculos reproducidos sobre las pequeñas pantallas. En paralelo, las piezas se mueven entre un cierto clasicismo, que aprovecha los materiales modernos, y la audacia de ciertos creadores.

El reflejo de nuestra época. El mundo contemporáneo ya no es el de reyes y príncipes, ni tampoco el de los juegos laboriosamente tallados en materiales preciosos por pacientes artesanos. El marfil deja paso a nuevos materiales, más adecuados para la producción en masa de nuestros tiempos. Las piezas, a menudo de plástico o de resina sintética (en ocasiones mezclada con marfil), repiten temas tradicionales o reproducen juegos antiguos. En bastantes países (España, Italia, India...), los viajes aéreos y el turismo también han estimulado la producción de juegos de ajedrez, que se venden como recuerdo.

Tal como ocurrió en los siglos precedentes, las piezas reflejan su época. Así, no resulta extraño que el mundo de los dibujos animados y los cómics evolucionen sobre el tablero: algunos juegos de colores vivos y llamativos reproducen los personajes de

Schtroumpfs o las creaciones de Tex Avery y Walt Disney.

También son reflejo de su época los juegos que rinden homenaje a los encuentros del Campeonato del mundo. El que enfrentó a Fischer y Spassky en Reykjavík (Islandia), en 1972, ha sido el más reproducido. El artista inglés Charles Perry creó para la ocasión una magnífica serie de juegos de plata, cuyas piezas son versiones geométricas y estilizadas de las formas tradicionales.

Verdaderas creaciones. En ocasiones, la época contemporánea ha creado obras sorprendentes, construidas con materiales tan extraños como inesperados: componentes eléctricos, tuercas, pernos, rodamientos de bolas... Hasta los objetos domésticos se han usado para modelar piezas, como en el asombroso juego creado por el americano John Harbeson, hecho a base de cubiertos de mesa, pitilleras y botones. Muy curioso también es el juego de otro americano, Leicester Holland, formado por cartulinas lacadas de forma triangular y pintadas en rojo y azul.

La estética de los juegos contemporáneos combina unidad y variedad: cada pieza no está tratada necesariamente de forma aislada, sino como parte de un conjunto estructurado. Esta concepción se traduce en una simplificación del diseño que tiende hacia lo simbólico y hacia piezas de formas geométricas. Típico de esta tendencia es el juego creado en 1923-1924 por Joseph Hasting, perteneciente a la escuela alemana de la Bauhaus: sus piezas geométricas, hechas con madera de peral, recrean el principio de su movimiento. Así, una esfera colocada sobre un cubo simboliza a la dama, y un pequeño cubo puesto en diagonal sobre otro mayor, al rey.

En un estilo muy sobrio y armonioso, el pintor Max Ernst diseñó para su amigo Marcel Duchamp, también pintor y jugador de competición, un soberbio juego de inspiración dadásurrealista, con formas geométricas muy depuradas.

Por el contrario, las piezas del juego creado por el americano Richard Filipowsky son totalmente abstractas: hechas con resina acrílica, no son sino un símbolo de su desplazamiento, indicado mediante ranuras labradas en su parte superior. Así, las 8 direcciones del movimiento del rey dan a éste una forma contorneada.

Las tradiciones nacionales

Objetos preciosos, estatuillas de líneas delicadas o simples curiosidades, las piezas de ajedrez ofrecen un amplio panorama de estilos y formas, testimonio de las tradiciones artísticas existentes en sus países de origen. Historia, sociedad, literatura, mitología y leyendas proporcionan multitud de temas a los artesanos. La guerra y sus batallas, elementos permanentes en la historia de las naciones, son temas recurrentes que, al cabo de los siglos, vuelven a reproducir el viejo juego de los ejércitos.

Todas las naciones han producido obras originales, algunas realmente impresionantes, como el majestuoso rey chino, perteneciente a un juego del siglo XVIII, que mide ¡27 centímetros! Algunos países han sido grandes productores de juegos, y otros apenas han contribuido a la producción de piezas.

La India

La secular tradición de fabricar objetos de marfil, incluidas piezas de ajedrez, conoció un nuevo impulso en este país durante los siglos XVIII y XIX, con la llegada de los británicos. Atraídas por los bajos costes de producción, las firmas londinenses encargaron gran cantidad de juegos. Dos tipos de piezas destacan de forma muy particular en esta producción. Uno es de inspiración naturalista; el otro, no figurativo.

Los juegos «John». Los juegos designados con el nombre «John» evocan la prolongada lucha que enfrentó a la Compañía de las Indias Orientales con los estados indios. A fin de responder a las agresiones, la Compañía constituyó su propia fuerza armada, llamada «Compañía John» porque los rostros burilados de sus integrantes recordaban la roja faz de John Bull, personificación del pueblo inglés. Los juegos, fabricados por encargo de la Compañía, están casi siempre realizados en marfil. Las fuerzas de la Compañía visten habitualmente uniforme británico y portan mosquetes con la bayoneta calada, mientras que las tropas indias, ataviadas con turbantes, llevan lanzas o sables. Estos juegos se fabricaban en toda la India, de manera muy especial en Delhi y Bengala. El Museo Victoria y Alberto de Londres conserva algunos ejemplares.

Uno de los más hermosos de la serie es el «Clive of India Chessmen» (Clive fue gobernador de la Compañía de las Indias Orientales), que data del siglo XVIII y está tallado en marfil natural. La base de las piezas tiene hojas de loto grabadas, y las del bando indio están además pintadas de rojo. El rey y la dama de ambos bandos van a lomos de elefantes bajo baldaquinos ceremoniales, y tienen la apariencia de príncipes indios; por delante de ellos, un carnac sentado guía al animal. Los alfiles son guardias montados sobre camellos, y los caballos, guerreros a lomos de caballos encabritados; ambos llevan lanzas. Las torres, ricamente decoradas, están coronadas por la bandera de su bando

respectivo, la india aguantada por un guerrero.

En los juegos elaborados a finales del siglo XVIII y principios del XIX, los alfiles están representados por espectaculares y magníficos carros de Djaggernauth, arrastrados por caballos al galope.

Los juegos «occidentales». Esta serie, destinada al mercado occidental y a la práctica del juego, originó una importante producción de excelente calidad, sobre todo durante la primera mitad del siglo XIX. Las piezas se trabajaban primero en el torno, y luego se cincelaban delicadamente a mano. Sin figuras humanas, están inspiradas en los modelos europeos entonces en vigor, pero las líneas occidentales se combinan armoniosamente con la elegancia oriental. Los artesanos utilizaron el marfil en muchas de estas series, incluso para las piezas coloreadas, y a veces también sándalo o cuerno en las piezas negras.

Los juegos realizados en Cachemira, unos de los más bellos de estas series «occidentales», presentan la singularidad de reunir los dos estilos: las piezas mayores carecen de representación humana, pero los peones son infantes de las tropas indias o inglesas. Las series de Cachemira se produjeron en pequeñas cantidades y son particularmente decorativas: las piezas presentan un elaborado cincelado que recuerda la labor de encaje, y descansan sobre característicos zócalos esculpidos en relieve.

España

La España musulmana fue la puerta por la que el juego se introdujo en Europa occidental. Luego, el país se apartó de la tradición islámica y creó un estilo propio que ha permitido a los artesanos recrear la historia y los grandes mitos literarios.

Reconquista y tradición literaria. Naturalmente, un tema favorito de los juegos españoles es la lucha entre moros y cristianos: estos últimos visten ropas medievales, y la torre del bando moro presenta una cúpula con forma de cebolla que recuerda la de las mezquitas.

Un tema igualmente muy popular es el de don Quijote. En estas series, don Quijote es el rey, y Dulcinea, la dama; los peones reproducen la rechoncha silueta de Sancho Panza, y las torres, evidentemente, están representadas por molinos de viento.

El «estilo del púlpito». La Iglesia, principal cliente de los escultores, marcó profundamente el arte español. Esta influencia se manifiesta en los preciosos juegos del llamado «estilo del púlpito». Sus raras piezas están formadas por una tribuna calada –coronada en el caso de las piezas mayores por hojas de acanto– sobre la que se alzan las figuras. En uno de estos juegos, realizado en el siglo XVIII, reyes y damas son monarcas europeos con vestidos de ceremonia, y todas las piezas descansan sobre una base lisa de forma circular.

Francia

La mayoría de las series interesantes proceden de los talleres de Dieppe, Lyon y París. Entre los siglos XVII y XIX, éstos fueron los principales centros de producción, cada uno con un estilo particular.

Los juegos de Dieppe. El estilo de Dieppe es absolutamente característico. El rey, la dama y los alfiles son, en general, bustos sobre un pedestal, que descansa a su vez sobre un zócalo achatado. El alfil suele lucir un bonete puntiagudo y esboza una amplia sonrisa, cuando no es una estatuilla que lleva tricornio y tiene una mano cruzada por dentro de la chaqueta, en la actitud tan cara a los retratistas de Napoleón. Los caballos tienen a veces el fantástico aspecto de caballitos de mar. En algunos juegos, una cabeza de camello sustituye a la del caballo. A veces, el caballo también adopta la forma de un personaje que cabalga sobre un caballo semejante a un juguete infantil. La torre, con dibujo de mampostería, descansa habitualmente sobre un pedestal. Los peones son bustos de soldados o simples balaustres torneados. La mayoría de estos juegos eran de marfil, más raramente de hueso, y muy a menudo estaban destinados al mercado inglés.

Los juegos de París. Estas series fueron realizadas por cinceladores formados en la escuela de escultura de París. La relativa simplicidad de los peones, trabajados en el torno, realza aún más la belleza de las piezas mayores. Uno de los juegos más bellos reproduce las cortes de Francia e Inglaterra. Carlos I de Inglaterra está acompañado por Enriqueta-María, hermana de Luis XIII. En el campo contrario, Luis XIII es el rey, y su esposa Ana de Austria, la dama. Por supuesto, los alfiles representan a los cardenales Richelieu y Mazarino. Los caballos, soberbias figuras encabritadas, llevan a lomos a un gentilhombre.

Otra magnífica serie, de marfil policromado y con piezas cinceladas en un estilo exquisito, ofrece un panorama de los vestidos cortesanos que estaban de moda a mediados del siglo XIX.

Los talleres de Lyon. Los juegos llamados «Directorio», fabricados en Lyon y sus alrededores, estaban destinados al consumo doméstico y a la exportación. Las piezas, talladas en madera (boj claro para un bando, madera de cerezo para el otro), carecen de figuras humanas o animales. En estas series, elaboradas a finales del siglo XVIII, todas las

85

piezas tienen forma de bulbo ligeramente achatado; de él nace un espigado tallo, a lo largo del cual se escalonan discos de madera torneada. En el diseño del caballo no aparece la cabeza de este animal.

Inglaterra

Durante el siglo XIX, Inglaterra produjo pocos juegos de marfil o de hueso; casi todos los importaba de los talleres de Dieppe, sobre todo, y luego del Imperio británico. La producción inglesa afirma dos rasgos específicos: la simplicidad en la forma de las piezas, realizadas con varias secciones encajables, y la rareza de los juegos inspirados en la guerra y sus batallas.

El juego «Barleycorn». En el extremo opuesto a los campos de batalla, las pacíficas series de los juegos «Barleycorn» (literalmente, «grano de cebada») parecen reflejar una visión idílica de la vida rural inglesa. Su nombre proviene de la decoración de las piezas principales, en forma de grano de cebada con su tegumento. Los juegos, hechos por lo común con marfil o hueso, tienen un labrado y una calidad muy desiguales, y casi siempre presentan un bando pintado de rojo, y el otro de color natural.

El juego «Staunton». En 1849 se patenta en Inglaterra un nuevo juego, llamado «Staunton», que es fruto de dos factores combinados. Por una parte, los juegos utilizados en los torneos eran tan diferentes unos de otros que los jugadores solían quejarse por la dificultad de reconocer las piezas. Por otra parte, John Jaque, propietario de una fábrica de juegos y juguetes, se interesaba por la idea de un nuevo modelo de piezas estándar que combinase simplicidad y solidez y fuese susceptible de salir al mercado a un precio razonable. Un cierto Nathaniel

Cook le proporcionó la solución. Éste diseñó un modelo de piezas simples basadas en símbolos representativos: el rey se simbolizaba mediante una corona rematada con una cruz; la dama, mediante una corona ducal; el alfil, mediante una mitra; el caballo, mediante una cabeza del animal; la torre es un parapeto almenado, y una bola representa a los peones. Refinadas, elegantes y de justas proporciones, las piezas descansan sobre un zócalo circular, compacto y ligeramente abultado. Howard Staunton, famoso jugador inglés –el mejor del mundo en la época–, quedó muy impresionado con el modelo y aceptó inmediatamente prestarle su nombre y su firma (reproducida en facsímil sobre cada caja del juego); incluso redactó el breve tratado del juego que se regalaba a los compradores. Desde entonces, el juego Staunton se ha convertido en el estándar universal: las suyas son las únicas piezas usadas en los torneos y en los clubes oficiales.

Rusia

El ajedrez entró en Rusia por dos vías. Por el Oriente Próximo y Asia central en primer lugar, a través de la gran vía comercial que iba de Bagdad al estuario del Volga. Un testimonio de este origen lo dan las piezas encontradas en Novgorod, que fueron realizadas entre los siglos XII y XIV y son figuras abstractas inspiradas en el arte islámico. Más tarde, hacia finales del siglo XVII, los intercambios con Occidente introducen las reglas modernas del ajedrez. El estilo de los juegos rusos refleja este mestizaje entre Oriente y Occidente.

Los juegos de los siglos XVII y XVIII. Las inspiraciones oriental y occidental se combinan en numerosos juegos de esta época, especialmente en los que reflejan las batallas entre los rusos, vestidos con uniformes romanos, y los turcos o los iraníes. Un general puesto en pie ocupa el lugar de la dama, mientras que el rey permanece sentado en un confortable trono. Los caballos son soldados montados sobre preciosos caballos encabritados, mientras que los alfiles están representados por elefantes que, según el bando, llevan o no un caballero sobre sus lomos. Las torres son barcos con dos velas –como los que navegan por el mar Caspio– en el caso del bando ruso, y con una en el campo contrario.

La influencia europea en los juegos de ajedrez rusos ya es manifiesta durante el reinado de Pedro el Grande (1682-1725). Una prueba de ello es el juego de plata, parcialmente pintada, que perteneció a los Romanov y que se conserva actualmente en el Museo de Moscú. Los alfiles del mismo son soldados con cascos alados y zapatos, al estilo de los «Läufer» («hombres corriendo») de los juegos alemanes.

Los juegos de los zares. Pedro el Grande fue un apasionado del ajedrez, y Catalina II llegó a ser una experta jugadora. Gracias a su fortuna, los zares pudieron recurrir a expertos europeos que se convirtieron en sus cinceladores exclusivos. Es el caso de Fabergé, el célebre creador de las joyas reales, cuya firma se había establecido en San Petersburgo en 1842; los juegos realizados por Fabergé son magníficas creaciones –tanto por su rica elaboración como por su original diseño– que reflejan el lujo de la corte de los zares a finales del siglo XIX. Esmeraldas siberianas, jaspe gris de Kalgan y las mejores piedras semipreciosas del Ural y de los Cárpatos se asocian en una perfecta armonía de colores.

La revolución y el ajedrez. El ajedrez, considerado por el nuevo Estado soviético como un instrumento para el desa-

rrollo de la cultura proletaria, se difundió de forma extraordinaria por toda la URSS. A partir de 1917, aparecen varias series de gran calidad que oponen la nueva sociedad comunista a la capitalista. Un magnífico ejemplo de ellos muestra un rey con sombrero de copa y levita, acompañado por una dama vestida a la moda y con abrigo de pieles, símbolo de la riqueza. Los alfiles son oficiales del ejército y de la marina en actitud indolente. Las torres, que tienen cúpula en forma de cebolla coronada por una cruz, simbolizan a la Iglesia. En el campo contrario, el rey, admirablemente cincelado, es un trabajador ruso con impermeable largo y gorra. Los alfiles reproducen furiosos soldados revolucionarios que empuñan fusiles. La torre, muy original, está representada por un yunque y un martillo.

En otro conocidísimo juego de porcelana, realizado en 1925, el rey del campo capitalista es un esqueleto, símbolo de la muerte, vestido con armadura y abrigo de armiño bordado. La dama, que representa la fortuna, lleva un cuerno de la abundancia que derrama piezas de oro. Las torres son los tradicionales barcos rusos, y los peones, obreros encadenados. En contraposición a este execrable pasado, el campo contrario ensalza las fuerzas vivas del nuevo Estado socialista: un rey-herrero vestido con pesado delantal de cuero sostiene un gran martillo, y una dama con aspecto de vigorosa campesina lleva un haz de trigo. Los alfiles son cosacos, y los peones, industriosos segadores con hoces. El zócalo de todas las piezas lleva en su reverso el martillo y la hoz y la inscripción «Hecho en Rusia-URSS», estampillada en esmalte rojo. La calidad de los juegos se empobrece en los años siguientes; pero, a cambio, la URSS se convierte en la tierra del ajedrez por excelencia.

El universo mental del jugador

Lo mismo para el principiante que para el campeón, el ajedrez es un combate que exige disciplina y voluntad. Como moviliza todos los resortes de la inteligencia, no es casualidad que se haya ganado el título de «juego noble».

Más que una distracción, el ajedrez es un juego de reflexión. Cada partida enfrenta a dos intelectos diferentes que intentan sorprender y superar al contrario en todo momento. Naturalmente, la intensa actividad mental desplegada durante una partida ha interesado a los psicólogos, que han intentado explicar cómo piensan los jugadores.

Los procesos intelectuales

El juego de ajedrez activa las cualidades básicas de la inteligencia: atención, memoria y creatividad. Si su práctica exige un pensamiento riguroso, éste debe combinarse con una gran agilidad mental para ser eficaz.

La atención y la concentración

Según Nikolaï Krogius, gran maestro internacional y autor del ensayo *La psicología del ajedrez*, la atención es la concentración de la actividad cerebral en un determinado objeto. Al movilizar la atención sobre posiciones siempre cambiantes, el juego de ajedrez estimula esa concentración. Un segundo de distracción puede bastar para que la partida dé un vuelco. La atención,

añade Krogius, no se distribuye por igual por todo el tablero ni en las diferentes piezas. Para llegar a un juicio lúcido y correcto de la posición, el jugador tiene que prestar atención tanto al aspecto atacante como al aspecto defensivo de su juego.

La atención. Abra un libro y entreténgase en contar las comas que hay en una página: es un ejercicio de atención. Su mente queda absorta en la tarea y, poco a poco, lo que sucede a su alrededor va desapareciendo. La atención exigida por el ajedrez es diferente. Implica, por supuesto, una «lectura» de la posición, pero una lectura que consiste en descifrar las invisibles relaciones existentes entre las piezas y los peones colocados sobre el tablero.

La atención apunta, en primer lugar, al aspecto material del juego: por ejemplo, el jugador ve que un peón enemigo ataca a su caballo. Cualquier principiante puede llegar hasta aquí; pero, a menudo, su atención se dispersa y carece de un objetivo preciso: capta la función de cada pieza, pero no abarca las interacciones existentes entre todas ellas. Esto explica sus errores típicos, como el hecho de no apreciar un movimiento de mate, o el de entregar material sin ninguna compensación (es decir, perder una pieza o un peón sin capturar una pieza equivalente o un peón del adversario). En cambio, la atención de un buen jugador abarca el conjunto del tablero durante un tiempo muy corto (de 5 a 10 segundos), y luego se centra sucesivamente en una u otra parte del mismo. Es una atención selectiva.

La concentración. Después de la fase de atención, el jugador hace sus cálculos o elabora un plan. Elige una parte del tablero que le parece importante para el desarrollo posterior e intenta imaginar los cambios que se producirán. Las mayores dificultades residen precisamente en esta fase de concentración.

A partir de la posición real del juego, el jugador debe visualizar mentalmente las diferentes posiciones posibles que crearán unos u otros movimientos. Según su nivel, puede prever uno o varios movimientos. Así, el caballo amenazado por el peón que hemos visto en el ejemplo antes citado puede desplazarse mentalmente en 4 movimientos hacia el rey enemigo. Durante esta operación de cálculo, hay que sustituir la posición real del juego por las posiciones futuras: por ejemplo, si el jugador prevé cambiar una torre (esto es, perder su torre y apoderarse de la del adversario), no se debe preocupar a continuación por la presencia física de la torre sobre el tablero, pues eso lo llevaría a un cálculo falso.

La concentración de un principiante queda a menudo anulada por su falta de práctica y conocimientos: ¡uno puede permanecer sentado durante horas ante un juego sin comprenderlo en absoluto! Por el contrario, la concentración de un buen jugador es dinámica y le permite captar numerosos cambios de posición. El esfuerzo es considerable, pues una partida puede consumir hasta ocho horas de juego efectivo, e incluso más en algunos casos.

Sin embargo, los niveles de atención y concentración no son continuos y lineales. En los comienzos de la partida, un movimiento inesperado realizado por el adversario exige la máxima concentración, que disminuye a medida que se resuelve el problema planteado. El jugador experimenta entonces una disminución de la tensión; luego surgen nuevos problemas, y la partida alcanza su máxima intensidad. De nuevo, la concentración llega a su punto álgido, y luego disminuye.

La memoria

El juego de ajedrez excita y entrena la memoria de forma intensiva y original. La memoria que pone en acción es visual: el tablero, con sus casillas negras y blancas, sus filas y sus columnas y sus específicas configuraciones de piezas, está siempre presente, sea en forma física o mental. Las piezas y las posiciones están en continuo movimiento, sea real o, sobre todo, hipotético. El jugador debe recordar los resultados de sus cálculos, tanto los realizados en «amplitud» (el número de variantes consideradas) como los efectuados en «profundidad» (el número de movimientos anticipados). Este ejercicio de la memoria, que permite utilizar de inmediato todos los componentes de la partida en curso, es uno de los aspectos de la intensa actividad mental desplegada por el jugador de ajedrez.

Además de esta memoria inmediata, también interviene la memoria a largo plazo, que es una de las diferencias más significativas entre el maestro y el simple aficionado. Gracias a la experiencia y al trabajo de investigación, el campeón acumula una rica «biblioteca» interna de aperturas y posiciones significativas, y esto le permite una mejor visualización de la partida, así como realizar su exploración con gran economía de cálculos.

Rey. Juego nórdico, marfil, siglo XII. (Museo del Louvre, París.)

La creatividad

El jugador que progresa tiende hacia un juego creativo y un estilo original, vinculados a su personalidad. Su creatividad se expresa en la elaboración de un plan general susceptible de orientar el juego y suficientemente flexible, al mismo tiempo, para hacer frente a situaciones imprevisibles. De forma más puntual, también interviene en la «invención» del movimiento que se jugará en respuesta al último realizado por el adversario.

Al principiante le gusta leer las partidas antológicas, y a veces intenta reproducir los esquemas de mates célebres en sus propias partidas. Pero los resultados no siempre confirman sus esperanzas. Sin embargo, a medida que progresa va adquiriendo más con-fianza, gana en independencia y, armado con mayor rigor, intenta responder a cada situación de la mejor manera posible. Así, aprende a relacionar lo que ve sobre el tablero con lo que sabe de situaciones semejantes, y luego a combinar de manera original, en función de la situación y de los temas conocidos, tácticos o estratégicos. En esas operaciones intervienen cálculos, memoria, capacidad de juicio e imaginación.

El razonamiento

Desde el punto de vista del espectador, los jugadores miran el tablero, reflexionan y mueven sus piezas por turno. ¿Qué ocurre durante esa reflexión? ¿Cuáles son sus diferentes aspectos o etapas?

Las dos formas de memoria

Los psicólogos distinguen dos formas de memoria: la memoria a corto plazo (MCP) y la memoria a largo plazo (MLP). La primera reúne informaciones que se necesitan de inmediato; la segunda, las demás informaciones.

La MLP ajedrecística está formada por unidades de percepción llamadas *chunk* (término norteamericano que significa «bloque»). En el curso de sus partidas, el jugador analiza con frecuencia posiciones similares: la posición de los reyes tras el enroque, la estructura de los peones después de determinada apertura, por ejemplo. Con la práctica, el jugador retiene el tipo de configuraciones que forma el *chunk*. Cuanto mayor sea el nivel del jugador, más *chunk* abarcará su MLP.

¿Cómo funcionan esas dos memorias cuando un jugador analiza cierta posición? Primero hay una fase de atención: el papel de cada pieza, las relaciones entre ellas... Esta percepción estimula la MLP, que transmite al jugador posiciones similares. Luego, éstas pasan a la MCP. El jugador recuerda entonces que puede hacer tal movimiento o adoptar tal plan, pero matiza su juicio, pues la posición presenta diferencias. El jugador pasa a la fase de reflexión para buscar un movimiento acorde con esas diferencias.

Mientras que la MLP del principiante aún no ha tenido tiempo para formarse, la del gran maestro contiene 50 000 *chunk*. La principal utilidad de este almacén memorístico es la de facilitar la tarea del jugador, que se orienta mejor si la posición le resulta familiar.

Los psicólogos han analizado la memoria del gran maestro, del maestro, del buen jugador y del aficionado. Una posición del juego se somete a examen entre 5 y 10 segundos; luego, el observador intenta reconstruirla sobre un tablero vacío. Los grandes maestros y los maestros colocan correctamente el 92 % de las piezas de la posición; el buen jugador, el 72 %, y el aficionado, el 42 %. El éxito de los maestros se debe a su aprehensión casi inmediata de la posición: pueden localizar de golpe las piezas importantes de ésta.

*Grabado a la acuarela de M. Duboy, «Nachträgliche Kritic»
(Crítico ensimismado), 1895.* ▶

Análisis e investigación. De entrada, el jugador analiza la posición. Intenta comprender lo que ocurre sobre el tablero. El principiante tiene que esforzarse por considerarlo todo, calcular las fuerzas y las amenazas potenciales de cada una de sus piezas y de las del adversario, y de manera especial los cambios originados por el último movimiento. Tiene que descubrir los diferentes focos de energía, y ver todos los posibles movimientos y combinaciones de las piezas. Esto exige disciplina y rigor.

El jugador experto, que ya goza de un cierto automatismo en la percepción de la situación, se libra de este examen caso por caso. La posición late en su mente, y eso le permite concentrarse en ciertas configuraciones que le parecen determinantes, puntos neurálgicos que requieren un examen más detenido, y hacer caso omiso de una serie de configuraciones que domina de forma más o menos intuitiva.

El cálculo. El análisis y la investigación desembocan en un conjunto de cálculos orientados a explorar la situación creada con el movimiento elegido. Esto implica considerar diferentes movimientos de una o varias piezas, así como las probables respuestas del adversario, lo que da cierto número de variantes. El jugador, que intenta llevar lo más lejos posible estos cálculos, trabaja con una profundidad media de 4 o 5 semimovimientos (un semimovimiento es un movimiento realizado por un campo). Tales operaciones comportan una importante movilización de la memoria, pues el jugador debe conservar siempre presente la visión de una posición diferente a la que tiene ante sus ojos.

La evaluación. Así, se plantean diversos «movimientos candidatos» –es decir, posibles movimientos que parecen buenos– que serán objeto de consideración. Las ventajas y los inconvenientes de cada variante se evaluarán de acuerdo con un plan táctico y estratégico para decidir el orden de preferencias. En este estadio, el jugador tiene 2 o 3 movimientos posibles que responden a los imperativos de la posición y rivalizan en interés. Así se establecen los elementos del plan de combate.

La selección y la decisión. En ese momento, el jugador debe seleccionar los elementos que ha considerado, sopesar los pros y los contras de cada movimiento, sintetizar los datos y tomar una decisión. La adopción de esta última puede ser más o menos difícil, pero el arte de un buen jugador consiste también en resolver dentro de un plazo razonable: como dicen los maestros, no se trata de realizar el buen movimiento, sino un buen movimiento. La decisión es irrevocable desde el momento en que el jugador desplaza su pieza; de ahí el momento de indecisión, de tensión, que precede al «paso adelante».

Las preocupaciones de los campeones

La observación de una partida de ajedrez jugada en un torneo puede dejar perplejo al no iniciado. Los jugadores, inmóviles, parecen absortos en una meditación sin fin. De vez en cuando, uno u otro mueve una pieza sobre el tablero y detiene su reloj. Pero la calma aparente de una partida esconde en realidad una tempestad dentro de cada cerebro. Cálculos, dudas y emociones son la carga habitual del campeón.

La motivación

La naturaleza del ajedrez y los envites de la competición ponen las motivaciones del jugador al mismo nivel que las del atleta. Ante todo, hay una búsqueda de placer y de satisfacción que responde a diferentes necesidades. Necesidad de liberar energía: la lucha sobre el tablero es una situación muy propicia a la tensión. Necesidad de dominio: la dualidad del juego, blancas y negras, sólo posibilita un vencedor; aunque esta necesidad queda relativizada por la posibilidad de hacer tablas. Necesidad de compensación, específica de cada cual: la práctica del juego puede ser el contrapeso de una deficiencia física, real o imaginaria. Necesidad de reconocimiento social: en el juego por equipos, o en la persecución de una proeza. Necesidad de realización: el deseo de convertirse en campeón o maestro internacional, o el de batir récords. Necesidad de autonomía y libertad: el jugador escoge los sistemas que prefiere y puede dar curso libre a su imaginación y a sus ideas personales.

La estabilidad emocional

La participación en una competición exige serenidad, concentración y autocontrol, unas cualidades que permiten al jugador arrostrar la prueba y dar lo mejor de sí mismo. Durante un encuentro, todo contribuye a generar emoción: el comienzo de la partida, el adversario, conocido o no, mejor o peor clasificado, la presencia del reloj, lo que cada adversario se juega en la partida... Todos estos elementos movilizan la vigilancia y provocan a veces una inquietud que se traduce en miedo a jugar.

Frente a todos estos elementos, el jugador debe responder con el equilibrio interior. No debe estar ni completamente relajado ni demasiado tenso, sino lo suficientemente vigilante para asegurarse una atención y una lucidez permanentes durante la partida. El doctor Tarrasch manifestaba las dificultades de una posición crítica con un enrojecimiento de sus orejas. En una ocasión, su adversario percibió este detalle. Como quiera que, pese a ello, perdió la partida, le dijo con tono de reproche: «Pero sus orejas habían enrojecido». «Usted tiene que preocuparse de mis movimientos, y no de mis orejas», le respondió secamente Tarrasch.

El espíritu deportivo

En las competiciones, una vez acabada la partida, es frecuente ver a los dos adversarios darse un apretón de manos y colocarse minutos más tarde frente a un nuevo tablero, no para disputar la revancha, sino para analizar juntos la partida. Esta pausa amistosa permite a los dos jugadores relajarse y distraerse intercambiando sus ideas respecto a determinados momentos críticos acaecidos durante la partida. Si el perdedor evita el resentimiento propio de la derrota y el vencedor se muestra humilde, el análisis es un momento agradable en el que los contrincantes pueden intercambiarse consejos y acumular nuevos conocimientos.

*Torre (nave).
Juego ruso, hueso,
siglo XVIII.
(El Ermitage,
San Petersburgo.)*

93

El prurito estético

La sucesión de movimientos percibidos, o, más precisamente, sentidos, como «buenos» genera poco a poco una impresión de belleza y de armonía buscada activamente por el jugador; si se destruye por un error burdo, aparece un sentimiento de frustración que afecta tanto al ganador como al derrotado. En el combate que supone una partida de ajedrez, los dos adversarios se sienten cómplices creadores de una obra original. El gusto por la estética se convierte en un nuevo desafío que estimula una profunda investigación intelectual. No debe extrañar, pues, que en los torneos haya un «premio a la belleza». La precisión y la originalidad de los movimientos encadenados, la tenacidad y la solvencia del perdedor y el asombro que suscita la partida son los principales criterios de evaluación.

La experiencia y la práctica

La experiencia es primordial para la comprensión del juego. Cuanto mayor sea, más alto será el nivel del juego. La experiencia es un factor subjetivo, en el sentido de que no depende forzosamente del número de partidas jugadas. Lo esencial radica en la capacidad del jugador para transformar una derrota decepcionante en una lección instructiva.

La participación en los torneos es indispensable para progresar. Los psicólogos calculan que el tiempo necesario para convertirse en un maestro internacional oscila entre 10 000 y 50 000 horas (es decir, entre 416 y 2 083 días ininterrumpidos). La experiencia ayuda a desarrollar el sentido del juego y ahorra al jugador muchos cálculos inútiles. No es raro que a un maestro o a un gran maestro le baste un movimiento para resolver una posición sometida a su examen. Nada de múltiples variantes para justificar el movimiento propuesto: sólo una opción, y, sin duda, la buena.

El juego del gran maestro

El título de maestro o gran maestro significa el más alto grado de especialización. Los psicólogos han estudiado la forma en que estos grandes expertos deciden un movimiento o trazan su plan, y dividen su pensamiento en tres fases: percepción, exploración y ejecución del movimiento.

La percepción dura de 5 a 10 segundos, un período durante el cual el jugador efectúa 20 exámenes oculares. Cada característica de la posición observada se coteja con las posiciones estándares almacenadas en la memoria, que se designan con el término de *chunks*. La posición examinada está compuesta, pues, por varios *chunks*, de los que emerge una posición clave tras la reflexión.

La exploración: el maestro intenta descubrir esta posición clave —o se

---

¿A qué edad hay que empezar para llegar a campeón?

El ajedrez se aprende a cualquier edad, pero para alcanzar un buen nivel se requiere un aprendizaje más bien precoz. Al respecto se han hecho diversos estudios. Dos grupos de grandes maestros se han comparado por medio de dos variables: la edad en que se produjo el aprendizaje y el primer resultado de gran maestro. El primer grupo había aprendido a jugar antes de los 10 años; el segundo, después.

Los integrantes del primer grupo tardan 4 años más en conseguir su primer resultado, pero se mantienen en ese nivel de rendimiento durante más tiempo. Por el contrario, los del segundo grupo necesitan menos tiempo para conseguir su primer resultado de gran maestro, pero su permanencia en este nivel es más corta. Max Euwe aprendió a los 5 años y consiguió su primer resultado notable a los 26, mientras que Andor Lilienthal, que aprendió a los 15 años, obtuvo su primer resultado de gran maestro a los 25.

Pero, además de la edad, hay dos criterios fundamentales para alcanzar un alto nivel: la motivación y el entrenamiento sistemático.

aproxima a ella por deducción, cálculos y síntesis– y procede a evaluarla. Los cálculos del maestro no son necesariamente más rápidos ni más amplios que los de un buen aficionado, la diferencia está en que el buen movimiento está entre las variantes que examina.

La ejecución del movimiento: tras verificar las variantes, el maestro elige la que le conducirá al resultado previsto.

El juego a ciegas en simultáneas

El juego a ciegas es una modalidad practicada por los grandes jugadores, que consiguen incluso disputar varias partidas al mismo tiempo.

Sentado en una silla con los ojos vendados, el maestro se enfrenta simultáneamente a varios adversarios. Anuncia el movimiento que realiza en el tablero n.º 1, después en el n.º 2, en el n.º 3, etc., y casi siempre se impone a sus contrincantes, pese a que éstos tienen la ventaja de ver el tablero. Esta proeza se explica por la fuerza del gran maestro, por su profundo conocimiento del juego y por la gran frecuencia con que aparecen posiciones ya conocidas (*chunks*).

El testimonio de Alekhine. En su obra *Doscientas partidas de ajedrez*, Alekhine expone su forma de proceder: «inmediatamente antes de la sesión, esbozo rápidamente un plan simple, dividiendo los tableros por grupos de aperturas... 6 para el peón dama, 6 para el peón rey... De manera que cuando me anuncian el número de cada tablero, me basta recordar la apertura correspondiente para establecer de memoria el desarrollo progresivo de la partida. La fase de apertura es la que exige mayor esfuerzo, pues la memoria no tiene

elementos de referencia hasta que las diferentes partidas no han adquirido un carácter definido. La mayor parte del trabajo corre a cargo de la memoria llamada "lógica"; esto es, el jugador no visualiza la totalidad del tablero, con sus casillas blancas y negras y sus figuras blancas y negras, como se imaginan casi todos los profanos, sino que lo recuerda como si se tratase de un amigo, de un libro o de un objeto cualquiera. Ésta es al menos mi forma de jugar y, por lo que sé, también la de todos los jugadores a ciegas conocidos».

Los procesos en juego. Esta visualización evocada por Alekhine tiene un carácter especial: muy a menudo es abstracta, es decir, extrae del objeto visualizado únicamente las cualidades necesarias para combinar el juego. Visualizar un alfil significa representarse las diagonales que éste controla. Un maestro «ve» interiormente un campo de acciones recíprocas entre las piezas presentes.

El segundo elemento del juego a ciegas es la memoria de recapitulación, es decir, la facultad de repetir todos los movimientos en el orden exacto en que se han sucedido. El juego a ciegas se basa en el ejercicio de estas memorias: la de posición y la de recapitulación. No hay relación proporcional entre el número de partidas jugadas a ciegas y la potencia del juego. Steinitz no podía jugar más de 4 partidas así, mientras que Fritz, más débil que él, jugaba 13.

En su artículo *Psicología del jugador de ajedrez*, Tartacower reseña la siguiente anécdota: «Durante una de esas sesiones parisinas, en la que disputa brillantemente 15 partidas simultáneas sin cometer un solo error técnico, Alekhine se dirige a uno de los árbitros, próximo a él, para pedirle tabaco: "¡Oh! ¡Qué distraído soy! –añade–: Otra vez me he vuelto a dejar la pitillera en casa"».

95

El ajedrez
y la informática

*¿Qué lugar debe ocupar la máquina frente a
la inteligencia humana? Adversario o compañero, el
ordenador desempeña un importante papel; es capaz
incluso de derrotar a los mejores jugadores.*

El ajedrez, juego intelectual de reflexión y de elección por excelencia, constituye un terreno privilegiado para los trabajos sobre la inteligencia artificial. Pero desde el punto de vista del jugador, ¿el ordenador es un adversario digno de consideración? Algunos ponen en duda el interés de las competiciones entre hombres y máquinas, pero otros, como el propio campeón del mundo, Kasparov, no han podido resistirse a desafiar a los nuevos «monstruos».

El paso del tiempo

Animar la materia ha sido una de las primeras preocupaciones del hombre desde tiempos muy antiguos. Así, no se debe creer que la irrupción de la informática en el mundo del ajedrez sea una mera consecuencia de la aparición de los microprocesadores. De hecho, la idea ya estaba en germen desde hace tiempo. Si ya constituyó un prodigio que el matemático Blaise Pascal diseñase la primera máquina calculadora en el siglo XVII, más lo fue que produjese un ejemplar que revolucionó entonces el estatuto del algoritmo.

Sin embargo, como las herramientas prácticas son todavía demasiado arcaicas y los espíritus se impacientan, aparecen los autómatas, como «el turco», jugador de ajedrez construido en 1769 por un ingeniero austriaco, el barón Kempelen, y comprado a principios del siglo XIX por un músico bávaro, Johann Maelzel, que lo presenta como atracción sensacional. ¿Una máquina? Su mecánica, en apariencia bien engrasada, esconde en realidad la intervención de jugadores de baja estatura que se van turnando en su interior.

El avance de la posguerra

La segunda guerra mundial acelerará la investigación en el terreno de la informática. El Eje y los aliados protagonizan una carrera desenfrenada en busca de la innovación tecnológica aplicada al ámbito militar. La utilización de los primeros supercalculadores resulta decisiva para las baterías de los navíos de guerra norteamericanos, enfrentados a los submarinos nazis en la lucha por el dominio del Atlántico.

Poco después de la guerra, la brecha abierta por estas investigaciones propiciará el desarrollo de proyectos de estudio sobre la inteligencia artificial. Heréticos o pioneros, los trabajos de los investigadores se apoyan en la teoría matemática llamada «de juegos». Dos grandes ingenieros, el americano John von Neumann y el británico Alan Turing, inventan el ordenador. Desde 1948, su ambición es crear una máquina que funcione de acuerdo con el modelo del cerebro humano, es decir, capaz de realizar un tratamiento universal de la información. Otro americano, el matemático Claude Shannon, establecerá sus grandes principios unos años más tarde.

Desde el punto de vista estrictamente ajedrecístico, los resultados prácticos comienzan a cuajar a finales de los años sesenta. Tras la pérdida de su título frente a Tigran Petrossian en 1963, el campeón del mundo, Mikhaïl Botvinnik, decide retirarse de la competición y consagra sus energías a supervisar la elaboración del programa informático Kaïssa, que gana los primeros Campeonatos del mundo entre máquinas, organizados en Estocolmo en 1974.

El papel de la informática en el ajedrez del Este se vuelve a poner de manifiesto con ocasión de los encuentros por el título mundial que enfrentan a Viktor Kortchnoï y a Anatoli Karpov en 1978 y en 1981. Al objeto de prepararse más eficazmente, este último recluta un equipo de programadores rusos encargados de elaborar una potente base de datos. El programa informático entonces elaborado es el predecesor de ChessAssistant, la base de datos producida por la firma Karpov Soft.

La revolución informática de los años ochenta

El último cuarto de siglo registra una revolución informática que tiene un eco resonante en el mundo del ajedrez. Los aparatos llamados «dedicados» –máquinas que juegan al ajedrez de manera autónoma y que se conocen más comúnmente con el nombre de «tableros electrónicos»– son los primeros que aparecen en el mercado; los más potentes tienen entonces un nivel de juego que llega a 2 200-2 300 puntos Elo.

Luego, desde mediados de los años ochenta, la explosión en la potencia de los ordenadores (el soporte material, o *hardware*) genera un creciente interés por las máquinas jugadoras y los programas informáticos. El interés afecta tanto al programador, que cuenta ya con ordenadores de suficiente poder para desarrollar programas muy complejos, como al jugador, que dispone de un compañero de juego cuyo nivel alcanza la categoría crítica de «jugador internacional», primer nivel en la corte de los grandes. Desde entonces, las investigaciones en el sector de la informática ajedrecística se han acelerado.

Esta mutación finisecular se efectúa según dos ejes. El primero, que podríamos llamar «vertical», afecta a la creciente fuerza de los programas de juego, así como al desarrollo de sus funciones y de su manejabilidad. El segundo, u «horizontal», se expresa en una diversificación de los productos ajedrecísticos con soporte informático (véase al final de la obra el «Panorama de los productos informáticos»).

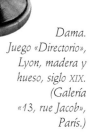

Dama.
Juego «Directorio»,
Lyon, madera y
hueso, siglo XIX.
(Galería
«13, rue Jacob»,
París.)

97

La arquitectura de un programa de ajedrez

El desafío de la elaboración de una máquina inteligente plantea un problema de fondo: ¿el hombre podrá crear un sistema inteligente autónomo capaz de aprender (perfectible, por tanto, sin necesidad de intervención exterior) y de crear (lo que el hombre ha considerado hasta aquí como su coto vedado)?

Conviene presentar el esquema que ha guiado a los programadores –como Richard Lang con Genius, Franz Morsch con Fritz, Feng-Hsiung Hsu y Murray Campbell con Deep Thought y después Deep Blue en IBM, Hans

Berliner con Hitech y Marty Hirsch con MChessPro– y que sigue el programa de juego en el curso de una partida.

El árbol de Kuhn

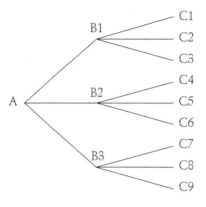

El principio del árbol de Kuhn explica los procesos de barrido electrónico que efectúa el ordenador. En el curso de una partida de ajedrez, el cuadro del juego se denomina «secuencial». En el ejemplo superior, las blancas juegan A; a las negras se les ofrece entonces tres posibles movimientos –B1, B2 y B3–, a los que las blancas pueden responder con C1, C2 o C3 (movimiento B1); C4, C5 o C6 (movimiento B2); C7, C8 o C9 (movimiento B3).

Durante la partida, el principio de tratamiento de la información por el programa interviene para cada movimiento efectuado en tres fases sucesivas, tal como las ha definido Shannon.

Primera fase: el análisis. El programa calcula el conjunto de movimientos posibles (lo que se llama la búsqueda en bruto). Normalmente, desechará los movimientos que no considere interesantes (como los que implican injustificadas pérdidas de material), de manera similar a como procede un jugador en el examen de posibles movimientos acordes con la posición. Ésta es una búsqueda selectiva.

Segunda fase: la evaluación. En ella, el programa pone una nota a cada extremo del árbol. Esta evaluación responde a dos principios generales: el material y el posicional. Por lo que se refiere al aspecto posicional, el programa se guía por un baremo estándar: el peón vale 1; caballo y alfil, 3; la torre, 5; la dama, 9 o 10. Esta rejilla, que evalúa la situación comparativa de los dos campos, se afina con criterios relativos a la posición, como la estructura de los peones, el control del centro, el dominio sobre las columnas, la actividad de las piezas y, por encima de todo, la seguridad de los reyes.

Tercera fase: la decisión. El programa elige su movimiento según el método del minimax y adopta la línea de juego que le promete unos resultados óptimos, teniendo en cuenta las mejores respuestas del adversario. En efecto, la «teoría de juegos» parte del axioma de que un jugador buscará siempre el movimiento que le conceda la máxima ventaja, mientras que su adversario responderá con un movimiento que minimice al máximo dicha ventaja. Este principio reproduce el algoritmo «alfa-beta», inventado por John McCarthy: desecha los movimientos que ofrecen perspectivas inferiores a la mejor réplica del adversario. Así, el proceso reduce de manera considerable el número de posibilidades que se deben considerar, ya que las examina desde lo alto del árbol. En contrapartida, excluye cualquier tentativa especulativa de la máquina –un farol, por así decirlo–, pues ésta no se arriesga con una variante cuya refutación no ha visto.

El efecto horizonte

Según el principio del árbol de Kuhn, a medida que avanza la profundidad del cálculo, el número de posiciones finales aumenta de forma exponencial. Así, el número de partidas posibles se ha calculado ¡en 10^{120}! Resulta de todo punto imposible, por supuesto, tratar esas posibilidades de forma exhaustiva.

Aquí surge una de las principales limitaciones tecnológicas de los programas: el efecto horizonte. Si un programa calcula una media de 4 movimientos de antemano, corre serio peligro de que se le escape una combinación de 6 movimientos. A título indicativo, durante el encuentro que disputaron el campeón del mundo Gari Kasparov y el programa Deep Blue, en 1996, se vio que la profundidad media de Deep Blue rondaba los 7 movimientos. Ciertamente, es considerable para las fases tácticas del juego, en las que este cálculo alcanza hasta el final de la partida, pero no basta para «concebir» un plan a largo plazo.

Frente a esta limitación del enfoque «analógico» –enfoque que reproduce los principios expuestos a propósito del árbol de Kuhn y del tríptico de Shannon–, los programadores han reaccionado con una panoplia de medios muy diversos

El enriquecimiento de los programas

La eclosión de la potencia de los microordenadores (crecimiento vertiginoso de las velocidades temporales, de las de los microprocesadores y de la memoria viva) ha proporcionado un apoyo decisivo al conjunto de programas ajedrecísticos. Esto explica en parte que la mayoría de los programas comercializados alcancen un nivel de juego de 2 400 puntos Elo.

Además, los cuerpos de los programas se han enriquecido con las *hash tables*, o tablas de transposición que almacenan en la memoria las evaluaciones de las posiciones previamente analizadas, al objeto de

evitar volver a calcular una posición ya vista (algo usual en la fase final de una partida en la que intervienen un reducido número de piezas o de peones).

Las bibliotecas de aperturas, cada vez más completas, son otra mejora de los programas, pues permiten reducir los cálculos en los comienzos de las partidas. A título de ejemplo, se pueden citar los Grandmaster Books, que contienen no menos de 25 millones de movimientos, esto es, 7 veces más que los de la *Enciclopedia de las aperturas en ajedrez*, una referencia indiscutible en los medios ajedrecísticos.

Ventajas y límites de la máquina

Casi todos los jugadores tienen a su disposición una literatura ajedrecística rica en enseñanzas. Además, pueden seguir cursos con maestros que les inculcarán los grandes principios, les harán pulir su técnica, les espolearán las ideas y el sentido del juego y los apoyarán en los análisis más arduos. Frente a ello, ¿qué lugar ocupa el ordenador?

Una base de datos

El ordenador es, sin discusión, una herramienta potente y fiable, capaz de efectuar los mejores análisis en las fases tácticas o técnicas. Además, es un compañero siempre disponible, de flexible utilización y con una potencia adaptable. En fin, casi siempre cuenta con una completa biblioteca de aperturas y con una base de partidas que incluye las grandes «clásicas».

Cuando un jugador adquiere una base de datos, su elección se guía por dos criterios principales: el número de partidas y la fecha en la que se han jugado las más recientes, al objeto de estar al corriente de las novedades teóricas (nuevos movimientos en las aperturas, susceptibles de modificar la evaluación de una línea de juego). El astronómico número de partidas contenido en una base de datos es, por supuesto, un argumento tentador, pero hay que preguntarse si resulta muy útil para el común de los jugadores.

En efecto, uno de los mayores escollos que plantea la consulta de una base de datos reside en la manera de seleccionar las partes significativas para el estudio y la comprensión del juego. Y es que, dadas las dimensiones de estas bases, al usuario no le resultará fácil acceder a la consulta de las partes que le interesan si, a partir de la base principal, no confecciona otra más reducida, flexible y rápida. Sin embargo, muchos usuarios, en vez de actuar así, se dejan guiar por los porcentajes de éxito y se contentan con seleccionar las líneas de juego que les prometen mejores resultados, sin saber qué es lo que permite lograrlo.

Así aparecen las limitaciones en el uso de una base de datos. En principio, los porcentajes no dicen si el resultado de las partidas se debe a la apertura, al juego medio, al final o incluso a un error de bulto. Además, las partidas que contiene la base son de calidades muy desiguales: unas están al nivel de la elite mundial, otras, al nivel de un torneo regional. En fin, pocas de ellas se analizan, lo que deja al aficionado sin referencias sobre el sentido de la posición.

Virtudes comparadas del libro y de la pantalla

En conclusión, se puede afirmar que los grandes «clásicos» y otras obras de referencia constituyen una base más interesante para iniciarse en el sentido del juego y desarrollar la intuición.

Así, el libro de David Bronstein, *Arte del combate en el ajedrez*, dedicado al torneo de Zurich de 1953, o el de Aaron Ninzowitsch, *Mi sistema* –por no citar más que dos clásicos indiscutibles–, no tienen equivalente informático.

La consulta de las partidas en la pantalla, comparada con la que ofrece un libro, tiene la ventaja de ser más ágil (por los análisis anexos, por ejemplo), pero coloca al jugador en una actitud pasiva, lo que va en contra del espíritu crítico, tan imprescindible en el ajedrez. Una obra implica numerosas manipulaciones para volver a la posición inicial tras haber visto una variante; sin embargo, este esfuerzo genera probablemente una tensión creadora muy superior a la que proporciona el hecho de hacer desfilar una partida y sus ramificaciones por la pantalla.

Los ordenadores en la competición

Los hijos de la inteligencia artificial no sólo cuentan con su propia palestra (las competiciones entre máquinas), sino que también pueden medirse con los mejores jugadores. Hay dos grandes familias de competiciones entre el hombre y la cibernética: las rápidas (las «blitz», con una duración máxima de cinco minutos por jugador) o semirrápidas (hasta una hora por jugador) y las de ritmo lento (partidas con una duración media de cuatro a cinco horas).

Los enfrentamientos entre el hombre y la máquina

Algunos grandes maestros ya han doblado el espinazo ante la fuerza y, sobre todo, la velocidad de cálculo de las máquinas. Especialmente en las partidas rápidas, en las que el hombre, febril y acuciado por el tiempo, corre riesgos de cometer errores de bulto (una debilidad, específicamente humana, que le es ajena a la máquina).

En noviembre de 1988, con ocasión de un torneo abierto celebrado en Estados Unidos, el gran maestro danés Bent Larsen cayó derrotado ante Deep Thought: el ordenador de IBM. Fue el primer paso hacia los enfrentamientos entre los campeones del mundo y las máquinas. «¡Ningún ordenador me vencerá!», había declarado Kasparov. Su desafío se materializaría en octubre de 1989, cuando puso a Deep Thought en una situación desesperada. Unos meses después, Karpov hizo lo mismo.

En este combate entre el hombre y la máquina, el torneo Intel PCA de partidas semirrápidas (veinticinco minutos por jugador en toda la partida), celebrado en Londres en 1994, constituye un hito decisivo: por primera vez, un campeón del mundo cae frente a la inteligencia artificial. Gari Kasparov es eliminado por el programa Genius en la primera ronda, con un resultado de 0,5-1,5. Genius prosigue su marcha triunfal derrotando al gran maestro Predrag Nicolik en la partida de desempate, aunque después recibe un rapapolvo en las semifinales ante el gran maestro indio Anand, que lo derrota claramente por 2 a 0.

Un año después, Kasparov consigue la revancha en Colonia, frente a Chess Genius X, que estaba instalado en un Pentium 120, lo que suponía una velocidad superior en un 33 % a la del programa que lo había derrotado en Londres. En la primera partida, Genius consigue una posición claramente ventajosa, pero luego se deja llevar por la glotonería. Apartándose de su desarrollo, se dirige contra un peón «envenenado» y altera la coordi-

nación de su juego, lo que permite a Kasparov lanzar un ataque ganador que le da el primer punto. En la segunda partida, el campeón del mundo hace tablas con facilidad y se asegura la victoria sobre la máquina por 1,5-0,5.

Los dos mejores jugadores de partida relámpago son... ¡Kasparov y Fritz 3! La prueba la dio el torneo de partidas rápidas organizado por la PCA en Munich, en mayo de 1994, que reunió a 18 participantes (entre ellos, Anand, Short, Guelfand y Kramnik). El programa consigue una marca de más de 2 800 puntos Elo y comparte con el campeón del mundo el resultado, 12,5/17, que les da el primer lugar.

Kasparov contra Deep Blue. En febrero de 1996, en Filadelfia, el campeón del mundo se enfrenta de nuevo a Deep Blue, el monstruo de IBM. Será un encuentro a 6 partidas, para poder juzgar con más fundamentos la capacidad de la máquina. Además, las partidas se jugarán a ritmo lento, contrariamente a los encuentros anteriores, jugados con partidas rápidas o semirrápidas. Deep Blue es el resultado de diez años de investigaciones, y se presenta como el programa más poderoso del mundo (sus resultados en el encuentro, 2 650 puntos Elo, lo colocan en el puesto veinte de la clasificación mundial) y el más impresionante desde el punto de vista técnico (700 kg, supercalculador IBM integrado por 256 procesadores funcionando en paralelo). El colosal esfuerzo realizado por IBM pone de manifiesto que lo que está en juego en el encuentro desborda con mucho los límites del tablero.

La primera partida muestra de forma clara cuáles son las posiciones en las que la máquina consigue óptimos resultados.

Caballo. Juego de Dieppe, marfil, siglo XIX. (Col. part.)

101

Blancas: Deep Blue; negras: Kasparov
Primera partida del encuentro
Defensa siciliana. Variante Alapine (2.c3)
1.e4 c5 2.c3 d5 3.exd5 Dxd5 4.d4 Cf6
5.Cf3 Ag4 6.Ae2 e6 7.h3 Ah5 8.0-0 Cc6
9.Ae3 cxd4 10.cxd4 Ab4 (una novedad
de Kasparov) 11.a3 Aa5 12.Cc3 Dd6
13.Cb5 De7 14.Ce5 Axe2 15.Dxe2 0-0
16.Tac1 Tac8 17.Ag5 Ab6 18.Axf6 gxf6
(esta captura que debilita el enroque
negro es obligada, pues 18... Dxf6¿
19.Cd7 y pierde la calidad) 19.Cc4 Tfd8
(el peón d4 es intocable, pues 19...
Cxd4¿ 20.Cxd4 Axd4 21.Dg4+ y gana
la pieza) 20.Cxb6 axb6 (la posición de
las negras ha saltado en pedazos)
21.Tfd1 f5 22.De3 Df6

quinta partida evidencia las carencias
estratégicas del programa.
Blancas: Deep Blue; negras: Kasparov
Quinta partida del encuentro
Apertura escocesa. Variante de los cuatro caballos
1.e4 e5 2.Cf3 Cf6 3.Cc3 Cc6 4.d4 exd4
5.Cxd4 Ab4 6.Cxc6 bxc6 7.Ad3 d5
8.exd5 cxd5 9.0-0 0-0 10.Ag5 c6 11.Df3
Ae7 12.Tae1 Te8 13.Ce2 h6 14.Af4 Ad6
15.Cd4 Ag4 16.Dg3 Axf4 17.Dxf4 Db6
18.c4 Ad7 19.cxd5 cxd5 20.Txe8+ Txe8
21.Dd2 Ce4 22.Axe4 dxe4 23.b3 Td8
24.Dc3 f5 25.Td1 Ae6 26.De3 Af7
27.Dc3 (Deep Blue no tiene más plan
que el de repetir la posición) 27... f4
28.Td2 Df6 29.g3 Td5 30.a3 Rh7
31.Rg2 (las blancas están atadas de pies
y manos) 31... De5

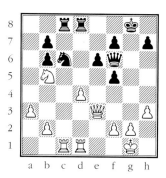

23.d5 (la apertura central temática) 23...
Txd5 24.Txd5 exd5 25.b3 Rh8 26.Dxb6
Tg8 27.Dc5 d4 28.Cd6 f4 29.Cxb7 (¡la
glotonería de los ordenadores es más
que una simple leyenda!) 29... Ce5
30.Dd5 f3 31.g3 Cd3 32.Tc7 Te8
33.Cd6 (una vez más, sin miedo a los
«fantasmas») 33... Te1+ 34.Rh2 Cxf2
35.Cxf7+ Rg7 36.Cg5+ Rh6 37.Txh7+ 1:0.

Pero el campeón del mundo reacciona
movimiento tras movimiento e iguala en
la segunda partida, al término de un final
técnico en el que el ordenador juega con
un bajo nivel, tal vez explicable por su
difícil posición. La tercera y la cuarta partida acaban en tablas; en la última de
ellas, Kasparov se ve sorprendido por
una maniobra táctica de la máquina y
tiene que sacrificar la calidad para conservar el equilibrio de la posición. La

32.f3 (la máquina, reducida a una pasividad total, no encuentra nada mejor que
conceder a las negras un peón pasado y
protegido, a dos casillas de la promoción)
32... e3 33.Td3 e2 34.gxf4 e1=D 35.fxe5
Dxc3 36.Txc3 Txd4 37.b4 Ac4 38.Rf2 g5
39.Te3 Ae6 40.Tc3 Ac4 41.Te3 Td2+
42.Re1 Td3 43.Rf2 Rg6 44.Txd3 Axd3
45.Re3 Ac2 46.Rd4 Rf5 47.Rd5 0:1.

La última partida, en fin, es un dominio total.
Blancas: Kasparov; negras: Deep Blue
Sexta partida del encuentro
Gambito de dama. Defensa eslava (4.Cbd2)
1.Cf3 d5 2.d4 c6 3.c4 e6 4.Cbd2 Cf6 5.e3
c5 6.b3 Cc6 7.Ab2 cxd4 8.exd4 Ae7
9.Tc1 0-0 10.Ad3 Ad7 11.0-0 Ch5 (esta
maniobra del caballo se demostraría una
pérdida de tiempo, pues no contribuye

Adolescentes jugando contra un ordenador. ▶

en absoluto a liberar la posición negra) 12.Te1 Cf4 13.Ab1 Ad6 14.g3 Cg6 15.Ce5 Tc8 16.Cxd7 Dxd7 17.Cf3 Ab4 18.Te3 Tfd8 19.h4 Cge7 20.a3 Aa5 21.b4 Ac7 22.c5 Te8 (las negras están exangües) 23.Dd3 g6 24.Te2 Cf5 25.Ac3 h5 26.b5 Cce7 27.Ad2 Rg7 28.a4 Ta8 29.a5 a6 30.b6

30... Ab8‽ (lo que prueba que la máquina no comprende en absoluto la esencia posicional, pues entierra su alfil y su torre cuando tiene la alternativa 30... Ad8) 31.Ac2 Cc6 32.Aa4 Te7 33.Ac3 Ce5 (esta aparente liberación no hace más que acelerar el final) 34.dxe5 Dxa4 35.Cd4 Cxd4 36.Dxd4 Dd7 37.Ad2 Te8 38.Ag5 Tc8 39.Af6+ Rh7 40.c6 bxc6 41.Dc5 Rh6 42.Tb2 Db7 43.Tb4 1:0.

Kasparov contra Deeper Blue. En 1996, Kasparov había dominado estratégicamente a la máquina evitando las escaramuzas tácticas, en las que la fuerza calculadora de la máquina consigue maravillas. Pero en 1997, Deeper Blue, con una potencia y una calidad de juego mejoradas, no se deja engañar. El nuevo monstruo de IBM se impone en la sexta y última partida, una miniatura salvaje (¡19 movimientos!). Kasparov, derrotado psicológicamente por la máquina, cae por 2,5 frente a 3,5.

Las principales manifestaciones. Aegon es un torneo anual a ritmo lento,

organizado según el sistema suizo (todos los participantes juegan el mismo número de partidas, 6, en este caso, sea cual sea su trayectoria; en cada ronda, cada jugador se enfrenta a un adversario con un nivel igual o lo más próximo posible al suyo). Este torneo es una referencia básica para la evaluación del nivel de los programas en situación de competición real.

Otro importante torneo a ritmo lento es la Harvard Cup, que opone desde 1990 a un equipo de 6 grandes maestros y otro de 6 máquinas, y en el que cada jugador debe enfrentarse a todos los del equipo contrario.

Entre los torneos semirrápidos, el de Aubervilliers, en Francia, reúne a gran número de jugadores de todos los niveles. A menudo también participan en él los ordenadores, y algunos de ellos acaban entre los primeros de la clasificación general. La presencia de programas aficionados es una particularidad de este torneo, pues quien quiera puede acudir a él para valorar el fruto de su trabajo.

Las competiciones entre máquinas

Cada tres años se disputan los Campeonatos del mundo de programas, en el que se enfrentan los diferentes prototipos. Los organiza la ICCA *(International Chess Computer Association)*, con sede en Suecia, que también publica una revista con los principales acontecimientos relativos al ajedrez electrónico. Aunque los programas más potentes no tienen problemas para alzarse con el título mundial (como Kaïssa en 1974, Cray Blitz en 1983 y Deep Thought en 1989), a veces hay resultados muy meritorios, como el de Crafty, programa elaborado por unos «navegantes» de Internet que conseguiría clasificarse entre los primeros en el último Campeonato. ¡Bonita proeza!

Artes y representaciones

Fascinante y pleno de intriga; el juego del ajedrez figura en campos tan variados como la literatura, la pintura, el cine... A veces es incluso un espectáculo en sí mismo.

El mundo del ajedrez, por su complejidad, su riqueza y las numerosas pasiones que desata, ha fascinado desde hace mucho a los artistas y a la humanidad, como lo demuestran novelas, películas y cuadros, y también todos los medios de comunicación.

La literatura

Examinar el vínculo que une la literatura y el ajedrez es seguir el hilo de un asunto que, desde la Edad Media hasta nuestros días, ha figurado como un tema plenamente literario.

Metáfora, alegoría y magia

El ajedrez teje una trama metafórica del combate, del duelo, que aflora en multitud de textos, canciones de gesta o novelas cortesanas. Las alusiones al juego son innumerables, pero los pasajes dedicados al ajedrez propiamente dicho resultan más escasos.

En *Merlín y Arturo: el Grial y el reino,* atribuido a Robert de Boron (comienzos del siglo XIII), hay un capítulo que hace referencia explícita al ajedrez: «Perceval en el castillo del tablero». Perceval ha salido en busca del santo Grial y llega a un castillo deshabitado. En medio de la sala de guardia, ve delante de una ventana un tablero de plata maciza. Mueve las piezas, avanza una de ellas y, como por encanto, el juego se pone a jugar contra él. Perceval disputa tres partidas, y tres veces el juego le da jaque mate... Es el tablero mágico, misterioso, a imagen y semejanza de ese juego llegado de Oriente, un regalo del caballero Palamedes a sus compañeros de la Tabla redonda.

También en el siglo XIII, una obra de autor anónimo y título evocador, *El ajedrez enamorado,* compara el encuentro amoroso con un combate como el que se disputa en el tablero. Una metáfora que encontramos también en el *Romance de la Rosa,* poema alegórico sobre el arte amatorio según el ideal de la sociedad cortesana, escrito entre 1230 y 1280 por Guillaume de Lorris y Jean de Meung.

La fascinación por el ajedrez alcanza su primera cima en la época medieval con Rabelais. En el *Quinto Libro de Pantagruel* (1564), tras un viaje alegórico, el bueno de Pantagruel desembarca en el reino de la Quinta Esencia. La reina de aquellos lugares da un alegre baile en forma de torneo. Se extiende sobre el piso una alfombra que representa un tablero; un tropel de personajes entra en la sala: ninfas, reyes, reinas, guardianes, caballeros y arqueros. Rabelais describe en primer lugar el movimiento de las piezas, auténtico tratado en miniatura de las reglas del juego. Lo sigue el relato de una barroca partida de ajedrez, en la que las piezas-personajes se mueven al son de la música, reconociendo por el sonido del instrumento y el ritmo el lugar que deben ocupar: apertura de peón dama (d4-d5). La atmósfera es caballeresca: cada movimiento se acompaña con una reverencia dirigida al adversario. Los dos campos, de oro y plata, se enfrentan en un combate cortés. Al final de la partida, tras el cambio de las damas, los reyes «se desposan de nuevo y, mostrando con alegría su amor [...], promueven a sus ninfas como nuevas damas [...] El baile termina en medio de una alegría tal que [...] todos alcanzamos el éxtasis [...] fuimos transportados a las delicias soberanas, suprema felicidad del Olimpo». Último compás de las alabanzas dirigidas al juego de ajedrez.

Una referencia obligada

Fascinante o irritante para algunos, el juego del ajedrez adquiere con los siglos una importancia creciente. Aparece en la literatura, y numerosos escritores –jugadores o no– se refieren a él. Varias décadas después de Rabelais, Montaigne, el autor de los *Ensayos* (1580), manifiesta un escepticismo desmesurado con respecto a este juego frívolo que amenaza con arrastrar al hombre al desequilibrio de la pasión: «Lo aborrezco y lo rehúyo [...]. Es un entretenimiento ridículo que desencadena la cólera, el despecho, el odio, la impaciencia, y una vehemente ambición por vencer».

Más de un siglo después, Madame de Sevigné, por el contrario, expresa su pasión: «Estoy loca por ese juego [...] –escribe a Mme. de Grignan–. Es el más hermoso y el más razonable de todos los juegos. En él no interviene para nada el azar». Dotado de un valor educativo y filosófico, alimenta además el orgullo y satisface el amor propio, con «esa penetración, esa prudencia, esa precisión en la defensa, esa habilidad para el ataque, todo ello encanta y proporciona satisfacción interior».

En el siglo XVIII, cuando aparece en Francia el primer campeón del juego, el asombroso Philidor, Diderot sitúa la acción del *Sobrino de Rameau* (1762) en el café de la Régence, gran centro ajedrecístico. «Me refugio en el café de la Régence; allí me entretengo viendo jugar al ajedrez. París es el centro mundial del ajedrez, y el café de la Régence, el lugar de París donde mejor se juega...» Montesquieu, en sus *Cartas persas* (1721), Lesage, en *La maleta encontrada* (1740) y Restif de la Bretonne, en *El señor Nicolás o El corazón humano al descubierto* (1797), aluden a ese mismo café y a su peculiar ambiente: el silencio, el recogimiento ante una veintena de ajedrecistas rodeados por multitud de espectadores atentos y apasionados.

Nace un tema literario

Hasta el siglo XIX, el ajedrez es tan sólo un motivo ornamental o el objeto de una somera reflexión en la literatura. Con Edgar Allan Poe, el juego se convierte en auténtico tema literario. Aún no se le dedica una novela entera, pero sí un relato corto, *El jugador de Maelzel* (*Historias extraordinarias*, 1839). Poe demuestra de forma meticulosa la superchería del autómata jugador de ajedrez, inventado por el barón von Kempelen. El dispositivo es éste: una caja en forma de paralelepípedo, a la que se han incorporado cajones, cubierta por un tablero y, en un lado, dominando el conjunto, un autómata, gran jugador de ajedrez. «Si la máquina fuera puramente una máquina, debería ganar siempre», señala Poe, pero como no ocurre así, no puede ser una máquina. Con este silogismo, al que suma agudas observaciones, Poe deduce la presencia de un personaje en el interior de la caja. Más aún, mientras que los otros autómatas de Maelzel demostraban su habilidad imitando exactamente los gestos y las actitudes de un ser vivo, Poe recalca que «las maniobras torpes y cuadriculadas del muñeco [evocan] la idea de una pura mecánica dejada a su propio ser». Un apunte digno de Borges: este no-mimetismo con lo humano es la prueba de una presencia humana que actúa sobre los engranajes y los cables del autómata.

El maestro de lógica matemática Lewis Carroll se interesó por el ajedrez. En *A través del espejo* (1872), lleva a Alicia, durante un sueño, a una posición de ajedrez de la que da el diagrama en el prólogo. Las reglas del juego son diferentes: las blancas juegan mucho más a menudo que las rojas; Alicia, peón blanco, corona en la octava fila como Dama y se despierta.

Un tema novelesco

Habrá que esperar hasta los años treinta para que el ajedrez sea el centro de una novela. *La defensa Loujine* (1930), de Vladimir Nabokov, describe el proceso mental del ajedrez desde el punto de vista narrativo del jugador. Con una sutileza psicológica extremadamente detallista, Nabokov analiza cómo, a fuerza de estar obnubilado por su propia pasión, este campeón de ajedrez cae enfermo y debe abandonar la competición. Todo jugador será sensible a este lógico peregrinar, este recorrido paso a paso de una combinación descrita con brío, en la que Loujine «hizo surgir mentalmente de un punto del tablero una decena de partidas imaginarias y las perdió una tras otra, hasta el momento en que presiente una combinación deliciosa, frágil como el cristal, que se quiebra con un ligero tintineo a la primera réplica de Turati». Tras abandonar el juego, el espíritu de Loujine sigue una partida invisible y pierde el rumbo mental. Al acecho de los acontecimientos más mínimos, cree comprender que acababa de jugarse un nuevo movimiento en su vida, pues en cualquier momento le podían tender una celada. Las partidas que juega son otras tantas ocasiones para revivir su pasado; está convencido de «que se hunde cada vez más, vuelve hacia atrás, realiza de nuevo todas las jugadas de su vida [...] y comprende que todo ello [...] no era sino una ingeniosa repetición de los movimientos fijados para siempre en su infancia. Esta confusión entre juego de ajedrez y realidad le llevará a abandonar violentamente la partida y suicidarse.

A diferencia de Nabokov, Stefan Zweig inscribe su *Jugador de ajedrez* (1942) en la tragedia contemporánea. Última novela del escritor austriaco, que huyó de Austria en 1934 y emigró a Brasil (en donde él y su mujer se suicidaron en 1942), el *Jugador de ajedrez* transcurre sobre un transatlántico que realiza la travesía hacia Brasil. A bordo va el campeón del mundo de ajedrez, Czentovic, personaje de fría lógica, inculto, pagado de sí mismo. En el transcurso de una demostración en la que Czentovic se enfrenta a varios jugadores, aparece un misterioso personaje que dará la vuelta al juego. Zweig relata la historia de este señor B. Arrestado por la Gestapo en 1938 (estamos en vísperas de la Anschluss), es secuestrado en una habitación de hotel herméticamente cerrada: una nada vertiginosa, fuera del espacio y del tiempo, en la que no podía oír, hacer ni ver nada. Un «recurso maravilloso» le permitirá resistir el inexorable vacío de su celda: un libro de ajedrez con ciento cincuenta partidas que ha conseguido sustraer en un interrogatorio. El señor B. aprende las partidas de memoria y luego se pone a jugar contra sí mismo. Su cerebro se desdoblaba en «cerebro blanco y cerebro negro». Invadido poco a poco por la locura, es hospitalizado, pero consigue escapar a sus verdugos y parte hacia Brasil. A pesar de que estaba advertido por los médicos del peligro que corría, el señor B. quiere saber si es «capaz de jugar una partida de ajedrez normal, sobre un tablero real, contra un jugador real». Gana a Czentovic y, ante la atónita mirada de los pasajeros, abandona en la segunda partida.

La novela de Zweig muestra sobre todo la ambivalencia del ajedrez –un juego de fría lógica, pero que también permite al espíritu resistir, mantenerse vivo–. Zweig inaugura una manera de describir la metáfora ajedrecística, metáfora privilegiada del poder y la violencia.

Ante la historia: juegos y apuestas

La partida nunca acaba en tablas (1979), de Icchokas Meras, *El maestro y el escorpión* (1991), de Patrick Séry, *La variante Lüneburg* (1995), de Paolo Maurensig, son tres novelas que sitúan el ajedrez en nuestra historia contemporánea, concretamente, frente al nazismo.

La trama de la novela de Icchokas Meras se basa en una partida de ajedrez jugada en 1943 en el gueto judío de Vilna; tiene como oponentes a un comandante nazi y un joven prodigio, Isaac Abraham. La apuesta es vital: si gana el joven Isaac, los niños menores de diez años no serán deportados, pero él morirá; si pierde, él vivirá, pero los niños marcharán hacia los campos de concentración; en el caso de que la partida quede en tablas, «todo seguirá como hasta ahora».

Patrick Séry, gran jugador de ajedrez, relata la historia de un viejo campeón, Morgenstein, atormentado por el pasado y los sufrimientos de la deportación. En el campo en que está encerrado, un oficial nazi le obliga a jugar una partida de ajedrez viviente (cada peón comido, o cada pieza, es asesinado sin piedad). Superviviente de ese mundo enloquecido, el jugador no encontrará más medio que el suicidio para liberarse de un pasado que le obsesiona.

La variante Lüneburg perpetúa la violencia del duelo que opone a un judío educado por un «padre estricto» (le enseña a jugar en un tablero electrificado en el que cada falta es castigada con una descarga eléctrica) y a un fanático de las Juventudes hitlerianas. Su enfrentamiento atraviesa la historia. Los dos van a encontrarse cara a cara en un campo de concentración. El juego de ajedrez se convierte en un asunto de vida y de muerte.

Juego de intrigas policiacas

La novela policiaca, y marginalmente la de ciencia-ficción, es otro campo privilegiado para expresar la violencia maniquea del ajedrez. Entre la importante producción *(vease recuadro),* hay que destacar dos ejemplos característicos: *La ciudad es un tablero* (1965), de John Brunner y *La tabla de Flandes* (1993, gran premio de novela policiaca), de Arturo Pérez-Reverte.

El ajedrez en la literatura policiaca y en la ciencia-ficción

Novelas policiacas

El loco del ajedrez (1929), de Van Dine. *La ventana siniestra* (1942), de Raymond Chandler. *Gambito de caballo* (1951), de William Faulkner. *El regreso de las cenizas* (1961), de Hubert Monteilhet. *Mis funerales en Berlín* (1964), de Len Deighton. *Una pieza para morir* (1967), de Ellery Queen. *Los cuatro grandes* (1967), de Agatha Christie.

El Bucle (1973), de Robert Littell. *El juego de la dama* (1983), de Walter Trevis. *El maestro del juego* (1983), de Gilles Chenaille.

Novelas de ciencia-ficción

El tablero prodigioso (1951), de Padgett Lewis. *El gambito de las estrellas* (1971), de Gérard Klein. *El tablero de la creación* (1976), de D. Donay.

La novela de Brunner se desarrolla en una gran ciudad futurista de un país tropical, sometido a una dictadura. Intrigas político-financieras relacionadas con la infraestructura de las autopistas polarizan el enfrentamiento entre la burguesía local y el dictador..., crímenes, suicidios, encarcelamientos..., tal es el contexto en el que el protagonista se siente manipulado. El lector, atrapado, pierde pie, pero a continuación llega la sorprendente explicación. Los personajes de la novela no son sino piezas de ajedrez que Brunner sitúa en sus diferentes papeles. Más aún, las piezas han seguido el desarrollo de una de las partidas del Campeonato del mundo de 1892, que enfrentó en La Habana a Steinitz y Tchigorine.

Pérez-Reverte comienza su novela con la descripción de un cuadro del siglo XV, *La partida de ajedrez*, en el que trabaja una restauradora: dos nobles caballeros frente a un tablero; en un segundo plano, una mujer leyendo. Al pasar el cuadro por los rayos X, aparece una inscripción oculta: «¿Quién mató al caballero?». Para resolver el enigma, un jugador hace un análisis retrospectivo de la partida representada. A partir de ahí se desarrolla una mecánica infernal: la partida del cuadro se reconstruye en la realidad dejando una estela de asesinatos incomprensibles. La restauradora, convertida en dama blanca, ¿está amenazada? El viejo aristócrata, propietario del cuadro, y sus sobrinos, tan interesados, ¿están involucrados en la cascada de crímenes? El *thriller* se enreda en una partida de ajedrez con jugadas dignas de un gran maestro...

De la broma al simbolismo

En *Murphy* (1938), Samuel Beckett explora la dimensión demencial del juego: representa una partida en la que negras y blancas parten de nada para llegar a ninguna parte, un sarcasmo puramente beckettiano.

También dramaturgo y apasionado del ajedrez, Fernando Arrabal ha dedicado varios textos al juego (*Arrabal sobre Fischer, Éxitos y derrotas sobre el tablero, Mitologías ajedrecísticas*), y una novela de atmósfera medieval, *La torre herida por el rayo* (1983).

Y cómo no citar también a Georges Perec, un aficionado al juego. En su *Tratado sobre el juego del go* expresa de forma humorística lo que pensaba del ajedrez: «un juego feudal basado en la desigualdad social», o «un juego en el que sólo caben tres salidas sin matices: ¡la victoria, la derrota y las tablas!».

¿Cómo acabará la partida? Éste es el problema que se plantean los espectadores del duelo encarnizado que libran dos jugadores de ajedrez instalados en los jardines de Luxemburgo, y que describe Patrick Süskind en *Un combate* (1996). En cuanto a la novela de Serge Rezvani, *Locos por el ajedrez* (1997), explora la dimensión mitológica del juego y las reglas que rigen el ajedrez, que «serían el ejemplo de una historia fósil de la humanidad». Sobre un fondo dramático, el Campeón universal, víctima de un secuestro, es el centro de un conflicto que enfrenta a dos mujeres, la madre y la inspiradora. La dama negra y la dama blanca. Rezvani traza un psicoanálisis en torno al ajedrez y se interroga sobre los valores de la femineidad y la masculinidad que transmite el juego.

Interrogación planteada en otro nivel por Jorge Luis Borges: «Dios mueve al jugador y éste mueve la pieza. ¿Qué Dios más allá de Dios inicia, pues, a la trama?, escribía. El tema del ajedrez en la literatura tiene ante sí un gran porvenir: este juego tiene sabor a infinito, como las palabras.

La pintura

Convertido en espacio simbólico, social y onírico por los sueños que engendra, pero a la par en espacio real, rítmico,

109

figurativo, dedicado al juego, el tablero, con sus piezas, sus jugadores y sus estrategias, es un tema que atraviesa la historia de la pintura, desde las iluminaciones medievales a los soportes pictóricos contemporáneos. La representación del tablero y de los jugadores de ajedrez, testigo de la evolución del juego, está también ligada a los avances técnicos, políticos, sociales o filosóficos, tanto como otros temas clásicos de la pintura: la historia, el paisaje, el retrato, la naturaleza muerta..., o como otros temas lúdicos o de esparcimiento: jugadores de cartas, carreras de caballos, escenas de baño o de cafetines...

El tablero y su escenificación

De formas relativamente estables, el juego de ajedrez resulta, por su diseño, un objeto fácilmente identificable en los documentos gráficos, pese a los diferentes contextos históricos en que se sitúe.

El tablero y las piezas. El escenario puede ser simplemente un fondo liso cuadriculado (sin alternancia de contraste entre las casillas), como lo presenta una de las pinturas sobre manuscrito del *Chah-namè*, «El libro de los reyes» (epopeya iraní del siglo XI). En esta miniatura de la escuela iraní sefévida del siglo XVII, el tablero es rectangular (de 5 casillas por 7). Puede estar constituido por un número reducido (36) de casillas negras y blancas (6 líneas de 6 columnas), tal como aparece en una de las tablas grabadas del *Ajedrez moralizado* (1504), de Jacques de Cessoles, o en el libro ilustrado del Maestro Ingold, *Das Goldene Spiel,* «El Juego de oro» (1472). El trazado de las casillas es a menudo muy irregular, como en la escena de la partida de ajedrez representada en mosaico en el crucero del transepto de la iglesia de San Savinio (1120-1140), en Plaisance. La representación de las piezas puede ser

muy estilizada, especialmente en las recopilaciones de partidas y de problemas, muy numerosas a partir del siglo XIII, como el *Gieu des eskies* de Nicholes de San Nicholaï de Lombardía...

El contexto histórico. La escenificación de una partida de ajedrez puede adoptar diversas formas. Entre ellas, algunas representaciones célebres provienen de las tradiciones flamenca, iraní y francesa.

La miniatura *Cómo Renault* (hijo mayor de Aymon de Dordonne) *mata a Berthoulet, sobrino de Carlomagno, jugando al ajedrez (véase il. pp. 8-9)*, pintada en Brujas hacia 1470, relata un acontecimiento histórico: la rebelión de los cuatro hijos de Aymon de Dordonne contra Carlomagno. Los protagonistas, espectadores o adversarios, están vestidos de forma dual, azul/verde o azul/rojo. Tableros y piezas vuelan, ruedan y caen por tierra; corre la sangre.

En el manuscrito del *Chah-namè* citado anteriormente, en el que «dos emisarios del rey de la India presentan a Chosroês Anushirvân un juego de ajedrez que acaban de confeccionar para él», el juego ocupa el centro de la imagen. Por todas partes, de pie o de rodillas, los personajes de la corte, colocados en planos sucesivos, siguen atentamente las explicaciones de los representantes indios que señalan las piezas. El juego es el centro de atención: las miradas, gestos y actitudes de todos los personajes confluyen en él. El rey de Irán, Chosroês (531-579), domina simbólicamente la escena, sentado sobre una alfombra paralela al plano del tablero y al de la pared del fondo, en cuyo centro figura una puerta cubierta por colgaduras. Situado entre estos dos planos, el rey asegura la unión entre los misterios del juego y los secretos sugeridos por la puerta velada.

Estigmatizado por la Iglesia como una actividad de perdición, el ajedrez, que conjuga el símbolo y la alegoría, forma parte a menudo de los temas relacionados con la vanidad. Son cuadros que oponen la vida terrestre y sus riquezas (los placeres, el saber, el poder...) a la muerte, de la que ningún ser humano puede escapar. En la *Naturaleza muerta en el tablero* (1630), del pintor francés Lubin Baugin, el tablero está representado con rectitud y rigor plástico, mientras los cinco sentidos son evocados por el pan, los claveles y el vino a través del cristal...

Perspectiva y evoluciones cubistas

Hasta el descubrimiento de la perspectiva, el juego del ajedrez se representa a menudo en el mismo plano vertical que los personajes, «de pie» como ellos; a menudo resulta también desproporcionado con relación a los jugadores. Así, en una miniatura (*c.* 1282-1283) extraída del tratado sobre los juegos del rey de Castilla Alfonso X el Sabio, el jugador negro y su consejero están pintados de perfil, mientras que el blanco y su acólito aparecen casi frontales. Perpendicularmente a estos planos, sobre un tablero de tamaño desproporcionado, pues sube de frente hasta el nivel de la cabeza de los jugadores, se encuentran las piezas, presentadas en sección, como si estuvieran situadas planas sobre el tablero, pero vistas de arriba abajo.

En el siglo XV, la concepción del espacio cambia: entran en juego diversos sistemas de perspectivas. Lo que Alberti teoriza en *De pictura* (1435) servirá de base para la representación del espacio pictórico hasta los impresionistas. El tablero puesto en perspectiva es un croquis de estudio para varias generaciones de pintores.

Los cubistas. Desde finales del siglo XIX, las artes de vanguardia se distancian de la exclusiva utilización de la perspectiva geométrica clásica. Los cubistas, especialmente Juan Gris cuando pinta en 1915 un *Tablero* verde y negro, se lanzan a la construcción de un nuevo relieve: entrelazan la aparente oscuridad de los bordes proyectada por las sombras con zonas de superficies negras lisas, prolongan los lados ficticios por medio de líneas blancas y negras, reducen los planos de colores apagados (algunos tonos de verde, pequeñas superficies amarillas y azules, maderas simuladas). Ludwig Markus, llamado Louis Marcoussis, en una *Naturaleza muerta en el tablero* (1912), intenta limitar los volúmenes por medio de los planos: los objetos (mapa, carta, garrafa) rodean un tablero colocado sobre una mesa, paralela a su vez a los planos de las paredes y del suelo (cubismo analítico).

Opuesto al grupo de Montmartre de los cubistas radicales (Picasso, Juan Gris, Braque...), el grupo de Puteaux, o grupo de la Sección de oro, se reúne en torno al estudio de los hermanos Duchamp –Gaston, llamado Jacques Vilon (pintor), Raymond (escultor) y Marcel (pintor)–. Incluye además a Metzinger, Gleizes, La Fresnaye y Picabia. Para estos cubistas más moderados, la construcción de los temas está a veces impregnada de cierta «posición en damero» de los volúmenes. Un débil contraste entre las casillas negras y las blancas, un abanico de colores limitados y «sucios» anuncian la evolución hacia el cubismo sintético de Marcel Duchamp.

Marcel Duchamp. Apasionado jugador de ajedrez como su amigo Man Ray, Marcel Duchamp pintó, en agosto de 1910, a sus dos hermanos jugando al ajedrez, tema que proseguirá a partir de 1911 en una serie de retratos de jugadores. Superando la categoría

111

Rey. Una de las cinco figuras del «Tablero grande» de Germaine Richier, bronce, 1959. (Col. part.)

de aficionado, Duchamp formó parte en 1924 del equipo que representó a Francia y conoció a Alekhine. A partir de un lienzo donde figura una corona de rey que contiene un tablero construido por medio de un juego de curvas, Duchamp realizó el cartel anunciador del Campeonato de Francia de 1925 (se clasificó en el sexto lugar).

Las obras de Duchamp, pintadas a menudo en un camafeo de tonos grisverdosos muy atenuados, hacen que el objeto pierda poco a poco densidad y homogeneidad, en un juego de transparencias que revaloriza sus cualidades. Su propia experiencia de jugador le permite huir del peligro de un acercamiento excesivamente doctrinario al cubismo. Se preocupa más del ambiente, de la percepción, de la atmósfera de una partida que de la representación de las piezas. Éstas, revueltas sin orden ni concierto, giran en torno a los perfiles de los jugadores.

En cuanto a su hermano Jacques, aprovecha las posibilidades matemáticas de la estructura del ajedrez para completar su procedimiento de «descomposición constructiva» en *El tablero de ajedrez* (1919).

Investigaciones contemporáneas

Para muchos pintores, el ajedrez constituye una etapa necesaria de la reflexión artística. Las grandes obras de Marcel Duchamp –*Desnudo bajando una escalera, Fuente, La novia al desnudo...*– no están directamente relacionadas con el ajedrez, pero ¿podrían haber sido realizadas sin las reflexiones del artista sobre el juego?

Algunos hacen cada cierto tiempo referencias al ajedrez. Así, la artista portuguesa María Vieira da Silva, mediante el tema recurrente de representar el espacio como un tablero de damas, salpica su obra con lienzos relativos al ajedrez: *Jaque mate* (1950), *El tablero de ajedrez* (1962), *La partida de ajedrez* (1983). Los cuerpos de los jugadores se disuelven en la arquitectura fluctuante y en fuga de un tablero infinito; sólo la mesa y las piezas resisten a la atomización.

Otros artistas, aunque sin referencias explícitas, se vinculan al tema del ajedrez, tanto en el aspecto conceptual como en el aspecto visual del juego. Si se analizan los tejidos a cuadros de Valensi, las cuadrículas hechas a base de cintas, redes y cuerdas de nudos de Viallat, y sobre todo los trenzados de François Rouan, que construirá en la serie *Según sus caras* (1984) un lugar de encuentros sobre un tablero blanco y negro, es obligado constatar la proximidad formal entre estas obras y el tema del ajedrez.

Finalmente, otros pintores hacen referencias explícitas al juego, como Maxime Relange, que investiga y profundiza en las soluciones cubistas al cuadro costumbrista, o Dominique Digeon, que se dedica a captar la problemática del tiempo en el juego (más en concreto, el instante del movimiento y las modificaciones de la situación visual y estratégica de la partida que el mismo implica).

El cine

Los universos del ajedrez y del cine no pueden ser más opuestos *a priori*. El primero es cerrado, limitado a sus 64 casillas, el segundo se abre a los grandes espacios, se pasea por ellos, ama la dispersión. Uno es inmóvil, paciente, sobrio hasta el exceso, el otro reclama movimiento y espectacularidad...

Una función simbólica

Hay un gran número de películas, de todos los géneros y todas las épocas, en las que aparecen los tableros. Incluidos algunos cortometrajes –una fábula del soviético Poudovkine, en los años veinte, muestra cómo la pasión por el ajedrez puede arruinar el matrimonio de un joven–, o incluso dibujos animados, como un sueño fantástico de Betty Boop, luchando contra piezas de ajedrez animadas, filmada en los años cuarenta.

El cine trata muy raramente al ajedrez en cuanto tal, y a menudo opta por conferirle una función simbólica.

Los dos ejemplos más famosos a este respecto están sacados de dos obras maestras de la historia del Séptimo Arte. En *El séptimo sello* (1958), de Ingmar Bergman, el ajedrez es un símbolo casi metafísico: el de la búsqueda del caballero que quiere saber y no sólo creer, hacer triunfar la razón sobre la fe. La partida que le enfrenta a la muerte, al borde del mar, y que acabará perdiendo, es una de las secuencias más famosas que el cine ha dedicado al ajedrez. En cuanto a Mir y Mirza, los dos nobles amigos del clásico de Satyajit Ray, *Los jugadores de ajedrez* (1977), se enfrentan con los ojos cerrados, mientras la India está a punto de perder la partida de ajedrez, –ésta, a tamaño natural–, partida que constituye su lucha contra el colono inglés. A través del ajedrez –el triunfo o la derrota del espíritu–, ¡se juega en estas dos películas el destino del mundo!

Intriga y enfrentamiento psicológico

Cuando opta por el ajedrez como motivo o telón de fondo, el cine reproduce a menudo los prejuicios clásicos de los no jugadores: resulta sospechoso dedicar tanto tiempo y energía mental a unas piececitas de madera cuyos movimientos resultan a menudo misteriosos. Es señal de desorden psicológico, de divorcio culpable con respecto al mundo, es decir, de agresividad latente. El jugador de ajedrez oculta su humanidad: para ganar, debe neutralizar sus emociones, reducirse a puro espíritu.

En este proceso, igual que en el de la sed de victoria, hay algo temible, amenazante. Pero también fascinante.

La fascinación por las máquinas, mezclada con un delicioso estremecimiento de miedo, ha afianzado el éxito de los autómatas jugadores de ajedrez. El más conocido de ellos, bautizado como «el Turco» por su inventor, el baron von Kempelen, dio entre 1780 y 1820 la vuelta a las cortes reales e imperiales de Europa, hasta que se descubrió la superchería: tras el autómata se escondía un ser humano. Sus hazañas inspiraron a varios cineastas franceses. Pero *El jugador de ajedrez,* –bien sea en la película muda realizada por Raymond Bernard en 1926, o en la película hablada de Jean Dréville rodada en 1938– no se interesa tanto por el juego como por las intrigas cortesanas que cabe imaginar a partir de la historia del barón von Kempelen: Polonia aspira a desembarazarse del yugo de la santa Rusia, dirigida entonces por Catalina la Grande, y los conspiradores encuentran en el autómata un medio privilegiado para introducirse en la corte. Puede que el aficionado a las fantasías históricas, sabrosamente interpretadas, resulte satisfecho, pero no tanto el jugador de ajedrez.

También hay numerosas películas en las que aparece el ajedrez, aunque sin constituir un elemento central de la acción. En los relatos de espionaje, en los que el héroe lucha para asegurar la supervivencia del mundo, no resulta extraño que el genio del mal, un sabio loco o un magnate tiránico, juegue al ajedrez. Para los cineastas, el tablero redondea de manera eficaz la personalidad de este último, y refleja visualmente su espíritu retorcido y manipulador.

Un único ejemplo, más elaborado que la mayoría, basta como prueba: *Blade Runner* (1982), de Ridley Scott, una película de ciencia-ficción en la que un detective persigue a los «replican-

113

tes», robots ultraperfeccionados de apariencia humana que se sublevan contra sus programadores. Gracias a una partida de ajedrez, Batty, el líder de los rebeldes, se introduce en casa de Tytell, el industrial especializado en robótica. El final de la partida que juegan es una réplica de la que enfrentó en Londres, en 1851, a Anderssen y Kieseritsky. Bautizada como Inmortal, esta partida pasó a los anales. Parece, pues, que el escenógrafo debía de ser un conocedor del juego. Pese a todo, el ajedrez figura menos por sí mismo que por lo que representa: un enfrentamiento, un torneo que sólo podrá ganar el mejor.

No resulta extraño que en el cine policiaco aparezca por aquí o por allá un tablero de ajedrez, símbolo de una intriga tortuosa. Por ejemplo, en *La dama de las once*, una trepidante película policiaca francesa realizada por Jean Devaivre en 1947, el personaje que interpreta Pierre Renoir, pillado en un asunto tenebroso, afirma que está ensayando una nueva táctica de ajedrez: «Los alfiles dirigen el juego... ¡Como la vida misma!».

¿Quién dirige el juego? ¿Quién ha matado al caballero? Es la pregunta que centra la intriga policiaca, el centro también del cuadro que representa una partida de ajedrez entre dos nobles, pintado por un maestro antiguo, el centro de la película del americano Jim McBride, *Uncovered* (1994), adaptación de la novela de Arturo Pérez-Reverte, *La tabla de Flandes*, antes citada.

El juego ocupa un lugar más central en *Jaque al asesino* (1992), película policiaca realizada en los Estados Unidos por el alemán Carl Schenkel, con Christopher Lambert como protagonista. Al comienzo, dos niños juegan al ajedrez, y el perdedor, presa de un ataque de locura, ataca violentamente a su adversario... Años después, éste, Peter Sanderson, transformado en un famoso campeón, participa en un tor-

neo de aspirantes al título mundial. Un asesino en serie le toma como confidente y le da cada día por teléfono una pista sobre el lugar del próximo crimen. La policía va detrás de sus pasos: ¿no será Sanderson el culpable? El ayudante del inspector está convencido de ello: ¡sólo un campeón de ajedrez es capaz de pergeñar una puesta en escena tan retorcida!

La única buena idea en esta obra claramente menor, cuyos diálogos rebosan de tópicos, es que el culpable utiliza un plano de la ciudad como si fuera un tablero de ajedrez, y cada crimen corresponde a un movimiento de la partida «a tamaño natural» que juega con Sanderson. Incluso en sus tópicos, *Jaque al asesino* mezcla de forma muy sintomática dos temas que frecuentan los cineastas interesados por el ajedrez: el maquiavelismo y la singularidad del campeón. Es habitual ver en el cine a un héroe «normal» practicando el fútbol con sus amigos o jugando a las cartas; verlo ante un tablero de ajedrez es del todo excepcional.

El campeón en el umbral de la locura

Cuando se plantea el ajedrez de manera mínimamente seria, y no como mero pretexto, el tema es el campeón. Así, *La diagonal del alfil* (1984), del francés Richard Dembo, se inspira claramente en el Campeonato del mundo que opuso a Kortchnoï y Karpov. El primero de ellos, un jugador joven rebautizado como Fromm, es un disidente huido al Oeste; se enfrenta a Liebskind (interpretado por Michel Piccoli), mayor que él y apoyado por el poder comunista. El filme se centra sobre todo en la tensión psicológica y en la carga política de su enfrentamiento. El duelo de los dos campeones se transforma en un combate simbólico entre la libertad y la opresión. En efecto, cuando los dirigentes soviéticos advierten que su campeón está en peligro por las imprevisibles opciones tácticas de su adversario, deciden contraatacar por todos los medios. Convocan a un parapsicólogo, y luego, la mujer de Fromm, recluida por disidente en un hospital psiquiátrico, es liberada para que su presencia confunda al jugador... El tema ya no es el ajedrez, sino las relaciones internacionales, las conspiraciones cuidadosamente urdidas por el entorno de los jugadores, el orgullo nacional y los derechos humanos. También es significativa la insistencia en la presión mental que implica el ajedrez, especialmente en estos niveles. Para los cineastas, la práctica asidua del ajedrez conduce inevitablemente a la locura.

En *El tablero de la pasión* (1978), del alemán Wolfgang Petersen, el ingeniero informático Thomas Rosenmund concibe un programa de ajedrez. Su ordenador se enfrenta al campeón del mundo, el ruso Koruga, y es derrotado en toda regla. Demasiado para el orgullo de nuestro héroe, que se lanza a tumba abierta al ajedrez con la única finalidad de tomarse la revancha sobre quien ha puesto en ridículo su trabajo... El prólogo nos lo había presentado como un joven genio del ajedrez alejado del juego por su familia, que temía por su salud mental. El epílogo muestra el asilo en donde Rosenmund acabará sus días, vencedor sobre su adversario pero vencido por el juego. Ha llevado la hazaña demasiado lejos: las 40 partidas simultáneas que decide jugar a ciegas exigen una concentración tal que le dejan destrozado, con el alma extraviada... Antes, la película había mostrado de forma realista el desarrollo de un gran torneo y la guerra de nervios que puede oponer a dos genios. Para deshacerse del ascendente moral de Koruga, veterano de los circuitos internacionales, Rosenmund debe fingirse impasible, provocar a su adversario por medio de artimañas más o

menos lícitas: juega de pie, recorriendo de lado a lado, sin cesar, el escenario del teatro donde se disputa el torneo, manipula ostensiblemente una bola de cristal... Parece ser que la máxima concentración sólo puede obtenerse a costa de la desconcentración del adversario. Pero una vez más, a Wolfgang Petersen le interesa menos el ajedrez que la manera en que una idea fija puede conducir a la locura.

La locura preside una vez más *La partida de ajedrez* (1994), del belga Yves Hanchar. Es una película de época, ambientada en el siglo XVIII, que recuerda visualmente las sorprendentes obras del inglés Peter Greenaway. Escenifica a un joven genio del ajedrez, Max, un niño encontrado en estado semisalvaje que tiene dotes extraordinarias para el juego y es «arrastrado» de una partida a otra por el pastor que lo descubrió y que se transformó en su empresario. Su peregrinar los conduce a la mansión de una marquesa apasionada por el juego, que ha prometido la mano de su hija al vencedor de un torneo de alto copete. Pese a que Max está inscrito, se le considera un intruso. Sus modales son imprevisibles, su conducta nada tiene que ver con la de los aristócratas que lo rodean. Parece imposible que lo dejen alzarse con el triunfo... ¿Se trata de un genio o de una atracción de feria? El mérito principal de esta película es su justificada insistencia en la necesidad de memorizar cada partida. Pero esta incesante manera de retener en la cabeza los movimientos jugados, o aprendidos, acaba invariablemente en locura. También en este caso, se trata tanto de señalar la «diferencia» de un ser inadaptado como de hablar de ajedrez...

Torre. Juego «les Gaulois», piedra reconstituida pintada a mano, siglo XX.

Una película realista

Hasta hoy, sólo una película ha planteado realmente como tema la práctica del ajedrez: se trata de *En busca de Bobby Fischer* (1993), del americano Steven Zaillian, adaptación de un libro de Fred Waitzkin dedicado al testimonio, autobiográfico, de un padre cuyo jovencísimo hijo está dotado para el ajedrez. La historia es auténtica, y la película no intenta novelarla: trata de un chico, aparentemente insulso, a quien descubren un buen día sus dotes para el ajedrez, lo mismo que otros tienen dotes para el dibujo. Este don trastocará su vida y, sobre todo, la de su familia.

De manera muy concreta, la película nos muestra cómo el padre de Josh, un periodista deportivo, busca un profesor de ajedrez, y cómo este profesor intenta imponer una disciplina rigurosa a un alumno que es aún un niño y que, normalmente, preferiría otros juguetes a las piezas de un tablero. Josh disfruta mucho más con las partidas rápidas, las «blitz» que juega a veces en Central Park, que con la teoría que su profesor se empeña en inculcarle. ¿Es preferible el juego de ataque, espectacular y arriesgado, que se practica en un combate rápido, o la táctica más «elaborada» y medida que enseñan los especialistas? La película ilustra maravillosamente esta pugna de estrategias. Steven Zaillian tiene el mérito de hacer que resulten cinematográficas las partidas de ajedrez, filmándolas desde muy cerca, con mucho dinamismo. Además, el retrato del mundo del ajedrez que esboza resulta convincente, especialmente la histeria de los padres que viven, por delegación, las hazañas de sus hijos, ¡y parecen en ocasiones más agresivos que ellos! En fin, esta obra muestra la viva esperanza que tienen los ajedrecistas americanos de encontrar algún día un campeón de la talla de Bobby Fischer.

El hecho es que Bobby Fischer se ha convertido en un mito: hay jugadores que afirman haberlo visto, de tarde en tarde, jugando de incógnito y por placer en Central Park. ¿Leyenda o realidad? Sin embargo, un día, después de que esta película fuese rodada, Bobby Fischer, la encarnación del genio del ajedrez, volvió al primer plano. Mientras tanto, Josh Waitzkin, como muchos otros niños, volvía a los juegos propios de su edad.

Es lamentable que *En busca de Bobby Fischer,* una crónica muy sutil del aprendizaje del ajedrez, interpretada por artistas de gran talento –Joe Mantegna, Ben Kingsley, Lawrence Fishburne y el joven Max Poremanc– no haya tenido mayor difusión.

Los espectáculos

El ajedrez, una actividad seria, de apariencia estática –dos jugadores sentados ante un tablero, animados sólo por furtivos movimientos de la mano– resulta también una distracción que puede transformarse en espectáculo.

Las partidas simultáneas

Un gran jugador, generalmente un maestro o un gran maestro, se enfrenta a un tiempo a varios adversarios, neófitos o jugadores más aguerridos, desplazándose de un tablero a otro, sin detenerse por lo general más que unos segundos ante cada uno. Las partidas simultáneas, destinadas esencialmente a la promoción del juego del ajedrez de cara al gran público, se suelen organizar en un lugar frecuentado y no requieren ni los conocimientos ni las cualidades exigidas para el juego de competición. El carácter abierto de estas manifestaciones, en las que puede participar el público, las convierte en un acontecimiento popular. El hecho de que constituyan una «prueba de fuerza» las convierte en auténticas

116

Escena de la película En busca de Bobby Fischer, *de Steven Zaillian, 1993.* ▶

atracciones. Para ser un buen jugador de simultáneas, decía Reuben Fine, «lo esencial es tener buenas piernas y un golpe de vista rápido». Esta clase de exhibición, una proeza física e intelectual, resulta tanto más espectacular cuanto más elevado es el número de ajedrecistas y más firmes son la calidad y la personalidad del «simultaneísta».

La mayor partida simultánea del mundo tuvo lugar en La Habana (Cuba), el 19 de noviembre de 1966. Durante toda una tarde, con la plaza de la Revolución transformada en un gigantesco tablero, 6 840 aficionados –entre ellos el jefe del gobierno, Fidel Castro– dieron réplica a 371 maestros y grandes maestros. Entre ellos se encontraba el campeón del mundo, el soviético Tigran Petrossian. Éste ofreció por cortesía unas tablas convencionales a Fidel Castro, quien las rechazó, demasiado orgulloso para poder aceptar un regalo así. Pero el campeón del mundo obligó al presidente cubano a aceptar las tablas, mediante un jaque perpetuo, una serie de jaques que el adversario neutraliza siempre de la misma manera, lo que implica tablas por repetición de la posición.

Este grandioso espectáculo que conmemoraba el aniversario del célebre jugador cubano José Raúl Capablanca, fue proclamado jornada internacional y clausuró la 12.ª Olimpiada de ajedrez.

Las partidas vivientes

Encarnadas por personas vivas, vestidas con trajes de época o de fantasía, las piezas protagonizan una puesta en escena cuidadosamente orquestada sobre un tablero gigante (cada casilla puede medir de uno a varios metros de lado). Los movimientos –ataques, capturas, retiradas o promociones– son pretextos para justas, desfiles y combates lúdicos, que ilustran, a tamaño natural, las tribulaciones de las piezas.

El público se sumerge así en una refriega abigarrada, dirigida por un maestro de ceremonias que anuncia los movimientos, los comenta y narra una historia. Para mayor disfrute del espectador, los caballos están representados generalmente por personas montadas a caballo, ¡e incluso algunas veces en moto! Respecto a las partidas en sí mismas, de estilo «romántico», suelen ser suficientemente ricas en peripecias para proporcionar una trama entretenida al espectáculo.

No se conoce el origen exacto de estas partidas vivientes, pero se sabe que ya en 1408, en la corte de Granada, el sultán ofrecía espectáculos de ajedrez viviente. Desde entonces, se han creado y organizado cientos de partidas con piezas vivientes, dando lugar a actos muy diversos. En 1988, por ejemplo, se organizó un acto soberbio en Bruselas, en la Grand-Place. Los protagonistas fueron Anatoli Karpov y el holandés Jan Timman. Mientras ambos, instalados en una tribuna de honor, disputaban una partida al ritmo de un movimiento por minuto, ésta se reproducía simultáneamente en un tablero gigante sobre el que se movían las piezas vivientes, vestidas con trajes medievales.

Algunas partidas vivientes, como la célebre partida de Maróstica, cerca de Venecia, narran una historia real: la de dos jóvenes nobles que se disputaron la mano de la hija del señor y gobernador de Maróstica. Éste, humanista y hombre progresista, ordenó a los dos pretendientes que jugaran una partida de ajedrez, un arte en el que ambos sobresalían. Concedería la mano de su hija al vencedor. Esta partida se disputó el 12 de septiembre de 1454 en la plaza mayor de Maróstica con piezas vivientes. El vencedor se casó con la hija del gobernador, mientras que el vencido tuvo que contentarse con la mano de su hermana menor. Desde finales de los años veinte, este espectáculo representa una nueva partida cada año, en el mes de septiembre.

El juego representado

Desde hace varios años, algunas competiciones de alto nivel, como el Trofeo Immopar, el Grand Prix Intel o los Encuentros Internacionales de Cap-d'Agde, en los que participan los mejores jugadores del mundo, dan lugar a auténticas representaciones teatrales. La elección del lugar (un teatro o una sala de espectáculos con escenario), así como de la fórmula de juego (partidas rápidas o semirrápidas, en las que el tiempo se convierte en un elemento decisivo), contribuyen a la intensidad «dramática» de la competición. El efecto espectacular se realza con la utilización de medios informáticos y del vídeo. En las pantallas gigantes alternan primeros planos de los jugadores y del tablero, mientras que por los auriculares se difunden comentarios técnicos y anécdotas de los protagonistas.

En el marco del Trofeo Immopar, la sociedad Passion Public ha creado un nuevo concepto, el «Direct Chess», que añade atractivo a este tipo de competiciones, al dar un papel activo al público. El espectador puede participar realmente en el juego, mediante un aparato informático especial, adivinando los movimientos de los campeones que se enfrentan en el escenario. Así, gracias a esta puesta en escena tecnológica, las competiciones de alto nivel se convierten en acontecimientos espectaculares y alcanzan gran éxito de público.

Los medios de comunicación

La auténtica prensa ajedrecista aparece en el siglo XIX. Su papel y su im-portancia evolucionan rápidamente, y hoy es un instrumento de información y un medio de conocimiento teórico que emplea nuevos soportes.

El ajedrez en la prensa escrita

Las primeras revistas de ajedrez nacen a comienzos del siglo XIX, cuando París y Londres se disputan la supremacía y el título de capital del ajedrez. En esa época, los desafíos organizados entre los campeones franceses e ingleses alcanzan un clamoroso éxito de público. Las primeras revistas de ajedrez nacen al calor de estos encuentros: *Le Palamède,* en Francia, y el *Chess Player's Chronicle,* en Inglaterra.

Las revistas especializadas. Le *Palamède* es la primera revista del mundo enteramente dedicada al ajedrez. Fue fundada en 1836 por Mahé de La Bourdonnais (1795-1840), considerado como el mejor jugador de su época. Su aparición mensual se interrumpió en 1839 por falta de dinero y por la precaria salud de La Bourdonnais. Su sucesor al frente del ajedrez francés, Pierre Charles Fournier de Saint-Amant, reeditó *Le Palamède* entre 1842 y 1847, antes de su retirada definitiva del ajedrez.

Por su parte, el campeón inglés Howard Staunton fundó la *Chess Player's Chronicle* en 1841. Fue su editor y director hasta 1854, cuando la vendió. A partir de 1862, la revista apareció de forma episódica, y después desapareció. Bajo el impulso de Saint-Amant y de Staunton, las dos revistas se hicieron eco del agrio debate que enfrentó a ambos jugadores. La prensa se convirtió en una nueva arma de esta disputa.

A partir de 1851, las partidas de desafío dejan paso a los torneos internacionales, cada vez más numerosos, que arrastran tras ellos a jugadores célebres. Desde entonces, el interés por las competiciones y la popularidad creciente del juego se reflejan en Europa y en Estados Unidos en la multiplicación de las revistas y en la aparición de crónicas de ajedrez en periódicos y diarios.

Hoy en día, la mayoría de los países miembros de la Federación Internacional de Ajedrez financian cada uno al menos una revista de ajedrez, sea publicación privada o de la federación nacional. La más internacional de estas revistas es el *Informador del ajedrez* (*Chess Informant,* fundada en Belgrado en 1966). Esta revista semestral da cuenta de las mejores partidas jugadas en el mundo durante los seis meses que preceden a su salida. Las partidas, clasificadas por aperturas, se reproducen en notación algebraica con figuras, lo que permite superar las barreras lingüísticas, y están anotadas por los mejores jugadores mundiales, entre otros Karpov y Kasparov. Gracias a sus informaciones sobre las novedades teóricas, esta revista constituye un verdadero instrumento para el desarrollo de la teoría ajedrecística.

Entre las revistas más importantes en lengua inglesa, se pueden citar *News in Chess,* fundada en 1984 en Holanda, *Inside Chess,* revista americana fundada en 1988, y el *British Chess Magazine,* el periódico más antiguo de los existentes. Todas utilizan la notación algebraica internacional, con figuras, y se difunden en toda Europa.

La revista más antigua que todavía se publica en España es *Jaque,* fundada en 1970, de periodicidad quincenal y con distribución en latinoamérica. Está dirigida por Leontxo García, uno de los periodistas especializados más importantes del mundo, que ha dirigido varios programas de ajedrez en TVE1. *Jaque* es una revista para aficionados y expertos en la que han publicado ar-

tículos 7 campeones del mundo: Max Euwe, Botvinnik, Smyslov, Tal, Petrossian, Spassky y Kasparov.

OchoxOcho es una publicación mensual, dirigida desde su fundación, en 1983, por Román Torán, ex presidente de la Federación Española de Ajedrez. De más reciente aparición es *Gambito,* cuyo primer número salió en 1996, dirigida hasta diciembre de 1998 por Ángel Martín y en la actualidad por el gran maestro Alfonso Romero.

Abandonando el tradicional soporte de papel, un tipo completamente distinto de revistas hace su aparición en los últimos años: las revistas electrónicas, que utilizan soportes informáticos (disquetes, CD-Rom), como *ChessBase Informatique.* Paralelamente a la expansión de los multimedia y a la utilización creciente de la informática por parte de los jugadores de ajedrez, esta nueva fórmula promete seguir avanzando en su desarrollo.

Las crónicas ajedrecísticas. La primera crónica sobre ajedrez apareció en Inglaterra el 9 de julio de 1813, en el *Liverpool Mercury;* de vida efímera, desapareció en 1814, pero la sucedieron otras.

El infatigable Howard Staunton, de lengua afilada y colmillo retorcido para con sus adversarios o detractores, mantuvo una columna en el *Illustrated London News* desde 1845 hasta su muerte, en 1874.

La crónica más antigua en Francia es la del *Journal des plaisirs,* en 1857, año en el que presentó una partida Anderssen-Horwitz.

Actualmente, numerosos diarios nacionales y de ámbito regional, así como diversas revistas semanales, cuentan con una crónica fija de ajedrez. En ellas se plantean casi siempre uno o dos problemas, así como una partida comentada brevemente y algunas noticias del mundo del ajedrez. Por el lugar que ocupa en esta prensa de amplia distribución, la crónica juega un importante papel en la difusión del juego del ajedrez entre el gran público.

El ajedrez en la televisión

El carácter estático del juego y la duración de las partidas parecen *a priori* incompatibles con las exigencias de la televisión. Sin embargo, el ajedrez, como antes tantos otros deportes –el tenis, por ejemplo, que ha introducido el *tie-break*–, ha buscado la manera de adaptarse a la pequeña pantalla.

Duelos a la medida. Se crearon torneos de alto nivel, basados en el principio de la eliminación directa. Los jugadores se enfrentan en un encuentro a 2 partidas de veinticinco minutos por jugador, es decir, cincuenta minutos de juego por partida, lo que permite integrarlas en el formato estándar de las emisiones de televisión (cincuenta y dos minutos). En caso de tablas, los jugadores desempatan mediante un *tie-break*, un «blitz» en el que las blancas disponen de cinco minutos y deben ganar forzosamente, mientras que las negras sólo cuentan con cuatro minutos pero se llevan la victoria en caso de tablas. Esta cadencia rápida refuerza la intensidad de la confrontación, que adquiere un aspecto más deportivo y más espectacular, sobre todo al final de la partida, cuando los jugadores no disponen a menudo más que de algunos segundos para dar con la mejor jugada.

El Trofeo Immopar inauguró este sistema, retransmitido por algunas cadenas (Canal +, TF 1). En cuanto al Grand Prix Intel, cuyas cuatro etapas se desarrollaban en Moscú, Londres, Nueva York y París, fue transmitido íntegramente, cada año, por la cadena Eurosport. Con ocasión de la final, que tenía lugar en París, algunos breves extractos fueron difundidos a través de las cadenas normales. Este ajedrez «de nuevo cuño», que une competición de alto nivel y espectáculo, favoreció su presencia en la pequeña pantalla, rompiendo con la imagen de juego serio y muy lento, aburrido y cargante para algunos.

Los reportajes. Los Campeonatos del mundo se beneficiaron igualmente de una buena cobertura televisiva. En cuanto al encuentro Kasparov-Anand, disputado en Nueva York en 1995, fue difundido por la cadena americana NBC en Estados Unidos y por Eurosport para Europa.

Tanto en el caso del ajedrez rápido como en los encuentros del Campeonato del mundo, el reportaje se desarrolla por lo general con el mismo esquema: escenas del encuentro, con primeros planos de los jugadores, del tablero o de la sala de juego, intercalados con secuencias en estudio donde uno o dos maestros comentan los momentos cumbre del encuentro, de forma bastante simple, asequible a todo el mundo.

Los programas especializados. Como muestra de que el juego se abre un espacio creciente entre el gran público, han aparecido en televisión algunos programas sobre el ajedrez.

121

Alfil (el capitán Haddock). Juego «Tintín», plomo pintado, siglo XX.

La imagen del juego en los medios de comunicación

La gran alianza entre el juego y los medios de comunicación tuvo lugar con ocasión del encuentro entre el americano Fischer y el soviético Spassky, en Reykjavík (Islandia), en 1972. Nunca un encuentro ha hecho correr tanta tinta ni ha conocido tal popularidad, en particular entre el público occidental. Un grupo de prensa compuesto por 250 periodistas se instaló en la isla, y millones de personas siguieron el encuentro. Los estados de ánimo de Fischer, que hasta la víspera del encuentro mantendría el suspense sobre su presencia, los innumerables incidentes que salpicaron la preparación, y después el desarrollo del encuentro, llenaron las primeras páginas de los periódicos de todo el mundo. El 3 de septiembre, cuando Bobby Fischer se convirtió en el 11.º campeón del mundo, poniendo fin a veinticuatro años de dominación soviética, la prensa escrita internacional ardió literalmente. Las radios y las televisiones no se quedaron atrás, y difundieron las hazañas del «enfant terrible de Brooklyn». Había nacido una nueva estrella en la persona de un jugador de ajedrez. Fue un acontecimiento en la historia del juego.

Para la mayoría de los medios de comunicación, el americano se convirtió en el símbolo de los valores occidentales frente a la «máquina» soviética. Pero, sobre todo, este encuentro histórico puso fin al aislamiento del ajedrez y despertó un interés sostenido por parte de los medios de comunicación.

Los grandes combates ajedrecísticos.
Los encuentros en la cumbre entre dos jugadores con mucho carisma, como el campeón del mundo y el aspirante al título, suscitan evidentemente el interés de los medios de comunica-

ción. Más que el juego en sí mismo, lo que se valora es a menudo el componente humano de este tipo de encuentros.

La lucha psicológica, la personalidad y los comportamientos de los protagonistas, a veces irracionales, hacen las delicias de los periodistas. Al respecto, basta recordar el asunto de los yogures codificados del encuentro de Baguio (Filipinas) entre Kortchnoï y Karpov. Poco a poco, en artículos y reportajes, se va construyendo una imagen de los dos jugadores: cada uno de ellos aparecerá investido de un valor particular –a menudo alejado de la realidad– que lo convertirá en protagonista de los medios de comunicación. Fischer, «el muchacho travieso», se convertirá en «el genio del siglo XX». Durante los años setenta y ochenta, Karpov, poco apreciado por el público, cargaría con una imagen de *apparatchik*.

Otro elemento humano que apasiona a los medios de comunicación es la rivalidad política. El encuentro Fischer-Spassky marcaría el tono, y los encuentros de los años ochenta aparecen más como combates políticos que intelectuales. Los encuentros entre Kortchnoï y Karpov, como el de Baguio en 1978 o el de Merano (Italia) en 1981, se desarrollarían en una atmósfera de odio mutuo con trasfondo de rivalidad política: desde 1977, Kortchnoï trataba de hacer salir a su familia de la URSS. La prensa occidental tomaría partido por «Viktor el Terrible», el disidente convertido en apátrida que simbolizaba la libertad frente a Karpov, encarnación de la *nomenklatura*. En menor medida, volvemos a encontrar ecos políticos con ocasión de los primeros encuentros entre Karpov y Kasparov en 1984, 1985 o 1987, en los que Kasparov simboliza la *glasnost*.

Esta dimensión política desaparecería tras la caída del muro de Berlín y el desmantelamiento de la URSS. En todo caso, los últimos campeonatos, de clima más apacible, han sido nuevos acontecimientos mediáticos que han contribuido a la promoción del juego entre el gran público.

Los niños prodigio. En diciembre de 1993, en el reino de Mickey (en Disneyland París), se enfrentaron dos campeones del mundo ante las cámaras de la televisión. Uno de ellos, Anatoli Karpov, protagoniza desde hace veinte años una carrera en la cima del ajedrez mundial. El otro, Étienne Bacrot, es un chico cuya carrera no ha hecho más que empezar, pero ya es doble campeón de Europa y del mundo de los menores de diez años. La multitud de periodistas presentes acudió tanto por uno como por el otro. Cuatro meses después de lograr sus títulos, Étienne Bacrot ya es una celebridad: artículos de periódicos y entrevistas le dan a conocer al público. Son los primeros encuentros entre este joven maestro y los medios de comunicación, encuentros que a partir de ahora se repetirán en numerosas ocasiones. A finales de septiembre de 1996, La Cinquième envía una unidad de reporteros a Ereván, en Armenia, donde Étienne Bacrot participa con el equipo de Francia en las Olimpiadas. En marzo de 1997, cuando se convierte en el más joven gran maestro internacional, los medios de comunicación se vuelcan en este «pequeño príncipe» del ajedrez.

Los jóvenes prodigios atraen particularmente la atención de los medios de comunicación. Algunos años antes, Fischer había dado que hablar cuando llegó a campeón de Estados Unidos con catorce años de edad. Los húngaros Judit Polgar (veinte años) y Peter Leko (diecisiete años) y el número 1 francés Joël Lautier (veintitrés años), los tres grandes maestros internacionales y situados entre los 40 primeros

jugadores mundiales, atrajeron igualmente la atención de la prensa.

Las entrevistas y los reportajes de la prensa no especializada ponen el acento sobre la vida diaria del campeón, su entorno familiar, las relaciones con sus compañeros, su situación escolar y el resto de sus aficiones, y no tanto en la práctica del juego. En resumen, la vida del joven campeón, en conjunto bastante semejante a la de los chicos de su edad, realza su carácter excepcional: se trata de un pequeño matiz, pero ¡qué importante!

El hombre y la máquina. ¡Kasparov deja K.O. a «la cosa»! Pero «la cosa», un programa alemán llamado «Genius 3», también ha infligido algunas derrotas a Kasparov... Le ganó en partidas semirrápidas celebradas en el Grand Prix Intel, en Londres, en 1994, con el resultado de 1,5 a 0,5. A comienzos de 1996, «la cosa» se llama «Deep Blue» y tiene el aspecto de un monstruo cibernético IBM de 12 toneladas, ramificado en 256 ordenadores y ¡capaz de calcular 200 millones de movimientos por segundo! En un encuentro a 6 partidas, Kasparov se toma la revancha sobre «la cosa» y la vence por 4 a 2. Pero la historia no acaba aquí. En mayo de 1997, Kasparov se enfrenta a Deeper Blue, el nuevo monstruo IBM, cuya velocidad de cálculo se ha multiplicado ahora por dos. Confundido por los movimientos paradójicos de la máquina, el campeón del mundo pierde por 3,5 a 2,5. Pero, según Kasparov, la pérdida de una batalla no prueba la superioridad de la máquina.

Desde hace veinte años, el juego del ajedrez se ha convertido en un campo de confrontación entre inteligencia humana e inteligencia artificial. Este conflicto entre el hombre y la máquina, fascinante e inquietante, es un tema que a menudo salta a la primera plana de los diarios. ¿Quién vencerá, el microcomponente electrónico o la materia gris?

123

La técnica del ajedrez

*«Los errores están en el tablero
esperando que los cometas.»*

Xavier Tartacower

La técnica del ajedrez

Desde el primer contacto con el tablero, el jugador toma conciencia en seguida de que es necesario aplicar algunos principios y métodos y adquirir cierta técnica de juego. Esta técnica acompaña y se mantiene a medida que el practicante avanza en sus conocimientos teóricos. ¡Pero el neófito no se imagina el gran océano que debe atravesar y los obstáculos que le esperan desde los primeros movimientos iniciales hasta el final de la partida! A lo largo de las páginas del primer capítulo, se podrá iniciar en las reglas elementales del juego, en el movimiento de las piezas y de los peones, al tiempo que se familiarizará con la terminología básica del ajedrez.

A partir de ahí, una vez haya entendido el objetivo del ajedrez –capturar al rey contrario–, profundizará en el conocimiento de las situaciones básicas con los mates elementales y, sobre todo, con el inventario de temas tácticos, que le permitirán elaborar sus primeros planes estratégicos. Al estudiar los finales simples, percibirá los medios para cosechar los frutos de su esfuerzo; tendrá también una aproximación global al juego y ya sabrá jugar al ajedrez.

Más adelante, cuando se sumerja en el estudio de la teoría de las aperturas y de la estrategia, empezará a dominar el juego. El repertorio detallado de las aperturas, con las numerosas variantes propuestas, le permitirá captar la importancia de los primeros movimientos. Según su sensibilidad, escogerá su repertorio de aperturas, sea un juego abiertamente al ataque, sea un juego defensivo, más de posiciones. Gracias a la historia de la estrategia, el jugador podrá seguir la evolución del conocimiento ajedrecístico y sacar partido inmediatamente a sus adquisiciones: aprenderá a definir un plan que tenga en cuenta a la vez sus propios objetivos de ataque y las intenciones del adversario.

En la última parte, los finales complejos, el estudio artístico y la composición ajedrecística darán una visión de los recursos imaginativos que moviliza el ajedrez. Con todos estos elementos, el jugador fundamentará su propia práctica, poniendo en juego sus cualidades de reflexión y su creatividad.

Descubrir el ajedrez

La descripción del material utilizado y la explicación de las reglas elementales permitirán que el aprendiz acceda a los rudimentos del juego; así aprenderá a conducir una partida de ajedrez de principio a fin.

En este primer capítulo dedicado al descubrimiento del ajedrez, el juego se aborda muy progresivamente, de manera que el debutante pueda llegar a jugar solo, sin ayuda complementaria. La progresión que se propone puede parecer sorprendente; pero es el resultado de una larga experiencia práctica con niños y adultos.

En un primer momento, se describe el material básico: las piezas, el tablero, el reloj. Siguen las reglas que rigen el desplazamiento de las piezas y los peones sobre el tablero. Primero nos fijaremos en el trío torre, alfil, dama, de movimientos simples y complementarios; luego estudiaremos los movimientos del caballo, y después los del rey. Finalmente vienen los peones –«el alma del juego», según Philidor,– que tienen dos modalidades de desplazamiento: una para avanzar y otra para capturar.

Paralelamente a las reglas del desplazamiento de las piezas, veremos aparecer cierto número de nociones fundamentales, como la captura, el ataque, la protección de una pieza o un peón, la promoción del peón...

El jugador debutante, fortalecido por estas reglas básicas, verá la manera en que se cumple la finalidad del juego, que es dar mate al rey contrario. La descripción del sistema de notación del ajedrez le permitirá además poder leer y comprender cómo se transcribe una partida de ajedrez.

El jugador estará entonces en disposición de gestionar el conjunto de una partida, de principio a fin, y poseerá los medios para profundizar en el juego y mejorar su práctica.

Se recomienda seguir sobre un tablero la lectura de esta iniciación técnica, al objeto de compenetrarse con el conjunto de movimientos y reglas que constituyen el lenguaje básico del ajedrez; de esta manera, será más fácil visualizar las explicaciones, asociar la teoría con la práctica, mejorar la comprensión del juego y explorar sus infinitas posibilidades. ¡Los progresos serán más rápidos!

El material

Para entrar en el universo del ajedrez, en primer lugar tiene que contar con el material básico, tablero, piezas y reloj, y aprender a utilizarlo. Después, una vez adquiridas algunas nociones elementales, empezará a iniciarse realmente en el juego de ajedrez.

La elección del material

La simplicidad debe presidir la elección del material. Ella le guiará a la hora de adquirir un material apropiado para jugar o para analizar las partidas, independientemente de criterios estéticos. Los juegos con muchos adornos a menudo resultan poco prácticos para jugar...

Las piezas

Le aconsejamos utilizar piezas bastante grandes y de aspecto relativamente sobrio. Las piezas del tipo Staunton corresponden a esta descripción. Creadas por Nathaniel Cook en el siglo XIX, en homenaje al célebre jugador inglés Howard Staunton, fueron seleccionadas para el torneo de Londres de 1851. Desde entonces, se han utilizado sistemáticamente en los torneos, ya que tienen la ventaja de ser estilizadas y de forma simple, lo que favorece la concentración, la reflexión y la abstracción; no ocurre así con las piezas trabajadas con mucho detalle, o más figurativas.

El tablero

El ajedrez se juega sobre un tablero consistente en un cuadrado de 8 casillas por 8. Así pues, un tablero de ajedrez cuenta con 64 casillas, menos que el damero usado en el juego de las damas, que es un cuadrado de 10 casillas por 10 y cuenta por tanto con 100 casillas. La historia no se ha hecho eco de algunas propuestas, como la de Raúl José Capablanca, que

consideraba que el ajedrez no era suficientemente rico para el pensamiento moderno y propuso un tablero de 100 casillas con 2 piezas suplementarias, cuyos desplazamientos estaban por definir.

El tablero de ajedrez presenta una alternancia de casillas claras y oscuras que favorece una buena lectura del plano del juego y permite especialmente ver mejor las diagonales. Las casillas oscuras son negras, marrones o, en ocasiones, verdes.

Un tablero codificado, que tenga incorporados los números 1, 2, 3, 4, 5, 6, 7, 8 y las letras a, b, c, d, e, f, g, h, facilitará el estudio. Cuanto mayor sea, más fácil resultará situar las piezas. Habitualmente, el tablero de ajedrez se escoge en función del tamaño de las torres, que debe ser igual al del lado de una casilla. Por eso habrá visto probablemente, en alguna tienda, a un comprador experto colocando una torre sobre un tablero.

El reloj

El reloj del ajedrez sirve para limitar el tiempo de reflexión de cada jugador, tiempo que, según el tipo de partida que se juega, puede ir de algunos minutos a varias horas, a elección de los jugadores (o de la organización y del árbitro, si se trata de una competición). Las posibles cuestiones que plantea su utilización tienen menos que ver con la técnica del juego que con el arbitraje, del que hablaremos en el apartado «competición» de esta obra. Se puede usar un reloj tradicional, cuyas agujas hacen caer una «bandera» cuando se alcanza el tiempo señalado para la partida, o un reloj electrónico con marcación digital.

La utilización del material

El jugador tiene ya todas las informaciones para elegir el material básico;

sólo le queda aprender a utilizar el tablero de ajedrez y las diferentes piezas. También debe descubrir algunos términos que le servirán de referencia para moverse sobre el tablero, y para empezar a familiarizarse con la escritura ajedrecística.

La colocación del tablero

El tablero de ajedrez se coloca de manera que cada jugador tenga a su derecha una casilla angular de color blanco. Es una regla esencial: no respetarla supondría jugar a un juego parecido al ajedrez, pero no a éste, ya que se modificarían las posiciones de la dama, del rey y de los alfiles.

Cuando el tablero está codificado mediante cifras y letras, como figura en el diagrama 1 bajo estas líneas, el jugador J coloca el tablero de forma que la casilla blanca h1 esté a su derecha. Igualmente, el jugador K tiene la casilla blanca a8 a su derecha.

Casilla blanca a8, a la derecha del jugador K.

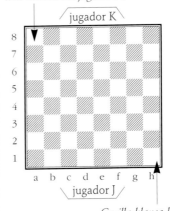

diagrama 1

Las columnas, las filas, las diagonales

Todo tablero de ajedrez tiene 8 columnas, cada una compuesta por 8 casillas. Por ejemplo, en el diagrama 2 que sigue, la palabra *columna* está en la columna h, formada por las ocho casillas h1, h2, h3, h4, h5, h6, h7, h8. Los tableros de ajedrez tienen 8 filas. Cada fila se compone de 8 casillas. En el diagrama 2, la palabra *fila* está inscrita en la fila 5, formada por las ocho casillas a5, b5, c5, d5, e5, f5, g5, h5.

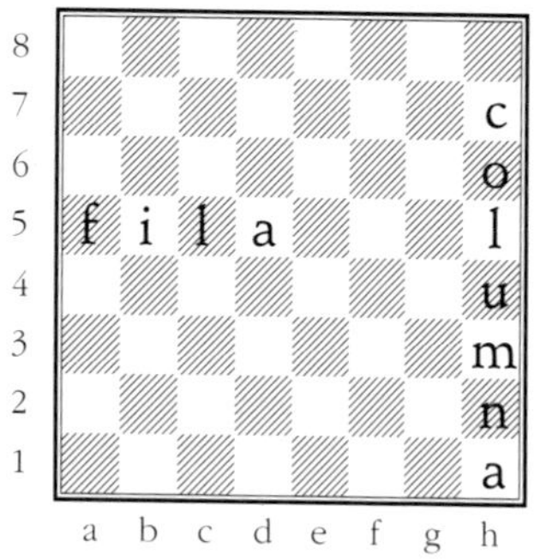

diagrama 2

El tablero de ajedrez cuenta, finalmente, con 26 diagonales, siendo las dos más largas la diagonal a1-h8 (formada por las 8 casillas a1, b2, c3, d4, e5, f6, g7, h8) y la diagonal a8-h1 (formada por las 8 casillas a8, b7, c6, d5, e4, f3, g2, h1).
A modo de ejemplo, algunas diagonales están señaladas en el diagrama 3 que se incluye a continuación:
– la diagonal a4-e8, formada por 5 casillas blancas;
– la diagonal c1-h6, formada por 6 casillas negras;
– la diagonal b8-h2, formada por 7 casillas negras.

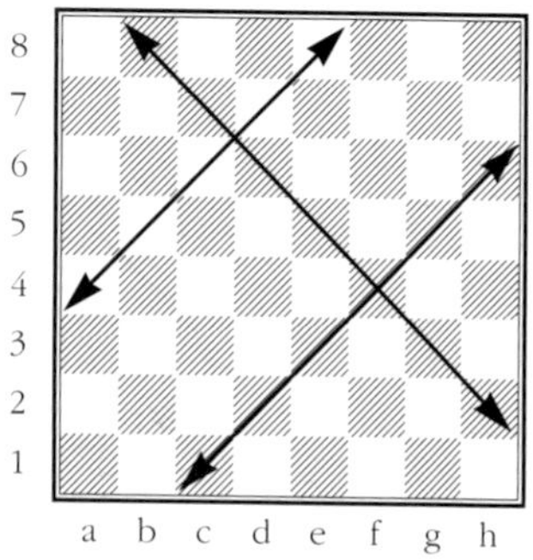

diagrama 3

La codificación de las casillas

Cada casilla está en la intersección de una columna y una fila. La casilla e4, por ejemplo, está en la intersección de la columna e y la fila 4. Las letras de referencia de las columnas van escritas en minúsculas y no en mayúsculas; así se evita la confusión entre la notación de las columnas y la de las piezas. En efecto, para designar las piezas se usa su inicial mayúscula, por ejemplo, D para la dama, C para el caballo. En el diagrama 4, una dama blanca está situada sobre la casilla d4, un caballo negro sobre la casilla c2, un alfil negro sobre la casilla h8. Se escribe: Dd4, Cc2, Ah8. Las letras c y e, o bien c y C, pueden confundirse. Por eso a veces se escribe ç y é para denominar las columnas. Por nuestra parte, mantendremos c y e.
Durante la mayoría de las competiciones, los jugadores deben anotar los movimientos de sus piezas, lo que les permite estudiar después sus partidas y las de los demás.

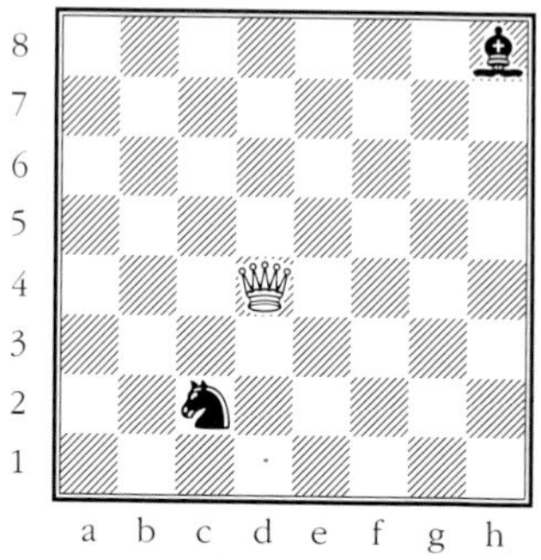

diagrama 4

Las piezas

Al comienzo de una partida, cada jugador posee 8 piezas y 8 peones.
Las piezas son:
– un rey, que se representa con la letra R
o, en un diagrama, con las figuras ♚ o ♔
– una dama, que se representa con la letra D
o, en un diagrama, con las figuras ♛ o ♕
– dos torres, que se representan con la letra T
o, en un diagrama, con las figuras ♜ o ♖
– dos alfiles, que se representan con la letra A
o, en un diagrama, con las figuras ♝ o ♗
– dos caballos, que se representan con la letra C
o, en un diagrama, con las figuras ♞ o ♘
Los peones no se representan con una letra, únicamente se anota la casilla en la que se encuentran sobre el diagrama; se utilizan las figuras ♟ o ♙.

La colocación de las piezas

El jugador que juega con las blancas coloca sus piezas en la fila 1 y sus peones en la fila 2. El que juega con las negras colocará sus piezas en la línea 8 y sus peones en la 7.
Al comienzo de una partida, las torres están situadas en los ángulos; junto a ellas se encuentran los caballos, y después vienen los alfiles. Estos últimos enmarcan a la pareja formada por el rey y la dama. Las damas se colocan cada una sobre su color, la dama blanca está, pues, sobre una casilla blanca (d1) y la dama negra, sobre una casilla negra (d8), una frente a la otra. Delante de las piezas de torres, caballos, alfiles, dama y rey, se alinea una fila de 8 peones, como se puede ver en el diagrama 5, abajo.

negras

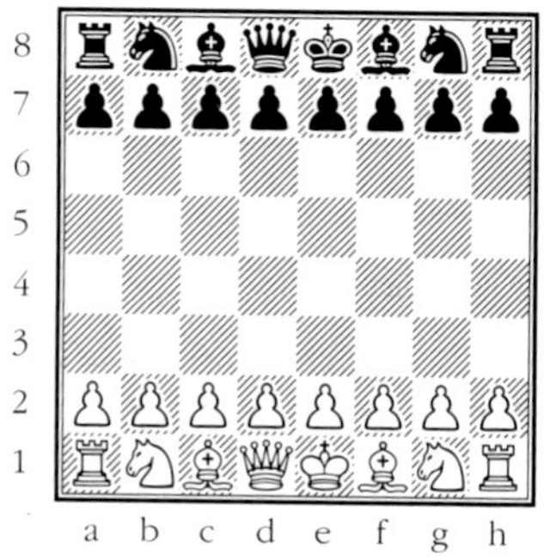

blancas
diagrama 5

Siempre empiezan la partida las blancas. Se mueve a continuación, cada uno en su turno, una pieza o un peón. Cuando se juega una partida de ajedrez amistosa, se echa a suertes para saber quién tiene las blancas. Los jugadores de ajedrez han adoptado un sistema que consiste en esconder un peón blanco y un peón negro en cada mano y a continuación dar a escoger el peón, o sea, el color, al compañero. Cuando se juega una segunda partida, se cambia de color. En los torneos y campeonatos, es el árbitro quien determina el color de cada jugador, de acuerdo con reglas muy precisas.

Las zonas del tablero

Para situarse en el tablero, se delimitan de manera convencional dos campos: el de las negras y el de las blancas, trazando –como en el diagrama 6–, al lado, un eje de simetría que

atraviesa el tablero por la mitad entre las filas 4 y 5.

diagrama 6

Del mismo modo, si se traza otro eje de simetría que pasa, como en el diagrama 7, entre las columnas d y e, se observa que las piezas están colocadas simétricamente, con excepción de la dama y el rey. El lado de la dama se llama flanco de dama, el del rey, flanco de rey.

diagrama 7

Los ejes trazados en los diagramas 6 y 7 dividen el tablero en 4 zonas de iguales dimensiones. Esta división permite al jugador tener unas referencias fáciles para percibir mejor qué zonas están dominadas por cada uno de los bandos (blanco o negro), o para seguir de forma más eficiente y clara la evolución de la partida, e incluso para dar explicaciones teóricas.

131

El movimiento de las piezas

Ahora vamos a estudiar las reglas que rigen el movimiento de las piezas –es decir, las torres, los alfiles, los caballos, la dama y el rey–, y a continuación el movimiento de los peones. Cada una de las piezas o peones tiene unas posibilidades y reglas de movimiento propias. Paralelamente, introduciremos un cierto número de nociones fundamentales, como la captura, el ataque, la protección de una pieza o de un peón, la promoción del peón...

La torre

La torre se desplaza por una columna o por una fila, una o más casillas, sin pasar por encima de una pieza o de un peón: o bien se detiene delante de éstos, o puede capturarlos, si se trata de una pieza o de un peón contrarios.

El número de casillas controladas

Sobre un tablero sin piezas, una torre tiene 14 posibilidades de juego. Controla 14 casillas. En el diagrama 8, la torre en d5 puede jugar en cada casilla de su fila 5 (es decir en a5, b5, c5, e5, f5, g5, h5) o de su columna (en d1, d2, d3, d4, d6, d7, d8).

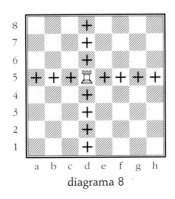

diagrama 8

Las cruces colocadas sobre el diagrama 8 marcan cada una de las casillas en las que puede jugar la torre situada en la casilla d5. En el diagrama 9, la torre colocada en la casilla angular a1 puede jugar también en 14 casillas:
– en cada casilla de su fila 1: en b1, c1, d1, e1, f1, g1, h1;
– o en cada casilla de su columna a: en a2, a3, a4, a5, a6, a7, a8.

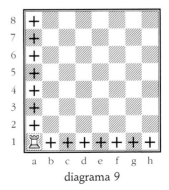

diagrama 9

Cuando la torre no está sola en el tablero, controla un número menos elevado de casillas, puesto que las restantes piezas limitan sus movimientos. Así, si colocamos, como en el diagrama 10, una torre blanca en g6, un alfil blanco en c6, un rey blanco en g2 y un rey negro en e2, la torre blanca puede avanzar, a elección:
– en su propia fila, es decir, a la casilla h6, a la casilla f6, a la casilla e6, o a la casilla d6;
– en su propia columna, es decir, a la casilla g8, a la casilla g7, a la casilla g5, a la casilla g4, o a la casilla g3.
En este caso, sólo controla 9 casillas, pues las otras piezas de su campo le impiden el acceso a las restantes casillas de su fila y de su columna. En efecto, la torre, al igual que todas las otras piezas y los peones del juego del ajedrez, no puede capturar ninguna pieza o peón de su propio color.

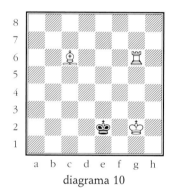
diagrama 10

La captura

En cambio, la torre, como las otras piezas y peones, puede capturar una pieza o un peón del color contrario, aunque nunca está obligada a hacerlo. El caso se representa en el ejemplo ilustrado en el diagrama 11, en el que la posición de las piezas sobre el tablero se escribe de la siguiente manera:
– para las blancas: Te5, Rg1;
– para las negras: Cc5, Rd8, a5 (la falta de letra mayúscula significa que no se trata de una pieza, sino que es un peón el que está situado en la casilla a5).

Juegan blancas.

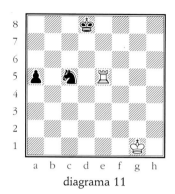
diagrama 11

La torre blanca e5 puede jugar en todas las casillas de su columna. En su fila, puede jugar en h5, en g5, en f5, en d5, o capturar el caballo negro c5. Si la torre blanca opta por capturar el caballo negro, se coloca sobre la casilla c5 que ocupaba el caballo, que se retira inmediatamente del tablero. En el ajedrez, toda captura se hace de la misma manera: la pieza o el peón que captura se coloca en el lugar de la pieza o el peón que ha sido capturado. Esta última o este último se retira del juego inmediatamente.

El ataque

El diagrama 12 representa la nueva posición: en su primer movimiento, las blancas han colocado su torre en c5, en el lugar del caballo que acaba de capturar.

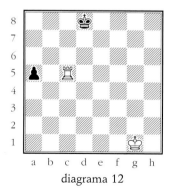
diagrama 12

La torre blanca c5 ataca al peón a5, es decir, que, si quiere, puede capturarlo

en la siguiente jugada. Pero ya no les toca el turno a las blancas: ¡cada uno en su turno! Ahora juegan las negras. Con la esperanza de salvar a su peón negro, lo mueven a la casilla a4 (es la única posibilidad de desplazamiento que tiene este peón, que avanza las casillas de una en una, por la columna a, hacia la fila 1).
El diagrama 13 nos muestra esta nueva posición.

diagrama 13

Las negras acaban de avanzar su peón de a5 a a4. Ahora juegan las blancas. Su torre ya no puede capturar al peón, pues ella sólo se desplaza siguiendo las filas o las columnas (en este caso, la fila 5 y la columna c). Para poder capturar el peón negro, las blancas también juegan su torre en la columna a, colocándola en a5. La torre ataca de nuevo al peón a4. El diagrama 14 muestra la nueva posición.

diagrama 14

Las negras, que tienen que jugar, no pueden hacer más que mover su

132

peón o su rey una casilla. Eligen avanzar su peón a4 a a3.

El diagrama 15 muestra la nueva posición.

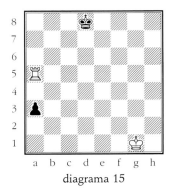

diagrama 15

Al siguiente movimiento, el tercero desde el comienzo de este estudio, las blancas capturan el peón a3 con su torre, que se coloca en el sitio de éste. El peón se retira del juego.

El diagrama 16 muestra la nueva posición.

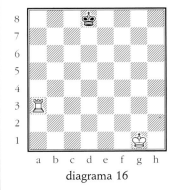

diagrama 16

Así pues, se han necesitado varias jugadas para que las blancas capturen el caballo y el peón negros. Las blancas han tenido que calcular con algunas jugadas de anticipación lo que debían hacer; para ello han elaborado un plan, un esbozo de estrategia de juego.

El ataque múltiple

He aquí otro ejemplo de plan de ataque, representado en el diagrama 17. La posición de las piezas y los peones se escribe de la siguiente manera:

– para las blancas: Ta5, De8, Af5, Rh1, Cc2, b5, c3;

– para las negras: Te5, Rg7.

Juegan negras. La torre negra ataca a dos piezas y un peón.

diagrama 17

En su columna, la torre negra ataca a la dama e8. En su fila, ataca al peón b5 y al alfil f5. La torre negra e5, al no poder pasar por encima del peón blanco b5, no ataca a la torre blanca a5. Las negras no capturarán con su torre el peón b5, ¡porque en ese caso la torre blanca a5 podría capturar la torre negra! Se dice que la torre blanca protege al peón b5. Este peón reviste, por otra parte, un interés muy pequeño para la torre negra. El alfil blanco f5, y sobre todo la dama blanca e8, una pieza aún más importante, son presas de otro calibre...

Veamos un último ejemplo de intento de ataque por parte de la torre en el diagrama 18. La posición de las piezas es la siguiente:

– para las blancas: Rf1, Te2;

– para las negras: Rc8, c5.

La torre blanca no ataca a ninguna pieza ni peón. Juegan blancas. La torre blanca puede atacar al peón c5 de dos maneras para capturarlo a continuación:

Puede desplazarse:

– por su columna e, avanzando a la casilla e5, pues el peón está en la fila 5;

– o por su fila 2, avanzando hacia la casilla c2, pues el peón está

colocado actualmente en la columna c.

diagrama 18

Es mejor la segunda solución, pues el peón, que sólo se desplaza de una en una casilla hacia la fila 1, no puede escapar (volvemos al estudio hecho en los diagramas 11 al 16).

El alfil

El alfil se desplaza en diagonal, una o varias casillas, sin que pueda pasar por encima de una pieza o de un peón: al igual que la torre, o bien se detiene antes, o captura, si se trata de una pieza o un peón contrarios. Cada jugador posee un alfil que sólo se mueve por las diagonales de las casillas blancas, y otro que sólo se mueve por las diagonales de las casillas negras. En el diagrama 19, abajo, el alfil blanco colocado en la casilla negra e5 puede desplazarse a todas las casillas negras de las dos diagonales a1-h8 y b8-h2.

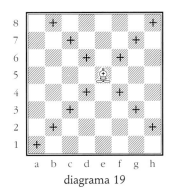

diagrama 19

133

El número de casillas controladas

Ahora estudiaremos el número de posibilidades de juego del alfil, en función de su posición sobre un tablero sin piezas. En el diagrama 20, el alfil colocado en la casilla e4 controla 13 casillas. El que está colocado en un ángulo, en la casilla h8, sólo controla 7. El tercer alfil, que no está colocado ni en una casilla central ni en un ángulo, sino que se encuentra en la casilla f7, controla 9 casillas. Así, cuanto más en el centro esté colocado un alfil, mayor número de casillas controla, y más oportunidades tendrá de jugar un papel importante a lo largo de la partida.

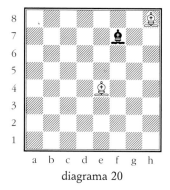

diagrama 20

En el mejor de los casos, en un tablero sin fichas, el alfil controla 13 casillas, mientras que la torre siempre controla 14. Por esta razón, se considera que el alfil es menos poderoso que la torre.

La captura

Al igual que la torre y las otras piezas y los peones del ajedrez, el alfil captura una pieza o un peón al instalarse en la casilla que éstos ocupan. El alfil blanco del diagrama 21 tiene así varias posibilidades de captura. La posición de las piezas y de los peones es la siguiente:
– para las blancas: Rf4, Af6, Th4, g3;
– para las negras: Rc8, Dg7, Tc3, Ta1, Cd8, Cc6, e6, f5.
El alfil blanco situado en f6 puede capturar, según opte, la torre negra

c3, el caballo negro d8, la dama negra g7; no puede capturar la torre negra a1, pues le es imposible pasar por encima de la torre c3; ¡tampoco puede capturar su propia torre h4!

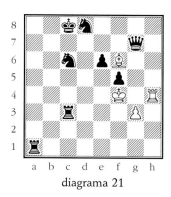

diagrama 21

Un alfil emboscado puede resultar peligroso, pues la lectura en diagonal no nos resulta familiar. Un jugador primerizo debe tener especial cuidado con esto...

Un alfil no podrá atacar más que a las piezas o peones situados en casillas de su mismo color. El diagrama 22 muestra dos posibilidades de ataque del alfil. La posición de las piezas y de los peones es la siguiente:
– para las blancas: Rc2, Tg3, d2;
– para las negras: Rb5, Ac5, b4, c6, d5.
El alfil negro c5 puede atacar a la torre blanca g3 de dos maneras:
– colocándose en d6 para controlar la diagonal b8-h2, en la que se encuentra la torre;
– o colocándose en f2 para controlar la diagonal pequeña e1-h4, en la que se encuentra la torre.

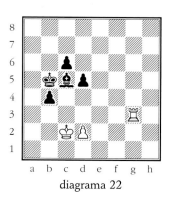

diagrama 22

Proteger una pieza o un peón

El diagrama 23 nos muestra el papel protector que puede cumplir el alfil. La posición de las piezas y de los peones es la siguiente:
– para las blancas: Rd7, Ah2, d4;
– para las negras: Rb7, Td1.
Juegan blancas. La torre negra d1 ataca al peón blanco d4. El alfil blanco h2 puede en teoría proteger a su peón d4 de dos maneras:
– colocándose en g1 para controlar la diagonal a7-g1;
– o colocándose en e5 para controlar la diagonal a1-h8.
Pero si el alfil va a g1, ¡será capturado por la torre! Por lo tanto, sólo le queda una posibilidad eficaz para proteger a su peón: colocarse en e5.

diagrama 23

El ataque a la descubierta

En el diagrama 24, la posición de las piezas y de los peones es la siguiente:
– para las blancas: Rg1, Td1, Tf1, Ad3, a2, b3, c2, f2, g3, h2;
– para las negras: Rb8, Dd6, Tg8, a7, b7, c7, g7, h7.
Juegan blancas. El alfil blanco d3 puede atacar a la torre negra g8 moviéndose a c4. La torre blanca d1 está colocada en la misma columna d que su alfil d3: si va a c4, la deja al descubierto y le permite que también ella, que no se ha movido, pueda atacar a quien esté situado en la columna d, es decir, ¡a la dama negra d6! Así pues, con un solo movimiento, el alfil d3 a c4, las blancas atacan dos

piezas a la vez: la torre negra g8, por parte del alfil c4, y la dama negra d6, por parte de la torre d1. Esta manera de atacar, en la que el alfil blanco d3 tapaba de alguna manera su torre d1 y la deja al descubierto moviéndose a c4, se llama «un ataque a la descubierta».

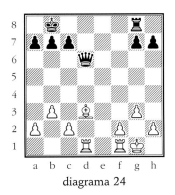

diagrama 24

La dama

La dama se desplaza como la torre y el alfil juntos, es decir, a la vez por las filas, las columnas y las diagonales: esta forma de desplazamiento le confiere gran poder. Se puede desplazar tantas casillas como se quiera, con la única restricción, como en el caso de la torre y el alfil, de que no puede pasar por encima de otra pieza o de un peón. O bien se para antes, o puede capturar, si se trata de una pieza o un peón contrarios.

El número de casillas controladas

Vamos a estudiar ahora el número de posibilidades de juego de la dama en un tablero sin piezas.
En el diagrama 25, la dama colocada en el centro en d5 puede desplazarse:
– como una torre, por cada una de las casillas de su fila 5 y por cada una de las casillas de su columna d;
– como un alfil, por cada una de las casillas de las diagonales a2-g8 y a8-h1. ¡Esta dama controla en definitiva veintisiete casillas!

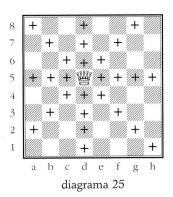

diagrama 25

Como en el caso del alfil, el número de posibilidades de desplazamiento de la dama depende de su posición sobre el tablero. En el diagrama 25, la dama colocada en la casilla d5 controla 27 casillas. En el diagrama 26, la dama colocada en la casilla a8 sólo controla 21 casillas.

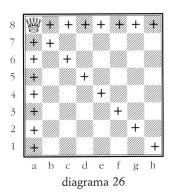

diagrama 26

Proteger una pieza o un peón

La dama puede tener un papel protector acorde con su potencia. El diagrama 27 muestra una situación en la que algunas piezas negras están dispersas y son atacadas. La posición de las piezas y de los peones es la siguiente:
–para las blancas: Rf1, Db2, Te1, Tg7, d3, e2;
–para las negras: Ra8, Dc8, Ta3, Tb8, Ab5, Ag1, Ce7, Cg5, a7, b7.
La dama, como la torre y el alfil, captura una pieza o un peón instalándose en la casilla que éste ocupaba. En el

diagrama, la dama blanca b2 ataca al alfil b5 y a la torre a3, la torre blanca g7 ataca a los dos caballos e7 y g5, y el rey blanco f1 ataca al alfil g1. Juegan negras. La dama negra c8 puede proteger de momento a todo su personal jugando en c5, desde donde divisa a su alfil b5, a su caballo g5, a su torre a3, a su caballo e7 y a su alfil g1.

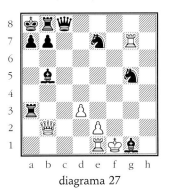

diagrama 27

Dado el gran valor de la dama, es aconsejable no exponerla al principio del juego, al contrario de lo que hacen muchos principiantes.

135

El rey

El rey se desplaza en todas las direcciones, como la dama, es decir, a la vez por las filas, las columnas y las diagonales, pero únicamente una casilla cada vez.

El número de casillas controladas

El rey negro, colocado en c5 en el diagrama 28, controla las 8 casillas que se encuentran en su alrededor; son las que están señaladas con una cruz.
Por su parte, el rey blanco, colocado en la casilla angular h1, no controla más que las 3 casillas señaladas con un círculo. Se puede constatar que el rey, como el alfil y la dama, controla muchas más casillas cuando está colocado en una posición central que cuando está colocado en un lateral del tablero.

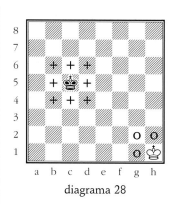

diagrama 28

La captura

El rey puede capturar una pieza o un peón que esté en una casilla vecina a la suya. Como la torre, el alfil o la dama, se pone en el lugar de la pieza o el peón que ha capturado.

Un rey no puede, como ya veremos, ponerse en jaque (es decir, en una posición en la que puede ser capturado). Así pues, dos reyes nunca pueden cercarse el uno al otro en casillas vecinas, ni siquiera en diagonal. En el diagrama 29, juegan blancas. El rey blanco no puede colocarse en las casillas e4 y d4, porque sería vecino del rey negro. Si la torre blanca f4 captura el peón f5, el rey negro la capturará a su vez.

Proteger una pieza o un peón

En el mismo diagrama, si las blancas quieren dejar su torre en f4 porque impide al peón f5 avanzar hacia la fila 1, tienen que protegerla forzosamente. El rey blanco puede asegurarle esta protección colocándose en e3: así, el rey negro e5, cuando juegue a continuación, no podrá capturar la torre f4, porque de lo contrario sería vecino del rey blanco, ahora situado en e3. Al tener su peón f5 bloqueado por la torre blanca, las negras sólo pueden jugar con el rey, que deberá retroceder una casilla en la fila 6 (a e6 o f6) para no estar junto al rey blanco.

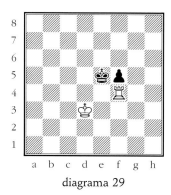

diagrama 29

El modo de desplazamiento del rey no es su única particularidad: es también la única pieza que no se puede capturar, pero cuyo ataque constituye precisamente la meta del ajedrez. Este punto fundamental se estudiará pronto.

El caballo

El caballo tiene una modalidad de desplazamiento más compleja que la de las demás piezas: se mueve como si avanzara 2 casillas en un sentido y después una casilla de lado, de tal manera que las 3 casillas forman una L. El caballo salta directamente desde su casilla de salida a su casilla de llegada. Sólo en esta última puede capturar una pieza o un peón. El caballo es el único que puede pasar por encima de otra pieza o de un peón colocados en su camino, sean o no de su color.

El número de casillas controladas

En el diagrama 30, el caballo blanco colocado en la casilla negra central d4 controla 8 casillas blancas. El caballo negro colocado en la casilla blanca h7 no controla más que 3, negras. Cada vez que se desplaza, el caballo pasa de una casilla blanca a una casilla negra, o de una casilla negra a una casilla blanca.

En un tablero sin fichas, el número de posibilidades de movimiento del

caballo varía en función de su posición: cuanto más cerca esté del borde del tablero, más reducidas son sus posibilidades de desplazamiento.

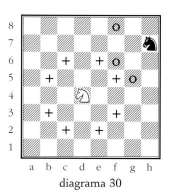

diagrama 30

Cuando el tablero está repleto de piezas y de peones, un caballo puede jugar un papel importante, puesto que salta para desplazarse. Por el contrario, cuando las diagonales están menos copadas por las piezas, por ejemplo, hacia el final de una partida, un alfil puede entonces circular más rápidamente que un caballo.

La captura y el ataque

El diagrama 31 ilustra las posibilidades de captura de un caballo. La posición de las piezas y de los peones es la siguiente:
– para las blancas: Rd2, De3, Tc4, Tg6, Ac2, Ae6, a2, b2, c3, d5, e4, f6, g4;
– para las negras: Rb8, Te8, Th8, Ce5, a7, b7, c7, d6, h6.
Juegan negras. El caballo negro e5 puede pasar por encima del alfil blanco e6, de la dama blanca e3 o de los peones blancos, e4 o d5, pero no puede capturarlos. En cambio, ataca dos piezas y un peón a la vez: las torres blancas c4 y g6 y el peón blanco g4. Puede capturar a uno de los tres. Cuando lo haga, se instalará en la casilla de la pieza o del peón capturado, que saldrá del tablero: al igual que la torre, el alfil, la dama y el rey, el caballo se coloca en el lugar del capturado.

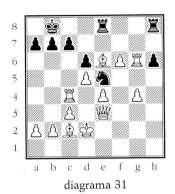

diagrama 31

La horquilla

En el diagrama 31, el caballo negro e5 ataca a dos piezas y un peón a la vez: es lo que se denomina hacer una horquilla. Esto significa que una pieza o un peón ataca a dos o varias piezas o peones.

El diagrama 32 presenta otra posibilidad de horquilla. La posición de las piezas y de los peones es la siguiente:
– para las blancas: Rc1, Df2, Td1, Tf1, Ce4, a2, b2, c2, f3, g4, h5;
– para las negras: Rb7, De6, Tf7, Th7, a6, b6, d7, g7.
Es el turno de las blancas (se dice que «juegan»). El caballo blanco e4 puede hacer una horquilla atacando con una sola jugada a 3 piezas negras importantes. En efecto, si va a g5, ataca a la vez a la dama e6, a la torre f7 y a la torre h7. Fíjense en que está en una casilla blanca, la casilla e4, y va a una casilla negra, g5, para atacar a unas piezas que están en casillas blancas: e6, f7 y h7.

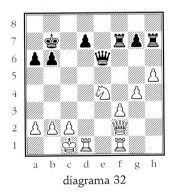

diagrama 32

Los peones

Todas las piezas, incluido el rey, tienen en común que pueden desplazarse como quieran, avanzando o retrocediendo en el tablero. Los peones no tienen esta posibilidad. Los peones blancos, colocados en la fila 2 al comienzo de una partida, sólo pueden ir hacia la fila 8; los peones negros, colocados en la fila 7 al comienzo de una partida, sólo pueden avanzar hacia la fila 1.

Cuando se avanza un peón por primera vez, éste se desplaza, según se quiera, una o dos casillas hacia adelante. A continuación, si no hay ninguna pieza colocada en su camino, el peón sólo avanza una casilla en su columna. Así, el peón blanco colocado en la casilla g2 en el diagrama 33 puede avanzar bien a g3, bien a g4, pues es la primera vez que juega. El peón blanco a2, que aún no ha jugado, podría ir a la casilla a4, pero allí está el alfil.

El peón negro h6, por su parte, no puede avanzar más que una casilla, por lo tanto a h5, pues ya ha jugado.

La captura

Para capturar, el peón se desplaza en diagonal, una sola casilla, a derecha o a izquierda. No puede retroceder jamás, ni siquiera para capturar una pieza o un peón. Al igual que las piezas, el peón no está obligado a capturar. El diagrama 33 muestra las posibilidades de juego de un peón. La posición de las piezas y de los peones es la siguiente:
– para las blancas: Rc1, a2, b3, c2, d5, e3, g2;
– para las negras: Rf8, Tc4, Aa4, e4, e6, f7, g7, h6.
El peón blanco d5, que se dirige hacia la fila 8, puede avanzar a d6, o capturar el peón e6; si captura el peón e6, se colocará en su lugar, como cualquier otra pieza que captura una pieza o un peón, y el peón e6 saldrá del tablero. El peón blanco e3, por su parte, no puede moverse, ya que no puede avanzar a e4 (esta casilla está ocupada), y no puede capturar nada, ni en d4, ni en f4.

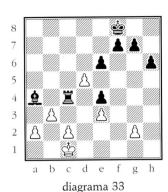

diagrama 33

En el diagrama 33, los peones blancos pueden jugar:
– a2-a3 (esta manera de anotar significa que el peón colocado en la casilla a2 avanza a la casilla a3);
– b3-b4, o b3xa4 (el signo x indica que el peón colocado en la casilla b3 captura al que está colocado en la casilla a4), o también b3xc4 (el peón b3 captura al que está colocado en la casilla c4);
– c2-c3;
– d5-d6, o d5xe6;
– g2-g3, o g2-g4.
El peón blanco b3 hace una horquilla, pues ataca a la vez a la torre c4 y al alfil a4.
Si las blancas eligen jugar d5xe6, el peón negro f7 puede capturar entonces al peón blanco que acaba de colocarse en e6. En ese caso se dice que el peón negro f7 protegía al peón negro e6.

Proteger a una pieza o a otro peón

El diagrama 34 muestra que el peón también puede proteger a una pieza. En la siguiente situación:
– para las blancas: Rg1, De1, Tf1, Ad2, a2, b3, c4, f2, g3, h2;
– para las negras: Rb8, Tc8, Th8, Ae4, a7, b7, c7, f7, g7.
La dama blanca e1 ataca al alfil e4. Las negras quieren dejar este alfil en e4. Para ello, lo protegen jugando el peón f7 a f5: si la dama blanca cometiera el error de capturar el alfil, el peón f5 la capturaría a su vez.

137

Si las blancas avanzan a continuación su peón f2 a f3, atacarán al alfil e4, que ahora no puede quedarse aquí porque lo capturaría el peón f3.

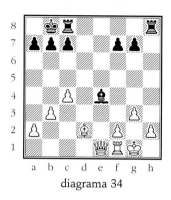

diagrama 34

La promoción del peón

Cuando un peón blanco, situado en la fila 2 al comienzo de una partida, alcanza su objetivo en la fila 8, o cuando un peón negro, situado en la fila 7 al comienzo de una partida, llega a la fila 1, debe remplazarse inmediatamente por una pieza del mismo color, a elección del jugador: dama, torre, alfil o caballo. No se puede transformar en rey. Dada la potencia de la dama, ésta es, en general, la pieza elegida. Esta transformación se llama «promoción» del peón. Veamos el diagrama 35.

– para las blancas: Rg1, De1, Td1, d7, e7, g3, h2;
– para las negras: Ra7, Tg8, Th8, Ae6, a6, b7.
Juegan blancas. Mueven su peón d7 a d8, y lo remplazan inmediatamente por una dama blanca que se coloca en d8.
Esto se escribe así: d7-d8=D. Lo que significa: el peón que está en la casilla d7 se mueve a d8 y es remplazado por una dama. El peón sale del tablero. Las blancas tenían ya una dama, y ahora tienen una segunda. Por lo tanto, es posible tener varias damas del mismo color durante una partida de ajedrez; algunos jugadores, en previsión de esta posibilidad, cuentan con damas suplementarias.

Cuando la dama blanca ya ha remplazado al peón en e8, juegan las negras.

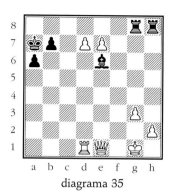

diagrama 35

Resumen del movimiento de las piezas

La torre se mueve una o varias casillas por las filas y las columnas.
El alfil se mueve una o varias casillas por las diagonales.
La dama se mueve como la torre, por las filas y las columnas, y como el alfil, por las diagonales, y puede hacerlo una o varias casillas.
El rey se mueve como la dama, pero sólo una casilla, por las filas, las columnas y las diagonales.
El caballo se desplaza como si avanzara dos casillas en un sentido y una casilla de lado, de tal manera que las tres casillas forman una letra L.
El peón, cuando avanza por primera vez, se mueve una o dos casillas hacia adelante. Si ya ha jugado, sólo se desplaza una casilla hacia adelante. Para capturar, el peón se mueve una casilla en diagonal hacia adelante, hacia la izquierda o hacia la derecha.

El jaque al rey

El rey es la única pieza que no se puede capturar; el objetivo del juego es atacarlo de tal manera que no pueda evitar el ataque del que es objeto. Un rey está en jaque cuando una pieza o un peón lo atacan directamente.

Diversas situaciones de puesta en jaque

El diagrama 36 ilustra una situación de jaque al rey; la posición de las piezas es la siguiente:

– para las blancas: Rg3, Tc5;
– para las negras: Rg5.
La torre blanca acaba de jugar c5. Al hacerlo, ataca todas las casillas de la fila 5, y en particular la casilla g5, en la que está colocado el rey negro. Se dice que la torre blanca c5 pone en jaque al rey negro g5. Las blancas dan «jaque al rey negro». Se escribe así: Tc5+ (el signo «+» significa: la torre da jaque al rey). Las negras deberán neutralizar inmediatamente este jaque al rey.

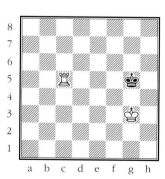

diagrama 36

En el diagrama 37, las blancas pueden dar jaque al rey negro a6 de varias maneras. La posición de las piezas es la siguiente:

– para las blancas: Rd6, Df8, Te3, Ah5;

– para las negras: Ra6.

Juegan blancas. La torre blanca e3 da jaque al rey negro si se coloca en a3, en la misma columna que él. Si va a e6, en la misma fila que el rey negro, no le da jaque, porque su propio rey d6 se lo impide.

El alfil blanco h5 da jaque al rey negro si se coloca en e2.

La dama blanca f8 fuede dar varios jaques al rey: dos posibilidades moviéndose por la fila 8 (a a8 y c8) y una posibilidad desplazándose por su columna f (a f1).

En resumen, las blancas tienen cinco posibilidades de dar jaque al rey negro a6 en esta posición: Ta3+, o Ae2+, o Da8+, o Dc8+, o Df1+.

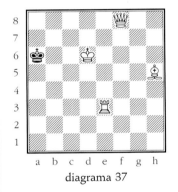

diagrama 37

En el diagrama 38, las negras tienen 6 posibilidades de dar jaque. Veamos la posición de las piezas y los peones:

– para las blancas: Rc1, Ac4, Cd1, b2;

– para las negras: Rd6, Tc6, Th2, Ab4, Ah5, Cd4, d3.

Juegan negras. Éstas pueden dar jaque al rey blanco c1 de varias maneras.

La torre negra h2 da jaque al rey blanco si va a c2; no puede dar jaque al rey blanco en h1 porque el caballo d1 se lo impide.

La torre negra c6 da jaque al rey blanco si captura el alfil blanco c4.

El alfil negro b4 da jaque al rey blanco si va a d2; no puede dar jaque al rey blanco en a3, pues se lo impide el peón b2.

El caballo negro d4 da jaque al rey blanco si va a b3 o a e2.

El peón negro d3 da jaque al rey blanco si va a d2.

En resumen, las negras tienen 6 posibilidades de dar jaque al rey blanco c1 en esta posición: Tc2+, o Txc4+, o Ad2+, o Cb3+, o Ce2+, o d2+.

diagrama 38

El jaque a la descubierta

En el diagrama 39, juegan negras. Pueden dar jaque al rey blanco g3 de varias maneras.

La posición de las piezas es la siguiente:

– para las blancas: Rg3, Td4, a5, b3, c3, h3;

– para las negras: Rc8, Tg8, Th8, Ag7, a7, b7, c7.

La torre negra h8 puede dar jaque al rey blanco si captura el peón blanco h3, pero entonces sería capturada por el rey.

En contrapartida, si el alfil negro g7 se mueve, «descubre» a la torre negra g8, que, de esta manera, sin moverse, da jaque al rey blanco colocado en la misma columna g. Este procedimiento de puesta en jaque del rey se llama «jaque a la descubierta». El alfil negro puede, por ejemplo, moverse a f8, a h6, a f6, a e5, o también capturar a la torre

d4: cada vez, la torre negra g8 da un jaque a la descubierta. Además, cuando el alfil se mueve a e5, también da jaque al rey blanco, que soporta así dos jaques a la vez: uno por parte del alfil, que estará en e5, y otro por parte de la torre situada en g8; es un «jaque doble», que se escribe Ae5++ (los dos signos «+» significan que hay dos jaques simultáneos al rey cuando el alfil se mueve a e5).

En resumen, las negras tienen 6 posibilidades de dar jaque al rey blanco g3 en esta posición, y uno de ellos es un jaque doble: Txh3+, Af8+, Ah6+, Af6+, Ae5++, o Axd4+.

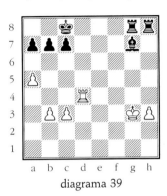

diagrama 39

Cómo evitar el jaque al rey

El jaque al rey no se anuncia, salvo si el jugador cuyo rey está en jaque no se ha dado cuenta y lo deja en jaque. El jugador cuyo rey está en jaque no debe mantenerse en esta posición y debe evitar inmediatamente el jaque. Teóricamente, tiene tres maneras de hacerlo: desplazar el rey a una casilla en la que ya no esté en jaque; capturar la pieza o el peón que da jaque al rey, o interponer una pieza o un peón entre su rey y la pieza o el peón que da jaque al rey.

El desplazamiento del rey

Vamos a estudiar estas posibilidades. En el diagrama 40, la posición de las piezas y de los peones es la siguiente:

139

– para las blancas: Rf1, Ta2, Cd7, e6, f2, g3, h2;

– para las negras: Ra8, Tg8, e7.

Juegan negras. El rey negro a8 recibe jaque de la torre blanca a2. Vamos a examinar sucesivamente las tres maneras de neutralizar este jaque que ofrece la posición:

• Como está colocado en un ángulo del tablero, el rey negro a8 sólo tienen 3 posibilidades de movimiento, a a7, b8 o b7. Pero no puede ir a a7, pues recibiría jaque de la torre blanca a2, que controla la columna a. Tampoco puede ir a b8, pues recibiría jaque del caballo d7, que controla la casilla b8, y el rey tiene prohibido ponerse a sí mismo en jaque. En contrapartida, el rey puede ir a b7.

• Ninguna pieza, ningún peón negro puede capturar a la torre blanca a2, que da jaque al rey negro.

• No se puede interponer ninguna pieza ni peón negros entre el rey negro a8 y la torre blanca a2.

Así pues, la única manera que tienen las negras de evitar el jaque es mover al rey negro a b7.

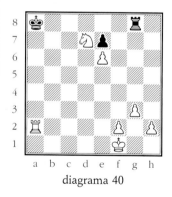

diagrama 40

La captura del atacante

El diagrama 41 presenta una nueva situación. La posición de las piezas y de los peones es la siguiente:

– para las blancas: Rg1, Db2, Ta7, Cf5, a2, b3, c4, g4, h4;

– para las negras: Rf6, Td8, Te8, Cd3, h6.

El rey negro f6 recibe jaque de la dama blanca b2. Vamos a exami-

nar, como hemos hecho anteriormente, las posibilidades teóricas que tiene el rey negro para neutralizar este jaque.

El rey negro f6 no puede ir a la fila 7, controlada por la torre a7 (las casillas e7 y g7 están doblemente controladas por las blancas, por medio de su caballo f5; la casilla g7 está controlada por tercera vez por las blancas, por medio de su dama b2), pues estaría también en jaque. Tampoco puede moverse a e5, casilla controlada por la dama b2, ni a g5, casilla controlada por el peón h4, ni a f5 capturando el caballo blanco, pues éste está protegido por el peón g4, que controla la casilla f5. Sólo puede ir a e6 o g6.

• El caballo negro d3 puede capturar a la dama blanca b2, y neutralizar así el jaque que ésta daba.

• La torre negra e8 puede interponerse en e5, entre la dama blanca b2 y el rey negro f6, neutralizando el jaque. Igualmente, el caballo negro d3 puede interponerse en e5; la torre negra d8 puede interponerse en d4.

Así pues, las negras tienen aquí varias jugadas que neutralizan el jaque al rey; sin duda elegirán capturar a la dama blanca.

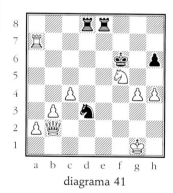

diagrama 41

Neutralizar un jaque doble

En el diagrama 42, las negras acaban de jugar Axd3++ y dan jaque doble al rey blanco f1. La posición de las piezas y de los peones es la siguiente:

– para las blancas: Rf1, Th2, Th7, Ac3, b2, c2;

– para las negras: Rc8, Tf6, Tg6, Ad3, a7, b6, c7.

Vamos a examinar, una vez más, las tres posibles formas que en teoría tiene el rey para neutralizar el jaque.

• El rey blanco f1 no puede moverse ni por la columna f ni por la g, controladas por las torres negras f6 y g6. No puede ir a e2, casilla controlada por el alfil d3. Le queda e1.

• Las blancas tienen que evitar inmediatamente el jaque. No pueden capturar el alfil negro d3, que da jaque, con su peón c2, porque su rey sigue en jaque por la torre f6; tampoco pueden capturar la torre negra f6, que da jaque, con su alfil c3, porque su rey sigue en jaque por el alfil negro d3... Así pues, el jaque doble no puede neutralizarse de esta manera, capturando la pieza que da jaque, pues son dos las piezas que dan jaque al rey.

• Si la torre blanca h2 se interpusiera en la casilla f2 entre la torre negra f6 que da jaque y el rey blanco f1, éste seguiría en jaque por el alfil negro d3. Si la torre blanca h2 se interpusiera en la casilla e2 entre el alfil blanco d3 que da jaque y el rey blanco f1, éste seguiría en jaque por la torre negra f6... Así pues, de esta manera tampoco se puede neutralizar el jaque.

Por lo tanto, la única manera que tienen las blancas de neutralizar el jaque es mover su rey a e1.

diagrama 42

El jaque mate

Si un jugador no puede contrarrestar de ningún modo el jaque a su rey, éste es «jaque mate» y pierde la partida. Para ganar, no basta, pues, capturar las piezas del adversario: hay que dar jaque mate. He aquí algunos ejemplos de mates.

El mate del pasillo

En el diagrama 43, que representa el final de una partida, las blancas acaban de mover su torre a b8. El rey negro está en jaque y no puede hacer nada por evitarlo: sus peones f7, g7 y h7 forman un muro que no puede franquear; tampoco puede desplazarse a ninguna casilla de la fila 8, controladas por la torre blanca b8. El peón negro f7 no puede interponerse entre la torre blanca y el rey negro, pues le está prohibido retroceder. El rey negro está atrapado en una especie de pasillo y es mate. Las blancas ganan la partida con esa jugada Tb8# (el signo # significa «mate»).

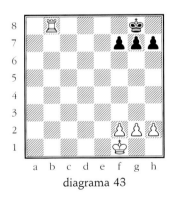
diagrama 43

El «muro»

El «muro» se puede formar de diferentes maneras. En el diagrama 44, se consigue con el control de la columna b, que el rey negro a7 no puede franquear porque la torre blanca b3 forma un «muro». A las blancas les basta

mantener este «muro» y desplazar su otra torre a la columna a para dar jaque mate: Ta2# (si la torre g2 se moviese a g7 sólo daría jaque al rey, del que éste se podría librar desplazándose bien a a6, bien a a8).

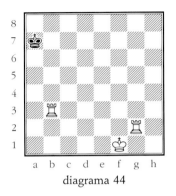
diagrama 44

En el diagrama 45, el rey negro f6 controla las 3 casillas g7, g6 y g5, y el rey blanco h6 no puede desplazarse a ninguna de ellas. Si juegan las negras, su torre e2 puede desplazarse a h2 para controlar la columna h y... dar mate a las blancas. Esto se escribe así: Th2#.

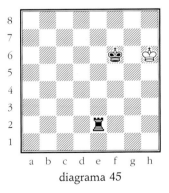
diagrama 45

El «muro» que bloquee al rey puede construirse con varios movimientos previos. En el diagrama 46, juegan negras. Éstas formarán primero un «muro» en la fila 2 con sus dos caballos; el rey no tendrá tiempo de salir de la fila 1 antes que la torre negra la alcance. El caballo negro c4 controla

ya las casillas b2 y d2. En su primer movimiento, las negras desplazan el caballo c6 a b4, a fin de controlar las casillas a2 y c2. Así pues, entre ambos caballos controlan las casillas a2, b2, c2 y d2, formando un muro que el rey blanco no tendrá tiempo de salvar. Éstas son las reglas de notación: se indica el movimiento de las blancas, y a continuación el de las negras; la casilla indicada es aquella a la que llega la pieza jugada; los puntos suspensivos que remplazan al movimiento de las blancas significan que éstas han jugado antes. Lo que da:
1... Cb4
2.Rb1 Tg8 (el rey no puede ir a ninguna otra casilla; la torre podría haberse movido también a e8, f8 y h8)

Algunas nociones de notación

El rey se representa con la letra R; la dama, con la letra D; la torre, con la letra T; el alfil, con la letra A; el caballo, con la letra C. El peón no tiene letra que lo represente, lo que lo distingue de las piezas y permite saber que es un peón. Cuando una torre se desplaza de la casilla c4 a la casilla c8, se escribe: Tc4-c8; y de manera simplificada: Tc8.

Si dos piezas o dos peones del mismo color pueden ir a la misma casilla, se escribe también la fila o la columna de partida. Por ejemplo, Tad4 significa que la torre situada en la columna a se desplaza a la casilla d4.

Otros signos: x: captura (por ejemplo: Txg4 significa que la torre captura la pieza o el peón situados en la casilla g4 y los remplaza)
+: jaque al rey
++: doble jaque al rey
#: jaque mate
f8 = D: promoción de un peón a dama, en la casilla f8.

3.Rc1 Tg1# (el rey blanco no puede evitar el mate).

diagrama 46

El «beso de la muerte»

Muchos jugadores llaman «beso de la muerte» a una forma de mate en la que la dama se sitúa muy cerca del rey enemigo para darle mate.

Presentación del «beso de la muerte»

En el diagrama 47, las blancas juegan y pueden dar mate en un solo movimiento.
• Si la dama blanca h2 va a b8+, el rey negro está en jaque. No puede ir a d7 (pues un rey no puede ponerse al lado de otro) ni a d8 (porque la dama blanca lo seguiría amenazando, y él está obligado a neutralizar el jaque de inmediato), ni tampoco a c7 y b7 (a causa de la dama y el rey blancos). En contrapartida, puede capturar la dama blanca, que no está protegida: Rxb8.
• Si la dama blanca da jaque en h3, el rey negro puede esquivarlo moviéndose a b8 o d8.
Las blancas pueden dar mate enseguida, por lo que se supone que no perderán el tiempo capturando el peón negro h5.
• Si la dama blanca juega en c7, controlará las casillas b8 y d8, a las que el rey no puede desplazarse; tampoco puede capturarla en c7,

porque está protegida por su rey: es mate.

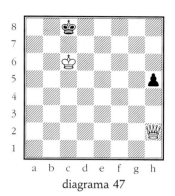

diagrama 47

En el diagrama 48, las negras juegan y pueden dar mate en un movimiento.
• Si Ta7+, el rey blanco puede abandonar la columna y evitar el jaque moviéndose a b5 o b3. (Las blancas no pueden detener el jaque interponiendo el alfil en a5, pues la dama les haría jaque.)
• Si Txb4+, el rey blanco puede esquivar el jaque desplazándose a a5 o a3.
• Si Dd7+, el rey blanco puede evitar el jaque moviéndose a a5, a3 o b3.
• Si Dd1+, el rey blanco puede neutralizar el jaque jugando a3 o a5.
• El «beso de la muerte» es la única jugada que permite dar mate en un movimiento: Dxb4#. La dama negra, inmediata al rey negro, controla todas las casillas en torno a éste, el cual tampoco puede capturarla porque está protegida por la torre b7, que controla la casilla b4.

diagrama 48

Combinación hacia el «beso de la muerte»

En el diagrama 49 analizaremos ahora un final de partida en el que el plan escogido por un jugador se ajusta a la noción del «beso de la muerte». Éste se preparará con algunos movimientos de antelación, gracias a la situación de las piezas y los peones sobre el tablero. Se trata de una «combinación», es decir, de una serie de movimientos ejecutados por un jugador que, si es correcta, obliga al contrario a adoptar réplicas casi forzadas y perdedoras. Las negras juegan y dan mate en 3 movimientos.
Para dar el «beso de la muerte», la dama negra tiene que acabar en b2, casilla vecina a la del rey blanco y protegida por el peón negro c3. Pero el alfil blanco c1 controla las casillas de la diagonal a3-c1, en las que debe colocarse la dama negra para dar mate. Así pues, la torre negra d1 ha de eliminar este alfil que impide la realización del plan:
1... Txc1+
(Los puntos suspensivos en el lugar de las blancas indican que éstas ya han jugado.) La torre negra d1 juega en c1 y da jaque al rey blanco. Para eludir este jaque, las blancas no pueden desplazar a su rey (la fila 1 está controlada por al torre negra c1, y la casilla b2 lo está por el peón c3). Están obligadas a capturar la torre c1, sea mediante su rey b1 o mediante su torre h1.

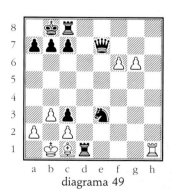

diagrama 49

2. La primera posibilidad de las blancas –que el rey capture la torre

Andrew Keener, el campeón más joven de Gran Bretaña, durante una partida contra Viktor Kortchnoï en 1982.

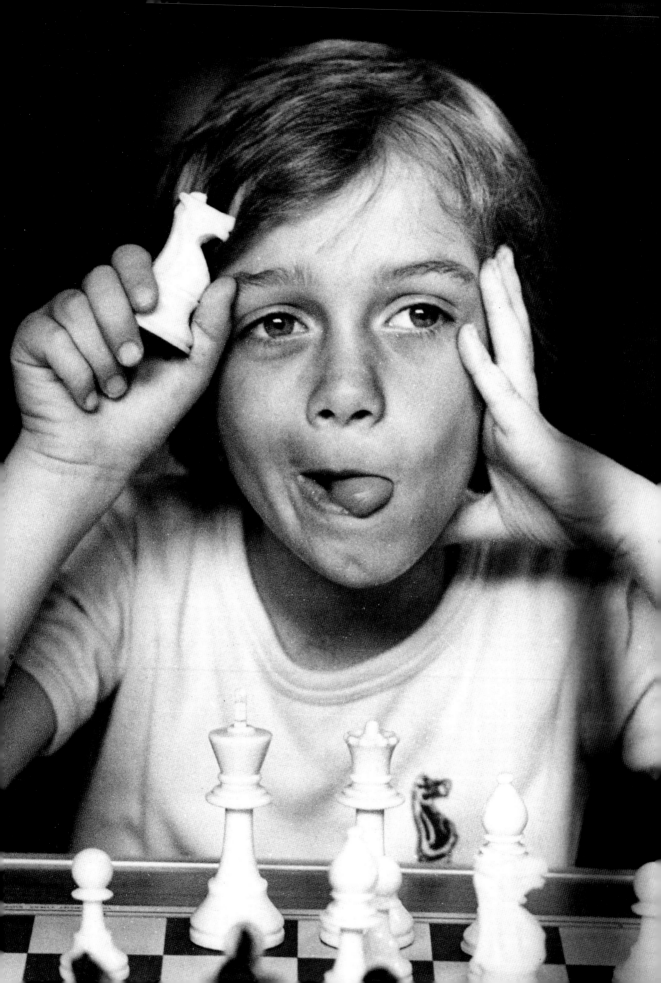

negra– está reflejada en el diagrama 50. Como el alfil blanco ya no controla la diagonal a3-c1, la dama negra puede colocarse en a3 y dar jaque al rey.

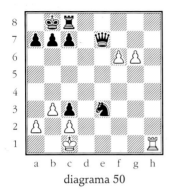

diagrama 50

Las blancas no tienen más solución que desplazar su rey para neutralizar este jaque. Pero el rey no puede ir a d1, casilla controlada por el caballo negro e3, ni a d2, controlada por el peón c3; así que está obligado a volver a b1. La dama negra puede moverse entonces a b2 para dar el «beso de la muerte».

En resumen:

1... Txc1+
2.Rxc1 Da3+
3.Rb1 Db2#

Éstos son los movimientos que comienzan con la captura de la torre negra c1 por el rey blanco (Rxc1).

2 bis. La segunda posibilidad de las blancas –que la torre blanca h1 capture a la torre negra c1– se recoge en el diagrama 51.

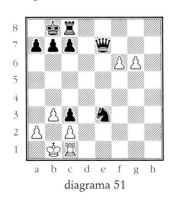

diagrama 51

También aquí, como el alfil blanco ya no controla la diagonal a3-c1, la dama negra puede colocarse en a3 sin temor.

Las blancas no tienen ningún juego eficaz contra la combinación de las negras. Cualquier movimiento que hagan, no evitará, ni incluso retrasará, el mate. Si, por ejemplo, juegan f7, esto no impedirá que la dama negra se coloque en b2 para dar el «beso de la muerte», como estaba previsto.

En resumen:

1... Txc1+
2.Txc1 Da3
3.f7 Db2#

El mate del pastor

El «beso de la muerte» también se puede realizar al comienzo de una partida, por medio de una combinación con el nombre del «mate del pastor». Se trata de atacar al peón débil próximo al rey que sólo está protegido por éste: el peón f7 de las negras, o el f2 de las blancas.

En el diagrama 52, los peones inmediatos al rey negro son:

– d7, protegido por el caballo b8, el alfil c8, la dama d8 y el rey e8;

– e7, protegido por el caballo g8, al alfil f8, la dama d8 y el rey e8;

– f7, que sólo está protegido por el rey negro.

En el bando de las blancas hay una situación semejante con los peones d2, e2 y f2, este último sólo protegido por su rey.

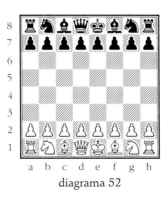

diagrama 52

No es aconsejable que la dama salga prematuramente; pero algunos principiantes impetuosos desoyen este consejo y consiguen a veces éxitos casuales atacando ese peón débil con la pareja dama y alfil. Su objetivo es capturar el peón con su dama, protegida por el alfil, para que ésta pueda llevar a cabo el «beso de la muerte».

He aquí una serie de movimientos que lo pueden propiciar.

1.e4 e5. Las blancas desplazan su peón e2 a e4. Las negras, el suyo e7 a e5.

2.Ac4 Ac5. Las blancas mueven su alfil f1 a c4; las negras, su alfil f8 a c5. Este comienzo es normal, pues tanto blancas como negras ocupan y atacan las casillas centrales. El alfil blanco ataca las casillas de la diagonal a2-g8, en la que se encuentra el peón débil f7.

3.Dh5 Cf6. Las blancas mueven su dama d1 a h5, atacando ella también al peón f7. Las negras desplazan su caballo g8 a f6, cometiendo un error, pues su peón f7 sólo tiene la protección del rey.

4.Dxf7#. Las blancas capturan el peón f7 con su dama y dan mate.

He aquí la posición final obtenida:

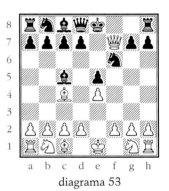

diagrama 53

Pero un jugador con un mínimo de experiencia no habría sacado su caballo al tercer movimiento. Habría proporcionado una segunda protección a su peón f7, que protegería también al e5, moviendo primero su dama a e7, para luego intentar atacar a la dama blanca h5 con el caballo en f6.

Otras reglas de interés

He aquí dos importantes reglas que aún no hemos abordado: el enroque y la captura al paso.

El enroque

Es el único movimiento que permite jugar dos piezas al mismo tiempo: el rey, que se desplaza dos casillas hacia su torre, y ésta, que salta por encima de él para colocarse a su lado.

Enroque corto y enroque largo

En el diagrama 54, juegan blancas, que aún no han movido su rey ni sus torres. Están preparadas para enrocarse.

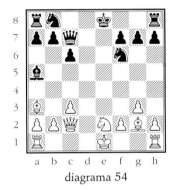

diagrama 54

Si el rey se enroca con su torre h1, se coloca en g1 y ella va a f1: es el enroque corto, que se escribe 0-0 y está representado en el diagrama 55. Después del enroque corto 0-0:

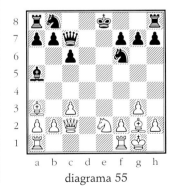

diagrama 55

Si el rey se enroca con su torre a1, se coloca en c1, y ella se desplaza tres casillas para ir a d1: se trata del enroque largo, que se escribe 0-0-0 y que vemos representado en el diagrama 56.

Después del enroque largo 0-0-0:

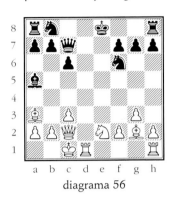

diagrama 56

Las condiciones del enroque

Para tener derecho al enroque, el jugador debe respetar forzosamente 6 condiciones:

– su rey no debe haberse movido de posición desde el comienzo de la partida;

– la torre con la que se enroque tampoco debe haberse movido desde el comienzo de la partida;

– su rey no puede estar en jaque en el momento de hacer el enroque;

– durante su desplazamiento, el rey no puede pasar por una casilla en la que estaría en jaque;

– su rey no puede ir a una casilla donde estaría en jaque;

– no puede haber ninguna pieza entre el rey y la torre con la que pretende enrocarse.

Por ejemplo, en el diagrama 54, si las negras juegan y pretenden enrocarse, no lo pueden hacer:

– no pueden hacer el enroque largo, porque el caballo b8 está situado entre el rey negro e8 y la torre negra a8, con la cual se haría el enroque largo;

– tampoco pueden hacer el enroque corto, porque la casilla f8, sobre la que pasaría el rey e8, está amenazada por el alfil blanco a3.

Pieza tocada, pieza jugada

En el curso de una partida, la reflexión del jugador debe preceder siempre a su acción. Así, cuando el jugador toca una pieza o un peón, tiene que jugarlos, pues eso significa que ha pensado en las consecuencias de esa elección. Por eso, se suele decir: «pieza tocada, pieza jugada». Esto implica que para hacer el enroque se ha de tocar el rey antes que la torre; en efecto, el rey tocado y desplazado dos casillas (cuando normalmente no se desplaza más que una) es ya una indicación de enroque, que se completará con el movimiento de la torre. Si un jugador quiere enrocarse y toca primero su torre, desplazándola dos (en el caso del enroque corto) o tres casillas (en el caso del enroque largo), se considera que el movimiento ha acabado, pues la torre puede desplazarse de esta forma tanto si se enroca como si no; por tanto, no es índice suficiente de que el enroque se producirá forzosamente. El jugador que toque primero su torre no tiene derecho a completar el enroque. El que lo haga o no depende de la benevolencia del adversario.

En resumen, para enrocarse hay que tocar primero el rey. Sin embargo, se permite desplazar simultáneamente el rey y la torre, cosa que no es posible, en principio, más que utilizando ambas manos.

¿Para qué sirve el enroque?

El rey es muy vulnerable si permanece en el centro; enrocándose, el jugador lo protege tras la línea de peones. Además, este movimiento centra la torre del enroque, lo que permite establecer rápidamente una

145

relación directa entre las dos torres, sin piezas entre ellas. Éstas son las razones por las que el enroque se efectúa muy a menudo en los primeros movimientos de una partida.

Principio de partida española

He aquí un ejemplo de utilización del enroque por Gari Kasparov y Anatoli Karpov. Es convención que el jugador que conduce las blancas figure en primer lugar en la notación de la partida; así pues, los movimientos de Kasparov son los indicados en primer término. Las blancas hacen el enroque corto en el 5 movimiento; las negras, en el 8.

blancas	negras
1.e4	e5
2.Cf3	Cc6
3.Ab5	a6
4.Aa4	Cf6
5.0-0	Ae7
6.Te1	b5
7.Ab3	d6
8.c3	0-0

He aquí la posición obtenida tras el enroque corto de las negras:

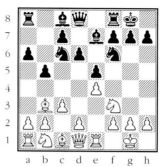

diagrama 57

Esta manera de jugar los tres primeros movimientos de una partida se conoce desde hace varios siglos con el nombre de partida española. Es un comienzo muy usual en las competiciones y en las partidas amistosas. En este caso, los movimientos determinan más en concreto lo que se llama una española cerrada. Más adelante presentaremos otras maneras de proseguir, en la parte «profundización» de este libro.

Gari Kasparov y Anatoli Karpov han jugado este comienzo varias veces en sus numerosos encuentros; por ejemplo, en las partidas 14 y 16 del que disputaron en 1986 en Leningrado, con el título mundial en juego. El enroque corto, en especial, les permite a ambos colocar rápidamente una de sus torres en la importante columna e, que muy pronto se abrirá.

La captura al paso

Cuando un peón juega por primera vez, puede avanzar una o dos casillas, según prefiera. Se considera que el posible avance de dos casillas es una importante ventaja, pues, en cierta medida, el jugador hace dos movimientos en uno. Esta ventaja se compensa con la regla llamada de la «captura al paso», presentada en el ejemplo del diagrama 58.

El peón blanco c4, que estaba en c2, acaba de avanzar dos casillas por primera vez. El peón negro d4 puede capturar el peón blanco c4 «al paso», es decir, en la casilla c3, por la que el

---

Escenario para niños de 4 a 6 años

Un pedagogo que enseña ajedrez a niños pequeños nos propone aquí un escenario en el que el tablero se convierte en una batalla entre dos castillos, en un mundo de poderes mágicos, de tesoros, de trampas... Dos reyes se enfrentan en él, ayudados por sus todopoderosas damas, por los alfiles, los caballos, las torres... Esta transposición de la realidad que hay sobre el tablero a la imaginación del niño es un precioso instrumento pedagógico: permite tender un puente entre el juego intelectual y abstracto y el público infantil.

El trabajo se puede ilustrar mediante la secuencia del peón atacado:
1.e4 e5 2.Cf3... (principio clásico de partida)

Las negras perciben que el peón e5 es atacado y lo protegen.

– ¡Eh, amigos! –grita a todo pulmón–: apenas he salido del castillo y ya me amenazan. ¿Alguien puede ayudarme?

– No te preocupes –le responde el alfil f8–: ¡ya voy a d6!

– ¿Cómo que a d6? –se inquieta el peón d7–. ¿Y yo, cómo avanzo si me bloqueas? No olvides que soy una de las dos puertas de salida del alfil c8. ¿Quién te dice que a él no le gustaría explorar la diagonal c8-h3?

– No riñamos entre nosotros –interviene sabiamente la dama–: yo misma puedo salir en ayuda de nuestro amigo si me coloco en e7 o en f6.

– ¡Ni hablar! –responden a coro el alfil f8 y el caballo h8–. Nosotros queremos salir lo mas rápido posible y ocupar los puestos dignos de

interés; los de ataque, por ejemplo. El peón f6 ofrece tímidamente sus servicios, pero el rey, recordando una sombría historia de la defensa Damiano, le prohíbe moverse por miedo a las corrientes de aire que tal desplazamiento de peón provocaría en su propio castillo. Cuando el caballo b8 ofrece humildemente su papel de guardia de corps, se hace el silencio. Nadie ve ningún inconveniente, y en el castillo de las negras se acepta por unanimidad que el caballo vaya inmediatamente a c6...

Así, gracias a las ventajas y los inconvenientes que consideran y expresan mediante el diálogo de las piezas en el escenario, los niños pueden seleccionar, al hilo de la discusión, la decisión más justa y más clara.

peón c4 ha pasado, como si éste no hubiera avanzado más que una sola casilla.

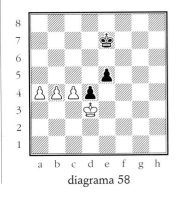

diagrama 58

Si las negras deciden capturar el peón c4 «al paso», lo cual no es una obligación, tienen que hacerlo inmediatamente. En ese caso, su peón negro captura al peón blanco c4 como si éste no hubiese avanzado realmente más que una sola casilla a c3. Esto se escribe: 1.c4 dxc3 (a.p.)

En resumen: las blancas han jugado su peón c2 en c4; las negras capturan el peón c4 «al paso» (a.p.) y ponen su peón d4 en la casilla c3. Como los peones no tienen inicial de notación, hay que precisar la fila de donde parte el peón que captura una pieza o un peón. El diagrama 59 representa la nueva posición.

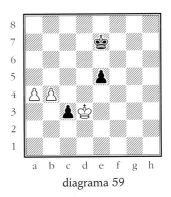

diagrama 59

La captura «al paso» sólo se puede realizar entre peones.

Los finales de partida sin mate

Una partida de ajedrez puede acabar sin mate. De hecho, hay varias modalidades de finales. A partir de cierto nivel de juego, el mate se hace incluso raro, y las partidas acaban frecuentemente con el abandono de uno de los dos jugadores o en tablas.

Las diferentes maneras de acabar una partida

Veamos la lista de casos normales en que puede acabar una partida: primero con el triunfo de uno de los dos jugadores; después, en tablas.

El triunfo (o la derrota) en una partida se consigue de dos maneras diferentes: el mate o el abandono de un jugador.

Las tablas se consiguen de cinco maneras diferentes: por el rey ahogado, por repetición de la misma jugada hasta tres veces, por insuficiencia de material, por acuerdo entre los dos jugadores y por la ejecución de los últimos cincuenta movimientos sin captura de pieza ni movimiento de peón.

Estudiaremos estos casos uno tras otro. Además, en la parte «competi-

ciones» de esta obra añadiremos informaciones complementarias para cada uno de ellos, así como sobre otros casos relacionados con el arbitraje.

El abandono de un jugador

Una partida puede ganarse por abandono del otro jugador. En efecto, si un jugador considera que es inútil continuar la partida, porque no tiene ninguna posibilidad de ganar ni de hacer tablas, puede abandonar. Para ello, tiene que manifestar claramente su abandono y, si la partida es anotada, debe escribirlo en la planilla oficial.

El rey ahogado

El rey ahogado es uno de los casos de tablas en que puede acabar una partida de ajedrez. Como veremos, se da cuando uno de los jugadores, sin estar en jaque, no puede mover ninguna pieza ni peón y tampoco el rey, porque si lo desplaza se pone en jaque. Se dice entonces que el rey está ahogado y se imponen las tablas.

La situación de rey ahogado

He aquí un ejemplo de esta situación. En el diagrama 60, las blancas juegan.

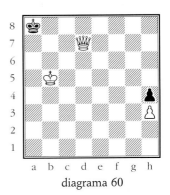

diagrama 60

Si las blancas juegan Rb6, el rey negro a8 sólo puede jugar b8, pues las casillas a7 y b7 están controladas por la dama y el rey blancos. Inmediatamente, las blancas jugarán Db7 para dar mate según la técnica del «beso de la muerte»: la dama blanca está pegada al rey negro, controla todas las casillas a las que éste podría ir (a8, a7, c8 y c7) y le da jaque protegida por su propio rey. Las blancas también pueden dar mate desplazando su dama a d8 o e8 en lugar de a b7, pues así da jaque y controla todas las casillas de la octava fila, mientras que el rey blanco impide que el negro pueda ir a las casillas a7, b7 y c7.

Esto se escribe así:

1.Rb6 Rb8

2.Db7#

o, para las demás posibilidades de dar mate:

1.Rb6 Rb8

2.Dd8# (o 2.De8#)

Hay, pues, tres posibilidades para dar mate en este momento de la partida. Sin embargo, a partir de la posición reflejada en el diagrama 60, si las blancas cometen el error de jugar Dc7, en lugar de Rb6, el rey negro a8 no puede moverse sin ponerse en jaque: la dama blanca controla todas las casillas a las que podría ir, esto es, a7, b7 y b8. Además, en esta posición, en a8 (y para las blancas: Rb5 y Dc7), el rey negro no está en jaque. Les toca jugar a las negras; puesto que no pueden mover ni el rey ni el peón h4, frenado en su avance por el peón h3, ni tienen más piezas sobre el tablero, se dicen que están en una situación de «rey ahogado». En este caso, ninguno de los dos jugadores gana la partida, que acaba en este momento en tablas. Las blancas, que habrían podido ganar realizando los buenos movimientos indicados más arriba, han cometido el error de jugar Dc7.

Esto se escribe: 1.Dc7? tablas.

El signo de interrogación significa que las blancas han hecho una mala jugada. La posición de rey ahogado está representada en el diagrama 61.

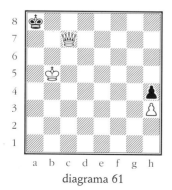

diagrama 61

Ejemplos de rey ahogado

En el diagrama 62, las negras juegan. Si mueven la dama f4 a c1, es mate, pues su dama da jaque y controla la fila 1. El rey blanco f1 no puede evitar el jaque, porque el rey negro f3 le impide ir a e2, f2 y g2.

Si en lugar de mover la dama f4 a c1, las negras la desplazan a g3, el rey blanco no está en jaque y no puede moverse: las casillas e1, f2, g1 y g2 están controladas por la dama, y las casillas e2, f2 y g2 por el rey. En este caso, las blancas, que no están en jaque y no pueden moverse, están en situación de rey ahogado. Esto se escribe: 1... Dg3? ahogado (tablas).

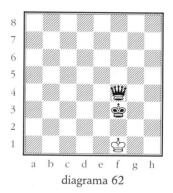

diagrama 62

En el diagrama 63, las blancas juegan. Su rey se encuentra en la posición descrita más arriba y no puede moverse; pero el peón blanco e6 sí puede avanzar a e7. Así pues, las blancas no están en situación de rey ahogado.

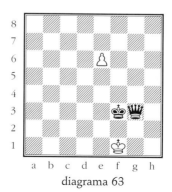

diagrama 63

En el diagrama 64, las negras juegan.

diagrama 64

Si avanzan su peón f2 y lo promocionan a dama, las blancas no estarán en jaque y tampoco pueden mover su rey a ninguna casilla. La situación es comparable a la descrita en los diagramas precedentes, 61 y 62. La dama f1 y el rey negro f3 controlan cada uno, o conjuntamente, las casillas h3, g3, g2, g1 y h1, las únicas a las que el rey blanco podría ir.

Si en lugar de promocionar el peón f2 a dama, las negras piden torre, las blancas podrán mover su rey a la única casilla posible, la h3 (las casillas h1 y g1 están controladas por la torre, y g2 y g3 por el rey negro). Luego, las negras darán mate colocando su torre en h1, pues el rey blanco h3 no puede evitar el jaque porque todas las columnas de la columna h están controladas por la torre, que da jaque, y las casillas g2, g3 y g4 lo están por el rey negro.

La serie de movimientos correctos se escribe así:

1... f2=T!

2.Rh3 Th1#

El signo = significa que el peón corona y es remplazado (la T indica que es remplazado por una torre). El signo de exclamación significa que se trata de un buen movimiento.

Aquí hemos visto un caso en el que la promoción de un peón a dama no interesa en absoluto.

La repetición hasta tres veces de la misma posición

Si la misma posición se repite tres veces en el curso de una partida, sea de forma consecutiva o no, la partida acaba en tablas. La posición se considera idéntica cuando, tocándole jugar al mismo jugador en cada ocasión, todas las piezas ocupan las mismas casillas y tienen las mismas posibilidades de juego (incluidas el enroque y la captura al paso). Esta regla no es válida si el jugador al que le toca jugar por tercera vez en la misma posición escribe este movimiento en la planilla de la partida y reclama tablas sin realizar el movimiento sobre el tablero.

El jaque perpetuo

El jaque perpetuo es un caso particular de repetición por tres veces de la misma jugada; en este caso, como su nombre indica, el rey está en jaque perpetuo, esto es, permanente, sin que el jugador afectado pueda hacer nada por impedirlo.

Las negras juegan y obtienen tablas. Partamos de esta posición.

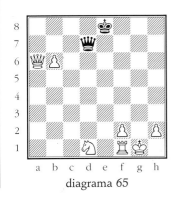

diagrama 65

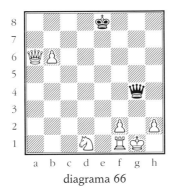

diagrama 66

1... Dg4+. Las negras mueven la dama a g4 y dan jaque.

diagrama 67

2.Rh1 Df3+

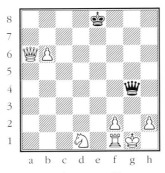

diagrama 68

3.Rg1 Dg4+

diagrama 69

4.Rh1 Df3+. Esto puede durar indefinidamente: jaque perpetuo.

La insuficiencia de material

Si ninguno de los dos jugadores tienen suficiente material para dar mate, la partida acaba en tablas. Este caso ocurre cuando ninguno de los dos jugadores tiene más que su rey; o bien cuando uno no tiene más que su rey y el otro sólo el rey y un alfil o el rey y un caballo; y también cuando ambos sólo tienen el rey y un alfil «del mismo color» (es decir los dos alfiles, el negro y el blanco, se desplazan por casillas del mismo color).

Los otros casos de tablas

Uno de los casos más evidentes es aquel en que los dos jugadores convienen tablas de mutuo acuerdo.
En fin, si los cincuenta últimos movimientos realizados se han ejecutado sin captura de pieza o movimiento de peón, la partida acaba en tablas.

149

El valor de las piezas y de los peones

El valor de las piezas se calcula en función del número de casillas que controlan sobre un tablero vacío. Esta evaluación sirve para representar el valor de los intercambios realizados en el curso de una partida, o para medir las fuerzas presentes sobre el tablero.

La tabla de la parte inferior de la página indica el número de casillas que controla cada pieza. Ésta es la base para asignarles sus valores respectivos.

Las piezas mayores y menores

A partir de los datos de la tabla se puede establecer una clasificación de las piezas. Las más poderosas, o piezas mayores, son, en orden decreciente, la dama y la torre; las menos poderosas, o piezas menores, son el alfil y el caballo. De manera más o menos arbitraria, los jugadores de ajedrez atribuyen los siguientes valores relativos a las piezas y a los peones:

– el peón vale un punto y sirve de unidad;

– el alfil y el caballo valen alrededor de tres puntos. El caballo puede valer más que el alfil al comienzo de la partida, cuando la multiplicidad de piezas dificulta la acción de este último. Al final de partida se invierte la situación: un par de alfiles se consideran, por lo general, más fuertes que un par de caballos;

– la torre vale alrededor de cinco puntos;

– la dama vale alrededor de nueve puntos.

El rey, que tiene un estatuto particular, no entra en esta jerarquía, pero si nos atenemos a su movimiento como una

pieza más, su valor sería aproximadamente como el de un caballo (3 puntos).

La ventaja material

El material está formado por las piezas y los peones. Al principio de la partida, ambos bandos tienen el mismo material y se dice que hay igualdad material. Pero después, las capturas y los intercambios provocan una ruptura de este equilibrio.

Pongamos un ejemplo. Si su adversario le captura una torre con uno de sus alfiles y usted responde con la captura de ese alfil, habrá perdido una torre y capturado un alfil. Según los valores de las piezas que hemos indicado más arriba, esto supone un intercambio desigual, pues el valor de una torre se calcula en cinco puntos, y el del alfil, en tres. En consecuencia, se dice que el adversario ha conseguido ventaja material. En este caso concreto, el adversario tiene la ventaja de una torre frente a un alfil, lo que supone, según la expresión consagrada, que tiene una «calidad» de ventaja.

En el diagrama 70, calculemos qué bando tiene ventaja material:

– Para las blancas: Aa4 (3 puntos) + Cf3 (3 puntos) + b3 (1 punto) + d4 (1 punto) + e3 (1 punto) + f2 (1 punto) = 10 puntos.

– para las negras: Tf6 (5 puntos) + Cc6 (3 puntos) + b4 (1 punto) + g7 (1 punto) + h6 (1 punto) = 11 puntos. Se dice que, en esta posición, las negras tienen una ligera ventaja material.

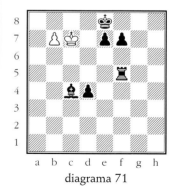
diagrama 70

Pero evaluar una posición no es siempre tan sencillo. He aquí un ejemplo extremo, en el que resulta poco menos que absurdo hablar de ventaja material. En el diagrama 71, las blancas no tienen prácticamente nada, salvo el peón b7, mientras que las negras cuentan con dos piezas y tres peones. Pero el único peón de las blancas les permite, si les toca jugar, promoverlo a dama, ¡que da jaque mate en b8! Y si en el momento de la promoción las blancas piden sólo una torre, también les basta para dar mate de la misma forma (b8=T mate).

diagrama 71

Los cambios

Los cambios mantienen a los dos bandos en equilibrio material o dan ventaja material a uno de ellos. Cambiar material supone también simplificar la posición, es decir,

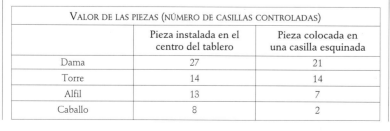

VALOR DE LAS PIEZAS (NÚMERO DE CASILLAS CONTROLADAS)		
	Pieza instalada en el centro del tablero	Pieza colocada en una casilla esquinada
Dama	27	21
Torre	14	14
Alfil	13	7
Caballo	8	2

reducir el número de piezas y peones aún en juego.

Un ejemplo de cambio que se debe evitar

En el diagrama 72, las blancas juegan. ¿Consiguen ventaja si capturan el peón negro d5?

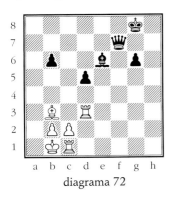

diagrama 72

Ese peón está doblemente atacado: por la torre blanca d3 y por el alfil blanco b3; pero también está doblemente protegido: por el alfil negro e6 y por la dama negra f7. Si las blancas capturan d5 con su alfil b3, el alfil negro e6 puede capturar el alfil blanco d5. Si las blancas capturan entonces el alfil negro d5 con su torre d3, la dama negra f7 puede capturar esa torre blanca d5. Después de estos cambios, las blancas han ganado un peón y un alfil negros, y han perdido un alfil y una torre: ¡no consiguen ventaja alguna con tales cambios!

En general, cuando el número de ataques a una pieza o un peón es igual al número de protecciones (o de defensas) con que cuenta esa pieza o peón, es preferible no ir a los cambios. Salvo, por supuesto, que el material capturado tenga tanto valor que justifique el cambio.

Un ejemplo de cambio beneficioso

En el diagrama 73, las blancas juegan. Atacan a la torre Td5 doblemente, con el peón c4 y con la torre

d3; Td5 también tiene doble protección, con De6 y con Af7. Pero las blancas no deben dudar en capturar Td5, por ejemplo con su peón c4, pues las blancas sólo podrán capturar a su vez el peón d5 con la dama e6, una pieza importante que sería capturada inmediatamente por Td3. El cambio es, pues, muy beneficioso para las blancas.

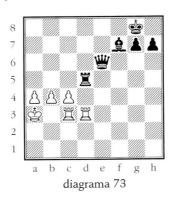

diagrama 73

Simplificar una posición

En el diagrama 74, las blancas juegan. Si capturan la Tc5 con la Tc2, el rey d6 a su vez capturará la torre blanca. ¿Cuál es el interés de cambiar una torre por otra? Para quien tiene ventaja material –las blancas, en este caso–, los cambios simplifican la posición y permiten ganar más fácilmente.

Después del cambio, la torre y el rey blancos capturarán el peón negro, protegido exclusivamente por su rey. Esto llevará al mate en varios movimientos.

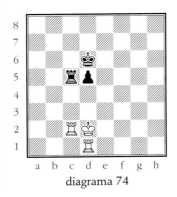

diagrama 74

El valor del rey al final de la partida

El rey, como ya hemos visto, no puede compararse a las otras piezas en términos de valor. Lo que no impide que tenga a menudo un papel estratégico determinante al final de la partida.

La carrera entre un peón y un rey

En el diagrama 75, las blancas intentan llevar el peón e5 hasta la fila 8 para promoverlo a dama, lo que les permitiría ganar la partida rápidamente. Las negras sólo tienen su rey b5 para impedírselo.
Juegan blancas.
1.e6 Rc6
2.e7 Rd7
3.e8=D+ Rxe8
Las blancas han logrado llevar el peón e7 a la fila 8 y lo han promocionado a dama, dando jaque al rey negro. Éste ha llegado a d7. La solución que tiene para evitar el jaque es capturar la dama e8 que lo amenaza.

El rey, moviéndose en diagonal, es tan rápido como el peón que avanza en perpendicular.

Como en el tablero sólo quedan los dos reyes, la partida no puede acabar en mate. Dado que ninguno de los bandos puede conseguir ventaja, la partida se salda con tablas.

151

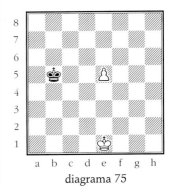

diagrama 75

En el diagrama 76, las blancas juegan e intentan llevar su peón e6, ayudado por el rey, hasta la fila 8.

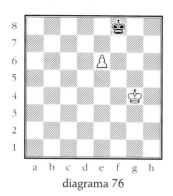

diagrama 76

1.Rf5 Re8
2.Rf6 Rf8

Las negras colocan su rey frente al rey blanco para evitar que las blancas lo obliguen a perder el control de la casilla e8. Si las negras hubiesen jugado Rd8 en lugar de Rf8, las blancas habrían colocado inmediatamente su rey en f7, impidiendo así que el rey negro pudiese volver a e8.

3.e7+ Re8

El peón e7 da jaque al rey negro, que lo evita volviendo a e8.

4.Re6 tablas.

Si el rey blanco no protege a su peón en el movimiento 4 colocándose en e6, el rey negro lo capturará.

El diagrama 77 representa la posición final.

El rey negro está ahogado: no está en jaque y no puede moverse, ni a las casillas d8 y f8, controladas por el peón blanco, ni a las casillas d7 y f7, controladas a su vez por el rey blanco.

diagrama 77

El rey ayuda a sus piezas y a sus peones

El rey puede ayudar a su dama a dar mate al rey contrario según la técnica del «beso de la muerte», como ya hemos visto. Asimismo, puede ayudar a su torre para dar mate al rey contrario haciendo un «muro», como también hemos visto. Al final de la partida, el rey puede ayudar a la promoción de un peón, protegiendo su avance.

En el diagrama 78, las negras juegan.

diagrama 78

No deben avanzar su peón, pues las blancas se apresurarían a colocar su rey en f2 o f1, bloqueando así la columna f por la que se desplaza el peón negro.

Por tanto, las negras deben impedir que el rey blanco pueda ir a la casilla f1, en la que coronará el peón negro. Para ello, les basta colocar su rey en g2, impidiendo así de forma definitiva que el rey blanco obstaculice el avance del peón. La continuación podría ser ésta:

1... Rg2
2.Re2 f4

El peón controla la casilla e3. El rey negro controla las casillas f1, f2 y f3.

3.Re1 f3

El peón controla ahora la casilla e2.

4.Rd1 f2
5.Rd2 f1=D

Las negras, con su dama ayudada por el rey, dan mate en varios movimientos.

Para completar la iniciación al ajedrez que acaba de descubrir, y antes de profundizar en las nociones ya asimiladas, puede coger un tablero, piezas y peones y ejercitarse reproduciendo los diagramas propuestos en las páginas siguientes. En primer lugar, busque la solución sin desplazar las piezas y los peones, es decir, intente elaborar mentalmente la serie de movimientos; y no se preocupe del tiempo que le lleve.

El material, los desplazamientos y las capturas

• ¿Cómo se denominan las tres líneas señaladas en el diagrama mediante flechas? Indique en cada caso el código de las casillas que la forman.

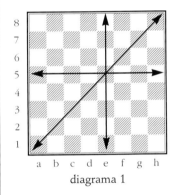

diagrama 1

• ¿Qué piezas y peones no ocupan su lugar en este diagrama?

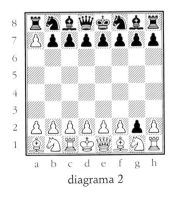

diagrama 2

• ¿Cuáles son las casillas donde la torre blanca puede atacar al alfil y al caballo negros sin dejarse capturar?

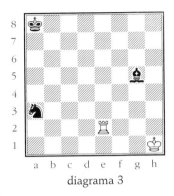

diagrama 3

• ¿Qué piezas o peones puede capturar la torre blanca? Precise la que no está protegida.

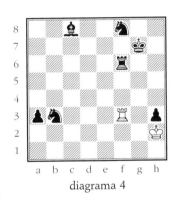

diagrama 4

• Coloque un alfil blanco de manera que ataque a las 3 piezas negras al mismo tiempo.

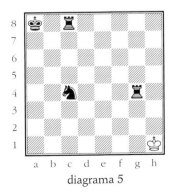

diagrama 5

• ¿Qué piezas y peones pueden capturar el alfil blanco y el alfil negro? Indique en cada caso cuál es la captura más ventajosa.

diagrama 6

• Indique en qué casillas puede colocarse la dama blanca para atacar simultáneamente y sin dejarse capturar:
– al caballo y a la torre
– al alfil y a la torre
– a las tres piezas

diagrama 7

• Indique todas las capturas que puede efectuar la dama negra

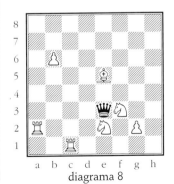

diagrama 8

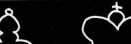

• Las blancas juegan. Indique todos los desplazamientos posibles del rey. Realice el mismo ejercicio con las negras.

diagrama 9

• Las blancas juegan. ¿El rey puede realizar alguna captura? El mismo ejercicio con las negras.

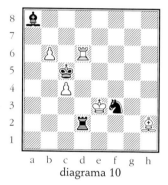

diagrama 10

• Intente dar la vuelta al tablero con el caballo, casilla por casilla, sin capturar los peones y sin que él se arriesgue a ser capturado. Sólo juega el caballo, que debe ir de una casilla a la siguiente con el mínimo de movimientos intermedios.

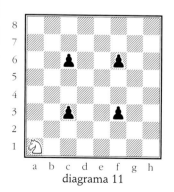

diagrama 11

154

• ¿Qué piezas y peones pueden capturar los diferentes caballos? Precise cuál es la captura más interesante para cada uno de ellos.

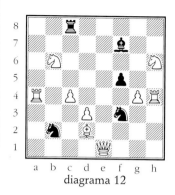

diagrama 12

• Indique todos los desplazamientos posibles de los peones, primero los de los blancos y después los de los negros.

diagrama 13

• ¿Cuáles son todas las capturas posibles en este diagrama? Indique qué bando puede ganar rápidamente un peón, y cómo puede conseguirlo.

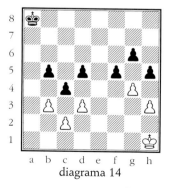

diagrama 14

• En esta posición, las blancas tienen diversas posibilidades de capturas. Clasifíquelas de peor a mejor.

diagrama 15

Soluciones

diagrama 1
La línea e1-e8 es una columna formada por las casillas e1, e2, e3, e4, e5, e6, e7 y e8.
La línea a5-h5 es una fila formada por las casillas a5, b5, c5, d5, e5, f5, g5 y h5.
La línea a1-h8 es una diagonal formada por las casillas a1, b2, c3, d4, e5, f6, g7 y h8.

diagrama 2
Los peones a7 y g2 no están en su bando; la torre c1 debería estar en a1; el alfil a1 debería estar en c1; el rey d1 debería estar en e1; la dama e1 debería estar en d1 (la dama negra sí está bien colocada en su color en la casilla d8); el caballo f8 debería estar en g8, y el alfil g8, en f8.

diagrama 3
La torre puede colocarse en las siguientes casillas: g2 y e5 para atacar al alfil; a2 para atacar al caballo (pero no e3, pues Axe3).

diagrama 4
Las piezas atacadas por la torre blanca son el peón h3, protegido por Ac8, la torre f6, protegida por Rg7, y el caballo b3, que no está protegido.

diagrama 5
El alfil debe colocarse en e6.

diagrama 6

El alfil blanco puede capturar el caballo en f4, pero será capturado por el peón e5; también puede capturar la torre d8, no protegida, y ésta es la jugada más interesante.

El alfil negro puede capturar el caballo en e4, pero será capturado por la torre e1; también puede capturar el peón a4, no protegido, y ésta es la jugada más interesante.

diagrama 7

Para atacar al caballo y a la torre, la dama tiene que colocarse en d2.

Para atacar al alfil y a la torre, la dama tiene que colocarse en b8.

Para atacar a las tres piezas, la dama tiene que colocarse en e5.

diagrama 8

La dama puede capturar el caballo f3, que está protegido por el peón g2; puede capturar el alfil e5, que está protegido por el caballo f3; puede capturar el caballo e2, que está protegido por la torre a2; puede capturar la torre c1, que está protegida por el caballo e2; sólo el peón b6, no protegido, se puede capturar sin problemas.

diagrama 9

Si juegan blancas: Rf4, Re2, Rf2 y Rg2.

Si juegan negras: Re5, Rc5, Rd7 y Re7.

diagrama 10

Si juegan blancas, el rey no puede capturar ninguna pieza, pues todas las situadas a su alcance están protegidas.

Si juegan negras, el rey sólo puede capturar el peón c4.

diagrama 11

Por ejemplo, para ir a b1, se puede jugar 1.Cc2 2.Ca3 y 3.Cb1.

Este ejercicio práctico es muy útil; puede entrenarse en realizarlo cada vez más rápidamente.

diagrama 12

Éstas son las capturas de cada caballo, con las más interesantes en negrilla:
– para el Cb6: **Cxc8**;

– para el Ch6: Cxf5 y **Cxf7**;
– para el Cb2: **Cxd3**, Cxc4 y **Cxa4** (el cambio de caballo por torre es interesante);
– para el Cf3: Cxd2, **Cxh4** y **Cxe1** (la dama vale mucho más que el caballo).

diagrama 13

Movimientos de peones para las blancas: a3, a4, c4 y e5.

Movimientos de peones para las negras: b6, b5, c4, d5 y g5.

diagrama 14

Capturas para las blancas: b3xc4, d3xc4, g4xh5 y g4xf5. Como las negras pueden capturar a su vez en todos los casos, son meros cambios.

Capturas para las negras: c4xb3 y c4xd3 son meros cambios; por el contrario, f5xg4, seguido de h3xg4 y luego de h5xg4, o h5xg4, seguido de h3xg4 y luego de f5xg4, permiten a las negras ganar un peón.

diagrama 15

Las peores capturas son: d4xe5, ya que el caballo blanco c5 no está protegido y puede seguir Cxc5; g2xh3, a causa de Axh1, y Txh3, a causa de g4xh3. Las capturas correctas son Cxe6, porque si f7xe6, d4xe5; Cxb5, porque si a6xb5, Txa7, y Cxb7, porque si Txb7, g2xh3.

El jaque al rey y el jaque mate

• *¿Cuáles son todas las posibilidades que tienen las blancas en esta posición para neutralizar el jaque?*

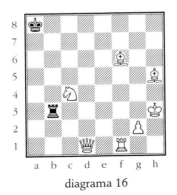

diagrama 16

• *Las negras acaban de jugar Ab4: jaque al rey. ¿Cuáles son las posibilidades de las blancas para neutralizar el jaque?*

diagrama 17

• *¿Cuál es la mejor manera de neutralizar este jaque por parte de las blancas?*

diagrama 18

• *Juegan negras. Encuentre el mate en 1 movimiento.*

diagrama 19

155

• *Juegan blancas. Encuentre el mate en 1 movimiento.*

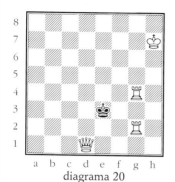

diagrama 20

• *Juegan blancas. Encuentre el mate en 1 movimiento.*

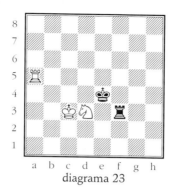

diagrama 23

• *Juegan negras. Encuentre el mate en 1 movimiento.*

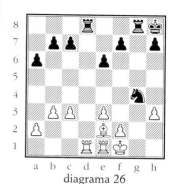

diagrama 26

• *Juegan blancas. Encuentre el mate en 1 movimiento.*

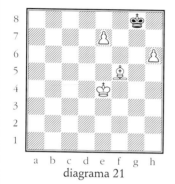

diagrama 21

• *Juegan blancas. Encuentre el mate en 1 movimiento.*

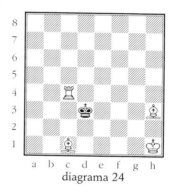

diagrama 24

• *Juegan blancas. Encuentre el mate en 1 movimiento.*

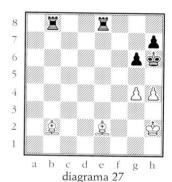

diagrama 27

• *Juegan blancas. Encuentre el mate en 1 movimiento.*

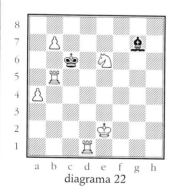

diagrama 22

• *Juegan blancas. Encuentre el mate en 1 movimiento.*

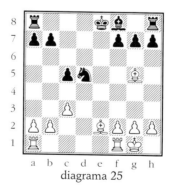

diagrama 25

• *Juegan blancas. Encuentre el mate en 2 movimientos.*

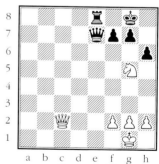

diagrama 28

156

• *Juegan negras. Encuentre el mate en 2 movimientos.*

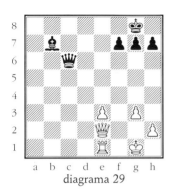

diagrama 29

• *Juegan blancas. Encuentre el mate en 3 movimientos.*

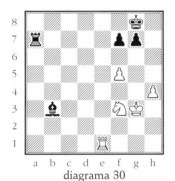

diagrama 30

Soluciones

diagrama 16
Desplazando el rey: Rh2, Rh4 y Rg4. Interponiendo una pieza o un peón entre el rey y la torre que le da jaque:
la dama: Dd3 o Df3
la torre: Tf3
el alfil f6: Ac3, o el h5: Af3
el caballo: Ce3
el peón: g3
Capturando la pieza que da jaque: DxTb3.
Evidentemente, la mejor defensa consiste en capturar la torre con la dama.

diagrama 17
Desplazando el rey: como las negras están en jaque, no pueden enrocarse. Pueden mover el rey a e2 o f1;

pero el rey estaría entonces expuesto en el centro, lo que constituye en general un hándicap para la continuación de la partida.
Capturando la pieza que da jaque: las blancas no pueden capturar el alfil.
Interponiendo una pieza o un peón entre el rey y el alfil que le da jaque. Las negras pueden interponer tres piezas: Dd2 sería mala a causa de Axd2; Cc3 es posible, pero después de Axc3 y b2xc3 quedarían con dos peones doblados, es decir, dos peones uno detrás de otro, y un peón bloqueado siempre es débil. La última solución es interponer una pieza menor –sea el caballo b1, el alfil c1 o incluso el caballo f3– colocándola en d2. Tras Axd2+, las blancas pueden capturar el alfil con la dama o el caballo (la captura con el rey sería mala, pues el rey quedaría en el centro).

diagrama 18
Las blancas deben jugar Tf2 porque, si mueven el rey, la torre h2 capturaría la torre a2.

diagrama 19
El rey blanco está arrinconado en uno de los lados del tablero, pues la Tg8 forma un «muro». Basta atacar su columna con Th7, que da mate.

diagrama 20
Las dos torres controlan las filas 2 y 4, inmediatas al rey; sólo queda encontrar la buena casilla para dar jaque con la dama en la fila del rey, y ésta es la b3.

diagrama 21
Es suficiente la llegada de una nueva pieza con la promoción e8=D mate.

diagrama 22
Para concluir la partida se requiere una pequeña astucia consistente en la promoción del peón b7 a caballo: b8=C mate.

diagrama 23
Los mates con un rey en el centro son poco usuales. Éste es ejemplar: Te5 mate.

diagrama 24
Es importante aquí no descuidar la defensa de la torre c4: Af1 mate.

diagrama 25
Una pareja de alfiles mortal: Ab5 mate.

diagrama 26
Cuando se bloquea el rey con las propias piezas, puede pasar esto: Ch2 mate.

diagrama 27
No se requiere mucha potencia para dar mate; un peón bien apoyado puede bastar: g5 mate.

diagrama 28
1.Dh7+ Rf8 2.Dh8 mate. El rey no tiene escapatoria posible.

diagrama 29
Primero, hay que obligar a que el rey se desplace a la casilla fatal: 1... Dh1+ 2.Rf2 Dg2 mate.

diagrama 30
1.Te8+ Rh7 2.Cg5+ Rh6 3.Th8 mate. Las blancas han arrastrado al rey negro a una auténtica ratonera.

Otras reglas, finales de partidas sin mate, valor de las piezas y de los peones

• *¿Pueden enrocarse las blancas? ¿Hacia qué lado? ¿Y las negras?*

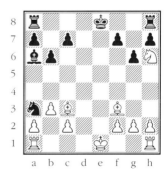

diagrama 31

157

• Las blancas pueden ganar una pieza; ¿cómo han de proceder?

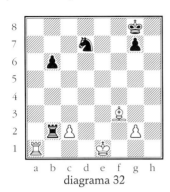

diagrama 32

• La dama negra impide que el alfil e2 se desplace (si lo hiciera, el rey quedaría en jaque). Se dice que la dama negra clava a este alfil e2. Las blancas pueden desembarazarse hábilmente de la clavada. ¿Cómo?

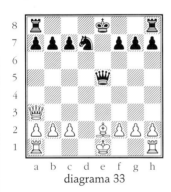

diagrama 33

• Las negras juegan b7-b5 y anuncian jaque mate; pero las blancas no están de acuerdo. ¿Por qué?

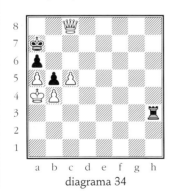

diagrama 34

• Las blancas acaban de jugar h2-h4; ¿qué peones pueden capturar las negras? Las negras acaban de jugar b7-b5; ¿qué peones pueden capturar las blancas?

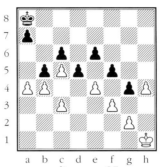

diagrama 35

• Las blancas juegan y dan mate en un movimiento. ¿Cómo lo consiguen? ¿Cuál ha sido el último movimiento de las negras?

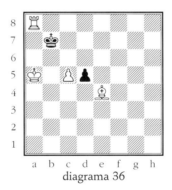

diagrama 36

• ¿Cómo pueden conseguir tablas las negras?

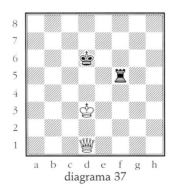

diagrama 37

• ¿Cómo pueden conseguir tablas las blancas?

diagrama 38

• ¿Cómo pueden conseguir tablas las negras?

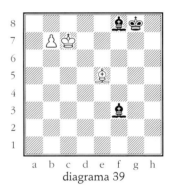

diagrama 39

• ¿Cómo pueden conseguir las negras un jaque perpetuo salvador?

diagrama 40

• Las negras pueden dar jaque perpetuo; ¿cómo lo consiguen?

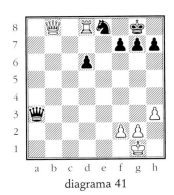

diagrama 41

• Pese a tener una dama de desventaja,
las blancas no pierden. ¿Cómo juegan?

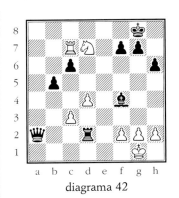

diagrama 42

• Las blancas mueven su peón y deciden
promocionarlo a dama. ¿Qué piensa de
esa jugada?

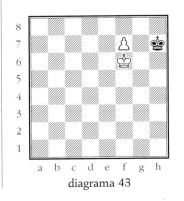

diagrama 43

• Las blancas, confiadas en su superioridad, mueven su peón a g4. ¿Han cometido un error irreparable?

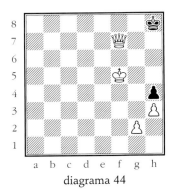

diagrama 44

• ¿Qué deben jugar las blancas para no
perder?

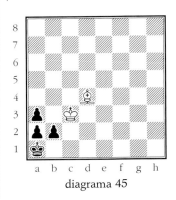

diagrama 45

• Las negras tienen un plan claro: quieren capturar el caballo con su rey y coronar el peón para promocionarlo a dama.
Las blancas juegan; ¿pueden impedirlo?

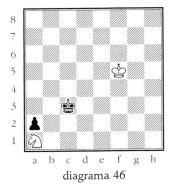

diagrama 46

• El peón negro se transformará inevitablemente en dama, pero las blancas
pueden reaccionar con una argucia...
¿Qué pueden hacer?

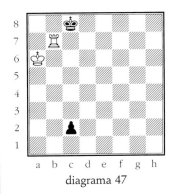

diagrama 47

• Las blancas parecen estar en muy
mala posición. ¿Qué maniobra les asegura las tablas?

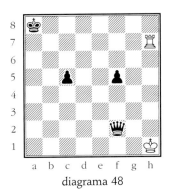

diagrama 48

Soluciones

diagrama 31

Las blancas pueden hacer el enroque
largo, pero no el enroque corto, porque en este caso pasarían por la casilla f1 y en ella estarían en jaque. Las
negras también pueden hacer el enroque largo, pero no el enroque corto,
porque quedarían en jaque en g8.

diagrama 32

Las blancas realizan el enroque
largo, atacando al mismo tiempo a
la torre b2 con su rey y al caballo d7
con la torre. Las negras sólo podrán
salvar una de ambas piezas.

diagrama 33

La mejor solución para las blancas es el enroque corto. Así, si la dama e5 captura el alfil e2, les basta colocar una torre en e1 y es ahora la dama quien queda clavada (tiene al rey negro detrás) y sin salvación. Por supuesto, nada obliga a las negras a capturar el alfil; por ejemplo, pueden hacer el enroque largo (el enroque corto es imposible a causa de la Da3).

diagrama 34

Las blancas pueden replicar con las capturas al paso, a5xb6 o c5xb6; una u otra dan mate al rey negro.

diagrama 35

Para las blancas: a4xb5, c5xb6 al paso, e4xd5, e4xf5 y f3xg4.
Para las negras: b5xa4, d5xe4, f5xe4, g4xf3 y g4xh3 al paso.

diagrama 36

La captura al paso c5xd5 da mate; el último movimiento de las negras ha sido, pues, d7-d5.

diagrama 37

1... Td5+ 2.Rc2 o 2.Re2 (para proteger la dama) 2... Txd1 3.Rxd1 (y el final rey contra rey es tablas).

diagrama 38

1.Rf2 permite a las blancas capturar una de las dos piezas; el caballo o el alfil que quede no bastará para dar mate.

diagrama 39

1... Axb7 (el alfil se sacrifica para impedir la promoción del peón y, después de 2.RxAb7, la partida es tablas).

diagrama 40

El jaque perpetuo es muy sencillo: 1... Df2+ 2.Rh1 Df1+ 3.Rh2 Df2+, etc.

diagrama 41

El jaque perpetuo se consigue de la siguiente manera:
1... Dc1+ 2.Rh2 Df4+ 3.Rg1 (si 3.g3 Dxf2+ 4.Rh1 Df1+)
3... Dc1+, etc.
Las blancas no pueden hacer nada para impedir el jaque al rey. Son tablas.

diagrama 42

Las blancas tienen la posibilidad de dar un bonito jaque perpetuo:
1.Tc8+ Rh7 2.Cf8+ Rg8 3.Ce6+ (a la descubierta) Rh7 4.Cf8+, etc.

diagrama 43

Sería un grave error, porque las negras conseguirían tablas cuando las blancas pueden ganar promoviendo su peón a torre, lo que lleva a un mate rápido después de 1... Rh6 2.Th8 mate.

diagrama 44

No, porque, afortunadamente para las blancas, las negras tienen que jugar la captura al paso hxg3.
Luego, se puede corregir el error jugando Rg6 y después Dh7 o Dg7 mate.

diagrama 45

Las blancas deben jugar 1.Rc2 (pues si 1.Rb3 Rb1 y el peón a2 promociona al siguiente movimiento) y hacen tablas, pues el peón b2 no puede moverse, ya que si lo hiciera dejaría a su rey en jaque.

diagrama 46

El rey blanco perseguirá al rey negro y limitará su espacio: 1.Re4. Luego 1... Rb2 2.Rd3 Rxa1 3.Rc2 ¡tablas!

diagrama 47

1.Tb5! c1=D 2.Tc5+! (¡la puntilla!) 2... Dxc5 tablas.

diagrama 48

1.Ta7+ (la torre no se puede capturar porque serían tablas por ahogado).
1... Rb8 2.Tb7+ Rc8 3.Tc7+ Rd8 4.Td7+ Re8 5.Te7+ Rf8 6.Tf7+ Rg8 7.Tg7+ Rf8 8.Tf7+, etc. El rey no puede huir. Son tablas.

El perfeccionamiento

Asimilar los mates elementales, comprender los principales temas tácticos que permiten construir combinaciones y dominar las finales. Esto es lo que permite a un jugador de ajedrez llegar a un nivel superior.

El principal objetivo de una partida de ajedrez es dar jaque mate al rey; pero a menudo resulta difícil obligar al rey enemigo a rendirse. Para conseguir ese fin, el jugador tiene que mejorar sus conocimientos sobre los medios con que cuenta.

Este capítulo pretende en primer lugar, familiarizar al jugador con las maniobras más elementales, es decir, con las situaciones en las que el rey enemigo sólo se tiene a sí mismo para defenderse. Además de estos mates elementales, hay una amplia gama de ejemplos de mate, elaborados a lo largo de los años por los mejores jugadores. Algunos se han hecho famosos y son «clásicos» que ningún jugador debe ignorar. Aquí se los presentamos e ilustramos.

Realizar estos mates —o simplemente amenazar con realizarlos— es un factor fundamental del ataque. Pero una amenaza de mate es una situación poco frecuente en una partida. También es necesario plantearse objetivos intermedios que permitan llevar la partida hacia esta conclusión.

El objetivo intermedio más simple consiste en ganar material. El arte y la táctica del jugador dependen de que sepa maniobrar en este sentido. Así, de tanto en tanto, surgen series de movimientos obligados: las combinaciones. Éstas no son en absoluto fortuitas, sino que provienen de la acumulación de ventajas posicionales generadas por una estrategia bien desarrollada por el jugador.

Las combinaciones son la culminación de maniobras tácticas, y consisten en secuencias que tienen un principio y un final claramente determinados. Están caracterizadas por el sacrificio de una o varias piezas, efectuado con el propósito de conseguir rápidamente una ventaja cuantificable.

Aprender a ganar material mediante maniobras tácticas y a terminar una partida son etapas esenciales, pero exigen haber comenzado bien. Los principios de partida obedecen a principios generales ineludibles, como la importancia del centro, la posibilidad de proteger al rey mediante el enroque o el desarrollo de las propias fuerzas de forma armónica y con el ritmo apropiado. Así, por ejemplo, desplazar los peones hacia el centro permite a las piezas menores ocupar un lugar preponderante.

En el curso de la partida, la posición se simplifica gracias a la eliminación de material. Se llega así a la última fase del juego, es decir, al momento en que sólo quedan algunas piezas y peones sobre el tablero. Los finales simples son la base que permite al jugador culminar la ventaja previamente acumulada. Para entrenarse en estas técnicas, nada mejor que resolver los ejercicios planteados al final del capítulo.

161

Los mates elementales

Tras haber estudiado las bases del ajedrez, analizaremos ahora algunas formas de dar mate con un mínimo de piezas. Para conseguir estos mates, tiene que esforzarse en examinar y comprender a fondo el método aplicado en cada caso. En vez de memorizar los movimientos elegidos en los ejemplos, intente sobre todo asimilar los principios de las estrategias adoptadas. El método de estos mates elementales consiste en limitar progresivamente el espacio del rey enemigo y llevarlo hacia un extremo del tablero, cuando no a una esquina de éste. En casi todos los ejemplos seleccionados, son las blancas quienes dan mate.

El mate
con dos torres

El mate con dos torres es muy sencillo, siempre que se sigan ciertas reglas. Para obligar al rey a ir hacia un extremo del tablero hay que desplazar las torres de forma armoniosa, siempre ayudándose la una a la otra.
Examinemos la posición representada en el diagrama 1.

diagrama 1

En este diagrama 1, la torre a6 bloquea al rey negro controlando la fila 6, esto es, forma un «muro» que limita el espacio del rey a las filas 5, 4, 3, 2 y 1. La maniobra consiste en obligar al rey a descender fila tras fila hasta la 1, como si bajase por una escalera en la que cada fila representa un peldaño.
1.Th5+
Las dos torres controlan todas las casillas de las filas 6 y 5. El rey negro está en jaque y tiene que descender a la fila 4, moviéndose a una de las casillas c4, d4 o e4. Examinaremos primero el caso más simple, en el que el rey negro se somete a la maniobra sin resistirse.

El principio

1... Rd4. La torre h5 forma ahora un muro en la fila 5, de la que no se mueve para bloquear al rey. La torre a6 obligará al rey negro a descender un nuevo peldaño.
2.Ta4+. Las dos torres controlan todas las casillas de las filas 5 y 4. El rey negro está en jaque y tiene que bajar al tercer escalón, moviéndose a las casillas c3, d3 o e3.
2... Rd3. La torre a4, que controla la fila 4, no se mueve y cierra el camino al rey. La torre h5 obligará al rey a descender un nuevo peldaño.
3.Th3+. Las dos torres controlan todas las casillas de las filas 4 y 3. El rey negro está en jaque y tiene que descender al segundo escalón, moviéndose a una de las casillas c2, d2 o e2.
3... Rd2. La torre h3, que controla la fila 3, no se mueve, a fin de bloquear al rey. La torre a4 obligará al rey a descender el último peldaño.
4Ta2+. Las dos torres controlan todas las casillas de las filas 2 y 3. El rey negro está en jaque y tiene que bajar al primer escalón, a una de las tres casillas c1, d1 o e1.
4... Rd1. La torre a2, que controla la fila 2, no se mueve y bloquea al rey. La torre h3 acabará la maniobra.
5.Th1#
La conducción de las dos torres puede resultar algo más compleja si el rey negro busca entorpecer sus movimientos. Examinemos ahora el caso en que el rey negro intenta oponerse a la maniobra.

Dos aplicaciones

Volvamos al diagrama 1. La torre da jaque al rey negro en h5 y lo obliga a descender un peldaño; pero, en vez de jugar d4, éste puede ir a c4, buscando entorpecer a las torres y retrasar el mate.
1... Rc4
2.Ta4+ Rb3. El rey negro ataca a la torre a4 e impide provisionalmente que siga la maniobra jugando la otra torre en h3, porque podría capturar la torre a4. En consecuencia, las blancas tienen que alejarse del rey negro, controlando la fila 4 para que aquél no pueda remontar la escalera. En todos los ejemplos de finales que vienen a continuación, alejarse lo más posible del rey negro será un elemento esencial (incluso aunque no parezca indispensable, es un buen hábito que conviene adoptar).
3.Tg4. La torre no va a h4, porque impediría el movimiento de la torre h5 hacia la fila 3.
3... Rc2
4.Th3! No hay que quemar etapas. Si 4.Th2, esto permitiría al rey negro remontar un peldaño.
4... Rd2 5.Tg2+ Re1 6.Th1#
Los jugadores principiantes deben seguir siempre este método. No obstante, algunas posiciones, como la siguiente, permiten llegar antes al mate.

Examinemos la posición reflejada en el diagrama 2.

diagrama 2

En él, el rey negro no puede moverse a la fila 4, pues las casillas c4, d4 y e4 están controladas, la primera por la torre c1, y las otras dos por el rey blanco. De hecho, el rey negro sólo puede ir a la fila 6, en d6 o e6, y a la fila 5, en e5. Su espacio está limitado a estas tres casillas.

1.Ta6! Esto forma un muro que reduce aún más el espacio del rey negro, impidiéndole ahora ir a la fila 6. El rey negro sólo puede desplazarse ahora a una casilla, la e5.

1... Re5 2.Tc5#. El rey negro no puede ir a la fila 4 ni a la fila 6. Atacando en la única fila libre, la 5, la torre c1 da mate.

El mate con una sola torre

En el momento del «final», cada pieza dispone de mucho espacio y puede aprovechar al máximo su potencia. La torre y la dama tienen capacidad suficiente para dar mate con la ayuda del rey. En cambio, el caballo y el alfil no pueden conseguirlo sin el concurso de otra pieza. Los mates con una torre o con la dama requieren cierta práctica, pero no tienen especial dificultad.

Examinemos el diagrama 3.

diagrama 3

En él, el rey negro no puede ir a la fila 5, pues las casillas c5, d5 y e5 están controladas por el rey blanco; éste forma un muro que limita el espacio de su homólogo a las filas 6, 7 y 8. La maniobra consiste en obligar al rey negro a remontar la escalera, subiendo los peldaños uno a uno hasta la fila 8.

1.Th6+. La torre extiende su influencia a buena parte del tablero. Cualquiera que sea su posición sobre éste, controla 14 casillas.

1... Rd7

2.Re5. Para obligar al rey negro a dirigirse a un extremo del tablero, las blancas deben utilizar la técnica de la «oposición»: dos reyes están en oposición cuando están situados en la misma fila, la misma columna o la misma diagonal, y están separados por un número impar de casillas. Un jugador puede obtener ventaja colocándose en oposición o dejando a su adversario que lo haga: esto significa que pone a su rey frente al rey contrario, o que obliga a éste a realizar tal maniobra.

En este final, hay que esperar a que el rey negro se sitúe en oposición y, en ese momento, forzarlo a ir un poco más allá con ayuda de la torre. Aquí las blancas han colocado su rey en e5, desviado con relación al rey negro d7. Esperan que éste vaya a e7, frente a su rey, y entonces podrán darle jaque con la torre, obligándolo a subir el último peldaño.

2... Rc7. El rey negro prefiere huir.

3.Rd5. El rey blanco hostiga a su homólogo.

3...Rb7 4.Rc5 Ra7 5.Rb5 Rb7. El rey negro no tiene otra opción; si retrocede, permitiría Th7 y facilitaría el objetivo de las blancas.

6.Th7+ Rc8 7.Rb6 Rd8 8.Rc6 Re8 9.Rd6 Rf8 10.Re6 Rg8

Esta posición está representada en el diagrama 4.

diagrama 4

El momento es importante, pues la torre está atacada; hay que alejarla, pero sin perder el control de la fila 7, que forma el muro.

11.Ta7 Rh8 12.Rf6 Rg8

Está posición está representada en el diagrama 5

diagrama 5

Las blancas no deben colocar a su rey en oposición jugando 13.Rg6, pues perderían el beneficio de esta oposición: el rey negro iría entonces a f8 y perderían tiempo realizando un anodino movimiento de torre.

13.Tb7! Rh8 14.Rg6 Rg8. El rey negro no puede realizar otro movimiento. Esta vez no hay escapatoria.

15.Tb8#

El mate con la dama

Sigue el mismo principio que el mate con una torre. La diferencia reside en la superior fuerza de la dama, que controla también ciertas diagonales y puede llegar al mate más rápidamente.

Examinemos la posición recogida en el diagrama 6.

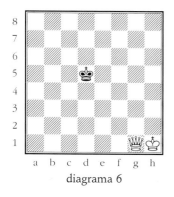

diagrama 6

La maniobra consiste siempre en reducir el espacio de que dispone el rey negro. Aquí, éste puede desplazarse por el amplio rectángulo delimitado por la columna g y la fila 1. 1.Dg4 Re5 2.Rg2 Rd5 3.Rf3 Re5 4.De4+. Esto reduce directamente el espacio del rey.
4... Rf6 5.Dd5 Rg6 6.Rf4 Rh6 7.Dg5+ Rh7 8.Df6 Rg8 9.De7 Rh8 10.Rg5 Rg8 11.Rg6 Rh8 12.Df8#

El mate con los dos alfiles

Para dar mate con dos alfiles, siempre hay que llevar al rey a una esquina del tablero.

Examinemos la posición recogida en el diagrama 7.

diagrama 7

1.Rf2 Rd4 2.Af3 Rd3 3.Ae5. Poco a poco, las blancas consiguen controlar todas las casillas de fuga.
3... Rd2 4.Ae4 Rc1 5.Re3 Rd1 6.Ab2 Re1 7.Ac2 Rf1 8.Rf3 Rg1 9.Af5 Rf1 10.Ac3 Rg1 11.Rg3 Rf1 12.Ad3+ Rg1 13.Ad4+ Rh1 14.Ae4#

Los mates célebres

Tras haber examinado los mates elementales con pocas piezas sobre el tablero, estudiaremos ahora los mates más conocidos, en situaciones concretas que se pueden dar en el curso de una partida, sea cual sea su nivel.

El mate del loco

Es el mate más rápido que se puede dar a partir de la posición inicial. En tal caso, el jugador que se deja matar de esta manera ha jugado, por decirlo así, como un loco...
1.f3 e5
2.g4?? Dh4#
La posición resultante está reflejada en el diagrama 1.
El rey blanco ha caído en una trampa: no puede moverse porque en la casilla f2 estaría también en jaque.

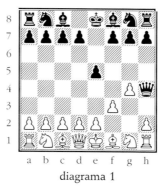

diagrama 1

Las blancas no pueden interponer ninguna pieza ni peón entre su rey y la dama negra; ninguna pieza blanca, y tampoco ningún peón, puede capturar a la pieza que da jaque.
El examen de este mate permite constatar que desde el principio de una partida es indispensable respetar los principios expuestos en la iniciación. Jugar f3 aquí no posibilita ni

el control del centro ni una buena movilidad de las piezas. Jugar g4 en el segundo movimiento bloquea el desplazamiento ulterior de las piezas blancas, ofrece la casilla débil h4 y permite dar el mate a la dama negra.

El mate del pasillo

Aunque es uno de los mates más simples, no hay que subestimarlo. Muchas partidas han acabado brutalmente por alguna combinación que explota este tema. El mate del pasillo es un elemento que puede sumarse fácilmente a otras trampas tácticas en el curso de una partida. En este tipo de mate, el pasillo corresponde a la primera o a la última fila y el mate se da obligatoriamente con una pieza mayor, dama o torre.
El diagrama 2 nos presenta un ejemplo.

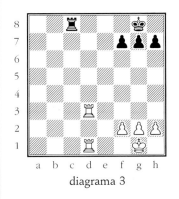

diagrama 2

La torre da mate; el rey negro está bloqueado por su propios peones y no tiene ninguna pieza que pueda capturar al agresor o interponerse entre él y el rey. Para evitar esta situación, se «abre» a menudo una «ventana» en el enroque, por ejemplo, jugando antes h6, para permitir al rey una salida en h7 si una torre llega a la fila 8: el rey evita así quedar atrapado en su pasillo y puede escapar...

Un cambio que fuerza el mate

Observemos la posición recogida en el diagrama 3, obediente a la lógica descrita en el diagrama 2.

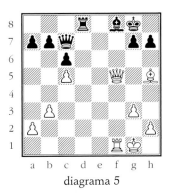

diagrama 3

A partir de la posición representada en este diagrama, la Td3 blanca dará jaque en d8. Después del cambio forzado Tc8xd8, Td1xd8#.

Sacrificio de material

Un bando puede sacrificar material para realizar el mate del pasillo. Observemos el diagrama 4.

diagrama 4

1.Dxd8+! La dama blanca elimina así uno de los defensores de la fila 8. 1... Txd8 2.Te8+ Txe8 3.Txe8# Evidentemente, este mate se puede combinar hasta el infinito, y a veces genera obras maestras.

Hacia una victoria rápida

El diagrama 5 reproduce una posición extraída de una partida entre Réti y Bogoljubow, disputada en un torneo de Nueva York, en 1924.

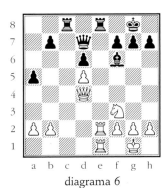

diagrama 5

Primero hay que obligar al rey negro a dirigirse hacia la esquina, para eliminar la protección de Af8. 1.Af7+ Rh8 2.Ae8!! Esta jugada permitirá a las blancas ganar material.
2... Axc5+ (si 2... Txe8 3.Dxf8+ Txf8

4.Txf8#; si 2... h6 3.Dxf8+. Con esta pieza de más, las blancas ganarán rápidamente).
3.Dxc5 Txe8 4.Tf8+
Las negras pueden abandonar, pues nada impedirá ya que las blancas sigan el esquema reflejado en el diagrama 3, en este caso con la dama haciendo el papel de segunda torre.

Una amenaza renovada

He aquí la partida Adams-Torre, jugada en Nueva Orleans en 1920. 1.e4 e5 2.Cf3 d6 3.d4 exd4 4.Dxd4 Cc6 5.Ab5 Ad7 6.Axc6 Axc6 7.Cc3 Cf6 8.0-0 Ae7 9.Cd5 Axd5 10.exd5 0-0 11.Ag5 c6 12.c4 cxd5 13.cxd5 a5 14.Tfe1 Te8 15.Te2 Tc8 16.Tae1 Dd7 17.Axf6 Axf6
La posición resultante es:

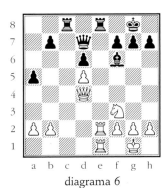

diagrama 6

165

El decorado está dispuesto. Ninguno de los dos bandos desea abrir una «ventana» en su enroque. ¿Qué bando podrá explotar primero esta situación?
18.Dg4! Las blancas aprovechan su iniciativa. Su dama no se puede capturar (si 18... Dxg4 19.Txe8+ Txe8 20.Txe8#);
18... Db5 19.Dc4! La dama blanca se ofrece ahora a la dama y a la torre negras.
19... Dd7. Las negras están obligadas a dar marcha atrás.
20.Dc7!! ¡Soberbio! Es muy raro ver un sacrificio así.
20... Db5 21.a4. Este movimiento de peón eleva esta partida a la perfección. Las blancas buscan controlar

todas las casillas de la dama negra (por contra, 21.Dxb7‼ sería un grave error, ya que 21... Dxe2, y las blancas caen en su propia trampa: 22.Txe2 Tc1+ 23.Te1 Txe1+ 24.Cxe1 Txe1#).
21... Dxa4 22.Te4. Aquí planea la amenaza:
23. Dxc8 Txc8 24.Txa4, ganadora.
22... Db5 23.Dxb7. Ahora las blancas ya no temen la captura en e2; la resistencia ha acabado; las negras abandonan.

La ayuda de un peón

El rey puede quedar arrinconado en su pasillo por un peón enemigo. Observemos la siguiente posición:

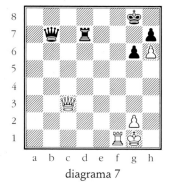
diagrama 7

1.Dh8+. Aquí, la dama también se sacrifica, a fin de colocar al rey en la esquina, donde se encontrará bloqueado.
1... Rxh8 2.Tf8#

El mate de la coz

Este tipo de mate se caracteriza por el hecho de que el rey está bloqueado por sus propias piezas. El mate corre a cargo de un caballo, por lo general en la esquina del enroque corto.

El diagrama 8 muestra una posición del mate de la coz.

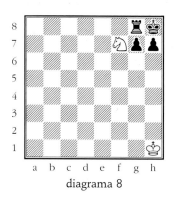
diagrama 8

Una aplicación al principio de la partida

El mate de la coz puede ser también consecuencia de una celada a comienzos de la partida, como en la defensa Caro-Kann. 1.e4 c6 2.d4 d5 3.Cc3 dxe4 4.Cxe4 Cd7 5.De2. Desde el punto de vista del análisis de la apertura, esta maniobra de la dama es un movimiento débil. Todo depende de la respuesta de las negras.
5... Cgf6‼ (las negras pueden evitar cualquier problema con 5... e6).

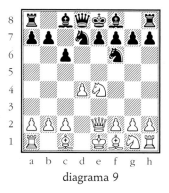
diagrama 9

6.Cd6#
He aquí algunas de las variaciones más conocidas.

Una aplicación de Damiano

Damiano, farmacéutico portugués, publicó en 1512 un tratado en diez capítulos en el que, entre otros, se

recogen mates como el siguiente y el que lleva su nombre, que estudiaremos más adelante.

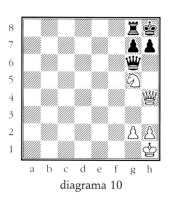
diagrama 10

En el diagrama, las blancas amenazan jugar Cf7#, pero el caballo sería capturado por la dama. Por tanto, hay que desviar ésta.
1.Dxh7+. Las blancas ofrecen su dama para conseguir el control de casilla f7.
1... Dxh7 2.Cf7#

Este mate fue utilizado en una partida jugada por Atkinson contra un jugador anónimo, en Manchester, en 1929. Las blancas han sacrificado tres peones para conseguir la siguiente posición:

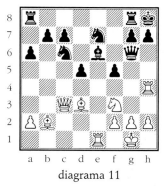
diagrama 11

¿Cuál es aquí el objetivo de las blancas que justifica el sacrificio de tres peones? Pretenden desarrollar un ataque de mate gracias al tema de Damiano.
1.Txe6! Es el comienzo de una serie táctica forzada.
1... Dxe6 2.Cg5 Dg6 3.Txh7+
¡El objetivo se ha alcanzado!
3... Dxh7 4.Cf7#

166

Una aplicación de Lucena

Lucena, teórico español del siglo XV, presentó en su *Manuscrito de Gottinga* el mate de la coz más artístico. El mecanismo desarrollado por la dama y el caballo es una maravilla, muy eficaz en competición.

Este mate también se ha atribuido al francés François André Danican, llamado Philidor. La posición que muestra el diagrama 12 conduce al mate.

diagrama 12

1.Cf7+ Rg8 2.Ch6+ Rh8 (si 2... Rf8, 3.Df7#).
3.Dg8+!! Txg8 4.Cf7#
He aquí algunas aplicaciones concretas de este mate, primero en una partida entre un jugador anónimo y Greco.
1.e4 e5 2.Cf3 Cc6 3. Ac4 Ac5 4.0-0 Cf6 5.Te1 0-0 6.c3 De7 7.d4 exd4 8.e5 Cg4 9.cxd4 Cxd4! 10.Cxd4 Dh4 11.Cf3 Dxf2+ 12.Rh1
He aquí la posición resultante.

diagrama 13

12... Dg1+ 13.Txg1 (o 13.Cxg1) 13...Cf2#
Siempre con el mismo tema, el doctor Hartlaub presentó en 1904 el estudio que recoge el diagrama 14.

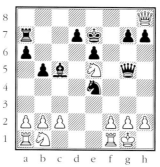

diagrama 14

1... Axf2+! 2.Txf2 (demasiado tarde para huir: si 2.Rh1 Cg3+ 3.hxg3 Dh5#).
2... Dc1+ 3.Tf1 De3+ 4.Rh1 Cf2+ 5.Rg1 (si 5.Txf2 De1+ 6.Txf1 Dxf1#).
5... Ch3+. La infernal maniobra puede comenzar.
6.Rh1 Dg1+ 7.Txg1 Cf2#

El mate de los árabes

En el siglo XV se fijan definitivamente los movimientos de la dama y el alfil; sólo el rey, el caballo y la torre conservan los desplazamientos que tenían en tiempo de los árabes. Por eso, este mate, caracterizado por la acción simultánea del caballo y la torre, se llama mate de los árabes. Conviene recordar que este mate aparece con frecuencia en los finales de torre y caballo. La amenaza de su ejecución puede ayudar a solventar situaciones comprometidas, tanto en sentido posicional como material.

La posición simplificada

El diagrama 15 muestra un primer esquema de mate de los árabes en un final de torre y caballo.

diagrama 15

He aquí ahora un ejemplo de combinación que utiliza este mate que parte de la siguiente posición:

diagrama 16

1.Tf8+!! Con este sacrificio, las blancas perfilan el esquema del mate de los árabes.
1... Axf8 2.Cf6+ Rh8 3.Txh7#

El tema espejo

Está representado en el diagrama 17.

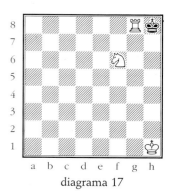

diagrama 17

168

Aunque la torre da mate en g8, en lugar de hacerlo en h7, el principio es el mismo. Examinemos la posición recogida en el diagrama 18, en la que las blancas sacarán partido de la posición del rey negro.

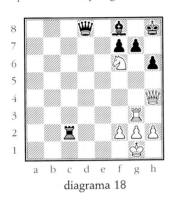

diagrama 18

1.Dxh6+!! gxh6 2.Tg8#
Aquí también, el caballo y la torre ponen fin a la partida.

El mate de las hombreras

Este nombre se justifica por la posición de dos piezas de un bando en las casillas inmediatas a su rey en mate; dicho rey representaría la cabeza del ejército, colocada entre los hombros. He aquí un primer esquema.

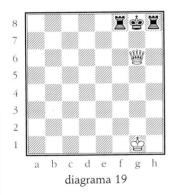

diagrama 19

Una ilustración de Morphy

La partida de Morphy contra un jugador anónimo, disputada en Nueva York en 1857, ilustra perfectamente este mate.

El diagrama 20 nos muestra la posición conseguida por Morphy en esa partida, antes de realizar su combinación.

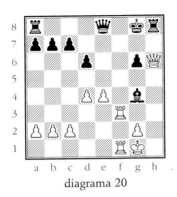

diagrama 20

1.Tf8+! Muy simple.
1... Dxf8 2.Txf8+ Txf8 3.Dxg6#. La dama se basta para dar mate.

Con un caballo

Un caballo también puede ejecutar el mate de las hombreras. El diagrama 21 muestra una posición que ilustra este caso.

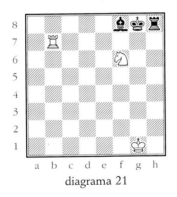

diagrama 21

Con un alfil o una torre

El mate de las hombreras también lo puede dar un alfil situado, por ejemplo, en d5, en lugar del caballo f6 en la posición del diagrama 21. Y puede darlo asimismo una torre, como en el diagrama 22, en el que

las piezas que sirven de «hombreras» al rey están situadas en la columna h.

diagrama 22

1.Da8+ Rh7 2.Dh8+! Las blancas tienen que encontrar de inmediato un ataque fuerte, pues el mate de las hombreras está a punto.
2... Cxh8 3.Tg7#

El mate del candelabro

El mate del candelabro se caracteriza porque dos piezas obstruyen las dos casillas angulares del repliegue de su rey. Esta posición de las piezas recuerda un candelabro, y de ahí el nombre del mate. Es la dama quien da mate al rey bloqueado por sus propias piezas.

Una ilustración perfecta

El diagrama 23 muestra esta configuración.

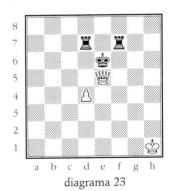

diagrama 23

Con la defensa Philidor

Se puede encontrar un mate del candelabro en el curso de una partida en la que uno de los dos jugadores adopte la defensa Philidor. El análisis de esta defensa demuestra que si las negras eligen una mala variante, se puede producir el mate del candelabro.

Partamos de la posición que muestra el diagrama 24.

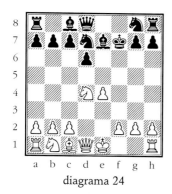

diagrama 24

1.Ce6! Esto atraerá al rey a una celada.
1... Rxe6 (si 1... De8 2.Cxc7 con neta ventaja).
2.Dd5+ Rf6 3.Df5#

El mate de Greco

Gioacchino Greco (1600-1634) tenía una imaginación desbordante y fue uno de los primeros autores de manuscritos dedicados al ajedrez. El mate siguiente, representado en el diagrama 25, debe su nombre a que apareció por primera vez en el tratado de ajedrez que Greco publicó en 1619. El mate se articula con el control de la casilla del rey contrario por parte del atacante, y con la amenaza de un jaque, y luego mate, en la columna h.

Este mate forma parte de los temas principales de ataque al enroque, sobre todo en las posiciones caracterizadas por los enroques opuestos.

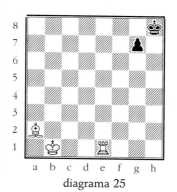

diagrama 25

La amenaza es 1.Th1#

Greco propone en su obra la posición que muestra el diagrama 26.

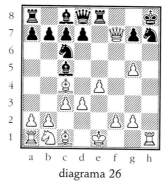

diagrama 26

Las blancas controlan la casilla g8 y, con un sacrificio, pueden abrir la columna h y ganar la partida.
1.Txh7! Esto elimina al último defensor, que estaba aislado.
1... Rxh7 2.Dh5#

El mate de El Calabrés

Este mate reproduce en forma más complicada el de Greco (éste vivió toda su infancia en Calabria, y de ahí el nombre del mate). Su mecanismo es algo más largo, y las defensas más activas, que en el mate de Greco. Así pues, hay que prever todas las respuestas del contrario.

La posición simplificada

El primer ejemplo se presenta en el diagrama 27.
La combinación comienza con la captura del peón h7 por el alfil blanco. El caballo y luego la dama atacarán al rey negro.

diagrama 27

1.Axh7+! Rxh7 2.Cg5+ Rg8
En este ejemplo muy simplificado, la fuga del rey a g6 es posible, aunque peligrosa. 3.Dh5. Amenaza directa: las blancas quieren dar mate en h7. 3... Te8. Las negras intentan preparar una salida para salvar al rey.
4.Dxf7+ Rh8
5.Dh5+ Rg8 6.Dh7+ Rf8 7.Dh8+ Re7 8.Dxg7#. La dama y el caballo se complementan de maravilla; el peón e5 completa la formación de la tela de araña.

Una posición más compleja

En esta segunda ilustración del mate de El Calabrés, representada en el diagrama 28, intervienen dos elementos suplementarios: el alfil negro en e7, que controla la casilla g5, y la torre blanca en h1, que contrarresta esta defensa potencial. El rey blanco se ha colocado a propósito en c1 para mostrar que no es raro que las blancas efectúen el enroque largo, dejando así la otra torre en h1. Las blancas capturan en h7. Para simplificar nuestro ejemplo, omitiremos de forma voluntaria las defensas 2... Rg6 y 2... Rh6.

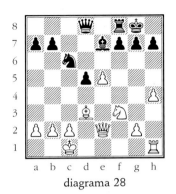

diagrama 28

1.Axh7+ Rxh7 2.Cg5+ Rg8
3.Dh5 Axg5+ 4.hxg5 f6 5.g6. El
mate es inevitable.

El mate
de Damiano

Este mate se caracteriza por la posición avanzada del peón blanco a g6,
o del negro a g3. Esta espina colocada justo en medio del enroque contrario induce a numerosos mates. Es
un ataque privilegiado que motiva
los avances de los peones (gh, h4...
para las blancas) hacia el enroque.

Pedro Damiano, jugador portugués
(¿-1544), describió el esquema de
este mate:

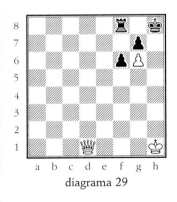

diagrama 29

El peón cumple un doble papel:
sirve de apoyo a su dama e impide
la huida del rey por f7.
1.Dh5+ Rg8 2.Dh7#

Una posición ejemplar

En la posición (ligeramente modificada) propuesta por Damiano, las
blancas pueden desarrollar esta
combinación de modo brillante. Un
ejemplo de la posición, antes de la
combinación, nos la muestra el diagrama 30.

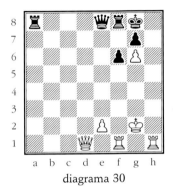

diagrama 30

1.Th8+! Rxh8 2.Th1+ Rg8 3.Th8+!
Rxh8 4.Dh1+ Rg8. 5.Dh7#

El caso del peón remplazado
por un alfil

Para realizar el mate de Damiano, se
puede remplazar el peón g6 por el
alfil. He aquí un ejemplo:

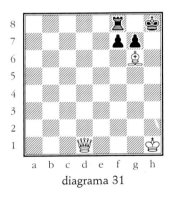

diagrama 31

1.Dh5+ Rg8 2.Dh7#

Una variación sobre el tema

Este ejemplo está extraído de una
partida entre Maximov y un jugador
anónimo.

diagrama 32

1.Ah7+ Rh8 2.Ag6+. En primer
lugar, hay que impedir la defensa
Dh6. 2... Rg8 3.Th8+! Rxh8 4.Dh5+
Rg8 5.Dh7#

El mate
de Blackburne

Joseph Blackburne (1841-1924) fue
uno de los mejores jugadores ingleses de finales del siglo XIX. Experto
en finales de partidas, innovador en
las aperturas (a menudo por delante
de su tiempo), Blackburne fue considerado como uno de los mejores
jugadores del mundo. Su estilo agresivo rozaba con frecuencia la espectacularidad.

La posición inicial
Los mates de Blackburne se caracte-
rizan por la apertura de una diagonal. La denominación designa de
forma genérica el desarrollo posterior a esta posición:

diagrama 33

171

La partida
de referencia

He aquí la partida de referencia, jugada con las negras.
1.e4 e5 2.Cf3 Cc6 3.Ac4 Ac5 4.Axf7+ Rxf7 5.Cxe5+ Cxe5 6.Dh5+ g6 7.Dxe5 d6 8.Dxh8 Dh4 9.0-0 Cf6 10.c3 Cg4 11.h3 Axf2+ 12.Rh1 Af5! 13.Dxa8
La posición resultante se muestra en el diagrama 34.

diagrama 34

13... Dxh3+! La dama se sacrifica para abrir la fatídica diagonal.
14.gxh3 Axe4#

Una aplicación
de Tarrasch

Esta partida enfrentó a Tarrasch y a un jugador anónimo en Munich, en 1932.
1.e4 e5 2.Cf3 Cc6 3.Ab5 a6 4.Aa4 Cf6 5.0-0 Ac5 6.Cxe5 Cxe4 7.Cxc6 bxc6 8.Df3 Dh4 9.Cc3 Cxc3 10.Axc6 dxc6 11.Dxc6+ Ad7 12.Dxa8+ Re7 13.Dxh8 Ce2+ 14.Rh1 Axf2 15.h3
He aquí la posición resultante:

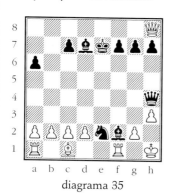

diagrama 35

Las negras han sacrificado mucho material para conseguir este bonito cuadro de mate. Ya llega el final.
15... Dxh3+! 16.gxh3 Ac6+ 17.Rh2 Ag3#

Una aplicación
equivalente

Esta partida opuso a Flohr y Pitschak en Blin, en 1930. Aquí será el alfil quien dé mate en el enroque corto.
1.d4 Cf6 2.Cf3 e6 3.Cbd2 c5 4.e3 b6 5.Ad3 Ab7 6.0-0 Ae7 7.c4 0-0 8.b3 d5 9.Dc2 Cc6 10.a3 cxd4 11.cxd5 Dxd5 12.exd4 Cxd4 13.Db1 Tfd8 14.Ce1 Dh5 15.Ab2 Ad6 16.g3 Cg4 17.h4
He aquí la posición resultante:

diagrama 36

17... Dxh4!! Las blancas abandonan, pues si 18.gxh4, Ah2#.

El mate de Boden

Samuel Boden (1826-1882), que pasa por haber sido el mejor jugador inglés de su época, dio brillo a una maniobra consistente en sacrificar una pieza mayor (dama o torre) a fin de abrir una línea sobre el rey. Este mecanismo acaba casi siempre en mate con la ayuda de los dos alfiles.

El principio

He aquí el esquema del mate de Boden.

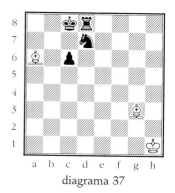

diagrama 37

Puede parecer improbable que semejante posición aparezca en una partida entre jugadores expertos, pero...

Una aplicación
de Lasker

Esta partida enfrentó a Lasker y Englund en Scheveningen, en 1913.
1.e4 e5 2.Cf3 Cc6 3.Cc3 Cf6 4.Ab5 Cd4 5.Cxe5 De7 6.Cf3 Cxe4 7.0-0 Cxc3 8.dxc3 Cxf3+ 9.Dxf3 Dc5 10.Te1+ Ae7 11.Ad3 d5 12.Ae3 Dd6 13.Af4 Df6 14.Dxd5! c6 15.De4 Ae6 16.Te3 Ac5 17.Ae5 Dh6 18.Tg3 Af8 19.Td1
He aquí la situación resultante:

diagrama 38

Aquí las negras perdieron el rumbo:
19... 0-0-0?? 20.Dxc6+! bxc6 21.Aa6#
Como se ha precisado más arriba, el mate de Boden está determinado

por su mecanismo, y no por la pieza que da el golpe de gracia.

En la siguiente posición, una torre concluye la combinación:

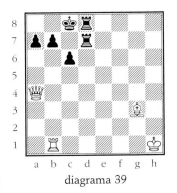

diagrama 39

1.Dxc6+ bxc6 2.Tb8#. Se puede apreciar que sus propias piezas impiden la huida del rey negro.

El mate de Anastasia

El nombre de este mate es más bien enigmático. De hecho, la denominación proviene de la novela *Anastasie und das Schachspiel, Brief aus Italien*, obra del poeta alemán Wilhelm Heinse (1746-1803). El principio del mate descansa principalmente en la posición del caballo, que controla las casillas por las que podría escapar el rey.

El principio

El esquema del mate de Anastasia se recoge en el diagrama 40.
Aparece muy a menudo tras un sacrificio de pieza en h7. Se aprecia también que el peón h blanco ha desaparecido para dejar campo libre a su torre.

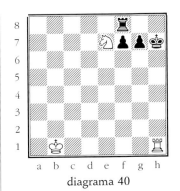

diagrama 40

Las casillas g8 y g6 le están prohibidas al rey negro. Esta combinación aparece con frecuencia en partidas de torneos, sobre todo cuando los dos jugadores han realizado enroques opuestos: enroque largo las blancas y enroque corto las negras, o viceversa por ejemplo.

Un posición clásica

El diagrama 41 muestra una posición a partir de la cual se puede materializar el mate de Anastasia.

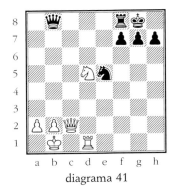

diagrama 41

1.Ce7+ Rh8 2.Dxh7+! Rxh7 3.Th1#

Una aplicación de Richter

El diagrama 42 muestra una posición a partir de la cual el maestro Richter, enfrentándose con las negras a un jugador anónimo, pudo salvar la dama y ganar la partida recurriendo al mate de Anastasia.

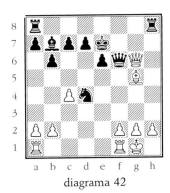

diagrama 42

1... Ce2+ 2.Rh1 Txh2+! 3.Rxh2 Th8+ 4.Dh6 Txh6+ 5.Axh6 Dxh6#

El mate de Anderssen

Adolph Anderssen (1818-1879) figura en los anales del ajedrez como uno de los mejores tácticos. A él se deben, en especial, las famosas «Inmortales». Dominó a los jugadores de su época hasta la llegada de otro jugador genial, el americano Morphy. El principio del mate de Anderssen radica en el sacrificio de una pieza blanca en la casilla h7 (o de una negra en la casilla h2), la brutal apertura de la columna h y, para acabar, el mate en h8 (o h1).

El principio

He aquí el esquema de este mate:

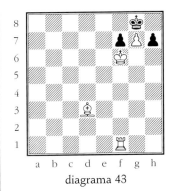

diagrama 43

1.Axh7+ Rxh7 2.Th1+ Rg8 3.Th8#

173

Una aplicación de Anderssen

Anderssen mostró el camino contra Zukertort en Barmen, en 1869, durante una partida cuya posición tras el movimiento 29 aparece en el diagrama 44.

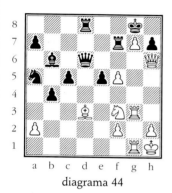
diagrama 44

30.Dxh7+ Rxh7 31.f6+! (si se juega: 31.g8=D+‽! Txg8 32.Th3+ Dh6 no funciona; y tampoco 31.Th3+ Dh6). 31... Rg8 (si 31... Dxd3 32.Th3+ Rg8 33.Th8#). 32.Ah7+ Rxh7 33.Th3+ Rg8 34.Th8#

Una posible extensión

El mate de Anderssen engloba también el esquema representado en el diagrama 45:

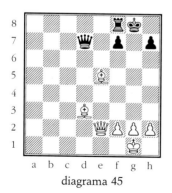
diagrama 45

1.Axh7+ Rxh7 2.Dh5+ Rg8 3.Dh8#

Una explotación ideal

El esquema del diagrama 45 apareció muy pronto en una partida de Blom contra Jensen, jugada en Dinamarca en 1934.
1.e4 e6 2.d4 d5 3.Cc3 dxe4 4.Cxe4 Ad6 5.Ad3 Ce7 6.Ag5 0-0 7.Cf6+ gxf6 8.Axf6 Dd7
El diagrama 46 muestra la posición resultante:

diagrama 46

9.Axh7+ Rxh7 10.Dh5+ Rg8 11.Dh8#

El mate de Morphy

En la historia del ajedrez, pocos jugadores han dejado una huella tan honda como Paul Morphy (1837-1884). ¿La razón de ello reside en su carrera, tan brillante como efímera, en su estilo romántico basado en principios de desarrollo adelantados a su época, o simplemente en la belleza de sus partidas? En todo caso, era lógico que el patrimonio del ajedrez se enriqueciese con un mate que lleva su nombre. Morphy tenía el arte de activar sus piezas y movilizarlas para el ataque.

La posición de base

La posición recogida en el diagrama 47 representa el esquema del mate de Morphy.

diagrama 47

El alfil controla la huida del rey; el mate de Morphy es similar a un mate del pasillo.

Una combinación

He aquí una combinación, representada en el diagrama 48

diagrama 48

1.Dxf6! gxf6 2.Ah6+ Rg8 3.Te8# Si 1... no capturan la dama para evitar el mate de Morphy, pierden una pieza.

Una partida ejemplar

El tema que nos muestra el diagrama 48 se puso magníficamente de manifiesto en la partida que enfrentó a Paulsen y Morphy en Nueva York, en 1857. La posición del diagrama 49 recoge la situación de la partida tras el movimiento 18 de las blancas.
18... Dxf3!! El sacrificio de la dama se justifica por la debilidad de la fila 1 y por la lejanía de las piezas mayores, Da6 y Ta2. Las negras tienen bazas considerables: una movilización general de sus

fuerzas contra el rey, los alfiles apuntando al enroque, las torres preparadas para intervenir, el rey bien protegido...

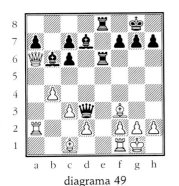

diagrama 49

19.gxf3 Tg6+ 20.Rh1 Ah3 21.Td1 (si 21.Tg1 Txg1+ 22.Rxg1 Te1+ 23.Df1 Txf1#. Asimismo, la defensa 21.Dd3 para capturar Tg6 tiene la réplica de 21... f5 22.Dc4+ Rf8 23.Td1, con una idéntica continuación de la partida). 21... Ag2+ 22.Rg1 Axf3+ 23.Rf1 Ag2+ (Morphy podría haber estado aún más brillante con el mate forzado: 23... Tg2! 24.Dd3 [si 24.Dxb6 Txh2 con mate imparable en h1] 24... Txf2+ 25.Rg1 Tg2+ 26.Rh1 Tg1#). 24.Rg1 Ah3+ 25.Rh1 Axf2 26.Df1 Axf1 27.Txf1 Te2 28.Ta1 Th6 29.d4 Ae3. Ante la imparable amenaza sobre h2, las blancas abandonan.

En una partida
MacDonnell contra Boden

He aquí una posición extraída de una partida que opuso a MacDonnell y Boden en Londres, en 1869.

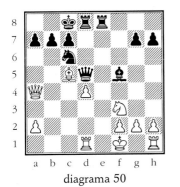

diagrama 50

1... Dxf3!!
Evidentemente, tanto la mecánica como el esquema son similares.
2.gxf3 Ah3+
3.Rg1 Te6! Este movimiento introduce la nueva amenaza de mate con Tg6.
4.Dc2 Txd4!! ¡Increíble! Con una dama de desventaja, las negras siguen con su imparable ataque.
5.Axd4 (si 5.Tb1 Ce5, con clara ventaja para las negras).
5... Cxd4. Como no hay defensa frente al mate en f3 o en g6, las blancas abandonan.

El mate de Pillsbury

Harry Pillsbury (1872-1906), por su vida y por sus múltiples talentos, ha dado nombre a este mate basado en el jaque doble. La «trituradora» formada gracias a la acción combinada del alfil y de la torre barre cuanto encuentra a su paso, como si fuera un tornado.

El principio

La posición recogida en el diagrama 51 es el fundamento del mate de Pillsbury.

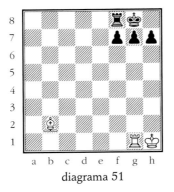

diagrama 51

1.Txg7+ Rh8 2.Txf7+ Rg8 3.Tg7+ Rh8 4.Tg1+ Tf6 5.Axf6#

Una partida de referencia

He aquí una partida en la que aparece una aplicación del mate de Pillsbury. Enfrentó a éste y a Lee, y se desarrolló en Londres, en 1899.

1.d4 d5 2.c4 e6 3.Cc3 Cf6 4.Ag5 Cbd7 5.e3 Ae7 6.Cf3 b6 7.cxd5 exd5 8.Ab5 Ab7 9.Ce5 0-0 10.Ac6 Tb8 11.Axb7 Txb7 12.Cc6 De8 13.Cxe7+ Dxe7 14.Cxd5 De4 15.Cxf6+ gxf6 16.Ah6 Dxg2. Las negras creen haber encontrado en este movimiento una respuesta a la amenaza que pende sobre ellas. He aquí la posición resultante tras el movimiento 16 de las negras:

diagrama 52

17.Df3!! Un notable sacrificio de la dama.
17... Dxf3 18.Tg1+ Rh8 19.Ag7+ Rg8 20.Axf6+ Dg4 21.Txg4#
Este tema es muy propicio a complejas prolongaciones tácticas, como ahora veremos.

Una rica continuación táctica

He aquí una posición que posibilita una combinación basada en el mate de Pillsbury.

diagrama 53

1.Dxd3!! Este movimiento tiene por objeto abrir la gran diagonal a1-h8.

1... Cxd3 2.Txg7+ Rh8 3.Tg8+! Un movimiento que da gusto jugar sobre el tablero.

3... Rxg8 4.Tg1+ Dg3 5.Txg3#

El mate de Lolli

Giani Batista Lolli (1698-1769) publicó un tratado teórico en 1763. En él describe el principio del mate que lleva su nombre. El mate de Lolli utiliza la posición avanzada de un peón como palanca para penetrar en el enroque del adversario. Es un mate terrible que puede adquirir diferentes formas. Todo jugador que utilice un desarrollo de su alfil rey en *fianchetto* debe tomar precauciones.

La posición inicial

El diagrama 54 muestra la posición que sirve de base para el mate de Lolli.

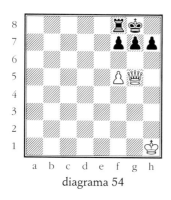

diagrama 54

1.f6 g6 2.Dh6. El mate con Dg7 es imparable.

La amenaza del peón blanco en f6

Cuando el peón blanco llega a f6, es muy difícil eliminar el peligro que representa; veamos un ejemplo en la posición que muestra el diagrama 55.

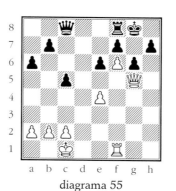

diagrama 55

1... Rh8. Las negras preparan el movimiento de su torre para defender la casilla g7.

2.Dh6 Tg8 3.Dxh7+! Esta jugada es una mala noticia para las negras, pues su rey se encuentra ahora en situación de asfixia.

3... Rxh7 4.Th1#

La clavada del peón negro g6

En la posición que muestra el diagrama 56 persiste la amenaza de la dama, por más que la columna h parezca cerrada.

diagrama 56

1... Rh8 2.Dh6 Tg8 3.Dxh7+! La celada funciona por fuerza, pues Ad3 clava al peón g6. 3... Rxh7 4.Th5#

El mate de Réti

La carrera de Richard Réti, gran maestro checo (1889-1929), fue excelente desde muchos puntos de vista. Cofundador de la escuela hiper-

moderna, autor de notables libros didácticos y compositor de artísticos estudios, Réti ha marcado su época.

La partida de referencia

El mate de Réti tienen su origen en la siguiente partida, que él jugó contra Tartacower en Viena, en 1910.

1.e4 c6 2.d4 d5 3.Cc3 dxe4 4.Cxe4 Cf6 5.Dd3 e5 6.dxe5 Da5+ 7.Ad2 Dxe5 8.0-0-0! Las blancas no se han vuelto locas de repente, entregando su caballo: tienen un objetivo oculto.

8... Cxe4? Cegado por la fácil ganancia, Tartacower, no obstante uno de los mejores jugadores de su época, no ha previsto la terrible respuesta blanca. La posición resultante tras este movimiento número 8 de las blancas aparece en el diagrama 57.

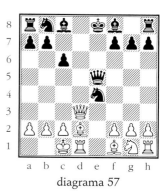

diagrama 57

9.Dd8+!! Rxd8 10.Ag5+. Las blancas dan jaque con su alfil y con su torre. La única solución del rey negro consiste en la huida.

10... Rc7 (si 10... Re8 11.Td8#).

11. Ad8#. ¡Soberbio!

Una aplicación anterior

El mate que acabamos de describir tiene, sin embargo, algunos precedentes, entre ellos esta partida que enfrentó a Maczuski y Kolisch en París, en 1864.

1.e4 e5 2.Cf3 Cc6 3.d4 exd4 4.Cxd4 Dh4? 5.Cc3 Ab4 6.Dd3 Cf6 7.Cxc6 dxc6 8.Ad2 Axc3 9.Axc3 Cxe4 10.Dd4 De7 11.0-0-0 Dg5+ 12.f4! Este movimiento prepara una celada mortal.

12... Dxf4+ 13.Ad2 Dg4

He aquí la posición resultante:

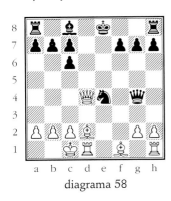

diagrama 58

14.Dd8+!! Rxd8 15.Ag5+ Re8 16.Td8#

En una partida
entre Schulten y Horwitz

Una partida enfrentó a Schulten y Horwitz en Londres, en 1846.
1.e4 e5 2.Ac4 Cf6 3.Cc3 b5‽! 4.Axb5 Ac5 5.d3 c6 6.Ac4 Db6 7.De2 d5 8.exd5 0-0 9.Ce4 Cxe4 10.dxe4 Axf2+ 11.Dxf2 Db4+ 12.Ad2 Dxc4 13.Df3 f5 14.exf5 Axf5 15.Dg3‽
He aquí la posición resultante:

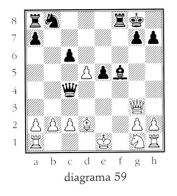

diagrama 59

15... Df1+!! 16.Rxf1 Ad3+ 17.Re1 Tf1#

El mate de Legal

Kermur, señor de Legal (1702-1792), gustaba de jugar partidas espectaculares en el café de la Régence, el gran centro del ajedrez parisino en esta época. El mate que lleva su nombre aparece muy poco después de la apertura. Su principio consiste en desbloquear un caballo, con riesgo de perder la dama, y dar mate con las piezas menores.

En una partida de
Legal contra Saint-Brie

He aquí una partida que enfrentó a Legal y Saint-Brie, en París.

1.e4 e5 2.Ac4 d6 3.Cf3 Ag4 4.Cc3 g6‽ Las negras desarrollan sus piezas de forma anacrónica; hubiera sido mejor jugar 4... Cf6.
La posición resultante tras el movimiento número 4 de las negras, g6, está recogida en el diagrama 60:

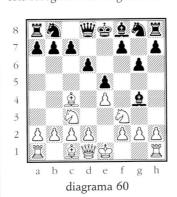

diagrama 60

5.Cxe5! He aquí el tema en acción.
5... Axd1‽‽ El mal menor todavía pasaba por capturar el caballo blanco, después que las blancas capturasen el Ag4 con la dama y conservasen su peón. 6.Axf7+ Re7 7.Cd5#. Es un mate muy estético, como se puede apreciar en el diagrama 61:

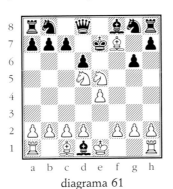

diagrama 61

Una variación sobre
un tema idéntico

El mismo tema, pero con algunas variaciones suplementarias (como la oposición de los colores) aparece en la apertura Alapine, que puede dar pie al mate de Legal.
1.e4 e5 2.Ce2. Este débil desarrollo bloquea el alfil f1.
2... Cf6 3.d3 Ac5 4.Ag5‽ Esta clavada no es verdaderamente un...
4... Cxe4! 5.Axd8‽‽ (más hubiera valido resignarse a perder un peón jugando: 5.dxe4 Dxg5).
5... Axf2#
He aquí la posición resultante:

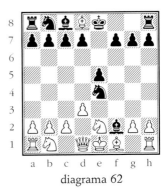

diagrama 62

Una posible extensión

Esta partida es una extensión de las precedentes. Se disputó en 1936, en Essen, y enfrentó a Huber con Lemke. La posición que muestra el diagrama 63 es la que resultó antes de la combinación.

diagrama 63

177

1.Cxe5 Axd1 (si 1... Cxe5 2.Dxh5 con clara ventaja).

2.Axf7+ Re7 3.Ag5+ Rd6 4.Ce4+ (esta jugada es mejor que: 4.Axd8 Cxd8 5.f4 Axc2).

4... Rxe5 (si 4... Rc7 5.Axd8+ Txd8 6.Cxc6 Rxc6 7.Taxd1 con clara ventaja para las blancas).

5.f4+ Rd4 (si 5... Rf5 6.Cg3#).

6.Taxd1 Re3 7.Tf3+ Re2 8.Td2+ Re1 9.Tf1#

El mate con alfil y caballo

La acción combinada del alfil y el caballo puede conducir al mate, a condición de que las casillas por donde el rey enemigo podría huir estén ocupadas por sus propias piezas.

La posición de base

El diagrama 64 muestra la posición de mate con alfil y caballo.

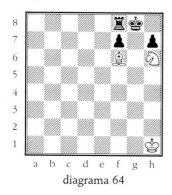

diagrama 64

Una aplicación fulminante

El ataque puede llegar en cualquier momento, como muestra esta partida que opuso a Rabinovitch y Goglidze en Rusia, en 1939.

El diagrama 65 muestra la posición previa a la combinación.

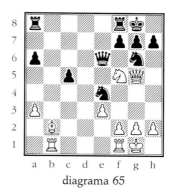

diagrama 65

1.Dh6! ¡Golpe mortal!
1... gxh6 2.Cxh6#

Una aplicación con piezas ligeras

Hay otros modelos de mate con las piezas menores, como lo demostró Winkström en el curso de su partida con Wood, en 1947. He aquí la posición previa a la combinación:

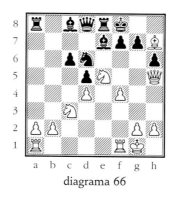

diagrama 66

1.Dxf7+!! Cxf7 2.Cg6#

Una aplicación de Alekhine

Alekhine, una de las grandes figuras del mundo del ajedrez, aprovechó este tema para componer una verdadera joya con ocasión de la partida que lo enfrentó a Fletcher en Londres, en 1928, y en el curso de la cual utilizó un sacrificio de dama.

He aquí la posición previa a la combinación:

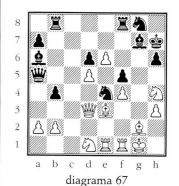

diagrama 67

1.Dxe4!! fxe4 2.Axe4+ Rh8 3.Cg6+ Rh7 4.Cxf8+ Rh8 5.Cg6+ Rh7 6.Ce5+ Rh8 7.Cf7#. ¡Admirable!

El mate con los dos caballos

Los dos caballos también necesitan aliados eficaces para que puedan acorralar al rey.

Un ejemplo de ataque

El diagrama 68 muestra la posición previa a la combinación.

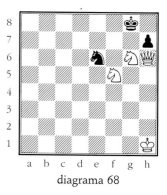

diagrama 68

1.Dg7+!! Cxg7 2.Ch6#

Una aplicación de Blackburne

Invirtiendo los colores, Blackburne desarrolló esta idea en una partida que jugó con las negras contra un aficionado en Norwich, en 1871. He aquí la posición antes de la combinación:

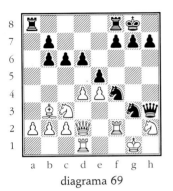

diagrama 69

1... Dg2+!! 2.Txg2 Ch3#

Una aplicación de Morphy

Un táctico tan brillante como Morphy no podía dar la espalda a este bonito tema: lo desarrolló, con las negras, durante una partida contra Marache en Nueva York, en 1857. He aquí la posición antes de la combinación:

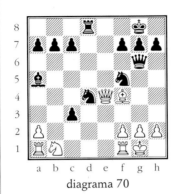

diagrama 70

19... Cg3!! Las blancas están obligadas a abandonar:
20.Dxg6 Cde2 # (y con otro movimiento, de dama, por ejemplo, 20.Cde2 gana al menos la dama).

El mate con un alfil

Un alfil, incluso solo, puede resultar extremadamente peligroso. La prueba la vemos en la posición del diagrama 71, que representa la situación previa a la combinación de las blancas.

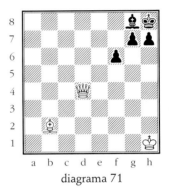

diagrama 71

1.Dxf6!! gxf6 2.Axf6#

179

Los temas tácticos de base

Acabamos de familiarizarnos con numerosos ejemplos de mates. Sin embargo, las partidas de ajedrez, sobre todo en las competiciones, raramente alcanzan ese estadio: un jugador prefiere abandonar si considera que pierde sin remedio. Los abandonos se producen a menudo por un importante déficit de material, ocasionado por una serie de movimientos forzados llamada combinación táctica. Las combinaciones son muy variadas y se clasifican en diferentes temas tácticos que descubriremos a continuación.

La batería

Una batería está formada por dos piezas del mismo color, una de las cuales oculta todo el alcance de la acción que puede desarrollar la otra. Cuando la primera se desplaza, ambas pueden suponer una gran amenaza. La batería genera entonces una acción determinante, pues es un medio de realizar dos ataques con un solo movimiento. En el diagrama 1, la batería está formada por el caballo f3 y el alfil g2. Este último podría atacar a la torre a8, pero un movimiento sin más del caballo permitiría a las negras defenderse avanzando el peón c7 a c6...

diagrama 1

1.Cg5! Esta jugada permite ganar la torre gracias a la amenaza del mate Dxh7, que las negras han de contrarrestar por encima de todo.
En el diagrama 2, la delicada situación del rey negro permite a las blancas realizar un movimiento decisivo.

Aulicky-Formanek,
Checoslovaquia, 1954

diagrama 2

1.Af6! Las negras no pueden frenar a un tiempo el ataque a la dama y las amenazas de mate (si 1... Dxf6 2.Dh7 mate; si 1... Cxf6 2.Dxg6 mate; si 1... Txf6 2.Dh8+ Rf7 3.Th7+ Cg7 4.Txg7).

En el diagrama 3, la posibilidad de utilizar la batería blanca dama-caballo en este tipo de posición no es suficientemente conocida por los jugadores noveles.

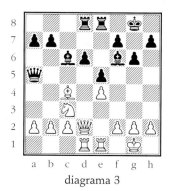
diagrama 3

El alfil f6 carece de apoyo, y el enfrentamiento directo de las damas es un elemento táctico que se debe considerar, pues la dama negra no está protegida.

1.Cd5! Dxd2 2.Cxf6+. Es un jaque intermedio (y si 2... Rg7 3.Cxe8+ de nuevo; como las negras han de frenar el jaque, las blancas juegan Txd2 y consiguen suficiente ventaja material). 1-0.

La combinación es algo menos aparente en la posición siguiente, pero el principio es el mismo: liberar la acción de una pieza alejada.

Blau-De Maura, Suiza, 1960

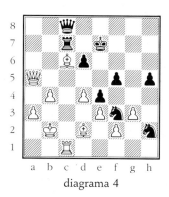
diagrama 4

1.Ab7! (si 1... Dxb7 2.Txc7+. Este movimiento permite capturar la dama negra; si 1... Txb7 2.Txc8; y si 1... Txc1 2.Axc8). 1-0.

El jaque
a la descubierta

El jaque a la descubierta se produce cuando una pieza o un peón se desplaza y descubre la acción de una pieza de su bando que está en situación adecuada para atacar al rey enemigo y darle jaque. Esta maniobra puede ser muy provechosa, pues la pieza que se mueve puede ir a donde quiera, incluso a posición de ser capturada, pues el jaque la exime de peligro.

He aquí un principio de partida:
1.e4 e5 2.Cf3 Cf6 3.Cxe5 Cxe4¿! 4.De2 Cf6¿¿
La posición resultante está recogida en el diagrama 5.

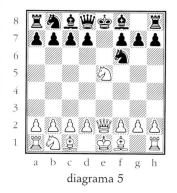
diagrama 5

5.Cc6+. La dama negra está perdida, pues las negras deben neutralizar el jaque al rey que da la dama blanca, por ejemplo, colocando su alfil en e7. A continuación, las blancas capturarán la dama. El diagrama 6 recoge un esquema simplificado que muestra el formidable potencial de este tema.

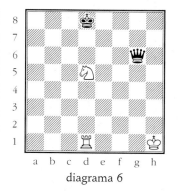
diagrama 6

1.Cf4+ captura la dama.
El diagrama 7 presenta un modelo más rico, pues es el rey quien da el golpe de gracia.

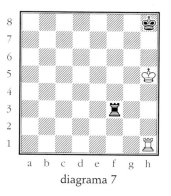
diagrama 7

1.Rg4+. Y capturará la torre f3 en el próximo movimiento.
El diagrama 8 muestra otra variante del tema: las blancas aprovechan un enfrentamiento directo entre su dama y el rey enemigo.

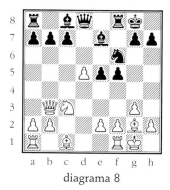
diagrama 8

1.d6+! Para neutralizar este jaque,

La china Win Xie Yun, gran maestra internacional desde 1990, ganó el Campeonato del mundo femenino en 1991.

las negras desplazarán su rey o interpondrán su torre en f7, pero pierden el alfil e7.

En el diagrama 9, las negras no pueden arriesgarse a capturar el caballo d4 con su dama, pues la perderían a continuación a causa de un jaque a la descubierta.

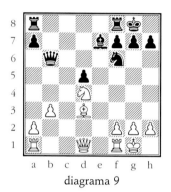

diagrama 9

Si 1... Dxd4‽‽ 2.Axh7+! Rxh7 3.Dxd4 ganando.

Las aplicaciones de los campeones

El diagrama 10 nos muestra una situación algo más complicada, pero similar a las anteriores.
Donner-Kérès, Zurich, 1959

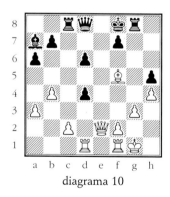

diagrama 10

1... Txg3+! 2.fxg3 d3+. El peón se apodera de la dama blanca.

En el diagrama 11 se presenta un modelo inventado por Nizomwitsch. Las blancas dan mate gracias a un jaque a la descubierta.

diagrama 11

1.Ah7+ Rh8. Las negras están forzadas a mover su rey a h8, pues es la única posibilidad de neutralizar el jaque.
2.Ac2+! Este movimiento del alfil a c2 prepara la puntilla del movimiento 3: el alfil, impide a la torre negra a2 capturar posteriormente la torre blanca, en el momento en que ésta dé jaque al rey en g2.
2... Rg8 3.Tg2+! Axg2. Las negras están forzadas a capturar la torre g2 con su alfil para neutralizar el jaque, lo que aparta al alfil de la defensa de f7.
4.Ah7+ Rh8 5.Ag6+ Rg8 6.Dh7+ Rf8 7.Dxf7#

Repetición del tema

Examinemos otro caso extremo en el diagrama 12. Pasada por la trituradora tras una serie de jaques a la descubierta, la posición blanca quedará vacía de sustancia.

diagrama 12

1... Tg2+ 2.Rh1 Txg3+ 3.Rh2 Tg2+ 4.Rh1 Txg5+ 5.Rh2 Tg2+ 6.Rh1 Txc2+ 7.Rg1 Tg2+ 8.Rh1 Txb2+

9.Rg1 Tg2+ 10.Rh1 Txa2+ 11.Rg1 Txa1. 0-1.
Un barrido espectacular que hace desaparecer hasta seis piezas incluidos los peones.

El jaque doble

Si la pieza que se mueve da jaque también, el jaque a la descubierta se convierte en un jaque doble. Su particularidad estriba en que el rey sólo puede defenderse con la huida.
He aquí brillantes ejemplos de la utilización de un jaque doble.
Mieses-anónimo, Liverpool, 1900

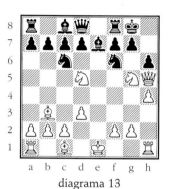

diagrama 13

1.Dg6!! Las blancas realizan este movimiento con la idea de capturar el caballo negro f6 con su caballo d5, para dar mate a continuación en h7.
1... fxg6 2.Cxe7++ Rh8 3.Cxg6#
Nei-Petrossian, URSS, 1961

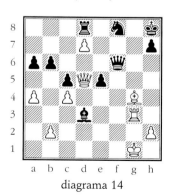

diagrama 14

1.Dg8+!! (si 1... Rxg8 2.Ae6+ Rh8 3.Tg8 #). 1-0.

El ataque doble

Un ataque doble permite desplegar amenazas múltiples y simultáneas, lo que hace la defensa muy difícil, y a veces imposible. El ataque doble se produce cuando la pieza jugada ataca a dos piezas enemigas. Si no se puede capturar esta pieza, o si ninguna de las piezas atacadas puede sustraerse a la amenaza creando un peligro aún mayor, el jugador que ha realizado el ataque doble consigue ganancia material. Todas las piezas y los peones, salvo los que están situados en las columnas de torre pueden realizar ataques dobles. Las consecuencias serán más importantes si la pieza que protagoniza el ataque doble amenaza a piezas de valor superior, por ejemplo, un peón que ataca a una dama y un rey. En el diagrama 15, la torre d5 ataca a los dos caballos.

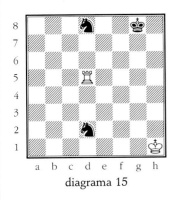

diagrama 15

El rey también puede protagonizar este juego:

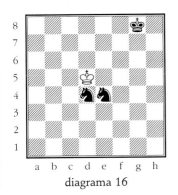

diagrama 16

La preparación anticipada

En el diagrama 17, las negras no pueden arriesgarse a capturar el peón e4 con su caballo, pues sufrirían un ataque doble.

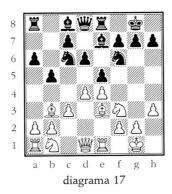

diagrama 17

Si 1... Cxe4 2.Ad5. Las blancas realizan un ataque doble contra los dos caballos negros.

La horquilla

Cuando el ataque doble lo realiza un peón, el cuadro resultante recuerda las puntas de una horquilla o unas gafas. Con el tiempo, el término «horquilla» se ha impuesto. Ahora, se utiliza con frecuencia para describir un ataque doble realizado en dos direcciones diferentes, especialmente con la ayuda de un caballo.

Los diagramas 18, 19 y 20 presentan ejemplos de horquillas realizadas con un peón, con un caballo y con una dama.

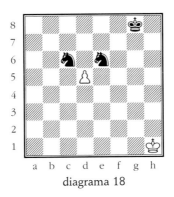

diagrama 18

diagrama 19

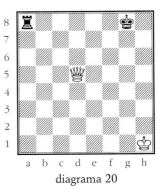

diagrama 20

Al principio de la partida

El tema de la horquilla se presenta al principio de algunas partidas, como en el ejemplo siguiente:
1.d4 d5 2.c4 e6 3.Cc3 Cf6 4.Cf3 Cbd7 5.e3 Ad6 6.Ad3 c6 7. 0-0 0-0 8.e4
He aquí la posición resultante:

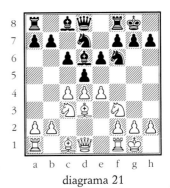

diagrama 21

Las negras tienen que frenar la amenaza de horquilla que representa el avance del peón e4 a e5. La solución más simple consiste en capturar ese peón.

Las aplicaciones de los campeones

Examinemos el diagrama 22. Las negras preparan una horquilla. Tolouch-Smagin, URSS, 1952

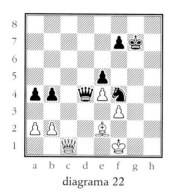

diagrama 22

1... Dg1+! 2.Rxg1 Cxe2+ 3.Rf2 Cxc1. 0-1.

Las blancas abandonan, pues las negras tienen un caballo más que ellas: esta ventaja es decisiva. En el diagrama 23, las blancas preparan una horquilla de caballo. Dückstein-Johannessen, Moscú, 1956

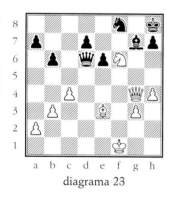

diagrama 23

1.Dxg7+! Rxg7 2.Ce8+. 1-0.

Un ataque desafortunado

Las negras han jugado su caballo en c5 para atacar al peón d3, pero serán víctimas de una combinación.

diagrama 24

1.Txc5! Axc5 2.Dh5+ g6 3.Dxc5. Las blancas han ganado dos piezas menores por una torre, lo que representa una evidente ganancia de material.

La clavada

Una pieza A clava a una pieza B cuando A ataca a B y B no puede moverse sin descubrir una amenaza de A contra una pieza C más fuerte que B. La pieza C puede ser más fuerte que A, o puede carecer de protección.

La pieza A tiene que ser una dama, una torre o un alfil, mientras que la pieza B puede ser cualquiera, excepto el rey. Si la pieza C es el rey, entonces B no puede moverse; en este caso, se dice que se trata de una clavada absoluta: se impone desplazar el rey o capturar A para salir de esta clavada. Si C es cualquier otra pieza, B puede moverse, pero a riesgo de que se pierda la pieza C: se trata de una clavada relativa. Las clavadas aparecen con frecuencia en una partida, incluso en la apertura. Los alfiles se desplazan a menudo a g5 o b5 (g4-b4 para las negras) para clavar a los caballos, obstaculizando así el desarrollo del otro bando.

En el diagrama 25, la pieza A es el alfil b3, que clava al caballo d5 (la pieza B); la pieza C es el rey g8.

diagrama 25

Aquí la clavada es absoluta. Las negras no pueden realizar ningún movimiento eficaz y perderán el caballo, que no puede desplazarse porque dejaría al rey en jaque.

Cómo librarse de una clavada

Hay tres métodos, que pueden ser complementarios, para zafarse de una clavada.

• El primer método consiste en atacar a la pieza que realiza la clavada. En el diagrama 26, si la dama d8 no escoge este método y sale de la clavada con 1... Dc7, por ejemplo, entonces 2.Axf6 gxf6. Las negras doblan sus peones del enroque, lo que nunca es bueno.

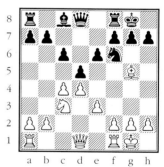

diagrama 26

Así pues, hay que presionar a la pieza que realiza la clavada. La única manera de eludirla es: 1... h6. Atacar a la pieza que efectúa la clavada es el medio más simple de luchar contra ella.

2.Ah4. Las blancas mantienen la clavada.
2... g5?! Esta manera de proceder debilita el enroque, y suele comportar consecuencias negativas para la seguridad del rey, que pueden aparecer mucho más tarde en el desarrollo de la partida.
3.Ag3, etc.

• El segundo método consiste en interponer entre B y C una pieza que contrarreste el ataque de A.
En el diagrama 27, juegan blancas. El alfil g5 no efectúa una verdadera clavada gracias a la presencia del alfil negro en e7.

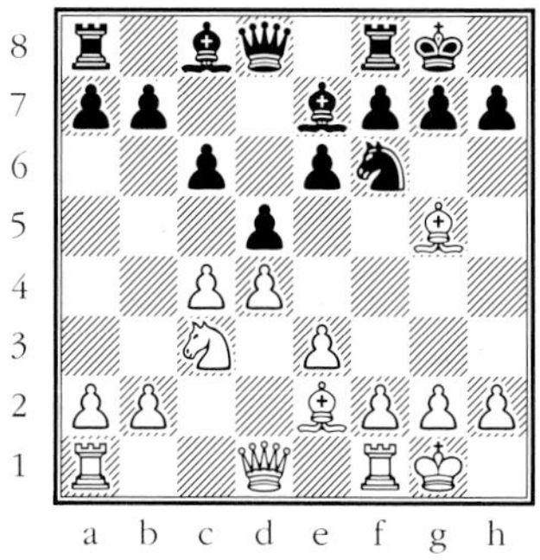

diagrama 27

1.cxd5 Cxd5. El caballo negro puede moverse sin temor. 2.Axe7 Dxe7, etc.

• El tercer método consiste en desplazar la pieza C creando una amenaza al menos tan fuerte como la captura de B por A.
En el diagrama 28, las negras juegan y parecen condenadas a perder su caballo.

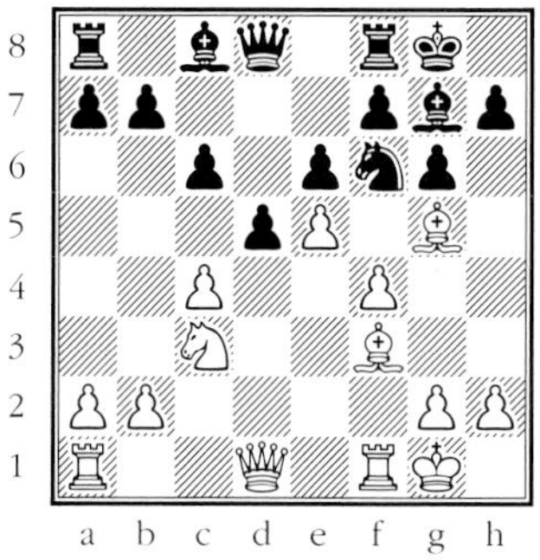

diagrama 28

1... Db6+. El jaque manda. Las blancas deben neutralizarlo y, en el movimiento siguiente, el caballo f6 podrá escaparse.

Cómo explotar una clavada

En el caso de que un bando tenga problemas para librarse de una clavada, conviene conocer los medios para explotar al máximo esta situación. Puede ser interesante sobreatacar la pieza clavada para capturarla, o atacar los peones defendidos por la pieza clavada.
En el diagrama 29, la dama y el rey blancos están alineados en la diagonal a7-g1, sobre la cual está situada la dama negra...
Bairamov-Gik, URSS, 1963

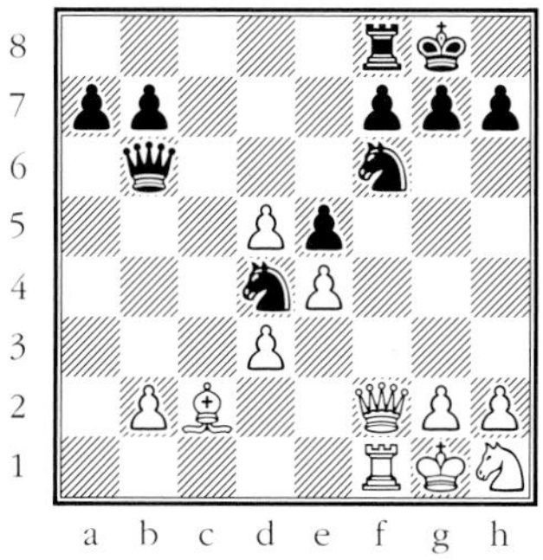

diagrama 29

1... Ce2#. En efecto, la dama blanca clava a la dama negra, que no puede neutralizar el jaque del caballo.
En el diagrama 30, la dama negra clava a la torre blanca f2, y la torre negra g6 clava al peón g2.
Gross-Hellmayr, Linz, 1996

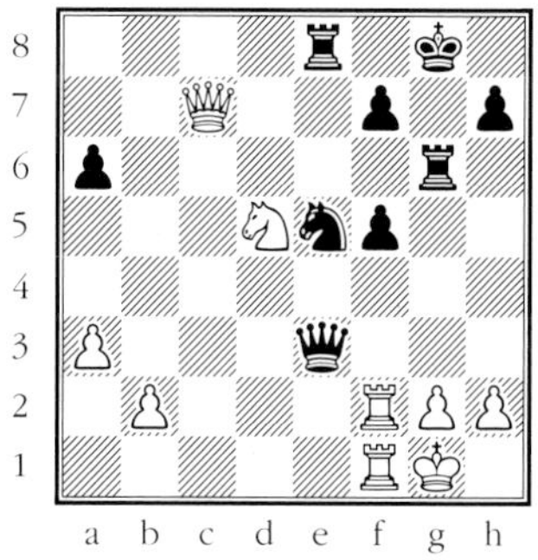

diagrama 30

1... Cf3+! El caballo no se puede capturar por la doble clavada de la torre f2 y del peón g2.
2.Rh1 Dxf2 3.Ce7+ (si 3.Txf2 Te1+ 4.Tf1 Txf1#).
3... Txe7! 4.Dc8+ Rg7 5.Dc3+ Dd4. 0-1.
Por último, he aquí una dama que clava:
Sumov-Winawer,
San Petersburgo, 1875

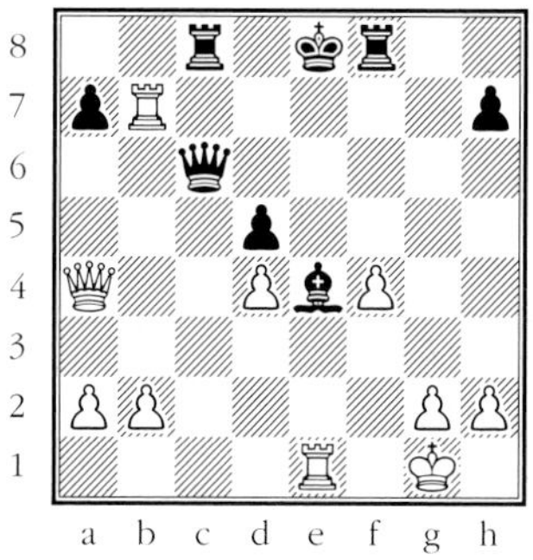

diagrama 31

1.Tc1! Ac2 (si 1... Dxa4 2.Txc8#).
2.Txc2. 1-0.

Algunas nociones de notación

(este cuadro completa el de la página 141)

0-0: enroque con la torre h1 o la torre h8 (enroque corto)
0-0-0: enroque con la torre a1 o la torre a8 (enroque largo)
a.p.: captura «al paso»
!: jugada buena
!!: jugada muy buena
?: jugada mala
??: jugada muy mala
?!: jugada dudosa
!?: jugada interesante
=: posición equilibrada
⩲: las blancas tienen ligera ventaja
±: las blancas tienen clara ventaja
+−: las blancas tienen ventaja decisiva
⩱: las negras tienen ligera ventaja
∓: las negras tienen clara ventaja
−+: las negras tienen ventaja decisiva

La eficacia de la torre

En el diagrama 32, el peón e4 resulta atacado dos veces por las negras y sólo tiene una protección: ¡corre peligro de captura!

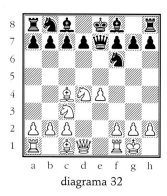
diagrama 32

1... Cxe4?? 2.Cxe4 Dxe4 3.Te1. Y la dama, clavada por la torre, está perdida.

El diagrama 33 muestra un final de partida que explota, no sin encanto, el tema de la clavada.

Durao-Catozzi, Portugal, 1957

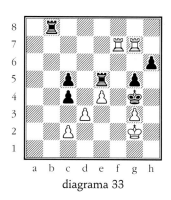
diagrama 33

El peón g5 está clavado por la torre g7.
1.Tf4+! Rh5 2.Th4+! gxh4 3.g4#

La clavada por un alfil

En el diagrama 34, las posiciones de la dama y el rey negros, alineados en la diagonal a3-f8, parecen prestarse a una combinación de clavada.

Bründtup-Budrich, Berlín, 1954

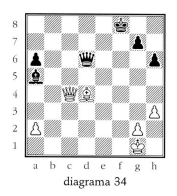
diagrama 34

1.Ac5 Ab6. Las negras esperan resolver el problema con esta contraclavada.
2.Df4+! ¡Maravilloso! Las clavadas se multiplican. La dama negra será capturada en la siguiente jugada.
En el diagrama 35, la dama negra ha sido arrastrada a una casilla en la que quedará clavada.

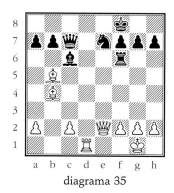
diagrama 35

1.Dxe7+! Dxe7 2.Td8+. La dama negra, clavada, no puede capturar la torre d8.
2... Ae8 3.Txe8#. La dama negra, clavada, no puede capturar la torre e8.

La eficacia relativa de la clavada

La clavada es un arma táctica de primera importancia; pero sería imprudente sobreestimar su eficacia. El diagrama 36, en el que juegan blancas, nos da un ejemplo categórico.

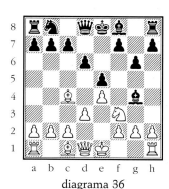
diagrama 36

1.Cxe5! El caballo blanco se libra de la clavada, sin importarle la amenaza que pende sobre su dama.
1... Axd1 2.Axf7+ Re7 3.Ag5#
En el diagrama 37, una serie de dos jaques al rey permite eliminar la clavada. Juegan blancas.

diagrama 37

1.Axf7+! Rxf7 2.Cg5+ Re8 3.Dxg4. Las blancas conservan un peón de ventaja y tienen una posición muy favorable.

La enfilada

Este término designa principalmente el hecho de dar jaque y, tras la huida del rey, capturar la pieza enemiga que estaba situada detrás de éste. El jaque sólo tiene interés cuando la pieza codiciada es más fuerte que la pieza que da jaque, o cuando no está defendida, y también cuando no puede ser protegida por el rey en su huida. Por extensión, el término se utiliza también en el caso de que la pieza atacada en primer lugar no sea el rey.

En el diagrama 38, el alfil blanco, el rey y la dama negros están sobre la misma diagonal, a2-g8.

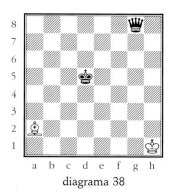

diagrama 38

En el diagrama 39, la enfilada tiene lugar en la columna d.

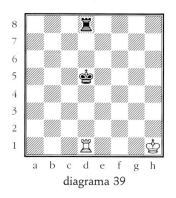

diagrama 39

El diagrama 40 ilustra el caso en que la pieza atacada no es el rey: la enfilada se produce en la fila 4.

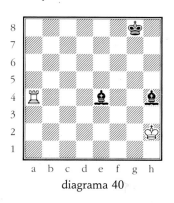

diagrama 40

Algunas combinaciones

Para demostrar la eficacia de este tema, el diagrama 41 parte de una posición aparentemente equilibrada. Juegan blancas.

diagrama 41

1.Txd6! Rxd6 2.Aa3+ Rd7 3.Axf8. Las blancas han ganado una pieza.

En el diagrama 42, las blancas tienen un peón de ventaja. Este peón ha llegado a la fila 7, a una casilla de la promoción, pero está bloqueado por su propia torre. Si ésta se aparta, abandona la protección del peón que será capturado por la torre a2. Hay que buscar una argucia táctica.

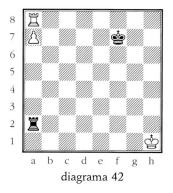

diagrama 42

1.Th8! Txa7 2.Th7+ Re6 3.Txa7.

El diagrama 43 muestra un estudio aparecido en 1454. Juegan blancas.

diagrama 43

Las negras atacan a la torre c5 y amenazan dar mate en h8; hay que reaccionar pronto y bien.
1.Th5! Txh5 2.Ta6+ Rc5 3.Ta5+ Rd4 4.Txh5+–

El sacrificio de atracción

Este sacrificio se ha utilizado en numerosas capturas de los temas precedentes, pero merece que le dediquemos un tratamiento específico. Su objetivo es atraer una pieza a determinada casilla, lo que comportará nefastas consecuencias para el adversario.

En el diagrama 44, las blancas juegan y capturarán a la dama negra.

diagrama 44

1.Td4+. Esta jugada atrae a la dama a una casilla favorable.
1... Dxd4 2.Ce6+
La atracción es también una fuente de mates.

187

El diagrama 45 nos muestra un ejemplo. Juegan blancas.

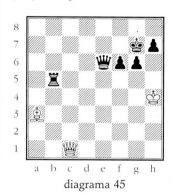

diagrama 45

1.Dh6+!! Rxh6 2.Af8# (si 1... Rf7 2.Df8#; si 1... Rg8 2.Df8#).

El mate por asfixia

El mate por asfixia es un ejemplo de atracción. La posición del diagrama 46 permite ponerlo en práctica.

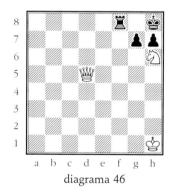

diagrama 46

1. Dg8+. La dama se sacrifica. El rey negro no puede capturarla, pues está protegida por el caballo.
1... Txg8 2.Cf7#

La más antigua composición sobre este tema que se conoce figura en el manuscrito *Abu'n na'am* (c. 840), obra de Al Adli.
El diagrama 47 la representa. Juegan blancas.

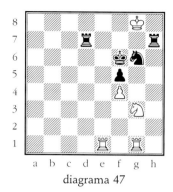

diagrama 47

1.Ch5+! El caballo atrae a la torre.
1... Txh5 2.Txg6+! La torre atrae al rey.
2... Rxg6 3.Te6#
He aquí la forma en que Bobby Fischer concluyó un ataque con las negras, gracias a un sacrificio de atracción de la dama particularmente estético.

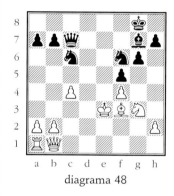

diagrama 48

1... Dxf4+ (si 2.Rxf4 Ah6 #; si 2.Re2 Cd4–+; si 2.Rf2 Cg4+ 3.Rg2 Ce3+ 4.Rf2+ Ad4–+). 0-1.

El sacrificio de extracción

La extracción tiene por único objetivo el rey. Se trata de ofrecerle cebos que puede rehusar, y de hacerlo salir a terreno descubierto. Cuanto más avance, mayores serán las posibilidades de mate.
Las extracciones que siguen aparecen al comienzo de la apertura.
Lazard-jugador anónimo, 1903
1.e4 e5 2.f4 exf4 3.Cf3 g5 4.Ac4 Ag7 5.d4 g4 6.Axf4 gxf3 7.0-0 fxg2¿

La posición resultante es la que muestra el diagrama 49.

diagrama 49

Las blancas ya han dado un caballo para conseguir ventaja de desarrollo y un ataque directo contra el rey; necesitan continuar este ataque sin desfallecer.
8.Axf7+! Es el primer sacrificio de extracción del rey. Fíjese que la mayoría de las piezas negras aún están en su base.
8... Rxf7 9.Dh5+ Re7 10.Ad6+. El segundo sacrificio de extracción, que fuerza al rey a dar otro paso adelante.
10... Rxd6 (si 10... cxd6 11.Df7#).
11.Dc5+ Re6 12.d5+ Re5 13.d6+! Rxe4 (si 13... Re6 14.Dd5#).
14.Cd2#
Asch-Mattisson, 1930
1.e4 e5 2.Cf3 Cc6 3.Ab5 a6 4.Aa4 Cf6 5.0-0 b5 6.Ab3 Ae7 7.d4 Cxd4¿
He aquí la posición resultante:

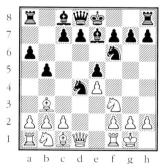

diagrama 50

8.Axf7+! Comienza la extracción del rey.
8... Rxf7 9.Cxe5+ Re6 10.Dxd4 c5

188

11.Dc3 b4. Las negras se juegan el todo por el todo: intentan capturar el caballo e5 con un juego arriesgado.
12. Dh3+! Las blancas ofrecen al rey un nuevo regalo envenenado. 12...
Rxe5 13.Af4+! Un verdadero fuego de artificio.
13... Rxe4 (si 13... Rxf4 14.Df5#).
14.Te1+ Rxf4 (si 14... Rd5 15.Df3+ +–).
15.Dg3+ Rf5 16.Te5#
He aquí la posición conseguida por Holzhausen y Tarrasch en una partida disputada en Berlín, en 1912.

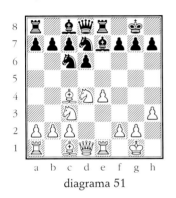

diagrama 51

1.Axf7+! Rxf7 2.Ce6! Las blancas aprovechan la mala comunicación entre el rey y sus piezas pesadas.
2... Rxe6. Si no, la dama está perdida.
3.Dd5+ Rf6 4.Df5#
El sacrificio de extracción inicial se produce muy a menudo en f7 o f2, pero hay otras posibilidades, como las de la partida siguiente. La fase recogida en el diagrama 52 constituye una de las más bellas combinaciones jamás realizadas.
Lasker-Thomas, Londres, 1912

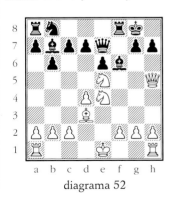

diagrama 52

12.Dxh7+!! Rxh7 13.Cxf6+ Rh6 (si 13... Rh8 14.Cg6#).
14.Ceg4+ Rg5 15.h4+ Rf4 16.g3+ Rf3
17.Ae2+ Rg2 18.Th2+ Rg1 19.Rd2#
El diagrama 53 reproduce la posición final obtenida. ¡El rey negro ha atravesado todo el tablero!

diagrama 53

El sacrificio de obstrucción

El sacrificio de obstrucción permite bloquear una casilla primordial para la defensa del adversario. Impide, por ejemplo, avanzar un peón. El antiguo campeón del mundo, Bobby Fischer, realizó una brillante demostración de la eficacia de la obstrucción. El diagrama 54 nos la presenta.

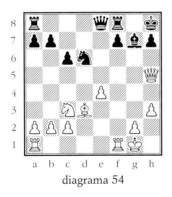

diagrama 54

Hay una amenaza latente en h7. Pero jugar 1.e5 no serviría de nada, pues 1... f5 2.Dxe8 Cxe8
1.Tf6!! La obstrucción del peón f7 resulta definitiva.
1... Axf6 2.e5. 1-0.

El sacrificio de desviación

Puede resultar interesante desviar una pieza enemiga en caso de que defienda a otra pieza o si controla una casilla esencial. El jugador cuenta con diversos procedimientos para ejecutar una desviación: la amenaza contra otra pieza; la captura de otra pieza que protege a la que se quiere desviar; dar jaque en una casilla controlada por esta última.
Los diagramas 55 y 56 presentan dos ejemplos de desviaciones. En ambos casos, juegan blancas.

diagrama 55

1.Te8+ Txe8. Este movimiento forzado persigue neutralizar el jaque; las negras abandonan la defensa de su dama.
2.Dxd5 +–

diagrama 56

1.Dc7+ De7 (si 1... Rg8 2.Dxg7#; si 1... Re6 2.Te3+ con una enfilada que permite capturar a la dama negra).
2.Txg7+! Rxg7 3.Dxe7+

La desviación con jaque es también un medio eficaz en los ataques de mate. Los diagramas 57 y 58 nos presentan dos ejemplos. En ambos casos, juegan blancas.

Morphy-duque de Braunschweig y conde Isouard, París, 1858

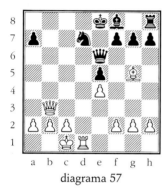

diagrama 57

1.Db8+! Cxb8 2.Td8#

Donner-Becker, Nueva York, 1968

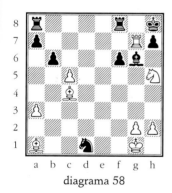

diagrama 58

1.Tg8+! Txg8 2.Axf6+ Tg7 3.Axg7#

La eliminación de un defensor

La brutal eliminación de un defensor resulta necesaria a menudo para culminar brillantemente un ataque. En el diagrama 59, se puede dar el mate del pasillo si desaparece la pieza que defiende la fila 8.

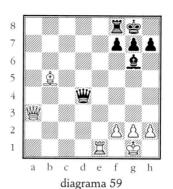

diagrama 59

1.Dxf8+! Rxf8 2.Te8#
En el diagrama 60, el defensor es el peón b7, que se puede cambiar por un material más pesado (la torre e7). Juegan blancas.
Pfleger-Dommitz, Tel Aviv, 1964

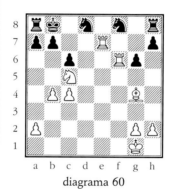

diagrama 60

1.Txb7+! Cxb7 2.Ca6#
El diagrama 61 responde al mismo principio. Juegan blancas.
Lechtynski-Kubitchev, URSS, 1968

diagrama 61

1.Dxg7+! Cxg7 2.Ch6#

La sobrecarga

La sobrecarga es una forma particular de desviación. Se trata de desviar una pieza que desempeña varios papeles, controlando casillas esenciales o defendiendo a varias piezas. El sacrificio de material forzará a la pieza sobrecargada a optar por una de sus funciones y abandonar las otras.
En el diagrama 62, la dama b8 controla la fila 8 y defiende a la torre b7; las blancas pueden aprovechar esta sobrecarga.

diagrama 62

1.Dxb7! Dxb7 2.Te8#
En el diagrama 63, la pieza sobrecargada es la torre a1.
Forberger-Stoltz, Austria, 1955

diagrama 63

1... Dxa2! La torre a1 no puede abandonar la defensa del alfil, atacado por la torre c8; además, ahora sufre el ataque de la dama. No hay salvación. 0-1.
En el diagrama 64, se aprecia la sobre-

190

carga de la dama c5, con demasiadas responsabilidades sobre sus espaldas. Book-Saila, Estocolmo, 1946

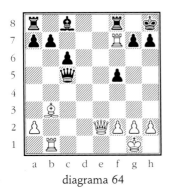

diagrama 64

1.De5! La dama blanca no se puede capturar, so pena de mate mediante Txf8. 1-0.

En el diagrama 65, la pieza sobrecargada se identifica fácilmente: es la dama c7, que impide el mate en g3 y protege a la torre c3; demasiado para ella...
Gratias-Müller, RDA, 1976

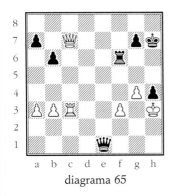

diagrama 65

1... Tf7! La torre f7 no se puede capturar, pues las negras darían mate, y la dama blanca no tiene otra casilla para seguir con sus tareas defensivas. 0-1.

El sacrificio de desbloqueo

En la mayoría de los temas precedentes, el jugador ha buscado actuar directamente contra las piezas del adversario; pero puede ocurrir que

sean sus propias piezas quienes lo obstaculicen. Entonces tiene que buscar un desbloqueo que no comprometa la amenaza principal: ese desplazamiento no debe permitir al bando contrario frenar el peligro potencial. Para ello, la pieza desbloqueada tiene que crear una amenaza suplementaria.

El diagrama 66 presenta un ejemplo que ilustra este tema. Si el caballo blanco estuviese en h5, daría mate...

diagrama 66

1.Txg5+. La torre libera la casilla h5 para el caballo, al tiempo que da jaque al rey, que no puede huir a f6 porque la casilla está ocupada.
1... fxg5 2.Ch5#
Los diagramas 67 y 68 presentan otros dos modelos que acaban también en mate. En ambos casos, juegan blancas.

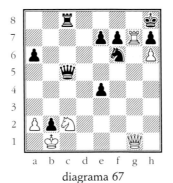

diagrama 67

1.Txh7+! Rxh7 2.Dg7#

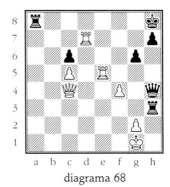

diagrama 68

1.Te8+! Txe8 2.Dd4+ Rg8 3.Dg7#

La intercepción

El objetivo de la intercepción es interponer entre dos piezas enemigas –situadas en la misma columna, fila o diagonal– una pieza que cortará su conexión en un punto estratégico o deshará su protección recíproca.

En el diagrama 69, el alfil blanco se coloca entre la dama y la torre, al tiempo que ataca a la otra torre.

191

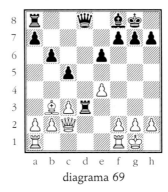

diagrama 69

1.Ad5! Aunque el peón e6 capture el alfil d5, las blancas ganan una calidad después de Dxd3.

En el diagrama 70, la dama f3 controla la diagonal a8-h1 e impide el mate de las blancas; pero esta defensa es frágil.

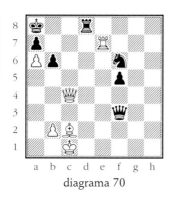

diagrama 70

1.Ae4+! Cxe4. Las otras capturas del alfil e4 conducen al mismo resultado. 2.Dc6+ Rb8 3.Db7#

La jugada intermedia

Un rasgo común a todas las combinaciones es el carácter forzado de su desarrollo. Este carácter forzado afecta también a los cambios. Pero no hay que fiarse de las apariencias, pues la jugada esperada no siempre se produce. Puede realizarse un movimiento intermedio que cambie por completo la fisonomía de la posición. En el diagrama 71, juegan negras, que deciden cambiar una pareja de torres en vez de desplazar su caballo amenazado.

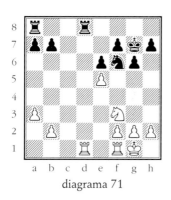

diagrama 71

1... Txd1¿¿ Las blancas explotarán este error y ganarán una pieza.
2.exf6+! ¡He aquí la jugada intermedia que da jaque!
2... Rxf6 3.Txd1 +–

La jugada intermedia también puede frenar una amenaza directa. Por ejemplo, en la situación que presenta el diagrama 72, en la que juegan negras:

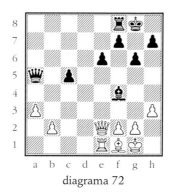

diagrama 72

1... Ad2¿¿ 2.b4! Dd8 (si 2... cxb4 3.Dxd2 y ganan una pieza).
3.Td1. El alfil ha caído en la trampa.

La promoción

La promoción de un peón que llega a la fila 8 (o a la 1) siempre es una metamorfosis mágica en una partida de ajedrez. Se trata de un medio radical para modificar la relación de fuerzas entre los dos bandos. En pocos movimientos, uno de los protagonistas puede contar con una dama ¡en lugar de un peón! Si el tema de la promoción aparece sobre todo en el final de partida, cuando es a menudo el objetivo principal, dadas las pocas piezas que quedan, también es un tema táctico del medio juego. En efecto, la promoción de un peón en esta fase supone con frecuencia la inmediata finalización de la partida. También es una seria amenaza: si un bando tiene que preocuparse de frenar el avance de un peón pasado, no puede defender al mismo tiempo la otra esquina del tablero. Si el peón está bloqueado por una pieza enemiga, hay medios para resolver el problema. El caso más simple aparece en el diagrama 73, donde juegan blancas.

diagrama 73

1.Te8+ Txe8 2.dxe8=D#
El diagrama 74 presenta un grado suplementario de dificultad. Juegan blancas.

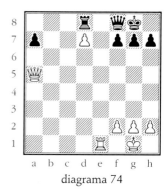

diagrama 74

1.Dxd8! Dxd8 2.Te8+ Dxe8 3.dxe8=D#

El diagrama 75 presenta una posición que induce a otra forma de promoción que conviene conocer. Juegan blancas.

diagrama 75

1.e7+ Df7 2.e8=D#

El alfil aprisionado

Todas las piezas pueden quedar aprisionadas, empezando por el rey (en este caso, es mate). Para encerrar al alfil, hay que construir una verdadera prisión de la que éste no pueda escaparse. Entonces será capturado o quedará sin movilidad.

La celada más simple para capturar un alfil nos la presenta el diagrama 76. Juegan blancas.

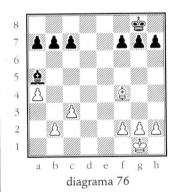

diagrama 76

1.b4 Ab6 2.a5. El alfil no puede escapar.

El diagrama 77 presenta una situación similar. Juegan blancas.

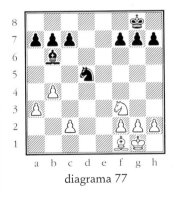

diagrama 77

1.c4 Cf6 2.c5 +–

No obstante, la celada puede fallar en situaciones aparentemente similares, como lo demuestra el comienzo de la siguiente partida (defensa holandesa):

1.d4 f5 2.Ag5 h6 3.Ah4 g5 4.Ag3

El diagrama 78 muestra la posición resultante.

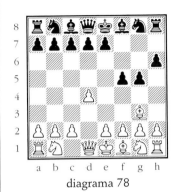

diagrama 78

4... f4‽ Las negras, muy ingenuas, creen que pueden capturar el alfil.
5.e3! e5. Las negras están obligadas a jugar e5 para impedir el mate que daría la dama en h5.
6.exf4 exf4 7.Axf4! gxf4 8.Dh5+ Re7 9.De5+ Rf7 10.Dxh8. La ventaja material es sustancial.

Por el contrario, la celada funciona de maravilla en el diagrama 79. Las negras juegan y capturan el peón a2.

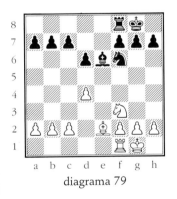

diagrama 79

1... Axa2‽‽ 2.b3. La amenaza Ta1 es imparable, y el alfil es capturado.

Una aplicación de los campeones

Durante el mítico encuentro que disputaron en 1972 Fischer y Spassky, este tema apareció en la primera partida. Fischer, siempre fiel a sí mismo, asumió un gran riesgo dejando a su alfil encerrado. Perdió

la partida, pero, como demostraron los análisis, este hecho no tuvo nada que ver con el resultado. El diagrama 80 muestra la posición tras el movimiento 29 de las blancas.
Spassky-Fischer, Reykjavík, 1972

diagrama 80

29... Axh2‽ Fischer no se resiste a la provocación y a la glotonería.
30.g3 h5 31.Re2 h4 32.Rf3 Re7 (si 32... h3 33.Rg4 Ag1 34.Rxh3 Axf2 35.Ad2! gana el alfil; si 32... g5‽ 33.Rg2 g4 34.Rxh2 h3 35.e4 con la amenaza 36.f3+–).
33.Rg2 hxg3 34.fxg3 Axg3 35.Rxg3 Rd6 36.a4 Rd5 37.Aa3 Re4 38.Ac5! a6 (si 38... b6‽ 39.Axb6+– axb6 40.a5 bxa5 41.b6 gana).
39.b6! f5 (si 39... e5 40.Rg4 g6 41.Rg3! f5 42.Rh4 f4 43.exf4 Rxf4 44.Ae7! e4 45.Ag5+ Rf3 46.Ac1! e3 47.Rg5 e2 48.Ad2 Rf2 49.Rxg6+–).
40.Rh4 f4‽ (hubiera sido mejor 40... Rd5 41.Af8 g6 42.Rg5 Re4 43.Rf6! Rxe3 44.Rxe6 Rd4 45.Rd7 f4 46.Ad6 f3 47.Ag3+–).
41.exf4 Rxf4 42.Rh5! Rf5 (si 42... g5 43.Rg6! g4 44.Ad6+ e5 45.Rf6 g3 46.Axe5+ Rf3 47.Re7 g2 48.Ad4 gana; si 42... e5 43.Rg6 e4 44.Rxg7 e3 45.Axe3+ Rxe3 46.Rf6 Rd4 47.Re6 Rc4 48.a5 gana).
43.Ae3 Re4 (si 43... g6+ 44.Rh6 Rf6 45.Ad2 Rf5 46.Ag5 e5 47.Ad2 Rf6 48.Ae3 Rf5 49.Ag5+–).
44.Af2 Rf5 45.Ah4 e5 (si 45... g6+ 46.Rh6 e5 47.Ag5 e4 48.Ad2 Rf6 49.Ae3 Rf5 50.Ag5+–).
46.Ag5 e4 47.Ae3 Rf6 (si 47... g6+ 48.Rh4 Rf6 49.Rg4+–).
48.Rg4 Re5 49.Rg5 Rd5 50.Rf5 a5

193

(o si 50... Rc4 51.Rxe4 Rb4 52.Rd5 Rxa4 53.d6+–).

51.Af2. Las negras están en «zugzwang». 51... g5 52.Rxg5 Rc4 53.Rf5 Rb4 54.Rxe4 Rxa4 55.Rd5 Rb5 56.Rd6 (si 56... a4 57.Rc7 Ra6 58.Ac5 Rb5 59.Af8 Ra6 60.Ae7 gana). 1-0.

La dama aprisionada

Por su potencia, la dama es un objetivo privilegiado. Su considerable radio de acción hace que normalmente sea difícil aprisionarla. Pero esto puede ocurrir, sobre todo cuando se deja llevar por una irracional glotonería. Uno de los puntos sensibles está en b2; el sacrificio de este peón se conoce por lo demás con el nombre de «peón envenenado» en una variante de la defensa siciliana.

El diagrama 81 representa la posición resultante después de 1... Dxb2‽ en el curso de una partida entre Schmid y Salman, disputada en Essen, en 1948.

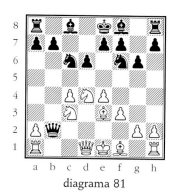

diagrama 81

Las blancas capturarán la dama negra. 2.Ca4 Da3 (si 2... Db4+ 3.Ad2). 3.Ac1. Tras 3... Db4+ 4.Ad2 Da3 5.Cb5, la dama ya no tiene casilla a donde huir. 1-0.

El aprisionamiento puede ser mucho más complejo, pero su eficacia siempre es la misma.

Así lo prueba el diagrama 82. Juegan negras.

Koguinov-Roubane, Leningrado, 1966

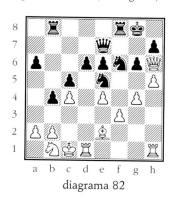

diagrama 82

1... Cfxg4! El principio de una preciosa combinación.

2.fxg4 g5. Esta jugada empieza a tejer la tela de araña.

3.Thf1 Tf7 4.Txd6. Las blancas sacrifican material a fin de liberar a su dama.

4... Dxd6 5.Dxg5+ Tg7 6.De3 Tf8 7.Cd2 Txf1+ 8.Cxf1 Cxg4. 0-1.

La apertura

Una partida de ajedrez se divide en tres fases, estrechamente conectadas entre sí: la apertura, el medio juego y el final. La primera fase de la partida, la apertura, comporta dos objetivos principales: por una parte, la realización de un desarrollo lo más completo posible; por otra, la construcción de un sólido centro de peones (concepción clásica) o de un eficaz dispositivo de conquista del centro (concepción hipermoderna). Luego, pueden aparecer diversos objetivos secundarios: amenazar casillas débiles, desarrollar un ataque directo al rey, aislar un peón enemigo... Hay varios sistemas de desarrollo que responden a estas motivaciones y configuran un considerable número de posibilidades, llamadas «inicios». Los inicios están formados por las jugadas blancas y negras con que comienza la partida. Las variaciones de desarrollo de los peones centrales (e2 y d2 o e7 y d7) y, principalmente, de los alfiles (los caballos suelen ocupar las mismas casillas) configuran los diferentes esquemas de las aperturas. 5, 8, 11 o 15 movimientos, no hay duración realmente significativa para una apertura: lo que decide es el conjunto de objetivos que pretende alcanzar. Por supuesto, se podría limitar la apertura al momento en que todas las piezas ya se han desarrollado, y hacer de él la frontera entre la apertura y el medio juego. Pero el estudio de la estrategia muestra que no resulta fácil delimitar este momento, y que una partida bien conducida se basa en la continuidad de los planes y las ideas.

Una nueva concepción, vinculada a la gran preparación de los jugadores actuales, considera que la apertura acaba cuando éstos han agotado todos los conocimientos teóricos acumulados. La apertura resulta así una especie de figura impuesta.

Los principios generales

Comenzar la partida es crear el primer eslabón de una estrategia. Ésta requiere fijar un objetivo, y la estrategia no es sino un medio para alcanzarlo, con el apoyo de la táctica. Desde el comienzo de la partida, hay que aplicar una serie de principios fundamentales. La posición de base ya nos es familiar, pero ¿cómo desarrollar sus peones y sus piezas? ¿Con qué objetivo? En el ajedrez, lo que se asimila bien, se ejecuta fácilmente sobre el tablero. Por supuesto, las blancas, que juegan primero, tienen una ligera ventaja, e intentarán concretarla y desarrollarla. Las negras tienen que hacer todo lo posible por neutralizar esta ventaja y aprovechar cualquier oportunidad para invertir la relación de fuerzas. Al principio, el campo de batalla del tablero parece uniforme; pero, de hecho, encierra todo tipo de celadas y ardides.

Los primeros movimientos

Para guiar su estrategia, el jugador establece en primer lugar una jerarquía de sus fines. De acuerdo con el objetivo inicial del juego de ajedrez, el rey, la pieza más codiciada, debe encontrar un refugio seguro, usualmente gracias al enroque. Para permitir el enroque, los peones centrales deben liberar a las piezas menores, que a su vez dejarán camino libre al rey. Este último puede intercambiar posiciones con la torre elegida (enroque corto o largo) y refugiarse tras la muralla de peones. Resuelta la situación del rey, el jugador puede completar el desarrollo buscando un emplazamiento ideal para la dama, verdadera torre de control. Por último, sitúa las torres en las columnas centrales, según lo pida la estructura de peones. Con esto, se puede dar por concluida la fase de la apertura. Empieza el combate del medio juego.

Estos primeros movimientos, aunque aplicables a casi todos los comienzos de partidas, no son los únicos posibles. La elección de un inicio de partida debe apoyarse en el indispensable conocimiento de las nociones básicas de estrategia.

Un ejemplo de inicio de partida

Muy en concreto, ¿cómo iniciar la partida? En principio, y salvo algunos saltos de los caballos, las primeras jugadas de la partida consisten obligatoriamente en movimientos de peones. La cuestión está en qué peones mover y dónde colocarlos. Como podemos ver en el diagrama 1, las casillas de liberación de los caballos blancos son f3 y c3. No hay más elección, pues «lanzar» a los caballos hacia los extremos los pondría más tarde al alcance de los alfiles enemigos y les impediría ejercer una influencia directa sobre el centro. Hay que evitar, pues, los movimientos Ch3 o Ca3.

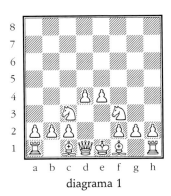

diagrama 1

En el caso de las blancas, las salidas de los alfiles c1 y f1 son más flexi-

bles, pues, tras el avance de los peones e2 y d2, cuentan con más casillas; además, tienen la posibilidad del «fianchetto»; este término, derivado del italiano *fiancata*, significa «movimiento de costado». La expresión la utilizó originariamente Ponziani (1719-1796) para designar un movimiento de peón en el extremo. Luego se aplicó al desarrollo lateral del alfil en g2, b2, g7 o b7. Aquí ya intervienen las opciones estratégicas. El diagrama 2 muestra las diferentes posibilidades.

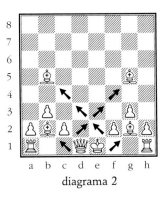

diagrama 2

El avance de los peones

Volvamos a los peones, en especial a los peones e2 y d2. Su avance es indispensable. ¿Por cuál empezar? ¿El avance de uno de ellos no pone en peligro el del otro? A esta segunda pregunta hay que responder afir-

195

Algunos grandes principios

Siempre que sea posible, se deben respetar los siguientes principios:
1. Desarrollar los peones y las piezas hacia el centro.
2. No jugar la dama demasiado pronto, ni en forma reiterada, sin una buena razón.
3. Sacar los caballos antes que los alfiles.
4. Buscar el enroque lo antes posible.
5. Vincular las torres.
6. Como regla general, no cambiar un

peón del centro por un peón del ala.
7. Reorientar los peones hacia el centro.
8. No mover las piezas sin objetivo.
9. En la medida de lo posible, evitar las clavadas del contrario.
10. Evitar los peones atrasados o doblados.

Esta lista no es exhaustiva, pero si uno procura ajustarse a estos principios básicos, evitará caer en las celadas de la fase inicial.

mativamente. En el ajedrez, cada jugada implica una respuesta del contrario, que busca oponerse de forma más o menos directa al plan elaborado. Por ejemplo, a 1.e4, las negras pueden responder con e5 y comprometer el avance directo 2.d4, que iría contra el principio básico de evitar una imprudente salida de la dama tras 2... e5xd4 3.Dxd4, representada en el diagrama 3.

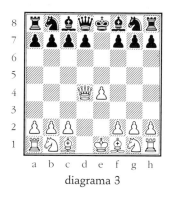

diagrama 3

En caso de 1.d4, ocurriría lo mismo con 1... d5.

La importancia del centro

El ajedrez implica un constante compromiso entre las ventajas y los inconvenientes de los diversos movimientos. No se puede elegir un buen comienzo sin tener presente la noción de centro, pues un desarrollo armonioso exige la ocupación de las casillas centrales. Se distingue el gran centro (⬚) y el pequeño centro (□), representados en el diagrama 4.

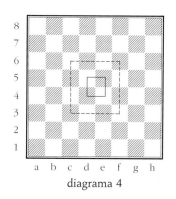

diagrama 4

El centro es una cabeza de puente para cualquier ataque contra un ala o sobre el eje central. Para aprovechar una ventaja, hay que ocupar el centro, o al menos controlarlo. La importancia del centro aparece muy pronto entre los teóricos, como es el caso de Lucena (siglo XIV). Pero fueron realmente Philidor, con su gran pasión por los peones («el alma del juego»), y La Bourdonnais quienes más se interesaron por el centro y, en especial, por su control. El análisis de las aperturas aún era muy limitado a principios del siglo XIX. El comienzo 1.e4 e5 era el más popular. Sólo importaba el dominio del centro. Por ejemplo, en un comienzo muy apreciado en la época, el gambito de rey, el plan consiste en desviar el peón e5 mediante el sacrificio del peón f4. Gracias a ello, el peón d2 puede avanzar luego a d4: las blancas tienen dos peones centrales. El diagrama 5 muestra el esquema resultante tras un gambito de rey.

diagrama 5

Ganar tiempo para el desarrollo puede proporcionar ventaja y, con ese fin, o con el de ocupar una casilla central, algunas aperturas recurren al gambito de un peón. El gambito es el sacrificio voluntario de un peón. Es un cambio de material por espacio, o por tiempo. La equivalencia puede apreciarse tras unas pocas jugadas, aunque ciertos gambitos requieren más tiempo para que se manifieste el verdadero alcance de la inversión. Nadie está obligado a

aceptar un gambito (esto es, a capturar). Steinitz consideraba que la aceptación era la mejor réplica posible; Lasker, por el contrario, dejaba hacer a su adversario. Un gambito puede ser contestado también con un contragambito del adversario, que ofrece a su vez un peón. He aquí, por ejemplo, el contragambito Falkbeer, representado en el diagrama 6.

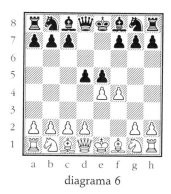

diagrama 6

Esta ocupación del centro debe ser la base de las aperturas realizadas por los principiantes. La experiencia y una comprensión más profunda de la estrategia les permitirán apreciar los numerosos matices que encierra.

Las celadas en las aperturas

Desde el principio, pueden aparecer ya todas las combinaciones: la clavada, el ataque doble, el jaque a la descubierta, etc. Conviene volver a examinarlas en el marco del examen de las aperturas.

La clavada

La clavada puede utilizarse en una línea del gambito de Budapest. 1.d4 Cf6 2.c4 e5 3.dxe5 Cg4 4.Af4 Cc6 5.Cf3 Ab4+ 6.Cbd2 De7 7.a3 Cgxe5

Maïa Tchibourdanidze, georgiana, gran maestra internacional desde 1984 y campeona del mundo femenina de 1978 a 1991. ▶

El diagrama 7 representa la posición resultante.

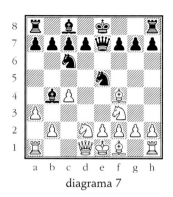

diagrama 7

La última jugada de las negras encierra una sencilla celada, en la que caerán las blancas.
8.axb4?? Cd3#

He aquí una utilización de la clavada en un gambito de rey.
Steinitz-jugador anónimo, 1863
1.e4 e5 2.Cc3 Cc6 3.f4 exf4 4.Cf3 Ab4 5.Cd5 Aa5 6.Cxf4 d6 7.c3 Ab6 8.d4 Ag4 9.Ab5 Rf8 10.0-0 Ce5
El diagrama 8 nos muestra la posición resultante.

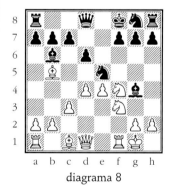

diagrama 8

11.Cxe5 Axd1 12.Cfg6+ hxg6 13.Cxg6#
La clavada se puede utilizar asimismo en una defensa Petroff.
Zapata-Anand, Viena, 1988
1.e4 e5 2.Cf3 Cf6 3.Cxe5 d6 4.Cf3 Cxe4 5.Cc3 Af5??

El diagrama 9 nos muestra la posición resultante.

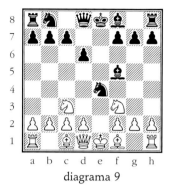

diagrama 9

6.De2 (si 6... d5 [o 6... De7 7.Cd5 Dd8 8.d3 c6 9.dxe4 cxd5 10.exf5+ gana] 7.d3. Esto permite ganar una pieza).
1-0.

La desclavada

He aquí la utilización de la desclavada en una línea de la defensa francesa.
1.e4 e6 2.d4 d5 3.Cc3 Ab4 4.exd5 Dxd5 5.Dg4 Ce7 6.Dxg7 De4+??
El diagrama 10 nos muestra la posición resultante.

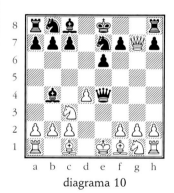

diagrama 10

7.Rd1!+−

También puede aparecer en una línea de un gambito de dama no aceptado: 1.d4 d5 2.c4 e6 3.Cc3 Cf6 4.Ag5 Cbd7 5.cxd5 exd5 6.Cxd5?

El diagrama 11 nos muestra la posición resultante.

diagrama 11

6... Cxd5! 7.Axd8 Ab4+ 8.Dd2 Axd2+ 9.Rxd2 Rxd8−+

La desviación

La desviación se puede utilizar en una línea de la defensa siciliana:
1.e4 c5 2.Cf3 d6 3.d4 cxd4 4.Cxd4 Cf6 5.Cc3 Cc6 6.Ac4 g6 7.Cxc6 bxc6 8.e5 dxe5??
El diagrama 12 nos muestra la posición resultante.

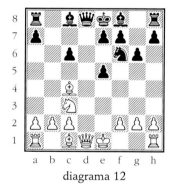

diagrama 12

9.Axf7+ Rxf7 10.Dxd8. Las blancas ganan.

He aquí la utilización de una desviación en otra línea de la defensa siciliana: 1.e4 c5 2.d4 cxd4 3.c3 dxc3 4.Cxc3 Cc6 5.Cf3 e6 6.Ac4 Dc7 7.0-0 Cf6 8.De2 Cg4 9.Ab3??

El diagrama 13 nos muestra la posición resultante.

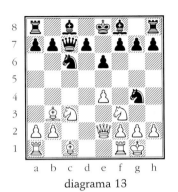

diagrama 13

9... Cd4! Ya no hay defensa; si 10.Cxd4, Dxh2; si la dama blanca se mueve, el caballo d4 captura el caballo f3, y después Dxh2.

La desviación puede aparecer también en una línea de la defensa francesa: 1.e4 e6 2.d4 d5 3.Cc3 Ab4 4.e5 c5 5.a3 Axc3+ 6.bxc3 Ce7 7.Dg4 Dc7 8.Dxg7 Tg8 9.Dxh7 cxd4 10.Ce2 Cbc6 11.cxd4¿ El diagrama 14 nos muestra la posición resultante.

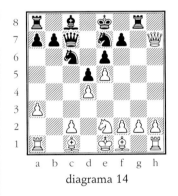

diagrama 14

11... Cxd4! 12.Cxd4 Dc3+. La última jugada gana la torre a1.
He aquí la utilización de la desviación en una línea del contragambito Albin:
1.d4 d5 2.c4 e5 3.dxe5 d4 4.e3¿ (es una mala jugada, la continuación correcta es 4.Cf3).
4... Ab4+ 5.Ad2

El diagrama 15 nos muestra la posición resultante.

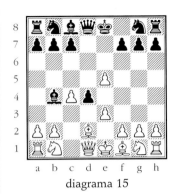

diagrama 15

5... dxe3! 6.Axb4¿ exf2+ 7.Re2 fxg1=C+ 8.Txg1 Ag4+. Las blancas pueden abandonar.

La jugada intermedia

La jugada intermedia se utiliza en una línea de la defensa francesa:
1.e4 e6 2.d4 d5 3.Cc3 dxe4 4.Cxe4 Cf6 5.Cxf6+ Dxf6 6.Cf3 b6 7.Ad3 Ab7¿¿ 8.Ag5! Axf3 9.Dd2.
He aquí la posición resultante:

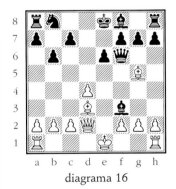

diagrama 16

Las blancas ganarán la dama:
9... Dxd4 10.Ab5+. 1-0.

Una jugada intermedia puede aparecer también en una línea del gambito de dama: 1.d4 d5 2.c4 c6 3.Cf3 Af5 4.Db3 Db6 5.cxd5 Dxb3 6.axb3 Axb1.

El diagrama 17 nos muestra la posición resultante.

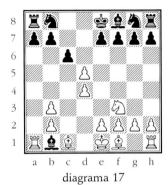

diagrama 17

7.dxc6 Ae4¿ (si 7... Cxc6 8.Txb1 con clara ventaja).
8.Txa7! Txa7 9.c7. Las blancas ganan.

El aprisionamiento de la dama

Se puede aprisionar a la dama en una defensa Caro-Kann, variante de ataque Panov.
Botvinnik-Spielmann, 1935
1.c4 c6 2.e4 d5 3.exd5 cxd5 4.d4 Cf6 5.Cc3 Cc6 6.Ag5 Db6 7.cxd5 Dxb2¿
El diagrama 18 nos muestra la posición resultante.

199

diagrama 18

El error Dxb2 conduce a una rápida pérdida de la partida.
8.Tc1 Cb4 (si 8... Cb8 9.Ca4 Db4+ 10.Ad2+–; si 8... Ca5 9.Da4+; si 8... Cd8 9.Axf6 exf6 10.Ab5+ Ad7 11.Tc2 Db4 12.De2+ Ae7 13.Axd7+ Rxd7 14.Dg4+ con clara ventaja).
9.Ca4 Dxa2 10.Ac4 Ag4 11.Cf3 Axf3

12.gxf3 Da3 13.Tc3 Cc2+ 14.Dxc2. Las blancas ganan. 1-0.

He aquí una forma de aprisionar a la dama en una línea de la defensa moderna. 1.e4 d6 2.d4 g6 3.Cf3 Ag7 4.Ac4 Cd7? El diagrama 19 nos muestra la posición resultante.

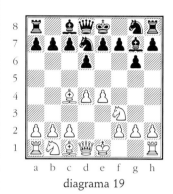

diagrama 19

La jugada Cd7 es inmediatamente castigada con: 5.Axf7+ Rxf7 6.Cg5+ Re8 7.Ce6+—

La batería

He aquí cómo montar y utilizar la batería en una defensa siciliana.
Liangov-Stoïtchev, 1966
1.e4 c5 2.Cf3 Cc6 3.d4 cxd4 4.Cxd4 g6 5.Cc3 Ag7 6.Ae3 Cf6 7.Ac4 Ca5 8.Ab3 Cxb3 9.Cxb3 0-0 10.f3 d6 11.Dd2 Ae6 12.0-0-0 Axb3 13.cxb3! Da5 14.Rb1 Tfe8 15.Ah6 Ah8 16.h4 Tac8 17.Tc1 Tc7 18.g4 Tec8?
El diagrama 20 nos muestra la posición resultante.

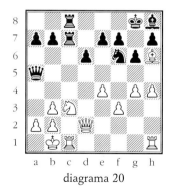

diagrama 20

19.Cd5!

Las negras pierden material indefectiblemente (si 19... Dxd2 [19... Txc1+ 20.Txc1 Txc1+ 21.Dxc1 Dd8 22.Dc8!+—] 20.Cxe7+ Txe7 21.Txc8+ Te8 22.Txe8+ Cxe8 23.Axd2. Las blancas ganan). 1-0.

El doble jaque a la descubierta

La partida Alekhine-Kussman proporciona un buen ejemplo de un doble jaque a la descubierta, en un gambito de dama.
1.d4 d5 2.Cf3 Cf6 3.c4 e6 4.Cc3 c5 5.cxd5 exd5 6.Ag5 Ae6 7.Axf6 Dxf6 8.e4! dxe4 9.Ab5+ Ad7 10.Cxe4 Db6 11.Axd7+ Cxd7 12.0-0 cxd4 13.Cxd4 Td8? (mejor jugada sería: 13... 0-0-0 14.Tc1+ Rb8 15.Dc2 g6 16.Da4 Ce5 17.Tfd1 Ag7, como en la partida Bibikov-Zbandoutto, 1947).
14.Cf5 Ce5 15.De2 g6?
El diagrama 21 nos muestra la posición resultante.

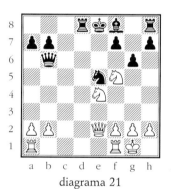

diagrama 21

16.Db5+! Cd7 (una mala jugada sería 16... Dxb5 17.Cf6#).
17.Tfe1 Ab4 18.Cf6+ Rf8 19.Cxd7+ Txd7 20.De5. 1-0.

La extracción del rey

La partida siguiente es una bonita muestra de la extracción del rey, en un gambito de dama.
Fischer-Reshevsky, 1968
1.e4 c5 2.Cf3 Cc6 3.d4 cxd4 4.Cxd4 g6 5.Ae3 Ag7 6.Cc3 Cf6 7.Ac4 0-0 8.Ab3 Ca5?
9.e5 Ce8??

El diagrama 22 nos muestra la posición resultante.

diagrama 22

10.Axf7+! Rxf7. La última jugada de las blancas, Axf7, fuerza la respuesta Rxf7, pues si 10... Txf7 11.Ce6 +—.

11.Ce6! Las blancas ganan. En efecto, si 11... Rxe6 12.Dd5+ Rf5 13.g4+ Rxg4 14.Tg1+ Rh5 15.Dd1+ Rh4 16.Dg4#. 1-0.

La clasificación de las aperturas

La riqueza de la exploración de las aperturas, la metodología que requiere su estudio y su continua evolución han convertido la teoría de las aperturas en una auténtica ciencia. Los teóricos proponen diferentes formas de clasificación que presentamos aquí.

Las aperturas abiertas o cerradas

Las aperturas se clasificaron inicialmente en cuatro grandes categorías: las aperturas abiertas, caracterizadas por 1.e4 e5; las aperturas semiabiertas, caracterizadas por 1.e4 y un primer movimiento de las negras diferente a 1... e5; las aperturas cerradas, y las aperturas semicerradas.

Los «nombres de pila»

La multiplicidad de aperturas ha llevado a los teóricos del ajedrez a determinar líneas de juego concretas y a bautizarlas. Así, cada apertura ha recibido ya sea el nombre del maestro que la inventó, perfeccionó o popularizó (aperturas Alekhine, Pirc, Benko...), ya sea una denominación vinculada a un lugar geográfico (la siciliana, la española, la francesa...), e incluso el nombre de un animal identificado con la configuración de los peones o con una imagen particular (la variante del erizo, del dragón, del orangután...).

El diagrama 23 muestra la estructura del erizo, en la que los peones negros son otras tantas púas dirigidas hacia las blancas.

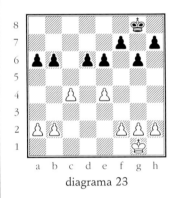

diagrama 23

La clasificación yugoslava

Los avances de la teoría y la multiplicidad de las variantes no podían contentarse con estas denominaciones «románticas», pues las aperturas principales se cuentan por decenas, las variantes por centenas ¡y las subvariantes por millares! Aun respetando la antigua designación, los teóricos se han visto obligados a clasificar las aperturas identificándolas por sus movimientos y por las posiciones que originan, pues se puede llegar a una misma posición partiendo de dos o más aperturas diferentes. Frente a este complejo sistema, los investigadores yugoslavos crea-

ron durante los años cincuenta una clasificación «enciclopédica». Su sistema divide las aperturas en cinco grandes apartados llamados arbitrariamente A, B, C, D y E.

Cada apartado se divide en diez capítulos (A1, A2, ... A9), y cada capítulo se divide a su vez en diez subcapítulos (A11, A12, ... A19). Esta clasificación puede parecer tediosa, pero permite orientarse y tiene además un carácter internacional. Para visualizar mejor este tipo de clasificación, examinemos un ejemplo. El apartado A trata de las aperturas irregulares y omite las aperturas principales 1.e4 y 1.d4. En A1 se describen las líneas de juego características de la apertura inglesa, representada en el diagrama 24.

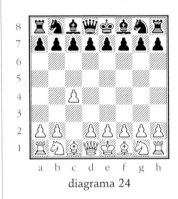

diagrama 24

En A11 se describen las respuestas con 1... c6, como muestra el diagrama 25.

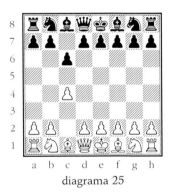

diagrama 25

La clasificación de «New in Chess»

La revista *New in Chess* ha propuesto recientemente un sistema aún poco utilizado. La aparición de la informática permite llevar más lejos aún la clasificación de las aperturas. En efecto, el hombre analiza las diferentes partidas jugadas desde el primer movimiento hasta el último; estudia y clasifica comparando los movimientos y las posiciones en este orden. Cuando los movimientos realizados al comienzo de dos partidas son idénticos, este método es eficaz; pero cuando son más o menos diferentes, comienzan los problemas, pues hay un catálogo de más de un millón de partidas efectivamente jugadas... El ordenador permite reducir los problemas, ya que la máquina puede estudiar las partidas en todos los sentidos: cada vez que encuentra la misma posición, clasifica las partidas en el mismo tipo de apertura. La operación se puede repetir rápidamente un gran número de veces. Su utilización resulta, pues, muy útil, y los programas que funcionan como «base de datos» permiten a los jugadores un mejor dominio del incesante flujo de información.

Clasificar, consultar y diseccionar las partidas y sus aperturas es sin duda muy útil. Pero tal trabajo sólo merece la pena cuando se acompaña de la comprensión de las nociones fundamentales de la estrategia —indispensables para asimilar las ideas—, y de la imaginación —indispensable para crear otras nuevas—.

201

Los finales elementales

Estos finales son la base de cualquier estudio sobre el ajedrez. El reducido número de piezas no es en absoluto un factor de simplificación, pues a veces las líneas estratégicas son más complicadas que en la apertura o en el medio juego. No obstante, el conocimiento de los finales simples es hoy bastante profundo, y es imperativo aprenderlos para orientarse correctamente en los finales más complejos.

El final torre contra alfil

En la gran mayoría de los casos, el final torre contra alfil acaba en tablas. El jugador que defiende puede recular a su rey sin temor, pero debe colocarlo en la casilla angular del color contrario al de su alfil.
En el diagrama 1, la partida acaba en tablas.

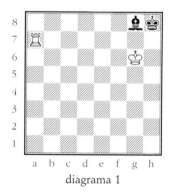

diagrama 1

l.Ta8. Tablas. No hay continuación que permita ganar.
Pero si el alfil se aleja y no tiene la protección del rey, el ataque puede prosperar, como se ve en el diagrama 2.

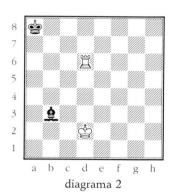

diagrama 2

1.Rc3! El alfil no tiene ninguna casilla buena.
1... Aa2 (si 1... Ag8 2.Td8+ gana; si 1...Af7 2.Td8+ Ra7 3.Td7+ gana también).
2.Ta6+. El alfil está perdido. 1-0.

El final torre contra caballo

La torre rara vez se impone al caballo, pero hay un riesgo que conviene tener presente. La defensa buena consiste en mantener el caballo cerca del rey. Abajo, las negras atacan:

diagrama 3

1...Rf3 2.Ch2+! (si 2.Rh1?? Ta1 3.Rg1 Tb1 y el caballo está perdido).
2... Rg3 3.Cf1+ Rh3 4.Rh1 Tf2 5.Rg1 Tg2+ 6.Rh1 Tg8 7.Cd2! (sería un error jugar 7.Ch2? Rg3 8.Rg1 [u 8.Cf1+ Rf2 9.Ch2 Tg7] 8... Tg7 9.Cf1+ Rf3+ 10.Rh1 Rf2 gana).
7... Rg3 8.Rg1 Tg7 9.Rf1. Y las negras no pueden imponerse.

En el diagrama 4, el caballo está muy lejos de su rey; ambas piezas no pueden unir sus fuerzas. Un ataque preciso permite conseguir la victoria.

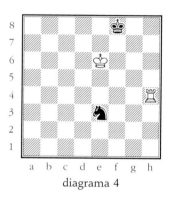

diagrama 4

1.Te4 Cd1 (si 1... Cg2 2.Rf6 y 3.Rg5 y, en fin, 4.Te2 que captura el caballo; si 1... Cc2 2.Rd5 Ca3 3.Rc5 Cb1 4.Rb4 Cd2 5.Tf4+ Re7 6.Rc3 Cb1+ 7.Rb2 Cd2 8.Rc2 gana).
2.Tf4+ Rg7 3.Tf3 Rg6 (si 3... Cb2 4.Rd5 Rg6 5.Rd4 Rg5 6.Tf1 Rg4 7.Tb1 Ca4 8.Tb4 gana).
4.Re5 Rg5 5.Rd4 Rg4 6.Tf1 Cb2 7.Tb1 Ca4 8.Tb4. El caballo no tiene escapatoria.

El final dama contra torre

El ordenador ha demostrado que este final se puede ganar siempre. He aquí el principal método triunfador:

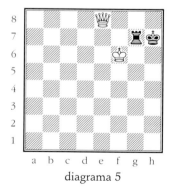

diagrama 5

1.De4+. Las blancas comienzan a preparar el terreno.
1... Rh8 (si 1... Rh6 2.Dh4#).
2.Da8+ Rh7 (si 2... Tg8 3.Dh1#).
3.De8. Las blancas alcanzan su objetivo: las negras están ahora en «zugzwang», es decir, todos sus movimientos posibles entrañan nefastas consecuencias.
3... Ta7 (si 3... Tg8 4.Dh5#; si 3... Rh6 4.Df8; si 3... Tg1 4.De4+ Rg8 5.Da8+ Rh7 6.Da7+; si 3... Tc7 4.De4+ Rg8 5.Dg2+ Rh8 6.Dh2+ Th7 7.Db8#).
4.De4+ Rg8 5.Dd5+ Rh7 6.Dh1+ Rg8 7.Dg1+. La partida está ganada. Como en toda regla, hay al menos una excepción: la que ilustra el final representado en el diagrama 6.

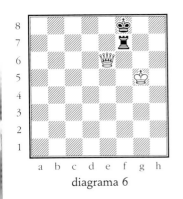

diagrama 6

1... Tg7+ 2.Rf5 (si 2.Rf6 Tg6+ =).
2... Tf7+ 3.Rg6 (si 3.Re5 Te7=).
3...Tg7+ 4.Rh6 Th7+! 5.Rxh7. Tablas.

El final torre
y alfil contra torre

Incluso hoy resulta muy difícil decir si este final se puede ganar con seguridad. En la práctica, sin embargo, la defensa es peligrosa, tanto más cuanto abundan las posiciones ganadoras.
El diagrama 7 nos muestra una de las más conocidas: la posición Philidor.

diagrama 7

1.Tc8+ Td8 2.Tc7 Td2 (también se gana tras: 2... Rf8 3.Th7 Te8+ 4.Rf6 Rg8 5.Tg7+ Rh8 [5... Rf8 6.Ad6+] 6.Tg1 Rh7 7.Rf7+–).
3.Tb7 Td1 4.Tg7 Tf1 5.Ag3 Rf8 6.Tg4 Re8 7.Tc4 Td1 8.Ah4 Rf8 9.Af6 Te1+ 10.Ae5 Rg8 11.Th4. La partida está ganada.
El caso del final torre y caballo contra torre es sencillo: acaba en tablas si se aplica una defensa correcta, y no presenta especial dificultad.

Los finales
de peones

El conocimiento de los finales de peones es indispensable, pues a menudo constituyen la última etapa en la disputa de una partida. En ésta, el peón, pese a su escaso valor aparente, puede decidir la ventaja de uno u otro bando. En efecto, en la fase final se acerca a su objetivo natural, la promoción. La consecución de este objetivo, es decir, la transformación del peón en dama, resulta en la mayoría de los casos una ventaja definitiva. Si se encuentra el camino para realizar esta promoción, se acaba por lo común con el adversario. El ejemplo más flagrante es la promoción de un peón que ha quedado solo sobre el tablero: si la consigue, da el triunfo; si fracasa, son tablas.

Los finales con un solo peón

El rey solitario tiene que esforzarse por bloquear el avance del peón. Su posición debe ser móvil: tiene que

recular y, al mismo tiempo, no dejar que el rey atacante lo aventaje. En primer lugar, el rey defensor tiene que estar dentro del «cuadrado». Este cuadrado se obtiene tomando como referencia el ángulo de la casilla que ocupa el peón y el ángulo de la casilla de promoción. Si el rey que defiende no consigue entrar en ese cuadrado, ha perdido la partida. En el diagrama 8 ofrecemos las dos posibilidades: que jueguen primero las negras, y que después lo hagan las blancas.

diagrama 8

Si juegan negras: 1... Rb4 2.g4 Rc5 3.g5 Rd5 4.g6 Re6 5.g7 Rf7. El rey negro captura el peón.
Si juegan blancas: 1.g4 Rb4 2.Rc5 g6 3.Rd5 g7. El rey negro no puede alcanzar al peón.
El otro factor determinante consiste en que el rey atacante se ponga en oposición. He aquí una posición de base: los dos bandos están en «zugzwang», y ambos quisieran que jugara el otro.

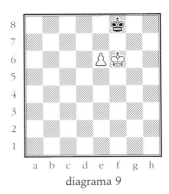

diagrama 9

Si juegan negras: 1... Re8 2.e7 Rd7

3.Rf7. El rey blanco controla por fin la casilla de promoción; no le queda más que remplazar el peón por una dama en el siguiente movimiento.

Si juegan blancas: 1.e7+ Re8 2.Re6. Cualquier movimiento diferente a Re6 implica la pérdida del peón; pero aquí las negras hacen tablas. La mejor manera de ganar consiste en colocarse en oposición lo antes posible. Veamos cómo hacerlo a partir de la posición que nos muestra el diagrama 10.

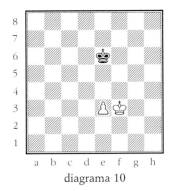

diagrama 10

1.Re4 Rd6 (si 1... Rf6 2.Rd5 Re7 3.Re5 +–).
2.Rf5 Re7 3.Re5. Las blancas se preocupan ante todo de la oposición. 3... Rd7 4.Rf6 Re8 (si 4... Rd6 5e4+–) 5.e4 Rf8 6.e5 Re8 7.Re6 (si 7.e6? Rf8 y tablas, como en el ejemplo anterior).
7... Rd8 (si 7... Rf8 8.Rd7+–).
8.Rf7. Y el peón avanza...

Tomemos un caso más difícil: juegan negras. Están en la situación representada en el diagrama 11.

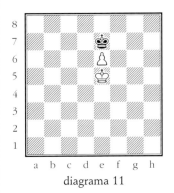

diagrama 11

1... Re8 (una pésima jugada sería 1... Rd8?? 2.Rd6 +–).
2.Rd6 Rd8. Las negras consiguen la oposición.
3.e7+ Re8 4.Re6 =

Con un peón en la columna de la torre, y si el rey defensor está bien colocado ante el peón, la partida acaba siempre en tablas. Examinemos este caso, representado en el diagrama 12.

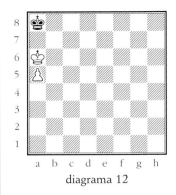

diagrama 12

1.Rb6 Rb8 2.a6 Ra8 3.a7. Como no hay casilla lateral para la salida del rey, tablas. El diagrama 13 nos muestra otra posición de tablas que interesa conocer.

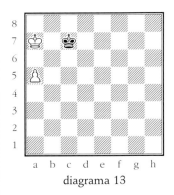

diagrama 13

1... Rc8 2.Rb6 (este otro movimiento no llevaría a ninguna parte: 2.a6 Rc7 3.Ra8 Rc8).
2... Rb8 3.a6 Ra8 =

El final con un peón en la columna del caballo es ganador, pero encierra una pequeña dificultad. Examinemos este caso, representado en el diagrama 14.

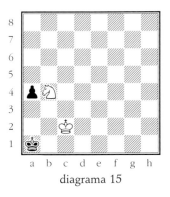

diagrama 14

1.Ra6 (¡hay que escoger el lado bueno! Si 1.Rc6? Ra7 2.Rc7 Ra8 3.b6?? =).
1... Ra8 (si 1... Rc8 2.Ra7 +–).
2.b6 Rb8 3.b7. 1-0.

Los finales de caballo y peón

El caballo es ágil en el final, especialmente en las posiciones con numerosos peones aún presentes. Sus recursos también son evidentes en los finales simples, gracias a las posibilidades de horquillas. He aquí un estudio de Carvajal, representado en el diagrama 15.

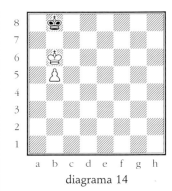

diagrama 15

¡El caballo incluso puede aprovechar la presencia del peón para dar mate!
1.Rc1 a3 2.Cc2+ Ra2 3.Cd4 Ra1 4.Rc2 Ra2 (si 4... a2 5.Cb3#).
5.Ce2 Ra1 6.Cc1. Ahora, las negras, para su desgracia, están obligadas a encerrar a su rey.
6... a2 7.Cb3#
Salvo si está colocado en una esquina del tablero, donde tiene un reducido

204

margen de maniobra, el caballo se enfrenta sin problemas a un peón y al rey. Es el caso siguiente:

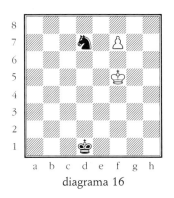

diagrama 16

1.Re6 Cf8+ 2.Re7 Cg6+ 3.Rf6 Cf8 = Incluso aunque esté alejado, puede salvar la situación:

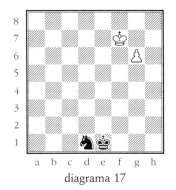

diagrama 17

1... Ce3! 2.g7 Cf5 3.g8=D Ch6+ = En el diagrama 18, la cosa está a punto de salir mal, pero el rey negro llega a tiempo.

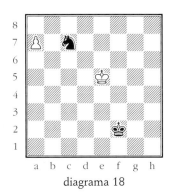

diagrama 18

1.Rf6 Re3 2.Re7 Rd4 3.Rd7 Ca8 4.Rc8 Rc5 5.Rb7 Rd6 6.Rxa8 Rc7. Tablas.

Pero el caballo no siempre puede hacer que resulte decisiva la superioridad numérica de su bando, como ocurre, por ejemplo, en el diagrama 19.

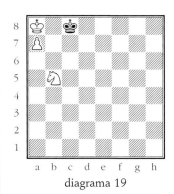

diagrama 19

Las negras pierden si juegan, pues tienen que mover su rey y dejar que el rey blanco salga a b8 o b7. Por el contrario, si juegan blancas, no pueden forzar a que las negras abandonen esta posición, sea cual sea la posición del caballo.

Los finales de alfiles y peones

El alfil puede controlar las casillas alejadas de su base. Esta fuerza se amplifica en el final, cuando el limitado número de piezas en juego significa que hay pocos obstáculos. El inconveniente del alfil es que su poder se limita a las casillas de su color, lo que a veces lo reduce a la impotencia y no le permite explotar una ventaja material importante. En la posición que nos muestra el diagrama 20, las blancas tienen una abrumadora ventaja material: un peón y un alfil de más. Sin embargo, no pueden aprovecharla.

diagrama 20

1.Rf5 (si 1.Ag8 Rxg8 –las negras no pueden hacer otra cosa– 2.Rf6 Rf8 3.g7+ Rg8 4.Rg6 =).
1... Rh8. He aquí la clave de las tablas: el rey blanco no puede acercarse a f6 so pena de ahogar al rey negro.
2.Re6 Rg7 3.Re7 Rh8 =
Excepto en el caso precedente, el alfil siempre consigue promocionar un peón colocado en una columna que no sea la de la torre. En este último caso, si el rey enemigo ya está colocado ante el peón y el color del alfil es diferente al de la casilla de promoción del peón, la victoria es imposible, como se ve en el diagrama 21.

diagrama 21

1.h6+ Rh8 2.Rg6 Rg8 3.Ad5+ Rh8 = No se puede desalojar al rey de la esquina...
El diagrama 22 presenta un estudio de 1896 debido a Troitsky (1866-1941), un ruso creador de problemas célebres. Las blancas conseguirán finalmente su objetivo. El rey negro está ligeramente lejos de la casilla de promoción del peón, y el alfil le cerrará el camino.

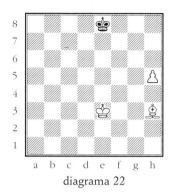

diagrama 22

1.Ae6 Re7 2.h6 Rf6 (si 2... Rxe6 3.h7 gana).
3.Af5! Rf7 4.Ah7! El alfil protege a su peón como si fuera un hermano mayor.
4...Rf6. Es la última tentativa de impedir lo inevitable; la amenaza es Rg5.
5.Rf4 Rf7 6.Rg5 Rf8 7.Rf6 Re8. Esta jugada deja el campo libre a las blancas.
8.Rg7 +–
Aquí, el alfil ejercerá su papel de protector aún con mayor fuerza:

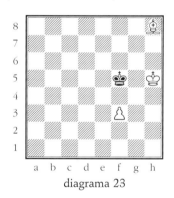

diagrama 23

Las negras amenazan con ganar el peón mediante Rf4.
1.Ae5! El alfil se sacrifica para asegurar la supervivencia del peón.
1... Rxe5 2.Rg5 Re6 3.f4 Rf7 4.Rf5 Rg7 5.Re6 Rf8 6.Rf6 +–

Los finales de torres y peones

La torre debería imponerse fácilmente sobre el peón por su valor muy superior. Pero puede ocurrir

206

que el peón sea muy difícil de neutralizar, como lo ilustra el ejemplo representado en el diagrama 24.

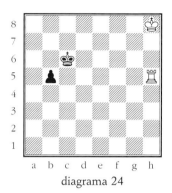

diagrama 24

1... Rb6 2.Rg7 Ra5 3.Rf6 Ra4 4.Re5 b4 5.Rd4 b3 6.Rc3. Y ganan.

Evidentemente, si el rey está por delante del peón negro, el triunfo es fácil. La dificultad reside en su alejamiento con respecto a la casilla de promoción del peón. Examinemos el caso que nos muestra el diagrama 25.

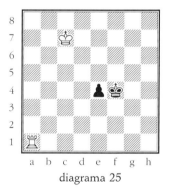

diagrama 25

1.Rd6 e3 2.Rd5 Rf3 3.Rd4 e2 4.Rd3 Rf2 5.Rd2. En pocos movimientos, las blancas ganan el peón y la partida.

Con un peón situado en la columna de la torre, la partida acaba en tablas. El caso siguiente, representado en el diagrama 26, es una excepción.

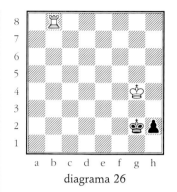

diagrama 26

1.Tb2+ Rg1 2.Rg3! h1=D. Incluso después de la única promoción que evita el mate (2... h1=C+ 3.Rf3 Cf2 4.Tb1+), las negras están perdidas.
3.Tb1#

Los finales de dama y peón

Los finales ponen de manifiesto el poder de las piezas. La dama, que es la pieza más potente, lo aprovecha plenamente en esta fase de la partida. Pero conviene ser prudentes, pues puede ocurrir que un peón, aparentemente sin mayor poder, se le resista.
En el primer ejemplo, la dama demostrará su superioridad.

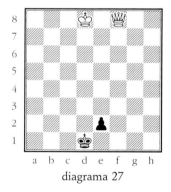

diagrama 27

1.Df3. El peón está a una casilla de la promoción, y no tiene tiempo que perder. Por sí sola, la dama no puede frenarlo: tiene que arreglárselas para dar tiempo a que su rey se acerque. Puede conseguirlo gracias a la técnica de la «escalera».
1... Rd2 2.Dd5+ Rc2 3.De4+ Rd2

4.Dd4+ Rc2 5.De3 Rd1 6.Dd3+. La dama se ha acercado en etapas sucesivas. Su último jaque fuerza al rey a refugiarse detrás de su peón, y la promoción de éste queda imposibilitada por un tiempo; el que necesita el rey blanco para avanzar.

6... Re1 7.Rd7 Rf2 8.Df5+ Re3 9.De5+ Rd2 10.Dd4+ Rc2 11.De3 Rd1 12.Dd3+ Re1 13.Rd6 Rf2 14.Df5+ Rg2 15.De4+ Rf2 16.Df4+ Rg2 17.De3 Rf1 18.Df3+ Re1 19.Rd5 Rd2 20.Df2 Rd1 21.Dd4+ Rc2 22.De3 Rd1 23.Dd3+ Re1 24.Re4 Rf2 25.Df3+. ¡Por fin! El rey blanco puede apoyar la acción de su dama.

25... Re1 26.Rd3 Rd1 27.Dxe2+ Rc1 28.Dc2#

Desgraciadamente, esta maniobra es ineficaz con un peón torre, como lo demuestra el ejemplo presentado en el diagrama 28.

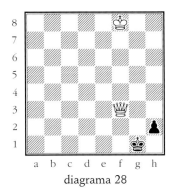

diagrama 28

1.Dg3+ Rh1. Aquí el rey blanco no puede acercarse, pues ahogaría al rey negro. La partida acaba en tablas.

En el caso de la figura presentada en el diagrama 29, y a condición de que el rey blanco ya esté suficientemente próximo al peón negro, hay un tema ganador.

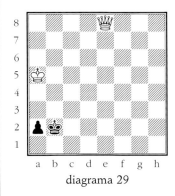

diagrama 29

1.De2+ Rb1 (si 1... Rb3 2.De5 Rc2 3.Da1 +–).
2.Dd1+ Rb2 3.Dd2+ Rb1 4.Rb4! Curiosamente, las blancas dejan que las negras hagan dama, pero...
4... a1=D 5.Rb3. Las amenazas de mate son muy fuertes; las negras tienen que entregar su dama tan afanosamente conquistada... y pierden.

El peón situado en las columnas de los alfiles asegura también las tablas, como muestra el ejemplo presentado en el diagrama 30.

diagrama 30

1.Dg3+ Rh1. El peón está defendido indirectamente, pues su captura ahoga al rey negro. Son tablas.

Los mates

1. Chilov-Razdobarine, Krasnoïarsk, 1950, mate de Legal.
Juegan blancas. ¿Cómo podrán explotar la difícil posición del rey negro?

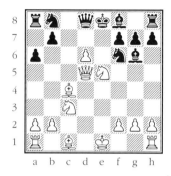

2. Potter-Matthews, Londres, 1868, mate de Legal.
Juegan blancas, que se imponen gracias a una serie de jugadas precisas. ¿Cómo lo hacen?

3. Borocz-Horvath, 1995, mate del pasillo.
Juegan blancas. ¿De qué medios se valen para adquirir una ventaja definitiva?

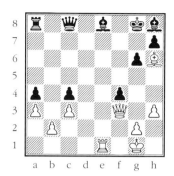

4. Problema de Miralles, 1996, mate de la coz.
Juegan negras. ¿Cómo consiguen cerrar la trampa en torno al rey blanco?

5. Jugador anónimo-Greco, mate de la coz.
Juegan negras. ¿Cuál es la serie de jugadas que les permite dar mate al rey blanco?

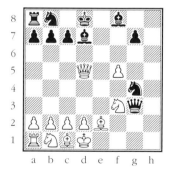

6. Doller-Carleson, Hastings, 1930, mate de la coz.
Juegan blancas. Busque el sencillo medio que les permite dar fin a la partida.

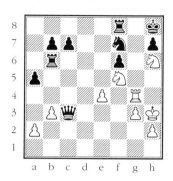

7. Richter-jugador anónimo, Berlín, 1929, mate de la coz.
Juegan negras. Indique la serie de movimientos que les permite dar mate al rey blanco.

8. Bistric-Gabriel, Croacia, 1996, mate de la coz.
Juegan blancas. ¿Cómo pueden ganar de manera inmediata?

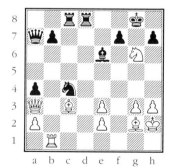

9. Pérez-Chaudé de Silans, 1958, mate de la coz.

Juegan blancas. El camino que lleva a la victoria puede ser más o menos largo; ¿sabría hallar el que se abre ante las blancas?

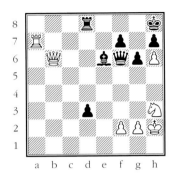

10. Rodríguez-Olafsson, Las Palmas, 1978, mate de los árabes.

Juegan negras. Indique los movimientos que las llevan a la victoria.

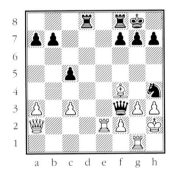

11. Reiner-Steinitz, Viena, 1860, mate de los árabes.

Juegan negras. ¿Cómo pueden crear una amenaza imparable?

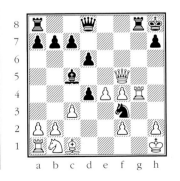

12. Zimmermann-Hübner, Coblenza, 1977, mate de los árabes.

Juegan blancas. Las negras parecen contar con numerosas fuerzas defensivas. ¿Es realmente así?

13. Albin-Bernstein, Viena, 1904, mate de las hombreras.

Juegan negras. ¿Cuál es el golpe de gracia que les permite dominar a las blancas?

14. Problema de Lolli, 1792, mate de las hombreras.

Juegan blancas. ¿Cómo deben maniobrar para llegar a la posición victoriosa?

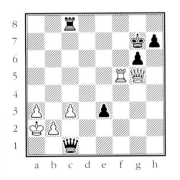

15. Blackburne-Lipschutz, Nueva York, 1889, mate de Damiano.

Juegan blancas. ¿Cómo pueden acabar con el rey negro?

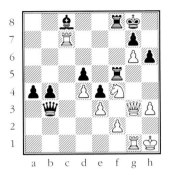

16. Linder-Krougliakov, 1965, mate de Réti.

Juegan blancas. ¿Cómo pueden triunfar rápidamente?

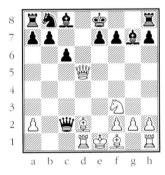

17. De Mingrelie-jugador anónimo, mate de Réti.

Juegan blancas. ¿Cuál es la fase inicial de la combinación?

18. Kinmark-Strem, Suecia, 1955, mate de alfil y caballo.
Juegan blancas. ¿Cuál es el imparable remate de las blancas?

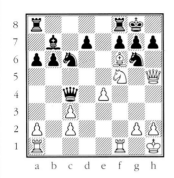

19. Estudio de Alfred de Musset, la Régence, 1849, mate de los dos caballos.
Juegan blancas. ¿Qué serie forzada ha imaginado el célebre escritor?

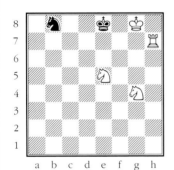

Los temas tácticos de base

20. Jugadores consultantes-Pillsbury, Chicago, 1900, jaque a la descubierta.
Juegan blancas. ¿Cómo pueden culminar una promoción triunfadora?

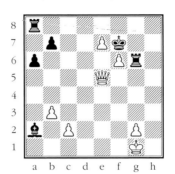

21. Mosianchuk-Garniak, URSS, 1969, jaque a la descubierta.
Juegan blancas. ¿Cuál es la forma más rápida del mate?

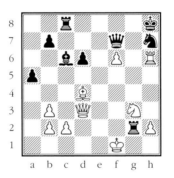

22. Tylor-Winter, Hastings, 1933, jaque a la descubierta.
Juegan blancas. ¿Cómo pueden aprovechar la situación?

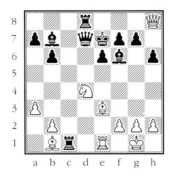

23. Sarno-Drei, Forli, 1996, jaque a la descubierta.
Juegan blancas. ¿Cómo pueden ganar material?

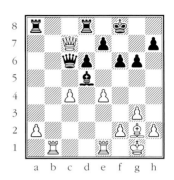

24. Yates-Réti, Nueva York, 1924, horquilla.
Juegan blancas. ¿De qué manera pueden conseguir una ventaja material decisiva?

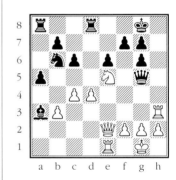

25. Andreev-Dohulanov, horquilla.
Juegan negras. ¿De qué argucia se pueden valer para ganar?

26. Archipkin-Prodanov, Albania, 1977, clavada.
Juegan blancas. ¿Cómo pueden aprovecharse de la clavada?

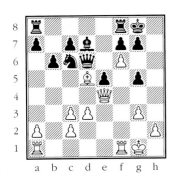

27. Benko-Inei, Budapest, 1949, clavada.
Juegan negras. ¿Cómo concluyen su ataque?

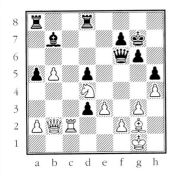

28. Kluger-Szilaki, Budapest, 1965, clavada.
Juegan negras. ¿De qué modo finalizan su ataque?

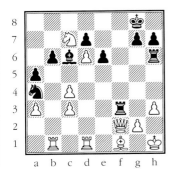

29. Lehmann-Blau, Arosa, 1952, clavada.
Juegan blancas. ¿Qué enérgico movimiento pueden dirigir contra la expuesta posición del rey negro?

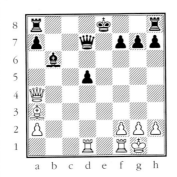

30. Baches-Stoenescu, Las Palmas, 1995, enfilada.
Juegan blancas. Encuentre la combinación que les proporciona el triunfo.

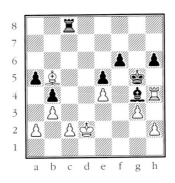

31. Duras-Cohn, Carlsbad, 1911, enfilada.
Juegan blancas. ¿Cuál es la continuación decisiva para ellas?

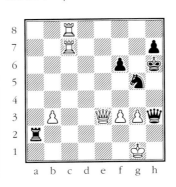

32. Vladimirov-Vorotnikov, Leningrado, 1974, sacrificio de extracción.
Juegan negras. ¿Cómo pueden acabar con el rey blanco?

33. Paulitzky-Rech, Halle, 1971, sacrificio de desviación.
Juegan negras. ¿Cómo explotarán la debilidad de la primera fila blanca?

34. Horvath-Ivanovic, Las Palmas, 1995, eliminación de los defensores.
Juegan negras. ¿Cómo pueden atacar el enroque blanco?

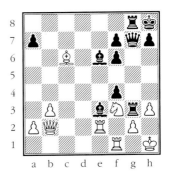

35. Urzica-Honfi, Bucarest, 1975, intercepción.

Juegan blancas. ¿De qué forma acaban con la defensa negra?

36. Morks-Ottosson, Las Palmas, 1995, promoción.

Juegan negras. ¿Cuál es el medio más rápido que tienen para ganar?

212

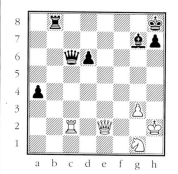

37. Rasic-Fucek, Las Palmas, 1995, promoción.

Juegan negras. Indique el movimiento que les da el triunfo.

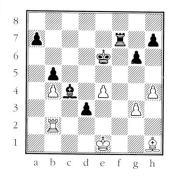

38. Antunac-Hübner, Dresde, 1969, el molino.

Juegan blancas. ¿Cómo pueden poner en práctica una acción devastadora?

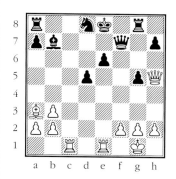

Soluciones

ejercicio 1
1.Dxf7+! La dama no teme sacrificarse para asegurar un mate rápido en dos movimientos. 1... Axf7 2.Axf7#

ejercicio 2
1.Cxe5! La eliminación de este caballo negro permite a las blancas dar un segundo golpe. 1... Axd1 (si 1... dxe5 2.Dxg4: la ventaja de las blancas, con una pieza más, es inapelable). 2.Ab5+ Re7 3.Ag5+. Todo lo que sigue es forzado. 3... f6 4.Cg6+ Rf7 5.Cxh8#

ejercicio 3
1.Txe8+. He aquí un movimiento sencillo e irremediable. 1... Dxe8 2.Dd5+ Df7 3.Dxa8+ (si la dama negra se interpone en f8 para frenar el jaque, la dama blanca, protegida por su alfil, la captura). 1-0.

ejercicio 4
1...Tb1+! Una jugada que no necesita comentario. 2.Txb1 Cc2#

ejercicio 5
1... Cf2+. ¡Un clásico! 2.Re1 Cd3++ 3. Rd1 (si 3.Rf1 Df2#). 3... De1+ 4.Cxe1 Cf2#

ejercicio 6
1.Tg8+! Txg8 2.Cxf7#

ejercicio 7
1... Cf4+ 2.Rg3 Ch5++ 3.Rh3 Dg3+! ¡Soberbio: la propia torre del rey está obligada a dejarlo sin espacio! 4.Txg3 Cf4#

ejercicio 8
1.Df8+!! Txf8 2.Ce7

ejercicio 9
1.Txf7! De5+ (si 1... Dxf7 2.Dxd8+ Dg8 3.Df6+ gana). 2.f4 Dd6 3.Db2+ Dd4 4.Tf8+. Las blancas acentúan su presión. 4... Ag8 5.Cg5! Ahora aparece la imparable amenaza Cf7. 1-0.

ejercicio 10
1... Dg2+! 2.Txg2 Cf3+ 3.Rh1 Td1+ (si 4.Tg1 Txg1, etc.). 0-1.

ejercicio 11
1... Dh4! (la amenaza en h2 es imparable, pues si 2.Txh4 Tg1 mate). 0-1.

ejercicio 12
1.Dxe5+! De6 (si 1... Cxe5 2.Td8#). 2.Cf6+! gxf6 (si 2... Cxf6 3.Td8#). 3.Dxe6+ fxe6 4.Ah5#

ejercicio 13
1... Dxf3! Gana una pieza. 2.gxf3 Tg6#

ejercicio 14
1.Df6+ Rh6 (si 1... Rg8 2.De6+). 2.Dh4+ Rg7 3.Dd4+ Rh6 4.Df4+ Rg7 5.De5+ Rh6 6.Th5+ gxh5 7.Df6#

ejercicio 15
1.Txg7+! Rxg7 2.Ch5+ Txh5 3.Dc7+ Rf6 4.Dd6+ Ae6 (si 4... Rg7 5.De7+). 5.Dxf8+ Af7 6.Dxf7#

ejercicio 16
1.Dd8+! Rxd8 2.Aa5++ Re8 3.Td8#

ejercicio 17
1.Cc7+! Es preciso liberar primero la columna d. 1... Cxc7 2.Dd8+! Rxd8 3.Ag5++ Re8 4.Td8#

ejercicio 18
1.Dh6! gxh6 2.Cxh6#

ejercicio 19
1.Td7 Cxd7 2.Cc6. Este movimiento bloquea el rey de las negras y las fuerza a jugar su caballo. 1-0.

ejercicio 20
1.Dd5+ Rxf6 (si 1... Re8 2.De6 Txf6 3.Dxf6 Rd7 4.Df7 Te8 5.Dd5+ Rxe7 6.Dxb7+ gana). 2.Dd8 Tg8 3.e8=C+. En efecto, he aquí lo que se desencadena tras este movimiento: 3... Rf7 4.Dxa8 Txe8 5.Dxb7+ gana. 1-0.

ejercicio 21
1.Dxh7+! Dxh7 2.f7#

ejercicio 22
1.Cf5+! Una bonita jugada intermedia. 1... exf5 2.Ac5#

ejercicio 23
1.Dxe7+ Rxe7 2.exd5+ El rey negro tiene que moverse, y entonces 3.dxc6 gana una pieza.

ejercicio 24
1.Th8+! Rxh8 2.Cxf7+. 1-0.

ejercicio 25
1... Ab2+! 2.Rxb2 Cxd1+. 0-1.

ejercicio 26
1.Dg6! Dc5+ 2.d4! Y ya no hay defensa para las negras. l-0.

ejercicio 27
1.Ce6+! fxe6 2.Tc7+. 1-0.

ejercicio 28
1... Tfxh3+! 0-1.

ejercicio 29
1.Txd5! Dxa4 2.Te1+. 1-0.

ejercicio 30
1.Txg4+! Muy buena jugada. 1... Rxg4 2.Ad7+. Las blancas quedan con una pieza de más. 1-0.

ejercicio 31
1.Txh7+! Rxh7 2.De7+ Rg6 3.Tg8+ Rf5 4.Txg5+ Rxg5 (si 4... fxg5 5.Dd7+ gana la dama). 5.Dg7+. 1-0.

ejercicio 32
1... Ch5+ 2.Rxh4 (si 2.gxh5 Dxg5+ 3.Rh2 Dg2#). 2... h6 3.f4 hxg5+ 4.fxg5 Dxg5+! Una jugada que conducirá a la victoria. 5.Rxg5 f6+ 6.Rg6 Th6#. 0-1.

ejercicio 33
1... Ta5! 2.Db1 Txa1 3.Dxa1 Da6! 4.Db1 (si 4.Dg1 Cc5 gana). 4... Cc1 5.Dxc1 (si 5.Tf2 Df1+ gana también). 5... Dxe2. 0-1.

ejercicio 34
1... Axh3! Las fuerzas negras concentradas en torno al rey blanco son demasiado poderosas. 2.gxh3 Txh3+ 3.Th2 Txf3. 0-1.

ejercicio 35
1.Ae4+! Esto cierra la diagonal de la defensa. 1...fxe4 2.Db5+ Ra8 3.Dc6#

ejercicio 36
1... Dxc2! 2.Dxc2 Tb2 3.Dxb2 Axb2. Y el peón tiene el camino despejado ante él. 0-1.

ejercicio 37
1... Tf1+! Esto atrae al rey hacia la casilla fatal. 2.Rxf1 (si 2.Rd2 Txh1). 2... d2+. 0-1.

ejercicio 38
1.Tc7. La torre arramblará con cuanto encuentre a su paso. 1... Dxh5 2.Te7+ Rf8 3.Txb7+ Re8 4.Te7+ Rf8 5.Txh7+ Re8 6.Txh5. ¡Qué destrozo! 1-0.

213

La teoría de las aperturas

Gracias al estudio de la teoría de las aperturas, el jugador verá qué sutiles celadas se ocultan tras inocentes desplazamientos de peones o de piezas menores; y también podrá escoger el sistema inicial que mejor se ajuste a su temperamento.

¿Por qué se habla de teoría de las aperturas? El término «teoría» se refiere a los estudios realizados sobre los primeros movimientos de una partida. Tales estudios intentan responder a las preguntas esenciales: ¿las blancas tienen ventaja automática por el hecho de hacer el primer movimiento?; ¿las negras pueden oponerse a ellas jugando de una manera simétrica? En ambos casos: ¡rotundamente no! Hay que desarrollar ideas estratégicas adaptadas a cada movimiento y que permitan mantener el equilibrio de fuerzas durante el mayor tiempo posible.

Esta detallada gama de inicios ofrece al jugador dominar las ideas estratégicas y posicionales de una defensa o un ataque; así evitará incurrir en errores que conducen a la derrota en unas cuantas jugadas. También le permite disponer de numerosas referencias y sacar partido de la experiencia común para construir su propio repertorio de aperturas, según sus condiciones y su talante.

El objetivo no es aprender de memoria tal o cual variante, sino comprender las consecuencias de los primeros movimientos. Así, cada variante estudiada se comenta con apreciaciones de este estilo: las negras han conseguido igualar, o las blancas están mejor, o las blancas han obtenido ventaja. El historial de una apertura, el orden de sus movimientos característicos, su posición tipo visualizada en un diagrama y su continuación principal constituyen apreciables informaciones de síntesis.

Hay diferentes clases de comienzos: aperturas arriesgadas, sólidas, exóticas e incluso «a la moda». Los campeones no dejan nada al azar: trabajan su repertorio de aperturas en función de cada adversario y de cada torneo, y utilizan una línea de juego obediente al objetivo que se han marcado, sea ganar a toda costa, sea no correr riesgos... La sorpresa creada con la aparición de una novedad puede dar una ventaja determinante en una partida. Esta búsqueda de la novedad, de una «receta casera», es tan importante para los jugadores de alto nivel como su dominio de la técnica del juego.

La apertura del peón rey 1.e4

2... d6 3.d4 cxd4 4.Dxd4 La variante húngara	4... Ab4 La variante Mac Cutcheon
4.Cxd4 Cf6 5.Cc3 Cc6 6.Ac4 El ataque Sozin	4... Ae7 5.e5 Cfd7 6.h4 El ataque Chatard-Alekhine
6.Ag5 El ataque Richter-Rauzer	6.Axe7 La línea clásica
5... g6 La variante dragón	3... Ab4 La variante Winawer

1... c6 2.d4 d5 La defensa Caro-Kann

6.f4 El ataque Levenfish
6.Ae3 Ag7 7.f3 0-0 8.Dd2 Cc6 9.0-0-0 El ataque yugoslavo
9.Ac4 La variante 9.Ac4
5... e6 La variante Scheveningue
6.g4 El ataque Kérès
6.Ae2 La variante 6.Ae2
6.Ac4 a6 7.Ab3 La variante Fischer
7.Ae3 El ataque Vélimirovic
5... a6 La variante Najdorf
6.Ag5 e6 7.f4 b5 La variante Polougaïevski
7... Db6 La variante del peón envenenado
7... Ae7 8.Df3 El sistema Browne

3.f3 La variante fantasía
3.e5 La variante del avance
3.exd5 cxd5 La variante de cambio
4.c4 El ataque Panov
3.Cc3 dxe4 4.Cxe4 La variante Nimzowitsch
4... Cf6 La variante 4... Cf6
4... Cd7 La variante 4... Cd7
4... Af5 La variante clásica

1... d6 2.d4 Cf6 La defensa Pirc

3.Cc3 g6 4.Cf3 La variante clásica
4.f4 El ataque austriaco

1... g6 2.d4 Ag7 La defensa moderna

1... e6 2.d4 d5 La defensa francesa

1... Cf6 La defensa Alekhine

3.exd5 La variante de cambio
3.e5 La variante de avance
3... c5 4.c3 Cc6 5.Cf3 El gambito Milner-Barry
3.Cd2 Cf6 La variante Tarrasch
4.e5 Cfd7 La línea principal
3... c5 La variante 3... c5
4.exd5 Dxd5 La variante 4... Dxd5
4... exd5 La variante 4... exd5
3.Cc3 La variante 3.Cc3
3... dxe4 La variante Rubinstein
3... Cf6 4.Ag5 La variante clásica

2.e5 Cd5 3.d4 d6 4.c4 El ataque de los 4 peones
4.Cf3 La variante 4.Cf3
4... g6 La variante moderna
4... Ag4 La variante principal

1... d5 La defensa escandinava

2.exd5 Cf6 La variante 2... Cf6
2... Dxd5 3.Cc3 Da5 4.d4 Cf6 La variante Lasker

1... Cc6 La defensa Nimzowitsch

1... a6 La defensa Baker o Saint-Georges

1... g5 La defensa Basman

Es, ciertamente, la manera más natural de comenzar una partida. Animadas por la voluntad de construir el dúo de peones centrales e4-d4, las blancas prefieren mover el peón de rey, ya que el peón de dama está defendido de forma natural. Es la señal de una rápida movilización de las piezas. Los ataques suelen ser virulentos. Las blancas tienen un limitado margen de error; deben buscar el ataque sin tiempos muertos y desplegar bastante imaginación táctica.

Cada una de las posibilidades la presentamos en detalle y la analizamos; el recuadro recapitulativo del comienzo de esta parte permite ordenar y localizar cada una de las opciones. Después de 1.e4, e5 es el medio más directo de oponerse al avance d4.

La partida del centro

1.e4 e5 2.d4

Este desafío obliga a las negras a elegir entre apoyar su peón central con d6 o cambiar en d4. Esta segunda posibilidad sería más bien desfavorable y supondría un abandono del centro; pero aquí, la captura del peón por la dama en d4 infringe uno de los principios generales de la apertura, como es no sacar la dama en los primeros movimientos, especialmente, si puede ser atacada con ganancia de tiempo por el bando contrario (aquí, mediante 3... Cc6). La partida del centro fue muy popular en los siglos XVIII y XIX.

El gambito danés

1.e4 e5 2.d4 exd4 3.c3

Para evitar la salida de la dama, las blancas sacrifican un peón en aras de un rápido desarrollo. Este gambito lo popularizó en Dinamarca Martin From, a mediados del siglo XIX. Después de 3... dxc3 4.Ac4, las blancas insisten en su idea hasta el final. 4... cxb2 5.Axb2 d5! La mejor manera de reaccionar consiste en dar también un peón para desarrollarse igualmente. 6.Axd5 Cf6 7.Axf7+ Rxf7 8.Dxd8 Ab4+ 9.Dd2 Axd2+ 10.Cxd2 Te8 11.Cgf3 Cc6 12.0-0, y los cambios se han equilibrado.

El inicio de alfil

1.e4 e5 2.Ac4

Era la apertura preferida de Philidor. Esta salida precoz del alfil no tiene una verdadera vocación de dar el «jaque del pastor»; pretende más bien desembocar en una partida italiana por inversión de los movi-

mientos. Las negras responden principalmente con 2... Cf6 o 2... Ac5.

La partida vienesa

1.e4 e5 2.Cc3

Primero se conoció como inicio de caballo dama, y luego como inicio Hamppe, nombre de un jugador vienés.

Aunque esta jugada no ejerce presión inmediata sobre e5 y deja a las negras libres en su segundo movimiento, puede preparar un agresivo plan basado en f4; es el gambito Hamppe o vienés.

El gambito vienés

1.e4 e5 2.Cc3 Cc6 3.f4 exf4

La ventaja de este gambito sobre un gambito de rey radica en la protección del peón e4. El jaque de la dama en h4 resulta menos peligroso.

El gambito Steinitz

1.e4 e5 2.Cc3 Cc6 3.f4 exf4 4.d4 Dh4+ 5.Re2

Steinitz jugó por primera vez este gambito en el torneo de Dundee, aunque tenía dudas respecto a las compensaciones obtenidas por las blancas a cambio de la incómoda situación de su rey.

La continuación principal es:

5... d6 (5... d5 es favorable a las blancas). 6.Cf3 Ag4 7.Axf4 0-0-0 8.Re3 Dh5 9.Ae2 g5 10.Cxg5 Cf6!, con ventaja de las negras.

El gambito de rey

1.e4 e5 2.f4

Este gambito aparece por primera vez en la obra de Ruy López, en 1561. La idea es desviar al peón e5

para jugar d4 y a continuación montar un ataque en la columna f en cuanto se capture el peón f4. Esta agresiva línea de juego ha causado estragos durante muchos años. Con el paso del tiempo, sin embargo, sus inconvenientes han prevalecido sobre sus ventajas y ha ido quedando en desuso.

El sistema Nimzowitsch

1.e4 e5 2.f4 d6

Este sistema, excesivamente pasivo, se utiliza muy raras veces.

El ataque Blackburne

1.e4 e5 2.f4 Ac5 3.Cf3 d6 4.Cc3 Cf6 5.Ac4 Cc6 6.d3 Ag4

Este ataque busca explotar la apertura de la diagonal a7-g1. El rechazo a la captura del peón f4 evita un ataque rápido contra el rey negro, pero deja la iniciativa a las blancas.

El contragambito Falkbeer

1.e4 e5 2.f4 d5 3.exd5 e4

Ernst Falkbeer (1819-1885) desarrolló la idea de que las negras podían sacrificar también un peón para conseguir la iniciativa y bloquear la salida de las piezas menores blancas.

La defensa Berlín o variante Fischer

1.e4 e5 2.f4 exf4 3.Cf3 d6 4.Ac4 h6

La secuencia jugada por el campeón americano tiene por objetivo conservar el peón y taponar todos los agujeros de la posición negra.

La defensa Cunnigham

1.e4 e5 2.f4 exf4 3.Cf3 Ae7

Se menciona por primera vez en la obra *El noble juego*, de Joseph Bertin, publicada en Londres en 1735. La idea inicial era dar un jaque en h4 para impedir el enroque de las blancas. Luego apareció un segundo plan con el desarrollo del caballo en f6, seguido con el adelantamiento del peón a d5. Ambas líneas son correctas.

La defensa Abbazzia

1.e4 e5 2.f4 exf4 3.Cf3 d5

Debe su nombre al torneo jugado en Abbazzia en 1912, dedicado especialmente al tema del gambito de rey. Este adelantamiento directo a d5 no ha tenido mucha continuidad.

El gambito Muzio

1.e4 e5 2.f4 exf4 3.Cf3 g5 4.Ac4 g4 5.0-0

Este gambito lleva el nombre de Don Muzio, aficionado italiano del siglo XVII. Las blancas sacrifican su caballo para realizar un ataque relámpago, difícil de frenar. Sin embargo, una correcta defensa da a las negras mejores perspectivas.

El gambito Kieseritsky

1.e4 e5 2.f4 exf4 3.Cf3 g5 4.h4 g4 5.Ce5 Cf6

Descrito ya por el jugador italiano Polerio (1548-1612) en 1590, este gambito fue analizado en detalle por el jugador francopolaco Lionel Kieseritsky (1805-1853). Es una de las variantes más usuales del gambito de rey.

El gambito elefante

1.e4 e5 2.Cf3 d5

Un ensayo frustrado. Esta línea es incorrecta, pues sigue 3.exd5 e4 4.De2 Cf6 5.Cc3, con gran ventaja para las blancas.

El gambito letón

1.e4 e5 2.Cf3 f5

Este contraataque parece inoportuno, pero, en la práctica, muchos grandes jugadores lo han empleado con éxito. Citemos, por ejemplo, la variante siguiente: 3.Cxe5 Df6 4.Cc4 fxe4 5.Cc3 Dg6 6.d3, con buen juego para las blancas.

La defensa Philidor

1.e4 e5 2.Cf3 d6

Es una defensa sólida, pero muy poco ambiciosa. Philidor la justificaba por los riesgos implicados en los otros movimientos usuales de las negras. No obstante, hay que decir que no se conoce ninguna partida de Philidor con este inicio.

La variante Hanham

1.e4 e5 2.Cf3 d6 3.d4 Cd7

3... Cc6 tendría la réplica de 4.d5. Pero 3... Cd7 es una respuesta pasiva que no dificulta el desarrollo blanco, por ejemplo: 4.Ac4 c6 5.Cc3 Ae7 6.dxe5 dxe5 7.Cg5, con clara ventaja para las blancas.

La variante principal

1.e4 e5 2.Cf3 d6 3.d4 Cf6

Es la manera más activa de aplicar esta defensa. Si 4.dxe5 Cxe4 5.Dd5 Cc5 6.Ag5 Dd7 7.exd6 Axd6 8.Cc3 0-0, etc.

La defensa rusa o Petroff

1.e4 e5 2.Cf3 Cf6

Aparecida en el *Manuscrito de Gotinga* (1485), es una de las variantes más antiguas que se conocen. Damiano, López y Ponziani ya la estudiaron, Jaonisch la desarrolló y el ruso Alexandre Dimitrievitch de Petroff (1794-1867) la perfeccionó. Las negras no protegen su peón e5, sino que atacan a e4; este desarrollo simétrico es un arma muy utilizada por jugadores de primera fila.

La variante 3.Cxe5

1.e4 e5 2.Cf3 Cf6 3.Cxe5

Es la tentativa más directa de la línea principal: 3... d6 (si 3... Cxe4?! 4.De2 Cf6?? 5.Cc6+ +–). Si 4.Cf3 Cxe4 5.d4 d5 6.Ad3 Ae7 7.0-0 Cc6 8.c4, con iniciativa blanca.

La variante 3.d4

1.e4 e5 2.Cf3 Cf6 3.d4

Pretende utilizar el tiempo ganado de manera más concreta. Las negras tienen dos posibilidades:
a) 3... Cxe4 4.Ad3 d5 5.Cxe5 Cd7 6.Cxd7 (si 6.Cxf7 De7 7.Cxh8 Cc3+ 8.Rd2 Cxd1 9.Te1 Cxf2 10.Axh7 Ce4 11.Txe4 dxe4 12.Ag6=, una bella variante de tablas prácticamente forzadas). 6... Axd7 7.c4 Dh4, con una incisiva posición.
b) 3... exd4 4.e5 Ce4 5.Dxd4 d5 6.exd6 Cxd6 7.Cc3 Cc6 8.Df4 con ventaja de espacio para las blancas.

220

El festival de Bienne, Suiza, en 1992. ▶

La apertura Ponziani

1.e4 e5 2.Cf3 Cc6 3.c3

Como es natural, esta jugada prepara el avance a d4. Pero tiene el doble inconveniente de no oponerse a d5 y ocupar la casilla c3, de desarrollo de Cb1. La línea puede seguir así: 3... Cf6 (también es posible 3... d5). 4.d4 Cxe4 5.d5 Cb8 6.Ad3 Cc5 7.Cxe5 Cxd3 8.Cxd3 d6, con equilibrio de cambios.

La apertura escocesa

1.e4 e5 2.Cf3 Cc6 3.d4

Esta partida debe su nombre a los jugadores escoceses que la emplearon en el célebre encuentro entre Londres y Edimburgo, de 1824 a 1826.

El gambito escocés

1.e4 e5 2.Cf3 Cc6 3.d4 exd4 4.Ac4

Este gambito pone al alfil en su posición italiana (diagonal a2-g8) y abre las líneas: 4... Ac5 5.c3 dxc3 6.Cxc3 d6 7.Ag5 Cge7 8.Cd5 f6 9.Axf6 gxf6 10.Cxf6+ Rf8 11.Dc1. El final es incierto.

El gambito Göring

1.e4 e5 2.Cf3 Cc6 3.d4 exd4 4.c3

Las blancas, más agresivas, siguen ofreciendo peones: 4... dxc3 5.Ac4 d6 (si 5... cxb2? 6.Axb2 Ab4+ 7.Cc3 Cf6. 8. Dc2 d6 9.0-0-0 0-0 10.e5 Cg4 11.Cd5, con un ataque muy fuerte). 6.Cxc3 Cf6 7.Db3 Dd7 8.Cg5 Ce5 9.Ab5 c6, etc.

La variante 4... Ac5

1.e4 e5 2.Cf3 Cc6 3.d4 exd4 4.Cxd4 Ac5

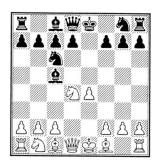

Este movimiento obedece al siguiente plan: 5.Cxc6 Df6! 6.Dd2 Dxc6 7.Ad3 Cf6 8.0-0 0-0=. Pero las blancas también pueden jugar: 5.Ae3 (o 5.Cb3) 5... Df6 6.c3 Cge7 7.g3, etc.

La variante 4... Cf6

1.e4 e5 2.Cf3 Cc6 3.d4 exd4 4.Cxd4 Cf6

Esta antigua variante se ha vuelto a poner de moda recientemente: 5.Cxc6 bxc6 6.e5 De7 7.De2 Cd5 8.c4 Aa6, con una original y compleja posición.

LA TEORÍA DE LAS APERTURAS

La apertura de los 3 caballos

1.e4 e5 2.Cf3 Cc6 3.Cc3

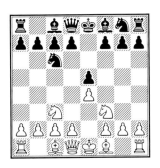

Las negras pueden continuar con 3... Ac5, 3... Ab4, 3... g6 o entrar en la apertura de los 4 caballos.

La apertura de los 4 caballos

1.e4 e5 2.Cf3 Cc6 3.Cc3 Cf6

Las negras reaccionan de forma normal; el problema es que en el ajedrez no se puede jugar a la simetría durante mucho tiempo.

El gambito de Belgrado

Su nombre le viene del maestro yugoslavo Karaklaic.
1.e4 e5 2.Cf3 Cc6 3.Cc3 Cf6 4.d4 exd4 5.Cd5

5... Cxe4 6.De2 f5 7.Cg5 d3 8.cxd3 Cd4 9.Dh5+ g6 10.Dh4 c6 =

La línea moderna

1.e4 e5 2.Cf3 Cc6 3.Cc3 Cf6 4.d4 exd4 5.Cxd4 Ab4 6.Cxc6 bxc6 7.Ad3 d5

Aparentemente, es satisfactoria para las negras: 8.exd5 cxd5 9.0-0 0-0 10.Ag5 c6 11.Df3 Ae7 =

La defensa Brentano

1.e4 e5 2.Cf3 Cc6 3.Cc3 Cf6 4.Ab5 Ab4

Continúa la simetría: 5.0-0 0-0 6.d3 d6 7.Ag5 Axc3. Y ahora llega el momento de que se rompa. 8.bxc3 De7=

La apertura italiana

1.e4 e5 2.Cf3 Cc6 3.Ac4
Nada más natural en las blancas que el intento de construir un buen conjunto de peones centrales; pero los cambios que se dan, también muy naturales, aseguran la igualdad a las negras.

La defensa húngara

1.e4 e5 2.Cf3 Cc6 3.Ac4 Ae7

Los jugadores húngaros la emplearon durante el encuentro por correspondencia París-Budapest (1842-1846): 4.d4 exd4 5.Cxd4 d6 6.0-0 Cf6 7.Cc3 0-0 8.h3 Ad7 9.f4, con mejor posición blanca.

El Guiocco Piano

1.e4 e5 2.Cf3 Cc6 3.Ac4 Ac5

Guiocco piano significa en italiano «juego tranquilo»; en realidad, si algunas líneas son efectivamente reposadas, otras son verdaderos huracanes.

El gambito Evans

1.e4 e5 2.Cf3 Cc6 3.Ac4 Ac5 4.b4

Este gambito lo descubrió William Davies Evans (1790-1872), jugador inglés y oficial de la Marina que, entre otros, tuvo por rival al gran duque Nicolás de Rusia. Fue un inicio muy de moda en la época de los románticos. Luego, Steinitz y Lasker encontraron réplicas adecuadas, en especial, mediante la entrega del peón. Se puede decir que el debate respecto a este gambito ha sido el reflejo de dos concepciones estratégicas fundamentalmente diferentes.

Su objetivo consiste en entregar un peón para ganar tiempo en favor del alfil.

4... Axb4 5.c3 Ae7, esta vuelta a e7

es demasiado pasiva: 6.d4 Ca5 7.Cxe5 Cxc4 8.Cxc4 d5 9.exd5 Dxd5 10.Ce3, con ventaja para las blancas; la mejor continuación es: 5... Aa5 6.d4 d6! 7.Db3 Dd7 8.dxe5 dxe5 9.0-0 Ab6 10.Td1 De7, y las negras tienen ventaja.

La línea 4.c3

1.e4 e5 2.Cf3 Cc6 3.Ac4 Ac5 4.c3 Cf6 5.d4 exd4 6.cxd4

Esta línea permite a las negras igualar de una manera relativamente fácil.

6... Ab4+ 7.Ad2 Axd2+ 8.Cbxd2 d5 9.exd5 Cxd5 10.0-0 0-0 =

Esta línea agresiva no desestabiliza el juego de las negras.

La defensa de los 2 caballos

1.e4 e5 2.Cf3 Cc6 3.Ac4 Cf6

Las negras no imitan a las blancas en su salida de alfil. Sencillamente, buscan enrocarse cuanto antes.

El ataque Max Lange

1.e4 e5 2.Cf3 Cc6 3.Ac4 Cf6 4.d4 exd4 5.0-0 Ac5 6.e5

El alemán Max Lange (1832-1899) fue un jugador imaginativo. Este ataque es muy virulento y obliga a las negras a ser muy precisas: 6... d5 7.exf6 dxc4 8.Te1+ Ae6 9.Cg5 Dd5 10.Cc3 Df5 11.Cce4 0-0-0, con equilibrio de cambios.

La variante Traxler

1.e4 e5 2.Cf3 Cc6 3.Ac4 Cf6 4.Cg5 Ac5

El tercer movimiento negro Cf6 tiene el inconveniente de permitir 4.Cg5, con una seria amenaza en f7. Pero las negras pueden defenderse. La variante Traxler, así llamada en honor del abad Pater Karel Traxler, es la solución más arriesgada. Las negras abandonan deliberadamente el peón f7:

a) 5.Cxf7 Axf2+ 6.Rf1 (si 6.Rxf2 Cxe4+ 7.Rg1 Dh4 8.g3 Cxg3 9.Cxh8 d5 10.hxg3 Dxg3+ 11.Rf1 Ah3+

12.Txh3 Dxh3+ =). 6... De7 7.Cxh8 d5 8.exd5 Cd4, con una posición complicada.

b) 5.Axf7+ Re7 6.Ad5 Tf8 7.0-0 d6 8.c3 Ag4 9.Db3, y las compensaciones negras no parecen suficientes.

La variante Fritz. 1.e4 e5 2.Cf3 Cc6 3.Ac4 Cf6 4.Cg5 d5 5.exd5 Cd4

Por supuesto, 4... d5 es lo más natural. Pero tras 5.exd5, Cxd5 (variante Fegatello) es dudosa. El maestro alemán Alexander Fritz (1857-1932) inventó esta bonita variante, tan difícil de dominar que apenas se encuentra en la práctica, si no es en las partidas por correspondencia: 6.c3 b5 7.Af1 Cxd5 8.Cxf7 Rxf7 9.cxd4 exd4 10.Axb5 De7+ 11.De2 Dxe2+ 12.Axe2 Cb4, etc.

El ataque Fegatello. 1.e4 e5 2.Cf3 Cc6 3.Ac4 Cf6 4.Cg5 d5 5.exd5 Cxd5?! 6.Cxf7 Rxf7 7.Df3+ Re6 8.Cc3

La expresión «fegatello» viene del término italiano *fegato*, que significa «hígado». Las blancas quieren contrarrestar la sexta jugada negra sacrificando una pieza. En la práctica de esta variante, tal réplica se revela a menudo eficaz. Observe que 6.d4 es también muy fuerte:

a) 8... Ce7 9.d4 c6 10.Ag5 h6 11.Axe7 Axe7 12.0-0-0, con clara ventaja de las blancas.

b) 8... Cb4 9.De4 c6 10.a3 Ca6 11.d4 Cc7 12.Af4 Rf7 13.Axe5 Ae6, y las negras aún pueden resistir.

La variante Colman. 1.e4 e5 2.Cf3 Cc6 3.Ac4 Cf6 4.Cg5 d5 5.exd5 Ca5 6.Ab5+ c6 7.dxc6 bxc6 8.Df3 Tb8

Después de 5.exd5, la mejor reacción es 5... Ca5; por supuesto, las negras entregan un peón, pero después ganan tiempo para su desarrollo.

Por ejemplo, en la variante Colman: 9.Ad3 h6 10.Ce4 Cd5 11.Cg3 g6 12.0-0 Ag7 13.Cc3 0-0 14.Ae2 Tb4, las negras consiguen ventaja.

La línea principal 8.Ae2. En lugar de 8.Df3, se juega a menudo 8.Ae2; pero ésta no es suficientemente convincente para que los maestros se animen igualmente a jugar 4.Cg5: 8... h6 9.Cf3 e4 10.Ce5 Ad6 11.f4 exf3 12.Cxf3 0-0 13.d4 c5 14.0-0 Te8 15.Rh1 Ab7, el juego de las piezas negras compensa la pérdida del peón...

La Ruy López o apertura española

1.e4 e5 2.Cf3 Cc6 3.Ab5

Esta apertura es uno de los pilares de la teoría de las aperturas, y durante mucho tiempo ha aterrorizado a las negras. Fue practicada por Lucena y por el sacerdote Ruy López, entre otros. Casi todos los jugadores expertos la utilizan con las blancas o con las negras. Con su desarrollo del alfil en b5, las blancas crean dos amenazas, sobre c6 (peones doblados) y sobre e5. El peón e5 no está de momento en peligro real: 3... a6 4.Axc6 dxc6 5.Cxe5 Dd4 recupera el peón e4.

La defensa Cozio

1.e4 e5 2.Cf3 Cc6 3.Ab5 Cge7

El caballo en e7 defiende al Cc6, pero impide la salida del Af8: 4.0-0 g6 5.c3 Ag7 6.d4 exd4 7.cxd4 d5 8.exd5 Cxd5 9.Te1+, y las blancas están algo mejor.

La apertura Bird

1.e4 e5 2.Cf3 Cc6 3.Ab5 Cd4

Henry Bird (1830-1908), jugador inglés, no era partidario de las largas variantes teóricas. 3... Cd4 corresponde justamente a su afán de innovación: 4.Cxd4 exd4 5.0-0 Ac5 6.d3 c6 7.Ac4 d6 8.Dh5 De7 9.Cd2 Cf6 10.Dh4 0-0 11.Cf3, etc.

La defensa Steinitz

1.e4 e5 2.Cf3 Cc6 3.Ab5 d6

Steinitz concedía prioridad al centro. 3... d6, sin ser una mala jugada, no parece, sin embargo, indispensable: 4.d4 Ad7 5.Cc3 exd4 6.Cxd4 g6 7.Ae3 Ag7 8.Dd2 Cf6 9.Axc6 bxc6 10.Ah6, con ventaja de las blancas.

La variante Cordel

1.e4 e5 2.Cf3 Cc6 3.Ab5 Ac5

El alemán Oskar Cordel (1844-1913) propone aquí una variante, bastante compleja, que mezcla diversos principios: el desarrollo del alfil en c5, despreciando contraatacar en e4 con Cf6, y el avance a f5, a imagen de un gambito letón. 4.c3 f5 (hay muchas más continuaciones) 5.d4 fxe4 6.Axc6 dxc6 7.Cfd2 Ad6 8.dxe5 e3 9.fxe3 Ac5 10.Dh5+ g6 11.Df3 Dh4+ 12.g3 Dh3, etc.

La defensa berlinesa

1.e4 e5 2.Cf3 Cc6 3.Ab5 Cf6

Esta variante fue recomendada por la «pléyade berlinesa», nombre que se dio a un grupo formado a mediados del siglo XIX por varios jugadores alemanes, como Bilguer, Bledow, Hanstein y Heydebrand; su enfoque de las aperturas, basado en la revalorización de su valor estratégico, fue una etapa crucial entre las concepciones de Philidor y de Steinitz. Las negras siguen con su desarrollo e ignoran las amenazas: 4.0-0 Cxe4 5.d4 Ae7 6.De2 Cd6 7.Axc6 bxc6 8.dxe5 Cb7 9.Cc3 0-0 10.Te1 Cc5 11.Ae3 Ce6, con una sólida posición.

La variante del cambio o Lasker

1.e4 e5 2.Cf3 Cc6 3.Ab5 a6 4.Axc6

El movimiento 3... a6 está plenamente justificado. Las blancas deben decidir cambiar su alfil por el caballo, creando así peones doblados, o recular con su alfil a a4, permitiendo que las negras se defiendan poco después con b5.

La variante del cambio no es tan fácil de tratar como se pueden imaginar las negras: 4... bxc6, que responde al principio básico de volver hacia el centro, puede parecer la mejor respuesta. Sin embargo, tropieza con serios problemas, en especial, la falta de presión sobre el centro blanco, que permite un rápido avance a d4, y la casi imposibilidad de jugar d5 por la debilidad de e5. 4... dxc6 5.0-0 es la respuesta adecuada:

a) 5... Dd6 6.d4 exd4 7.Cxd4 Ad7 8.Ae3 0-0-0 9.Cd2 Ch6 10.h3, etc.

b) 5... Ag4 6.h3 h5 7.d3 (si 7.hxg4 hxg4 8.Ce1 Dh4). 7... Df6 8.Cbd2 Ce7 9.Te1 Cg6 10.d4, etc.

c) 5... f6 6.d4 exd4 7.Cxd4 c5 8.Cb3 Dxd1 9.Txd1 Ag4 10.f3 Ae6 11.Cc3, etcétera.

La española abierta

1.e4 e5 2.Cf3 Cc6 3.Ab5 a6 4.Aa4 Cf6 5.0-0 Cxe4

5... Cxe4 caracteriza a la española abierta debido a la apertura de líneas provocada por el cambio de los peones centrales e4 y e5. Esta continuación es más arriesgada para las negras, que pierden en tiempo de desarrollo lo que han ganado con el aligeramiento del centro.

5... Ae7, seguido con el avance del peón a d6, determina la española cerrada. Estos sólidos movimientos limitan el espacio para el desarrollo de las piezas negras, que, prácticamente, deben evolucionar en 3 filas (h, g, f). Así pues, las negras se ven obligadas a defenderse en primer término, para encontrar después los movimientos que permitan la liberación de sus piezas y de sus peones centrales.

La variante Howell. 1.e4 e5 2.Cf3 Cc6 3.Ab5 a6 4.Aa4 Cf6 5.0-0 Cxe4 6.d4 b5 7.Ab3 d5 8.dxe5 Ae6 9.De2

9... Ae7 10.Td1 0-0 11.c4 bxc4 12.Axc4 Ac5 13.Ae3 Axe3 14.Dxe3 Db8 es una de las líneas usuales de esta amplia variante.

La española cerrada

1.e4 e5 2.Cf3 Cc6 3.Ab5 a6 4.Aa4 Cf6 5.0-0 Ae7

El ataque del caballo. 1.e4 e5 2.Cf3 Cc6 3.Ab5 a6 4.Aa4 Cf6 5.0-0 Ae7 6.Cc3

Este plan no es muy ambicioso. El Aa4 se cambiará sin miedo a que las blancas obtengan beneficio: 6... b5 7.Ab3 d6 8.Cd5 Ca5 9.Cxe7 Dxe7 10.d4 0-0 11.dxe5 dxe5 12.Ag5 Ab7 13.De1 Cxb3 =

El gambito Marshall. 1.e4 e5 2.Cf3 Cc6 3.Ab5 a6 4.Aa4 Cf6 5.0-0 Ae7 6.Te1 b5 7.Ab3 0-0 8.c3 d5

Marshall no sentía especial predilección por la teoría de las aperturas. En 1918, frente a Capablanca, creó este gambito sin que probablemente creyera demasiado en él. La pregunta de si este sacrificio de peón es correcto divide a la comunidad ajedrecística; en cualquier caso, ha provocado numerosas víctimas: 9.exd5 Cxd5 10.Cxe5 Cxe5 11.Txe5 c6 12.d4 Ad6 13.Te1 Dh4 14.g3 Dh3 15.Ae3 Ag4 16.Dd3 Tae8 17.Cd2 Te6, etc.

La posición central de la española cerrada

1.e4 e5 2.Cf3 Cc6 3.Ab5 a6 4.Aa4 Cf6 5.0-0 Ae7 6.Te1 b5 7.Ab3 d6 8.c3 0-0

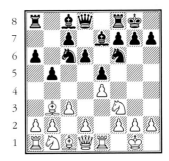

El número de partidas de competición que han salido de esta posición es realmente impresionante.

La variante Kholmov. 1.e4 e5 2.Cf3 Cc6 3.Ab5 a6 4.Aa4 Cf6 5.0-0 Ae7 6.Te1 b5 7.Ab3 d6 8.c3 0-0 9.h3 Ae6

Ratmir Kholmov, jugador ruso contemporáneo, ha dado el último toque a esta variante, no por sencilla desprovista de interés, que da pie a una consistente línea de: 10.d4 Axb3 11.axb3 Te8 12.d5 Cb8 13.c4 Cbd7 14.Cc3 Db8 15.Dc2, etc.

La defensa Breyer. 1.e4 e5 2.Cf3 Cc6 3.Ab5 a6 4.Aa4 Cf6 5.0-0 Ae7 6.Te1 b5 7.Ab3 d6 8.c3 0-0 9.h3 Cb8

Una defensa representativa de las concepciones de la corriente hipermoderna. Gyula Breyer (1893-1921) defendía ideas progresistas. Desgraciadamente, murió muy joven, igual que Réti. Las negras quieren retrasar su caballo a d7 y jugar c5: 10.d3 Cbd7 11.Cbd2 Ab7 12.Cf1 Cc5 13.Ac2 Te8 14.Cg3 Af8 15.Ch2 d5 =

La variante Ragozin. 1.e4 e5 2.Cf3 Cc6 3.Ab5 a6 4.Aa4 Cf6 5.0-0 Ae7 6.Te1 b5 7.Ab3 d6 8.c3 0-0 9.h3 Cd7

Ragozin (1908-1962) es un jugador ruso que ha desarrollado algunas variantes anteriormente consideradas como anecdóticas, pero que luego han aplicado a menudo los mejores jugadores del mundo. He aquí el ejemplo de una línea que centró gran parte de los debates durante el Campeonato del mundo de 1990 entre Kasparov y Karpov: 10.d4, seguido de dos posibilidades:
a) 10... Af6 11.a4 Ab7 12.axb5 axb5 13.Txa8 Dxa8 14.d5 Ca5, etc.
b) 10... Cb6 11.Cbd2 exd4 12.cxd4 Cb4 13.Cf1 c5 14.a3 Cc6, etc.

La variante Zaïtsev. 1.e4 e5 2.Cf3 Cc6 3.Ab5 a6 4.Aa4 Cf6 5.0-0 Ae7 6.Te1 b5 7.Ab3 0-0 8.c3 d6 9.h3 Ab7

Zaïtsev, verdadero preparador teórico de Karpov, ha perfeccionado esta línea, inventada en los años cuarenta, que abre interesantes perspectivas a las negras. ¡Atención!, deja a

las blancas la posibilidad de forzar tablas por repetición de movimientos: 10.d4 Te8 11.Cbd2 (si 11.Cg5 Tf8 12.Cf3 Te8 13.Cg5 =) 11... Af8 12.a4 Dd7 13.axb5 axb5 14.Txa8 Axa8 15.d5, etc.

La variante Tchigorine. 1.e4 e5 2.Cf3 Cc6 3.Ab5 a6 4.Aa4 Cf6 5.0-0 Ae7 6.Te1 b5 7.Ab3 d6 8.c3 0-0 9.h3 Ca5 10.Ac2 c5 11.d4 Dc7

Es una de las más antiguas líneas de juego de la española. Despreciada por los jugadores modernos, parece dar ventaja a las blancas:
12.Cbd2 cxd4 13.cxd4 Ab7 14.Cf1 Tac8 15.Te2, etc.

La defensa siciliana

1.e4 c5

La defensa siciliana, bautizada así por Greco, se convirtió en la más usual durante el siglo XIX, y ahora es la apertura más jugada. La posibilidad que da a las negras de poder hacerse con el triunfo, la inmensa variedad de líneas de juego y su utilización por todos los grandes campeones son las razones de este éxito.

El gambito de flanco

1.e4 c5 2.b4

Este antiguo gambito, ya mencionado en 1623, ha sido utilizado por jugadores tan célebres como Marshall o Fletcher, aunque luego la respuesta se ha considerado demasiado arriesgada: 2... cxb4 3.d4 (3.a3!?) 3... d5 4.e5 Cc6 5.a3 Db6 6.Ae3 Af5 7.Ad3 Axd3 8.Dxd3 e6 9.Ce2 Cge7 10.0-0 Cf5, poco claro.

El gambito Morra

1.e4 c5 2.d4 cxd4 3.c3

Su nombre rinde honores a Pierre Morra y es un arma muy peligrosa, sobre todo si la preparación de las negras no es rigurosa: 3... dxc3 4.Cxc3 Cc6 5.Cf3 d6 6.Ac4 e6 7.0-0 Cf6 8.De2 Ae7 9.Td1 e5 10.h3 0-0, etc.

La variante Alapine

1.e4 c5 2.c3

Simon Alapine (1856-1923) apreciaba la originalidad, como lo demuestran numerosas variantes. 2.c3 parece lógico, pues prepara el avance central a d4: 2... Cf6 3.e5 Cd5 4.d4 cxd4 5.Cf3 Cc6 6.cxd4 d6 7.Ac4 Cb6, etc.

La siciliana cerrada

1.e4 c5 2.Cc3 Cc6 3.g3 g6 4.Ag2 Ag7 5.d3 d6

El ajedrez tiene la virtud de satisfacer todos los estilos. La variante cerrada responde a los deseos de jugadores que aspiran a ejercer cierto control sobre la evolución futura. Pero las negras pueden reaccionar: 6.f4 e6 7.Cf3 Cge7 8.0-0 0-0 9.Ae3 Cd4, etc.

La variante Rossolimo

1.e4 c5 2.Cf3 Cc6 3.Ab5

Nicolás Rossolimo, jugador ruso, ha vivido durante muchos años en Francia. La idea de Ab5 sirve para enrocarse rápidamente, aunque sin perder de vista el avance central a d4: 3... g6 4.0-0 Ag7 5.c3 Cf6 6.Te1 0-0 7.d4 cxd4 8.cxd4 d5 9.e5 Ce4 10.Cc3 Cxc3 11.bxc3 Da5 =

La variante Svechnikov

1.e4 c5 2.Cf3 Cc6 3.d4 cxd4 4.Cxd4 Cf6 5.Cc3 e5

Svechnikov, jugador ruso contemporáneo, solía jugar esta línea, a menudo contra la opinión mayoritaria de los demás jugadores. Poco a poco, esta variante ha ido ganando adeptos y se ha convertido en una de las más usuales de la siciliana: 6.Cdb5 d6 7.Ag5 a6 8.Ca3 b5 9.Axf6 gxf6 10.Cd5 f5 11.Ad3 Ae6 12.Dh5 Ag7 13.c3 0-0 14.0-0, etc.

El dragón acelerado

1.e4 c5 2.Cf3 Cc6 3.d4 cxd4 4.Cxd4 g6 5.Cc3

La variante del dragón, descrita aquí en su forma más precoz, ha sido atribuida a Louis Paulsen (1833-1899), jugador alemán muy prolífico. Esta variante, caracterizada por la salida del Af8 en «fianchetto», es muy ambiciosa para las negras:
5... Ag7 6.Ae3 Cf6 7.Cxc6 bxc6 8.e5 Cd5 9.Cxd5 cxd5 10.Dxd5 Tb8 o 7.Ac4 0-0 8.0-0 Cxe4 9.Cxe4 d5 10.Cxc6 bxc6 11.Ad3 dxe4 12.Axe4, etc.

La variante Maroczy. 1.e4 c5 2.Cf3 Cc6 3.d4 cxd4 4.Cxd4 g6 5.c4

Geza Maroczy (1870-1951), jugador húngaro, destacaba en la explotación de las posiciones que sólo contaban con una ínfima ventaja de espacio. Su principal variante se ajusta por completo a ello. Instalando un nuevo peón en el centro, las blancas ganan espacio y tienen más posibilidades de victoria, aun-

que las maniobras para ganar al adversario pueden ser largas y tediosas: 5...Cf6 6.Cc3 d6 7.Ae2 Cxd4 8.Dxd4 Ag7 9.0-0 0-0 10.Ae3 Ae6 11.Ad2 Db6 12.b3 Dxe3 13.Axe3, etc.

La variante Paulsen

1.e4 c5 2.Cf3 e6 3.d4 cxd4 4.Cxd4 a6

Las negras quieren desarrollarse sin miedo a Cb5. Las blancas continúan con 5.c4, 5.Ad3 o incluso 5.Cc3: 5.Cc3 Dc7 6.Ad3 Cc6 7.Cxc6 bxc6 8.0-0 Cf6 9.De2 d5 10.Ag5 Ab7 11.f4 Ae7 12.e5 Cd7 13.Axe7 Rxe7 14.Ca4 c5, etc.

La variante Taïmanov

1.e4 c5 2.Cf3 e6 3.d4 cxd4 4.Cxd4 Cc6

Mark Taïmanov, nacido en 1926 en Rusia, realizó una brillante carrera que acabó brutalmente con su derrota ante Fischer por el apabullante resultado de 6 a 0. Es el especialista en esta variante de la sicilia-

na, que puede originar numerosas líneas principales, tales como:
a) 5.Cb5 d6 6.c4 Cf6 7.C1c3 a6 8.Ca3 Ae7 9.Ae2 0-0 10.0-0 b6 11.Ae3...
b) 5.Cc3 Cf6 6.Cdb5 Ab4 7.a3 Axc3+ 8.Cxc3 d5 9.exd5 exd5 10.Ad3 0-0 11.0-0 d4 12.Ce2, etc.
c) 5.Cc3 Dc7 6.g3 a6 7.Ag2 Cf6 8.0-0 Ae7 9.Te1 Cxd4 10.Dxd4 Ac5 11.Dd1 d6, etc.
d) 5.Cc3 Dc7 6.Ae3 a6 7.Ae2 Cf6 8. 0-0 Ab4 9.Ca4 0-0 10.Cxc6 bxc6 11.Cb6 Tb8 12.Cxc8, etc.

La variante húngara

1.e4 c5 2.Cf3 d6 3.d4 cxd4 4.Dxd4

Es una prometedora posibilidad de juego, pues la dama no está demasiado expuesta. En efecto, Cc6 tendrá la réplica de Ab5; e5 dejará el peón d6 retrasado y la casilla d5 debilitada: 4... Cc6 5.Ab5 Ad7 6.Axc6 Axc6 7.c4 Cf6 8.Cc3 g6 9.0-0 Ag7 10.Dd3 0-0, etc.

El ataque Sozin

1.e4 c5 2.Cf3 d6 3.d4 cxd4 4.Cxd4 Cf6 5.Cc3 Cc6 6.Ac4

Colocar el Af1 en c4 es una de las ideas dominantes de la siciliana, y el mejor medio para armar un ataque con el posterior avance del peón f. Así pues, las negras buscan reaccionar inmediatamente: 6... Db6 7.Cb3 (o 7.Cde2, 7.Cdb5, 7.Cxc6). 7... e6 8.0-0 Ae7 9.Ag5 a6 10.Axf6 gxf6 11.Dh5 Ad7 12.Rh1 0-0-0, etc.

El ataque Richter-Rauzer

1.e4 c5 2.Cf3 d6 3.d4 cxd4 4.Cxd4 Cf6 5.Cc3 Cc6 6.Ag5

Kurt Richter, maestro alemán nacido a principios de siglo, perfiló este movimiento para impedir la variante dragón (6... g6). Luego, los trabajos del ruso Rauzer perfeccionaron la línea, que se ha convertido en una de las más jugadas de la siciliana. Después de 6... e6 7.Dd2 Ae7 8.0-0-0 0-0, hay dos posibles continuaciones:

a) 9.f4. Sin duda alguna la más directa. Por ejemplo: 9... h6 10.Ah4 e5 11.Cf5 Axf5 12.exf5 exf4 13.Rb1 d5, etc.

b) 9.Cb3. Se ha convertido en la más utilizada últimamente: 9... Db6 10.f3 Td8 11.Ae3 Dc7 12.Df2 Cd7 13.Cb5 Db8, etc.

La variante dragón

1.e4 c5 2.Cf3 d6 3.d4 cxd4 4.Cxd4 Cf6 5.Cc3 g6

El dragón tiene sus adictos y sus detractores..., pero aún no ha desvelado todas sus posibilidades.

El ataque Levenfisch. 1.e4 c5 2.Cf3 d6 3.d4 cxd4 4.Cxd4 Cf6 5.Cc3 g6 6.f4

Las blancas no ocultan su intención de jugar e5 en cuanto les sea posible, y después e6: 6... Cc6 7.Cxc6 bxc6 8.e5 Cd7 9.exd6 exd6 10.Ae3 Ae7 11.Dd2 0-0 12.0-0-0, etc.

El ataque yugoslavo. 1.e4 c5 2.Cf3 d6 3.d4 cxd4 4.Cxd4 Cf6 5.Cc3 g6 6.Ae3 Ag7 7.f3 0-0 8.Dd2 Cc6 9.0-0-0

Las blancas no se arredran ante los riesgos, pero con esta serie de movimientos permiten: 9... d5 10.exd5 Cxd5 11.Cxc6 bxc6 12.Ad4 e5 13.Ac5 Te8 14.Cxd5 cxd5 15.Dxd5 Dxd5 16.Txd5 Ae6 17.Td6 Axa2 =

La variante 9.Ac4. 1.e4 c5 2.Cf3 d6 3.d4 cxd4 4.Cxd4 Cf6 5.Cc3 g6 6.Ae3 Ag7 7.f3 0-0 8.Dd2 Cc6 9.Ac4

Impide d5 y controla la importante diagonal a2-g8; las negras no pueden tolerar esto por mucho tiempo: 9... Ad7 10.0-0-0 Da5 11.Ab3 Tfc8 12.Rb1 Ce5 13.h4 Cc4 14.Axc4 Txc4 15.Cb3 Dc7 16.Ad4, etc.

231

La variante Scheveningue

1.e4 c5 2.Cf3 d6 3.d4 cxd4 4.Cxd4 Cf6 5.Cc3 e6

Lleva el nombre de la playa de La Haya donde se disputó un torneo de alto nivel en 1923. Esta serie de movimientos es muy flexible y permite derivar a muchas otras variantes; es una de las preferidas de Kasparov.

El ataque Kéres. 1.e4 c5 2.Cf3 d6 3.d4 cxd4 4.Cxd4 Cf6 5.Cc3 e6 6.g4

6... Ae7 7.g5 Cfd7 8.Ae3 Cc6 9.Tg1 Cb6 10.Dh5 g6 11.De2 e5 12.Cb3 Ae6 13.0-0-0, etc.
El prematuro adelantamiento del peón g blanco intenta obstaculizar el desarrollo de las piezas menores negras. Es un ataque de primer orden en la teoría.

La variante 6.Ae2. 1.e4 c5 2.Cf3 d6 3.d4 cxd4 4.Cxd4 Cf6 5.Cc3 e6 6.Ae2

6... a6 7.0-0 Ae7 8.f4 Cc6 9.Ae3 0-0 10.De1 Dc7 11.Dg3 Cxd4 12.Axd4 b5 13.a3 Ab7 14.Tad1 Ac6, etc.
Una clásica estrategia de las blancas para atacar el enroque negro: avance a f4 y desplazamiento de su dama a la columna g.

La variante Fischer. 1.e4 c5 2.Cf3 d6 3.d4 cxd4 4.Cxd4 Cf6 5.Cc3 e6 6.Ac4 a6 7.Ab3

Fischer ha obtenido numerosas victorias gracias al juego rápido del alfil en c4 y de la salida precoz de la dama ante los peones: 7... b5 8.0-0 Ae7 9.Df3 Db6 10.Ae3 Db7 11.Dg3 Ad7 12.Tfe1 Cc6 13.a3 0-0, etc.

El ataque Vélimirovic. 1.e4 c5 2.Cf3 d6 3.d4 cxd4 4.Cxd4 Cf6 5.Cc3 e6 6.Ac4 a6 7.Ae3

Lleva el nombre del jugador yugoslavo que inspiró esta maniobra: 7... Ae7 8.De2 0-0 9.0-0-0 Cc6 10.Ab3 Dc7 11.Thg1 b5 12.g4 Ca5 13.g5 Cxb3+ 14.axb3 Cd7 15.f4, etc.

La variante Najdorf

1.e4 c5 2.Cf3 d6 3.d4 cxd4 4.Cxd4 Cf6 5.Cc3 a6

Miguel Najdorf, nacido en Polonia y nacionalizado argentino, ha popularizado esta variante, cuyo manifiesto objetivo es impedir definitivamente Cb5.

La variante Polougaïevski. 1.e4 c5 2.Cf3 d6 3.d4 cxd4 4.Cxd4 Cf6 5.Cc3 a6 6.Ag5 e6 7.f4 b5

Lev Polougaïevski (1934-1995) ha derrochado mucha energía para perfilar esta variante: 8.e5 dxe5 9.fxe5 Dc7 10.exf6 De5+ 11.Ae2 Dxg5 12.0-0 Ta7 13.Dd3 Td7, etc.

La variante del peón envenenado. 1.e4 c5 2.Cf3 d6 3.d4 cxd4 4.Cxd4 Cf6 5.Cc3 a6 6.Ag5 e6 7.f4 Db6 8.Dd2 Dxb2

Es la variante de un gambito mítico; ha sido tan estudiada que, en la práctica, pocos jugadores la utilizan aún: 9.Tb1 Da3 10.f5 Cc6 11.fxe6 fxe6 12.Cxc6 bxc6 13.e5 dxe5 14.Axf6 gxf6 15.Ce4 Ae7 16.Ae2 h5 17.Tb3 Da4 18.Cxf6+ Axf6 =

El sistema Browne. 1.e4 c5 2.Cf3 d6 3.d4 cxd4 4.Cxd4 Cf6 5.Cc3 a6 6.Ag5 e6 7.f4 Ae7 8.Df3

Una situación típica de los debates ajedrecísticos de los tiempos modernos: 8... Dc7 9.0-0-0 Cbd7 10.g4 b5 11.Axf6 Cxf6 12.g5 Cd7 13.a3 Tb8 14.h4 b4, etc.

La defensa francesa

1.e4 e6 2.d4 d5

Philidor la recomendó con el nombre de «partida del peón rey con un paso». Recibió su nombre tras el encuentro París-Londres de 1834.

La variante de cambio

1.e4 e6 2.d4 d5 3.exd5

Un juego correcto conduce a la igualdad: 3... exd5 4.Ad3 Ad6 5.Cf3 Ce7 6.0-0 0-0 7.Te1 Af5 8.Ag5 f6 9.Ah4 Axd3 10.Dxd3 Dd7 =

La variante de avance

1.e4 e6 2.d4 d5 3.e5

Las blancas apuestan por la fuerza de su centro.

El gambito Milner-Barry. 1.e4 e6 2.d4 d5 3.e5 c5 4.c3 Cc6 5.Cf3 Db6 6.Ad3 cxd4 7.cxd4 Ad7 8.0-0

233

Un interesante sacrificio de peón:
8... Cxd4 9.Cxd4 Dxd4 10.Cc3
Dxe5 11.Te1 Db8 12.Cxd5 Ad6
13.Dg4 Rf8, etc.

La variante Tarrasch

1.e4 e6 2.d4 d5 3.Cd2 Cf6

Tarrasch intentó integrar su concepción estratégica, basada en la continuidad de la de Steinitz, en la teoría
de las aperturas. Muy celoso de la
movilidad de las piezas, prefería
desarrollarlas antes que cerrar el
centro.

La línea principal. 1.e4 e6 2.d4 d5
3.Cd2 Cf6 4.e5 Cfd7 5.Ad3 c5 6.c3
Cc6 7.Ce2 cxd4 8.cxd4

8... Db6 (8... f6) 9.Cf3 f6 10.exf6
Cxf6 11.0-0 Ad6 12.Cc3 0-0, etc.

La variante 1.e4 e6 2.d4 d5 3.Cd2 c5

La variante 4.exd5 Dxd5

3... c5 lanza el desafío del centro, del
que las negras también quieren apoderarse. La salida de la dama no es
peligrosa aquí: 5.Cgf3 cxd4 6.Ac4
Dd6 7.0-0 Cf6 8.Cb3 Cc6 9.Cbxd4
Cxd4 10.Cxd4 a6, etc.

La variante 4... exd5. 1.e4 e6 2.d4
d5 3.Cd2 c5 4.exd5 exd5
Sigue principalmente con esta línea:
5.Cgf3 Cc6

Las negras apuestan por jugar con
un peón aislado: 6.Ab5 Ad6 7.0-0
Ce7 8.dxc5 Axc5 9.Cb3 Ad6 10.Cbd4
0-0 11.Ag5. Las blancas conservan
una ligera ventaja.

La variante 1.e4 e6 2.d4 d5 3.Cc3

La variante Rubinstein 1.e4 e6.
2.d4 d5 3.Cc3 dxe4

3.Cc3 es la continuación más ofensiva. El cambio también se puede
hacer mediante 3.Cd2. Esta simplificación no tiene más ambición
que provocar cambios para igualar.
4.Cxe4 Cd7 5.Cf3 Cgf6 6.Cxf6+
Cxf6 7.Ad3 b6 8.De2 Ab7 9.Ag5
Ae7 10.0-0 0-0 11.Tad1, etc.

La variante clásica

1.e4 e6 2.d4 d5 3.Cc3 Cf6 4.Ag5
dxe4

Es casi la misma estrategia del caso
anterior: 5.Cxe4 Ae7 6.Axf6 Axf6
7.Cf3 Cd7 8.Dd2 b6 9.Ab5 Ab7
10.Cxf6+ gxf6 11.Dc3, con ligera
ventaja de las blancas.

Bobby Fischer en 1967, en Nueva York. ▶

La variante Mac Cutcheon
1.e4 e6 2.d4 d5 3.Cc3 Cf6 4.Ag5 Ab4

Esta variante hace pensar que las blancas ganan un pieza con 5.e5, pero esto es refutado por 5... h6 y luego g5. 5.e5 h6 6.Ad2 Axc3 7.bxc3 Ce4 8.Dg4 g6 9.Ad3 Cxd2 10.Rxd2 c5 11.Cf3 Cc6, etc.

El ataque Chatard-Alekhine
1.e4 e6 2.d4 d5 3.Cc3 Cf6 4.Ag5 Ae7 5.e5 Cfd7 6.h4

Las blancas sacrifican un peón para abrir las líneas del flanco del rey y ganar tiempo en el desarrollo; por supuesto, las negras no están obligadas a aceptarlo.

a) 6... Axg5 7.hxg5 Dxg5 8.Ch3 De7 9.Cf4 a6 10.Dg4 g6 11.0-0-0 Cb6 12.Ad3, etc.

b) 6... a6 7.Dg4 Axg5 8.hxg5 c5 9.Dg4 f5 10.Dg3 h6 11.0-0-0 cxd4 12.Cce2 Cc6 13.Cf3 Cc5, etc.

La línea clásica
1.e4 e6 2.d4 d5 3.Cc3 Cf6 4.Ag5 Ae7 5.e5 Cfd7 6.Axe7

6... Dxe7 7.f4 0-0 8.Cf3 c5 9.dxc5 Cc6 10.Ad3 f6 11.exf6 Dxf6 12.g3 Cxc5 13.0-0, etc.

La variante Winawer
1.e4 e6 2.d4 d5 3.Cc3 Ab4 4.e5 c5 5.a3 Axc3+ 6.bxc3

Szymon Winawer (1838-1920), jugador polaco, utilizó a menudo esta línea, que se jugó por primera vez en la partida Paulsen-Schwenkenberg de Düsseldorf, en 1862.

La línea principal es:

6... Ce7 7.Dg4 Dc7 8.Dxg7 Tg8 9.Dxh7 cxd4 10.Ce2 Cbc6 11.f4 Ad7 12.Dd3 dxc3, con varias continuaciones posibles: 13.Tb1, 13.Dxc3, 13.Cg3 o 13.Cxc3.

La defensa Caro-Kann

1.e4 c6 2.d4 d5

Horatius Caro, en Berlín, y Markus Kann, en Budapest, practicaron tan a menudo esta apertura a finales del siglo XIX que se les ha concedido su paternidad. Las negras consolidan su centro sin encerrar a Ac8.

La variante fantasía
1.e4 c6 2.d4 d5 3.f3

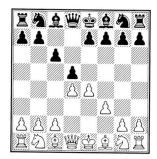

Citamos esta posibilidad a título anecdótico, pues no es muy prometedora: 3... e6 4.Cc3 Cf6 5.Ag5 h6 6.Ah4 Db6 7.a3 c5 =

La variante del avance
1.e4 c6 2.d4 d5 3.e5

Esta variante natural es muy correcta, aunque le falta algo de agilidad: 3... Af5 4.Ce2 e6 5.Cg3 Ag6 6.h4 h6 7.h5 Ah7 8.Ad3 Axd3 9.cxd3 Db6 10.Ae3 c5 11.dxc5 Axc5 12.d4, etc.

La variante de cambio

1.e4 c6 2.d4 d5 3.exd5 cxd5

El ataque Panov. 1.e4 c6 2.d4 d5 3.exd5 cxd5 4.c4 Cf6 5.Cc3 e6

Hay que conocer esta variante, pues a menudo desemboca en posiciones tipo, propias de otras aperturas: 6.Cf3 Ab4 7.cxd5 Cxd5 8.Ad2 0-0 9.Ad3 Cc6 10.0-0 Ae7 11.a3, etc.

La variante Nimzowitsch

1.e4 c6 2.d4 d5 3.Cc3 dxe4 4.Cxe4

La variante 4... Cf6. Posición después de 5.Cxf6 gxf6:

Nimzowitsch expresa, una vez más, su particular concepción del espacio: a cambio de los peones doblados, las negras explotarán la columna g y desarrollarán su Ac8 para hacer luego el enroque largo: 6.Cf3 Af5 7.Ad3 Axd3 8.Dxd3 Dc7 9.Ae3 e6 10.0-0-0 Cd7 11.Rb1 0-0-0, etc.

La variante 4... Cd7. 1.e4 c6 2.d4 d5 3.Cc3 dxe4 4.Cxe4 Cd7

Esta línea había caído en desuso, pero Karpov le ha dado un nuevo esplendor últimamente: 5.Ac4 Cgf6 6.Cg5 e6 7.De2 Cb6 8.Ab3 h6 9.C5f3 c5 10.Ae3 Dc7 11.Ce5 a6 12.Cgf3 Cbd5 13.0-0, etc.

La variante clásica. 1.e4 c6 2.d4 d5 3.Cc3 dxe4 4.Cxe4 Af5 5.Cg3 Ag6 6.h4 h6 7.Cf3

Todo indica que las blancas tienen de momento una ligera pero estable ventaja en esta continuación: 7... Cd7 8.h5 Ah7 9.Ad3 Axd3 10.Dxd3 Dc7 11.Ad2 e6 12.0-0-0 Cgf6 13.Ce4 0-0-0 14.g3, etc.

La defensa Pirc

1.e4 d6 2.d4 Cf6

Una moderna apertura debida al doctor Vasja Pirc. Tiene muchas similitudes con la Defensa India de Rey.

La variante clásica

1.e4 d6 2.d4 Cf6 3.Cc3 g6 4.Cf3 Ag7 5.Ae2

Cada bando insiste aquí en su concepción sobre el desarrollo de las piezas: ataque de las piezas negras al flanco dama, mientras que las blancas intentan ocupar el centro: 5... 0-0 6.0-0 c6 7.h3 Cbd7 8.e5 Ce8 9.Ac4 Cb6 10.Ab3 Cc7 11.Ag5 Ce6, etc.

El ataque austriaco

1.e4 d6 2.d4 Cf6 3.Cc3 g6 4.f4

Es un evidente intento de adquirir ventaja, pero a las negras no les faltan recursos: 4... Ag7 5.Cf3 c5 6.dxc5 Da5 7.Ad3 Dxc5 8.De2 0-0 9.Ae3 Da5 10.0-0 Ag4 11.h3 Axf3 12.Dxf3 Cc6, etc.

La defensa moderna

1.e4 g6 2.d4 Ag7

Esta apertura se parece a la Pirc y se ha convertido en el estandarte de una corriente hipermoderna radical. Choca con los inicios más estándares que dominan en la actualidad: 3.Cf3 d6 4.Cc3 Ag4 5.Ae3 Cc6 6.Ae2 e5 7.d5 Cce7 8.Cd2, etc.
Esta línea se acerca a la de Robatsch por el seguimiento de ciertos matices. Más hipermoderna aún que la defensa moderna, esta línea busca retrasar al máximo el desarrollo del Cg8 en f6, y a veces

llega incluso a evitarlo mediante Ce7, que permite un desarrollo muy agresivo con f5.

La defensa Alekhine

1.e4 Cf6

Realmente, ¿Alekhine creía que este movimiento estaba justificado? ¿Lo utilizaba para sacar a su adversario de los caminos trillados o lo usaba por pura provocación? En cualquier caso, es una apertura que se juega con frecuencia. La teoría no la ha refutado en absoluto.

El ataque de los 4 peones

1.e4 Cf6 2.e5 Cd5 3.d4 d6 4.c4

Frente a la prematura y provocadora salida del Cf6, las blancas deciden enviar al frente a los peones centrales: 4... Cb6 5.f4 dxe5 6.fxe5 Cc6 7.Ae3 Af5 8.Cc3 e6 9.Cf3 Ae7 10.d5 exd5 11.cxd5 Cb4 12.Cd4 Ad7, etc.

La variante 1.e4 Cf6 2.e5 Cd5 3.d4 d6 4.Cf3

La variante moderna 4... g6. 1.e4 Cf6 2.e5 Cd5 3.d4 d6 4.Cf3 g6

Las blancas intentan atacar al Cd5 con el Af1, que, situado en c4, ocupa la diagonal estratégica a2-g8. Las negras deben estar alerta, a causa de las amenazas sobre f7 o del avance a e6: 5.Ac4 Cb6 6.Ab3 Ag7 7.Cg5 d5 8.f4 f6 9.Cf3 Cc6 10.c3 0-0 11.0-0 Af5 12.Cbd2 Ca5 13.Ac2, etc.

La variante principal. 1.e4 Cf6 2.e5 Cd5 3.d4 d6 4.Cf3 Ag4

Las blancas deciden no precipitarse con un desarrollo neutro. Sin embargo, pueden liberar en cualquier momento la energía de su centro de peones: 5.Ae2 e6 6.0-0 Ae7 7.c4 Cb6 8.h3 Ah5 9.Cc3 0-0 10.Ae3 d5 11.c5 Axf3 12.gxf3 Cc8, etc.

La defensa escandinava

1.e4 d5

Numerosos jugadores escandinavos, entre ellos J. Möller, experimentaron en el siglo XIX con esta apertura analizada por los hermanos Collijn. A primera vista, su manera de simplificar el centro parece entrar en contradicción con los principios generales. Pero es la prueba de que no hay que guiarse por un enfoque excesivamente dogmático.

La variante 2... Cf6

1.e4 d5 2.exd5 Cf6

Para evitar la salida de la dama:
a) 3.c4 c6 4.dxc6 Cxc6 5.d3 e5 6.Cc3 Af5 7.Cf3 Ab4 8.Ae2 e4, etc.
b) 3.d4 Cxd5 4.c4 Cb6 5.Cf3 Ag4 6.c5 C6d7 7.Ac4 e6 8.h3 Ah5 9.Ae3 Cc6 10.Cc3 Ae7, etc.

La variante Lasker. 1.e4 d5 2.exd5 Dxd5 3.Cc3 Da5 4.d4 Cf6 5.Cf3 Ag4

El «viejo zorro» Lasker no podía ignorar una variante tan original: 6.h3 Ah5 7.g4 Ag6 8.Ce5 e6 9.h4 Ab4 10.Th3 c6 11.Ad2 Db6, etc.

La defensa Nimzowitsch

1.e4 Cc6

Esta apertura no es la única que el gran Nimzowitsch ha dado a la teoría (entre ellas, la Nimzo-india es la que mejor refleja sus concepciones): 2.d4 d5 3.Cc3 dxe4 4.d5 Cb8 5.Ac4 Cf6 6.Af4 a6 7.De2 b5 8.Ab3 c5, etc.

La defensa Baker o Saint-Georges

1.e4 a6

Muy pocos jugadores se atreven con esta insólita apertura, que tuvo su momento de gloria con la victoria de Miles sobre Karpov en Skara, en 1980: 2.d4 b5 3.Cf3 Ab7 4.Ad3 Cf6 5.De2 e6 6.0-0 c5 7.c3 d5 8.e5 Cfd7, etc.

La defensa Basman

1.e4 g5

Basman, buen jugador inglés, es un apasionado de las aperturas originales; sin embargo, 1... g5 no goza de buena reputación.

239

La apertura del peón dama 1.d4

Menos agresivo que 1.e4, 1.d4 puede llevar a ricas e interesantes posiciones. El desarrollo de las piezas es menos rápido, y el avance complementario e4 no siempre se realiza con facilidad. Las blancas tienen una situación más segura, pero exige un sentido posicional más agudo. Como en el caso de la apertura del peón rey, hemos establecido un cuadro recapitulativo de las posiciones originadas por 1.d4.

El gambito de dama

1.d4 d5. 2.c4

Este gambito, que no es realmente tal, es un inicio muy antiguo. Se llamaba antes gambito de Alepo, nombre de la ciudad siria donde nació Philippe Stamma, que fue su más ardiente defensor en el siglo XVIII. Se comprende fácilmente que las blancas quieren desviar el peón d5 para avanzar a e4. Además, en caso de captura, las blancas quieren recuperar el peón de forma activa, no mediante Da4+, sino con el Af1, y después e3 o e4.

La defensa Kérès

1.d4 d5 2.c4 Af5

Este movimiento obedece a la continuación: 3.cxd5 Axb1 4.Txb1 (es preferible 4.Da4+) Dxd5 5.a3 Cc6 6.Cf3 0-0-0 7.e3 e5, con iniciativa.
Pero las blancas tienen mejores posibilidades, sobre todo: 3.Cc3 e6 4.Db3 Cc6 5.cxd5 exd5 6.Cf3 (si 6.Dxd5? Dxd5 7.Cxd5 0-0-0. O si 6.Dxb7 Cxd4 7.e4 Tb8).

La defensa simétrica

1.d4 d5 2.c4 c5

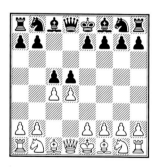

Es demasiado bonita para ser correcta: 3.cxd5 Cf6 4.e4 Cxe4 5.dxc5 Cxc5 6.Cc3 e6 7.b4 Df6 8.Dc2 Cca6 9.a3 exd5 10.Cxd5 De5 11.Ce3, con clara ventaja para las blancas.

La defensa Tchigorine

1.d4 d5 2.c4 Cc6

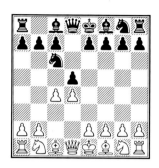

Sin rechazar los principios estratégicos fundamentales, Mikhaïl Tchigorine (1850-1908) tenía la voluntad de abrir nuevas vías teóricas. Sabía que no eran tan pertinentes, pero poseían el mérito de evitar las preparaciones teóricas estereotipadas.
Esta línea es un ejemplo de ello; las blancas pueden obtener ventaja de varias maneras, como con: 3.Cc3 Cf6 4.Cf3 Ag4 5.cxd5 Cxd5 6.e4 Cxc3 7.bxc3 e5 8.d5 Cb5 9.Da4+ Cd7 10.Cxe5 Df6 11.Cxg4 Dxc3+ 12.Rd1 Dxa1 l3.Ab5, etc.

El contragambito Albin

1.d4 d5 2.c4 e5

Este contragambito fue inventado por un jugador austriaco, Adolf Albin (1848-1920). Las negras no se acomplejan y ofrecen a su vez un sacrificio. Persiguen un doble objetivo: adelantar el peón d, que será un obstáculo para el desarrollo de las piezas blancas, y conseguir un desarrollo fulgurante que acabará mediante 0-0-0 en un ataque central.

Las blancas no tienen de inmediato una réplica mejor, pero luego demostrarán que este contragambito es inferior: 3.dxe5 d4 4.Cf3 Cc6 5.Cbd2 Ag4 6.a3 De7 7.h3 Ah5 8.Da4 0-0-0 9.b4 Rb8 10.g4 Ag6 11.Ag2, etc.

La defensa eslava

1.d4 d5 2.c4 c6

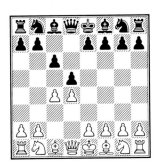

El nombre proviene de su frecuente utilización por los maestros rusos a finales del siglo XIX. Mucho menos apreciada en un primer momento que la variante ortodoxa (2... e6), la defensa eslava se ha convertido en un arma privilegiada para los maestros modernos.

La variante de cambio o Marshall

1.d4 d5 2.c4 c6 3.Cf3 Cf6 4.cxd5 cxd5

Esta simplificación, preconizada por el campeón americano Frank James Marshall (1877-1944), no es nada fácil de jugar por las negras: 5.Cc3 Cc6 6.Af4 Af5 7.e3 e6 8.Ab5 Cd7 9.Da4 Tc8 10.0-0 a6 11.Axc6 Txc6 12.Tfc1, etc.

La variante Schlechter

1.d4 d5 2.c4 c6 3.Cf3 Cf6 4.Cc3 g6

El jugador austriaco Carl Schlechter (1874-1919), célebre por su solidez y por sus numerosas partidas terminadas en tablas, tenía que encontrar una variante «caparazón». 4... g6, inspirada en la defensa Grünfeld, es, efectivamente, una continuación muy resistente a los ataques: 5.Af4 Ag7 6.e3 0-0 7.Db3 Da5 8.Cd2 Cbd7 9.Ae2, etc.

La variante 4... dxc4

1.d4 d5 2.c4 c6 3.Cf3 Cf6 4.Cc3 dxc4

La variante Alekhine. 1.d4 d5 2.c4 c6 3.Cf3 Cf6 4.Cc3 dxc4 5.e3

A primera vista es una jugada agresiva... cosa bastante extraña viniendo de Alekhine. Pero enseguida se puede transformar: 5... b5 6.a4 b4 7.Cb1 Aa6 8.Ae2 e6 9.Ce5 Ae7 10.0-0 0-0 11.Cxc4 Cbd7

La variante Geller. 1.d4 d5 2.c4 c6 3.Cf3 Cf6 4.Cc3 dxc4 5.e4

Efim Geller, jugador ruso contemporáneo, ha desarrollado esta variante que propone el sacrificio posicional de un peón: 5... b5 6.e5 Cd5 7.a4 e6 8.axb5 Cxc3 9.bxc3 cxb5 10.Cg5 Ab7 11.Dh5 Dd7 12.Ae2, etc.

La variante 5.a4. 1.d4 d5 2.c4 c6 3.Cf3 Cf6 4.Cc3 dxc4 5.a4

El ataque Krauze

1.d4 d5 2.c4 c6 3.Cf3 Cf6 4.Cc3 dxc4 5.a4 Af5 6.Ce5

Orla Hermann Krauze (1867-1935) aconsejó esta variante tras descubrir que desemboca en el cambio de una pieza por tres peones, lo que supone un verdadero desafío para los teóricos: 6... e6 7.f3 Ab4 8.e4 Axe4 9.fxe4 Cxe4 10.Ad2 Dxd4 11.Cxe4 Dxe4+ 12.De2 Axd2+ 13. Rxd2 Dd5+ 14.Rc2 Ca6, con una posición incierta.

La variante holandesa

1.d4 d5 2.c4 c6 3.Cf3 Cf6 4.Cc3 dxc4 5.a4 Af5 6.e3 e6 7.Axc4 Ab4 8.0-0 0-0 9.De2

Es la variante principal. Las blancas tienen la ventaja del centro, pero la estructura negra es flexible y sólida. En la práctica, las negras consiguen imponerse a menudo: 9... Cbd7 10.e4 Ag6 11.Ad3 Ah5 12.Af4 Te8 13.e5 Cd5 14.Cxd5 cxd5 15.h3, etc.

El gambito de dama aceptado

1.d4 d5 2.c4 dxc4

La aceptación del gambito da una continuación con posibilidades.

La variante 3.e4

1.d4 d5 2.c4 dxc4 3.e4

Es la continuación lógica. Criticada durante largo tiempo, últimamente es la preferida por los mejores jugadores. Las principales respuestas son:
a) 3... Cf6 4.e5 Cd5 5.Axc4 Cb6 6.Ab3 Cc6 7.Cf3
b) 3... e5 4.Cf3 Ab4+ 5.Cc3 exd4 6.Dxd4 Dxd4 7.Cxd4 Cf6 8.f3

Si las negras deciden conservar la ventaja del peón mediante la maniobra a6, y luego b5, las blancas tienen dos formas de contrarrestar esta tentativa: 4.e4 o 4.e3.

La variante 3... a6

1.d4 d5 2.c4 dxc4 3.Cf3 a6 4.e4

Como en todo gambito, es esencial saber cómo actuar cuando el adversario decide atesorar su capital: 4... b5 5.a4 Ab7 6.axb5 axb5 7.Txa8 Axa8 8.Cc3 c6 9.Ag5 Cf6 10.e5 Cd5 11.Da1. Las blancas consiguen algunas compensaciones, pero los jugadores prefieren la siguiente variante: 1.d4 d5 2.c4 dxc4 3.Cf3 a6 4.e3 Ag4 (sería peor: 4... b5 5.a4 Ab7 6.b3 e6 7.bxc4 bxc4 8.Axc4 Cd7 9.0-0, con ventaja). 5.Axc4 e6 6.h3 Ah5 7.Cc3 Cf6 8.0-0 Cc6 9.Ae2 Ad6 10.b3 0-0 11.Ab2, y la posición de las blancas es algo mejor.

La variante 3... Cf6

1.d4 d5 2.c4 dxc4 3.Cf3 Cf6 4.e3

La variante clásica. 1.d4 d5 2.c4 dxc4 3.Cf3 Cf6 4.e3 e6 5.Axc4 c5

Las negras pueden decidir la rápida ejecución del movimiento liberador c5, con la idea de desarrollar su Ac8 en b7 tras haber jugado a6 y b5:

6.0-0 a6 7.De2 b5 8.Ah3 Ab7 9.Td1 Cbd7 10.Cc3 Db6 11.d5 Cxd5 12.Axd5 Axd5 13.Cxd5 exd5 14.Txd5 Db7 15.e4. Las blancas tienen más espacio, pero ésta es una ventaja mínima.

La defensa Tarrasch

1.d4 d5 2.c4 e6 3.Cc3 c5

Fiel a su predilección por el centro, el peón aislado y los peones colgantes, Tarrasch elaboró esta activa línea de juego. Las blancas intentan contrarrestarla brutalmente primero, y luego luchan contra ella de forma más posicional.

El gambito Schara-Henning

1.d4 d5 2.c4 e6 3.Cc3 c5 4.cxd5 cxd4

Este sacrificio del peón tiene mala reputación. En la práctica, los éxitos de las negras son raros:
5.Dxd4 Cc6 6.Dd1 exd5 7.Dxd5 Ad7 8.Cf3 Cf6 9.Dd1 Ac5 10.e3 De7

11.a3 0-0-0 12.Dc2, con ventaja de las blancas.

La variante 4... exd5

1.d4 d5 2.c4 e6 3.Cc3 c5 4.cxd5 exd5

El gambito Marshall. 1.d4 d5 2.c4 e6 3.Cc3 c5 4.cxd5 exd5 5.e4

Este gambito, que se considera refutado, casi nunca aparece en las competiciones: 5... dxe4 6.d5 f5 7.Af4 Ad6 8.Ab5+ Rf7 9.Ch3 Cf6 10.Ac4 a6 11.a4 h6 12.f3 exf3 13.Dxf3 Te8+, con ventaja negra.

La variante 5.Cf3. 1.d4 d5 2.c4 e6 3.Cc3 c5 4.cxd5 exd5 5.Cf3 Cc6 6.g3

La variante Folkestone
1.d4 d5 2.c4 e6 3.Cc3 c5 4.cxd5 exd5 5.Cf3 Cc6 6.g3 c4

Frente al desarrollo lógico del Af1 en «fianchetto», las negras intentan aquí no entrar en la variante principal. Su objetivo es desarrollar el Af8 en b4 y su Cg8 en e7, en vez de en f6; así ya no han de temer a Ag5 y tienen mejor defendido el peón d5: 7.Ag2 Ab4 8.0-0 Cge7 9.a3 Aa5 10.e4 0-0 11.exd5 Cxd5 12.Cxd5 Dxd5 13.Ce5 Db5 14.a4 Da6, con ligera ventaja para las blancas.

La variante Rubinstein
1.d4 d5 2.c4 e6 3.Cc3 c5 4.cxd5 exd5 5.Cf3 Cc6 6.g3 Cf6 7.Ag2 Ae7 8.0-0 0-0

Ambos bandos han conseguido armoniosos desarrollos, pero la teoría concede actualmente una ligera ventaja a las blancas:
9.Ag5 cxd4 10.Cxd4 h6 11.Ae3 Te8. Ahora las blancas tienen diversas posibilidades para su siguiente movimiento: 12.Tc1, 12.Dc2, 12.Da4, 12.Db3 e incluso 12.a3.

La defensa semieslava acelerada

1.d4 d5 2.c4 e6 3.Cc3 c6

Intenta combinar las ideas de la defensa eslava y del gambito de dama aceptado con el posicionamiento en c4 y el apoyo en b5.

El gambito Alekhine

1.d4 d5 2.c4 e6 3.Cc3 c6 4.e4

Este gambito es otra contribución de Alekhine, increíble creador e innovador; hoy, aún está considerado como una de las respuestas más apropiadas a esta serie de jugadas: 4... dxe4 5.Cxe4 Ab4+ 6.Ad2 Dxd4 7.Axb4 Dxe4+ 8.Ae2, etc.

La variante Noteboom

1.d4 d5 2.c4 e6 3.Cc3 c6 4.Cf3 dxc4 5.a4 Ab4 6.e3 b5

Esta variante se bautizó así en honor del maestro holandés Daniel Note-boom (1910-1932): 7.Ad2 De7 8.axb5 Axc3 9.Axc3 cxb5 10.d5 Cf6 11.dxe6 fxe6 12.Cd4 0-0 13.Cxb5 Ce4 14.Axc4 Cxf2 15.Dh5 Ce4 es la mejor para las blancas.

El gambito de dama rehusado

1.d4 d5 2.c4 e6 3.Cc3 Cf6

Es una maniobra muy sólida. A raíz del encuentro entre Alekhine y Capablanca, fue muy utilizada a principios de siglo. Luego, la llegada de los hipermodernos confirmó su eficacia real, y en la práctica contemporánea se ha situado detrás de aperturas como la india de rey, la Nimzo-india y la india de dama.

La variante del cambio

1.d4 d5 2.c4 e6 3.Cc3 Cf6 4.cxd5 exd5 5.Ag5

Aquí, el cambio no significa que las blancas hayan renunciado a la idea de conseguir ventaja. Al contrario: el cambio no es simétrico y, en la mayoría de los casos, las blancas tienen la ambición de organizar un ataque en el flanco dama: 5... c6 6.Dc2 Ae7 7.e3 Cbd7 8.Ad3 0-0 9.Cf3 Te8 10.0-0 Cf8 11.Tab1 a5 12.a3 Ce4 13.Axe7 Dxe7 14.b4, etc.

La variante clásica

1.d4 d5 2.c4 e6 3.Cc3 Cf6 4.Cf3 Ae7 5.Af4

Las blancas emplean este sistema cuando no desean entrar en las variantes, muy estudiadas, que siguen a 5.Ag5: 5... 0-0 6.e3 c5 7.dxc5 Axc5 8.Dc2 Cc6 9.Td1 Da5 10.a3 Ae7 11.Cd2 e5 12.Ag5 d4 13.Cb3 Dd8 14.Ae2, con una posición muy complicada.

El sistema Ragozin

1.d4 d5 2.c4 e6 3.Cc3 Cf6 4.Cf3 Ab4 5.Ag5

Vjaceslav Ragozin (1908-1962) es uno de los raros campeones que han simultaneado la carrera ante los tableros con el juego por correspondencia (consiguió el título de campeón del mundo por correspondencia en 1958). También fue vicepresidente de la Federación Internacional.

En esta variante, ya utilizada por Stamma, las negras se desvían de la línea principal y aceptan la clavada del Cc3 para controlar e4. La idea parece lógica: 5... dxc4 6.e4 c5 7.e5 cxd4 8.Da4+ Cc6 9.0-0-0 h6 10.exf6 hxg5 11.fxg7 Tg8 12.Cxd4 Axc3 13.bxc3 Da5 14.Dxa5 Cxa5 15.h4 g4 16.h5; esta larga serie teórica da ligera ventaja a las blancas.

La defensa semi-Tarrasch

1.d4 d5 2.c4 e6 3.Cc3 Cf6 4.Cf3 c5

Esta variante, basada en la misma idea que la defensa Tarrasch, no tiene tanta flexibilidad, pero se puede jugar perfectamente: 5.cxd5 Cxd5 6.e3 Cc6 7.Ad3 cxd4 8.exd4 Ae7 9.0-0 0-0 10.Te1 Dd6 11.a3 Td8 12.Dc2 h6, con un equilibrio dinámico.

La variante 4... c6

1.d4 d5 2.c4 e6 3.Cc3 Cf6 4.Cf3 c6 5.Ag5

La variante 5... h6. 1.d4 d5 2.c4 e6 3.Cc3 Cf6 4.Cf3 c6 5.Ag5 h6

Las blancas intentan jugar e4 para apoderarse así del centro. Pero gracias a su movimiento c6, las blancas amenazan con capturar c4 y conservar el peón suplementario mediante b5. Aun en el caso de que no pudieran conservar este peón, siempre pueden jugar b5, y luego b6, con la idea de avanzar a c5 y simplificar la posición mediante los cambios en el centro.

El gambito anti-Merano, o variante Botvinnik.

El gambito anti-Merano, o variante Botvinnik. 1.d4 d5 2.c4 e6 3.Cc3 Cf6 4.Cf3 c6 5.Ag5 dxc4 6.e4 b5 7.e5 h6 8.Ah4 g5

Se entra en una variante, muy estudiada, que requiere gran preparación teórica: 9.Cxg5 hxg5 10.Axg5 Cbd7 11.exf6 Ab7 12.g3 Db6 13.Ag2 c5 14.d5 0-0-0 15.0-0 b4 16.Ca4, etc.

La defensa semieslava

1.d4 d5 2.c4 e6 3.Cc3 Cf6 4.Cf3 c6 5.e3 Cbd7

Es una apertura de variable aceptación según las épocas; las negras la utilizan de manera regular hoy en día.

247

La variante Stoltz. 1.d4 d5 2.c4 e6 3.Cc3 Cf6 4.Cf3 c6 5.e3 Cbd7 6.Dc2

Evita la variante principal: 6... Ad6 7.e4 dxe4 8.Cxe4 Cxe4 9.Dxe4 e5 10.dxe5 0-0 11.exd6 Te8 12.Dxe8 Dxe8+ 13.Ae3 Cf6 14.0-0-0, con compensaciones.

La variante 6.Ad3. 1.d4 d5 2.c4 e6 3.Cc3 Cf6 4.Cf3 c6 5.e3 Cbd7 6.Ad3

La variante Romih
1.d4 d5 2.c4 e6 3.Cc3 Cf6 4.Cf3 c6 5.e3 Cbd7 6.Ad3 Ab4

7.a3 Aa5 8.0-0 0-0 9.Dc2 dxc4 10.Axc4 Ac7 11.Ad2 e5 12.dxe5 Cxe5 13.Cxe5 Axe5 14.h3, etc.

La variante Tchigorine
1.d4 d5 2.c4 e6 3.Cc3 Cf6 4.Cf3 c6 5.e3 Cbd7 6.Ad3 Ad6

El inconveniente de esta variante es que permite el avance a e4: 7.e4 dxe4 8.Cxe4 Cxe4 9.Axe4 0-0 10.0-0 h6 11.Ac2 e5 12.b4, etc.

La variante 6... dxc4
1.d4 d5 2.c4 e6 3.Cc3 Cf6 4.Cf3 c6 5.e3 Cbd7 6.Ad3 dxc4 7.Axc4 b5

La variante 8.Ae2
1.d4 d5 2.c4 e6 3.Cc3 Cf6 4.Cf3 c6 5.e3 Cbd7 6.Ad3 dxc4 7.Axc4 b5 8.Ae2

Esta variante es una continuación de aspecto anodino, pero no está exenta de interés: 8... Ab7 9.0-0 a6 10.e4 c5 11.e5 Cd5 12.a4 Cxc3 13.bxc3 c4 14.Ag5, etc.

La variante 8.Ad3
Puede continuar de varias maneras:
a) la variante Wade: 8... Ab7. Puede conducir a la famosa variante de las 4 damas: 9.e4 b4 10.e5 bxc3 11.exf6 cxb2 12.fxg7 bxa1=D 13.gxh8=D, etc.

b) el ataque Sozin: 8... a6 9.e4 c5 10.e5 cxd4 11.Ce4 Cd5 12.0-0 h6 13.a4 b4 14.a5 Ab7 15.Te1, etc. Con el avance 10.e5, las blancas intentan explotar la posición central del rey y las debilidades de las casillas negras, en especial la casilla d6. En principio, las negras pueden taponar estas brechas.

c) la variante Reynolds: 8... a6 9.e4 c5 10.d5 c4 11.dxe6 fxe6 12.Ac2 Dc7 13.0-0 Ac5 14.e5 Cxe5 15.Af4 Ad6 16.Cg5, etc. 10.d5 es una alternativa motivada principalmente por la imposibilidad que tienen las negras de capturar en d5 a causa de 11.e5; las blancas estarían entonces en mejor posición.

El ataque Pillsbury
1.d4 d5 2.c4 e6 3.Cc3 C.f6 4.Ag5

La clavada de Cf6 por Ag5 es la continuación más lógica para preparar e4. Ag5 puede desempeñar también el papel de explorador para un eventual ataque en el flanco rey. El cambio del alfil por Cf6 constituye asimismo un elemento de ataque, muy en especial el ataque de diversión en el flanco dama, con los peones a y b contra a, b y c.

El gambito Canal-Prins. 1.d4 d5
2.c4 e6 3.Cc3 Cf6 4.Ag5 c5

Una variante inferior: 5.cxd5 cxd4
6.Dxd4 Ae7 7.e4 Cc6 8.Dd2 Cxe4
9.Cxe4 exd5 10.Axe7 Dxe7 11.Dxd5,
con clara ventaja de las blancas.

La variante 4... Cbd7. 1.d4 d5 2.c4
e6 3.Cc3 Cf6 4.Ag5 Cbd7

La defensa Cambridge-Springs

1.d4 d5 2.c4 e6 3.Cc3 Cf6 4.Ag5
Cbd7 5.e3 c6 6.Cf3 Da5

Esta defensa lleva el nombre de la
ciudad americana donde se disputó,
en 1904, un torneo en el que el jugador Teichmann intentó esta línea
repetidas veces: 7.Cd2 Ab4 8.Dc2
dxc4 9.Axf6 Cxf6 10.Cxc4 Dc7
11.a3 Ae7 12.Ae2 0-0 13.b4 b6
14.0-0, etc.

La vieja defensa Lasker. 1.d4 d5 2.c4
e6 3.Cc3 Cf6 4.Ag5 Ae7 5.e3 0-0
6.Cf3 h6

Como «viejo zorro» del tablero,
Lasker adoptó esta línea que permite a las negras frenar la estrategia de
las blancas; ésta consistiría en completar su desarrollo y avanzar a e4.
El principal interés del movimiento
h6 reside en que permite a las
negras jugar Ce4. Colocar a Ac8 en
«fianchetto» en b7 también es prometedor.

La variante de Petrossian

1.d4 d5 2.c4 e6 3.Cc3 Cf6 4.Ag5 Ae7
5.e3 0-0 6.Cf3 h6 7.Axf6

7... Axf6 8.Tc1 c6 9.Ad3 Cd7 10.0-0
dxc4 11.Axc4 e5 12.h3 exd4 13.exd4
Cb6 14.Ab3 Af5 15.Te1, etc.
Aquí, las blancas no quieren que las
negras instalen su caballo en e4.
Tras el cambio en f6, tienen que
efectuar un nuevo cambio en el centro, y luego concentrarse en el ataque en el flanco dama, con los peones a y b contra, a, b y c.

La variante 7.Ah4

1.d4 d5 2.c4 e6 3.Cc3 Cf6 4.Ag5 Ae7
5.e3 0-0 6.Cf3 h6 7.Ah4

La defensa Lasker moderna

1.d4 d5 2.c4 e6 3.Cc3 Cf6 4.Ag5 Ae7
5.e3 0-0 6.Cf3 h6 7.Ah4 Ce4 8.Axe7
Dxe7

9.cxd5 Cxc3 10.bxc3 exd5 11.Db3
Td8 12.c4 dxc4 13.Axc4 Cc6 14.Ae2
Td6 15.0-0, etc.
Las negras buscan cambiar numero-
sas piezas. Estas simplificaciones
aligeran la tensión.

La defensa Tartacower

1.d4 d5 2.c4 e6 3.Cc3 Cf6 4.Ag5 Ae7
5.e3 0-0 6.Cf3 h6 7.Ah4 b6

Es una de las grandes líneas explora-
das por la teoría moderna:
a) 8.Dc2 Ab7 9.Td1 Cbd7 10.cxd5
exd5 11.Ad3 c5 12.0-0 Ce8 13.Ag3,
etc.
b) 8.Db3 Ab7 9.Axf6 Axf6 10.cxd5
exd5 11.Td1 Te8 12.a3 c6 13.Ad3
Cd7 14.0-0, etc.
c) 8.Tc1 Ab7 9.Ad3 Cbd7 10.0-0 c5
11.De2 Te8 12.Ag3 cxd4 13.exd4
dxc4 14.Axc4, etc.

d) 8.Ae2 Ab7 9.Axf6 Axf6 10.cxd5 exd5 11.0-0 Cd7 12.Db3 c6 13.Tad1 Te8 14.Tfe1, etc.
e) 8.Ad3 Ab7 9.0-0 Cbd7 10.De2 c5 11.Tfd1 Ce4 12.Ag3 cxd4 13.Cxd4 Cxg3 14.hxg3, etc.
f) 8.cxd5 exd5 9.Ad3 Ab7 10.0-0 Ce4 11.Axe7 Dxe7 12.Db3 Td8 13.Tac1 c5 14.Ab1, etc.
g) 8.cxd5 Cxd5 9.Axe7 Dxe7 10.Cxd5 exd5 11.Tc1 Ae6 12.Ad3 c5 13.dxc5 bxc5 14.0-0, etc.

La defensa ortodoxa
1.d4 d5 2.c4 e6 3.Cc3 Cf6 4.Ag5 Ae7 5.e3 0-0 6.Cf3 Cbd7

Tarrasch bautizó así esta variante para burlarse de cierto conformismo.

La variante 7.Dc2
1.d4 d5 2.c4 e6 3.Cc3 Cf6 4.Ag5 Ae7 5.e3 0-0 6.Cf3 Cbd7 7.Dc2

Las blancas tienen la intención de lanzar un ataque en el flanco rey: 7... h6 8.h4 c5 9.0-0-0 cxd4 10.Cxd4 Cb6 11.f3 Ad7 12.g4 Tc8 13.Axf6 Axf6 14.g5, etc.

La variante 7.Tc1
1.d4 d5 2.c4 e6 3.Cc3 Cf6 4.Ag5 Ae7 5.e3 0-0 6.Cf3 Cbd7 7.Tc1

La maniobra de Capablanca y el ataque Rubinstein
1.d4 d5 2.c4 e6 3.Cc3 Cf6 4.Ag5 Ae7 5.e3 0-0 6.Cf3 Cbd7 7.Tc1 c6 8.Ad3 dxc4 9.Axc4 Cd5 10.Axe7 Dxe7 11.0-0 Cxc3 12.Txc3 e5 13.dxe5 Cxe5 14.Cxe5 Dxe5 15.f4

Es una línea ineludible que las negras no suelen seguir, pues las blancas conservan la ventaja: 15... De4 16.De2 Af5 17.Ad3 Dd5 18.e4 Dd4+ 19.Df2 Dxf2 20.Rxf2 Ad7 21.Td1, etc.

La defensa Nimzo-india
1.d4 Cf6 2.c4 e6 3.Cc3 Ab4

El término «indio» caracteriza al inicio 1... Cf6 después de 1.d4, y al desarrollo específico que implica. Si esta forma de comenzar la partida nos resulta ahora del todo natural, no ocurría lo mismo a principios de siglo, y sólo tras la llegada de los hipermodernos se impuso tal estrategia. El tema ha originado numerosas aperturas; las más célebres entre ellas son:
– la Nimzo-india, elaborada por Nimzowitsch;
– la india de rey (con respecto a las blancas, el Ag7 está en el flanco de rey);
– la india de dama (el Ab7 está en el flanco de dama).

La variante 4.f3
1.d4 Cf6 2.c4 e6 3.Cc3 Ab4 4.f3

Las blancas buscan avanzar por todos los medios e4: 4... c5 5.d5 Axc3+ 6.bxc3 Ch5 7.g3 f5 8.e4 f4 9.Axf4 Cxf4 10.gxf4 Dh4+ 11.Re2 Dxf4, etc.

El Cabo, 1991, partida amistosa entre presos políticos, en el momento de su liberación de Roben Island (Sudáfrica).

La variante Spielmann

1.d4 Cf6 2.c4 e6 3.Cc3 Ab4 4.Db3 c5 5.dxc5 Ca6

Esta variante busca cambiar el Ab4 sin doblar los peones c: 6.a3 Axc5 7.Cf3 b6 8.Ag5 Ab7 9.e3 0-0 10.Ae2 Ae7 11.0-0 Cc5 l2.Dc2 Cfe4, etc.

La variante Sämisch

1.d4 Cf6 2.c4 e6 3.Cc3 Ab4 4.a3 Axc3+ 5.bxc3 c5 6.f3

Las blancas, que han forzado el cambio, tienen los peones c dobla- dos, pero c3 refuerza a d4: 6... d5 7.cxd5 Cxd5 8.dxc5 f5 9.Ch3 0-0 10.c4 Dh4+ 11.Cf2 Cf6 12.e3 Cc6 13.Ae2 e5 14.0-0
Las blancas no han conseguido com- pletar un centro fuerte, pero tienen la pareja de alfiles.

El sistema de Leningrado

1.d4 Cf6 2.c4 e6 3.Cc3 Ab4 4.Ag5 h6 5.Ah4 c5 6.d5

Los jugadores de Leningrado, sobre todo Spassky, han vuelto a poner de moda este sistema, utilizado ya por por Alekhine y Réti: 6... d6 7.e3 Axc3 8.bxc3 e5 9.f3 De7 10.e4 Cbd7 11.Ce2 Cf8 12.Af2 Cg6 13.Cg3 Cf4, etc.

La variante 4.Dc2

1.d4 Cf6 2.c4 e6 3.Cc3 Ab4 4.Dc2

La variante 4... d5. 1.d4 Cf6 2.c4 e6 3.Cc3 Ab4 4.Dc2 d5

Esta línea de juego con aspecto ano- dino puede resultar enérgica: 5.a3 Axc3 6.Dxc3 Ce4 7.Dc2 c5 8.dxc5 Cc6 9.Cf3 Da5+ 10.Cd2 Cd4 11.Dd3 e5 12.b4 Da4 13.Ta2 Af5 14.cxd5 Cxc5 15.Dc3 Ccb3 16.Cxb3 Dxb3 17.Dxb3 Cxb3, etc.

La variante 4... c5. 1.d4 Cf6 2.c4 e6 3.Cc3 Ab4 4.Dc2 c5

5.dxc5 0-0 6.Cf3 Ca6 7.e3 Cxc5 8.Ad2 b6 9.Ae2 Ab7 10.0-0 Cce4 11.Cxe4 Axe4 12.Ad3 Axd3 13.Dxd3 Axd2 14.Dxd2, etc.

El sistema Rubinstein

1.d4 Cf6 2.c4 e6 3.Cc3 Ab4 4.e3

El cuarto movimiento de las blan- cas, e3, es la base de esta apertura.

La variante 4... Cc6
1.d4 Cf6 2.c4 e6 3.Cc3 Ab4 4.e3 Cc6

Es un desarrollo anacrónico, pero más flexible de lo que se cree: 5.Ce2 d5 6.a3 Ae7 7.cxd5 exd5 8.Cf4 Af5 9.b4 Dd7 10.Db3 Td8 11.Ad3 0-0 12.Ad2 Tfe8 13.0-0 Axd3 14.Cxd3, etc.

El sistema Hübner

1.d4 Cf6 2.c4 e6 3.Cc3 Ab4 4.e3 c5 5.Ad3 Cc6 6.Cf3

La variante 4... b6. 1.d4 Cf6 2.c4 e6 3.Cc3 Ab4 4.e3 b6

Las blancas tienen sobre todo dos posibilidades:

a) 5.Ad3 Ab7 6.Cf3 0-0 7.0-0 c5 8.Ca4 cxd4 9.exd4 Ae7 10.Te1 d6 11.b4 Cbd7 12.Ab2, etc.

b) 5.Ce2 Ab7 6.a3 Ae7 7.d5 0-0 8.e4 d6 9.g3 c6 10.dxe6 fxe6 11.Cd4 Ac8 12.Ah3, etc.

La variante clásica

1.d4 Cf6 2.c4 e6 3.Cc3 Ab4 4.e3 0-0

La variante 5.Cge2

1.d4 Cf6 2.c4 e6 3.Cc3 Ab4 4.e3 0-0 5.Cge2

5... d5 6.a3 Ae7 7.cxd5 exd5 8.g3 c6 9.Ag2 a5 10.0-0 Ca6 11.Dd3 Cc7 12.f3 c5 13.Td1, etc.

La variante 5.Cf3

1.d4 Cf6 2.c4 e6 3.Cc3 Ab4 4.e3 0-0 5.Cf3 d5 6.Ad3 c5 7.0-0

Las negras pueden jugar de diversas maneras:

a) la variante Gligoric:

7... dxc4 8.Axc4 b6. Svetozar Gligoric, uno de los mejores jugadores yugoslavos, ha practicado con éxito esta línea: 9.a3 cxd4 10.axb4 dxc3 11.Dxd8 Txd8 12.bxc3 Ab7 13.Ae2 Cc6 14.Ab2 Ce4 15.Tfd1, etc.

b) la variante 8... Cbd7:

7... dxc4 8.Axc4 Cbd7 9.De2 b6 10.Td1 cxd4 11.exd4 Ab7 12.d5 Axc3 13.dxe6 Axf3 14.gxf3 fxe6 15.bxc3 Dc7 16.Axe6+ Rh8 17.Ae3, etc.

La posición resultante tras el movimiento 7 de las blancas está llena de amenazas, y a menudo conduce a posiciones del tipo «peón aislado», con el peón d4 blanco solitario. Las negras pueden elegir un desarrollo diferente con la salida del caballo a c6:

c) la variante 7... Cc6

Por ejemplo: 8.a3 dxc4 9.Axc4 Aa5 10.Dd3 a6 11.Td1 b5 12.Aa2 Ab6 13.Dc2 c4 14.De2 De8 15.b3 cxb3 16.Axb3 Ab7 17.e4, etc.

7... Cc6 es una jugada ambiciosa, pero no resuelve los problemas de desarrollo de las piezas negras, ni su inferioridad en el centro.

La defensa india de dama

1.d4 Cf6 2.c4 e6 3.Cf3 b6

El desarrollo de esta apertura apareció cuando las blancas comenzaron a evitar la defensa Nimzo-india jugando 3.Cf3.

La línea clásica

1.d4 Cf6 2.c4 e6 3.Cf3 b6 4.g3 Ab7

Este desarrollo natural se utiliza cada vez menos, pues peca de falta de ambición, como se puede ver en los siguientes movimientos: 5.Ag2 Ae7 6.0-0 0-0 7.Cc3 Ce4.

Las blancas tienen cierta libertad de elección, por ejemplo:

a) 8.Cxe4 Axe4 9.Af4 d6 10.Dd2 Cd7 11.Tfd1 De8 12.De3 f5 13.Ce1 Dg6 14.Db3, etc.

b) 8.Ad2 f5 9.d5 Af6 10.Tc1 Ca6 11.Ae1 De7 12.Cd4 Cac5 13.b4 Cxc3 14.Txc3, etc.

La variante 4... Aa6

1.d4 Cf6 2.c4 e6 3.Cf3 b6 4.g3 Aa6

Es una jugada paradójica que desafía los principios básicos, pero se justifica por el ataque de c4 y por el entorpecimiento del desarrollo blanco; el alfil puede ir muy rápidamente a b7.

La variante 5.Cbd2. 1.d4 Cf6 2.c4 e6 3.Cf3 b6 4.g3 Aa6 5.Cbd2

5... Ab4 6.Dc2 Ab7 7.Ag2 Ae4 8.Dd1 Axd2 9.Axd2 d6 10.0-0 Cbd7 11.Ac3 De7 12.Te1 0-0, etc.

La variante Karpov 5.b3. 1.d4 Cf6 2.c4 e6 3.Cf3 b6 4.g3 Aa6 5.b3 Ab4+ 6.Ad2 Ae7 7.Ag2 c6 8.0-0 d5 9.Ce5

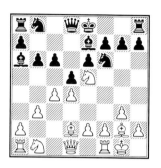

Karpov ha contribuido decisivamente a promocionar esta apertura.

La defensa Bogo-india

1.d4 Cf6 2.c4 e6 3.Cf3 Ab4+

Bogo es el diminutivo de Efim Bogoljubow (1889-1952), campeón ruso y brillante atacante; sin duda, esta apertura le permitía oponerse a las grandes preparaciones de sus adversarios.

La variante 4.Cbd2

1.d4 Cf6 2.c4 e6 3.Cf3 Ab4+ 4.Cbd2

4.Cc3 desembocaría en la Nimzo-india: 4... d5 5.a3 Ae7 6.e3 0-0 7.Ad3 b6 8.0-0 c5 9.b3 cxd4 10.exd4 Ab7 11.Ab2 Cbd7 12.Te1, etc.

La variante 4.Ad2

1.d4 Cf6 2.c4 e6 3.Cf3 Ab4+ 4.Ad2

4... De7 5.g3 0-0 6.Ag2 Axd2 7.Cbxd2 d6 8.0-0 e5 9.e4 a5 10.d5 Ca6 11.b3 c6 12.a3 Ad7 13.Db1, etc.

El gambito Blumenfeld

1.d4 Cf6 2.c4 e6 3.Cf3 c5 4.d5 b5

Este gambito, atribuido al ruso Blumenfeld, fue utilizado por primera vez en la partida entre Tarrasch y Alekhine, jugado en Pistyan, en 1922, tiene no obstante mala reputación: 5.Ag5 exd5 6.cxd5 h6 7.Axf6 Dxf6 8.Dc2 d6 9.e4 a6 10.a4 b4 11.Cfd2 Ae7 12.Cc4 Cd7 13.Cbd2, etcétera.

La apertura catalana

1.d4 Cf6 2.c4 e6 3.g3

Esta apertura se caracteriza por la pareja d4-g3. Debe su nombre a Cataluña.

La variante 3... d5

1.d4 Cf6 2.c4 e6 3.g3 d5 4.Ag2 dxc4

La variante abierta. 1.d4 Cf6 2.c4 e6 3.g3 d5 4.Ag2 dxc4 5.Da4+ Cbd7 6.Dxc4

El desarrollo en «fianchetto» tiene el inconveniente de debilitar el peón c4; las negras se aprovechan de ello para capturarlo de inmediato. Las blancas capturan c4 con una prematura salida de la dama. La continuación puede ser: 6... a6 7.Dc2 c5 8.Cf3 b5 9.0-0 Ab7 10.a4 Tc8 11.axb5 axb5 12.Db3 Db6 13.Ca3 Aa6 =

La variante clásica. 1.d4 Cf6 2.c4 e6 3.g3 d5 4.Ag2 dxc4 5.Cf3 Ae7

Las blancas prefieren seguir con su desarrollo. De todas maneras, no es conveniente que las negras intenten conservar el peón c4: 6.0-0 0-0 7.Dc2 a6 8.Dxc4 b5 9.Dc2 Ab7 10.Af4 Cd5 11.Cc3 Cxf4 12.gxf4, etc.

La variante cerrada

1.d4 Cf6 2.c4 e6 3.g3 d5 4.Ag2 Ae7 5.Cf3 0-0 6.0-0 c6

La línea elegida por las negras es ciertamente sólida, pero deja a las blancas mucho espacio libre: 7.Dc2 Cbd7 8.Cbd2 b6 9.b3 Ab7 10.Ab2 Tc8 11.e4 c5 12.exd5 exd5 13.dxc5 dxc4 14.Cxc4, etc.

La defensa Benoni

1.d4 Cf6 2.c4 c5 3.d5 e6

Esta apertura de origen misterioso no es nada banal. Las negras dejan el centro a las blancas y apuestan principalmente por la fuerza de su alfil g7, colocado en «fianchetto».

La variante 4.Cc3

1.d4 Cf6 2.c4 c5 3.d5 e6 4.Cc3 exd5 5.cxd5 d6 6.Cf3 g6

La variante 7.g3. 1.d4 Cf6 2.c4 c5 3.d5 e6 4.Cc3 exd5 5.cxd5 d6 6.Cf3 g6 7.g3

Esta respuesta no parece natural, pues el Ag2 está bloqueado por el peón d5 y el movimiento e4 no es bueno. A cambio, las blancas frenan el juego contrario sobre su enroque: 7... Ag7 8.Ag2 0-0 9.0-0 Cbd7 10.Cd2 a6 11.a4 Te8 12.h3 Tb8 13.Cc4 Ce5 14.Ca3 Ch5, etc.

La variante 6.e4

1.d4 Cf6 2.c4 c5 3.d5 e6 4.Cc3 exd5 5.cxd5 d6 6.e4 g6 7.f4 Ag7

El ataque Mikenas. 1.d4 Cf6 2.c4 c5 3.d5 e6 4.Cc3 exd5 5.cxd5 d6 6.e4 g6 7.f4 Ag7 8.e5

Vladas Mikenas, maestro ruso nacido a comienzos de siglo, no tiene fama de esperar calmosamente los acontecimientos. Sin embargo, las negras podrán contener este ataque fulminante: 8... Cfd7 9.Cb5 dxe5 10.Cd6+ Re7 11.Cxc8 Dxc8 12.Cf3 Te8 13.Ac4 Rf8 14.0-0 Cb6, etc.

La variante Taïmanov. 1.d4 Cf6 2.c4 c5 3.d5 e6 4.Cc3 exd5 5.cxd5 d6 6.e4 g6 7.f4 Ag7 8.Ab5+

Es una línea muy popular en la actualidad, tanto, que muchos jugadores han dejado de utilizar la Benoni: 8... Cfd7 9.a4 0-0 10.Cf3 Ca6 11.0-0 Cb4 12.Te1 a6 13.Af1 Te8 14.h3 Tb8 15.Ae3, etc.

La variante 7.Cf3 Ag7

1.d4 Cf6 2.c4 c5 3.d5 e6 4.Cc3 exd5 5.cxd5 d6 6.e4 g6 7.Cf3 Ag7

La variante 8.Ad3. 1.d4 Cf6 2.c4 c5 3.d5 e6 4.Cc3 exd5 5.cxd5 d6 6.e4 g6 7.Cf3 Ag7 8.Ad3

La continuación es tranquila y natural: 8... 0-0 9.h3 Cbd7 10.0-0 De7 11.Af4, etc...

La variante principal. 1.d4 Cf6 2.c4 c5 3.d5 e6 4.Cc3 exd5 5.cxd5 d6 6.e4 g6 7.Cf3 Ag7 8.Ae2 0-0 9.0-0 a6 10.a4

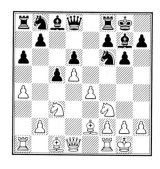

10... Ag4 11.Af4 Te8 12.Cd2 Axe2 13.Dxe2 Ch5 14. Ae3 Cd7 15.a5, etc.

El gambito Benko

1.d4 Cf6 2.c4 c5 3.d5 b5

Paul Benko, maestro húngaro nacionalizado norteamericano, ha popularizado este sacrificio de peón que se ha revelado muy difícil de dominar en la práctica: aunque las blancas pueden rechazar el gambito, mediante 4.a4, por ejemplo, en la mayoría de los torneos se produce la captura del peón, es decir, 4.cxb5 a6. El principio del gambito radica en ganar tiempo de desarrollo para las piezas en el flanco de dama, a cambio de un peón. Tras la apertura de las columnas a y b, las negras movilizan todas sus fuerzas para atacar los peones a y b del adversario.

La variante 4.cxb5

1.d4 Cf6 2.c4 c5 3.d5 b5 4.cxb5 a6

La variante 5.Cc3. 1.d4 Cf6 2.c4 c5 3.d5 b5 4.cxb5 a6 5.Cc3

Esta jugada lleva al caballo a infiltrarse en el campo negro de una manera bastante original: 5... axb5 6.e4 b4 7.Cb5 d6 8.Cf3 g6 9.e5 dxe5 10.Cxe5 Ag7 11.Ac4 0-0 12.0-0 Ab7, etc.

La variante 5.e3. 1.d4 Cf6 2.c4 c5 3.d5 b5 4.cxb5 a6 5.e3

Las blancas defienden sencillamente su peón y se aferran a él: 5... g6 6.Cc3 Ag7 7.a4 d6 8.Db3 axb5 9.Axb5+ Ad7 10.Ta3 0-0 11.Cge2 Ca6 12.0-0, etc.

La variante 5.b6. 1.d4 Cf6 2.c4 c5 3.d5 b5 4.cxb5 a6 5.b6

Es una continuación de moda. Las blancas devuelven en seguida el peón para no dejar que las negras se movilicen en el flanco dama; luego, las blancas aprovecharán su ventaja en el centro: 5... d6 6.Cc3 Cbd7 7.e4 g6 8.Cf3 Ag7 9.Cd2 0-0 10.Ae2 Cxb6 11.a4, etc.

La variante 5.bxa6. 1.d4 Cf6 2.c4 c5 3.d5 b5 4.cxb5 a6 5.bxa6 Axa6 6.Cc3 d6

La variante del «fianchetto» 1.d4 Cf6 2.c4 c5 3.d5 b5 4.cxb5 a6 5.bxa6 Axa6 6.Cc3 d6 7.Cf3 g6 8.g3

¿Y por qué no capturar también el segundo peón? Las blancas tienen entonces la posibilidad de resolver el problema del desarrollo del Af1:
– sea colocando el alfil en «fianchetto»: 8... Ag7 9.Ag2 Cbd7 10.0-0 Cb6 11.Te1 0-0 12.Cd2 Dc7 13.Tb1 Db7 14.b3, etc.
– sea aceptando la renuncia al enroque, como ocurre en la variante que presentamos a continuación.

La variante 7.e4 1.d4 Cf6 2.c4 c5 3.d5 b5 4.cxb5 a6 5.bxa6 Axa6 6.Cc3 d6 7.e4

7... Axf1 8.Rxf1 g6 9.g3 Ag7 10.Rg2 0-0 11.Cf3 Cbd7 12.Te1 Da5 13.h3 Tfb8 14.e5, etc.

257

El gambito de Budapest

1.d4 Cf6 2.c4 e5

Este gambito, que en su origen fue una especialidad de los jugadores húngaros, se hizo bastante popular tras la primera guerra mundial. Pero pronto cayó en desuso, y no reaparece más que ocasionalmente.

La variante Fajarowicz

1.d4 Cf6 2.c4 e5 3.dxe5 Ce4

No es la línea principal, y parece una opción dudosa: 4.Cf3 Cc6 5.a3 d6 6.Dc2 d5 7.e3 Ag4 8.cxd5 Dxd5 9.Ac4 Da5+ 10.b4 Axb4+ 11.axb4 Dxa1 12.Dxe4, con clara ventaja para las blancas.

La variante principal

1.d4 Cf6 2.c4 e5 3.dxe5 Cg4 4.Af4

4... Cc6 5.Cf3 Ab4+ 6.Cc3 De7 7.Dd5 Axc3+ 8.bxc3 f6 9.exf6 Cxf6 10.Dd3 d6 11.e3, etc.

La defensa india de rey

1.d4 Cf6 2.c4 g6 3.Cc3 Ag7

Con la apertura del peón dama, es sin duda la defensa preferida por los jugadores aficionados. Tal vez porque su estrategia es simple y eficaz. Las negras se desinteresan provisionalmente del centro para organizar contraataques sobre el enroque blanco.

La variante 4.Cf3

1.d4 Cf6 2.c4 g6 3.Cc3 Ag7 4.Cf3

La variante yugoslava. 1.d4 Cf6 2.c4 g6 3.Cc3 Ag7 4.Cf3 d6 5.g3 0-0 6.Ag2 c5

Con 6... c5, las negras desean abrir la diagonal a1-h8, llamada a veces la «vía láctea» del tablero, para su alfil de g7.
a) 7.d5 Ca6 8.0-0 Cc7 9.a4 Tb8 10.Ta2 a6 11.a5 e6 12.dxe6 Cxe6 13.e3 b5 14.axb6 Dxb6 15.Cd2, etc.
b) 7.0-0 Cc6 8.dxc5 dxc5 9.Ae3 Ae6 10.Axc5 Da5 11.Aa3 Axc4 12.Cd4 Cxd4 13.Dxd4 Tac8 14.Df4 Ch5 15.De3, etc.
c) 7.0-0 Cc6 8.d5 Ca5 9.Cd2 a6 10.Dc2 Tb8 11.b3 b5 12.Ab2 Ah6 13.f4 bxc4 14.bxc4 e5 15.Tae1, etc.

La variante 6... Cdb7. 1.d4 Cf6 2.c4 g6 3.Cc3 Ag7 4.Cf3 d6 5.g3 0-0 6.Ag2 Cdb7 7.0-0 e5

La variante 8.Dc2
1.d4 Cf6 2.c4 g6 3.Cc3 Ag7 4.Cf3 d6 5.g3 0-0 6.Ag2 Cbd7 7.0-0 e5 8.Dc2

Las blancas buscan no arriesgarse de inmediato: 8... Te8 9.Td1 c6 10.e4 a5 11.Tb1 De7 12.b3 exd4 13.Cxd4 Cc5 14.f3 Ad7 15.a3, etc.

La variante principal

1.d4 Cf6 2.c4 g6 3.Cc3 Ag7 4.Cf3 d6 5.g3 0-0 6.Ag2 Cbd7 7.0-0 e5 8.e4 c6

9.h3 Te8 10.Te1 a5 11.Dc2 exd4 12.Cxd4 Cc5 13.Ae3 a4 14.Tad1 Cfd7 15.Te2, etc.

La variante 4.e4 d6

1.d4 Cf6 2.c4 g6 3.Cc3 Ag7 4.e4 d6

El sistema Averbach. 1.d4 Cf6 2.c4 g6 3.Cc3 Ag7 4.e4 d6 5.Ae2 0-0 6.Ag5

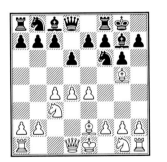

Esta particular serie de movimientos tiene por objetivo poder recular con el alfil a e3 tras 6... h6, sin temor a ...Cg4: 6... h6 7.Ae3 e5 8.d5 Cbd7 9.g4 Cc5 10.f3 a5 11.h4 h5 12.g5 Ch7 13.Ch3, etc.

El ataque de los 4 peones. 1.d4 Cf6 2.c4 g6 3.Cc3 Ag7 4.e4 d6 5.f4

5... 0-0 6.Ae2 c5 7.Cf3 cxd4 8.Cxd4 Cc6 9.Ae3 e5 10.Cxc6 bxc6 11.fxe5 dxe5 12.Ac5 Te8 13.Dxd8 Txd8 14.0-0, etc.

La variante Sämisch. 1.d4 Cf6 2.c4 g6 3.Cc3 Ag7 4.e4 d6 5.f3

Friedrich Sämisch, excelente teórico de comienzos de siglo, tenía un particular apego a este tema «f3».
Es una línea flexible que implica por lo general el 0-0-0 y un ataque masivo sobre el flanco de rey.
Tras los movimientos de desarrollo normales, 5... 0-0 6.Ae3 e5, las blancas pueden jugar de varias maneras:
a) variante 7.Cge2
7.Cge2 c6 8.Dd2 Cbd7 9.0-0-0 a6 10.Rb1 b5 11.Cc1 bxc4 12.dxe5 Cxe5 13.Dxd6 Dxd6 14.Txd6 Ae6 15.Ae2 Tfb8 16.Rc2, etc.

b) variante 7.d5
7.d5 c6 8.Cge2 cxd5 9.cxd5 Cbd7 10.Dd2 a6 11.g4 h5 12.g5 Ch7 13.h4 f6 14.gxf6 Txf6 15.Cg1, etc. 7.d5 bloquea el centro: las blancas pueden intentar un ataque en los dos flancos, aunque vigilando para contener el ataque negro en el flanco de rey, lo que no siempre es fácil.

La variante clásica. 1.d4 Cf6 2.c4 g6 3.Cc3 Ag7 4.e4 d6 5.Cf3 0-0 6.Ae2

Esta variante se resume a menudo en una carrera de persecución entre el ataque blanco en el flanco de dama y el ataque negro en el flanco de rey.
Tras los movimientos de desarrollo naturales, 6... e5 7.0-0 Cc6 8.d5 Ce7, las blancas pueden jugar de varias maneras:
a) variante 9.b4
9.b4 Ch5 10.g3 f5 11.Cg5 Cf6 12.f3 f4 13.c5 fxg3 14.hxg3 h6 15.Ce6 Axe6 16.dxe6 d5, etc.
b) variante 9.Ce1
9.Ce1 Cd7 10.f3 f5 11.Cd3 f4 12.Ad2 Cf6 13.c5 g5 14.Tc1 Cg6 15.cxd6 cxd6 16.Cb5 Tf7 17.Dc2, etc.

La defensa Grünfeld

1.d4 Cf6 2.c4 g6 3.Cc3 d5

Ernst Grünfeld (1893-1962), maestro austriaco, gran teórico y ferviente promotor de las ideas hipermodernas, creó esta apertura, que puede considerarse como el símbolo de sus logros. En efecto, las negras pierden tiempo y el centro, pero ejercerán una fuerte presión a distancia sobre los peones centrales.

La variante Botvinnik

1.d4 Cf6 2.c4 g6 3.Cc3 d5 4.Db3

En esta variante, las blancas intentan apoderarse del centro cuanto antes: 4... dxc4 5.Dxc4 Ae6 6.Db5+ Ad7 7.Db3 Cc6 8.Cf3 Ag7 9.e4 0-0 10.h3 Tb8 11.Ae3 b5 12.e5 Ce8, etc.

La variante Landau

1.d4 Cf6 2.c4 g6 3.Cc3 d5 4.Af4 Ag7

Esta variante se debe a Salo Landau (1903-1943), maestro holandés: 5.e3 c5 6.dxc5 Da5 7.Tc1 Ce4 8.cxd5 Cxc3 9.Dd2 Dxa2 10.bxc3 Da5 11.Ac4 Cd7 12.Cf3 0-0 13.0-0, etc.

La variante 4.cxd5

1.d4 Cf6 2.c4 g6 3.Cc3 d5 4.cxd5 Cxd5 5.e4 Cxc3 6.bxc3 Ag7

La variante del cambio. 1.d4 Cf6 2.c4 g6 3.Cc3 d5 4.cxd5 Cxd5 5.e4 Cxc3 6.bxc3 Ag7 7.Cf3

Es una variante que últimamente vuelve con fuerza:
7... c5
a) 8.Ae3 Da5 9.Dd2 Cc6 10.Tc1 cxd4 11.cxd4 Dxd2+ 12.Rxd2 0-0 13.d5 Td8 14.Re1 Ca5 15.Ag5, etc.
b) 8.Tb1 0-0 9.Ae2 Da5 10.0-0 Dxa2 11.Ag5 De6 12.e5 Td8 13.Dc1, etc.
c) 8.Tb1 0-0 9.Ae2 Cc6 10.d5 Ce5 11.Cxe5 Axe5 12.Dd2, etc.

La variante Alekhine. 1.d4 Cf6 2.c4 g6 3.Cc3 d5 4.cxd5 Cxd5 5.e4 Cxc3 6.bxc3 Ag7 7.Ac4 0-0 8.Ce2 c5

9.0-0 Cc6 10.Ae3
a) 10... Dc7 11.Tc1 Td8 12.Dd2 Da5 13.Tfd1 Ag4 14.f3 Ce5, etc.
b) 10... cxd4 11.cxd4 Ag4 12.f3 Ca5 13.Axf7+ Txf7 14.fxg4 Txf1+ 15.Rxf1 Dd7, etc.
o 13.Ad3 Ae6 14.d5 Axa1 15.Dxa1 f6 16.Tb1 Af7 17.Ah6, etc.
Esta línea, muy rica en subvariantes, estuvo de moda durante los años setenta; últimamente la ha desplazado 7.Cf3.

La variante 4.Cf3

1.d4 Cf6 2.c4 g6 3.Cc3 d5 4.Cf3 Ag7

La variante 5.Af4. 1.d4 Cf6 2.c4 g6 3.Cc3 d5 4.Cf3 Ag7 5.Af4 0-0 6.e3

Las blancas saben que las negras quieren avanzar a c5 y, por tanto, intentan colocar cuanto antes su Ta1 en c1.
6... c5 7.dxc5 Da5 8.Tc1 dxc4 9.Axc4 Dxc5 10.Ab3 Cc6 11.0-0 Da5 12.h3 Af5 13.De2 Ce4 14.Cd5, etc.

5.Af4 no amenaza realmente con ganar el peón c7 después de 5... 0-0. 6.cxd5 Cxd5 7.Cxd5 Dxd5 8.Axc7 Cc6. La obtención de un peón no compensa el retraso en el desarrollo de las blancas.

La variante cerrada. 1.d4 Cf6 2.c4 g6 3.Cc3 d5 4.Cf3 Ag7 5.e3

5... 0-0 6.Ad3 c5 7.0-0 cxd4 8.exd4 Cc6 9.h3 b6 10.Ag5 dxc4 11.Axc4 Ab7, etc.

La variante 5.Db3. 1.d4 Cf6 2.c4 g6 3.Cc3 d5 4.Cf3 Ag7 5.Db3

La variante Boleslavski
1.d4 Cf6 2.c4 g6 3.Cc3 d5 4.Cf3 Ag7 5.Db3 dxc4 6.Dxc4 0-0 7.e4 c6

Esta variante lleva el nombre del maestro ruso Isaak Boleslavski, nacido en 1919.
8.Ae2 b5 9.Db3 Da5 10.Ad2 b4 11.Ca4 Cxe4 12.Axb4 Dc7 13.0-0 Ae6 14.Da3, etc.

La variante Smyslov
1.d4 Cf6 2.c4 g6 3.Cc3 d5 4.Cf3 Ag7 5.Db3 dxc4 6.Dxc4 0-0 7.e4 Ag4

Vassili Smyslov, ruso, nacido en 1921, campeón del mundo en 1957, es el especialista en esta línea.
8.Ae3 Cfd7 9.Db3 Cb6 10.Td1 Cc6 11.d5 Ce5 12.Ae2 Cxf3+ 13.gxf3 Ah5 14.Tg1 Dd7 15.Tg3 c6 16.dxc6 Dxc6, etc.

La defensa holandesa

1.d4 f5

No se ha establecido formalmente el origen de esta denominación, pero su estrategia es clara: controlar e4. Este aparente debilitamiento no es nada fácil de explotar por las blancas.

El gambito Staunton

1.d4 f5 2.e4 fxe4 3.Cc3 Cf6 4.f3

Este gambito es un intento de refutación que no consigue sus propósitos: 4... d5 5.fxe4 dxe4 6.Ag5 Af5 7.Ac4 Cc6 8.Cge2 Dd7 9.0-0 e6 10.De1 0-0-0 =
En lugar de 4.f3, las blancas también pueden jugar así: 4.Ag5 Cc6 5.d5 Ce5 6.Dd4 Cf7 7.Axf6 exf6 8.Cxe4 Ae7 9.0-0-0 0-0 =

La variante de Leningrado

1.d4 f5 2.c4 Cf6 3.g3 g6 4. Ag2 Ag7

Las blancas y las negras desarrollan su alfil en «fianchetto». Cada bando intenta adelantar su peón e.

Hay varias continuaciones posibles:
a) la variante Carlsbad: 5.Ch3
Numerosas líneas de juego llevan el nombre de Carlsbad, ciudad que acoge muchos torneos. En principio, el desarrollo descentrado del caballo no es recomendable. Pero aquí desempeñará un papel activo en f4, dejando libre la diagonal del Ag2: 5... 0-0 6.Cc3 d6 7.d5 c6 8.Cf4 De8 9.Db3 e5 10.Ce6 Axe6 11.Dxb7 Cbd7 12.dxe6 Dxe6 =

b) la variante principal: 5.Cf3 0-0 6.0-0 d6 7.Cc3
Las blancas ocupan el centro, pero su explotación es complicada: 7... c6 8.d5 e5 9.dxe6 a.p. Axe6 10.Dd3, con ligera ventaja blanca.

La variante Stonewall

1.d4 f5 2.c4 Cf6 3.g3 e6 4.Ag2 d5

Este auténtico «muro de piedra» tiene ventajas e inconvenientes. Fija el centro, pero debilita las casillas negras: 5.Cf3 Ae7 6.0-0 0-0 7.b3 c6 8.Aa3 Cbd7 9.Dc1 =

La variante clásica

1.d4 f5 2.c4 Cf6 3.g3 e6 4.Ag2 d6

Las negras adoptan una estructura flexible y prevén organizar un ataque en el flanco rey: 5.Cf3 Ae7 6.0-0 0-0 7.Cc3 De8 8.b3 Dh5 9.Aa3 g5, etc.

La apertura inglesa
1.c4

1... e6 La variante 1... e6
1... e5 La variante 1... e5
2.Cc3 Cf6 3.g3 c6 La variante Kérès
2... Cc6 La variante 2... Cc6
3.Cf3 f5 El sistema holandés
3... Cf6 La variante de los 4 caballos
1... c5 La variante simétrica
2.Cf3 La variante 2.Cf3
2... Cf6 3.d4 cxd4 4.Cxd4 e5 La variante 4... e5
4... e6 La variante 4... e6
3.g3 d5 El sistema Rubinstein
2.Cc3 Cc6 3.g3 g6 La variante clásica

Las blancas no abandonan el centro: c4 impide u obstaculiza el avance negro a d5; las blancas pueden recurrir más tarde al avance d4, e incluso e4.

Esta apertura, descrita ya por Carrera en 1617, ha recibido el nombre de «inglesa» debido a su frecuente utilización por el gran jugador inglés Howard Staunton, especialmente en su encuentro con el francés Saint-Amant. Muchos jugadores la practican en los torneos abiertos, pues permite jugar de manera sólida sin renunciar a conseguir ventaja. El cuadro precedente recapitula las variantes de la apertura inglesa.

La variante 1... e6

Puede conducir a numerosas aperturas, como la Nimzo-india, el gambito de dama, la holandesa, etc. Una variante muy característica de la inglesa es: 1.c4 Cf6 2.Cc3 e6 3.e4 d5 4.e5

Esta línea interviene cuando las negras no desean avanzar demasiado rápido sus peones al centro. No es más que una posibilidad entre otras: 4... d4 5.exf6 dxc3 6.bxc3 Dxf6 7.d4 c5 8.Cf3, etc.

La variante 1... e5

1.c4 e5

Con esta jugada, las negras quieren ir a una estructura de siciliana invertida. Ambicionan las tablas, pero, frente a un juego blanco débil, pueden imponerse rápidamente.

La variante Kérès

1.c4 e5 2.Cc3 Cf6 3.g3 c6

Kérès ha legado muchas ideas a la teoría de las aperturas. Aquí, su plan es muy sencillo: reforzar el centro negro. 4.Cf3 e4 5.Cd4 d5 6.cxd5 Db6 7.Cb3 cxd5 8.Ag2 Af5. Las blancas conservan una ligera ventaja.

La variante 2... Cc6

1.c4 e5 2.Cc3 Cc6 3.Cf3

El sistema holandés. 1.c4 e5 2.Cc3 Cc6 3.Cf3 f5

Este plan de las negras es diametralmente diferente: en oposición a la apertura de las blancas, se sitúan en el flanco de rey: 4.d4 e4 5.Cg5 Cf6 6.e3 Ab4 7.Ad2 De7 8.Ch3, etc.

La variante de los 4 caballos

1.c4 e5 2.Cc3 Cc6 3.Cf3 Cf6 4.g3

Se aborda ahora el verdadero debate de fondo, cada bando desarrolla su estrategia: 4... d5 5.cxd5 Cxd5 6.Ag2 Cb6 7.0-0 Ae7 8.d3 0-0 9.a3 f5 10.b4 Af6 11.Ab2 Ae6, etc.

La variante simétrica

1. c4 c5

Es del todo lógico que las negras busquen la simetría para hacer tablas.

La variante 2.Cf3

1.c4 c5 2.Cf3 Cf6 3.d4 cxd4 4.Cxd4

La variante 4... e5. 1.c4 c5 2.Cf3 Cf6 3.d4 cxd4 4.Cxd4 e5
Si las negras consiguen jugar d5 en buenas condiciones, tienen el futuro asegurado: 5.Cb5 d5 6. cxd5 Ac5 (si 6... Cxd5‼ 7.Dxd5 Dxd5 8.Cc7++). 7.C5c3 0-0 8.e3 e4, con compensaciones por el peón sacrificado.

263

La variante 4... e6. 1.c4 c5 2.Cf3 Cf6 3.d4 cxd4 4.Cxd4 e6 5.Cc3 Cc6

Como se puede apreciar, los dos bandos tienen una buena posición. Las blancas están colocadas un poco mejor, gracias al avance de su desarrollo, pero las cosas distan mucho de ser definitivas. Tras 6.g3, las negras tienen diversas posibilidades: 6... Ae7, 6... a6, 6... Ab4, 6... Ac5 o 6... Db6.

El sistema Rubinstein

1.c4 c5 2.Cf3 Cf6 3.g3 d5 4.cxd5 Cxd5 5.Ag2

Las blancas consideran que la fuerza de su alfil g2 suple el avance inmediato de los peones centrales: 5... Cc7 6.Cc3 Cc6 7.0-0 e5 8.d3 Ae7 9.Cd2 Ad7 10.Cc4 0-0, etc.

La variante clásica

1.c4 c5 2.Cc3 Cc6 3.g3 g6 4.Ag2 Ag7 5.Cf3 Cf6 6.0-0 0-0 7.d4

Se encuentra esta posición en la línea g3 de la india de rey. Las negras tienen buenas perspectivas para igualar: 7... cxd4 8.Cxd4 Cxd4 9.Dxd4 d6 10.Dd3 a6 =

Las aperturas irregulares

1.f4	**La apertura Bird**
	1... e5 El gambito From
	1... f5 El gambito suizo
	1... d5 La variante Schlechter
1.b3	**La apertura Larsen**
1.b4	**La apertura orangután**
	1... d5 La variante ortodoxa
	1... e5 2.Ab2 Axb4 La variante del cambio
1.g4	**El ataque Grob**

Como se puede apreciar, la teoría de las aperturas es muy amplia. No es raro ver jugadores que se dejan tentar por las aperturas irregulares, más o menos correctas. Tales aperturas, poco conocidas, constituyen un campo de exploración apenas hollado, pero fértil en ideas y celadas; a menudo, propician la sorpresa y conducen a bellas victorias. Sin embargo, no es recomendable abusar de ellas: las sorpresas suelen ser contrarrestadas y, a fuerza de jugar líneas secundarias, se acaba por perder de vista los principios básicos esenciales...

La apertura Bird

1.f4

Henry Bird (1830-1908) fue uno de los mejores jugadores ingleses de su época.

El gambito From

1.f4 e5 2.fxe5 d6 3.exd6 Axd6

Este gambito fue muy utilizado por el danés Martin From (1828-1895). Evidentemente, 2.e4 derivaría en un gambito de rey.

Una variante posible es: 4.Cf3 g5 (también es posible 4... Cf6). 5.d4 g4 6.Ce5 Axe5 7.dxe5 Dxd1 8.Rxd1 =

El gambito suizo

1.f4 f5 2.e4 fxe4 3.Cc3 Cf6 4.g4

Las blancas quieren acabar rápidamente. Pero ¿lo tienen tan fácil? 4... e6 5.g5 Cd5 6.Cxe4 Cxf4 7.d4 Cg6 8.h4 d5, y el sacrificio no parece que esté justificado.

La variante Schlechter

1.f4 d5 2.e3 Cf6 3.Cf3 Ag4

Carl Schlechter (1874-1919), gran maestro austriaco, era muy aficionado a planes sólidos que le asegurasen las tablas.

La apertura Larsen

1.b3

Este pasivo inicio, popularizado por el danés Bent Larsen, concede a las negras la oportunidad de tomar la iniciativa. Es la concepción hipermoderna del control del centro a distancia, llevada al extremo. Es difícil seleccionar variantes representativas, pues las negras tienen muchísimas posibilidades.

265

La apertura orangután

1.b4

La víspera del famoso torneo de Nueva York de 1924, Tartacower visitó el zoo mientras pensaba en esta apertura. ¿Se la inspiraría el orangután del zoo...? En todo caso, al día siguiente, tras la victoria de Tartacower sobre Maroczy, Bogoljubow le puso dicho nombre a este inicio.

La variante ortodoxa

1.b4 d5 2.Ab2 Cf6 3.Cf3 Af5 4.e3 e6 5.c4

Las estructuras de peones negros d5-e6 o d5-c6 son respuestas correctas para explotar el avance a b4. Sin embargo, siempre que sean realistas, las blancas pueden completar su desarrollo. En la posición del diagrama, las negras no pueden ganar el peón b4: 5... Axb4؟! 6.Da4+ Cc6 7.Ce5 Dd6؟ 8.Cxc6 bxc6 9.a3 Ac5 10. d4 + −.

La variante del cambio

1.b4 e5 2.Ab2 Axb4 3.Axe5 Cf6

En esta línea, las negras cambian su peón del centro por uno del flanco. Esto puede parecer criticable, pero les permite conseguir un desarrollo muy rápido: 4.c4 0-0 5.e3 Cc6 6.Ab2 d5 7.cxd5 Cxd5 8.Cf3 Ag4 9.Ae2 Te8 10.0-0, con posibilidades equilibradas.

El ataque Grob

1.g4

El austriaco nacionalizado suizo Henry Grob se mantiene fiel a este inicio que los otros maestros ignoran. Es un movimiento que debilita la posición del rey blanco y supone el abandono del centro, como se ve a continuación: 1... d5 2.Ag2 c6 3.h3 e5 4.e4 Ce7 5.d3 Cg6 6.exd5 Ch4! 7.Rf1 Cxg2 8.Rxg2 cxd5, y las negras tienen una buena posición.

La estrategia

*Dominar la técnica del juego supone ante todo asimilar
la historia de la estrategia. Sus nociones, perfeccionadas,
pulidas y afinadas, guiarán la reflexión del jugador.
El rigor del juicio pronto se complementará
con sus recursos creativos y su particular talento.*

Asimilar las complejas situaciones que aparecen en las partidas de ajedrez es más fácil cuando uno conoce la evolución histórica de la estrategia. Las nociones de estrategia han tomado forma gracias a los trabajos teóricos y prácticos de numerosos investigadores y campeones. El paso de los siglos, desde finales de la Edad Media hasta la época contemporánea, ha permitido elaborar diferentes planes estratégicos.

La partida de ajedrez gira en torno de un plan global. El jugador elige sus objetivos y lucha contra los planes del adversario. Los objetivos dependen del análisis de la situación: la acertada evaluación de una situación, incluida la apreciación de los puntos fuertes y débiles de cada bando, es un eje capital de la estrategia ajedrecística. Sólo así se puede elaborar un plan.

El estudio del juego se enriquece además con una flexible consideración del valor de las piezas. Éstas tienen un valor absoluto al comienzo de la partida, y un valor relativo que evoluciona en el curso de ésta. La relación de fuerzas entre las piezas es dinámica. Un mal alfil, bloqueado por sus propias fuerzas, es un pelele desarticulado sobre el tablero, mientras que la pareja de alfiles, si no está entorpecida por los peones

de su bando, puede desplegar una cobertura impresionante. Lo mismo ocurre con un caballo activo. Lo importante estriba en optimizar las cualidades de una u otra pieza y minimizar sus debilidades. Entonces se pueden considerar los sacrificios que persiguen la mejora del aspecto posicional, la expansión del espacio o la ganancia de peones.

La situación de los peones es la base de la estrategia: ellos constituyen la espina dorsal de una posición. Hay que estudiar en detalle su disposición sobre el tablero. Un peón pasado puede ser decisivo, y los peones doblados o aislados son a veces hándicaps insuperables. Las piezas menores (alfiles y caballos) son muy móviles y se prestan a múltiples cambios que se han de estudiar con sutileza. Por su parte, las torres tienen gran importancia en la explotación de la estructura de peones y en el control de las columnas abiertas y de las filas, en especial la séptima.

Una vez apreciados estos elementos estratégicos, el jugador debe aprender cómo salvar una partida mediante el recurso del jaque perpetuo. Y para acabar, disfrutará con el descubrimiento de las preciosas combinaciones ajedrecísticas que han merecido premios de belleza.

267

La historia de la estrategia

Desde las primeras investigaciones estratégicas, a finales de la Edad Media, hasta las evoluciones contemporáneas, se han sucedido corrientes muy diversas entre sí. Van del romanticismo de los ataques directos a los meandros del juego posicional, que privilegian, respectivamente, el ataque y la defensa.

Los primeros pasos

La conciencia ajedrecística se expandió a finales de la Edad Media gracias a la imprenta, que posibilitó la difusión de libros divulgativos. El sacerdote español Ruy López y los italianos, como Paolo Boi (siglo XV), fueron los precursores de la literatura técnica sobre el ajedrez. En su época, el juego aún era minoritario, y sus desarrollos estratégicos son sumarios.

Los primeros libros contienen partidas clásicas, partidas con ventaja, consejos para el juego a ciegas y problemas. Son los primeros pasos de la teoría. Más tarde, el siglo XVII estará marcado por el calabrés Gioacchino Greco, que aporta en su obra nuevos elementos de estrategia, como se puede ver en la siguiente partida.

Análisis de Greco, hacia 1625
1.e4 e5 2.Cf3 Cc6 3.Ac4 Ac5 4.c3 Cf6 5.d4 exd4 6.cxd4 Ab4+ 7.Cc3 Cxe4 8.0-0 Cxc3 9.bxc3 Axc3 10.Db3

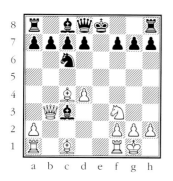

Greco es el primero que destaca la importancia de abrir las líneas sin preocuparse por el material invertido en ello. 10... Axa1 11.Axf7+ Rf8 12.Ag5 Ce7 13.Ce5 Axd4. ¡Qué glotonería! 14.Ag6 d5 15.Df3+. Se acerca el final. 15... Af5 16.Axf5 Axe5 17.Ae6+ Af6 18.Axf6 Re8 (si 18... gxf6 19.Dxf6+ Re8 20.Df7#) 19.Axg7. Esta jugada ilustra la potencia de los alfiles, un tema favorito de Greco. 1-0.

Greco está considerado como el primer romántico.

La época de Philidor

Hay que esperar al siglo XVIII, con la escuela italiana de Módena –Giambatista Lolli, Domenico Ponziani– y la llegada de un visionario, el francés Philidor, para que el conocimiento ajedrecístico establezca sus fundamentos.

Una estrategia racional

Philidor, que lleva el juego a su fase racional, da una dimensión científica al ajedrez y describe sus nociones fundamentales, basadas en la importancia de los peones por el carácter irreversible de sus desplazamientos. «El peón es el alma del ajedrez», decía. Philidor ensalza las estructuras de peones saneadas, frente a los peones aislados y retrasados.

Bruehl-Philidor, Londres, 1783
1.e4 e5 2.Ac4 c6 3.De2 d6 4.c3 f5 5.d3 Cf6 6.exf5 Axf5 7.d4 e4

Philidor aplica sus convicciones. 8.Ag5 d5 9.Ab3 Ad6 10.Cd2 Cbd7 11.h3 h6 12.Ae3 De7 13.f4. Tras esto, e4 es un peón pasado, pero bloqueado. 13... h5 14.c4 a6 15.cxd5 cxd5 16.Df2 0-0 17.Ce2 b5 18.0-0 Cb6 19.Cg3 g6 20.Tac1 Cc4 21.Cxf5 gxf5 22.Dg3+ Dg7 23.Dxg7+ Rxg7 24.Axc4 bxc4 25.g3 Tab8 26.b3 Aa3 27.Tc2 cxb3 28.axb3 Tbc8 29.Txc8 Txc8 30.Ta1 Ab4 31.Txa6 Tc3 32.Rf2 Td3 33.Ta2 Axd2 34.Txd2 Txb3 35.Tc2 h4 36.Tc7+. He aquí un segundo peón pasado. 36... Rg6 37.gxh4 Ch5 38.Td7 Cxf4 39.Axf4 Tf3+ 40.Rg2 Txf4. Los 2 peones pasados son demasiado fuertes. 41.Txd5 Tf3 42.Td8 Td3 43.d5 f4 44.d6 Td2+ 45.Rf1 Rf7 46.h5 e3 47.h6 f3. 0-1.

Sus sucesores

Alexandre Louis Honoré Deschapelles (1780-1847) continúa la obra de Philidor. Pero el esplendor francés llega a su apogeo con Louis Charles Mahé de La Bourdonnais (1795-1840), que utiliza las invenciones de precursores como Ruy López o Paolo Boi y las incorpora a los principios de Philidor. Esta fusión entre las aportaciones de los antiguos y las nuevas teorías de campeones visionarios es el motor que impulsa la evolución del pensamiento ajedrecístico.

Después de Francia, en Inglaterra aparecen nuevas orientaciones estratégicas con MacDonnell, Cochrane y, sobre todo, Staunton (1810-1874). Este último establece ya las ideas modernas.

Staunton-Horwitz
Londres, 1851
1.c4. Staunton abandona los caminos trillados de 1.e4. 1... e6 2.Cc3 f5 3.g3. Un esquema de partida inglesa adelantada a su tiempo. 3... Cf6 4.Ag2 Ca6 5.d3 Ca6 6.a3 Ae7 7.e3 0-0 8.Cge2 Cc7 9.0-0 d5 10.b3 De8 11.Ab2 Df7 12.Tc1 Ad7 13.e4. Tras una larga pre-

paración, las blancas se deciden a ocupar el centro. 13... fxe4 14.dxe4 Tad8 15.e5 Cfe8 16.f4. Las piezas menores blancas están mucho mejor colocadas. 16... dxc4 17.bxc4 Ac5+ 18.Rh1 Ae3 19.Tb1 g6 20.Db3 Ac8 21.Ce4. El caballo apunta al puesto avanzado d6. 21... Ab6 22.Tbd1 Ca6 23.Dc3 Txd1 24.Txd1 Cc5 25.Cd6 Dc7 26.Dc2 Cg7 27.g4 De7 28.Ad4 Dc7 29.a4 Ca6 30.c5. El dominio blanco es total. 30... Aa5 31.Db3 b6 32.Ce4 bxc5 33.Cf6+ Rh8 34.Dh3. Gracias a su ventaja de espacio, las blancas pueden decidirse a atacar al rey enemigo. 34... Ce8 35.Aa1 Cxf6 36.exf6 Rg8 37.Ae5 Db7 38.Ae4 Df7

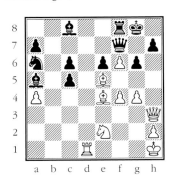

39.Cg1! Esto recicla el caballo para llevarlo al ataque. 39... Ad8 40.g5 Ab7 41.Cf3 Te8 42.Ad6 Axf6. Jugada forzada para evitar Ce5 y f7. 43.gxf6 Dxf6 44.Cg5 Dg7 45.Ae5 De7 46.Axg6. 1-0.

Anderssen, un romántico

Los intercambios internacionales enriquecen el pensamiento ajedrecístico, y el juego se convierte en una lengua universal y muy creativa.

El espíritu romántico caracteriza las décadas centrales del siglo XIX. Los jugadores buscan armar ataques de mate. El más brillante de los románticos es sin duda Adolf Anderssen (1818-1879), como lo prueba la célebre partida siguiente, bautizada «la Inmortal» por Hirschfeld, que posee un encanto innegable.

Anderssen-Kieseritsky
Londres, 1851
1.e4 e5 2.f4 exf4 3.Ac4 Dh4+ 4.Rf1 b5 5.Axb5 Cf6 6.Cf3 Dh6 7.d3 Ch5 8.Ch4 Dg5 9.Cf5 c6 10.g4 Cf6 11.Tg1 cxb5 12.h4 Dg6 13.h5 Dg5 14.Df3 Cg8 15.Axf4 Df6 16.Cc3 Ac5 17.Cd5 Dxb2 18.Ad6 Axg1

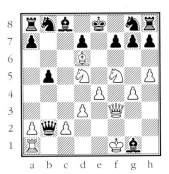

19.e5 Dxa1+ (si 19... Aa6 20.Cc7+ Rd8 21.Cxa6 Dxa1+ [21... Ab6 22.Dxa8 Dxc2 23.Dxb8++–] 22.Re2+–). 20.Re2 Ca6 (o, por ejemplo, las continuaciones:
a) 20... f6 21.Cxg7+ Rf7 22.Cxf6 Ab7 [22... Rxg7 23.Ce8+ Rh6 24.Df4#] 23.Cd5+ Rxg7 24.Df8#;
b) 20... Ab7 21.Cxg7+ Rd8 22.Dxf7 Ch6 23.Ce6+ +–;
c) 20... Aa6 21.Cc7+ Rd8 22.Cxa6
c1) 22... Dc3 23.Ac7+ Dxc7 24.Cxc7 Rxc7 25.Dxa8 Ac5 26.Cd6 Axd6 27.exd6+ Rc8 28.Dxa7 +–;
c2) 22... Ab6 23.Dxa8 Dc3 24.Dxb8+ Dc8 25.Dxc8+ Rxc8 26.Af8 h6 27.Cd6+ Rd8 28.Cxf7+ Re8 29.Cxh8 Rxf8 30.Rf3 +–;
c3) 22... Dxa2 23.Ac7+ Re8 24.Cb4 Cc6 25.Cxa2 Ac5 26.Dd5 Af8 27.Dxb5 +–, con la idea de 28.Db7).
21.Cxg7+ Rd8 22.Df6+ Cxf6 23.Ae7#

Morphy, el juego posicional

Después, llegará del Nuevo Mundo un campeón tan excepcional como efímero, Paul Morphy (1837-1884), que interrumpe su carrera en la cima de la gloria. Sus partidas, claras y de una eficacia fulminante, evidencian la

importancia del juego posicional: desarrollo rápido, control del centro, creación de líneas abiertas... Su contribución a la estrategia y a la comprensión global del juego es muy importante.

Morphy-De Rivière, París, 1863
1.e4 e5 2.Cf3 Cc6 3.Ac4 Ac5 4.c3 De7 (las negras se asustan antes de tiempo: era preferible 4... Cf6). 5.d4 Ab6 6.0-0 d6 7.h3 Cf6 8.Te1 h6 9.a4. Morphy busca crear tensión en el flanco de dama y completar su desarrollo con la salida del caballo b1 en a3. 9... a5 10.Ca3 Cd8 11.Cc2 Ae6 12.Ce3 Axc4?! 13.Cxc4 Cd7. Las negras se han desembarazado del peligroso Ac4, pero a cambio han renunciado provisionalmente al enroque. 14.Ce3 g6? 15.Cd5 De6

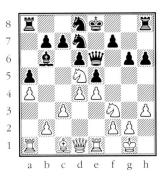

(15... Df8 también habría dejado a las negras en una incómoda posición). 16.Axh6! f6 (si 16... Txh6 17.Cg5 gana la dama). 17.Ag7! Th5 (si 17... Th7? 18.Axf6 Cxf6 19.Cg5 +–). 18.g4± Txh3 19.Cxf6+ Cxf6 20.Cg5 Dd7 21.Axf6 Th4 22.f3 exd4 23.cxd4 Th6 24.Rg2 Cf7 25.Th1 +– Cxg5 26.Txh6 Ch7 27.Dh1! Cxf6 28.Th8+ Re7 29.Txa8 Axd4 30.Dh6 Dc6 31.Tc1 Db6 32.Txc7+ Re6 33.Te8+ Cxe8 34.Dxg6+ Re5 35.Df5#

Steinitz, un estratega moderno

La comprensión del juego alcanza su dimensión real con la llegada de Wilhelm Steinitz (1836-1900), un pensador particularmente profundo en su concepción estratégica. Para él, las combinaciones dependen del potencial táctico de cada posición, y no del talento de los jugadores. Desarrolla de forma sistemática ideas globales que profundizan los principios del centro fuerte, el tema de las casillas débiles, del alfil malo, del juego contra los peones débiles, de la pareja de alfiles, del avance en el desarrollo y de la mayoría de peones en el flanco de dama. Steinitz preconiza, pues, la construcción de un sólido centro de peones, para pasar a continuación al ataque en el flanco. Difiere en esto de Morphy, que prefería demoler el centro enemigo y aprovechar las debilidades así creadas.

La masiva ocupación del centro puede revestir formas diversas, en función del peón central más adelantado. Un peón central en el campo enemigo crea presión; es un veneno, sobre todo si está bien apoyado. Un peón central en el campo propio es sin duda un factor de solidez, pero también de pasividad, porque dicho peón no amenaza de manera directa al juego del adversario.

Steinitz-Blackburne, Londres, 1876
1.e4 e5 2.Cf3 Cc6 3.Ab5 a6 4.Aa4 Cf6 5.d3 d6 6.c3 Ae7 7.h3 0-0 8.De2 Ce8 9.g4. Con la idea de llevar al caballo b1 a f5, vía d2, f1 y g3. Esta maniobra, que hoy nos parece tan natural, era revolucionaria. 9... b5 10.Ac2 Ab7 11.Cbd2 Dd7 12.Cf1 Cd8 13.Ce3 Ce6 14.Cf5 g6 15.Cxe7+. A simple vista, puede asombrar este cambio de un caballo colocado en un puesto avanzado por un alfil muy pasivo. Pero como Steinitz demuestra más adelante, el debilitamiento de las casillas negras del enroque es más importante. Es una visión extraordinaria para la época. 15... Dxe7 16.Ae3 C8g7 17.0-0-0 c5 18.d4 exd4 l9.cxd4 c4? Las negras se equivocan al pensar que pueden atacar el enroque largo. La falta de tensión en el centro permitirá a las blancas explotar su centro y su alfil de las casillas negras.

20.d5 Cc7 21.Dd2. Steinitz apunta a las casillas negras del enroque enemigo. 21... a5 22.Ad4 f6 23.Dh6 b4 24.g5 f5 25.Af6 Df7 26.exf5 gxf5

(si 26... Cxf5 27.Axf5 gxf5 28.g6! +–). 27.g6! +– Dxg6 (si 27... hxg6 28.Cg5 +–). 28.Axg7 Dxh6+ (si 28... Dxg7 29.Tdg1). 29.Axh6 Tf6 30.Thg1+ Tg6 31.Axf5 Rf7 32.Axg6+ hxg6 33.Cg5+ Rg8 34.Tge1. 1-0.

Tarrasch, un enfoque riguroso

El sucesor de Steinitz en la comprensión estratégica del juego es Siegbert Tarrasch (1862-1934). Aún más dogmático, aconseja ampliar el espacio y buscar la movilidad y el desarrollo rápido. Destaca la ventaja del peón aislado o de los peones colgantes; tenemos un ejemplo de ello en esta partida cuya apertura lleva su nombre: la defensa Tarrasch.

Nimzowitsch-Tarrasch
San Petersburgo, 1914
1.d4 d5 2.Cf3 c5 3.c4 e6 4.e3 Cf6 5.Ad3 Cc6 6.0-0 Ad6 7.b3. Un tratamiento bastante timorato de la apertura. 7... 0-0 8.Ab2 b6 9.Cbd2 Ab7 10.Tc1 De7 11.cxd5 exd5 12.Ch4. Las blancas buscan debilitar las casillas negras, pero el ataque es ilusorio. 12... g6 13.Chf3 Tad8 14.dxc5. Las blancas carecen de objetivo directo y eligen jugar contra los peones colgantes. 14... bxc5 15.Ab5 Ce4 16.Axc6 Axc6 17.Dc2 Cxd2 18.Cxd2

18... d4! El avance central libera las fuerzas negras. 19.exd4 Axh2+!
Esta partida es particularmente instructiva, pues contiene un tema táctico de gran importancia: el del doble sacrificio de alfiles sobre el enroque. 20.Rxh2 Dh4+ 21.Rg1 Axg2! 22.f3 (si 22.Rxg2 Dg4+ 23.Rh1 Td5, con mate en h5). 22... Tfe8! Sin precipitarse, las negras amenazan con penetrar en la segunda fila. 23.Ce4. Esta jugada intenta taponar las brechas. 23... Dh1+ 24.Rf2 Axf1 25.d5 (si 25.Txf1 Dh2+ gana la dama). 25... f5 26.Dc3. ¿El contraataque será suficiente? 26... Dg2+ 27.Re3 Txe4+! ¡Magnífico final! 28.fxe4 f4+! 29.Rxf4 Tf8+. Lo que lleva al final. 30.Re5 Dh2+ 31.Re6 Te8+ 32.Rd7 Ab5#. Sin ningún género de dudas, esta partida merece un premio a la belleza.

Lasker, un enfoque pragmático

Pero esta concepción del juego, llevada al extremo, es demasiado rígida. Tarrasch, por ejemplo, piensa que perder tiempo es dramático.
Emanuel Lasker (1868-1941), un personaje fuera de lo común, se opuso a ese dogmatismo y dominó los tableros durante largos años. Su enfoque es pragmático. Lasker nos recuerda que una partida de ajedrez es, ante todo, un enfrentamiento entre dos personas; una intensa lucha psicológica que requiere una preparación adaptada a cada adversario. Su visión del juego es una

Marcel Duchamp (a la izquierda) y Man Ray (a la derecha) en el domicilio parisino de este último, en 1968. ▶

amalgama de filosofía y sentido común.

Lasker-Tarrasch
Munich, 1908
1.e4 e6 2.d4 d5 3.Cc3 Cf6 4.Ag5 Ab4 5.exd5 Dxd5 6.Cf3 (si 6.Dd2¿¿ Axc3 7.bxc3 Ce4 –+). 6... c5 7.Axf6 gxf6 8.Dd2! Axc3 9.Dxc3 Cd7 10.Td1 Tg8 11.dxc5 Dxc5 12.Dd2 Db6 13.c3 a6 14.Dc2 f5 15.g3 Cc5 16.Ag2 Dc7 17.De2 b5 18.0-0 Ab7 19.c4 b4¿ (Tarrasch yerra el camino, era mejor 19... bxc4 20.Dxc4 Tc8 21.Tc1 a5 22.Db5+ Re7). 20.Dd2 Tb8 21.Dh6 Axf3 22.Axf3 De5 23.Tfe1 Dxb2 24.Df4 Tc8 25.Dd6 f6 (si 25... Ce4 26.Axe4 fxe4 27.Dd7+). 26.Ah5+ Tg6 27.Axg6+ hxg6

28.Txe6+. 1-0.

Capablanca, un estilo depurado

Al final de su carrera, Lasker vio aparecer a jóvenes con mucho talento, especialmente el cubano Raúl Capablanca (1888-1942), que dio muestras de un virtuosismo rayano en la perfección técnica. Su estilo depurado y económico le aseguró resultados impresionantes y lo hizo casi imbatible. Llegó a pronosticar que si se presentaban adversarios que jugasen con un estilo equivalente al suyo, las tablas se convertirían en regla: sería el fin del ajedrez.

Capablanca-Spielmann
Nueva York, 1927
1.d4 d5 2.Cf3 e6 3.c4 Cd7 4.Cc3 Cgf6 5.Ag5 Ab4 6.cxd5 exd5 7.Da4 Axc3+. Las negras renuncian a la pareja de alfiles para avanzar a c5. Esta concepción todavía sigue vigente, aunque la línea jugada en esta partida aparece raras veces. 8.bxc3 0-0 9.e3 c5 10.Ad3 c4. El problema de este bloqueo del centro es la perspectiva del avance blanco a e4. Pero ¿qué otra cosa se puede hacer para sacar las piezas del flanco de dama¿ 11.Ac2 De7 12.0-0 a6 13.Tfe1 De6 14.Cd2. Se aproxima el avance a e4. 14... b5 15.Da5! Esto bloquea los peones negros. 15... Ce4, lo que resuelve el problema de e4, pero crea debilidades. 16.Cxe4 dxe4 17.a4. La estructura de los peones negros es muy frágil. 17... Dd5

18.axb5! Un lógico sacrificio provisional. 18... Dxg5 19.Axe4 Tb8 20.bxa6. Es imposible detener el peón pasado. 20... Tb5 21.Dc7 Cb6 22.a7 Ae6 23.Teb1. El último zarpazo. 23... Txb1+ 24.Txb1 f5 25.Af3 f4 26.exf4. 1- 0.

Neorrománticos e hipermodernos

Sin embargo, los jugadores siguen otras vías. El ruso Mikhaïl Tchigorine (1850-1908), precursor de la revolución hipermoderna y fundador de la escuela rusa, fue uno de los últimos románticos, lo que no fue óbice para un juego riguroso. Frank James

Marshall (1877-1944) está considerado asimismo un neorromántico. Pero serán sobre todo los hipermodernos quienes relanzarán el interés por el ajedrez. Su principal contribución es que cada posición es un caso particular que relativiza la aplicación de las reglas. Esta búsqueda de la excepción los lleva a ensayar otros inicios; la teoría de las aperturas entra entonces en su fase más creativa, y aparecen la Nimzo-india, la india de rey, etc. Surgen nuevas concepciones: para controlar el centro ya no es obligatoria su ocupación, pues la suma de peones no es necesariamente sinónimo de fuerza. Este cuestionamiento se apoya en una verdad elemental: un peón o una pieza colocados en una casilla nunca la controlan. La ocupación del centro sólo es válida si se puede mantener. Las piezas centralizadas o dirigidas hacia las columnas del centro pueden bastar: lo fundamental es disminuir las posibilidades de los peones enemigos.

Aaron Nimzowitsch (1887-1935), inspirador de esta concepción, preconiza la profilaxis (es decir, una serie de acciones en previsión de lo que pueda ocurrir), el bloqueo, el ataque a la cadena de peones en su base y la sobreprotección. Unas ideas que con frecuencia repugnan a los «clásicos».

Nimzowitsch-Rubinstein
Dresde, 1926
1.c4 c5 2.Cf3 Cf6 3.Cc3 d5 4.cxd5 Cxd5 5.e4. ¡Ganar tiempo, ante todo! 5... Cb4 6.Ac4 (si 6.d4 cxd4 7.Cxd4¿¿ Dxd4 8.Dxd4 Cc2+ –+). 6... e6 (si 6... Cd3+ 7.Re2 Cf4+ [7... Cxc1+ 8.Txc1 Cc6 9.Ab5 Ad7 10.Axc6 Axc6 11.d4±] 8.Rf1, y el avance a d4 es muy fuerte). 7.0-0 C8c6 8.d3 Cd4 9.Cxd4 cxd4 10.Ce2. El plan de las blancas es avanzar su peón f. 10... a6 11.Cg3 Ad6 12.f4 0-0 13.Df3 Rh8 14.Ad2 f5 15.Tae1. Las blancas vuelven a dirigir todas sus piezas al ataque. 15... Cc6 16.Te2 Dc7¿! (16... De7!¿). 17.exf5 exf5

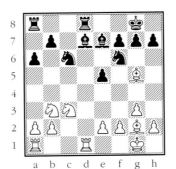

18.Ch1! Esto recicla el caballo y apunta a g5. También se ha dicho de esta jugada que era el más fuerte movimiento de ataque jamás jugado. 18... Ad7 19.Cf2 Tae8 20.Tfe1 Txe2 21.Txe2 Cd8 (si 21... Te8 22.Dd5!). 22.Ch3 Ac6 23.Dh5 g6 24.Dh4 Rg7 25.Df2. No hay prisa... 25... Ac5 26.b4 Ab6 27.Dh4 Te8 28.Te5 Cf7 29.Axf7! Las blancas han visto lejos. 29... Dxf7 30.Cg5 Dg8 31.Txe8 Axe8 32.De1! Ac6 33.De7+ Rh8 34.b5! Dg7 (si 34... axb5 35.Ce6 h5 36.Df6+ Rh7 37.Cg5+ Rh6 38.Ab4, con la imparable amenaza 39.Af8+). 35.Dxg7+ Rxg7 36.bxc6. 1-0.

En una clave diferente, Richard Réti (1889-1929), verdadero poeta del tablero, sorprendía por su empeño en no iniciar la partida con 1.d4 o 1.e4. Aquí empieza con 1.c4. Son los primeros pasos de la apertura inglesa y de las defensas basadas en el «fianchetto».

Réti-Grau
1927
1.c4 c5 2.Cf3 Cf6 3.d4 d5. Las negras piensan, ingenuamente, que la simetría o las simplificaciones bastarán para conseguir el equilibrio. 4.cxd5 cxd4 5.Dxd4 Dxd5 6.Cc3 Dxd4 7.Cxd4 a6. Una jugada de defensa indispensable, pero que retarda la salida de las piezas. 8.g3 e5 9.Cb3 Cc6?! (si 9... Ad7!? 10.Ag2 Ac6 y la igualdad no está lejos). 10.Ag2 Ad7 11.0-0 Ae7 12.Ag5 0-0 13.Tfd1. El dominio de la columna asegura la ventaja de las blancas. 13... Tfd8

14.Axf6! gxf6 (si 14... Axf6 15.Cc5 Ac8 16.Cd5 ±). 15.Cd5 Tab8 16.Cc5 Rf8? Las negras se desmoronan, pero ya era difícil evitar la pérdida de material. 17.Cxf6. 1-0.
Esta partida no resulta nada espectacular, pero tiene el mérito de evidenciar los peligros que encierran posiciones aparentemente simples.

El genio de Alekhine

Pese a sus nuevas concepciones estratégicas, los hipermodernos no consiguen imponerse a Lasker o Capablanca y, en consecuencia, sus innovadoras ideas quedan en la sombra. Se necesitaba un jugador con espíritu abierto e imaginación intensa, de técnica perfecta y con una voluntad y un talento fuera de lo común para que las nuevas ideas pudieran triunfar.
Aparece entonces Alexandre Alekhine, probablemente el jugador más completo de todos los tiempos, que consiguió la síntesis entre las ideas tradicionales y las hipermodernas. Su estilo era espectacular.

Capablanca-Alekhine
Partida n.° 21 del Campeonato del mundo, Buenos Aires, 1927
1.d4 d5 2.c4 e6 3.Cc3 Cf6 4.Ag5 Cbd7 5.e3 Ae7 6.Cf3 0-0 7.Tc1. En el curso del encuentro, los dos prestigiosos jugadores tuvieron múltiples ocasiones de someter a prueba esta apertura. 7... a6 8.a3?! h6 9.Ah4 dxc4 10.Axc4 b5 11.Ae2 Ab7 12.0-0 c5. Las negras ya han igualado. 13.dxc5 Cxc5 14.Cd4 (14.Dxd8 =).

14... Tc8 15.b4 Ccd7 16.Ag3 (si 16.Af3 Db6 17.Ce4 Txc1 18.Dxc1 Tc8≠). 16... Cb6 17.Db3 Cfd5 18.Af3 Tc4 19.Ce4 Dc8 20.Txc4 (20.Db1!?). 20... Cxc4 21.Tc1 Da8! 22.Cc3 Tc8 23.Cxd5 Axd5 24.Axd5 Dxd5 25.a4. El peón b4 resultará muy débil. 25... Af6 26.Cf3 Ab2 27.Te1 Td8 28.axb5 axb5 29.h3 e5 30.Tb1 e4 31.Cd4 Axd4 32.Td1

32... Cxe3. 0-1.

La escuela soviética

Por fin se abría camino para un enfoque a la vez científico y creativo. La escuela soviética lo haría suyo con un método crítico y exento de dogmatismo, orientado a buscar lo nuevo con objetividad.

La contribución de Botvinnik

Mikhaïl Botvinnik (1911-1995) es el líder de este movimiento. Para él, «el ajedrez es el arte del análisis; mediante él, se puede aspirar a la perfección». De formación científica, sabe clarificar las tesis estratégicas fundamentales y ponerlas al servicio del difícil ejercicio de la competición. Los conocimientos teóricos deben ser la base para un análisis profundo y objetivo. La creación artística en el ajedrez pasa por la resolución técnica de los problemas planteados en las partidas.

Botvinnik-Capablanca
Torneo AVRO, 1938
1.d4 Cf6 2.c4 e6 3.Cc3 Ab4 4.e3 d5 5.a3 Axc3+ 6.bxc3 c5 7.cxd5 exd5

8.Ad3 0-0 9.Ce2. Esta jugada prepara el plan central f3-e4. 9... b6 10.0-0 Aa6 11.Axa6 Cxa6 12.Ab2 Dd7 13.a4 Tfe8 14.Dd3 c4¿ Las negras calculan que tienen tiempo para ganar el peón a4 sin temor al contrajuego blanco en el centro. 15.Dc2 Cb8 16.Tae1 Cc6 17.Cg3 Ca5 18.f3 Cb3. Cada bando ha desarrollado su plan sin preocuparse de las maniobras enemigas. ¿Quién ha visto más lejos? 19.e4 Dxa4 20.e5 Cd7 21.Df2 g6. Una medida preventiva contra f4-f5. 22.f4 f5 23.exf6 Cxf6 24.f5 Txe1 25.Txe1 Te8 26.Te6! Txe6 (si 26... Rf7 27.Txf6+ Rxf6 28.fxg6+ Rxg6 29.Df5+ Rg7 30.Ch5+ Rh6 31.h4 Tg8 32.g4 Dc6 33.Aa3 +-). 27.fxe6 Rg7 28.Df4. Esto amenaza 29.Cf5+ gxf5 30.Dg5+. 28... De8 29.De5 De7

30.Aa3!! Precioso sacrificio de desviación. 30... Dxa3 31.Ch5+! gxh5 (si 31... Rh6 32.Cxf6 Dc1+ 33.Rf2 Dd2+ 34.Rg3 Dxc3+ 35.Rh4 Dxd4+ 36.Cg4+ +-). 32.Dg5+ Rf8 33.Dxf6+ Rg8 34.e7 Dc1+ 35.Rf2 Dc2+ 36.Rg3 Dd3+ 37.Rh4 De4+ 38.Rxh5 De2+ 39.Rh4 De4+ 40.g4 De1+ 41.Rh5. 1-0.

El rigor técnico

Ahora que ya hemos descrito los fundamentos del pensamiento estratégico, veamos cómo se han encarnado las concepciones ajedrecísticas en los campeones modernos. Cada campeón ha interpretado la partitura de acuerdo con su particular sensibilidad. Mikhaïl Tal pone en juego un agudo sentido táctico.

Tal-Smyslov
Campeonato de Yugoslavia, 1959
1.e4 c6 2.d3. Esto evita las preparaciones teóricas. 2... d5 3.Cd2 e5 4.Cgf3 Cd7 5.d4! Una reacción dinámica. 5... dxe4 6.Cxe4 exd4 7.Dxd4 Cgf6 8.Ag5 Ae7 9.0-0-0. ¿Cómo habría podido dudar el fogoso Tal? 9... 0-0 10.Cd6 Da5 (si 10... Cd5 11.Axe7 Dxe7 12.Cxc8 Tfxc8 13.Ac4 C7b6). 11.Ac4 b5 12.Ad2 (si 12.Ab3¿¿ c5 13.De3 Axd6 14.Txd6 c4 -+). 12... Da6 (si 12... Da4 13.Cxc8 Taxc8 14.Ab3 Dxd4 15.Cxd4 c5 16.Cf5). 13.Cf5 Ad8 14.Dh4! bxc4 15.Dg5. Las blancas no obtienen ganancia inmediata por la pieza sacrificada; buscan más bien arrastrar al adversario a un terreno desconocido y peligroso. 15... Ch5 (si 15... Ce8 16.Dxd8 Cef6 17.Da5 ±). 16.Ch6+! Rh8 17.Dxh5 Dxa2 (si 17... Af6!¿ 18.Cxf7+ Rg8 19.C7g5 h6 [19... Axg5 20.Dxg5 Dxa2 21.Ac3 Tf7 22.The1 Cf8 23.Te7 Ce6 24.Txf7] 20.Ce4 Dxa2 21.Cxf6+ Cxf6 22.Da5 Dxa5 23.Axa5 =; si 17... Cf6¿ 18.Dc5 Cd7 19.Dd6 gxh6 20.Dxh6 Af6 21.Ac3 Axc3 22.Cg5 Axb2+ 23.Rb1 +-). 18.Ac3 Cf6¿ (si 18... Af6 l9.Cxf7+ Rg8 20.C7g5 h6 21.Ce6 Axc3 22.bxc3 Tf6, y la partida se mantiene incierta). Pero las complicaciones y la energía desplegada por Tal hacen que Smyslov abandone.

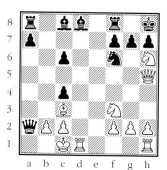

19.Dxf7! Da1+ (si 19... Txf7 20.Txd8+ +-; si 19... Te8 20.Dg8+ Cxg8 21.Cf7#). 20.Rd2 Txf7 21.Cxf7+ Rg8 22.Txa1 Rxf7 23.Ce5+ Re6 24.Cxc6 Ce4+ 25.Re3 Ab6+ 26.Ad4, y las blancas ganan. 1-0.

Tigran Petrossian, con su modestia y su autocontrol innato, ha dejado en el salvaje mundo de la competición la imagen de una confianza tranquila.

Petrossian-Botvinnik
Partida n.º 25 del Campeonato del mundo, Moscú, 1963
1.c4 g6 2.d4 Cf6 3.Cc3 d5 4.Cf3 Ag7 5.e3 0-0 6.Ae2!¿ dxc4 7.Axc4 c5 8.d5 e6!¿ (se prefiere 8... a6!¿ u 8... Cbd7). 9.dxe6 Dxd1+ 10.Rxd1 Axe6 11.Axe6 fxe6 12.Re2

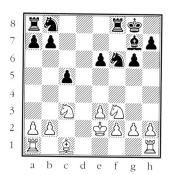

12... Cc6 (si 12... Cd5!¿ 13.Cxd5 exd5 14.Td1 Td8 15.Cg5 Ca6 16.Ce6=). 13.Td1 Tad8¿ (13... Rf7! con la idea de Re7). 14.Txd8 Txd8 15.Cg5 Te8 16.Cge4 Cxe4 17.Cxe4 b6 18.Tb1 Cb4!¿ l9.Ad2! Cd5 (si 19... Cxa2¿ 20.Ta1 Cb4 21.Axb4 cxb4 22.Txa7 Axb2 23.Tb7±). 20.a4 Tc8 21.b3 Af8. (Con la idea de 22... c4 =). 22.Tc1 Ae7¿ (se debía jugar 22... a6 23.b4 c4 24.b5 axb5 25.axb5 Ae7±). 23.b4! ± c4¿ (Las negras encadenan imprecisiones, era mejor 23... Tc7.) 24.b5! Rf7? +-. (La jugada correcta era 24... Aa3! 25.Tc2 c3! =.) 25.Ac3! Aa3 26.Tc2 Cxc3+ (si 26... Re7 27.Ae5! con la idea de Cd2 +-). 27.Txc3 Ab4 28.Tc2 Re7 29.Cd2! c3 (29... Axd2 30.Rxd2 Rd6 31.Rc3 Rc5 32.Td2! +-). 30.Ce4 Aa5 31.Rd3 Td8+ 32.Rc4 Td1 (si 32... Td7 33.Rb3 +-). 33.Cxc3 +- Th1?! 34.Ce4! Txh2 35.Rd4 Rd7 (si 35... Txg2 36.Tc7+, con la idea de 37.Txh7). 36.g3 Ab4 37.Re5 Th5+ (si 37... Ae7 38.Td2+). 38.Rf6 Ae7+ 39.Rg7! e5 40.Tc6! Th1 41.Rf7! Ta1 (si 41... Th5 42.g4 Th4 43.Te6 Ad8 44.Td6+).

42.Te6! Ad8 (si 42... Ac5 43.Txe5 Txa4 44.Cxc5+ bxc5 45.Txc5 +–; si 42... Ab4 43.Cf6+ Rc8 44.Txe5 Txa4 45.Te4, con la idea de 46.Cd5 +–). 43.Td6+ Rc8 (si 43... Rc7 44.Re8 +–). 44.Re8! Ac7 45.Tc6 Td1 (si 45... Txa4 46.Cc3, con la idea de 47.Cd5 +–). 46.Cg5 Td8+ 47.Rf7 Td7+ 48.Rg8. 1-0.

La llegada de Fischer

Bobby Fischer quebró en los años setenta la hegemonía que los soviéticos ejercían en la competición de alto nivel desde la segunda guerra mundial. Su hazaña relanzó el interés por el juego. Fischer, un campeón de talento excepcional, con una capacidad de trabajo fuera de lo común y con una ambición de triunfo hasta entonces desconocida, desafió a los mejores jugadores del mundo y aportó nueva energía y un enfoque de las aperturas superafinado. Táctico de talento, dominó los torneos con gran soltura, en un mundo ajedrecístico abierto a todos los países y con un número de grandes jugadores en continuo crecimiento. El ajedrez se convierte en un deporte planetario.

Spassky-Fischer
Partida n.º 3 del Campeonato del mundo, Reykjavík, 1972
1.d4 Cf6 2.c4 e6 3.Cf3 c5 4.d5 exd5 5.cxd5 d6 6.Cc3 g6 7.Cd2. Con la idea de Cc4. 7... Cbd7 8.e4 (si 8.Cc4 Cb6). 8... Ag7 9.Ae2 0-0 10.0-0 Te8 11.Dc2 Ch5!? Una estrategia completamente revolucionaria.

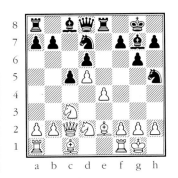

12.Axh5. Las blancas aceptan el desafío (con las otras continuaciones, las negras no tienen problema: 12.g3 Ce5 13.f4 Cg4 14.Cc4 Axc3, con la idea de 15... b5; 12.f4 Ad4+ 13.Rh1 Cdf6, con la idea de 14... Cg4; 12.Td1 Cf4 13.Af1 Ce5 14.Cc4 g5!). 12... gxh5 13.Cc4 Ce5 14.Ce3 Dh4 15.Ad2 Cg4 (si 15... Cf3+? 16.gxf3 Ae5 17.Tfc1 +–). 16.Cxg4 hxg4 17.Af4 (si 17.Ce2!? Af5 18.Cg3 [18.exf5 Txe2∓] 18... Ag6 19.Tae1 h5 20.Ac3 =). 17... Df6 18.g3? Una primera imprecisión, 18.Ag3 era la buena continuación. 18... Ad7 19.a4 b6 (sería inferior 19... a6? 20.a5! ±). 20.Tfe1 a6∓ 21.Te2 b5! 22.Tae1 (si 22.axb5 axb5 23.Txa8 Txa8 24.e5 dxe5 25.Txe5 b4 26.Ce2 Dg6!). 22... Dg6 23.b3 Te7 (más fuerte que 23... Axc3 24.Dxc3 bxa4 25.bxa4 Axa4 26.e5!). 24.Dd3 Tb8 25.axb5 axb5 (si 25... Axb5? 26.Cxb5). 26.b4 c4 (si 26... cxb4 27.Ca2). 27.Dd2 Tbe8 28.Te3 (si 28.Ag5? Axc3 29.Dxc3 Dxg5 +–). 28... h5 (si 28... Axc3 29.Dxc3 Txe4 30.Txe4 Txe4 31.Txe4 Dxe4 32.Df6, con contrajuego). 29.T3e2 Rh7 (o, mejor, 29... Axc3). 30.Te3 Rg8 31.T3e2 Axc3 32.Dxc3 Txe4 33.Txe4 Txe4 34.Txe4 Dxe4 –+ 35.Ah6 (si 35.Axd6 Dxd5, con la idea de 36... Ac6 –+). 35... Dg6 36.Ac1 Db1 37.Rf1 Af5 38.Re2 De4+ 39.De3 Dc2+ (si 39... Dxd5 40.Dg5+). 40.Dd2 (40.Re1!) 40... Db3 41.Dd4? Las blancas se someten de nuevo (nada estaba aún decidido tras 41.Re1 Df3 42.Dg5+ Ag6 43.De3 Dh1+ 44.Rd2 Dxd5+ 45.Rc3). 41... Ad3+! (si 42.Re1 [42.Rd2 Dc2+ 43.Re1 Dxc1#; 42.Re3 Dd1! 43.Db2 Df3+ 44.Rd4 De4+ 45.Rc3 De1+!] 42... Dxb4+ –+). 0-1.

La técnica de Karpov

Tras su encuentro con Spassky, Fischer alcanza su objetivo: convertirse en campeón del mundo. Luego, preso de las dudas y falto de motivación, no defenderá su título frente a la nueva estrella soviética, Anatoli

Karpov. Éste renueva la clásica tradición de la técnica pura. Impresiona por su maestría, su paciencia y su eficacia. Hasta hoy, es el jugador que ha ganado más torneos internacionales. Criticado por su juego excesivamente técnico, él mismo reconoce que no tiene estilo. Sin embargo, muchas de sus partidas son dignas de premios de belleza por sus soberbios sacrificios. Su obra es considerable y todavía está lejos de ser superada.

Karpov-Portisch
Tilburg, 1988
1.d4 Cf6 2.c4 e6 3.Cf3 b6 4.g3 Ab7 5.Ag2 Ae7 6.Cc3 Ce4 7.Ad2 Af6 8.0-0 0-0 9.Tc1 c5 10.d5 exd5 11.cxd5 Cxd2 12.Cxd2 d6 13.Cc4 Aa6 (si 13... Ca6 14.Dd2 Cc7 15.Tfe1). 14.Db3 (si 14.b3?! b5 15.Ce3 g6 16.Ce4 Ag7, con una posición incierta). 14... Axc4 15.Dxc4 ±. Karpov ama este tipo de posiciones que le permiten expresar su técnica. 15... a6 16.a4 Cd7 17.e3 Ce5 18.De2 c4 19.Ae4! Esto apunta a la casilla d3. 19... Te8 20.Ac2 Tc8 (si 20... b5?! 21.axb5 axb5 22.Cxb5 Db6 23.Cd4±; si 20... Tb8?! 21.Ce4 b5 22.b3 ±). 21.Ce4 Ae7 22.b3 cxb3 23.Axb3 Dd7 24.Txc8 Dxc8 25.Tb1 Df5 26.Cd2 Tb8 27.Ad1 Dc8 (si 27... Dd3?! 28.Dxd3 Cxd3 29.Cb3 Af6 30.Ca5±). 28.Cb3 Af6 29.Cd4 Db7 30.Dc2! g6 (si 30... Dxd5?! 31.Txb6 y luego Ta6+). 31.Ae2 Rg7 (si 31... Dxd5 32.Axa6 Cf3+ 33.Cxf3 Dxf3 34.Dc7±). 32.Db3 Cd7 33.Cc6 Ta8 34.Db4 Dc7 35.Rg2 h5 36.h3 Rg8 37.Ad1 Te8 38.g4!? hxg4 39.Axg4! Rg7 (si 39... Cc5 40.Dxb6 Dxb6 41.Txb6 Cxa4 42.Txa6±). 40.Axd7 Dxd7 41.Df4 Th8 42.Dg4 De8 (si 42... Dc7 43.f4±). 43.Txb6 Th4 44.Df3 Txa4 45.Tb8 Dd7?! (hasta aquí, las negras tenían muy buena defensa, pero deberían haber jugado 45... De4 46.Dxe4 Txe4 47.Ta8 Ta4 48.Cb8 Ta5 [48... a5 49.Ta6±] 49.e4 ± [49.Cxa6?! Txd5 50.Cc7 Tg5+ =], con perspectivas de igualdad). 46.Ta8 Ah4 47.e4 Af6 48.Dd3 Db7 49.Tb8 Dd7 50.Dc2 Ta3 51.Tb3 Ta1?

(deberían haber jugado 51... Txb3 52.Dxb3, con la idea de Da3±). 52.Tf3! +−. Sin conceder la más mínima oportunidad de contraataque a su adversario, Karpov recoge el fruto maduro. 52... Db7. Portisch busca un contrajuego quimérico. 53.Txf6 Db5 54.Dc3 Df1+ (si 54... Rxf6 55.Dc3+ +−). 55.Rg3 Dg1+ 56.Rh4. 1-0.

El talento de Kasparov

Si el público ha sentido antipatía por Karpov durante cierto tiempo, en buena medida se debe a la irrupción de un jugador de juego muy potente, Gari Kasparov. Se han agotado todos los superlativos para describir el juego de Kasparov. ¿Cómo resumirlo en breves palabras? Cuando juega a su mejor nivel, reúne todas las cualidades de los demás campeones.

Kasparov-Karpov Partida n.° 20 del Campeonato del mundo, Lyon, 1990
1.e4 e5 2.Cf3 Cc6 3.Ab5 a6 4.Aa4 Cf6 5.0-0 Ae7 6.Te1 b5 7.Ab3 d6 8.c3 0-0 9.h3 Ab7 10.d4 Te8 11.Cbd2 Af8 12.a4 h6 13.Ac2 exd4 14.cxd4 Cb4 15.Ab1 c5 16.d5 Cd7 17.Ta3 f5 18.Tae3 Cf6 19.Ch2!? Rh8 20.b3! bxa4 (20... fxe4 merece también la atención 21.Cxe4 Cfxd5!? 22.Tf3! [22.Tg3? Cf6 ∓] 22... Cf6 23.Txf6 gxf6 24.Cg4, con compensaciones). 21.bxa4 c4 22.Ab2 fxe4 (menos bueno: 22... Tc8!? 23.Df3! Dd7 24.Axf6 gxf6 25.Tc1 ±). 23.Cxe4 Cfxd5 24.Tg3!? Las blancas movilizan sus piezas contra el enroque.

24... Te6 25.Cg4 De8? A Karpov le falta tiempo de reflexión (era mejor: 25... Cd3! 26.Axd3 cxd3 27.Txd3 Da5, con una posición aún incierta). 26.Cxh6! Kasparov encuentra recursos tácticos increíbles. 26... c3

(el caballo no se podía capturar debido a 26... Txh6 27.Cxd6 Dxe1+ [27... Dd7 28.Dg4! Dxg4 29.Cf7+ Rg8 30.Cxh6+ gxh6 31.Txg4+ Rf7 32.Ag6+ Rg8 33.Af5+ Rf7 34.Ae6+ +−; 27... Dh5 28.Tg5! Dxd1 29.Cf7+ Rg8 30.Cxh6+ Rh8 31.Txd1 c3 32.Cf7+ Rg8 33.Ag6! cxb2 34.Th5 +−] 28.Dxe1 Txd6 29.De4 Cd3 30.Dh4+ Rg8 31.Axg7! Axg7 32.Dg4 +−). 27.Cf5 cxb2 28.Dg4 Ac8 (si 28... Cc3 29.Cf6! Txe1+ 30.Rh2 +−; si 28... g6 29.Rh2! Dd7 [29... Rg8 30.Cexd6 +−] 30.Ch4! Ac8 [30... Ce7 31.Cg5 Txe1 32.Dxd7 Txb1 33.Cxg6+ +−] 31.Cxg6+ Txg6 32.Dxg6 Dg7 33.Dh5+ Dh7 34.Dxh7+ Rxh7 35.Cxd6+ +−). 29.Dh4+ Th6 (si 29... Rg8 30.Rh2 con la idea de 31.Cg5 +−). 30.Cxh6 gxh6 31.Rh2 +− De5 (31... Ag7 no es suficiente para salvar a las negras: 32.Cxd6 Dxe1 33.Dxh6+!). 32.Cg5 Df6 33.Te8 (con la amenaza 34.Dxh6) 33... Af5 34.Dxh6+ Dxh6 35.Cf7+ Rh7 36.Axf5+ Dg6 37.Axg6+ Rg7 38.Txa8 Ae7 39.Tb8 a5 40.Ae4+ Rxf7 41.Axd5+. 1-0.

La nueva generación

En la actualidad emergen nuevos talentos, como Judit Polgar, una superdotada del ajedrez que ha bati-

do el récord de precocidad en la obtención del título de maestro internacional. ¿Será la primera mujer campeona del mundo?

Polgar-Shirov, Las Palmas, 1994
1.e4 c5 2.Cf3 d6 3.d4 cxd4 4.Dxd4 Cc6 5.Ab5 Ad7 6.Axc6 Axc6 7.Cc3 Cf6 8.Ag5 e6 9.0-0-0 Ae7 10.Dd3 0-0? (mejor 10... Da5). 11.Cd4 Da5 12.f4 Tfc8?! (mejor 12... Tfd8). 13.f5! b5 (si 13... Ad7 14.Cb3 De5 15.Thf1±). 14.fxe6 fxe6?! (si 14... b4 15.Cf5! [15.exf7+ Rf8!!] 15... Rh8! [15... Rf8? 16.Axf6 Axf6 17.Dxd6+ +−] 16.e5!! Dxe5 [16... bxc3 17.exf6 ±] 17.The1 Da5 18.Cxe7 Dxg5+ 19.Rb1±, con la idea de 19... bxc3 20.Cxc8 Txc8 21.exf7). 15.Cxe6 (mejor que: 15.Cxc6? Txc6 16.Dxb5 Dc7, con compensaciones). 15... b4 16.Axf6 Axf6 17.Cd5 Ae5 (las negras podían intentar 17... Dxa2 18.Cxf6+ gxf6 [18... Rh8 19.Cd5 +−] 19.Dg3+ Rf7 20.Txd6 Tg8 21.Dh3 +−; o 17... Axd5 18.Dxd5 Dxd5 19.exd5). 18.Rb1 Ab5?! (si 18... Axd5 19.exd5! con la idea de The1). 19.Ce7+! Rf7 (si 19... Rh8 20.Cg5! [si 20.Dd5 Da6 21.Cc7 +−] 20... h6 21.Cf7+ Rh7 22.Dh3 +−).

20.Dd5! ¡Al asalto del rey! 20... Rxe7 21.Cg5! Te8 (si 21... Rd7 22.Dxe5 +−; si 21... Rf6 22.De6+ Rxg5 23.h4+ Rh5 24.g4#; si 21... Txc2 22.De6+ Rd8 23.Dxe5 Tc1+ 24.Rxc1 Tc8+ 25.Rb1 Ad3+ 26.Txd3 Dxe5 27.Cf7+ +−). 22.Thf1! Axf1 (mucho mejor que: 22... Tab8 23.Dxe5+!! dxe5 24.Tf7#). 23.Dxa5 Ae2 24.Td2 Ag4 25.h3 Tf8 26.a4 (si 26.hxg4? Tf1+). 26... Tf1+

(si 26... bxa3 27.hxg4 Tf1+ 28.Ra2 axb2 29.Dc7+ Rf8 [29... Rf6 30.Df7+ +–] 30.Td1! Txd1 31.Df7#). 27.Ra2 Ad7 28.Td5! Rf6 29.Cxh7+ Rg6 30.Txe5! dxe5 31.Da6+ Rxh7 32.Dxf1 Axa4 33.Df5+ Rh8 34.Dh5+ Rg8 35.Dxe5. 1-0.

Otro pretendiente a la sucesión podría ser Joël Lautier, el número 1 francés, un jugador de gran talento y trabajador infatigable. Sus progresos son constantes, como lo demuestran sus victorias sobre Karpov o Kasparov.

Kasparov-Lautier
Amsterdam, 1995

1.e4 c5 2.Cf3 e6 3.d4 cxd4 4.Cxd4 Cc6 5.Cc3 Dc7 6.Ae3 a6 7.Ad3 Cf6 8.0-0 Ce5 (8... Ad6 es la otra continuación teórica). 9.h3 Ac5 10.Rh1 d6 11.f4 Ced7 12.a3 b5 13.Axb5!? Esto apunta a explotar la posición central del rey negro. 13... axb5 14.Cdxb5 Db6 (14... Dc6!?) 15.Axc5 dxc5 16.Cd6+ Re7 17.Cxc8+? Una jugada sorprendente: las blancas cambian su pieza mejor situada por un alfil que no se ha movido de la posición inicial (si 17.e5 Aa6 18.Tf2 Thd8 ∓). 17... Thxc8 18.e5 Ce8 ∓ 19.Dh5 h6 20.Tae1 f5! La ofensiva blanca se ha frenado (si 20... Dxb2? 21.f5 Dxc3 22.fxe6 fxe6 23.Tf7+ Rd8 24.Td1 [24.Txd7+? Rxd7 25.Df7+ Rc6 26.Dxe6+ Rc7 27.De7+ Rb6 28.Tb1+ Ra5] 24... Ta7 25.Tf8±). 21.Tf3 (si 21.exf6+ Cdxf6 22.Dg6 Rf8).

21... c4 (21... Dxb2) 22.g4 fxg4 23.Dxg4 Ta5 24.Ce4 Dc6 25.Cd6 Cxd6 26.exd6+ Rf8 27.Tg1

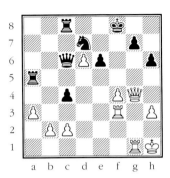

27... g5! Una defensa dinámica. 28.Tgg3 (si 28.fxg5+? Tf5 29.Tgg3 Ce5 30.Dh5 Txf3 31.Dxh6+ Rg8 32.Dxe6+ Tf7+ ∓). 28... Tf5 29.Dh5 Cf6 30.Dxh6+ Rf7 31.Rg1 Tg8. 0-1.

Muchos otros jugadores son candidatos a esa sucesión. Se pueden citar al indio Wiswanathan Anand, al letón Alexeï Shirov, al norteamericano Gata Kamsky, al búlgaro Vesseline Topalov, al ucraniano Vassili Ivantchouk, al ruso Vladimir Kramnik o, en un futuro algo más lejano, al joven prodigio francés Étienne Bacrot, que obtuvo en 1997, a los catorce años, el título de gran maestro internacional. Veamos un ejemplo producido por la nueva generación de campeones:

Guelfand-Kramnik
Berlín, 1996

1.d4 d5 2.c4 c6 3.Cc3 Cf6 4.Cf3 e6 5.e3 Cbd7 6.Dc2. Esta jugada se aparta del desarrollo del Af1 para evitar pérdida de tiempo. 6... Ad6 7.g4. Es una tentativa arriesgada, pero se sale de los caminos trillados. 7... Ab4 8.Ad2 De7 9.a3 Axc3 10.Axc3 b6 11.Ad3 Aa6 12.Da4 dxc4 13.Dxa6 cxd3 14.Dxd3 0-0 15.g5? (15.Tg1) 15... Cd5 16.Ad2 f5 17.0-0-0 c5 18.Rb1 b5! Finalmente, son las negras las que pasan al ataque. 19.Dxb5 Tab8 20.Da5 Tb3 21.Ra2 Tfb8 22.Tb1? (la mejor defensa era 22.Ac1). 22... e5 23.Thc1 De6 24.Ra1 exd4 25.Txc5 Cxc5 26.Dxc5 Cc3! 27.Cxd4

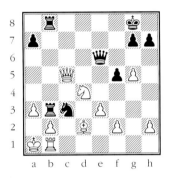

27... Txb2!! 28.Txb2 Da2+!! (si 29.Txa2 Tb1#). 0-1.

Los principales temas estratégicos

La adopción de una estrategia exige ultimar un plan. Éste se elabora a partir del examen de la posición. El jugador cuenta con varios parámetros para apreciar el valor de los posibles movimientos, es decir, de los peones, de las piezas menores y de las piezas pesadas.

El plan

Antes de Wilhelm Steinitz (1836-1900), la noción de plan era difusa. Se consideraba que su naturaleza dependía únicamente del talento de su autor, que debía expresarse prioritariamente en la creación de una brillante combinación. Los románticos llevaron al paroxismo esta forma de jugar, antes de sufrir varios reveses frente a los jugadores más científicos.

Steinitz afirmó que la razón de ser de un plan derivaba de la propia naturaleza de la posición. La concepción de un plan no se basa en la capacidad de un jugador, sino en criterios estratégicos que permiten evaluar la posición. El jugador debe analizar la verdadera naturaleza de la posición. Así, la combinación no es más que un elemento en la elaboración del plan, y se justifica por la materialización de una ventaja o, eventualmente, por una exigencia defensiva.

La moderna concepción de Steinitz tuvo una acogida más que recelosa. En su época, los jugadores se enorgullecían de encontrar una combinación ganadora sin necesidad de definir exactamente las razones de su aparición. Steinitz, por el contrario, examinaba la partida de ajedrez bajo un ángulo más materialista, y así se ganó la impopularidad entre los demás maestros. Para Steinitz, el paso al ataque requiere una previa acumulación de pequeñas ventajas. Su pensamiento ajedrecístico se basaba ante todo en una laboriosa búsqueda de ventajas.

Estas ventajas se pueden clasificar en dos grandes categorías: dinámicas y estáticas. He aquí algunas ventajas «dinámicas»: avance del desarrollo, una mayor movilidad, ocupación del centro, posición expuesta del rey contrario, buena estructura de peones, puesto avanzado, columnas abiertas... Y algunas ventajas de las llamadas «estáticas»: peones doblados, mal alfil, pieza encerrada, ventaja material. El principal objetivo consiste en acumular ventajas dinámicas, para transformarlas en ventajas estáticas duraderas.

Pese a su título de campeón del mundo, Steinitz no consiguió imponer sus ideas. Su fundamental contribución sólo se reconocería décadas más tarde. Tarrasch y Rubinstein continuaron su obra con brío.

¿A qué se asemeja la elaboración y la realización de un plan? Un plan puede ejecutarse de forma imperceptible desde el primer movimiento, y perfilarse a medida que avanza el juego. La partida es una sucesión de planes encajados unos en otros.

Una vez elaborado el plan, no se pueden prever todas sus consecuencias. Hay que conservar en la memoria la idea principal, y tomar conciencia de las posibles respuestas del adversario, que, situado en una posición de inferioridad, por ejemplo, intentará conceder el menor terreno posible.

Si el plan es correcto, y la realización apropiada, no se apartará de su objetivo principal (defender o atacar) cualesquiera que sean los obstáculos que surjan en su camino; en el peor de los casos, otro plan de fuerza equivalente lo sustituirá. Los objetivos son entonces diferentes, pero no menos importantes.

La eficacia de un plan no depende de su carácter grandioso, sino de su irreversibilidad, en la medida en que la ventaja obtenida decide al final el resultado de la partida. Sin embargo, no hay que olvidar el aspecto estético, pues un buen plan suele ser armonioso.

La evaluación

La dificultad de la evaluación reside en su carácter analítico, al contrario de la combinación (serie de movimientos forzados), que requiere una precisión aritmética.

¿Cómo realizar una evaluación objetiva y profunda? ¿Hay que confiar en la intuición o dar preferencia a un juicio objetivo, basado en informaciones tangibles?

Sin duda alguna, la intuición tiene un papel preponderante en la evaluación, la elaboración y la realización del plan. El olfato resulta decisivo en las partidas complejas: permite adivinar la naturaleza de la posición antes de que los elementos estratégicos se hagan visibles, y desvela las particularidades latentes de la posición. En ausencia de criterios estratégicos claros, el jugador más intuitivo tendrá ventaja.

Sin embargo, el carácter objetivo del ajedrez es real. La evaluación de una posición comienza por determinar qué bando tiene ventaja. Cada bando ofrece puntos fuertes y puntos débiles. Hay que establecer la jerarquía de unos y otros, y realizar un balance general. A partir de éste, se puede decidir cómo materializar la ventaja propia o cómo reducir la

del adversario; hay que escoger entre el ataque, la defensa, el contraataque o la simplificación por medio de cambios.

Para realizar un balance correcto, hay que establecer puntos de referencia y ordenarlos, por ejemplo:
– la posición del rey;
– la ventaja de la iniciativa;
– la ventaja material;
– el desarrollo;
– la estructura de peones;
– el control del centro.

También se requiere capacidad para apreciar la noción de iniciativa, para saber cómo conservar una ventaja de desarrollo y cómo transformarla en ventaja posicional o material, pues esta transición siempre implica nuevos peligros.

La iniciativa

Steinitz fue el primero que formuló esta concepción: una partida se desarrolla en tres dimensiones, tiempo, espacio y equilibrio de fuerzas (material, ventajas dinámicas o estáticas).

Ganar tiempo, o hacer que el adversario lo pierda, es una noción capital. Tomar la delantera para conseguir la iniciativa del plan es casi siempre sinónimo de ventaja. La iniciativa es la fuerza motriz y esencial de todo ataque. No siempre se transforma en ventaja material, pero sigue siendo un poderoso factor dinámico, pues la ventaja se puede invertir rápidamente.

Al comienzo de la partida, las blancas juegan y, en consecuencia, tienen la iniciativa. Su objetivo es mantenerla, y luego transformarla en ventaja material duradera. En cambio, las negras deben luchar contra los efectos directos e indirectos de esa iniciativa; su anulación lleva al equilibrio de fuerzas y a la igualdad. La conquista de la iniciativa puede implicar un cambio de ventajas.

El valor de las piezas

Como en todo cálculo de valores, lo primero es fijar arbitrariamente una unidad. Ésta equivale a un punto por un peón, lo que da:
– un peón, 1 punto;
– un caballo, equivalente a un alfil, 3 puntos;
– una torre, 5 puntos;
– una dama, 9 puntos;
– el rey, cuyo acorralamiento [jaque mate] significa el fin de la partida, tiene un valor inestimable.

Ahora bien, las modificaciones que se producen en una partida hacen que varíe la actividad de cada pieza; de ahí la definición de un valor relativo de las piezas. En realidad, esta escala de valores sólo la utilizan los jugadores principiantes. Poco a poco, éstos modularán los diferentes valores según los elementos estratégicos y prácticos presentes. La estructura de peones, la interacción entre las piezas de un mismo bando, las posibilidades de ataque y otros muchos factores acrecentarán o reducirán el valor de las piezas.

El cambio

Las simplificaciones derivadas de los cambios benefician al jugador que tiene ventaja estática o material. También acentúan las debilidades, pues disminuye el número de defensores; sin embargo, a veces pueden aliviar la defensa. Hay que evaluar con precisión la relación dinámica entre las piezas. Se puede realizar un cambio para no replegarse, para suprimir un defensor (o un atacante), para defender casillas o para abrir una columna.

Los cambios de idéntico valor

En estos cambios, ningún jugador gana o concede ventaja material.

Lasker-Tartacower
Ostrau, 1923
1.e4 c6 2.d4 d5 3.exd5 cxd5 4.Ad3 Cc6 5.c3 Cf6 6.Af4 g6 7.h3 Ag7 8.Cf3 Ce4 9.Cbd2 f5 10.0-0 0-0 11.Ce5. Las blancas están persuadidas de que los cambios que siguen les serán favorables. 11... Cxe5 12.Axe5 Axe5 13.dxe5 Cxd2 14.Dxd2 f4. Para dar espacio al Ac8. 15.Tad1 Dc7 16.Tfe1 e6. Desgraciadamente para las negras, el peón d5 reclama la prioridad de la defensa. 17.Tc1. Esto prepara c4. 17... Dd8 18.Ae2 Da5 19.b4 Dc7 20.c4 Dxe5 21.cxd5 Dd6 (si 21... Dxd5 22.Dxd5 exd5 23.Af3±). 22.Af3 Td8 23.Dd4 Ad7

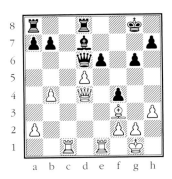

(si 23... exd5⩲ 24.Axd5+ Dxd5 25.Te8+ +–). 24.Dc5. El tema del cambio una vez más. 24... Dxc5 25.bxc5 Tac8 26.c6 bxc6 27.dxc6 Ae8 28.c7 Td7 29.Txe6 Af7 30.Tec6 Ad5 31.Axd5+ Txd5 32.Ta6 Rf7 33.Txa7 Re7 34.Ta4 g5 35.Tac4 Rd7 36.Tc5 Txc5 37.Txc5 Txc7 38.Txc7+ Rxc7 39.Rf1 Td6 40.Re2 Td5 41.a4 Tc5 42.Rf3. Al tiempo que recupera el peón a4, el rey blanco hará estragos en el flanco de rey. 1-0.

Los cambios de valor relativo

Uno de los dos jugadores intenta conseguir ventaja estratégica mediante un cambio inusual.

Kmoch-Prins
Amsterdam, 1940
1.d4 Cf6 2.c4 g6 3.Cc3 d5 4.Cf3 Ag7

5.Db3 dxc4 6.Dxc4 0-0 7.e4 b6⁈! La continuación ha sido cuestionada tras esta convincente partida. 8.e5 Ae6

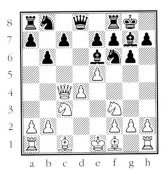

9.exf6! Axc4 10.fxg7 Rxg7 11.Axc4. 3 piezas menores contra una dama, es un buen cambio. 11... Cc6 12.Ae3 Cb4 13.0-0 Cc2 14.Tad1 Cxe3 15.fxe3 c5⩲ Las negras subestiman el ataque blanco. 16.Cg5 e6 17.Txf7+ (si 17... Txf7 [17... Rh6 18.Txh7+ Rxg5 19.h4+ Rg4 20.Ae2+ Rf5 21.Tf1#] 18.Cxe6+ +–). 1-0.

Gusev-Averbach

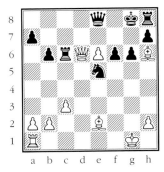

Esta increíble posición fue el escenario de una acción de juego casi mágica. 25.Dxe5!! fxe5 26.Tf1. El rey negro está en una ratonera; no hay maniobra que lo pueda salvar, pese a la abrumadora superioridad material. 26... Tc8 27.Ad1! Tc4 28.Ab3 b5 29.Axc4 bxc4 30.b3 a5 31.bxc4 De7 32.Rg2 Da3 33.Tf2 De7 34.Tf1 g5 35.Tf5 g4 36.c5 Dd8 (si 36... Dxc5 37.Tg5#). 37.c6 De7 38.c7. 1-0.

El sacrificio de calidad

Sacrificar la calidad (torre por una pieza menor) es un arma que cuesta mucho dominar. Este sacrificio responde a varios objetivos:

En ataque. El sacrificio de calidad permite tomar la iniciativa, eliminar un defensor del enroque, instalar una pieza avanzada o debilitar la estructura de los peones enemigos.

Breyer-Tarrasch
Mannheim, 1914

21.Cd4. Las blancas buscan un puesto avanzado f5. 21... c5 22.Txe7! Interviene el sacrificio de calidad para reforzar el ataque. 22... Axe7 23.Cf5 c4 24.Dh3 Af8 (si 24... cxb3‽‽ 25.Ch6+ +–). 25.Ad1 Dc7 26.Ah5. Los alfiles de colores opuestos son un activo factor de ataque. 26... Td7 27.Te1 Tb8 28.Dh4 Ag7 29.Ae8 Tdd8 30.Ce7+ Rh8 31.Af7. Lo que amenaza mate en g6. 31... h6 32.Dh5 Tf8 33.Cg6+ Rh7 34.Ae6 f5 35.Axf5. Más fuerte que recuperar la calidad. 35... Tf6 36.Ce7+ Rh8 37.Cxd5 Dd8 38.Cxf6 Dxf6 39.Te6 Dg5 40.Te8+. 1-0.

En defensa. El sacrificio de calidad permite escapar a un ataque fuerte y conservar posibilidades de cara al final. La partida siguiente nos muestra un bonito ejemplo de defensa, a cargo de un especialista en el género.

Reshevsky-Petrossian
Torneo de los Candidatos, 1953

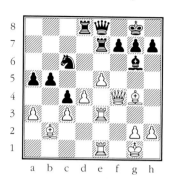

Las blancas amenazan adquirir ventaja en e6. 25... Te6! Es una idea simple pero audaz. Muy probablemente, la encerrada posición del alfil b2 ha animado a las negras a tomar esta decisión. 26.a4 Ce7 (si 26... b4 27.d5 Txd5 28.Axe6 Dxe6 29.Dxc4). 27.Axe6 fxe6 28.Df1 Cd5. El caballo distribuirá el contrajuego negro. 29.Tf3 Ad3 30.Txd3 (es una inteligente elección: si 30.Df2 b4, con buenas compensaciones). 30... cxd3 31.Dxd3 b4. 32.cxb4 axb4 33.a5 Ta8 34.Ta1 Dc6 35.Ac1 Dc7 36.a6 Db6 37.Ad2 b3 38.Dc4 h6 39.h3 b2 40.Tb1 Rh8 41.Ae1. 1/2-1/2.

Ekström-Miralles
Ginebra, 1996
1.e4 e5 2.Cc3 Cc6 3.f4 exf4 4.d4 Dh4+ 5.Re2 d6 6.Cf3 Ag4 7.Axf4 Axf3+ (si 7...0-0-0 8.Re3 Dh5). 8.Rxf3 Cge7 9.Ab5 (9.Ae2!?). 9... 0-0-0 10.Tf1 f5! Evidentemente, las negras buscan aprovechar la expuesta posición del rey blanco. 11.exf5 (si 11.g3 Dxh2 12.Th1 Dxc2! 13.Dxc2 Cxd4+ ∓). 11... g5! 12.Ag3 (si 12.fxg6 hxg6, con la idea de Ah6). 12... Dxd4 13.Dxd4 (si 13.Axc6 Cxf5 14.Ae4 [14.Axb7+ Rxb7 15.Dxd4 Cxd4+ ∓] 14... g4+ 15.Rf4 [15.Re2 De3#; 15.Rxg4 Ce3+] 15... Ce3!! 16.Dxd4 Ah6#). 13... Cxd4+ 14.Re4

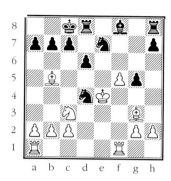

14... Cdxf5! La puntilla. 15.Txf5 d5+! Las negras cobran ventaja. 16.Txd5. Con el sacrificio de la calidad, las blancas escogen su mejor opción (si 16.Cxd5 Cxf5; si 16.Re5 Ag7+ 17.Re6 Cxf5 18.Rxf5 d4 –+). 16... Cxd5 17.Cxd5 c6 18.Ac4 cxd5+ 19.Axd5 Ad6 20.c4. Con un alfil apoyado en el centro, las blancas tienen posibilidades reales de tablas. 20... Thf8 21.Rd4 Axg3. Esto abre el contrajuego en la columna h, pero aún hay que conquistar la casilla f2. 22.hxg3 Tf2 23.Rc3 Te8 24.Th1 Te3+ 25.Rd4 Te7 26.Rc3 Te3+ 27.Rd4 Txg3. Obligado si se aspira a la victoria. 28.Txh7 Txb2 29.Th8+ Rc7 30.Th7+ Rc8 31.Th8+ Rc7 32.Th7+ Rd8 33.axb7 Txa4 35.Ad5 Ta1 36.Tg7 a5 37.Re5 Te1+ 38.Rd6 Tb6+ 39.Ac6 Td1+ 40.Rc5 Tb2 41.Txg5 Re7. El rey sale de la ratonera. 42.Tg7+ Rf6 43.Ta7 Ta1 44.Ta6 Rg5 1/2-1/2 (si 45.Ab5 Tba2 46.Rb6 a4 47.c5 a3 48.c6 Tc2 49.c7 a2 50.Rb7 Tac1 51.Txa2=).

El sacrificio posicional

Para alcanzar los objetivos intermedios, hace falta un plan estratégico. Pero ocurre que este plan comienza con un maniobra táctica brutal. Son los sacrificios posicionales. Éstos no se plantean como prioridad inmediata la recuperación de material, sino más bien crear un desarrollo acelerado, construir un centro de peones, abrir una columna... Se ejecutan para lograr una compensación material, a la postre más potente que el material sacrificado.

Rudolf Spielmann (1883-1942), ferviente defensor de esta arriesgada manera de jugar, la presentaba como la transformación de la materia en energía, que, al cabo de un plazo más o menos largo, se volverá a transformar a su vez en materia con ventaja: es la alquimia ajedrecística. El sacrificio posicional es un medio para conseguir la iniciativa, pero no se puede ejecutar sin tomar en consideración las fuerzas concedidas. Especula con las posiciones futuras, pero a menudo es imposible calcular por adelantado todas las continuaciones. Se basa en una comprensión intuitiva de la posición. También hay que considerar el impacto psicológico que supone para el adversario. Es la pura evidencia de la dimensión psicológica de una partida de ajedrez, del predominio de la práctica sobre la teoría y el análisis. El maestro Toulouch lo expresaba así: «Si gano, declaro que he sacrificado una pieza; si pierdo, digo que me la he dejado capturar».

Los sacrificios posicionales se pueden clasificar en varias categorías.

• El sacrificio de desarrollo es la justificación de muchos gambitos. Pero en la mayoría de los casos no son verdaderos sacrificios, pues el peón concedido se recupera en seguida. Este tipo de sacrificio es más eficaz en las posiciones abiertas, pues las piezas desarrolladas crean más amenazas; así ocurre con el gambito Muzio en el caso del gambito de rey.

• El sacrificio de obstrucción permite reducir las fuerzas movilizadas por el adversario. El ejemplo típico es un sacrificio de peón en el centro.

• El sacrificio de apertura de línea libera caminos de acceso para las piezas pesadas.

• El sacrificio sobre el enroque persigue crear debilidades en el enroque enemigo.

• El sacrificio de extracción tiene por objetivo sacar al rey de su escondrijo, como en las combinaciones con ganancia inmediata. El valor del

material concedido puede ser alto, al menos una pieza menor: no hay margen para el error.

He aquí algunos ejemplos significativos:

Bronstein-Kérès, Göteborg, 1955
1.d4 Cf6 2.c4 e6 3.Cc3 Ab4 4.e3 c5 5.Ad3 b6 6.Cge2 Ab7 7.0-0 cxd4 8.exd4 0-0 9.d5! h6 10.Ac2 Ca6 11.Cb5! Las blancas empiezan su ataque con sacrificios. 11... exd5 12.a3 Ae7 13.Cg3 dxc4

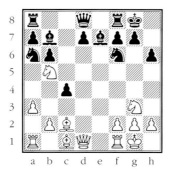

14.Axh6! Este sacrificio se basa en un profundo sentido de la posición, pues en este momento parece imposible prever sus consecuencias. 14... gxh6 15.Dd2 Ch7‽ (la mejor defensa era: 15... Cc5 16.Tae1 Cd3 17.Axd3 cxd3 18.Cf5 Ae4 19.Cbd4 Te8 20.Cxh6+ Rf8 21.Dg5 Ag6 22.Txe7! Txe7 [22... Dxe7 23.Chf5] 23.Dxf6 Te4 24.Dh8+ Re7 25.Chf5+ Axf5 26.Cxf5+ Re6, ¡y aún no hay nada decidido!). 16.Dxh6 f5 17.Cxf5 Txf5 18.Axf5. Las blancas son ahora ganadoras. 18... Cf8 19.Tad1 Ag5 20.Dh5 Df6 21.Cd6 Ac6 22.Dg4 Rh8 23.Ae4 Ah6 24.Axc6 dxc6 25.Dxc4 Cc5 26.b4 Cce6 27.Dxc6 Tb8 28.Ce4 Dg6 29.Td6 Ag7 30.f4 Dg4 31.h3 De2 32.Cg3 De3+ 33.Rh2 Cd4 34.Dd5 Te8 35.Ch5 Ce2 36.Cxg7 Dg3+ 37.Rh1 Cxf4 38.Df3 Ce2 39.Th6+. 1-0.

Rubinstein-Spielmann
San Sebastián, 1912
1.d4 e6 2.c4 f5 3.Cc3 Ab4 4.Ad2 Cf6 5.g3 0-0 6.Ag2 d6 7.a3 Axc3 8.Axc3 Cbd7 9.Dc2 c5 10.dxc5‽! Esto da la iniciativa a las negras. 10... Cxc5

11.Cf3 Cce4 12.0-0 Ad7 13.Tfd1 (13.Tad1!‽). 13... Tc8 14.Axf6 (si 14.Cd2‽ Cxf2! 15.Rxf2 Cg4+ 16.Rf3 [16.Re1 Db6] 16... Ac6+ 17.e4 Dg5 −+). 14... Dxf6 15.Db3 Tc7 16.Ce1 (16.Cd2!‽) 16... Cc5 17.Db4 f4! Las negras pasan al ataque en un buen momento. 18.Cd3 (si 18.Cf3 fxg3 19.hxg3 e5). 18... fxg3 19.fxg3 Cxd3 20.Txd3 (si 20.exd3 Dd4+ 21.Rh1 Ac6 22.Axc6 bxc6 23.Tf1 Tcf7, con ventaja). 20... Df2+ 21.Rh1 Ac6! (si 21... Dxe2 22.Td2 Dxc4 23.Dxc4 Txc4 24.Txd6 Ac6 25.Axc6, con buenas posibilidades de tablas). 22.e4 (si 22.Axc6‽ Dxe2 −+). 22... Tcf7 23.Te1 (si 23.Dxd6‽ De2 24.Td2 Tf1+ −+; si 23.Txd6‽ Axe4 24.Axe4 De2 −+). 23... a5 24.Dc3 (si 24.Dxa5 Dc2 25.Td2 Dxc4∓) 24... Dc5 25.b4

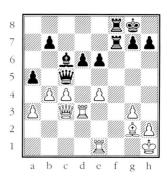

25... Axe4!! 26.Txe4‽! (si 26.Axe4 Tf1+ 27.Txf1 Txf1+ 28.Rg2 Tg1+ 29.Rf3 Dh5+ 30.Re3 Dxh2; si 26.Tf3!‽ axb4 27.axb4 Dc6 28.b5 Txf3! 29.Dxf3 Axf3 30.bxc6 Axg2+ 31.Rxg2 bxc6 32.Txe6 Tf6∓). 26... Tf1+ 27.Axf1 Txf1+ 28.Rg2 Df2+ 29.Rh3 Th1 30.Tf3. Las blancas hacen cuanto pueden, pero sin éxito. 30... Dxh2+ 31.Rg4 Dh5+ 32.Rf4 Dh6+ 33.Rg4 g5 34.Txe6 Dxe6+ 35.Tf5 (si 35.Rxg5 h6+ 36.Rf4 Te1! 37.Te3 [37.Dd4 Df7+ 38.Rg4 Dg6+ 39.Rh3 Dh5+ 40.Rg2 Dh1+ 41.Rf2 Dg1#] 37... Tf1+ 38.Tf3 Df7+ 39.Re4 [39.Rg4 Txf3 40.Dxf3 h5+ −+] 39... Txf3 40.Dxf3 Dxc4+ 41.Re3 Dc3+ 42.Re2 Dxf3+ −+). 35... h6 36.Dd3 Rg7 37.Rf3 (si 37.Dd5 h5+ 38.Rf3 Tf1+ −+). 37... Tf1+ 38.Dxf1 Dxf5+ 39.Rg2 Dxf1+.

Hay que saber concluir una partida

ganadora sin dejarse llevar por la euforia táctica. Un final de reyes se ajusta perfectamente a este requisito. 40.Rxf1 axb4 41.axb4 Rf6. 42.Rf2 h5. 0-1.

Anic-Lepelletier, Auxerre, 1996
1.Cf3 Cf6 2.c4 c6 3.Cc3 d5 4.d4 e6 5.e3 Cbd7 6.Ad3 Ad6 7.0-0 0-0 8.e4 dxe4 9.Cxe4 Cxe4 10.Axe4 h6 11.b3 Cf6 12.Ac2 b6 13.Ab2 Ab7 14.Dd3 Te8 15.Tf1 Dc7. El inconveniente que tiene esta variante para las negras reside en una cierta pasividad. Ni e5 ni c5 son posibles de momento. 16.Tad1 Tad8 17.Ab1 Rf8 (si 17... c5!? 18.d5! e5 19.Cd2 Ac8 ±) 18.Dc2 Ae7. Las negras están sin ideas. 19.Ce5 c5. Demasiado tarde. 20.d5 exd5

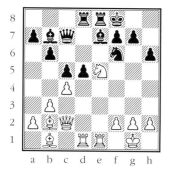

21.Cxf7! Demasiado tentador para poder resistirse; pero la ganancia no es inmediata. 21... Rxf7 22.Dg6+ Rf8 23.Ae5 Td6 (si 23... Dc6 24.cxd5 Txd5 25.Txd5 Dxd5 26.Axf6
a) 26... gxf6 27.Dxh6+ Rg8 28.Ah7+ Rf7 [28... Rh8 29.Ag6+ Rg8 30.Dh7+ Rf8 31.Dh8+ Dg8 32.Dxg8+ Rxg8 33.Axe8 +–] 29.Ag6+ Rg8 30.Dh7+
b) 26... Df7 27.Axe7+ Txe7 28.Dd6 Df6 [28... Re8 29.Db8+ +–] 29.Dd8+ Rf7 30.Ag6+! +–).
24.Te3! Con la sencilla amenaza 25.Tg3. 24... Ad8 25.Axf6 Txe3 (si 25... Tde6 26.Axd8 Txg6 27.Txe8+ Rxe8 28.Axc7 +–). 26.Axg7+ Re7 (si 26... Dxg7 27.Dxd6+ Te7 28.Dxd8+ Te8 29.Dd6+ Rg8 30.cxd5 +–). 27. Dh7! Las blancas prosiguen su agresión contra el rey negro. 27... Tee6 (si 27... Te2 28.Af5 Tf6 29.Axf6+ Rxf6 30.Dg6+ Re7 31.cxd5 +–). 28.Ae5+ Re8 29.Dg8+ Re7 30.Te1! Esto lleva a

la última pieza al ataque. 30... dxc4 31.Dg7+. ¡Ahora sólo falta acabar! 31... Re8 32.Ag6+ Txg6 33.Axd6+. 1-0

Los peones

La disposición de los peones o estructura de peones es la verdadera espina dorsal de la posición. Ella decide el valor relativo de las piezas. Una buena estructura de peones proporciona un óptimo radio de acción a las piezas; a la inversa, los peones débiles, doblados o retrasados bloquean las piezas y las obligan a defender o a permanecer en la retaguardia.

La cadena de peones

Es una hilera ininterrumpida de peones en diagonal. Se inicia en una base y está formada por eslabones que acaban en una cabeza de puente. La cadena es un ariete formidable cuya expansión puede resultar asfixiante para el adversario. Pero también puede ser víctima de su propia estabilidad.
El ataque contra una cadena de peones no siempre es fácil. Sin embargo, el posesor de la cadena debe procurar que no se rompa, pues la presión sobre un eslabón se transmite automáticamente a los siguientes.

El ataque a la cadena de peones

Se realiza contra la base, el eslabón central o la cabeza de puente. Hay que fijar la base de la cadena de peones y luego atacarla, pues es el único eslabón que no está defendido por otro peón. Hay que paralizar a los defensores, u obstaculizar su desarrollo.
Se puede atacar la cabeza de puente provocando una ruptura. El cambio de la cabeza de puente es nefasto para la cadena, salvo si el adversario la sustituye con un peón propio. Entonces, la casilla liberada por la cabeza de puente puede ser ocupada por una pieza avanzada.
La debilidad de la cadena es más fla-

grante en el final, a condición de que no pueda sacrificarse para transformar la cabeza de puente en un peón pasado.

Botvinnik-Reshevsky
Torneo AVRO, 1938
1.c4 e5 2.Cc3 Cc6 3.g3 g6 4.Ag2 Ag7 5.e3 d6 6.Cge2 Cge7 7.d4 exd4 8.exd4 0-0 9.0-0 Cf5 10.d5. Esto completa la cadena de peones. El peón bloquea la acción del Ag2; habrá que adelantar los otros peones para desbloquear la situación. 10... Ce5 11.b3 a5. Una reacción natural. 12.Ab2 Cd7 13.a3 Cc5. Las negras no tienen un verdadero plan. 14.b4 Cd7 15.Db3 Cd4. Para liberarse de la losa que pesa sobre ellas, las negras cambian material. 16.Cxd4 Axd4 17.Tad1 Ag7 18.Tfe1 axb4 19.axb4 Cf6 20.h3. Si no, el Ac8 podría molestar en g4. 20... h5 21.c5 Af5 22.Cb5. Esta jugada pretende aumentar la presión sobre c7 y d6, y también ir a d4. 22... Ad7 (si 22... Te8 23.Cd4 Ad7 24.c6 bxc6 25.dxc6 Ac8 26.b5±). 23.c6 bxc6 24.dxc6 Ac8

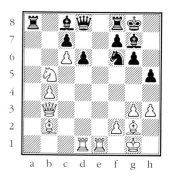

Las blancas explotan magistralmente la ventaja de espacio y la fuerte posición de los alfiles. 25.Cxd6! Ae6 (si 25... cxd6 26.c7 +–). 26.Txe6! fxe6 27.Cf5 De8 (si 27... Dxd1+ 28.Dxd1 exf5 29.b5 Tab8 30.Db3+ Rh7 31.Aa3 +–). 28.Cxg7 Rxg7 29.Td7+ Tf7 30.Ae5 Rg8 31.Txc7. La desaparición de este peón condena a las negras. 31... Txc7 32.Axc7 Ta1+ 33.Rh2 Ta7 34.Ae5 Tf7 35.c7 Cd7 36.Dc2 Tf8 37.c8=D. 1-0.

El peón pasado

Un peón pasado es el que no tiene ningún peón contrario colocado por delante de él en su columna o en las vecinas; si hay algún peón en esas columnas, están por detrás del peón pasado.

Si una pieza tiene que bloquear al peón pasado, esto ya representa una ventaja cuantitativa.

Una mayoría de peones en un flanco origina un peón pasado. El peón candidato a la promoción que no tiene ningún peón ante él debe avanzarse en primer lugar, so pena de que quede retrasado. La parálisis de un peón pasado puede extenderse a las otras piezas, en especial a las que aseguran su protección. Es una idea general, pues cada peón es un cerrojo para sus piezas.

Esto plantea el dilema de si desembarazarse de los peones para abrir las líneas o, por el contrario, conservarlos y esperar que puedan coronar. La amenaza de la promoción es considerable: la conversión de un peón en dama rompe el equilibrio material.

El bloqueo del peón pasado

La pieza situada ante el peón pasado provoca una detención mecánica. Esta situación es preferible, en principio, al simple control de la casilla de avance del peón. Las piezas situadas tras el peón pasado son una verdadera «fuerza de empuje». La torre es la más eficaz en este papel, pues defiende y apoya al peón. En contrapartida, la posición del bloqueador puede anular u obstaculizar la acción de varias piezas enemigas. El bloqueador se aprovecha así de la protección que le brinda el peón pasado y permanece al acecho. Su radio de acción sólo está parcialmente limitado por el peón: en cualquier momento puede saltar de su casilla si puede ejercer una amenaza mayor, si deja su lugar a otra pieza más adecuada o si puede bloquear de nuevo al peón más lejos, siempre que su desplazamiento sea útil.

Por supuesto, cuanto más avanzado esté el peón, menos capacidad de mo-vimiento tiene el bloqueador. Un peón pasado en la penúltima fila deja un mínimo de libertad. Para evitar un gran desequilibrio, el bloqueador no debe ser muy potente: una pieza menor es la solución ideal. La utilización del rey sólo se puede considerar seriamente en el caso de los finales con poco material.

Pitschak-Foltys

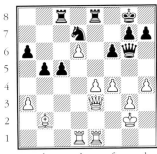

El peón pasado blanco está bloqueado por el Cd7; las blancas tienen la posibilidad de avanzar el peón e, pero atención a la mayoría negra en el flanco de dama. 35... Df7 36.e5 fxe5 37.fxe5 De6. Las negras han solucionado lo más urgente, y ahora les llega su turno. 38.Td2 (38.Ac3 se opondría al avance a a5) 38... Tf8 39.Te2 a5 40.Tf2 b4 41.Txf8+ Txf8 42.Tf2 Txf2+ 43.Dxf2 c4. Ya se ve que los peones negros quieren ir de prisa, muy de prisa. 44.axb4 axb4 45.Ad4, para no dejar al alfil encerrado. 45... c3 46.Df3 c2 47.Da8+ Cf8 48.Ab2. Los peones pasados parecen estar bajo el control de uno y otro bando. 48... h6 49.h5 Dc4. Esto demuestra que, en ciertos casos, la pieza que asegura el bloqueo puede saltar de su posición defensiva y provocar amenazas. 50.d7 De2+ 51.Rh3 Dxh5+ 52.Rg2 De2+ 53.Rh3 Df1+ 54.Rh2 Df2+ 55.Rh3 (si 55.Rh1 De1+ 56.Rh2 De2+). 55... Df5+ 56.Rg2 Dxd7 –+ 57.Da2+ Rh7 58.Dc4 b3 59.Dxb3 Dd2+ 60.Rh1 c1=D+. 0-1.

El peón retrasado

El peón retrasado es aquel que está más atrás en relación a la estructura de peones. Los peones de las columnas adyacentes están por delante de él, o bien uno de ellos ha desaparecido. No hay manera de apoyar realmente a este peón retrasado, que se convierte en una carga para su bando. Es la presa favorita de las torres.

Kasparov-Karpov, Campeonato del mundo, Moscú, 1985
1.d4 Cf6 2.c4 e6 3.Cc3 Ab4 4.Cf3 c5 5.g3 Ce4 6.Dd3 Da5 7.Dxe4 Axc3+ 8.Ad2 Axd2+ 9.Cxd2 Db6 10.dxc5 Dxb2. Las negras no retroceden, pero quieren entrar en un final difícil. 11.Tb1 Dc3 12.Dd3 Dxd3 13.exd3 Ca6 14.d4. Las negras tienen ahora dos peones retrasados, b7 y d7. 14... Tb8 15.Ag2 Re7 16.Re2 Td8 17.Ce4, una jugada que empieza a estrechar el cerco.

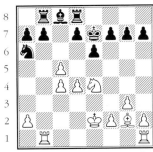

17... b6 18.Cd6 Cc7 (si 18... bxc5 19.Txb8 Cxb8 20.dxc5 Ca6?? 21.Cxc8+ Txc8 22.Ab7 +–). 19Tb4 Ce8. Es necesario para darse un respiro. 20.Cxe8 Rxe8 21.Thb1 Aa6. Esto permite no perder un peón. 22.Re3 d5 23.cxd6 (si 23.cxd5 exd5 24.cxb6 axb6 25.Txb6 Txb6 26.Txb6 Ac4 27.a4 Ta8 28.Tb4 Rd7, y la victoria aún no es evidente). 23... Tbc8 (si 23... Txd6 24.c5) 24.Rd3 Txd6 25.Ta4 b5. Como de costumbre, Karpov se defiende hasta el final. 26.cxb5 Tb8 27.Tab4 Ab7 28.Axb7. La ventaja ya es decisiva. 28... Txb7 29.a4 Re7 30.h4 h6 31.f3 Td5 32.Tc1 Tbd7 33.a5 g5 34.hxg5 Txg5 35.g4 h5 36.b6 axb6 37.axb6 Tb7 38.Tc5 f5 39.gxh5 Txh5 40.Rc4 Th8 41.Rb5 Ta8 42.Tbc4. Un final de partida conducido con mano maestra. 1-0.

Los peones doblados

Son dos peones de igual color situados en la misma columna. Los peones doblados son casi siempre una debilidad, sobre todo si están aislados. Para calcular exactamente su valor, hay que tener en cuenta las posibilidades de avance, saber si uno de los peones ha llegado ahí a consecuencia de un cambio en el centro –lo que permite un mayor peso en las casillas centrales– y, en fin, conocer quién domina la columna liberada.

Spassky-Fischer
Partida n.º 5 del Campeonato del mundo, Reykjavík, 1972
1.d4 Cf6 2.c4 e6 3.Cc3 Ab4 4.Cf3 c5 5.e3 Cc6 6.Ad3 Axc3+ 7.bxc3 d6 8.e4. Esta jugada, aparentemente tan lógica de cara a la ocupación del centro, bloquea la acción del Ad3. 8... e5. Las negras fijan los peones centrales enemigos en las casillas blancas. 9.d5 Ce7 10.Ch4 h6 11.f4. Las blancas tienen que abrir las líneas para su pareja de alfiles. 11... Cg6! (si 11... exf4 12.Axf4 g5? 13.e5 Cg4 14.e6! Cf6 15.0-0! con un fuerte ataque). 12.Cxg6 fxg6. Ambos campos tienen peones doblados, pero la estructura de las negras es menos rígida y sus piezas disponen de mayor movilidad. 13.fxe5? (mejor: 13.0-0). 13... dxe5 14.Ae3 b6 15.0-0 0-0 16.a4. Las blancas buscan de nuevo la apertura. 16... a5. La lucha se librará en el flanco de rey. 17.Tb1 Ad7 18.Tb2 Tb8 19.Tbf2 De7 20.Ac2 g5 21.Ad2 De8. Para ir a g6 sin necesidad de mover la otra torre. 22.Ae1 Dg6 23.Dd3 Ch5 24.Txf8+ Txf8 25.Txf8+ Rxf8 26.Ad1. Las blancas se desmoronan, aunque el combate ya estaba desequilibrado (si 26.g3 Re7, con la idea de Rd6, Cf6, etc.). 26... Cf4

27.Dc2?? Axa4. Esto pone fin a la lucha, pues si 28.Dxa4, Dxe4 ataca a g2 y e1. 0-1.

El peón aislado

Se llama así al peón que no tiene en las columnas contiguas, a derecha e izquierda, ningún otro peón del mismo bando que lo pueda defender. Es, pues, una presa fácil, sobre todo en el final. Sin embargo, conviene ser prudente a la hora de juzgar una posición de peón aislado: tal peón es un factor de ataque, es un perfecto puesto avanzado central y, en ciertas circunstancias, puede adelantarse y propiciar un cambio favorable.

• El peón aislado es sinónimo de ventaja en la partida siguiente:

Gipslis-Savon
1.e4 c6 2.d4 d5 3.exd5 cxd5 4.c4 Cf6 5.Cc3 e6 6.Cf3 Ae7 7.cxd5. Las blancas aceptan jugar con un peón aislado. 7... Cxd5 8.Ad3 Cc6 9.0-0 0-0 10.Te1 Cf6 11.Ag5 b6 12.De2 Ab7 13.Tad1. Las blancas han movilizado todas sus fuerzas. 13... Cb4. Para instalarse en d5, lo que no es una mala idea en sí misma, pero deja al caballo blanco colocarse en e5. 14.Ab1 Tc8 15.Ce5 Dd6 16.De3 Cfd5 17.Dh3. Una posición ideal para la dama, que ataca a h7 y e6. 17... f5 (17... g6 era menos problemático). 18.Ad2 Cf6 19.a3 Cbd5 20.Cb5 Db8 21.Aa2. Es una posición clásica del alfil, que ahora despliega su acción en la debilitada diagonal a2-g8.

21... a6 22.Cc3 Tce8 23.Cf3 Ad8 24.Cg5. El asalto sobre e6 se ha puesto en marcha. 24... Dc8

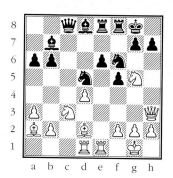

25.Txe6! Las blancas combinan dos temas: el mate en h7 y la clavada en la diagonal. 25... Txe6 26.Cxd5 h6 27.Cxf6+ Rh8 (si 27... Txf6 28.Cxe6 Txe6 29.Dxf5 +–). 28.Dxf5. Una bonita culminación. 28... Te1+ 29.Txe1 Dxf5 30.Cf7+ (si 30... Txf7 31.Te8+ Tf8 32.Txf8#). 1-0.
• El peón aislado es sinónimo de desventaja en la siguiente partida:

Regedzinski-Rubinstein
Lodz, 1907
1.d4 d5 2.Cf3 Cf6 3.c4 e6 4.Ag5 Cbd7 5.Cc3 Ae7 6.e3 0-0 7.Ad3 dxc4 8.Axc4 a6 9.0-0 b5 10.Ad3 Ab7 11.De2 c5 12.Tad1 cxd4 13.exd4. He aquí el peón aislado. 13... Cb6 14.Ce4 (la buena continuación del ataque era 14.Ce5). 14... Cxe4 15.Axe7 (si 15.Axe4? Axe4 16.Axe7 Axf3 17.Axd8 Axe2 –+). 15... Dxe7 16.Axe4 Tfd8 17.Td3 Axe4 18.Dxe4 Tac8. Las negras han conseguido ventaja, y el peón aislado es ahora un peón débil. 19.Tfd1 Cd5 20.T3d2 Cf6 21.De3 Db7 22.h3 h6 23.Te2 Dd5 24.b3 Dd6 25.Tc1 Cd5 26.Dd2 Df4. Las negras han maniobrado de la mejor manera posible, pues el intercambio de piezas les es favorable. 27.Tc2 Dxd2 28.Texd2 Txc2 29.Txc2 Cb4 30.Tb2

Emanuel Lasker en Alemania, hacia 1930. ▶

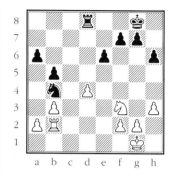

30... Tc8. Las negras dominan. 31.Rf1 Tc1+ 32.Re2 Ta1. Es la conclusión lógica de la ventaja. 33.Rd2 Txa2 34.Txa2 Cxa2 35.Ce5 Cb4 36.Cd7 f6 37.g3 Rf7 38.Cb6 Re7 39.Rc3 a5 (si 40.Cc8+ Rd7 41.Ca7 Cd5+ 42.Rd3 Cc7 −+). 0-1.

Los peones colgantes

Son dos peones de un mismo bando colocados en columnas adyacentes y que no tienen peones de su bando a derecha e izquierda. Pueden estar al mismo nivel o defender uno al otro; además, no es necesario que haya peón enemigo frente a uno u otro, y ninguno de los dos debe ser un peón pasado. Por su movilidad y por las numerosas amenazas que pueden crear, es difícil determinar el valor de los peones colgantes.
El adversario debe atacarlos, provocar el avance de uno de ellos y cambiar el más adelantado. Así, la captura del peón aislado será más fácil.

Zukertort-Steinitz
Partida n.º 9 del Campeonato del mundo, Saint Louis (Estados Unidos), 1886
1.d4 d5 2.c4 e6 3.Cc3 Cf6 4.Cf3 dxc4 5.e3 c5 6.Axc4 cxd4 7.exd4 Ae7 8.0-0 0-0 9.De2 Cbd7 10.Ab3 Cb6 11.Af4 Cbd5 12.Ag3 Da5 13.Tac1 Ad7 14.Ce5 Tfd8 15.Df3 Ae8 16.Tfe1 Tac8 17.Ah4 Cxc3 18.bxc3. Las blancas han pasado de una estructura con peón aislado a otra con peones colgantes.

18... Dc7 19.Dd3‽! (19.Ag3) 19... Cd5 20.Axe7 Dxe7 21.Axd5‽ (si 21.Ac2!‽ Cf6‽ 22.Cg4, con ataque). 21... Txd5 22.c4 Tdd8 23.Te3‽ (si 23.d5‽! b5!) 23... Dd6 24.Td1 (si 24.Th3‽ h6! 25.Td1 f6±). 24... f6 25.Th3!‽ (25.Cf3 Da6 26.Cd2 [26.Db3 Txc4 27.Cd2 Tcxd4 28.Txe6 Af7±] 26... e5 27.d5 Dxa2±) 25... h6! (si 25... fxe5 26.Dxh7+ Rf8
a) 27.Tg3!‽
a1) 27... Tc7 28.Dh8+ Re7 29.Txg7+ Af7 30.Dh5 =;
a2) 27... Af7 28.Txg7 Tc7 29.c5 Dd7 30.Td3!! e4 31.Tdg3! Dxd4 [31... Txc5 32.Tg8+ Re7 33.Dh4+ +−] 32.Dh8+ Re7 33.Txf7+ Rxf7 34.Dh7+ +−;
a3) 27... Td7 28.Dh8+ Re7 29.Dh4+ Rf7 30.Dh7 =;
b) 27.Tf3+ Af7 28.Dh5
b1) 28... Td7‽ 29.Dh8+ +−;
b2) 28... Tc7 29.c5 Dd5 30.Dh8+ Re7 31.Dh4+ =;
b3) 28... Dd7 29.Dh8+ Re7 30.Dh4 +=). 26.Cg4 (si 26.Cg6 Axg6 27.Dxg6 Txc4 28.Txh6 Dxd4! 29.Dh7+ Rf8 30.Dh8+ Rf7 31.Dxd8 Dxd8! −+).
26... Df4! 27.Ce3 (si 27.Tg3 b5 28.cxb5 Txd4! 29.Cxh6+ Rf8 30.Da3+ Dd6 −+).
27... Aa4! 28.Tf3 (si 28.Td2!‽ b5
a) 29.cxb5 Tc1+ 30.Cd1 [30.Cf1 Axb5 −+] e5 −+;
b) 29.Tf3 Db8 [29... bxc4‽ 30.Da3] 30.cxb5 Tc1+ 31.Cd1 e5 −+).
28... Dd6 29.Td2 (si 29.Txf6 Axd1! −+). 29... Ac6
(si 29... b5!
a) 30.cxb5 Tc1+ 31.Cf1 Db4 −+;
b) 30.Tg3 bxc4 31.Dg6 Df8 32.Cg4 Rh8 33.Cxh6 Ae8! 34.Cf7+ Dxf7 −+).

30.Tg3 (si 30.Txf6‽ gxf6 31.Dg6+ Rf8 32.Dxf6+ Re8 −+; si 30.d5!‽ De5! 31.Tg3 exd5 32.Dg6 Tc7∓). 30... f5! 31.Tg6 Ae4 32.Db3 Rh7! (si 32... f4 33.c5 fxe3 34.cxd6 exd2 35.Dxe6+ Rh7 36.Txh6+ gxh6 37.Df7+ Rh8 38.Df6+ Rg8 39.De6+ Rg7 40.De7+ =). 33.c5 Txc5 34.Txe6 (si 34.Dxe6 Tc1+ 35.Cd1 [35.Cf1 Dxe6 36.Txe6 Ad5 37.Te7 Ac4 −+] 35... Dxe6 36.Txe6 Ad5 37.Te1 Axa2 38.Txa2 Txd4 −+). 34... Tc1+ 35.Cd1 (si 35.Cf1 Df4! −+). 35... Df4 36.Db2 Tb1 37.Dc3 Tc8 38.Txe4 Dxe4. 0-1.

La relación de fuerzas entre las piezas menores

Alfiles y caballos son piezas muy móviles; por tanto, tienen un valor relativo inestable.

Los alfiles bueno y malo

Un alfil bloqueado por peones propios en su color puede tener una movilidad extremadamente reducida, y resulta así un alfil malo.

Kotov-Szabo
1996
1.d4 Cf6 2.c4 g6 3.Cc3 Ag7 4.e4 d6 5.f3 0-0 6.Ae3 e5 7.d5 Ch5 8.Dd2 f5 9.0-0-0 Cd7 10.Ad3 Cc5 11.Ac2 f4. El plan de las negras es incorrecto, pues su Ag7 estará completamente encerrado. 12.Af2 a6 13.Cge2 a5. Una duda culpable, pero se han dado cuenta de que les resultaba imposible atacar en dos frentes (si 13... b5‽! 14.b4 Cd7 15.c5). 14.Rb1. Para dejar la casilla c1 al Ce2. 14... Ad7 15.Cc1 Tf7 16.Cd3 b6 17.Tc1 Af6 18.Thf1 Ah4. Sin duda, las negras están deseando desembarazarse de su alfil. 19.Axc5. Pensando que pueden explotar la debilidad a5. 19... bxc5 20.Aa4. Ahora son las blancas quienes buscan el cambio. 20... Axa4. Muy difícil de evitar, debido a Ac6. 21.Cxa4 Dd7 22.Cc3 g5 23.h3 Cf6. Cada bando ha organizado su ataque en un flanco; la

carrera puede empezar. 24.Cb5 h5 25.Th1. Las blancas frenan de momento la expansión negra. 25... Th7 26.Tc3 g4 27.hxg4 hxg4 28.Ta3. Las blancas tienen una amenaza directa más rápida. 28... Ag3 29.Txh7 Dxh7. ¡Pero atención!, las negras amenazan al peón g2. 30.Cc1 Dh1. Las negras siguen activas, pero al precio de un peón. 31.Cxc7 gxf3 32.gxf3 Ta7 33.Ce6 Ae1. ¿Será útil por fin el alfil malo? 34.Dd1 Th7 35.Td3 Th2 36.a3 Cd7 37.Da4. El rey negro está más en peligro que su homólogo. 37... Dg2 38.Tb3 Ac3 (las negras amenazan 39... Dxb2+ 40.Txb2 Txb2+, con un precioso molino).

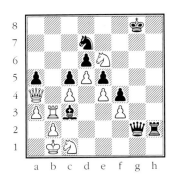

39.Ce2! Dxe2 40.Tb8+ Cxb8 41.De8+ Rh7 42.Df7+ Rh6 43.Dg7+ Rh5 44.Dg5#. 1-0.

Los alfiles de colores opuestos

En las posiciones con alfiles de colores opuestos, cada bando tiene superioridad en las casillas del color de su alfil. En el final, esto conduce a menudo a las tablas; en el medio juego, con la presencia de las piezas mayores, los ataques pueden resultar imparables.

Taïmanov-Averbach
Torneo de los Candidatos, 1953
1.d4 Cf6 2.c4 e6 3.Cc3 Ab4 4.e3 0-0 5.Ad3 d5 6.Cf3 b6 7.0-0 Ab7 8.a3 Axc3 9.bxc3 dxc4 10.Axc4 c5 11.Ad3 Cbd7 12.Te1 Ce4 13.Ab2 Tc8 14.c4 Cdf6 15.Ce5 Tc7 16.a4 Cd6 17.a5 Cd7 18.axb6 axb6 19.Dh5 g6 20.Dh6 Cxe5 21.dxe5 Ce4

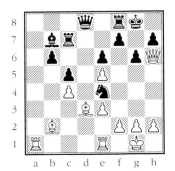

Tras la apertura, las blancas tenían su pareja de alfiles. Sin embargo, cambiaron un alfil por un caballo y consiguieron ventaja. 22.Axe4! Axe4 23.Ted1 Td7 24.Td6. Aprovechan este puesto avanzado; el peón no está perdido, a causa del mate en g7. 24... Ab7 (si 24... Txd6 25.exd6 f6 26.Ta7 +-). 25.Tad1 Txd6. Las negras no pueden resistir la presión. 26.exd6 f6 27.d7. Adelantan el peón para que la dama no lo bloquee en d7; el peón en la séptima fila creará fuertes amenazas (por ejemplo, 28.Dxf8+ Rxf8 29.Axf6 +-). 27... Ac6 (si 27... Tf7 28.Dh3 f5 29.Dh6 Txd7? 30.Dg7+! +-). 28.h4 Axd7 29.h5. El sacrificio del peón no se realiza en vano: el ataque pasa a ser peligroso. 29... gxh5 (si 29... g5 30.f4 g4 31.e4 De7 32.Td3, con la idea de 33.Tg3). 30.e4 e5 31.f4. Por la propia naturaleza de los alfiles de colores opuestos, el alfil negro es incapaz de oponerse a su homólogo. 31... exf4 32.Td6 De8 33.Axf6 Tf7 (si 33... Dg6 34.Dxg6+ hxg6 35.Ae7 +-). 34.Td5, y la amenaza 35.Tg5 gana. 1-0.

La pareja de alfiles

Aunque el alfil es una pieza con amplio radio de acción, tiene la debilidad de que sólo controla las casillas de su color. Con la pareja de alfiles se resuelve el problema: entre ambos barren el conjunto del tablero. En el final, salvo raras excepciones, la pareja de alfiles se impone al par de caballos o al alfil y el caballo. En el medio juego persiste la ventaja de la pareja de alfiles, pero las

posiciones cerradas no le permiten desplegar su fuerza.

Englisch-Steinitz
Londres, 1883
1.e4 e5 2.Cf3 Cc6 3.Ab5 g6 4.d4 exd4 5.Cxd4 Ag7 6.Ae3 Cf6 7.Cc3 0-0 8.0-0 Ce7 9.Dd2 d5 10.exd5 Cexd5 11.Cxd5 Dxd5 12.Ae2 Cg4. Las blancas no han jugado de forma muy activa, y las negras lo aprovechan para deshacer la pareja de alfiles. 13.Axg4 Axg4 14.Cb3

Las blancas cambian las damas, pero eso no resolverá sus problemas. 14... Dxd2 15.Cxd2 Tad8. Las negras ocupan las columnas abiertas (si 15... Axb2 16.Tab1). 16.c3 Tfe8 (amenaza con 17... Txe3 18.fxe3 Txd2 -+). 17.Cb3 b6 18.h3 Ae6 19.Tfd1 c5. Las negras comienzan a ganar espacio. 20.Ag5 f6 21.Af4 Rf7 22.f3 g5 23.Txd8 Txd8 24.Ae3 h6 25.Te1 f5. Las negras siguen avanzando. 26.f4. Hay que impedir f4. 26... Af6 27.g3 a5. Amenaza con a4, a3. 28.Cc1 a4 29.a3 Ac4 30.Rf2 gxf4 31.Axf4 Ag5. Las negras pueden permitirse cambiar los alfiles, pues el Cc1 está paralizado. 32.Axg5 (si 32.Re3 Rf6 33.Tg1 Te8+ 34.Rf2 Te4 ∓). 32... hxg5 33.Re3 Rf6 34.h4 gxh4 35.gxh4 Te8+ 36.Rf2 Txe1 37.Rxe1 Re5 -+ 38.Ce2. Una tardía aparición. 38... Axe2 39.Rxe2 Rf4 40.c4 Rg4 41.Re3 f4+! (y no: 41... Rxh4? 42.Rf4 y las blancas ganan: ¡hay que mantenerse vigilante hasta el final!). 42.Re4 (si 42.Rf2 Rxh4 43.Rf3 Rg5 -+). 42... f3 43.Re3 Rg3. 0-1.

¿Alfil o caballo?

Ambas piezas tienen un valor similar, pese a la radical diferencia de sus desplazamientos. Así, el valor de una respecto a la otra se relativiza en función del tipo de posición. En efecto, el alfil se expresa mejor en las posiciones abiertas, gracias a su amplio dominio de las diagonales; por el contrario, el caballo tiene mayor potencia en las posiciones cerradas, pues tiene capacidad para franquear los obstáculos. Sin embargo, un alfil nunca puede controlar más que las casillas de su color. Por su parte, el caballo puede ocupar todas las casillas del tablero, pero, cada vez, tiene que ir a una casilla de color inverso a la de partida. El alfil puede clavar al caballo y lo sigue haciendo aunque se mueva, siempre que permanezca en la misma diagonal; sin embargo, puede quedar bloqueado por sus propios peones. En las posiciones cerradas, el caballo puede desplazarse con mayor facilidad y ocupar un puesto más avanzado, que será más fuerte si no es una casilla del mismo color que el alfil. Así, el bando que tenga el alfil intentará abrir la posición y buscará fijar los peones enemigos en casillas de su mismo color.

• En la partida siguiente, el alfil tendrá ventaja:

Fischer-Spassky
Partida n.º 6 del Campeonato del mundo, Reykjavík, 1972
1.c4 e6 2.Cf3 d5 3.d4 Cf6 4.Cc3 Ae7 5.Ag5 0-0 6.e3 h6 7.Ah4 b6 8.cxd5 Cxd5 9.Axe7 Dxe7 10.Cxd5 exd5 11.Tc1 Ae6 12.Da4 c5 13.Da3 Tc8 14.Ab5! a6 (si 14... Db7 15.dxc5 bxc5 16.Txc5 Txc5 17.Dxc5 a6 18.Ad3 Dxb2 19.0-0 Cd7 [19... Dxa2? 20.Cd4] 20.Dc6 Tb8 21.Cd4 Db6 22.Tc1 ±). 15.dxc5 bxc5 16.0-0 Ta7 (si 16... Db7 17.Aa4! Db6 18.Ce5 a5 19.f4! f6 20.f5 Af7 21.Cxf7 Rxf7 22.Tfd1 ±). 17.Ae2 Cd7 (si 17... a5 18.Tc3 Cd7 19.Tfc1 Te8 20.Ab5 ±, Furman-Geller, Campeonato de la URSS, 1970). 18.Cd4! (con dos ideas: 19.Cb3 o 19.Cxe6). 18... Df8?

(las negras juegan de forma pasiva, es mejor: 18... Cf6 19.Cb3
a) 19... Ce4 20.f3! c4 21.Dxe7 Txe7 22.Cd4 [22.fxe4 cxb3 =] 22... Cc5 23.b3 ±;
b) 19... Cd7 20.Ab5 Cf6 ±).
19.Cxe6! Las blancas ya han comprendido que la continuación les será favorable. 19... fxe6 20.e4! Una excelente jugada que busca abrir la diagonal c4-g8 para el alfil. 20... d4. (Tras esto, las negras tendrán debilidades estáticas irreversibles, pero sus otras opciones no eran más halagüeñas; por ejemplo 20... c4 21.Dh3 Df7 22.Ag4 Te8 23.exd5 exd5 24.Tfe1 Ce5 [24... Txe1+ 25.Txe1 Rf8] 25.Ah5! g6 26.Dg3 Tae7 27.f4 Cd3 28.Txe7 Txe7 29.Axg6 Dxf4 30.Af7+! Rxf7 31.Tf1 Dxf1+ 32.Rxf1 Te1+ 33.Dxe1 Cxe1 34.Rxe1 +−.)
21.f4 De7 22.e5 Tb8
(si 22... Cb6? 23.f5, con la idea de 24.f6
a) 23... c4 24.Da5 Dc5 25.b4! Db5 [25... Dc6 26.Tf4] 26.a4!! Cxa4 27.Txc4! Txc4 28.Dd8+ +−;
b) 23... exf5? 24.Db3+ +−).
23.Ac4 Rh8 (si 23... Cb6 24.Db3! +−). 24.Dh3 Cf8 25.b3 a5 26.f5. Esto abre la columna f para las torres. 26... exf5 27.Txf5 Ch7. El caballo juega un pobre papel, pero había que impedir 28.Tf7. 28.Tcf1 (si 28.Tf7?? Cg5 −). 28... Dd8 29.Dg3 Te7 30.h4 Tbb7 31.e6! Tbc7 32.De5 De8 (si 32... d3 33.T5f3 +−). 33.a4 Dd8 34.T1f2 De8 35.T2f3 Dd8 36.Ad3 De8 37.De4 Cf6

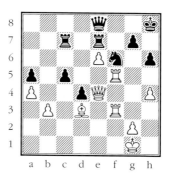

(si 37... Txe6 38.Tf8+! Cxf8 39.Txf8+ Dxf8 40.Dh7#). 38.Txf6! gxf6 39.Txf6 Rg8 40.Ac4. Con la amenaza 41.Tf7. 40... Rh8 41.Df4. 1-0.

• En la partida siguiente, el caballo tendrá ventaja:

Smyslov-Rudakovsky
Moscú, 1945
1.e4 c5 2.Cf3 e6 3.d4 cxd4 4.Cxd4 Cf6 5.Cc3 d6 6.Ae2 Ae7 7.0-0 0-0 8.Ae3 Cc6 9.f4 Dc7 10.De1 Cxd4 11.Axd4 e5 12.Ae3 Ae6? (las negras se guían por un plan erróneo; tenían que jugar: 12... exf4 13.Txf4 Ae6 14.Dg3 Cd7 15.Ad4 Ce5 16.Taf1 a6 17.a4 Tac8, con un juego correcto para las negras, Ermenkov-Andersson, Skara, 1980). 13.f5! Ac4. Era mejor dar marcha atrás. 14.Axc4 Dxc4 15.Ag5. Las blancas pretenden un decisivo puesto avanzado en d5. 15... Tfe8 16.Axf6. Esto elimina al mejor defensor. 16... Axf6 17.Cd5 Ad8 (si 17... Dxc2 18.Tf2 Dc5 19.Tc1 y luego 20.Cc7 +−). 18.c3 b5 19.b3 Dc5+ 20.Rh1 Tc8 21.Tf3. La torre se dirige hacia el rey. 21... Rh8

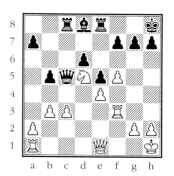

(si 21... f6 22.g4 h6 23.h4±). 22.f6! gxf6 23.Dh4 Tg8 24.Cxf6 Tg7 25.Tg3 Axf6 26.Dxf6 Tcg8 27.Td1 d5 28.Txg7. 1-0.

La acción de las torres

Las torres, un tanto aprisionadas por su posición inicial, tienen un desarrollo tardío. Colocadas tras los peones centrales, son un potente apoyo a distancia, y dan toda la medida de su fuerza cuando tienen la vía libre. La presencia de los peones aminora su acción rectilínea, y su considerable valor obliga a menudo a que permanezcan en retaguardia. Naturalmente, los finales son su terreno predilecto.

La columna abierta

En el medio juego, el control de una o varias columnas abiertas puede resultar decisivo. Una columna está abierta para la torre o la dama cuando el peón de su color ha desaparecido o está situado por detrás de ellas. Ésta es la definición de Nimzowitsch, que no tomaba en consideración la presencia de piezas o peones enemigos, argumentando que, para conquistar una casilla, un peón o una pieza, no hay más que un método: un ataque superior a la defensa.

Para crear una columna abierta hay que eliminar el peón propio, a ser posible, cambiándolo en buenas condiciones. Si la apertura de la columna tiene suficiente interés, el sacrificio del peón resulta pertinente. La utilización de una columna abierta puede hacerse en varios tiempos, y a veces sólo es un trampolín para lanzarse en pos de otro objetivo. La creación de un puesto avanzado es un trabajo preparatorio de esta explotación.

Un puesto avanzado es un explorador, una pieza protegida por un peón y situada en campo enemigo sobre la columna abierta. A menudo, el explorador es un caballo, pero una torre también puede ser un soberbio puesto avanzado si la otra torre o la dama se colocan tras ella. El explorador es una base para el ataque y presiona a la defensa si está bien apoyado. Muy a menudo se cambia en la casilla del puesto avanzado. El problema está en acertar con qué sustituirlo: un peón que reafirme la columna o una pieza.

Pachman-Kortchnoï, La Habana, 1963
1.d4 Cf6 2.c4 e6 3.Cc3 Ab4 4.Dc2 d5 5.cxd5 exd5 6.Ag5 h6 7.Axf6 Dxf6 8.a3 Axc3+ 9.Dxc3 0-0 10.e3 c6 11.Cf3 Cd7 12.Ae2 Te8 13.0-0 b6. Las negras deciden defenderse situando al alfil como defensor pasivo; así, previenen un ataque de diversión de los peones en el flanco de dama. 14.Tfc1. La presión sobre la columna abierta no se hace esperar. 14... Ab7 15.b4 De6 16.Db2 f5. Las negras buscan el contraataque. 17.Ad3 g5 18.Tc3. Una jugada posicional muy inteligente: la torre vigila el flanco de rey y podrá doblarse con la otra en las columnas a o c. 18... Df6 19.a4. Comienza el ataque de diversión. 19... g4 20.Cd2 f4 21.a5 Tad8⸮ (si 21... fxe3 22.fxe3 Txe3⸮ 23.Ah7+ +–; 21... Tab8!⸮). 22.axb6 axb6 23.Ta7. La torre irrumpe en la retaguardia enemiga. 23... Tb8 24.Cf1 Cf8 25.Dc2 Ce6 26.Af5 fxe3 27.Axe6+ Txe6 28.Txe3 Txe3 29.Cxe3. Este juego es favorable a las blancas, pues les permite abrir líneas hacia el rey negro. 29... Dxd4 (si 29... h5 30.Df5! Dxf5 31.Cxf5 Ta8 32.Txa8+ Axa3 33.Ce7+ Rf7 34.Cc8 b5 35.Cb6 Ab7 36.Cd7 +–). 30.Dg6+ Dg7 31.De6+ Df7 32.Dxh6 Te8 (si 32... Ta8 33.Dg5+ Rf8 34.Txa8+ Axa8 35.Dd8+ De8 36.Dxb6 +–) 33.Dg5+ Rf8

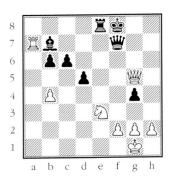

34.h3. Esto libera al caballo. 34... gxh3 35.Cf5 Te1+ 36.Rh2 Dc7+ 37.g3 Te6 38.Ch6 Re8 39.Dg8+ Rd7 40.Cf5 Te2 41.Txb7 (si 41... Dxb7 42.Df7+ Rc8 43.Cd6+ +–). 1-0.

La explotación de la 7ª fila

La ocupación de la 7ª fila por una torre, al menos, es muy a menudo la conclusión de la apertura de una columna. Esta posición de la torre es muy ventajosa: ejerce presión sobre los peones que permanecen en su casilla inicial, corta los lazos entre el rey situado en la 8.ª fila y sus defensores y, aliada con la otra torre o la dama, puede dar múltiples mates. La defensa es complicada, pues no es fácil oponerse a la acción de una o varias torres. Muy probablemente, el defensor perseguirá a la torre para forzar un cambio.

Botvinnik-Vidmar, Groningen, 1946
1.d4 d5 2.Cf3 Cf6 3.c4 e6 4.g3 dxc4 5.Da4+ Dd7 6.Dxc4 Dc6 7.Cbd2 Dxc4 8.Cxc4 Ab4+ 9.Ad2 Axd2+ 10.Cfxd2 Cc6 11.e3 Cb4 12.Re2 Ad7 13.Ag2 Ac6 14.f3 Cd7 15.a3 Cd5 16.e4 C5b6 17.Ca5 Ab5+ 18.Re3 0-0-0 19.Thc1. Las blancas tienen más espacio, pero la posición negra todavía es sólida. 19... Cb8 20.b3 Ad7 21.Af1 Cc6 22.Cxc6 Axc6 23.a4 Ae8 24.a5 Ca8 25.a6. Esta jugada prepara el puesto avanzado en b7. 25... b6 26.b4 Rb8 27.Tc3 c6 28.Tac1 f6 29.Cb1 Ad7 30.Ca3 Cc7

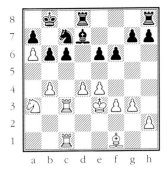

31.b5! Esto abre la columna y permite tomar posesión de la 7.ª fila. 31... Cxb5 32.Axb5 cxb5 33.Tc7 Tc8 34.Tb7+ Ra8 35.Txd7! La fuerza de la torre en la 7.ª fila vale más que una calidad. 35... Txc1 36.Cxb5 Thc8 37.Txg7 h6 38.Txa7+ Rb8 39.Tb7+ Ra8 40.Ta7+ Rb8 41.Tb7+ Ra8 42.g4. Después de haber repetido las jugadas para llegar al primer control de tiempo, las blancas amenazan con crear un nuevo peón pasado en el flanco de rey. 42... e5 43.d5 T1c5 44.Ta7+ Rb8 45.Tb7+ Ra8 46.Txb6 Tb8. La mejor opción de todas las posibles, pero resulta insuficiente.

289

47.Txb8+ Rxb8 48.a7+ Rb7 49.Cd6+ Rxa7 50.Ce8 Rb6 51.Cxf6. Con 3 peones frente a la calidad, el resultado de la partida no ofrece duda alguna. 51... Tc3+ 52.Rf2 Tc7 53.h4 Tf7 54.Ch5 Rc7 55.g5 hxg5 56.hxg5 Th7 57.Cf6 Th2+ 58.Rg3 Th8 59.g6. 1-0.

El jaque perpetuo, un medio de salvación

En una partida también hay que saber cómo salvar lo esencial cuando la situación parece comprometida. Cabe proponer tablas, por supuesto, pero el farol rara vez funciona. El medio más seguro es encontrar una combinación que las fuerce: es el jaque perpetuo.

Alekhine-Lasker
Moscú, 1914

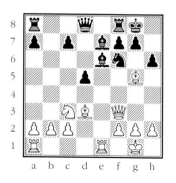

13.Axh6! gxh6 14.Txe6 fxe6 15.Dg3+ Rh8 16.Dg6 (si 16... De8 [16... Te8 17.Dxh6+ Rg8 18.Dg6+ Rf8 19.Dh6 +=] 17.Dxh6+ Rg8 18.Dg5+ =). 1/2-1/2.

Grohe-Muhlbach
Mulheim, 1935

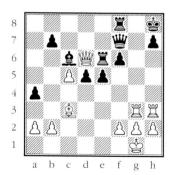

En esta posición, las blancas pueden forzar tablas mediante la siguiente serie de movimientos: 1.Txh7+! Rxh7 2.Th3+ Rg7 3.Tg3+ Rh7 4.Th3+. 1/2-1/2.

Los premios de belleza

El premio de belleza es una distinción excepcional que recompensa una partida por sus aspectos estéticos, brillantes y espectaculares. Este premio se otorgó por primera vez en el torneo de Nueva York, en 1876, a Bird por su partida contra Mason. Después, la expresión «premio de belleza» se ha utilizado para distinguir a las partidas más bellas, como las joyas siguientes:

Hoffman-Petroff
Varsovia, 1844
1.e4 e5 2.Cf3 Cc6 3.Ac4 Ac5 4.c3 Cf6 5.d4 exd4 6.e5 Ce4¿! (si 6... d5 7.Ab5 Ce4 8.cxd4 Ab6 9.Ae3 0-0 10.Dc2 Ce7 11.Cc3 Cxc3 12.bxc3, y se iguala la posición). 7.Ad5 Cxf2 8.Rxf2 dxc3+ 9.Rg3 cxb2 10.Axb2 Ce7 11.Cg5¿ (un tanto optimista; es mejor: 11.Dc2 d6 12.Ae4 Cg6 13.Cbd2 ±). 11... Cxd5 12.Cxf7

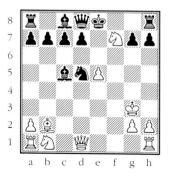

12... 0-0!! Esto permite aprovechar la expuesta posición del rey blanco. 13.Cxd8 Af2+ 14.Rh3 d6+ 15.e6 Cf4+ 16.Rg4 Cxe6 17.g3 (si 17.Cxe6 Axe6+ 18.Rg5 Tf5+ 19.Rg4 h5+ 20.Rh3 Tf3#). 17... Cxd8+ 18.Rh4 Tf4+ 19.Rg5 (si 19... Ce6+ 20.Rh5 g6+ 21.Rh6 Th4+ 22.gxh4 Ae3#). 0-1.

Bird-Mason, Nueva York, 1876
1.e4 e6 2.d4 d5 3.Cc3 Cf6 4.exd5 exd5 5.Cf3 Ad6 6.Ad3 0-0 7.0-0 h6 8.Te1 Cc6 9.Cb5 Ab4 10.c3 Aa5

11.Ca3 Ag4 12.Cc2 Dd7 13.b4 Ab6 14.h3 Ah5 15.Ce3 Tfe8 16.b5. Tras un inicio bastante timorato, las blancas consiguen apoderarse del espacio. 16... Ce7 17.g4 Ag6 18.Ce5. La ventaja ya es clara, pero las negras no tienen aún debilidades reales. 18... Dc8 19.a4 c6 20.bxc6 bxc6 21.Aa3 Ce4 22.Dc2 Cg5. Las negras contraatacan en el enroque blanco. 23.Axe7 Txe7 24.Axg6 fxg6 25.Dxg6 Cxh3+ 26.Rh2 Cf4 27.Df5 Ce6 28.Cg2 Dc7 29.a5! Axa5 30.Txa5 Tf8

En el enfoque del siglo XX, el problema se ajusta a reglas estéticas que se añaden a las reglas de construcción y de corrección ya establecidas.

Una evolución constante

El terreno de la composición ajedrecística se amplía considerablemente y origina escuelas muy diversas, como la inglesa, las alemanas antigua y moderna, la bohemia, la norteamericana, la soviética, la polaca...

La escuela inglesa

Está integrada principalmente por los compositores Andrews (1828-1887), Charles Planck (1856-1935), Thomas Tavernier (1856-1928) y Brian Harley (1883-1955). Se preocupa especialmente por la perfección, más fácil de conseguir en el mate en dos jugadas; de hecho, ha participado activamente en el desarrollo de este tipo de problemas y ha permitido precisar las nociones de amenaza y bloqueo.

La escuela norteamericana

Se funda sobre la fuerte personalidad de Samuel Loyd (1841-1911), autor de una obra excepcional, *Chess Strategy,* que contiene 500 problemas. Loyd era un enamorado de los problemas entretenidos y difíciles. Algunos lo consideran un maestro en este terreno. Sus ideas fueron recogidas por numerosos compositores, especialmente William Shinkman y Otto Wurzuburg.

La escuela alemana antigua

Sus principales iniciadores fueron Conrad Breyer (1828-1897), Philippe Klett (1833-1910) y Johann Berger (1845-1933). Esta escuela pone el acento en la estética. Berger define los nueve «mandamientos» de la corriente en su «código»: proscribe los casos duales (en los que el mate se puede dar de dos formas diferentes), los mates cortos, la falta de variedad, las variantes mecánicas, las claves de jaque o de captura, la ausencia de economía, las puertas muertas y los mates muy impuros. En contrapartida, busca la dificultad y preconiza las jugadas tranquilas.

La escuela alemana moderna

Se impone la misión de estudiar y clasificar los temas estratégicos. Sus trabajos han permitido el descubrimiento de muchos otros temas y el perfeccionamiento racional en la construcción de las variantes. Los principales fundadores de esta escuela son Fritz Kohnlein (1879-1916), Heinrich Rübesamen (1892-1916) y Walter Holzhausen (1876-1935). Muchos otros compositores se han identificado con el enfoque de la escuela alemana moderna, que se ha convertido en un movimiento internacional; citemos, por ejemplo, a los franceses Pierre Biscay (1905-1969), presidente de la FFE entre 1932 y 1954, André Chéron (1895-1980), autor de obras de referencia sobre los finales, y Georges Renaud (1893-1975), coautor con Victor Kahn del *best-seller* ajedrecístico *El arte de dar mate.*

El desarrollo de la composición está vinculado asimismo al éxito que cosecha en las crónicas de todo el mundo. Desde hace unos cincuenta años, la composición ajedrecística cuenta con sus propias estructuras gracias a la International Problem Board (IPB), vinculada a la FIDE. A semejanza de esta última, la IPB ha creado los títulos de maestro y gran maestro, que suponen especial competencia en la materia, y organiza regularmente grandes competiciones internacionales (campeonatos del mundo y olimpiadas).

Las reglas estrictas del problema

Las reglas técnicas permiten construir el enunciado del problema. Se dividen en dos categorías: las reglas absolutas y las relativas. Las reglas absolutas son:
– la posición debe ser legal, es decir, debe respetar las reglas del juego de ajedrez (recordemos que, en un principio, los problemas se extraían de situaciones aparecidas en la práctica normal del juego);
– las blancas juegan y dan mate en «n» movimientos, cualesquiera que sean las defensas ensayadas por las negras (si se encuentra una solución más rápida, el problema queda anulado; si aparece una defensa inatacable, el problema se declara insoluble y carente de interés real);
– la primera jugada es única y se denomina «clave».
Las reglas relativas, que deben respetarse mientras sea posible, son:
– ausencia de claves de jaque;
– ausencia de clave que implique una captura;
– ausencia de clave equivalente a una promoción a dama;
– ausencia de clave sinónima de captura en una casilla de huida del rey.

Más allá de estas reglas técnicas, el problema debe ajustarse a reglas estéticas asimismo constreñidoras:
– Hay que respetar el principio de economía de fuerzas y medios, es decir, colocar un número mínimo de piezas sobre el tablero y construir una solución a un tiempo única y bella.
– Se aconseja utilizar un reducido número de piezas esenciales y evitar siempre que sea posible el recurso de las «clavijas», es decir, las piezas que sirven únicamente para la construcción del problema y permanecen pasivas.
– La multiplicación de los temas es un importante factor cualitativo que no debe emplearse en detrimento de cierta armonía.

– Como en toda creación, es indispensable la originalidad del problema.

– A partir de la posición dada, existen una o varias jugadas evidentes que, por supuesto, no son la verdadera clave, pero realzan su valor. Su multiplicidad enriquece la obra.

– Siempre que sea posible, las diferentes variantes que se ajusten al enunciado deben comportar el mismo número de jugadas, y las jugadas del bando ganador deben ser idénticas.

– La dificultad del problema y de la clave son un factor de calidad: la satisfacción de quien intenta solventarlo es proporcional a los esfuerzos que consagre a la resolución.

Las dos jugadas

Salvo algunas excepciones, el mate en dos jugadas apareció tardíamente. En efecto, durante la época marcada por el «estilo antiguo», hasta principios del siglo XIX, se preferían los mates en tres o cuatro jugadas, que subrayaban las ideas estratégicas. Por ejemplo, la escuela alemana consideraba el mate en dos jugadas como una expresión marginal del problema. Tres escuelas han profundizado realmente el mate en dos jugadas: la inglesa, la norteamericana del *Task* y la escuela del *Good Companion*.

Algunos temas célebres del mate en dos jugadas

El tema Barulin se denomina así por el nombre de su compositor, el soviético Mikhail Barulin (1898-1942). En este tema, la situación es como sigue: las blancas amenazan dar mate; para impedirlo, las negras tienen que desplazar una pieza. A fin de evitar que caigan en una situación de dual (caso en que pueden recibir mate de dos formas diferentes), tienen dos posibilidades, pero en cada una de ellas vuelven a quedar en una situación de mate.

M. Barulin, *Il Problema,* 1.er premio, 1932. Mate en dos jugadas.

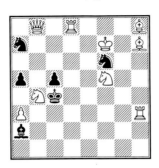

La solución: 1.Cd5. Esta jugada amenaza 2.Tc3#. 1... Cd7 o 1... Ce4 libera la acción del Ah8, que controla la casilla c3. Así, el caballo y el alfil permiten, respectivamente, los mates 2.Cfe3 y 2.Cfe3.

El tema Fleck es un tema mayor. La clave provoca «n» amenazas diferentes, siendo «n» mayor que 2. Las blancas tienen a su disposición «n» jugadas, y cada una de ellas neutraliza «n-1» amenazas, de «n» maneras diferentes. De esta forma, cada amenaza blanca se ejecuta sin dual. F. Fleck, *Mayar Sakkvilag,* 1934. Mate en dos jugadas.

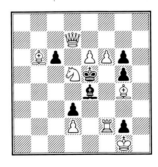

La solución: 1.Cc3. Esta jugada amenaza 2.Dc7, 2.Ac7, 2.Ad4 y 2.Dd4 (si 1... Ad5 2.Dc7#; si 1... c5 2.Ac7#; si 1... Af5 2.Ad4#; si 1... Af3 2.Dd4#).

El tema Grimshaw es uno de los más conocidos entre los creados por Walter Grimshaw (1832-1890), com-

positor de problemas inglés de la época de transición entre los estilos antiguo y moderno. Es un problema que se caracteriza por la intersección de dos piezas negras de valores diferentes.

M. Ehrenstein, *Wikesbarre,* Record Tourney, 1888. Mate en dos jugadas.

La solución: 1.Re3 (si 1... Af7 2.Df6#; si 1... Tf7 2.Dh5++; si 1... Ag6 2.Df4#; si 1... Rxe5 2.De6#; si 1... Cg6 o 1... Ad7 (Ac6, Ab5 o Aa4) 2.Dh5#; si 1... Cf7 o 1... Tg8 2.Df6#).

Las tres o más jugadas

El tema Anderssen lleva el nombre del célebre jugador alemán (1818-1879); se define por la intercepción provisional de una pieza blanca para evitar el rey ahogado y dar un jaque a la descubierta en la línea de intercepción.

A. Anderssen, *Aufgaben für Schachspieler,* 1842. Mate en 4 jugadas.

La solución: 1.Ah5! Rxh5 2.Rg7 h6 3.Rf6 Rh4 4.Rg6#

305

El tema Novotny debe su nombre al compositor checo Anton Novotny (1829-1871), y consiste en sacrificar una pieza en una casilla de ampliación de las líneas de acción de dos piezas negras, que se obstruirán recíprocamente.

A. Novotny, *Illustrierte Leipziger Zeitung*, 1854. Mate en 4 jugadas.

La solución: 1.Cg3 Te8. Esta jugada impide 2.Ce2 mate. 2.Tbc2. Esta jugada amenaza T2c4#. 2... Axc2 (o 2... Ad3 3.T2c4+ Axc4 4.Cf5#). 3.Cfe4 Axe4 (si 3... Txe4 4.Cf5#). 4.Ce2 mate.

El análisis retrógrado

El análisis retrógrado es una forma particular de la composición ajedrecística. Está un tanto a medio camino entre el problema y la partida. Toma por base una posición legal que se asemeja bastante a una partida «normal» y plantea encontrar los últimos movimientos de ambos bandos que han originado esta posición final. Según los casos, el interés puede residir en hallar la clave en una captura al paso, o en demostrar que ningún bando se puede enrocar, o incluso en descubrir varios movimientos, como en un filme invertido.

El tema de la captura al paso

En este caso de análisis retrógrado, se realza el juego de los peones.
F. Amelung, *Düna Zeitung*, 1897. Mate en 2 jugadas.

A poco que se examine, se aprecia en seguida la imposibilidad de dar mate sólo en dos jugadas con los medios habituales. Así pues, hay que examinar la posición más detenidamente. La cuestión esencial está en determinar cuál ha sido la última jugada de las negras. Si fue Rh6, ¿dónde estaba el rey antes de ella? No pudo venir de g7, pues las blancas no habrían podido jugar f6 en el movimiento precedente, ya que este peón no pudo venir de las casillas e5, g5 o f5, todas ocupadas. Asimismo, se aprecia fácilmente que el peón h7 no se ha movido. El peón g5 no pudo venir de g6, pues las blancas estarían en jaque. En consecuencia, el peón jugado fue g7, y la última jugada de las negras es g5. Esto da una nueva posibilidad a las blancas: la captura al paso en g6. La solución aparece, pues, bajo la forma: 1.hxg6 a.p. Rh5 2.Txh7#.

El tema del enroque

Para resolver este problema de análisis retrógrado, hay que examinar las posibilidades de defensa que ofrece el enroque.
S. Loyd, *Musical World*, 1859. Mate en 2 jugadas.

Este problema es muy claro: las blancas amenazan dar mate; la cuestión radica en discernir si las negras podrán evitarlo. La clave es 1.Da1, que amenaza con mate en h8. La única forma de evitar este mate sería hacer el 0-0-0. Busquemos la última jugada negra: a7 y c7 no han realizado ningún movimiento; así, son la torre o el rey las que se han movido. En ambos casos, el enroque largo ya es imposible.

El tema de la reconstrucción de «n» jugadas

Se trata aquí de reconstituir las jugadas de una partida que, respetando la lógica ajedrecística clásica, han llevado a la posición representada en el diagrama.
N. Hoeg, *Skakbladet*, 1916.
Descubra las tres jugadas últimas.

Las blancas acaban de dar jaque colocando su peón en e6; éste no puede venir de e5, pues allí ya habría dado jaque. La última jugada es, pues, la captura al paso f5xe6 a.p.

o d5xe6; para que se haya podido dar esta captura al paso, la última jugada negra tiene que haber sido e7-e5. ¿Cómo puede dar jaque el Aa1, sabiendo que éste no se puede haber movido a causa del jaque en la diagonal a1-h8? La solución única es la de un jaque a la descubierta por el avance del peón d4, lo cual implica que el peón blanco estaba en d4, que se ha desplazado a d5, que las negras han evitado el jaque jugando e5 y que las blancas han jugado la captura al paso d4xe6 a.p.

La partida justificativa

Se trata de construir un escenario en «n» jugadas que permitan llegar a la posición dada sin respetar la lógica ajedrecística clásica.
T. Orban, *Die Schwalbe,* 1976.
¿Cómo llegar a esta posición exactamente en 4 jugadas, partiendo de la posición inicial?

Es fácil reproducir esta posición en 3 jugadas: 1.e4 c6 2.Ab5 e6 3.Axc6 dxc6. También se llega a esta posición en 5 jugadas si cada bando mueve una pieza y la devuelve a la situación inicial. Pero para respetar el enunciado (posición en 4 jugadas, exactamente), la única solución es perder un tiempo con el rey negro: 1.e4 e6 2.Ab5 Re7! 3.Axd7 c6 4.Ae8 Rxe8.

Algunos récords

Toda disciplina propicia el gusto por batir récords. La composición ajedrecística no es avara en ellos; al

contrario, ofrece muchos y variados. Nos limitaremos a presentar los más conocidos.

El rey ahogado en presencia del mayor número de piezas

G. Reichhelm, *Brentano,* 1882.
¡Un rey ahogado con 30 piezas!

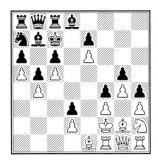

El mate con un peón

En la siguiente posición, se necesitan 32 jugadas sin efectuar ninguna captura para dar mate con el peón c2.
S. Trevengadacharya, *Essay of Chess,* 1814.

La solución: 1.Ta7 Rg8 2.Re2 Rh8 3.Ce7 Rg7 4.Ah4 Rh8 5.Ta2 Rg7 6.Df1 Rh8 7.Tf8+ Rg7 8.Ce6+ Rh6 9.Ag5+ Rh5 10.Ag6+ Rg4 11.Rd3 Rg3 12.Ah5 Rh2 13.Tfa8 Rg3 14.T8a6 Rh2 15.Cg8 Rg3 16.Cd8 Rh2 17.Cb7 Rg3 18.Ad8 Rh2 19.c4+ Rg3 20.Dg2+ Rf4 21.Tf2+ Re5 22.Dg3+ Re6 23.Tf6+ Rd7 24.Dg4+ Rc6 25.c5 Rxb7 26.Dc8+ Rxc8 27.c6 Rxd7 28.Ta7 Rc8 29.Tb7 Rd8 30.Ag4 Re8 31.Te7+ Rd8 32.c7#.

El ajedrez mágico

El ajedrez mágico agrupa todas las formas del juego de ajedrez que no respetan las reglas definidas por la Federación Internacional de Ajedrez. A ello se debe que también se le llame ajedrez heterodoxo. Popularizado por Thomas Rayner Dawson (1889-1951) y la revista que creó especialmente para esta causa, *The Fairy Chess Review,* el ajedrez mágico ha experimentado un fulgurante desarrollo. Se concentra en los problemas, por supuesto, pero también en partidas como las de los siguientes ejemplos:
– el juego marsellés: cada bando juega alternativamente dos movimientos seguidos, excepto si el primero da jaque (entonces no hay segundo movimiento);
– «gana quien pierde»: la regla consiste en capturar una pieza enemiga siempre que sea posible (el propio rey puede ser capturado), y el objetivo es quedar sin ninguna pieza.

Por lo que respecta al problema mágico, lo esencial de él es que pone en acción nuevas piezas. Las más populares son:
– el «saltamontes»: puede desplazarse varias casillas, como la dama, pero se requiere que la última casilla que deja atrás esté ocupada por una pieza o un peón;
– el «caballo de la noche»: se desplaza como un caballo, pero puede efectuar varios saltos sucesivos, a condición de que los dé en línea recta;
– el «camello»: se desplaza de una manera semejante a la del caballo, pero tres casillas en un sentido y una casilla de costado. Por ejemplo, puede ir de a1 a b4 o a d2;
– la «emperatriz»: acumula los desplazamientos de la torre y el caballo;
– la «amazona»: acumula los desplazamientos de la dama y el caballo. Aún hay muchas piezas más...

307

El estudio artístico

• M. Liburkin, *Schachmatny,*
1.ª mención, 1934.
Las blancas juegan y dan mate.

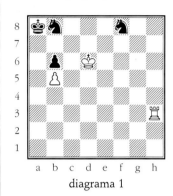

diagrama 1

• G. Zakodiakin, Memorial Tchigorine,
3.er premio, 1950.
Las blancas juegan y hacen tablas.

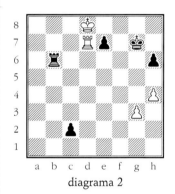

diagrama 2

• C.J. de Feijter, *Eigen ERF,* 1932.
Las blancas juegan y ganan.

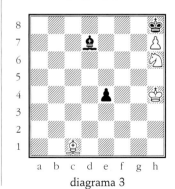

diagrama 3

• R. Bianchetti, *Contributo alla teoria dei finali di soli pedoni,* 1925.
Las blancas juegan y ganan.

diagrama 4

• K.A.L. Kubbel, 1917.
Las blancas juegan y ganan.

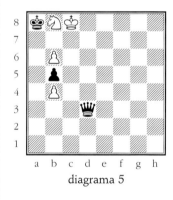

diagrama 5

• P. Stamma, *Cien posiciones desesperadas,* 1737.
Las blancas juegan y ganan.

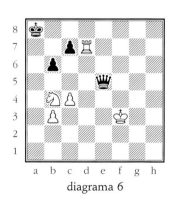

diagrama 6

La composición ajedrecística

• L.A. Issaef, *L'Échiquier,* 2.° premio, 1929.
Tema Barulin, mate en dos jugadas.

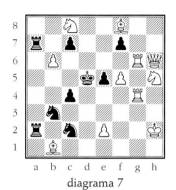

diagrama 7

• J.J. Vermet, *Probleemblad,* 1950.
Tema Fleck, mate en dos jugadas.

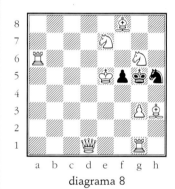

diagrama 8

• L.I. Loschinski, *Tijdschrift KNSB,* 1930.
Tema Grimshaw, mate en 2 jugadas.

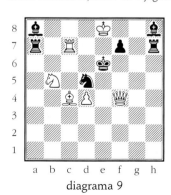

diagrama 9

Le toca jugar

• N.N. Gibbins, *Leeds Mercury,* 1901. Tema Novotny, mate en 2 jugadas.

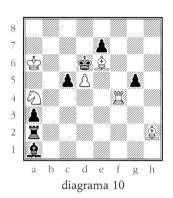

diagrama 10

• J. Moravec, *Narodni Politika,* 1933. Análisis retrógrado, temas de la captura al paso y del enroque. Mate en 2 jugadas.

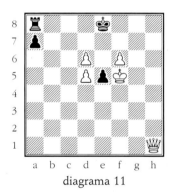

diagrama 11

• C.M. Fox, *The Problemist Fairy Chess Supplement,* 1933.
¿Cómo llegar aquí en 8 jugadas solamente?

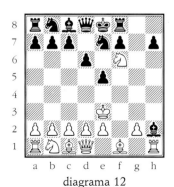

diagrama 12

Soluciones

diagrama 1
1.Th8 Cfd7 2.Rc7 Ra7 3.Te8 Cf6 4.Txb8 Ce8+ 5.Rd7 Cc7 6.Ta8+! Cxa8 7.Rc8+–

diagrama 2
1.Tc7! (si 1.Txe7+¿ Rf6 2.Tc7 Tb8+ 3.Rd7 Tb7 –+). 1... Tb8+ 2.Rxe7 Tb7 3.Txb7 c1=D 4.Re6+ Rg6 (si 4... Rg8 5.Tb8+ =). 5.h5+! Rxh5 (si 5... Rg5 6.Tg7+). 6.Tg7 =

diagrama 3
1.Cg8 Af5 (1... Ae6 2.Cf6 Af5 3.Rg5 Axh7 4.Rh6 Af5 5.Aa3 luego Af8 y Ag7 mate) 2.Ce7 Ae6 (lo mismo pasa con 2... Ad7). 3.Cg6+ Rxh7 4.Cf8+ +–

diagrama 4
1.Ab2 Tf8 (si 1... Th6 2.Tg3+ Rh7 3.Tg7+ Rh8 4.Rb1! +–). 2.Tc7+ Rg8 3.Tg7+ Rh8 4.Ra2! +–. Las negras pierden su torre en la siguiente jugada por un jaque a la descubierta.

diagrama 5
1.b7+ Ra7 2.Cc6+ Ra6 3.b8=C+! Rb6 4.Cd7+ Rxc6 5.Ce5+ Rd5 6.Cxd3 Rc4 7.Rc7! Rxd3 8.Rb6 Rc4 9.Ra5 +–

diagrama 6
1.Td8+ Rb7 2.Tb8+ Rxb8 3.Cc6+, gana la dama.

diagrama 7
1.Dg7 (amenaza 2.Dxf7#) a) 1... Cbd4 2.e4#; b) 1... Cc2-d4 2.Ae4#; c) 1... Cb3-c5 2.Ce7#; d) 1... c5 2.Td6#; e) 1... c6 2.Cf6#; f) 1... e4 2.Cf4#.

diagrama 8
1.Cf4! (amenaza 2.Dxh5#, 2.Ah6#, 2.Ce6# y 2.Tg6#); a) 1... Cxg3 2.Dh5#; b) 1... Cxf4 2.Ah6#; c) 1... Cf6 2.Ce6#; d) 1... Cg7 2.Tg6#; e) 1... f6 2.Dd7#.

diagrama 9
1. Ab3! a) 1... Ag7 2.Dxf7#; b) 1... Tg7 2.De5#; c) 1... Ab7 2.Te7#; d) 1... Tb7 2.Tc6#; e) 1... Af6 2.Dg4#; f) 1... f6 2.De4#; g) 1... f5 2.Dd6#; h) 1... Axd4 2.Cxd4#; i) 1... Txc7 2.Cxc7#.

diagrama 10
1.Cb2! (amenaza un jaque a la descubierta de la torre) a) 1... axb2+ 2.Ta4 mate; b) 1... Txb2 2.Tf2 mate; c) 1... Axb2 2.Td4 mate.

diagrama 11
e5 es el único movimiento posible para las negras (pues en e6, el peón daría jaque). Así, las negras pueden enrocarse y la clave es 1.dxe6 a.p. 0-0-0 (para evitar el mate en h8). 2.Da8#.

diagrama 12
1.f4 e5 2.f5 Ac5 3.f6 Axg1 4.fxg7 Axh2 5.Rf2 Ce7 6.Re3 Tf8 7.g8=C d6 8.Cf6#. La clave está en la promoción del caballo.

Jugadores de ajedrez en los baños termales de Széchenyi, Budapest, Hungría.

Las competiciones

«Ayudad a vuestras piezas para que os ayuden.»

Paul Morphy

Las competiciones

El ajedrez es un juego de estrategia y de combinaciones, y también un entretenimiento, un arte y un deporte cerebral. A partir de la segunda mitad del siglo XIX, el juego ha experimentado una creciente popularidad: se practica en familia y en sociedad, y también en los cafés y los clubes. Desde entonces, se multiplican los encuentros entre jugadores. El número de competiciones aumenta de forma constante, y los simples encuentros en los que un jugador desafía a otro son sustituidos por verdaderos torneos.

El primer torneo internacional tuvo lugar en Londres, en 1851. La idea de este torneo se debió al jugador inglés Howard Staunton; su entusiasmo dio por resultado la participación de los mejores jugadores de la época. Aunque Staunton no pudo satisfacer sus esperanzas de convertirse en maestro de maestros –fue Adolf Anderssen quien ganó la prueba–, al menos le quedó el honor de haber inaugurado la forma moderna de las competiciones de alto nivel. Tras su victoria sobre Anderssen, Wilhelm Steinitz se proclama campeón del mundo en 1866. Pero hasta 1886, veinte años más tarde, no se instauran los primeros encuentros oficiales del Campeonato del mundo. El título era entonces propiedad personal del campeón, que tenía absoluta libertad para ponerlo en juego. Los aficionados al ajedrez tenían que esperar a veces mucho tiempo para asistir a un enfrentamiento entre los más grandes. Por ejemplo, esperaron en vano el encuentro de revancha entre Alekhine y Capablanca... En 1946, cuando Alekhine muere en posesión del título, la Federación Internacional de Ajedrez (FIDE) aprovecha para asumir la organización del Campeonato del mundo. En adelante, el título supremo se pondrá en juego de forma regular, tras un ciclo de pruebas eliminatorias reglamentadas con todo detalle.

La lucha pacífica entre dos jugadores de ajedrez se ajusta a reglas estrictas y se apoya en una ética perfecta; unas y otra garantizan tanto la deportividad como el placer y la belleza del juego. Una de las primeras tareas de la FIDE consistió en instaurar reglas de juego universalmente reconocidas y aceptadas.

Además de la organización de los Campeonatos del mundo individuales y por equipos (las Olimpiadas), la FIDE ha desarrollado un sistema para la clasificación de los jugadores y la concesión de los títulos de maestro y gran maestro internacional, que consagran a los mejores jugadores. En la actualidad reúne a más de 150 países miembros, cada uno con su propia federación, y ejerce una gran influencia, sobre todo en lo que concierne a la difusión del juego entre los jóvenes.

Las reglas
y las formas del juego

*Para garantizar la deportividad, y también el placer
y la belleza del juego, la lucha pacífica que libran
los adversarios tiene que apoyarse en una ética perfecta
y en el respeto de reglas estrictas.*

Aunque ya hemos evocado algunas reglas en el capítulo «Iniciación», conviene abordar aquí las que se aplican en las diferentes formas de competición y en las otras formas de juego. (Las reglas oficiales completas, editadas de forma regular por la Federación Internacional de Ajedrez, se recogen al final de la obra.) Las reglas de juego son parcialmente diferentes según el ritmo de las partidas, y su conocimiento puede resultar muy útil, sobre todo en los momentos críticos de «zeitnot» (falta de tiempo). En las partidas lentas, hay que realizar cierto número de jugadas en un tiempo prefijado, por ejemplo, cuarenta jugadas en dos horas para cada jugador. Las reglas de las partidas lentas se aplican también a las otras formas de competición: constituyen las reglas generales. Las completan reglas específicas que rigen en las otras variantes, entre ellas las partidas llamadas «rápidas» y «relámpago» («blitz»), que son las más usuales.

Las reglas generales

He aquí un resumen de las reglas generales del juego de ajedrez establecidas por la Comisión de árbitros de la FIDE (Federación Internacional de Ajedrez) y por la Dirección nacional de arbitraje de la FEDA (Federación Española de Ajedrez).

Definición de jugada

Se dice que un jugador «juega» cuando el adversario ha completado su movimiento. Con excepción del enroque, una jugada consiste en desplazar una pieza de una casilla a otra. Cada jugada debe efectuarse con una sola mano. Una jugada concluye cuando, tras el desplazamiento o la captura de una pieza, el jugador ha dejado la pieza y detenido su reloj. La jugada no acaba mientras no detenga el reloj, salvo si la misma pone fin a la partida por mate o tablas.

No hace falta anunciar un jaque. Por el contrario, es obligatorio neutralizar un jaque al rey; si no se puede hacer, es «jaque mate». Para ejecutar correctamente el enroque es forzoso tocar primero el rey y después la torre. Cuando un peón llega a la última fila y promociona, hay que cambiarlo inmediatamente por otra pieza: dama, torre, alfil o caballo. Así pues, se pueden tener varias damas.

La pieza tocada

Hay que jugar la pieza tocada, salvo que sea imposible por una clavada, es decir, si hay jaque al rey, o porque sea jugada ilegal. En contrapartida, si un jugador quiere reajustar una pieza mal colocada en la casilla, puede hacerlo sin que esté obligado a jugarla de inmediato, con la condición de anunciar

314

«compongo» antes de tocarla y suficientemente alto para ser oído.

Las posiciones irregulares

Si un jugador descoloca accidentalmente una o varias piezas mientras realiza su jugada, debe restablecer la posición antes de detener el reloj. Si una partida comienza con los colores invertidos, continúa así, salvo que el árbitro decida lo contrario.

Ganar o perder la partida

La partida la gana el jugador que da mate a su adversario, o cuando éste manifiesta claramente que abandona. Una firma en la planilla de la partida, un apretón de manos o una detención del reloj no son declaraciones de abandono. Para evitar cualquier reclamación, tiene que anotar en su propia planilla o bien «abandono» o poner un «0» bajo su nombre, o incluso enmarcar el nombre del vencedor.

Una partida se pierde «por tiempo» cuando se agota el tiempo fijado sin que se haya realizado el número de jugadas prescrito, o si el jugador se presenta con más de una hora de retraso respecto del horario oficial del comienzo de la partida fijado de antemano. También se puede perder si, en el momento del aplazamiento de la partida, el jugador «pone bajo sobre» una jugada imposible o ambigua, es decir, una jugada ilegal o cuyo verdadero significado resulta imposible de establecer. En fin, un jugador que no respeta las reglas puede ser sancionado por el árbitro, incluso con la pérdida de la partida.

Las tablas

Un jugador sólo puede proponer tablas tras realizar su jugada en el tablero y antes de detener el reloj.

Existen diversos casos de tablas:
• Hay tablas si el rey no está en jaque y no tiene casilla adonde ir y, además, ninguna pieza de su bando puede realizar una jugada legal: se dice que el rey está «ahogado».
• Hay tablas en caso de una posición en la que sea imposible dar mate con cualquier serie de jugadas legales, incluso aunque el adversario no realice las mejores jugadas posibles.
• Hay tablas por acuerdo mutuo durante la partida; en contrapartida, un arreglo previo puede ser sancionado por el árbitro.
• Hay tablas si se repite tres veces la misma posición, sea de forma consecutiva o no, a condición de que le toque jugar al mismo jugador y éste haya escrito la jugada en la planilla sin ejecutarla sobre el tablero.
• Hay tablas si las últimas cincuenta jugadas ejecutadas por cada jugador no han implicado captura de pieza o movimiento de peón.

En los dos últimos casos, si la demanda del jugador está injustificada, el árbitro sanciona al infractor restando al tiempo que le queda la mitad del mismo, hasta un máximo de tres minutos, y añadiendo tres minutos al tiempo de reloj de su adversario. Luego, la partida continuará con la ejecución de la jugada propuesta.

Las reiteradas proposiciones de tablas pueden dar pie a una sanción del árbitro, pues suponen una molestia para el adversario.

La notación de la partida

Cada jugador debe anotar de forma legible tanto sus jugadas como las de su adversario, una por una; esto es, tiene que escribir con notación algebraica una jugada blanca, luego una jugada negra, luego una jugada blanca... Se puede escribir una jugada antes o después de realizarla sobre el tablero. Si a un jugador le quedan me-

315

nos de cinco minutos en su reloj para llegar al control de tiempo (se dice que está en «zeitnot»), puede dejar de anotar las jugadas. Ahora bien, una vez que su bandera ha caído, el jugador debe completar la planilla de la partida escribiendo las jugadas omitidas; eventualmente, puede utilizar la planilla actualizada de su adversario. Es esencial que los jugadores anoten las jugadas. En efecto, cualquier reclamación sobre la partida que un jugador dirija al árbitro debe realizarla sobre una planilla de partida completa, esto es, sin que falte ninguna jugada ejecutada sobre el tablero. Ambos jugadores deberán escribir en la planilla cualquier oferta de tablas de esta manera: (=).

Si un jugador no puede anotar, debido a una razón física o religiosa, el árbitro deducirá en su reloj una parte del tiempo con que cuenta. Por último, la planilla de la partida tiene que estar siempre a la vista del árbitro; el original pertenece al organizador, y no al jugador.

El reloj de ajedrez

El control del tiempo utilizado por cada jugador se efectúa mediante un reloj formado por una doble esfera. Cada esfera está provista de una bandera que cae cuando se sobrepasa el tiempo establecido. Cada jugador debe detener su reloj con la misma mano con que ha efectuado la jugada.

El árbitro es quien determina la posición de los relojes, de forma que pueda ver ambas esferas desde el pasillo central. Los jugadores deben velar por el control y el buen funcionamiento del reloj. El árbitro cambia un reloj si se juzga que es defectuoso y reajusta los tiempos según considere oportuno. Un jugador tiene derecho a detener su reloj cuando es necesario corregir una posición, cuando hay que cambiar el reloj, cuando una

pieza promovida no está disponible, en caso de petición de tablas por repetición de posición o por aplicación de la regla de los cincuenta movimientos, y también si una avería eléctrica deja la sala a oscuras.

El jugador debe manipular el reloj de forma adecuada, sin tapar su parte superior, sin cogerlo en las manos y sin dejar el dedo sobre el botón. El árbitro sancionará cualquier manipulación incorrecta.

El aplazamiento y la reanudación de una partida

Aunque esta práctica tiende a desaparecer, es útil conocer sus modalidades. Cuando, al cabo de cuatro o seis horas, el árbitro anuncia «aplazamiento», el jugador a quien le toca jugar puede seguir reflexionando. No debe ejecutar su jugada sobre el tablero, sino anotarla en su planilla de forma legible y sin ambigüedades. Inmediatamente después, pone las planillas de la partida, original y copia, en un sobre, lo cierra y detiene el reloj. Mientras no detenga el reloj, puede modificar la jugada anotada, incluso si para ello tiene que rasgar el sobre. Mientras tanto, el adversario puede escribir en el sobre los nombres de los jugadores, la posición de la partida en el momento del aplazamiento, los tiempos consumidos, el jugador que ha hecho la jugada secreta, el número de esta jugada, una oferta de tablas, la fecha, el lugar y la hora de la reanudación. No es obligatorio firmar en el dorso del sobre.

En el momento de la reanudación, el sobre sólo se puede abrir en presencia del jugador que debe responder a la jugada secreta. Si no comparece, su reloj se pone de todas maneras en marcha. Si el ausente es el jugador que ha realizado la jugada secreta, el jugador al que le toca jugar puede proteger su respuesta escribiendo la jugada en su planilla de partida y metiéndola después en un sobre que sólo se abrirá cuando llegue su adversario.

Las reglas específicas

Además de las partidas lentas, existen las partidas llamadas «rápidas» y «relámpago»; en ambas, el tiempo es más limitado, sea porque así lo han decidido los jugadores, sea por imposición de los organizadores de los torneos. Por otra parte, algunos jugadores prefieren participar en torneos por correspondencia. Estas formas específicas de juego se rigen por reglas adaptadas a estos torneos.

Las partidas lentas llamadas «de sprint final»

Pueden durar cuanto sea necesario mientras los jugadores respeten, por ejemplo, un ritmo de veinte jugadas por hora, y tienen que acabar en mate o tablas. En caso de aplazamiento, se controla el tiempo entre cada sesión del juego. Para ser homologada, una partida no puede tener un ritmo superior a veintitrés jugadas por hora.

Las partidas lentas llamadas de fin «por K.O.»

Una partida lenta puede acabar por K.O. cuando la caída de una de las banderas determina la pérdida de la misma. Estas partidas comienzan, por ejemplo, con una primera sesión en la que cada jugador debe jugar un mínimo de cuarenta jugadas en dos horas; luego siguen con una segunda sesión en la que cada jugador debe acabar la partida en una hora o en treinta minutos.

En la fase K.O. de una partida, si un jugador no tiene más que dos minutos en su reloj, puede reclamar tablas antes de que caiga la bandera; entonces, detiene los relojes y llama al árbitro. Si éste está convencido de que el adversario no hace esfuerzos para ganar la partida con su juego, y no por el tiempo, declarará tablas. Pero si éste pospone su decisión, el adversario podrá beneficiarse con dos minutos de tiempo suplementario. La partida continuará en presencia del árbitro, que tomará de inmediato su decisión, incluso después de que la bandera haya caído.

Por otra parte, las dos primeras jugadas ilegales de un jugador se sancionarán con dos minutos suplementarios que se añaden al tiempo del adversario. A la tercera jugada ilegal, el árbitro declarará perdedor al autor de la infracción.

Si las dos banderas han caído y resulta imposible decidir cuál de las dos lo ha hecho primero, la partida acaba en tablas.

Si el árbitro no está presente, el jugador que reclama tablas debe anotar la posición final y completar su planilla, verificada por el adversario, antes de que caiga su bandera. El árbitro tomará su decisión cuando vuelva.

Las partidas rápidas

Estas partidas deben jugarse en un tiempo de quince a sesenta minutos para cada uno de los dos jugadores.

Esta forma de juego va a más desde los años ochenta y está consiguiendo el eco mediático propio de los grandes acontecimientos, sin duda porque el juego es más dinámico y espectacular, aunque a menudo tenga una calidad técnica inferior al de las partidas lentas, y también porque un torneo rápido puede organizar siete, e incluso nueve, rondas por día.

Las partidas deben desarrollarse de acuerdo con las reglas generales de la FIDE, excepto cuando entren en contradicción con las siguientes reglas específicas:

• Los jugadores no están obligados a anotar las jugadas.

• Después de que ambos jugadores hayan realizado al menos tres jugadas, no se puede formular ninguna reclamación motivada por la incorrecta colocación de una pieza, por la orientación del tablero o por la ubicación del reloj.

• El árbitro aplicará las reglas sobre la definición de la jugada, sobre la pieza tocada y sobre los finales de partida por K.O. únicamente si uno de los jugadores (o ambos) se lo pide.

• Se considera que la bandera ha caído cuando un jugador hace una reclamación en la forma debida. El árbitro se abstendrá de señalar la caída de una bandera.

• Para reclamar el triunfo por tiempo, el jugador demandante tiene que detener los dos relojes y advertir al árbitro. La reclamación será procedente si su bandera permanece levantada y la del adversario está caída.

• Si las dos banderas están caídas, la partida acaba en tablas.

Las partidas relámpago o «blitz»

Se disputan en menos de quince minutos de acuerdo con las reglas del juego rápido, excepto cuando éstas entran en contradicción con las siguientes reglas específicas:

• Si un jugador efectúa una jugada ilegal y el péndulo de su adversario se ha puesto en marcha, éste puede reclamar la victoria, pero ha de hacerlo antes de ejecutar su propia jugada. Por ejemplo, un jugador que hace una jugada, como la de poner o dejar a su rey en jaque, puede rectificar antes de parar su reloj. Si no lo hace, y su adversario declara que esa jugada es ilegal antes de ejecutar su propia jugada, el primero pierde la partida. Pero si el adversario realiza su jugada, la jugada ilegal no advertida ya no podrá ser objeto de reclamación. Así

pues, uno no debe capturar el rey que ha quedado en jaque, sino anunciar que hay una ilegalidad de juego que implica la pérdida de la partida por parte del infractor.

• Para ganar, un jugador ha de tener la posibilidad de dar mate, es decir, ha de contar con material suficiente para ello.

• Por último, no se puede reclamar tablas, a diferencia de lo que pasa en los dos últimos minutos de las partidas por K.O.

Las partidas por correspondencia

Los jugadores que optan por esta forma oficial de juego no se reúnen ante el tablero. Sus partidas tienen que respetar las reglas del juego normal, con la única diferencia de que no hay un ritmo de juego obligatorio, como no sea, por ejemplo, el envío de una jugada a la semana. Las jugadas se comunican por correo, por teléfono o por fax, utilizando un código al objeto de que no haya malentendidos respecto de su significado. Esta forma de juego presenta la ventaja de trabajar a fondo la técnica del juego, lo que, teóricamente, aumenta la calidad de las partidas. Aunque no es recomendable, también permite utilizar los ordenadores campeones como «consejeros».

El arbitraje y la ética del juego

Para los árbitros, un buen jugador es aquel que, con independencia de su nivel técnico, respeta la ética del juego de ajedrez y los principios de la deportividad. Los jugadores deben observar una conducta e indumentaria correctas. Un jugador no debe distraer o molestar a su adversario en forma alguna. Por último, los jugadores que han concluido su partida son considerados como espectadores.

El árbitro

El árbitro es la persona que representa en el lugar del torneo a la Federación Internacional de Ajedrez o a una federación nacional. Es el responsable de conducir el torneo antes, durante y después de la competición, de hacer que se respeten los reglamentos con rigor y cortesía, así como de asegurar un agradable entorno para el juego. Las diferentes federaciones nacionales estructuran la formación de los árbitros. Al término de dicha formación, un árbitro debe poseer una objetividad absoluta, un conocimiento actualizado de las reglas nacionales e internacionales del juego y un juicio correcto y rápido de los problemas técnicos o las situaciones conflictivas.

Las prácticas incorrectas

Los árbitros han destacado algunas prácticas indignas del buen jugador de ajedrez:
– no avisar al árbitro de una ausencia prevista en una ronda;
– no presentarse a la reanudación de una partida aplazada, obligando a que el adversario se desplace inútilmente;
– abandonar un torneo sin una razón extradeportiva válida;
– analizar la partida en la sala de juego, cuando existe una sala de análisis;
– abandonar la zona de juego sin avisar al árbitro;
– abandonar su sitio cuando a uno le toca jugar;
– hablar con otros jugadores;
– pedir opiniones, o consultar notas y libros en los puntos de venta o en los aseos;
– formular reiteradas propuestas de tablas;
– acordar un resultado antes de la partida («tablas de salón»);
– rechazar la mano tendida del adversario;
– distraer al adversario;
– mirar fijamente al adversario;
– ensuciar el tablero por comer en la mesa de juego;
– desdeñar a un adversario derrotado;
– preparar una celada y lamentarse como si se tratase de un error;
– descentrar las piezas adrede cuando juega;
– anotar una jugada en la planilla y hacer otro movimiento, y luego repetir la maniobra;
– prolongar las partidas desesperadas;
– añadir jugadas en la planilla para engañar al adversario;
– proponer tablas en una posición perdedora;
– introducir un abandono en el sobre de aplazamiento;
– indicar al adversario una falsa clasificación Elo.

Peón. Juego de Carlomagno, marfil, finales del siglo XI. (B.N.F., París.)

319

Las sanciones

En caso de infracción de los reglamentos de los torneos, o de comportamiento incorrecto de un jugador con respecto al adversario, al árbitro o a cualquier otra persona presente en el lugar de los hechos, el árbitro aplicará una jerarquía de sanciones, según su criterio. Estas sanciones, propuestas por la Dirección nacional de arbitraje, son las siguientes:
– formular una advertencia (consejo o reprimenda);
– aumentar el tiempo del adversario o recortar el del jugador que comete la infracción;
– formular una advertencia por escrito, que se exhibirá en la sala del torneo;
– declarar que uno de los jugadores, o ambos, pierden la partida por no respetar las reglas;
– formular una segunda advertencia por escrito, que implica la exclusión del jugador, y adjuntarla al informe del torneo.

En caso de incidente grave (disputa entre dos jugadores, negativa a respetar las reglas, incorrecciones reiteradas, etc.), el árbitro puede decretar la expulsión inmediata. El abandono sin excusa válida en el torneo o en la última ronda supondrá para el jugador la suspensión de su licencia durante tres meses.

Las sanciones se archivan para conservar la memoria de los «malos jugadores» que, de tanto en tanto, aparecen en los torneos. Una advertencia por escrito se anula al cabo de dos años.

Otras formas de juego

Además de las competiciones, existen numerosas formas de juego que no resultan menos entretenidas por el hecho de no ser oficiales. Difieren unas de otras por el número de adversarios y el tiempo concedido a cada uno, e incluso por el material empleado (tablero, piezas). Estas formas de juego están a veces perfectamente codificadas, como las partidas simultáneas o consultadas, pero otras no son más que curiosidades sin demasiado futuro.

Las partidas simultáneas

Constituyen una forma de juego espectacular, pues enfrentan al mismo tiempo a un campeón contra varios aficionados –por lo general, una treintena–, que de no mediar esta circunstancia no habrían llegado a conocerlo. El campeón, que juega por lo común con las blancas, efectúa la primera jugada en todos los tableros, uno tras otro, y luego, cuando vuelve a pasar ante el primer jugador, éste tiene que realizar su jugada, seguida inmediatamente por la segunda del maestro, y así sucesivamente... Es obligatorio respetar las reglas del juego, en particular la que prohíbe a los jugadores tocar las piezas. También es usual no dejar pasar el turno, abandonar cuando la situación es comprometida y hacer que el campeón firme la planilla al final de la partida. Por lo general, el aficionado tiene suficiente tiempo de reflexión para las primeras veinte jugadas, pero a medida que las partidas concluyen, el ritmo del juego se acelera y el campeón aparece cada vez más pronto ante él, lo que le obliga a escoger opciones progresivamente más arriesgadas.

Uno de los grandes maestros preferidos en simultáneas es Viktor Kortchnoï, pues su técnica reúne todos los ingredientes propicios para el espectáculo: un juego agresivo, que desencadena una auténtica marea blanca sobre los tableros, rapidez de ejecución, marcha a paso de carga entre los tableros, actitudes de comediante... y unos resultados siempre aplastantes para sus adversarios.

Otro tipo de simultáneas, mucho más difícil de conducir, es el de las simultáneas con reloj. El campeón, que tiene, por ejemplo, una hora en su reloj, tiene que jugar simultáneamente contra varios jugadores que disponen, asimismo, de una hora cada uno en su reloj. Esto significa que el maestro tiene que jugar todas las partidas en una hora.

Un ejemplo de esta práctica es el que realizó el campeón del mundo FIDE, Anatoli Karpov, en el Théâtre de l'Empire de París en 1993: importantes instituciones francesas, como la Escuela Politécnica y la Escuela Central de París, alinearon ocho equipos de cuatro jugadores que podían consultarse antes de que su capitán ejecutase la jugada sobre el tablero. Cada equipo disponía de una hora y cuarenta y cinco minutos para jugar, y Karpov también disponía del mismo tiempo para las ocho partidas. Aunque estuviese en posiciones ganadoras, el campeón podía perder por tiempo; así, los últimos minutos resultaron agotadores.

Étienne Bacrot y su entrenador, en junio de 1996. ▶

Las simultáneas con reloj y a ciegas, como las realizadas por Karpov en diciembre de 1995 con ocasión del Campeonato del mundo de partidas rápidas para menores de doce y catorce años, en Disneyland París, son aún más difíciles. Imaginad a Karpov sobre un escenario, de cara al público, reflexionando sin ver los cuatro tableros, frente a cuatro jóvenes campeones representantes de cuatro continentes. Cuando un concursante realizaba una jugada, el árbitro se la transmitía a Karpov, que reflexionaba unos instantes y luego escribía su respuesta al joven jugador. Tanto Karpov como cada uno de los concursantes disponían de una hora. El resultado de Karpov fue el siguiente: dos victorias, unas tablas y una derrota frente al talento del joven gran maestro francés Étienne Bacrot. En el curso de las dos horas que duró la exhibición, el campeón tuvo que hacer frente a todo tipo de dificultades: ruidos y movimientos del público, jugadas transmitidas por escrito, sólo quince minutos por partida...

Las partidas consultadas

Durante este tipo de partidas, un campeón se enfrenta a varios jugadores que pueden consultarse para decidir la mejor jugada. Es el espectáculo que Patrick Épelly organizó en junio de 1993, en Orange: en él el campeón del mundo, Gari Kasparov, se enfrentó al cantante Jacques Higelin, que estaba ayudado por cien personas repartidas entre los tres mil espectadores.

Las partidas amistosas

Unos cinco millones de personas las juegan –en familia, en los cafés, en los clubes escolares o en los de ajedrez– con el único objetivo de distraerse. En el curso de estas partidas jugadas entre amigos se perpetúan las malas costum-

bres, como la apertura con dos peones que avanzan una sola casilla o la «captura al paso» entre una pieza y un peón, ambas irregulares. Igualmente, en caso de promoción, muchos aficionados piensan que sólo pueden cambiar su peón por una de las piezas que ha capturado el adversario.

Las curiosidades

En todas las épocas se han dado intentos de cambio de tablero, modificación de las reglas del juego o introducción de nuevas piezas. Pero estas creaciones desaparecen en cuanto queda satisfecha la curiosidad. Así, han aparecido tableros cilíndricos, donde las torres podían dar vueltas sin cesar; los tableros con carambola, en los que las damas rebotaban contra las bandas; los tableros de dos o tres pisos, que permitían a las piezas pasar de un tablero a otro, etc. Durante el Campeonato de Francia de 1979, en Courchevel, apareció un nuevo tablero con diez columnas que incorporaba una nueva pieza bicéfala, el Janus, al tiempo caballo y alfil. Con ocasión de los últimos Campeonatos del mundo de ajedrez rápido para menores de doce años, en Disneyland París, se presentó un tablero triangular que permite la participación de tres jugadores. Citamos por último las formas de juego excéntricas, como el «ajedrez marsellés», en el que cada jugador ejecuta dos jugadas seguidas, el «ajedrez pierde quien gana», el «ajedrez progresivo», en el que las blancas efectúan una jugada, luego las negras, dos, etc. El «ajedrez alimentación», o «relámpago a cuatro», es muy apreciado por los jóvenes, pues pueden divertirse en grupos de cuatro, con dos equipos de dos jugadores: cuando un jugador captura una pieza, se la pasa a su compañero, que puede colocarla sobre el tablero cuando quiera y en el lugar que prefiera, siempre que no dé jaque.

Las reglas generales

Nos ocuparemos aquí de las reglas del juego a ritmo normal, por ejemplo: 40 jugadas en 2 horas, y luego aplazamiento de la partida para reanudarla al ritmo de 20 jugadas por hora.

Advertencias

Para respetar las condiciones del juego, responda a las preguntas sin mirar las jugadas siguientes.

Las reglas oficiales de la FIDE figuran en el anexo de esta obra.

Este ejercicio debe hacerse en un tablero que tenga correctamente indicadas las columnas y las filas.

	Blancas	Negras
1.	e4	e5
2.	Cf3	d6
3.	Ac4	Ag4

1) Las negras tocan su alfil, dicen «compongo» y juegan Cc6. Las blancas llaman al árbitro: ¿qué hace éste?

4.	Cc3	Cf6
5.	0-0	

2) Las blancas tocan la torre primero. ¿Qué debe hacer el árbitro?

5.	Tf1	Cc6
6.	a3	Cxe4
7.	Cxe4	d5
8.	d3	Dd7
9.	Ag5	0-0-0

3) Este enroque es imposible. ¿Por qué?

9.		Ae7
10.	Dd2	Axg5
11.	Dxg5	0-0

4) ¿Se podía hacer el enroque largo?

12.	Cxe5	Cxe5
13.	Dxe5	dxc4
14.	f3	Tfe8
15.	Dg5	Rh8
16.	Dxg4	Dxg4
17.	fxg4	cxd3
18.	cxd3	Rg8
19.	g5	Tad8
20.	Rd2	Txe4

5) Al pasar, un espectador derriba la mesa. ¿Qué hace el árbitro?

21.	Tf3	Tee8
22.	Tf5	Te4
23.	Tf3	Tee8
24.	Th3	Te4
25.	Tf3	

6) Las blancas, que acaban de jugar Tf3, llaman al árbitro para solicitarle tablas. ¿Qué debe hacer?

		g6
26.	g3	c5
27.	Tc1	c4
28.	Tf4	Txd3+
29.	Rc2	Te2+
30.	Rb1	

7) ¿Cuándo se ejecuta esta jugada?

		Txh2
31.	Tfxc4	Txg3

8) En el momento de la captura, las negras descolocan varias piezas. ¿Qué debe hacer el árbitro?

32.	Tc8+	Rg7
33.	Tc8-c7	Txg4

9) A las blancas les quedan ocho minutos. Se abstienen de anotar. ¿Qué debe hacer el árbitro?

10) ¿Cuándo se está en «zeitnot»?

11) Y si los dos jugadores estuviesen en «zeitnot», ¿qué habría hecho el árbitro?

A las negras les quedan menos de cuatro minutos. Se abstienen de anotar.

34.	Txb7	Tgxg2
35.	Tcxc7	Th1+

Las blancas se abstienen de anotar.

36.	Ra2	Tf1
37.	Txa7	Tff2
38.	Tab7	h5
39.	a4	h4
40.	a5	

12) Si la bandera hubiese caído antes de que se detuviese el reloj de las blancas, ¿qué habría pasado?

		h3
41.	a6	

13) La bandera de las negras cae en este momento. ¿Qué hace el árbitro?

14) ¿Las negras tienen que completar la partida en su planilla?

Puesto que se ha agotado el tiempo astronómico (es decir, el del reloj del árbitro) de esta sesión de juego,

el árbitro anuncia el aplazamiento.

15) ¿Qué hace el árbitro si un jugador español, a partir del movimiento 21, se pone a anotar sus jugadas en alemán, inglés o ruso?

16) ¿En qué situaciones pueden detener el reloj el árbitro o uno de los jugadores?

17) Tras la caída de su bandera, las negras quieren completar su planilla de partida. Las blancas se niegan a prestarles la suya. ¿Qué hace el árbitro?

18) ¿Puede perderse una partida por tiempo si el adversario no tiene más pieza que su rey?

19) ¿Qué pasa si las dos banderas caen de forma prácticamente simultánea y el árbitro no puede determinar cuál ha caído primero?

20) ¿Cuál debe ser la conducta de los jugadores durante una partida?

Respuestas

1) Tiene que jugar el alfil, pues el jugador debe decir «compongo» antes de tocar la pieza.

2) Le obliga a jugar la torre.

3) El rey no puede pasar sobre una casilla en la que está en jaque.

4) No, por la misma razón que en el caso anterior.

5) Si se puede restablecer la posición, se reanuda la partida; si no, se juega una nueva partida.

6) Esta petición de tablas por repetición de la misma posición tres veces no es admisible, pues el jugador que ha anotado la jugada en su planilla de partida debe llamar al árbitro antes de ejecutar la jugada sobre el tablero y puede detener los relojes mientras espera al árbitro. Así pues, éste debe hacer que continúe la partida.

7) En caso de desplazamiento de pieza, la jugada se ejecuta cuando la mano del jugador ha dejado aquélla en la nueva casilla (aquí, el rey en b1) y detiene su reloj.

8) Debe obligar a que el infractor sitúe correctamente las piezas descolocadas mientras corre su tiempo.

9) El árbitro debe obligar a que las blancas anoten.

10) Un jugador está en «zeitnot» cuando le quedan menos de cinco minutos en su reloj.

11) Tendría que estar presente para anotar las jugadas realizadas.

12) Las blancas perderían la partida, pues la jugada no se puede dar por acabada hasta que el jugador detiene su reloj cuando la bandera aún sigue levantada.

13) El árbitro detiene el reloj y hace que se reproduzcan las jugadas que faltan para verificar si el movimiento 40 ha sido correcto.

14) Sí.

15) El árbitro tiene que obligar al jugador a escribir la notación algebraica en la lengua habitual de su país.

16) Un jugador puede detener su reloj cuando espera una pieza obtenida por promoción, cuando espera la llegada del árbitro para verificar la repetición por tres veces de la misma posición o la aplicación de la regla de los 50 movimientos, para corregir una posición irregular, para cambiar un reloj defectuoso... El árbitro puede detener el reloj cuando juzga oportuno interrumpir la partida, y también lo hace tras la caída de una bandera, para controlar el número de jugadas realizadas.

17) Coge la planilla de partida de las blancas para prestársela a las negras, pues las planillas pertenecen al organizador, y no a los jugadores.

18) No, la partida acaba en tablas.

19) Si al árbitro le resulta imposible decidir qué bandera ha caído primero, la partida continúa.

20) Véanse pp. 318-320, «el arbitraje y la ética del juego», y las reglas del juego en el anexo de la obra.

Las partidas rápidas

He aquí un ejercicio con diez afirmaciones. ¿Son ciertas o falsas?

1) Hay que accionar el reloj con la mano que juega.

2) El árbitro elige el lado en que se coloca el reloj.

3) Una partida acaba en tablas si las dos banderas han caído.

4) En caso de litigio, un jugador debe esperar a la llegada del árbitro para detener el reloj.

5) Es el árbitro quien anuncia la caída de una bandera.

6) Un espectador anuncia la caída de una bandera: el árbitro puede obligar a que se juegue otra partida.

7) Un jugador tiene derecho a poner otra vez en marcha el reloj de su adversario antes de efectuar su propia jugada.

8) Una pieza tocada debe jugarse (no hay jugada ilegal).

9) Una jugada ilegal implica la pérdida de la partida.

10) En España, las partidas de 61 minutos cuentan para la clasificación Elo.

Respuestas

1) Cierto, pero se puede efectuar el enroque con ambas manos.

2) Cierto.

3) Cierto.

4) Falso.

5) Falso: el árbitro sólo anuncia la caída de la bandera en las partidas lentas, en las de 61 minutos y en los finales de las partidas por K.O.

6) Cierto, y también si un espectador anuncia una jugada irregular.

7) Cierto, si el adversario ha descolocado las piezas, pues entonces tiene que componerlas dentro de su tiempo.

8) Cierto, salvo si deja al rey en jaque.

9) Falso: la pérdida de la partida porque el adversario denuncie una jugada ilegal antes de ejecutar la suya sólo se da en las partidas relámpago.

10) Falso.

Las partidas relámpago

He aquí un ejercicio con diez afirmaciones. ¿Son ciertas o falsas?

1) Un movimiento ilegal se puede corregir mientras no se haya detenido el reloj.

2) Una jugada ilegal concluye cuando se deja la pieza.

3) Si un jugador detiene su reloj tras realizar una jugada ilegal, el adversario tiene derecho a reclamar la victoria inmediatamente.

4) Una jugada ilegal no advertida por ninguno de los jugadores no se puede corregir de inmediato ni ser causa de reclamación.

5) Se puede formular una reclamación a media partida si una pieza estaba mal colocada al inicio.

6) Se puede dejar la mano sobre el reloj.

7) El árbitro puede anunciar una jugada ilegal.

8) El árbitro puede obligar a que se juegue una nueva partida.

9) Se gana una partida si cae la bandera del adversario, pero a condición de tener suficiente material para dar mate.

10) Un jugador puede poner en marcha el reloj del adversario cuando éste ha descolocado las piezas sobre el tablero.

Respuestas

1) Cierto.

2) Falso: el movimiento no es ilegal hasta que no se pare el reloj.

3) Cierto, a condición de que lo haga antes de ejecutar su jugada.

4) Cierto.

5) Falso: no se puede reclamar después del movimiento número 3.

6) Falso.

7) Falso, y tampoco puede anunciar la caída de una bandera.

8) Cierto, por ejemplo, si un espectador anuncia la caída de una bandera, sobre todo si al adversario sólo le quedan algunos segundos.

9) Cierto: el material suficiente para dar mate es aquel que permite una posición en la que el mate en una jugada es imparable.

10) Cierto, pues un jugador debe utilizar su propio tiempo para volver a colocar las piezas que ha desordenado.

La organización de las competiciones

*Sean locales, nacionales o internacionales,
los encuentros de ajedrez requieren una organización rigurosa,
tanto en lo que concierne a la financiación
como en lo relativo a la gestión de los sistemas
de emparejamiento y desempate entre jugadores.*

El número de jugadores que disputan competiciones ha ido aumentando de forma regular desde la segunda mitad del siglo XIX. Los simples encuentros en los que un jugador desafiaba a otro u otros, y que se jugaban con un número de partidas previamente acordado, han sido sustituidos por torneos que reúnen a numerosos competidores.

La preparación de los encuentros

Un torneo de ajedrez, sea cual sea su importancia, implica una compleja organización. Además de las fechas y el lugar, hay que definir con antela-ción el presupuesto, el montante de los premios y su reparto.

El calendario y el lugar

Un torneo dura una semana como mínimo, y no resulta fácil encontrar un agujero en un calendario sobrecargado de pruebas nacionales e internacionales, individuales o por equipos, que se planifican de un año para otro y movilizan a gran cantidad de competidores. Si también se aspira a una buena presencia de espectadores, más vale escoger una época de vacaciones escolares, e incluso los tradicionales «puentes». En cuanto a la presencia de los medios de comunicación, hay que prever que dependen de otros acontecimientos con amplia resonancia, además de los cada vez más frecuentes imprevistos... Éste fue el caso, por ejemplo, de las Olimpiadas organizadas en Niza en 1974: se disputaron inmediatamente después del fallecimiento del presidente Georges Pompidou, y la campaña presidencial hizo que pasasen desapercibidas.

En cuanto a la elección del lugar, está determinada por tres criterios esenciales y a menudo difícilmente conciliables: el espacio, el silencio y la iluminación. En realidad, no hay ninguna sala especialmente concebida para jugar al ajedrez. Sólo los lugares previstos para los espectáculos, las exposiciones o las competiciones deportivas ofrecen una superficie suficiente para acondicionar un espacio de 3 a 5 m² por tablero. ¡Pero qué chasco, por ejemplo, con el bonito parqué de una sala de baile, que cruje de forma espantosa al mínimo paso y turba el silencio de los jugadores! El suelo de los gimnasios, en cambio, tiene un revestimiento que exige grandes gastos para protegerlo contra los arañazos de las patas de las sillas, y, en cuanto al espacio, resulta imposible calentarlo en invierno sin el concurso de una ruidosa maquinaria, y en verano resulta irrespirable. ¡Qué decir, además, de los tubos fluorescentes que parpadean con serias molestias para los jugadores y cuya sustitución obliga a levantar aparatosos andamios...!

El presupuesto

Como todos los presupuestos, el de los encuentros de ajedrez se compone de gastos e ingresos que conviene equilibrar.

La organización de los encuentros propiamente dichos implica el coste del alquiler de la sala y el material, los salarios del personal necesario para colocar y desmontar el material, además de las tareas de vigilancia y mantenimiento, y la remuneración de los árbitros.

A estos gastos de funcionamiento hay que añadir los ocasionados por las invitaciones a los profesionales, maestros o grandes maestros, cuya presencia garantiza el interés deportivo y el eco público del torneo. Además de los gastos de alojamiento y del viaje, que corren a cargo del torneo, es habitual asignar a estos profesionales unas cantidades para «gastos menudos» o, dicho de otra forma, una «bolsa».

Entre los gastos figuran también los premios en metálico, cuyo montante varía según la fama del torneo: de 500 000 o 750 000 pesetas para un modesto «abierto» disputado en España, a veinte o cincuenta veces más para los torneos importantes, como el de Bienne, en Suiza, o el de Hastings, en Inglaterra. Y éstas son cifras modestas si se comparan con el montante de los premios que se llevan el campeón del mundo y su contrincante al final del encuentro en que se disputa el título (más de 100 millones de pesetas cada uno).

En cuanto a los ingresos, proceden en parte de los derechos de inscripción en el torneo, aunque éstos son insuficientes casi siempre, incluso cuando la presencia de las «estrellas» hace que esos derechos le supongan al aficiona-

do entre 90 000 y 125 000 pesetas en el caso de un torneo de 9 rondas (esos precios se reducen a la mitad para los jugadores menores de veinte años). En consecuencia, se hace indispensable recurrir a los mecenas o a los patrocinadores.

Si los torneos exclusivamente financiados por mecenas, como El Festival Melody Amber de Mónaco, no menudean, el patrocinio de las instituciones locales (municipales, provinciales o regionales) tiende a desarrollarse. Esto es así porque, además de notoriedad, los torneos de ajedrez les aportan unos innegables beneficios económicos. Así, la estancia de 200 a 500 jugadores y sus acompañantes durante una semana o más supone un considerable volumen de ingresos para la ciudad, especialmente en el ámbito de la hostelería y la restauración.

La implicación de las instituciones arrastra a su vez a la de los patrocinadores privados. Asociándose a la organización del torneo, la empresa privada espera encontrar un buen eco en los medios de comunicación, con unos costes muy inferiores a los de una campaña publicitaria corriente.

Las recompensas o premios

Los galardonados en los torneos reciben premios en metálico. La lista, la categoría y el sistema de atribución de los premios deben figurar en el reglamento interno del torneo, y lo mismo ocurre con todas las particularidades del encuentro (número de rondas, horarios...).

Los diferentes premios

La lista de premios se divide a menudo en cuatro partes, de manera que explicite sucesivamente:
– Los premios según la clasificación general, concedidos en función del

puesto alcanzado en esta clasificación. Por lo general, se limitan a las diez primeras plazas, y suelen ser los de mayor cuantía económica.

– Los premios por grupos de clasificación. Los participantes casi siempre figuran en la clasificación Elo, y hay premios que se atribuyen a los mejores de tal o cual grupo de esa clasificación; normalmente hay un primer y un segundo premio (raras veces más) para cada grupo.

– Los premios por categoría. Estas categorías corresponden a los diferentes tramos de edad, desde infantiles hasta juniors. Los veteranos son los jugadores con sesenta años o más. Cada categoría está dotada con uno o dos premios, y en raras ocasiones, con tres. Estos premios corresponden a los jugadores de cada categoría mejor colocados en la clasificación general.

– Los premios especiales. Agrupan un batiburrillo de premios concedidos a las mejores mujeres, al mejor jugador de la región, de la provincia, de la ciudad, etc...

El modo de adjudicación de los premios

Puesto que la adjudicación de los premios se basa siempre en la clasificación general, es lógico pensar que una vez establecida ésta –primero ordenando a los jugadores en orden decreciente según los puntos obtenidos en el torneo, y luego separando a los jugadores con igual marcador mediante uno, dos o hasta tres sistemas de desempate– todo resulta sencillo. Pero no es así: si los sistemas de desempate no suelen plantear problemas a la hora de establecer las plazas, no ocurre lo mismo con la adjudicación de los premios.

Hay tres modos de adjudicación de los premios y, so pena de ganarse las iras de los jugadores, el organizador debe precisar qué sistema de desempate piensa adoptar cuando llegue el momento.

Un puesto = un premio. Es el principio más simple, pero también el más criti-

cado. Como los jugadores y la FIDE rechazan el uso del desempate, se emplea en raras ocasiones. Suele remplazarse bien por el método «acumulación y división», bien por «el sistema Hort».

Acumulación y división. Según este método, cuando dos jugadores concluyen con el mismo marcador, incluso si los desempates clasifican a un jugador antes que al otro, los premios concedidos a los puestos en cuestión se acumulan y se dividen entre los *ex aequo*. Dicho de otra forma: a igual marcador, igual premio en metálico.

El sistema Hort. Combina los dos métodos anteriores, teniendo en cuenta a la vez la igualdad del marcador y la jerarquía resultante del desempate. El premio se determina tomando el 50 % del montante atribuido a cada puesto según el método «un puesto = un premio» y añadiéndole la parte correspondiente del 50 % restante, que se acumula y se divide entre los *ex aequo*.

Sean, por ejemplo, diez jugadores, A, B, C, D, E, F, G, H, I y J, que han participado en el mismo torneo. Los premios establecidos son: 400 000 PTA. para el 1°; 300 000 PTA. para el 2°; 250 000 PTA. para el 3°; 200 000 PTA. para el 4°; 150 000 PTA. para el 5°; 100 000 PTA. para el 6°; 50 000 PTA. para el 7°, y 25 000 PTA. para el 8°. La clasificación final da: 1os *ex aequo*, a los jugadores A y B, con 8 puntos; 3os *ex aequo*, a los jugadores C, D y E, con 7,5 puntos; 6os *ex aequo*, a los jugadores F y G, con 7 puntos, y 8os *ex aequo*, a los jugadores H, I y J, con 6,5 puntos. El cuadro de la página siguiente recoge el montante de los premios según los métodos de adjudicación.

327

Torre. Juego del norte de Europa, hueso, siglo XII. (Museo nacional del Bargello, Florencia.)

Los emparejamientos

Cuando un torneo reúne entre diez y veinte competidores, resulta lógico que se organice según la fórmula de «todos contra todos», que permite a cada jugador enfrentarse con todos los demás. Pero cuando compiten un gran número de jugadores, aficionados o profesionales, los torneos se organizan más bien según la fórmula «open», que permite la participación de 500 o más jugadores. Cuando los participantes son aún más numerosos, se suele organizar un festival, que no es más que una suma de torneos, que agrupan a los jugadores en función de sus puntos Elo. Un festival «clásico» abarca un torneo n.º 1, reservado a los jugadores clasificados por encima de los 2 000 puntos Elo; un torneo n.º 2, reservado a los jugadores clasificados entre 1 700 y 2 100 puntos Elo, y un torneo n.º 3,

reservado para los jugadores con menos de 1 800 puntos Elo. Como las categorías de clasificación se solapan, algunos jugadores pueden elegir entre dos torneos. Un jugador en plena progresión puede competir así a un nivel más alto, y eso le abre la posibilidad de ascender en la clasificación. El sistema del festival hace las competiciones más encarnizadas, pues la clasificación en el torneo y el montante de los premios corren parejos.

En todos los casos, el número de partidas que jugará cada participante se fija desde el principio en 7 o 9, más raramente en 11. Pero con muchos jugadores y pocas partidas para cada uno se plantea el problema de los emparejamientos, es decir, la designación de los adversarios, partida tras partida. Hay dos grandes sistemas de emparejamiento: el llamado «sistema suizo» y el de «todos contra todos».

JUGADORES	MÉTODO		
	Un puesto = un premio	Acumulación y división	Sistema Hort
Comparación de los tres sistemas de reparto de premios			
A	(1º) 400 000	$\dfrac{400\,000 + 300\,000}{2} = 350\,000$	$400\,000 \times 50\,\% + \dfrac{(200\,000 + 150\,000)}{2} = 375\,000$
B	(2º) 300 000	350 000	$300\,000 \times 50\,\% + \dfrac{(200\,000 + 150\,000)}{2} = 325\,000$
C	(3º) 250 000	$\dfrac{250\,000 + 200\,000 + 150\,000}{3} = 200\,000$	$250\,000 \times 50\,\% + \dfrac{(125\,000 + 100\,000 + 75\,000)}{3} = 225\,000$
D	(4º) 200 000	200 000	$200\,000 \times 50\,\% + \dfrac{(125\,000 + 100\,000 + 75\,000)}{3} = 200\,000$
E	(5º) 150 000	200 000	$150\,000 \times 50\,\% + \dfrac{(125\,000 + 100\,000 + 75\,000)}{3} = 175\,000$
F	(6º) 100 000	$100\,000 + \dfrac{75\,000}{2} = 87\,500$	$100\,000 \times 50\,\% + \dfrac{(50\,000 + 25\,000)}{2} = 87\,500$
G	(7º) 50 000	50 000	$50\,000 \times 50\,\% + \dfrac{(50\,000 + 25\,000)}{2} = 62\,500$
H	(8º) 25 000	$\dfrac{25\,000}{3} = 8\,334$	$25\,000 \times 50\,\% + \dfrac{12\,500}{3} = 16\,666$
I	(9º) 0	8 334	$\dfrac{12\,500}{3} = 4\,167$
J	(10º) 0	8 334	$\dfrac{12\,500}{3} = 4\,167$

El sistema suizo

Lo inventó el doctor J. Muller, de origen suizo, y se aplicó por primera vez en Zurich, en 1895. La FIDE lo ha codificado con mucho detalle y se aplica en todo el mundo.

Principios fundamentales. El objetivo de este sistema es poder determinar qué adversarios, entre un gran número de jugadores (a veces, varios centenares), deberán enfrentarse, sabiendo que todos jugarán igual número de partidas (7 o 9).

En un torneo con *n* rondas (o partidas), todos los jugadores disputarán las *n* rondas contra *n* adversarios diferentes. En el curso de esas *n* rondas, cada jugador recibe aproximadamente igual número de veces las piezas blancas y las negras y, en el caso ideal, las alterna de partida a partida. (Este principio se desprende de la regla que determina que el jugador que conduce las piezas blancas juega primero, lo que supone una pequeña ventaja.) Como el número *n* es impar por definición, la alternancia blancas-negras es el mejor sistema.

Sin embargo, estos dos principios (adversarios diferentes y alternancia blancas-negras) no bastan para establecer los emparejamientos. En efecto, en un torneo de 9 rondas que reúna a 100 jugadores, por ejemplo, cada jugador se enfrenta a 9 adversarios diferentes. Una victoria le supone 1 punto, unas tablas, 0,5 puntos, y una derrota, 0 puntos. Tras acumular los 9 marcadores, los 100 jugadores se reparten en 19 posiciones, que son: 0 (para un jugador que haya perdido todas las partidas); 0,5; 1; 1,5; 2, etc., hasta 9 (para un jugador que haya ganado las 9 partidas). Con un máximo de 19 posiciones para 100 competidores, es evidente que habrá muchos jugadores en *ex aequo*, lo que imposibilita determinar la clasificación final y adjudicar los premios.

En efecto, el resultado obtenido en una partida es «mudo», en el sentido de que nada diferencia un punto «caro», conseguido contra un jugador fuerte, de un punto «fácil», conseguido contra un jugador más modesto. Pero hay un medio para «hacer hablar» al resultado: si el adversario es fuerte, éste conseguirá muchos puntos en el torneo; por el contrario, si es más modesto, su marcador final será más bajo. Así, la suma de los resultados obtenidos por los adversarios de un mismo jugador se convierte en un índice para valorar los puntos obtenidos por éste. Gracias a este sistema, dos jugadores con un mismo marcador al final del torneo pueden ordenarse en función de la «suma de puntos de sus adversarios», o SPA. Este índice de desempate mide la dificultad de la trayectoria de cada cual. Cuantos más adversarios fuertes haya tenido un jugador, más puntos habrán obtenido éstos y más alto será el SPA de dicho jugador.

Tercer principio: después de cada ronda, cada jugador se enfrenta a un adversario que tenga su mismo marcador, o el más próximo posible a él. Para seguir con nuestro ejemplo, los 100 jugadores del torneo reciben un número, del 1 al 100, en función de su clasificación Elo. Los jugadores no clasificados van por orden alfabético. Cuando los jugadores tienen la misma clasificación, se toma en consideración su título: los grandes maestros antes que los maestros, etc. Los números adjudicados no cambian a lo largo de todo el torneo.

El color de las piezas que conduce el jugador n.º 1 se echa a suertes en la primera ronda y decide la alternancia de colores de mesa en mesa. Si el jugador n.º 1 conduce las blancas, la distribución de sus adversarios se hace así: mesa 1, jugador n.º 1 contra jugador n.º 51; mesa 2, n.º 52 contra n.º 2; mesa 3, n.º 3 contra n.º 53, etc. El jugador

329

citado en primer término, el de la izquierda, conduce las blancas y juega primero. Esta fórmula, que enfrenta a los jugadores de la primera mitad del torneo con los de la segunda mitad, se llama a veces «fuerte-débil»; en realidad, es un «desfase de fuerza idéntica».

Tras la primera ronda, se han distribuido 50 puntos. Los jugadores se reparten entonces en tres grupos: los vencedores (1 punto), en el grupo n.° 1; los jugadores que han hecho tablas, en el grupo n.° 2; los perdedores (0 puntos), en el grupo n.° 3. En cada grupo (o nivel de puntos), los jugadores se ordenan en el sentido creciente de los números recibidos antes de la primera ronda. Cada grupo se divide en 2 lotes de jugadores y la primera mitad se enfrenta a la segunda.

Casos particulares. A veces, la aritmética echa por tierra este hermoso edificio. De ahí la existencia de cierto número de casos particulares que requieren solución. En efecto, ¿cómo establecer la mitad de un grupo con un número impar de jugadores? ¿Cómo proceder si este grupo tiene más pretendientes a un color que al otro? ¿Cómo emparejar a un jugador que no tiene adversario posible en el grupo, sea porque no hay ningún otro en él, sea porque ya se ha enfrentado a todos los demás?

Frente a estos problemas, el sistema suizo prevé soluciones que concilian de la mejor manera posible los principios generales y los casos particulares. Así, un jugador que no puede recibir el color pretendido, se llama de «coloración perturbada»; en las rondas siguientes tiene prioridad para la adjudicación de ese color, de

forma que se restablezca al máximo el equilibrio entre el número de veces que ha conducido las blancas y el de las que lo ha hecho con las negras. Un jugador que debe dejar su grupo porque no tiene adversario en él (número impar de jugadores o adversario ya enfrentado) pasa al nivel de puntos inmediatamente inferior. Él y el adversario al que se enfrenta reciben el nombre de «flotadores».

Si el número total de jugadores en el torneo es impar, en cada ronda queda exento un jugador. Este jugador obtiene 1 punto y no puede quedar exento otra vez. Al jugador cuyo adversario no se presenta o llega con más de una hora de retraso, se le adjudica una victoria, pero se considera que no ha recibido color ni adversario en la ronda en la que efectivamente debería haber jugado.

La aplicación precisa de estos principios para resolver de la mejor manera posible los casos particulares exige que los árbitros desplieguen todas sus habilidades fuera de las salas de juego, pues los jugadores son por lo general muy puntillosos en estas cuestiones. Afortunadamente, desde 1981 hay programas electrónicos que proporcionan una inestimable ayuda a los árbitros.

Los sistemas «todos contra todos»

Se utilizan en los torneos con un reducido número de participantes (de 4 a 16, en general; a lo sumo, 20). Su principio básico es que cada competidor se enfrenta a todos los demás al menos una vez. Una forma llamada de «doble turno», o de «ida y vuelta», hace que los jugadores se enfrenten dos veces, con los colores cambiados en cada ocasión. Las dos partidas pueden ser inmediatamente consecutivas, o no. Hoy se aplican dos sistemas bastante similares: el sistema de Berger y el de Rutsch-Berger.

330

Rey. Juego italiano, en marfil, de finales del siglo XII. (Museo nacional del Bargello, Florencia.)

El sistema de Berger. Es el único reconocido oficialmente por la FIDE. Se apoya en el principio de que el jugador n.º 1 se enfrentará al jugador n.º x justamente en la ronda x. Por ejemplo, en un torneo con 8 jugadores y 7 rondas, los adversarios del jugador n.º 1 son, sucesivamente, el jugador n.º 8 en la ronda n.º 1, el jugador n.º 2 en la ronda n.º 2, y así hasta el final. (Los cuadros correspondientes a estos emparejamientos se recogen en las obras destinadas a los árbitros.) El sistema de Berger prevé una sencilla atribución de los colores, uno cada vez, en función de los números de los jugadores que se enfrentan, los cuales se echan a suertes. Los jugadores cuyos números corresponden a la primera mitad del total juegan con blancas una vez más que con negras; mientras que los jugadores de la segunda mitad reciben las negras una vez más que las blancas.

El sistema de Rutsch-Berger. Esta variante del anterior incorpora el antiguo sistema de Rutsch, totalmente abandonado hoy porque es muy complicado desde el punto de vista del cálculo, aunque muy sencillo de aplicar. Casi todos los que lo utilizan lo hacen por instinto, sin conocer sus principios teóricos y ni siquiera el nombre. Los tableros se colocan uno al lado del otro, sobre una larga mesa, y con los colores de las piezas en alternancia. Después de cada ronda, los jugadores pasan al tablero situado a su izquierda para enfrentarse a un nuevo adversario. Cuando todos los encuentros posibles se han jugado por rotación, el equilibrio negras-blancas se ha conseguido sin cálculo alguno, sólo con un poco de disciplina. Este sistema se utiliza a menudo en los torneos de partidas relámpago, forma de juego rápido en la que cada jugador sólo dispone de 5 a 10 minutos para realizar todas las jugadas de la partida.

Los sistemas de desempate

Sirven para que desempaten los jugadores que han conseguido igual número de puntos. Cada torneo prevé y anuncia con antelación 2 o incluso 3 sistemas, pues a veces aún permanece el *ex aequo* tras la aplicación de un sistema. La prudencia aconseja asociar programas que respondan a principios diferentes, como, por ejemplo, el Solkov y la marca, o el brasileño y el acumulativo. Los programas informáticos aplican sucesivamente tres, como mínimo.

La SPA o Solkov. Dos jugadores que hayan conseguido los mismos puntos al final de un torneo pueden ordenarse en función de la «suma de puntos de sus adversarios», llamada usualmente SPA (o Solkov, o Solkoff). La SPA mide la dificultad de la trayectoria de cada jugador. La SPA tiene en cuenta también la suma de los resultados ajustados de los adversarios. El ajuste consiste en conceder 0,5 puntos por cada partida no jugada (compensación o exención). Los jugadores con el mismo marcador se ordenan según el número decreciente de su SPA.

El Harkness. Es una SPA de la que se descuentan –una, dos o tres veces, según el número de rondas– los resultados de los adversarios más fuertes y más modestos.

El brasileño. Es un sistema similar al Harkness, pero sólo se descuentan los resultados ajustados de los adversarios más modestos, siempre en función del número de rondas.

El acumulativo. Este sutil método está muy mal visto por los jugadores, que lo consideran injusto. El acumulativo se obtiene «acumulando», ronda tras ronda, el resultado intermedio de los jugadores; luego, se suman las «acumulaciones» obtenidas tras cada ronda. El recuadro de la parte inferior ilustra el detalle de los resultados, según este sistema, para dos jugadores, X e Y, que han disputado un torneo de 7 rondas.

Se puede apreciar que cuanto antes se consiga un punto, más pesa en el marcador final, pues se suma al resultado de todas las partidas posteriores. Un punto conseguido al comienzo coloca al jugador a la cabeza del torneo, y hace que luego se enfrente a jugadores más bien fuertes. Ese punto anuncia, pues, un torneo difícil, algo que no se manifiesta en el marcador puro, pero sí en el acumulativo.

En el ejemplo del recuadro, Y ha conseguido los puntos en la parte baja del torneo y contra adversarios modestos, mientras que X ha jugado en cabeza. En la jerga ajedrecística, Y es un «submarino»: ha ganado los puntos en las profundidades del torneo, y sólo ha emergido al final.

El desempate por marca. Es el sistema más apreciado por los jugadores. Para cada uno de ellos que ha de desempatar, se establece la media de los Elo de sus adversarios. Una tabla «resultado conseguido/número de rondas jugadas» da la prima correspondiente. Esta prima se suma a la media de los Elo de sus adversarios. Así se obtiene un índice de marca que permite el desempate

de los jugadores con igual resultado. El mejor jugador es el que tiene un mayor índice. La informática ha popularizado este sistema, prácticamente imposible de calcular a mano.

El Kashdan. Es también un índice de desempate, pero corrige los resultados obtenidos en cada ronda, atribuyendo 4 puntos por victoria, 2 puntos por empate y 1 punto por derrota.

El Sonnenborn-Berger. Este sistema sólo se aplica en los torneos «todos contra todos», en los que la trayectoria y los adversarios son idénticos por principio. Se obtiene acumulando los resultados de los adversarios a los que se ha vencido y la mitad de los resultados de los adversarios con los que se ha hecho tablas. Las derrotas se ignoran. Gana el jugador que obtiene el mejor índice.

El sistema de Berlín. Se aplica en los encuentros por equipos. Sean dos equipos, A y B, de 9 jugadores. El resultado final es de 4,5 puntos para cada equipo. El sistema de Berlín concede un número de puntos decreciente, tablero por tablero; o sea, para un encuentro que se disputa en 9 tableros, 9 puntos al primer tablero, 8 puntos al segundo, etc. El recuadro de la página siguiente muestra los resultados. De acuerdo con este sistema, gana el equipo A.

El sistema acumulativo

Número de ronda	Resultado del jugador X	Resultado del jugador Y	Resultado acumulado del jugador X	Resultado acumulado del jugador Y
1	1	0	1	0
2	1	0,5	2	0,5
3	0	1	2	1,5
4	1	1	3	2,5
5	0,5	1	3,5	3,5
6	0	0,5	3,5	4
7	1	0,5	4,5	4,5
Total	4,5	4,5	19,5	16,5

El Buchholz. No se puede hablar de los desempates sin evocar este sistema aún frecuente en el lenguaje de los jugadores de ajedrez, pese a que su uso desapareció hace casi veinte años. Erróneamente considerado por algunos como un método de desempate, en realidad es un método de clasificación. Los jugadores no se ordenan según su resultado final, sino en función de un índice, el Buchholz, fruto del resultado que multiplica el Solkov. ¡Un jugador con 4,5 puntos al final de un torneo puede quedar clasificado tras un jugador que sólo ha conseguido 4!

Los diferentes tipos de competiciones

Los diferentes tipos de competiciones organizados por las federaciones de ajedrez en el mundo siguen más o menos los mismos esquemas básicos. De un país a otro, sólo varía la importancia de la red de competiciones.

Las competiciones individuales

Hay dos grandes categorías: las competiciones «open», que, a pesar de su nombre, no están forzosamente abier-

tas a todos, y las competiciones llamadas «cerradas», en las que los participantes son elegidos por el organizador, usualmente mediante invitación.

Los «open». Se dividen en dos subcategorías. Por una parte, los diferentes campeonatos: campeonatos de todas las categorías y campeonatos «juveniles», principalmente, organizados por zonas (ciudad, provincia, región o país) y para los que no se requiere otra condición que tener una licencia de ajedrez. Por otra parte, los «open» propiamente dichos, abiertos a todos, aunque a veces se aplican restricciones para evitar la presencia de jugadores con niveles muy diferentes, y que suelen estar organizados por los clubes. Son homologados por la federación respectiva, que los supervisa e integra los resultados en la clasificación Elo.

Las competiciones «cerradas». Reúnen a un número reducido de jugadores (de 10 a 16, raras veces más), elegidos por el organizador según sus objetivos: sea la obtención de normas, sea la obtención de clasificaciones internacionales. Pueden ser torneos «de normas», que aplican la fórmula de «todos contra todos» y permiten obte-

Número del tablero	Resultado del equipo A	Resultado del equipo B	Número de puntos del equipo A	Número de puntos del equipo B
		El sistema de Berlín		
1	1	0	9	0
2	0	1	0	8
3	0,5	0,5	3,5	3,5
4	1	0	6	0
5	0	1	0	5
6	0	1	0	4
7	1	0	3	0
8	1	0	2	0
9	0	1	0	1
Total	4,5	4,5	23,5	21,5

ner títulos (véase el capítulo «Los títulos internacionales», pp. 342-347), y pueden ser torneos «de clasificación», cuyo objetivo es permitir que los jugadores no clasificados a nivel internacional se enfrenten con clasificados internacionales (llamados «clasificados FIDE») para que puedan conseguir una primera clasificación internacional. Siguen la fórmula «todos contra todos», y, a veces, la de «ida y vuelta».

Las competiciones por equipos

Las competiciones por equipos, particularmente apreciadas por los jugadores de todos los niveles, reúnen a gran número de jugadores en fechas fijadas con mucha antelación. Pueden ser encuentros entre clubes, de todas las categorías, o no, en los que los equipos (de 4 a 9 jugadores) se enfrentan según la fórmula «todos contra todos», o encuentros de eliminación directa (el equipo derrotado abandona la competición, y sólo sigue el ganador), con equipos de 4 jugadores. También hay competiciones «juveniles», a menudo encuadradas en los centros escolares.

Las competiciones internacionales

Las competiciones internacionales y sus fórmulas se multiplican. Algunas, como el Campeonato del mundo, son grandes acontecimientos públicos que movilizan tanto a los jugadores como a los no jugadores.

Sean individuales o por equipos, todas están bajo la autoridad de la FIDE, que es la encargada de fijar sus reglas. (Están detalladas en el capítulo dedicado a la Federación Internacional; véanse pp. 348-351).

La clasificación de los jugadores

*Lo mismo que en el tenis, la clasificación
de los jugadores de ajedrez se basa
en un sistema de evaluación de los resultados,
que responde a reglas de cálculo muy precisas.*

Los encuentros de ajedrez, aislados o integrados en torneos, tienen por objeto, entre otros, confirmar o invalidar la supremacía de uno o varios jugadores. Pero ¿qué jerarquía se puede establecer entre todos los competidores y entre los vencedores de los diferentes torneos? ¿Cómo se determina el orden y el mérito de cada uno al final de una temporada de encuentros?

La historia de la clasificación

Pese a que es relativamente reciente –se estableció a finales de los años sesenta–, la clasificación Elo se ha convertido en la referencia universal del mundo del ajedrez.

La comparación de los resultados

En el ajedrez, las damas y cualquier otra confrontación individual, como son el tenis y el boxeo en el ámbito deportivo, la clasificación no puede descansar única y exclusivamente en los resultados de los encuentros disputados.

Para resultar significativa, la clasificación ha de tomar en consideración:
– el nivel de los adversarios enfrentados;
– el nivel y los resultados de los otros jugadores con los que el competidor no se ha enfrentado.

Se requiere también que el competidor haya disputado un número mínimo de torneos, a fin de limitar el efecto de buena o mala suerte debido a la forma o las circunstancias del momento.

Así, la necesidad de evaluar los resultados se hizo patente ya en la segunda mitad del siglo XIX, a medida que se multiplicaban los torneos y se desarrollaba el espíritu competitivo.

Los primeros intentos de clasificación

Las diferentes federaciones crearon su propio método de evaluación sin acuerdo alguno entre ellas. Así, Alemania estableció su método Ingo, el Reino Unido, el British Grading, y Francia, el IVP («Índice de Valor de Prestaciones»), mientras que Suiza se limitaba a considerar los puntos.

Hacia 1960, el físico americano de origen húngaro, Arpad Elo, elabora un sistema de clasificación para las federaciones de tenis (que no adoptan su propuesta), y luego extiende dicho estudio a la clasificación de los jugadores de ajedrez.

Tomando en consideración las correlaciones existentes entre la edad, el nivel de los jugadores, el número de partidas jugadas y la distribución de las mismas a lo largo de sus carreras, consigue comparar a los campeones del último siglo.

335

La primera clasificación internacional

En 1969, Arpad Elo establece la primera clasificación de la Federación Internacional de Ajedrez (FIDE), basada en los resultados que los 210 maestros y grandes maestros internacionales obtuvieron entre 1966 y 1968. Inmediatamente, incorpora los resultados de las partidas disputadas en 1969. Así, la primera clasificación Elo se publica en 1970.

La FIDE, reunida en congreso, la presenta con ocasión de la Olimpiada de 1970, que se celebra en Siegen, Alemania. Muy pronto, el sistema es reconocido y aceptado por todos. El Elo pasa a ser sinónimo de nivel y clasificación ajedrecística en todo el mundo. El palmarés de la primera clasificación Elo queda confirmado por la historia del ajedrez, pues incluye a todos los campeones del mundo de los años cuarenta a setenta, como se puede ver en el recuadro que figura al final de la columna.

Los jugadores clasificados tienen en lo sucesivo un Elo de al menos 2 205 puntos, redondeado a la media decena más próxima y acabado, por tanto, en 0 o 5. Aunque teóricamente no tiene límite superior, el Elo nunca ha pasado de 2 820 puntos, y en la actualidad sólo recoge a los jugadores cuyos resultados dan al menos 2 005 puntos.

La clasificación Elo cosecha tal éxito, que los resultados de las competiciones afluyen a la FIDE. Ésta pasa

entonces de su publicación anual a una publicación semestral, el 1 de enero y el 1 de julio. En un principio, la clasificación es estrictamente masculina, pues había pocas mujeres de alto nivel. El primer Elo femenino, calculado a partir de los resultados del período 1969-1971, se publica en julio de 1972 y sólo recoge a 112 jugadoras. Las dos primeras son soviéticas: Nona Gaprindachvili y Alla Kouchnir. La primera tiene en julio de 1972 un Elo de 2 450; durante bastante tiempo es la única mujer gran maestro internacional de la clasificación masculina, y conserva el título de campeona del mundo por más de diez años. Alla Kouchnir totaliza un Elo de 2 355 y es la infatigable número 2 durante diez años.

Como el primer Elo femenino no incluía apenas jugadoras que no fuesen soviéticas, la FIDE decide confeccionar dos clasificaciones: una lista mixta, con un Elo mínimo de 2 205, en la que figuran las mejores jugadoras, y una lista estrictamente femenina, con un Elo mínimo de 2 005, reservada para las jugadoras más modestas.

La clasificación y la prueba del tiempo

Durante más de veinte años, la FIDE ha diferenciado las clasificaciones mixtas y las clasificaciones femeninas. Pero esta diferenciación no reflejaba la realidad, en especial la evolución del juego femenino. Así, en julio de 1992, con ocasión del congreso de Manila, la FIDE establece una única lista mixta, con un Elo mínimo de 2 005 puntos. El número de jugadores clasificados aumenta de forma regular desde entonces y llega a 18 555 el 1 de enero de 1997. El recuadro de la página siguiente muestra la evolución del número de jugadores clasificados desde 1980.

Así, desde 1992, esto es, en cinco años, el número de jugadores clasificados ha aumentado en cerca de un 60 %.

La primera clasificación Elo de la FIDE

1° : Bobby Fischer (EE.UU.)   2 720
2° : Boris Spassky (URSS)   2 690
3° : Viktor Kortchnoï (URSS)   2 680
4° : Mikhaïl Botvinnik (URSS)   2 660
5° : Tigran Petrossian (URSS)   2 650

Años	Número de jugadores clasificados
1980	3 103
1981	3 471
1982	4 020
1983	4 177
1984	4 464
1985	6 340
1986	7 248
1987	7 323
1988	7 857
1989	8 373
1990	9 186
1991	10 132
1992	10 950
1993	12 050
1994	14 521
1995	17 010
1996	19 808
1997	18 555

Los jugadores de máximo nivel

La barrera Elo de 2 800 puntos fue inalcanzable durante muchos años; sólo Bobby Fischer, con 2 785 puntos, se acercó a ella en enero de 1972. Fischer se retira de la competición tras conquistar, en el mismo año 1972, el título de campeón del mundo (con una clasificación de 2 780).

Kasparov, campeón del mundo en 1993, es el primero que franquea la mítica barrera de los 2 800 puntos: obtiene primero un Elo de 2 805, y luego sube a 2 820. El exclusivo círculo de jugadores que han superado los 2 780 puntos se limita, de momento, a cuatro nombres ilustres: Fischer, Karpov, Kramnik y Kasparov.

Entre las mujeres, la joven húngara Judit Polgar ostenta el récord con 2 665 puntos, conseguidos en 1996, a los veinte años de edad, y se coloca en el décimo puesto de la clasificación mundial. A título comparativo, Miguel Illescas, uno de los jugadores españoles mejor clasificados, alcanzó 2 605 puntos en enero de 1996.

Los principios del cálculo

En el ajedrez, las tablas no tienen igual repercusión para la clasificación de los jugadores que han disputado la partida. Si la victoria materializa el dominio de uno de ellos, las tablas no suponen una simple neutralización recíproca. El más débil consigue un buen resultado si arranca las tablas, mientras que el más fuerte, por el hecho de no imponerse, cosecha un mal resultado. La noción de «distancia», la diferencia de clasificación Elo entre los adversarios, sirve para establecer los «méritos» de cada uno de ellos.

Una primera aproximación

Cuando se enfrentan dos jugadores, la partida acaba necesariamente con uno de estos marcadores: 1-0, 0,5-0,5 o 0-1. El 1 indica la victoria, el 0, la derrota, y el 0,5, las tablas. Estos puntos de victoria, derrota o tablas no tienen nada que ver con los puntos Elo ganados o perdidos.

Si los boxeadores que se enfrentan tienen por lo general pesos similares, el ajedrez, por el contrario, opone a menudo a adversarios con clasificaciones muy alejadas una de otra. Así, cuando el más fuerte se coloca frente al más débil, el famoso punto de victoria, objetivo de la partida, no está, *a priori*, repartido a partes iguales. El más fuerte tiene al comienzo de la partida una esperanza de victoria superior al 50 %, mientras que la del más débil no llega a ese 50 %.

El genio del profesor Elo ha permitido cuantificar los potenciales de los jugadores en función de la dife-

337

Alfil (obispo). «Juego de Lewis», marfil de morsa, finales del siglo XII. (British Museum, Londres.)

rencia de fuerza (y de clasificación) previa a la disputa de la partida. El método Elo no tiene en cuenta el número de partidas jugadas ni sus resultados durante el período que media entre una publicación y la anterior. Se apoya en fórmulas unánimemente aceptadas por los estadísticos (ley Normal, de Poisson, etc.), y parte de la hipótesis de que la clasificación de los jugadores se sitúa entre los 2 200 y los 2 800 puntos. El profesor Elo ha elaborado una tabla de probabilidades de victoria en función de la diferencia Elo entre los jugadores.

La tabla de «Probabilidades de triunfo según la diferencia Elo» (abajo) consta de dos columnas. La primera, «Dif. Elo», indica la distancia entre las clasificaciones de los dos jugadores. La segunda columna, la de «Probabilidades», está partida en dos: a la izquierda, la probabilidad de ganar que tiene el jugador S (esto es, superior); a la derecha, la probabili-

dad de ganar que tienen el jugador I (inferior). Se puede apreciar que la probabilidad de triunfo para el jugador I es, como máximo, igual a 0,5 (1 posibilidad entre 2), cuando la diferencia de los Elo de ambos jugadores va de 0 a 3. En los demás casos es inferior a 0,5, y puede considerarse nula cuando la diferencia de los Elo es superior a 735. Las probabilidades –según el lenguaje técnico de los estadísticos, equivalente a la oportunidad del lenguaje común– de triunfo de ambos jugadores son siempre complementarias. Por ejemplo, si un jugador tiene una probabilidad de triunfo de 0,65, el otro la tiene de 0,35.

Cuando el jugador S tiene un Elo de 2 400 y el jugador I un Elo de 2 320, su diferencia es de 80. La tabla indica que, para una diferencia de 80, el jugador S tiene una probabilidad 0,61 de adquirir el punto en juego, contra una probabilidad 0,39 para el jugador I.

Lo ideal sería que la clasificación de un jugador se modificase tras las

Probabilidades de triunfo según la diferencia Elo

Dif. Elo	Probabilidades		Dif. Elo	Probabilidades		Dif. Elo	Probabilidades	
	S	I		S	I		S	I
0 - 3	0,50	0,50	122 - 129	0,67	0,33	279 - 290	0,84	0,16
4 - 10	0,51	0,49	130 - 137	0,68	0,32	291 - 302	0,85	0,15
11- 17	0,52	0,48	138 - 145	0,69	0,31	303 - 315	0,86	0,14
18 - 25	0,53	0,47	146 - 153	0,70	0,30	316 - 328	0,87	0,13
26 - 32	0,54	0,46	154 - 162	0,71	0,29	329 - 344	0,88	0,12
33 - 39	0,55	0,45	163 - 170	0,72	0,28	345 - 357	0,89	0,11
40 - 46	0,56	0,44	171 - 179	0,73	0,27	358 - 374	0,90	0,10
47 - 53	0,57	0,43	180 - 188	0,74	0,26	375 - 391	0,91	0,09
54 - 61	0,58	0,42	189 - 197	0,75	0,25	392 - 411	0,92	0,08
62 - 68	0,59	0,41	198 - 206	0,76	0,24	412 - 432	0,93	0,07
69 - 76	0,60	0,40	207 - 215	0,77	0,23	433 - 456	0,94	0,06
77 - 83	0,61	0,39	216 - 225	0,78	0,22	457 - 484	0,95	0,05
84 - 91	0,62	0,38	226 - 235	0,79	0,21	485 - 517	0,96	0,04
92 - 98	0,63	0,37	236 - 245	0,80	0,20	518 - 559	0,97	0,03
99 - 106	0,64	0,36	246 - 256	0,81	0,19	560 - 619	0,98	0,02
107 - 113	0,65	0,35	257 - 267	0,82	0,18	620 - 735	0,99	0,01
114 - 121	0,66	0,34	268 - 278	0,83	0,17	> 735	1,00	0,00

diferencias que se registren entre el cálculo de clasificación derivado de la tabla, partida tras partida, y los resultados efectivos; pero sería muy laborioso e incompatible con la aparición semestral de la clasificación. Por este motivo se ha elaborado la noción de marca Elo.

La marca Elo

El resultado obtenido por un jugador en un torneo no basta para definir el valor de su marca: hay que considerar también la calidad de los adversarios que ha tenido.

La «marca» definida por Arpad Elo se apoya en dos elementos: primero se calcula la media de las clasificaciones Elo de los adversarios, y luego, según el porcentaje de puntos conseguidos en el torneo (obtenido dividiendo el resultado por el número de partidas), se le añade un *bonus* (en caso de un porcentaje superior al 50 %), o se resta un *malus* (en caso de porcentaje inferior al 50 %). La

---

Una marca de 3 000

Anatoli Karpov consiguió en 1994, en Linares, una de las mejores marcas de todos los tiempos: 3 000.

Adversario	Elo	Resultado
Shirov	2 715	0,5
Bareïev	2 685	1
Lautier	2 625	1
Kramnik	2 910	1
Topalov	2 640	1
Kamsky	2 695	0,5
Anand	2 715	0,5
Ivantchouk	2 710	1
Gelfand	2 685	1
Illescas	2 590	1
Polgar	2 630	1
Beliavski	2 650	1

Media de los Elo de los adversarios: 2 671
Puntos conseguidos: 10,5
Partidas: 12
Porcentaje: $\frac{10,5}{12} = 0,875$
Bonus: 329
Marca: 2 671 + 329 = 3 000

Tabla de primas o bonus-malus

% p	BM d(p)	% p	BM d(p)	% p	BM d(p)	% p	BM d(p)	% p	BM d(p)	% p	BM d(p)
100		83	273	66	117	49	- 7	32	- 133	15	- 296
99	677	82	262	65	110	48	- 14	31	- 141	14	- 309
98	589	81	251	64	102	47	- 21	30	- 149	13	- 322
97	538	80	240	63	95	46	- 29	29	- 158	12	- 336
96	501	79	230	62	87	45	- 36	28	- 166	11	- 351
95	470	78	220	61	80	44	- 43	27	- 175	10	- 366
94	444	77	211	60	72	43	- 50	26	- 184	9	- 383
93	422	76	202	59	65	42	- 57	25	- 193	8	- 401
92	401	75	193	58	57	41	- 65	24	- 202	7	- 422
91	383	74	184	57	50	40	- 72	23	- 211	6	- 444
90	366	73	175	56	43	39	- 80	22	- 220	5	- 470
89	351	72	166	55	36	38	- 87	21	- 230	4	- 501
88	336	71	158	54	29	37	- 95	20	- 240	3	- 538
87	322	70	149	53	21	36	- 102	19	- 251	2	- 589
86	309	69	141	52	14	35	- 110	18	- 262	1	- 677
85	296	68	133	51	7	34	- 117	17	- 273	0	
84	284	67	125	50	0	33	- 125	16	- 284		

tabla de la página anterior recoge los *bonus-malus* (BM) –llamados también *d(p)*, esto es, «diferencia de puntos»– correspondientes a cada valor del porcentaje *(p)*.

El acceso a la clasificación

Para conseguir una primera clasificación Elo hay que disputar un mínimo de 9 partidas contra otros tantos jugadores que estén clasificados; la marca obtenida debe ser superior a 2 000 puntos Elo.

Esas 9 partidas puede jugarse en diferentes torneos, en un plazo máximo de dos años. Sin embargo, para que los resultados sean considerados, hay que enfrentarse al menos a 4 clasificados en cada torneo. Por ejemplo, quien haya jugado 4 partidas en un torneo, y luego 5 en otro, podrá acceder a la clasificación si su marca global es superior a 2 000; por el contrario, quien haya jugado sucesivamente 3, 3 y 5 partidas no podrá acceder a la clasificación.

La evolución de la clasificación

La clasificación evoluciona durante cada período (seis meses) según reglas muy precisas. Cada torneo en que se enfrenta a jugadores clasificados supondrá para el jugador ganancia o pérdida de puntos. Al final del período, ganancias y pérdidas se incorporan a su Elo para dar el nuevo (redondeado a la media decena). La FIDE publica las clasificaciones Elo dos veces al año, el 1 de enero y el 1 de julio.

La variación que experimenta el Elo de un jugador en un torneo se calcula así:
– se halla la media de las clasificaciones de sus adversarios clasificados;
– se calcula la diferencia entre esta media y el Elo del jugador;
– de acuerdo con la tabla de «Probabilidades de triunfo según la diferencia Elo», la diferencia resultante da la probabilidad de triunfo del jugador (en la columna *S*, si el jugador tiene una Elo superior a la media de las de sus adversarios; en la columna *I*, si es al revés);

Ejemplo de cálculo de acceso a la clasificación

Caso de adversarios clasificados enfrentados en un mismo torneo (al menos 9):
– Si el resultado del jugador no llega al 50 % de los puntos, el cálculo es sencillo: su clasificación inicial es sencillamente la marca alcanzada, calculada como se ha dicho antes y redondeada a la media decena.
– Si el resultado del jugador supera el 50 % de los puntos, se utiliza otro método, para evitar clasificaciones sobrevaloradas: se calcula la media de los Elo de los adversarios y se suma 12,5 por cada medio punto que supere el 50 %.
Ejemplo: un jugador se ha enfrentado a 9 adversarios con una media de clasificaciones Elo igual a 3.314. Ha conseguido 6 puntos. Su porcentaje (6/9) es superior al 50 %; como la media es 4,5, ha obtenido 3 medios puntos de más. Su clasificación

inicial será:
2 314 + (12,5 x 3) = 2 351,5, redondeado a 2 350.

Caso de adversarios clasificados enfrentados en diferentes torneos:
Se calcula la clasificación inicial que el jugador habría conseguido en cada torneo; luego se establece una media ponderada, según el número de partidas jugadas en cada uno de ellos.
Ejemplo:
Primer torneo. Clasificación: 2 420, 7 partidas jugadas
Segundo torneo. Clasificación: 2 180, 4 partidas jugadas

$$\frac{(2\,420 \times 7) + (2\,180 \times 4)}{(7+4)} = \frac{25\,660}{(7+4)} = 2\,332,7$$

clasificación inicial : 2 335.

Ejemplo de cálculo de la variación del Elo

En septiembre de 1996, Étienne Bacrot disputa sus primeras Olimpiadas, en Ereván, con el equipo de Francia. Tiene entonces una clasificación de 2 470.

Se enfrenta a 10 adversarios. Como uno de ellos no estaba clasificado, ese resultado no se tiene en cuenta; la media de las clasificaciones de los otros 9 es 2 506. Étienne Bacrot consigue 6 puntos frente a ellos.

– media: 2 506
– diferencia: 36
– probabilidad: 0,45
– resultado obtenido: 9 x 0,45 = 4,05
– diferencia: 6 – 4,05 = 1,95
– variación: 1,95 x 10 = 19,5

– multiplicando esta probabilidad por el número de partidas jugadas, se obtiene el resultado previsto para el jugador, esto es, el que debería haber conseguido, dado su nivel;

– se calcula la diferencia entre el resultado efectivamente conseguido y el resultado previsto (si el resultado es positivo, el jugador gana puntos; si no, los pierde);

– para obtener la variación, se multiplica esta diferencia por un coeficiente K. El valor de K varía según la calidad de los jugadores: es de 25 para un recién clasificado, hasta que haya disputado 30 partidas; luego pasa a 15, hasta que el jugador alcance 2400 Elo; por último, pasa definitivamente a 10.

Los títulos internacionales

Maestros y grandes maestros ocupan un lugar preeminente en el mundo del ajedrez. Son conocidos y respetados por todos, y su presencia contribuye en forma decisiva al éxito de las competiciones.

Al igual que todas las federaciones deportivas, la Federación Internacional de Ajedrez (FIDE) concede los títulos de campeones del mundo, que se disputan de forma periódica. Pero su originalidad reside en el sistema que adjudica, bajo ciertas condiciones, los títulos vitalicios de maestro y gran maestro.

La denominación «gran maestro» apareció en Rusia, en 1914, para distinguir a los mejores jugadores de ajedrez de la época. El zar concedió por primera vez este título a los cinco finalistas del torneo de Petrogrado: Emanuel Lasker, José Raúl Capablanca, Alexandre Alekhine, Siegbert Tarrasch y Frank James Marshall. Esta forma de designar a los grandes de los tableros se extendió rápidamente. En 1950, la FIDE dio carácter oficial a los títulos de maestro y gran maestro, pero sin precisar las reglas de su adjudicación. En cada congreso anual, los miembros de la comisión de cualificación, encargada de conceder los títulos, examinaba una lista de candidatos.

En 1958, la FIDE definió los criterios que posibilitaban una adjudicación más objetiva de los títulos. Estos criterios se perfeccionan en los años setenta con la elaboración de un sistema basado en la clasificación Elo de los participantes, aún en vigor en lo sustancial. La FIDE aplica esquemas idénticos para la concesión de cuatro títulos diferentes: gran maestro internacional (G.M.I.), maestro internacional (M.I.), gran maestro internacional femenino (G.M.I.F.) y maestro internacional femenino (M.I.F.).

Los títulos se obtienen, por lo general, mediante resultados de alto nivel, llamados «normas», que han de realizarse en pruebas particulares: los «torneos de normas». Hay casos excepcionales que permiten obtener un título directamente. La victoria en el Campeonato del mundo femenino, por ejemplo, da automáticamente el título de gran maestro internacional a la nueva campeona.

Los torneos de normas

En principio, un torneo de normas es un torneo cerrado (reservado a un limitado número de jugadores invitados) «todos contra todos», en el que tanto el calendario como la asignación de los colores están preestablecidos. Tales condiciones aseguran la máxima regularidad a la competición. Este tipo de torneos debe cumplir condiciones muy precisas que garantizan la autenticidad y la fiabilidad de los resultados. Un torneo de normas debe constar al menos de 9 rondas y desarrollarse a un ritmo normal (no más de 46

Jugadores de ajedrez en la URSS. ▶

jugadas en 2 horas), con participantes de nacionalidades diferentes (deben estar representadas al menos tres federaciones) y de los cuales el 80 %, al menos, tengan una clasificación internacional.

Según el nivel y los títulos de los participantes, el torneo posibilita realizar las normas de G.M.I., de M.I., de G.M.I.F. o de M.I.F. Para realizar una norma de G.M.I., hay que enfrentarse al menos a 3 G.M.I., y la media Elo de los participantes debe ser superior a 2 400 puntos. Para una norma de M.I., hay que enfrentarse al menos a 3 M.I., o a 2 G.M.I., con una media Elo de los participantes superior a 2 250 puntos. Para la norma de G.M.I.F., hay que enfrentarse al menos a 2 G.M.I., a 3 M.I., a 3 G.M.I.F., o a 3 jugadores con un Elo superior a 2 300 puntos, y la media Elo de los participantes debe superar los 2 300 puntos. Por último, para la norma de M.I.F., se exigen al menos 3 M.I.F., 2 G.M.I., 2 G.M.I.F., 2 M.I., o 2 jugadores con un Elo por encima de los 2 300 puntos, y la media Elo de los participantes debe superar los 2 050 puntos.

En los años ochenta surgieron numerosos «open» internacionales. En ellos se pueden realizar las normas, y también en las competiciones por equipos: el jugador y los adversarios a los que se enfrenta tienen la misma consideración que los participantes en un torneo cerrado. Excepción a la regla: en ciertos grandes «open» internacionales no se exige la cláusula de al menos tres nacionalidades.

Las normas

Todo jugador ambicioso desea llegar a maestro, y luego a gran maestro, y por eso se convierte en un «cazador de normas» en busca de los torneos que le ofrecen tales oportunidades. Para realizar una norma hay que conseguir cierto número de puntos en un torneo de normas. El número de puntos necesarios depende de la categoría del torneo, del número de participantes y del número de rondas.

Los torneos cerrados se agrupan en diferentes categorías, según la media de las clasificaciones Elo que tengan los participantes. Cada categoría supone un tramo de 25 puntos Elo. Los torneos de categoría I (media Elo comprendida entre 2 551 y 2 575) son los más débiles. El torneo de más alto nivel de la historia se disputó en Las Palmas en diciembre de 1996; de categoría XXI, opuso a seis jugadores con un Elo medio de 2 757 puntos, que se enfrentaron dos veces entre sí. Lo ganó Gari Kasparov, por delante de Anand, Kramnik, Topalov, Ivantchouk y Karpov.

Este sistema de clasificación permite determinar rápidamente el número de puntos exigidos para las diferentes normas. Está representado en las tablas de las páginas 345 y 346: la primera recoge las normas de M.I. y de G.M.I.; la segunda, las normas de M.I.F. y de G.M.I.F. (torneos femeninos). Por ejemplo, para un torneo X con 9 rondas (Elo medio de los participantes entre 2 476 y 2 500 puntos), hay que conseguir 6 puntos para realizar una norma de G.M.I., y 4,5 puntos para una norma de M.I. (primera tabla). Para un torneo de categoría VIII con 11 rondas (Elo medio de los participantes entre 2 226 y 2 250 puntos), hay que conseguir 8 puntos para realizar una norma de G.M.I.F., y 26 puntos para una norma de M.I.F. (segunda tabla).

De hecho, cada norma supone la realización de una marca Elo mínima: una norma de G.M.I. corresponde a una marca de al menos 2 600 puntos Elo; una norma de M.I., a una marca de al menos 2 450 puntos Elo; una norma de G.M.I.F., a una marca de 2 400 puntos Elo, y una norma de M.I.F., a una marca de 2 250 puntos Elo.

Los títulos

Después de la de campeón del mundo, la principal distinción es la de gran maestro internacional. Sin embargo, el número de grandes maestros internacionales ha experimentado un considerable crecimiento en los años noventa, y ello ha propiciado que se estudie ya la creación de una categoría superior, la de super-gran maestro internacional.

A comienzos de 1997 había en el mundo 563 G.M.I., 1 619 M.I.; 110 G.M.I.F. y 295 M.I.F. Étienne Bacrot se convirtió en marzo de 1997 en el más joven G.M.I. de la historia del ajedrez: consiguió el título con tan solo catorce años y dos meses de edad.

Gran maestro internacional. Este título se obtiene realizando normas de G.M.I. o consiguiendo un resultado excepcional.

La realización de las normas de G.M.I. debe efectuarse en un mínimo de 30 partidas, que se reduce a 24 partidas si una de las normas se consigue en un torneo cerrado o en una Olimpiada. Además, el candidato al título tiene que haber alcanzado un mínimo de 2 500 puntos en la clasificación Elo en el curso de los siete años siguientes a la realización de su primera norma. Entonces, el jugador obtiene inmediatamente el título de G.M.I. Los resultados excepcionales que otorgan el pleno derecho al título de G.M.I. son: el título de campeón del mundo; el título de campeón del mundo juvenil destacado (sin *ex aequo*); la clasificación entre los candidatos al título de campeón del mundo; y, por último, una norma de G.M.I. obtenida en un torneo interzonal o en 13 rondas de una Olimpiada. (Una zona geográfica comprende 15 países, y un torneo interzonal abarca varias zonas geográficas.)

Maestro internacional. Es el título de mayor importancia tras el de G.M.I. Se obtiene realizando normas de M.I. o mediante un resultado excepcional.

La adquisición de normas de M.I. requiere, como las de G.M.I., un míni-

Normas de G.M.I. y de M.I.
Número de puntos necesarios para la realización de las normas

Categoría del torneo	I	II	III	IV	V	VI	VII	VIII	IX	X	XI	XII	XIII	XIV	XV	XVI
Elo medio de los participantes	2251 2275	2276 2300	2301 2325	2326 2350	2351 2375	2376 2400	2401 2425	2426 2450	2451 2475	2476 2500	2501 2525	2526 2550	2551 2575	2576 2600	2601 2625	2626 2650
Norma G.M.I.							7	7	6,5	6	6	5,5	5,5	5	4,5	4,5
Norma M.I.	7	7	6,5	6	6	5,5	5,5	5	4,5	4,5	4	4	3,5	3	3	
Norma G.M.I.							8	7,5	7	7	6,5	6	6	5,5	5	5
Norma M.I.	8	7,5	7	7	6,5	6	6	5,5	5	5	4,5	4	4	3,5	3	
Norma G.M.I.							8,5	8	8	7,5	7	7	6,5	6	5,5	5,5
Norma M.I.	8,5	8	8	7,5	7	7	6,5	6	5,5	5,5	5	4,5	4	4	3,5	
Norma G.M.I.							9,5	9	8,5	8	8	7,5	7	6,5	6	6
Norma M.I.	9,5	9	8,5	8	8	7,5	7	6,5	6	6	5,5	5	4,5	4	4	
Norma G.M.I.							10	9,5	9,5	9	8,5	8	7,5	7	6,5	6,5
Norma M.I.	10	9,5	9,5	9	8,5	8	7,5	7	6,5	6,5	6	5,5	5	4,5	4	

mo de 30 partidas (24 partidas, si una de las normas se adquiere en un torneo cerrado o en una Olimpiada). Además, el candidato al título debe haber alcanzado un mínimo de 2 400 puntos Elo en el curso de los siete años siguientes a la realización de su primera norma.

Los resultados excepcionales que dan derecho al título de M.I. son: la victoria en un torneo zonal, en el Campeonato del mundo para menores de 18 años, en un campeonato continental (de todas las categorías o junior) o en el torneo de los Candidatos al título de campeón del mundo; un resultado del 66 % de los puntos en un torneo interzonal; una norma de M.I. en un torneo del ciclo del Campeonato del mundo o en las Olimpiadas, a condición de haber disputado 13 partidas; uno de los 3 primeros puestos en el Campeonato del mundo junior y, por último, una clasificación para el torneo interzonal.

Aldo Haïk fue, en 1977, el primer francés maestro internacional, gracias a las normas realizadas en Reggio nell'

Emilia (Italia), en 1976, y en Stara Zagora (Bulgaria), en 1977.

Gran maestro internacional femenino. Este título se obtiene realizando normas de G.M.I.F. o mediante un resultado excepcional.

La adquisición de normas de G.M.I.F. debe realizarse en un mínimo de 30 partidas (o 24, si una de las normas se adquiere en un torneo cerrado o en una Olimpiada). Además, la candidata al título debe alcanzar al menos 2 300 puntos Elo en los siete años siguientes a su primera norma.

Los resultados excepcionales que dan derecho al título de G.M.I.F. son: la clasificación para el torneo de las Candidatas al título de campeona del mundo; una norma de G.M.I.F. en un torneo del ciclo del Campeonato del mundo o en las Olimpiadas, a condición de haber disputado 13 partidas; el título de campeona del mundo junior destacada (sin *ex aequo*).

Maestro internacional femenino. Este título se obtiene realizando normas

346

Normas de M.I.F. y de G.M.I.F. (torneos femeninos)
Número de puntos necesarios para la realización de las normas

Número de rondas	Categoría del torneo / Elo medio de los participantes	I	II	III	IV	V	VI	VII	VIII	IX	X	XI	XII	XIII	XIV	XV	X
		2051–2075	2076–2100	2101–2125	2126–2150	2151–2175	2176–2200	2201–2225	2226–2250	2251–2275	2276–2300	2301–2325	2326–2350	2351–2375	2376–2400	2401–2425	2…–2…
9	Norma G.M.I.F.							7	7	6,5	6	6	5,5	5,5	5	4,5	
	Norma M.I.F.	7	7	6,5	6	6	5,5	5,5	5	4,5	4,5	4	4	3,5	3	3	
10	Norma G.M.I.F.							8	7,5	7	7	6,5	6	6	5,5	5	
	Norma M.I.F.	8	7,5	7	7	6,5	6	6	5,5	5	5	4,5	4	4	3,5	3	
11	Norma G.M.I.F.							8,5	8	8	7,5	7	7	6,5	6	5,5	
	Norma M.I.F.	8,5	8	8	7,5	7	7	6,5	6	5,5	5,5	5	4,5	4	4	3,5	
12	Norma G.M.I.F.							9,5	9	8,5	8	8	7,5	7	6,5	6	
	Norma M.I.F.	9,5	9	8,5	8	8	7,5	7	6,5	6	6	5,5	5	4,5	4	4	
13	Norma G.M.I.F.							10	9,5	9,5	9	8,5	8	7,5	7	6,5	
	Norma M.I.F.	10	9,5	9,5	9	8,5	8	7,5	7	6,5	6,5	6	5,5	5	4,5	4	

de M.I.F., con una clasificación Elo mínima de 2 200 puntos o mediante un resultado excepcional.

Las normas de M.I.F. deben realizarse en un mínimo de 30 partidas (24, si una de las normas se realiza en un torneo cerrado o en una Olimpiada). La candidata al título debe alcanzar un mínimo de 2200 puntos Elo en los siete años siguientes a su primera norma.

Los resultados excepcionales que dan derecho al título de M.I.F. son: la victoria en un torneo zonal femenino, en el Campeonato del mundo para menores de 18 años o en un torneo continental femenino; un resultado del 66 % de los puntos en un torneo zonal femenino; una norma de M.I.F. en un torneo del ciclo del Campeonato del mundo o en las Olimpiadas, a condición de haber disputado 13 partidas; uno de los tres primeros puestos en el Campeonato del mundo junior femenino y, por último, una clasificación para el torneo interzonal femenino.

Maestro FIDE y Maestro FIDE femenino. La FIDE ha creado recientemente estos títulos de menor importancia. El modo de su atribución es completamente diferente, pues en este caso, no depende de la realización de normas, sino de la clasificación Elo de los jugadores.

El título de maestro FIDE se concede al jugador que alcance un Elo de 2 300 puntos tras jugar al menos 24 partidas, o al que obtenga un resultado particular: la victoria en un Campeonato del mundo para jóvenes (de más de 10 años a menos de 16) o el resultado del 50 % de los puntos en un torneo zonal.

El título de maestro FIDE femenino se concede a la jugadora que alcance un Elo de 2 100 puntos tras jugar al menos 24 partidos, o a la que obtenga un resultado particular: la victoria en un Campeonato del mundo femenino para jóvenes (de más de 10 años a menos de 16) o el resultado del 50 % de los puntos en un torneo zonal femenino.

Dama.
Juego «Regencia»,
madera,
siglo XVIII.
(Col. part.)

347

La Federación Internacional de Ajedrez

La FIDE, encargada de reglamentar el juego a nivel mundial, organiza numerosas competiciones, entre ellas la más prestigiosa de todas: el Campeonato del mundo.

La Federación Internacional de Ajedrez (FIDE) se fundó en París el 20 de julio de 1924, gracias a los esfuerzos del francés Pierre Vincent. Participaron en el acto representantes de catorce países: Argentina, Bélgica, Canadá, España, Francia, Gran Bretaña, Holanda, Hungría, Italia, Polonia, Rumanía, Suiza, Checoslovaquia y Yugoslavia.

Gens una sumus («Somos una sola familia») es su divisa. Su principio es la igualdad de derechos para todos los miembros, sin discriminaciones de carácter nacional, político, racial, social o religioso, y se compromete a observar una estricta neutralidad en los asuntos internos de las federaciones nacionales.

Su primera tarea fue elaborar unas reglas de juego que pudiesen ser reconocidas y aceptadas por todos. Éstas se aprobaron en Zurich en 1925, un año después de su creación. Luego, bajo la batuta de su primer presidente, el doctor Alexander Rueb, holandés, se dedicó a poner en marcha una prueba mundial por equipos en la que participasen los países miembros de la FIDE. La primera Olimpiada de ajedrez se celebró en Londres en 1927.

En 1947, a la muerte de Alexandre Alekhine, la FIDE asumió la organización del Campeonato del mundo.

Después creó una serie de competiciones: El Campeonato del mundo femenino (1949), el Campeonato del mundo junior (1951), el Campeonato del mundo universitario por equipos (1954) y las Olimpiadas (1957).

En 1950, la FIDE oficializa los títulos de gran maestro y maestro internacional. Después, adopta la clasificación Elo y un sistema para la adjudicación de los títulos que dependen de ella.

El número de países afiliados a la FIDE varía, pues algunas federaciones se autoexcluyen porque no pueden satisfacer su cotización. En 1997 tenía 156 países miembros. Las federaciones de los países miembros se agrupan en veintiuna zonas para facilitar la eficacia de la administración de la FIDE y la organización de sus competiciones. La extensión geográfica de estas zonas varía según la importancia de las federaciones nacionales. Así, Rusia forma por sí sola una zona, mientras que en África hay dos zonas.

Organización de la FIDE

La organización de la FIDE tienen mucho en común con el esquema clásico de muchas federaciones deportivas.

La asamblea general. Es la instancia soberana de la FIDE. Está integrada por representantes de las federaciones de los países miembros, que tienen cada una un voto, con independencia del número de sus jugadores. Así, Rusia y Burkina Faso, por poner un ejemplo, tienen los mismos derechos.

La asamblea general se reúne una vez al año en el marco del congreso de la FIDE. Cada cuatro años elige un presidente y los miembros de las otras instancias (Comité central, Comité ejecutivo, *Bureau*) de la FIDE. También nombra diferentes comisiones de trabajo, de las que la más importante es la comisión de Clasificación.

El presidente. Es elegido por la asamblea general, a la que luego preside, lo mismo que el *Bureau*. Desempeña un papel «político», esto es, de animación de la FIDE, y al mismo tiempo es el unificador de los diferentes países miembros, algo no siempre fácil de conseguir. Así, el filipino Florencio Campomanes, presidente desde 1982, fue reelegido en Moscú en 1994, a pesar de que su candidatura estaba fuera de plazo según el reglamento de la FIDE, gracias a una alianza con Gari Kasparov. Pero un año más tarde, en París, se vio forzado a dimitir y dejó el puesto a Kirsan Iljumzhinov, actual presidente de Kalmiria, una pequeña república rusa.

Los presidentes de la FIDE

1924	Alexander Rueb (Holanda)
1949	Folke Rogard (Suecia)
1970	Max Euwe (Holanda)
1978	Fridrik Olafsson (Islandia)
1982	Florencio Campomanes (Filipinas)
1995	Kirsan Iljumzhinov (Kalmiria, Rusia)

El Bureau. Lo componen ocho miembros elegidos por la asamblea general. Se reúne cada vez que se ha de tomar cualquier decisión de la FIDE que vaya más allá de la gestión ordinaria.

El Comité ejecutivo. La asamblea general elige sus quince miembros por un período de cuatro años. Aplica las decisiones del Bureau y se reúne por lo general dos veces al año.

El Comité central. La asamblea general elige también sus cuarenta miembros por un período de cuatro años. Se reúne una vez al año para preparar la asamblea general.

Las competiciones internacionales

Las reglas de la FIDE han suscitado oposiciones que han marcado la historia de las competiciones. Así, Gari Kasparov y Nigel Short se negaron en 1993 a disputar el Campeonato del mundo en el lugar y bajo las condiciones impuestas por la FIDE y crearon una nueva asociación, La Professional Chess Association, que organiza su propio Campeonato del mundo.

El Campeonato del mundo. Cuando la FIDE asumió la organización de este Campeonato, el título de campeón del mundo pasó a concederse al vencedor de un encuentro que enfrentaba al titular y al aspirante. Pero aún dependía de que el campeón decidiese aceptar el desafío... En teoría, el sistema acordado en 1947 ofrece a cualquier jugador la posibilidad de convertirse en campeón del mundo. A lo largo del tiempo, el sistema ha experimentado algunas modificaciones, pero sus principios generales no han variado.

El Campeonato del mundo se desarrolla en dos ciclos de dos o tres años.

Empieza con los torneos zonales, organizados en cada zona de la FIDE. Todos los países miembros tienen uno o varios representantes en estos torneos que clasifican a los jugadores para los torneos interzonales, disputados unos meses después. Los interzonales dan acceso al torneo o encuentro de los Candidatos, del cual sale el aspirante a campeón del mundo. El encuentro por el título, llamado a menudo Campeonato del mundo es siempre un acto que tiene una gran repercusión pública. Suele disputarse en 24 partidas que duran aproximadamente unos dos meses, entre partidas aplazadas y reanudadas al día siguiente y las jornadas de descanso. (El Campeonato del mundo femenino se disputa ahora de acuerdo con el mismo esquema.)

Estos largos combates han provocado diversos incidentes, pues el sistema permite que el jugador que consiga ventaja pueda dedicarse después a encadenar tablas tras tablas sin asumir riesgos, y alzarse así con la victoria. Tras su triunfo de 1972, Bobby Fischer intentó modificar el sistema: propuso que el vencedor fuese el jugador que primero consiguiese 6 victorias, en un número ilimitado de partidas. La FIDE rechazó la propuesta, y él se obstinó en no defender el título. Así, Karpov se convirtió en campeón del mundo en 1975.

Sin embargo, la propuesta hecha por Bobby Fischer se adoptó en 1984, con ocasión del encuentro Karpov-Kasparov. Pronto se evidenciaron sus riesgos. En efecto, Karpov ganaba por 5 a 0, pero no conseguía alcanzar el fatídico sexto punto. El encuentro se atascó en una larga serie de tablas, y luego Kasparov se puso 5 a 3. Con este resultado acabó, pues el presidente, Florencio Campomanes, decidió darla por terminada, lo que supuso uno de los mayores escándalos en la historia del ajedrez.

En la actualidad, se reúnen en un mismo grupo a 100 jugadores (clasificados en los torneos zonales o según otros criterios) y se organiza un sistema de eliminatorias con encuentros a dos partidas y, eventualmente, desempates mediante partidas rápidas. El campeón en vigor y el último aspirante pasan directamente a las semifinales; la final se juega a 4 partidas.

Las Olimpíadas. Son la gran fiesta del ajedrez. Cada dos años, reúnen a los equipos nacionales de casi todos los países durante tres semanas.

En 1976, la competición mixta disputada en Ereván, Armenia, enfrentó a 113 equipos de 4 jugadores y 2 suplentes; y la competición femenina, a 74 equipos de 3 jugadoras y 1 suplente. Los torneos se jugaban entonces mediante grupos preliminares y fases finales; pero desde 1976, todos los equipos juegan al tiempo, según el sistema suizo de 14 rondas.

El Campeonato del mundo por equipos. Creado en 1985, se celebra cada cuatro años en Lucerna, Suiza. La prueba es muy difícil, pues está reservada a los diez mejores equipos nacionales del mundo: los países campeones de Europa, de América, de Asia y de África, los tres primeros de las Olimpíadas, el país organizador y dos invitados. Cada equipo, formado por 4 jugadores y 2 suplentes, se enfrenta a todos los demás. El primer Campeonato, en 1985, se disputó con equipos de 6 jugadores y 2 suplentes.

El Campeonato del mundo para menores de 26 años. Se disputa cada dos años, los impares, con equipos formados por 4 jugadores y 2 suplentes. Ha remplazado al Campeonato del mundo universitario por equipos, pero ha perdido buena parte de su importancia.

El Campeonato del mundo junior. Creado en 1951 para jugadores con menos de 20 años, alcanzó rápidamente un gran nivel. Boris Spassky, en 1955, y Anatoli Karpov, en 1969, lo ganaron unos años antes de lograr el título de campeón del mundo. El francés Joël Lautier fue campeón del mundo en 1988, en Adelaida (Australia), con sólo quince años de edad.

Los Campeonatos del mundo para jóvenes. Agrupan diversos campeonatos organizados por categorías: menores de 10 años, menores de 12 años, menores de 14 años, menores de 16 años y menores de 18 años. Se componen de torneos mixtos y de torneos estrictamente femeninos.

El Campeonato del mundo de ajedrez rápido. Se disputa en Disneyland París desde 1994. Agrupa 4 torneos: para menores de 14 años y para menores de 12 años, divididos en uno para chicos y otro para chicas.

Otras competiciones. En los diferentes continentes, sobre todo en Europa, se han creado otras muchas competiciones. Entre ellas:

– el Campeonato de Europa por naciones, que se disputa cada 4 años, con equipos de 4 jugadores y 1 suplente en la prueba mixta, y 2 jugadoras y 1 suplente en la prueba femenina;

– la Copa de Europa de clubes, disputada cada año por equipos de 6 jugadores. Cincuenta y seis clubes, repartidos en 7 grupos de 8 jugadores, participan en ella. La final reúne a los siete clubes vencedores y al club organizador. Desde 1996, hay también una Copa de Europa de los clubes femeninos;

– por último, el primer Campeonato de Europa individual de ajedrez rápido, disputado en noviembre de 1996 en Cap-d'Agde (Francia), registró el triunfo de Anatoli Karpov. De acuerdo con las normas establecidas se disputó al ritmo de 30 minutos por jugador y 20 segundos suplementarios para cada jugada.

Por lo demás, tanto el cálculo de la clasificación Elo internacional, cada seis meses, como la gestión de los títulos de maestro y gran maestro internacional son funciones esenciales de la FIDE.

Caballo. Juego africano, marfil, siglo XX. (Col. part.)

351

Diccionario
de los
campeones

«Todos los jugadores de ajedrez son artistas.»

Marcel Duchamp

La familia del pintor,
*óleo sobre madera,
Matisse, 1911.
(Museo del Ermitage,
San Petersburgo.)*

Diccionario de los campeones

ADDAMS, Michael, nacido en 1971. Inglés. Campeón de Gran Bretaña en 1989 y aspirante a los títulos mundiales de la FIDE y de la PCA en 1994, es uno de los mejores jugadores de los años noventa.

Addams aprendió el juego a los seis años y adquirió rápidamente fama como uno de los mejores jugadores del país. Ganó numerosos torneos juveniles, aunque nunca consiguió un título europeo en esa categoría. El joven inglés dio que hablar por primera vez en el ámbito internacional al ganar al campeón del mundo Kasparov en una partida simultánea contra reloj en 1984. Obtuvo el título de maestro en 1987, y, dos años más tarde, el de gran maestro. Su participación en la fase de clasificación del Campeonato del mundo comenzó en el torneo zonal de Blackpool, en 1990. Tras terminar empatado en el segundo puesto con otros dos jugadores y echar a suertes entre ellos, resultó clasificado para el interzonal de Manila, donde demostró que había que tenerlo muy en cuenta. Su primer éxito ante la elite mundial lo obtuvo en 1991 en el torneo de Terrassa. Quedó el primero empatado con el estonio Ehlvest, por delante de Vassili Ivantchouk, a quien venció con las negras un mes antes de que éste ocupara la plaza de número 2 del mundo.

Addams es un jugador moderno que sabe adaptarse a un nuevo sistema de torneo disputado según la fórmula «copa», con eliminaciones en minientcuentros. En Bruselas, en 1992, ganó un torneo de partidas rápidas (25 minutos cada jugador), en el que participaban los mejores jugadores del momento, excepto Kasparov. En el torneo de Tilburg, también de eliminación directa pero en este caso mediante partidas clásicas, consiguió imponerse en la final al bielorruso Gelfand, entonces número 6 del mundo. En 1993 se clasificó en el torneo zonal de Dublín, que ganó sobradamente, y terminó con bastante

facilidad segundo *ex aequo* en el interzonal de Bienne, por detrás de Gelfand. Una vez clasificado para los encuentros de los Candidatos de la FIDE, disputó las clasificaciones de la PCA, creada por el campeón del mundo Kasparov. Ganó el interzonal PCA de Groninga, tras superar a Anand, la estrella india, en el desempate; pero perdió con él en la semifinal. Con ocasión de los encuentros de los Candidatos de la fase de la FIDE, en 1994, cayó sin paliativos ante Gelfand en la primera vuelta. En 1995 ganó el torneo rápido de Londres, cobrándose su revancha sobre Anand en la semifinal. Acabó primero, *ex aequo* con Kasparov y Kamsky, en el famosísimo torneo de Dos Hermanas. Addams es un jugador rápido, de nervios templados. Se caracteriza por sus buenas facultades para el ataque y su solidez en las posiciones. Su juego recuerda al del campeón del mundo Karpov en sus años jóvenes.

ADORJAN, Andras, nacido en 1950. Húngaro. El gran maestro Adorjan fue Campeón de Hungría en 1973 y 1984 y miembro del equipo húngaro en 1978, el único en la historia del ajedrez que consiguió desbancar a la URSS en unas Olimpiadas. Su mejor resultado fue la clasificación como candidato al título mundial en 1980.

Se clasificó muy merecidamente para el interzonal de Riga en 1979, prueba en la que terminó tercero, *ex aequo* con su compatriota Ribli. Empata el encuentro de desempate con éste y se clasifica para los encuentros de los Candidatos gracias a sus mejores resultados. Allí se enfrentó al alemán Robert Hübner. Cuando éste le sacaba un punto, cometió un grave error en la novena partida y ahogó al rey contrario en una posición ganadora; esto dio la victoria al alemán.

Adorjan es un teórico de prestigio, autor de diversos artículos y de libros sobre las aperturas. Su eslogan: «las negras están OK», se utiliza para demostrar que la ventaja de la primera jugada de las blancas no es sistemática. Es un especialista en la defensa Grünfeld y en las variantes Svechnikov

y Schevenigue de la siciliana. Asesoró a Gari Kasparov con ocasión de sus encuentros en el Campeonato del mundo contra Karpov en los años ochenta, y más tarde, a la jovencísima estrella Peter Leko en los noventa.

AGDESTEIN, Simen, nacido en 1967. Noruego. Gran maestro internacional desde 1985, campeón de Noruega en 1982 y de Escandinavia en 1985 y 1989.

Agdestein es un jugador atípico. Aprendió a jugar muy pronto y participó en su primer torneo a los siete años, antes de saber escribir. ¡No sabía anotar sus jugadas! A los dieciséis años batió por primera vez a un campeón mundial, Boris Spassky. A pesar de ganar torneos zonales en los Campeonatos del mundo, ha fracasado ampliamente en los interzonales y nunca ha conseguido clasificarse para el torneo de los Candidatos. Empató dos encuentros amistosos de cuatro partidas cada uno contra el ex campeón del mundo Karpov, en 1991, y contra el inglés Adams, en 1994.

Agdestein es un auténtico aficionado que, además del ajedrez, practica el fútbol de alta competición; incluso fue seleccionado para el equipo de Noruega.

ALEKHINE, Alexandre, 1892-1946. Francés de origen ruso. Alekhine, cuarto campeón del mundo, es el único jugador que conservó el título hasta su muerte –lo poseyó de 1927 a 1935 y de 1937 a 1946–. Para todos los aficionados al ajedrez, su nombre evoca un juego brillante que le proporcionó apabullantes victorias a comienzos de los años treinta, cuando estaba en el apogeo de su trayectoria.

Su carrera. Alekhine aprendió el juego a los siete años. Obtuvo su primer éxito y el título de maestro a los dieciséis años, al ganar el torneo ruso de 1909. En 1914 se clasificó tercero en el torneo internacional de San Petersburgo, tras los campeones del mundo Lasker y Capablanca. El mismo año, cuando estalló la guerra, fue encarcelado en Ratstatt con otros varios maestros, entre ellos su compatriota Bogoljubow. Además su condición de aristócrata no encajaba bien con la Revolución de Octubre de 1917 y abandonó Rusia para instalarse en Francia, donde, según él, consiguió un doctorado de Derecho en la Sorbona. En 1927, contra todo pronóstico, ganó el título de Campeón del mundo frente al cubano Capablanca. En 1930 se reveló especialmente digno de su título al ganar los torneos de San Remo y Bled, superando en 3,5 y 5,5 puntos, respectivamente, a los segundos. Estos resultados son legendarios.

Alekhine defendió victoriosamente su título mundial en dos encuentros contra el ruso Bogoljubow. Pero, para sorpresa general y a causa de su mala salud, lo perdió en 1935 frente al holandés Euwe. En 1936, en Nottingham, quedó únicamente sexto. Y ya no era favorito cuando Euwe le ofreció la posibilidad de una revancha. Pero como señala su biógrafo ruso, el gran maestro Kotov: «Alekhine sorprendió tres veces al mundo del ajedrez: al ganar contra Capablanca, al perder contra Euwe y al recuperar su título contra Euwe». Así pues, volvería a ser campeón del mundo en 1937 y se mantendría como tal hasta su muerte. Sin embargo, Alekhine ya no dominaba a la elite ajedrecista como antes. En su último torneo importante, organizado por la radio holandesa AVRO, en 1938, quedó «únicamente» en el cuarto puesto *ex aequo*. Estuvo a punto de poner en juego su título mundial dos veces más. El primer encuentro, contra el estonio Kérès, vencedor del torneo AVRO, sería anulado al no poderse satisfacer algunas condiciones puestas por Alekhine. Y la muerte le impidió disputar el segundo encuentro, que hubiera debido celebrárse después de la guerra, contra el futuro campeón del mundo Mikhaïl Botvinnik.

Sus altercados con Capablanca. El acceso al título mundial no fue fácil para Alekhine. Para empezar, en 1921 y 1923 desafió dos veces sin éxito al campeón del mundo, el cubano Capablanca, quien rehusó el encuentro. En 1927, Alekhine lo volvería a proponer, ofreciendo unas condiciones que consideraba irreprochables. Pero (aunque esta versión ha sido desmentida por algunos autores) Capablanca no aceptó. En contrapartida, lo invitó a participar en el torneo de Nueva York y anunció que consideraría al vencedor (o al segundo, en caso de quedar él vencedor) como aspirante oficial. Alekhine quedó segundo, detrás de Capablanca, y consiguió así la posibilidad de enfrentarse con él por el título. La victoria de Capablanca en el torneo de Nueva York de 1927, con 2,5 puntos por delante de Alekhine, demostraba aparentemente una gran superioridad. Sin embargo, en este torneo se pudo observar que la infalibilidad del cubano no era absoluta. Esto lo revela Alekhine en el prólogo de un libro dedicado al torneo: señala que el vencedor cometió algunos errores de bulto y que su legendaria técnica en los finales estaba sobrevalorada.

El encuentro por el título supremo tuvo lugar en 1927, en Buenos Aires. En ese momento, pocos creían al aspirante capaz de ganar al cubano, considerado por muchos como invencible. El gran maestro Rudolf Spielmann pensaba incluso que Alekhine no podría ganar ni una sola partida. Por otra parte, los campeones del mundo precedentes habían sido destronados por adversarios mucho más jóvenes, y Alekhine era de la misma generación que Capablanca. Contra todo pronóstico, desde la primera partida del encuentro, Alekhine ganó con las negras. A continuación aplicó una técnica en principio extraña, pero que se reveló eficaz: en el transcurso de largas partidas posicionales con las blancas, consiguió una pequeña ventaja en el final, el campo predilecto de su adversario. Después de la partida 27, Alekhine se proclamó campeón del mundo. Capablanca ya no tendría posibilidades de revancha: Alekhine se negó, haciéndole pagar así las dificultades puestas para la organización del encuentro. Después de la guerra, la FIDE adoptó el principio de un Campeonato del mundo con fases clasificatorias, en parte para evitar que el campeón del mundo pudiera recusar a un aspirante.

Su estilo y sus aportaciones. El genio ajedrecístico y las grandiosas combinaciones de Alekhine le permitieron obtener incluso el reconoci-miento de la URSS, pese a que ésta no tenía piedad con sus oponentes. Hoy nadie discute el talento y la pasión de Alekhine por el ajedrez. De ahí que resulte sorprendente leer en el *American Chess Bulletin* las críticas que un periodista llamado Howell dirige a su juego, al que califica de poco convincente. Este autor lo consideraba entonces inferior a los campeones del mundo: Morphy, Steinitz, Lasker y Capablanca, ¡pero también a Pillsbury, Marshall y Schlechter!

Al contrario que su predecesor, Capablanca, y algunos de sus contemporáneos, Alekhine no pensaba que el juego estuviera inevitablemente condenado a decaer por el hecho de que abundaran las partidas en tablas. Él demostró a lo largo de su carrera la importancia del dinamismo de la posición. Influido por el ruso Tchigorine, en las aperturas de sus encuentros utilizó diversos gambitos que practicó muchísimo entre 1903 y 1912. Estos gambitos le proporcionaron la extraordinaria maestría táctica que se asentaría como una de sus características. Con las negras, Alekhine jugaba principalmente el gambito de dama contra 1.d4, como todos en su época, resucitando de paso la defensa eslava; y frente a 1.e4, respondía con la francesa o 1... e5. Afianzado en un estilo clásico, condenaba la defensa moderna 1.e4 g6, que consideraba incorrecta. Sin embargo, más adelante se mostra-

355

Alexandre Alekhine.

ría partidario del desarrollo de los alfiles en fianchetto. Hoy, además, su nombre permanece ligado principalmente a una defensa hipermoderna, la defensa Alekhine 1.e4 Cf6, y también a un gambito, el ataque Alekhine-Chatard en la francesa.

Su fuerza en el medio juego se desarrolló entre 1909 y 1912. En el prólogo a *Doscientas partidas de ajedrez*, en 1936, explica que su progresión hacia el título comenzó con una constatación personal. Para él, el juego no se divide en comienzo, medio y final, sino más bien en dos fases: el «mantenimiento del equilibrio en el centro», en un primer tiempo, con la finalidad de desplegar lo mejor posible las fuerzas, y la «aparición del primer plan y continuación de la partida», en un segundo tiempo. En ese mismo prólogo, el nuevo campeón del mundo insiste en la importancia de las «técnicas de simplificaciones y el arte de intercambiar las piezas», que es un concepto moderno. A Alekhine le gustaba atacar dos bandos a un tiempo (la teoría de las dos debilidades, tan apreciada por el entrenador ruso Dvoretsky), y no retrocedía ante las complicaciones. Su lucha por conservar la iniciativa era constante.

Otra particularidad de Alekhine era la de su afición por las partidas a ciegas, descubiertas a los nueve años con ocasión de una simultánea a ciegas de 22 partidas del norteamericano Pillsbury. Alekhine detenta el récord de 32 partidas simultáneas a ciegas, en Chicago, con 19 victorias, 9 tablas y 4 derrotas. En 1923, ya había jugado 21 partidas en Montreal, batiendo el récord de Pillsbury, y después 26 partidas en Nueva York, batiendo el récord del mundo de Breyer, y lo volvió a mejorar el mismo año, en París, con 28 partidas. Su «adversario» en la carrera por este récord fue Richard Réti, con el que estableció un reglamento para la validez del récord que tenía en cuenta el porcentaje de puntos marcados.

Su personalidad. Alekhine, un personaje de múltiples facetas, puso fin con su juego brillante al imperio de Capablanca y perdió su título contra Euwe, víctima, entre otras causas, de su afición a la bebida. Era capaz de dar pruebas de generosidad y de aceptar,

por ejemplo, jugar contra un modesto aficionado. Esta imagen suya sedujo a Brasillach, quien, en su novela *El niño de la noche,* imagina una visita de Alekhine a un joven enfermo. Pero también se comprometió durante la segunda guerra mundial con sus escritos antisemitas sobre «las diferencias entre ajedreces judíos y arios». Aunque, como señaló Spielmann, «todo el mundo conocía sus ideas antisemitas», su amigo Lilienthal, judío, declaró que antes de la guerra Alekhine recibía la visita de numerosos judíos... Preocupado por la protección de los suyos, según algunos, atraído por el dinero o queriendo estar siempre del lado del más fuerte, según otros, la mayoría de los comentaristas coinciden en considerar a Alekhine, ante todo, como un oportunista capaz de cambiar de opinión en función de sus intereses. Por otra parte, también había colaborado con los bolcheviques justo después de la revolución de 1917.

ANAND, Wiswanathan, nacido en 1969. Indio. Campeón del mundo junior en 1987, Anand pertenece desde 1992 al grupo de los diez mejores jugadores del mundo: se clasificó segundo en julio de 1993 (ciertamente, Kasparov había sido excluido de la lista oficial), y fue de nuevo segundo, después de Kasparov, en enero de 1997. Aspirante sin fortuna al título mundial de Kasparov en 1995, vence-

Wiswanathan Anand.

dor de torneos por delante de éste y de Karpov, es uno de los jugadores con más posibilidades de sucederlos.

Su carrera. Cuando hizo su debut en la India, no había material (juego y reloj), y los niños jugaban por turnos partidas rápidas. Esto explica en parte su legendaria rapidez, que lo condujo al título mundial junior en 1987. Pese a sus buenos resultados, Anand no fue considerado hasta 1990 como un jugador de primera fila, pues, siendo genial, le faltaba estabilidad. Pero ese mismo año se clasificaría por primera vez como candidato al título mundial en el interzonal de Manila, y este hecho lo promocionaría al más alto nivel. En 1991, después de una expeditiva victoria sobre el joven ruso Dreïev en octavos de final, Anand cayó merecidamente en la siguiente ronda ante Karpov. Poco después, en el torneo de Tilburg de 1991, asentó su reputación al batir sucesivamente a Karpov y a Kasparov, lo que representaba una hazaña. La consagración de Anand tuvo lugar a comienzos de 1992, cuando ganó el torneo de Reggio Emilia (¡con una media Elo de 2 676!) por delante de los campeones del mundo Karpov y Kasparov y otras estrellas del mundo del ajedrez. Entonces se consagró definitivamente como uno de los más grandes y acumuló marcas, tanto en los torneos clásicos como en las pruebas rápidas. En 1992, Kasparov creó su propio campeonato del mundo PCA y se separó de la FIDE. Ésta reconoció entonces a Karpov como campeón oficial, y sigue organizando su propio campeonato. Anand, que participa paralelamente en las dos pruebas, se clasificó para el interzonal FIDE de Bienne en 1993 y para el interzonal PCA. En los cuartos de final del ciclo FIDE cayó eliminado por el norteamericano Kamsky –al que sin embargo dominó durante buena parte del encuentro–, pero pronto se tomaría la revancha y derrotaría a Kamsky en la final del ciclo PCA. Anand disputó entonces el encuentro para el título contra Kasparov. Al comienzo, cogió la delantera gracias a una larga serie de partidas en tablas, pero Karpov ganó finalmente. Fueron muchos los que pensaron entonces que Anand podía convertirse en campeón del mundo.

El Lucky Luke del ajedrez. Mientras algunos jugadores dan la impresión de calcular todas sus jugadas científicamente, el indio pertenece a otra categoría. Juega tan rápido que le llaman «el Lucky Luke del ajedrez». A veces, cuando su adversario está ya en *zeitnot*, él ha consumido apenas unos minutos. En partidas rápidas de veinticinco minutos por jugador, ha llegado a emplear menos de dos minutos en machacar a un adversario. En ocasiones, esta cadencia infernal le juega malas pasadas... Una vez, jugando contra el gran maestro Zapata, siguió, sin verificarla, una recomendación publicada algún tiempo antes. Esta idea le llevó a perder una pieza y Anand tuvo que abandonar a la sexta jugada (1.e4 e5 2.Cf3 Cf6 3.Ce5 d6 4.Cf3 Ce4 5.Cc3 Af5‽ 6.De2 abandono, pues 6... De7 7.Cd5). Pero, por lo general, los adversarios de Anand se sienten incómodos, pues no tienen ni tiempo de respirar mientras él hace una jugada. Vishy (apodo de Anand) calcula rápido y bien. Un día, jugando contra Palatnik, se levantó para mirar una partida que se desarrollaba en un tablero vecino. Su propia posición era muy compleja y Palatnik reflexionó durante mucho tiempo. Sin embargo, cuando Anand volvió a su tablero, ¡no tardó más que algunos segundos en replicar a las lucubraciones de su adversario con una jugada ganadora! Como si quisiera responder a las críticas que lo consideraban excesivamente impulsivo, Anand dio la sorpresa en su encuentro PCA contra Kamsky, perdiendo por tiempo cuando estaba en una posición muy ventajosa. Nadie hubiera creído posible un hecho así por parte del jugador más rápido del mundo. Completamente «picado», en la segunda partida neutralizó las piezas blancas de Kamsky en menos de media hora...

Su estilo. Anand está considerado entre sus colegas como un pozo de ciencia en las aperturas. En efecto, su memoria le permite conocer y jugar gran número de ellas. Sin embargo, ha utilizado casi exclusivamente 1.e4 con las blancas, y sólo la ha variado a partir de 1996. Anand es un jugador extremadamente fuerte en la táctica, y a esto añade una excelente intuición.

Capaz de trabajar mucho para progresar, su entrenador es el antiguo candidato, Yusupov.

ANDERSSEN, Adolf, 1818-1879.

Alemán. El profesor de matemáticas Anderssen, considerado el mejor jugador del mundo entre 1851 y 1866, fue, sin embargo, destronado en 1857 por el americano Morphy, que abandonó el juego de competición en 1858. Anderssen mantuvo, pues, su primera posición hasta 1866, en que la perdió definitivamente frente a Steinitz, que utilizó esta victoria como argumento para proclamarse primer campeón del mundo oficial.

Su carrera. El joven Anderssen aprendió el ajedrez con su padre, a los nueve años. Tras vencer el torneo de Londres en 1851, se impuso como el mejor jugador mundial al derrotar al campeón inglés, Staunton, en semifinales. De nuevo se alzó con el torneo de Londres en 1862, aventajando a Steinitz, y con el de Baden-Baden, en 1870, igualmente por delante de Steinitz. Disputó también numerosos encuentros contra grandes jugadores, como Zukertort (victoria en 1868, derrota en 1871), Paulsen (tablas en 1862, derrotas en 1876 y 1877) y Kolisch (victoria en 1861).

El estilo romántico. Hay numerosas partidas en la historia del ajedrez que han suscitado la admiración del público. Los campeones del mundo, Alekhine, Fischer o Kasparov, han dejado para el recuerdo auténticas joyas con sus partidas al ataque. Algunas combinaciones brillantes, como los sacrificios de las damas de las partidas Levitsky-Marshall (Breslau, 1912) o Averbach-Kotov (Zurich, 1953), pasarán para siempre a la historia del juego. Pero en el siglo XIX, el alemán Anderssen protagonizó la apoteosis cuando dos de sus partidas adquirieron nombre propio. La primera partida, contra Kieseritsky, en 1851, fue bautizada como «la Inmortal». Ella introdujo el sacrificio de las dos torres para atacar al rey, e inspiró durante mucho tiempo diversas combinaciones sobre esta base. La segunda partida, un año más tarde, contra Dufresnes fue bautizada «la

Siempreviva». ¿Qué importancia tiene el hecho de que análisis posteriores hayan demostrado que, en ambos casos, las jugadas de Anderssen no eran la mejor opción? Como en las partidas del campeón del mundo Tal, que un siglo después haría combinaciones a veces incorrectas, hay que distinguir entre el juicio objetivo de una posición y las limitaciones que comporta el juego de competición –por ejemplo, no repetir sus propias jugadas, no mover las piezas mientras se reflexiona, etc.–. Aunque el gran maestro Réti condena el juego de combinación, que considera superfluo, y achaca a la debilidad de los contrincantes de Anderssen algunas de sus victorias, los aficionados siguen gozando con estos ataques espectaculares que forman parte del aspecto artístico del juego. Además, aunque el juego de combinación parece inútil cuando una solución simple puede llevar a la victoria, cuando se estudian las dos obras maestras de Anderssen, tales soluciones no parecen tan claras.

ANDERSSON, Ulf, nacido en 1951.

Sueco. Situado el cuarto en la clasificación mundial a comienzos de los años ochenta, el gran maestro Andersson está entre los mejores jugadores del momento.

Es de alguna manera el heredero de la tradición vienesa: tiene un juego muy sólido y pierde en contadas excepciones. Combina un acusado juego posicional (jamás juega el decisivo 1.e4 con las blancas) con una técnica superior en el final. Es un jugador paciente, especialista en la defensa cuando se encuentra en posiciones ligeramente inferiores. Por el contrario, cuando tiene una mínima ventaja, es capaz de «torturar» a su adversario durante horas para ganar.

Su juego poco espectacular, como el de Schlechter a comienzos de siglo, no le permite ser una gran figura del ajedrez. Como no le gusta nada la tensión, se contenta demasiado a menudo con las partidas en tablas. Es amigo del holandés Jan Timman, a quien asesoró para los encuentros de los Candidatos, especialmente contra Karpov. Sin embargo, a pesar de su juego pacífico, cuenta en su haber, además de con un título de campeón nacional en 1969, con victo-

357

rias en dos supertorneos (media Elo superior a 2 600): Johannesburgo, en 1981, por delante de los aspirantes al título Kortchnoï y Hübner, y Turín, en 1982, *ex aequo* con el campeón del mundo Karpov. Ha logrado otros varios primeros puestos en torneos destacados y ha disputado el encuentro URSS-«resto del mundo», de 1984 en el primer tablero, contra Karpov.

AVERBACH, Iouri, nacido en 1922. Ruso. Fue jugador de primera fila después de la segunda guerra mundial y candidato al título mundial en 1953. Quinto en el torneo interzonal de Estocolmo-Saltsjöbaden en 1952, se clasificó merecidamente para el torneo de los candidatos de Zurich, en el que quedó décimo *ex aequo* (a 4,5 puntos del vencedor, el ruso Smyslov). Campeón de la URSS en 1954, fue también presidente de la Federación soviética de ajedrez entre 1972 y 1977.

Es conocido en el mundo del ajedrez principalmente por sus investigaciones y sus libros sobre los finales, en los que es un gran especialista. A partir de los años cincuenta, trató de sistematizar sus observaciones, en colaboración con otros soviéticos. Es, además, autor, junto con Beïlin, de *Viaje al reino del ajedrez,* que fue el libro de cabecera de las jóvenes figuras Gelfand e Ivantchouk.

B

BACROT, Étienne, nacido en 1983. Francés. Étienne Bracot, campeón del mundo de menores de diez años en 1993 y de menores de doce en 1995, se convirtió en 1997 en el gran maestro internacional más joven de la historia del ajedrez.

Niño prodigio, el joven francés es hoy una de las mayores promesas mundiales. Étienne Bacrot aprendió el ajedrez a los cuatro años, y empezó a competir a los seis. Cuando, cuatro años más tarde, se enfrentó en simultáneas al ex campeón del mundo Karpov, éste declaró impresionado que el joven Étienne era mejor que él a su misma edad. El antiguo entrenador de Kas-

parov, Dorfman, que ha formado a Bacrot junto con el campeón de Francia, Prié, asegura que es también mejor que Kasparov de joven. En 1995, Étienne Bacrot se clasificó para el trofeo Intel de partidas rápidas que tuvo lugar en París. Se enfrentaba a la elite mundial. Tras echar a suertes, le tocó el número 1 mundial, el joven ruso Kramnik. En la primera partida, Bracot llevaba ventaja y su adversario salió encantado de terminar en tablas. En la segunda, acabaría por doblegarse tras haber hecho temblar a Kramnik. ¡Pocas veces una eliminación ha resultado tan prometedora! En 1996, Étienne se enfrentó al ex campeón del mundo, Smyslov, de setenta y cinco años. Éste, que aún mantenía el nivel de un buen gran maestro, perdió 1 a 5. El joven francés no se contentó con ganar la partida mediante complicaciones tácticas en las que el cálculo es primordial, sino que ganó también al ruso en su propio terreno: medio juego posicional y final.

Seleccionado un mes más tarde en el equipo de Francia para las Olimpiadas, realizó su primera norma de gran maestro internacional. En marzo de 1997, en el torneo de Enghien, ganó a Kevin Spragget y terminó primero *ex aequo* con Viktor Kortchnoï.

BAREÏEV, Evgueni, nacido en 1966. Ruso. Bareïev, que está situado de forma regular entre los veinte mejores jugadores del mundo desde 1990, mantiene su carrera sin grandes proezas. Sin embargo, se ha convertido en un valor seguro de la jerarquía mundial. Ha sido miembro del equipo de Rusia ganador del Campeonato de Europa en 1992 y las Olimpiadas de 1994 y 1996, y la mejor clasificación que ha obtenido es la de número 4 mundial.

Su carrera. Bareïev, campeón del mundo cadete en 1982, tuvo que esperar pacientemente antes de abrirse camino. En 1988, ganó el difícil Open de Budapest, y más tarde una final en el campeonato de la URSS en 1989, pero sigue ensombrecido por sus compatriotas. Gracias al circuito de torneos organizado por la GMA, la asociación de los grandes maestros, puede codearse con la elite internacional. Se cla-

sificaría para la copa del mundo GMA en la que participan Karpov, Kasparov y un buen número de figuras. Sus resultados le lanzaron hasta el quinto puesto mundial, cuando todavía no había disputado un torneo internacional de primer orden. Se colocó con una brillante victoria en el torneo de Año Nuevo de Hastings en 1991, con 2,5 puntos de ventaja sobre su seguidor, y por delante de los candidatos al título mundial, Speelman y Sax. Subió un puesto en la clasificación mundial para situarse justamente detrás de Kasparov, Ivantchouk y Karpov. No pudo defender sus posibilidades en la Copa del mundo, que fue anulada, pero su clasificación le abrió las puertas de prestigiosos torneos. En seguida se notó su falta de experiencia contra los mejores jugadores, y acabó el último en el torneo de Tilburg, en 1991, donde perdió una partida tras otra. Repuesto de su revés, desde entonces ha coleccionado varios puestos de honor en los mayores torneos del mundo.

Sus mejores éxitos son su victoria en Pardubice en 1994, por delante del letón, hoy nacionalizado español, Shirov, y dos puestos de finalista en torneos de eliminación directa tan señalados, como los de Tilburg, en 1994, y Wijk aan Zee, en 1995, en los que perdió frente a los rusos Salov y Dreïev, respectivamente. En los ciclos de clasificación para el Campeonato del mundo, nunca ha superado el nivel del torneo interzonal, pese a un buen arranque en 1993.

Su estilo. Bareïev, un jugador esencialmente posicional, está considerado por algunos de sus colegas como tácticamente débil y mal calculador. En las aperturas, domina perfectamente los esquemas que practica, pero cuenta con un reducido repertorio. Nunca juega 1.e4 con las blancas, y responde casi invariablemente con la francesa cuando juega con las negras. Es un especialista en la defensa eslava frente a 1.d4.

BELIAVSKI, Aleksandr, nacido en 1953. Ucraniano. Aleksandr Beliavski, figura habitual en los más importantes torneos del mundo desde 1970, fue campeón del mundo junior en 1973, cuatro veces campeón de la URSS, en 1974, 1980, 1987 y 1990, y candidato al título mundial en 1982 y 1985. Como miembro del equipo de la URSS, contribuyó a su victoria en las Olimpiadas de 1982, 1984, 1988 y 1990, y en el campeonato del mundo por equipos de 1985.

Su carrera. Beliavski se alzó a los diecinueve años con el título mundial junior, y consiguió a los veinte su primer título de campeón de la URSS, justo por delante del ex campeón del mundo, Mikhaïl Tal. Después, sometido a la dura competencia de sus compatriotas, no volvió a tener la ocasión de demostrar su fuerza. Al no clasificarse para las fases finales del Campeonato del mundo, no podía jugar en el extranjero. En 1978, con ocasión de su «salida» a Alicante, desveló sus capacidades ganando el torneo con 5 puntos (!) de ventaja sobre unos adversarios que, desde luego, no pertenecían a la elite mundial. Aprovechó los permisos que la URSS concedía cicateramente a sus jugadores para enfrentarse en el extranjero. Obtuvo su mayor éxito internacional en Tilburg, en 1981, al ganar un torneo por delante de los ex campeones mundiales Petrossian y Spassky, y del futuro campeón Kasparov. Pese a todo, Beliavski tuvo que esperar a 1982 para clasificarse para los encuentros de los Candidatos, fase final del Campeonato del mundo. Despues de clasificarse para el interzonal de Moscú, donde obtuvo la segunda plaza tras la nueva estrella del ajedrez mundial, Gari Kasparov, perdió contra éste en octavos de final de los encuentros de los Candidatos y le dejó libre el camino hacia el título. En 1984, aprovechando la ausencia de Karpov y de Kasparov, que disputaban el título mundial, ocupó el primer tablero del equipo de la URSS. Con el tanteo de 8 puntos sobre 10, se ganó la admiración de sus colegas y consiguió una gran victoria para su equipo. Al año siguiente pareció acusar las consecuencias de su fracaso en el torneo de los Candidatos. Pero, cinco años después, en el torneo de Tilburg de 1986, consiguió una nueva consagración al desbancar a Karpov, que acababa de perder su título de campeón del mundo. En esta ocasión, protagonizó una divertida anécdota. En efecto, mientras jugaba contra el holandés Timman,

preguntó al árbitro si podía realizar el enroque largo, ¡pues no conocía con exactitud las reglas de esta jugada! Sus resultados siguieron siendo excepcionales hasta los años noventa. Después del desmembramiento de la URSS, participaría en las competiciones por equipos bajo la bandera de Ucrania. Una vez más, su equipo brillaría y obtendría la medalla de plata en el Campeonato de Europa de 1992. Tras haber formado parte durante un tiempo del equipo de Karpov, Beliavski se enfrentaría a él asesorando a su antiguo «enemigo», Kasparov.

Su estilo. Beliavski, admirador de Marco Aurelio y de los clásicos, es un jugador estoico que tiene fama de no buscar los enfrentamientos personales. Su juego reposa en parte sobre un completo conocimiento de algunas aperturas: la española cerrada, el gambito de dama con las negras, y numerosos esquemas con las blancas. Gracias a su preparación, a sus cualidades tácticas y a su técnica, puede ganar a los mejores. Sin embargo, no siempre es capaz de entender algunas sutilezas de las posiciones y le cuesta variar de plan, lo que le ha impedido alcanzar las más altas cumbres.

BENKO, Pal, nacido en 1928. Norteamericano de origen húngaro. Pal Benko, campeón de Hungría en 1948, se estableció seguidamente en los Estados Unidos. Se calificó para el torneo de los Candidatos en 1959, en Bled, Zagreb y Belgrado, en donde fue el último y de nuevo en 1962, en Curaçao.

Nacido en Amiens, el joven Benko comenzó su carrera en Budapest. Tras aprender el juego a los ocho años, obtuvo algunos buenos resultados a los catorce. Pal Benko es aficionado a los estudios de ajedrez y ha publicado algunos análisis de finales. En el campo de las aperturas, ha dado su nombre a uno de los gambitos hoy más populares: el gambito Benko (1.d4 Cf6 2.c4 c5 3.d5 b5!¿).

BERLINER, Hans Jack, nacido en 1929. Norteamericano. En 1968, Hans Berliner, jugador de ajedrez por correspondencia, fue el quinto campeón del mundo en esta disciplina.

Berliner también es conocido por haber inventado, junto con un equipo de la Universidad norteamericana de Carnegie Mellon, el programa informático Hightech, el de más exito a mediados de los ochenta. Fue el primer ordenador de ajedrez que hizo temblar verdaderamente a los maestros.

BERNSTEIN, Ossip Samuel, 1882-1962. Francés de origen ruso. El gran maestro Ossip Bernstein, un auténtico aficionado, fue, durante cierto tiempo, uno de los mejores jugadores del mundo.

Nacido en Ucrania en una familia de ricos negociantes, aprendió el ajedrez a los catorce años con uno de sus profesores, y desarrolló su talento para este juego en Alemania, donde estudió Derecho. En 1903, en el Campeonato de Rusia, celebrado en Kiev, quedó segundo, detrás del famoso Tchigorine. Tras conseguir un doctorado en 1906, se instaló en Moscú. Pese a estar acaparado por sus actividades profesionales, obtuvo muy buenos resultados. Viéndose obligado a exiliarse tras la Revolución de Octubre, marchó a París y dejó de competir durante veinte años. En 1932, participó de nuevo en un torneo y disputó, en su propia casa, un encuentro amistoso de cuatro partidas contra quien detentaba el título de campeón del mundo, Alekhine, también parisino. Empataron (2 puntos para cada uno).

Sus orígenes judíos le obligarían de nuevo a huir durante la segunda guerra mundial. Marchó a España. Tras la guerra, remprendió la competición y representó a Francia con el primer tablero en varios encuentros y en las Olimpiadas de 1954. El mismo año, con más de setenta años, quedó segundo en el torneo de Montevideo detrás de Najdorf, uno de los mejores jugadores del mundo del momento. Éste había protestado contra la participación de Bernstein, por considerarlo demasiado mayor, pero tuvo que inclinarse ante él tras una brillante partida.

BLACKBURNE, Joseph Henry, 1841-1924. Inglés. Uno de los mejores jugadores del siglo XIX.

Tras su inicio en el juego de las damas, Blackburne se decidió por el ajedrez. Ganó varios torneos, realizando sus

359

mejores hazañas en Viena en 1873, donde quedó primero *ex aequo* con el campeón del mundo Steinitz, y en Berlín en 1881, primer premio por delante de su compatriota Zukertort y del campeón ruso Tchigorine. Disputó también varios encuentros, entre los que destaca su victoria sobre Zukertort en 1887, con el resultado de 5-1. Blackburne, imaginativo jugador de ataque, fue considerado en su época como un buen jugador de finales. Especialista en simultáneas clásicas o a ciegas, se entrenó en la composición de problemas y se interesó en la historia del juego. ¡Tuvo también fama de gran bebedor! La anécdota más conocida a este respecto es la de una vez en la que bebió el vaso de whisky de su adversario diciendo: «¡He bebido un vaso de whisky capturado y he capturado "al paso"!».

BOGOLJUBOW, Efim, 1889-1952. Alemán de origen ruso. El gran maestro Bogoljubow, varias veces campeón de Alemania, figura entre los mejores jugadores de entreguerras. Vencedor en numerosos torneos por delante de los mejores jugadores, incluidos los campeones del mundo, se enfrentó dos veces, sin éxito, por el título mundial al francés Alexandre Alekhine. Tras un comienzo honroso, Bogoljubow participó en el torneo de Mannheim de 1914. Al estallar la guerra mundial, estuvo detenido en la Selva Negra junto con el futuro campeón mundial, Alekhine, con el que disputó partidas amistosas a ciegas. Después de la guerra de 1914-1918, pese a sus resultados irregulares, cosechó sus primeros éxitos, entre los que figura una victoria en el torneo de Pystyan de 1922, por delante de su compañero de detención, Alekhine. En 1924 ganó el Campeonato de la URSS. Al año siguiente, consiguió una victoria en el campeonato de Alemania, su patria adoptiva, a la que sumó una nueva victoria en el campeonato de la URSS. En 1925 logró su máximo triunfo, pues se hizo con el torneo de Moscú por delante del campeón del mundo Capablanca y el futuro campeón del mundo, Euwe; pero sus malos resultados en otros torneos demuestran su inestabilidad. Se enfrentó a Alekhine por el título mundial en 1929 y 1934. Las partidas,

como la mayoría de los encuentros del campeón Alekhine, se jugaron en varias ciudades diferentes: alemanas y holandesas en 1929, alemanas en 1934. En aquella época, el campeón tenía la libertad de elegir al aspirante y rechazar los adversarios que le suponían una amenaza. Al escoger a Bogoljubow, Alekhine tenía un pretexto para evitar a Capablanca, el único que podía arrebatarle el título. Las aplastantes derrotas de Bogoljubow en estos enfrentamientos dan la medida de sus límites. Fue considerado como un traidor en la URSS tras nacionalizarse alemán en 1926. Tanto su ciudadanía alemana como los torneos que disputó durante la guerra le hicieron sospechoso de simpatías nazis a los ojos de algunos, pero sus defensores recuerdan que en esa época quería proteger a su mujer y a su hija. Para muchos, Bogoljubow es el modelo del jugador optimista, aunque él se confesara en realidad pesimista: «Cuando tengo las blancas, gano porque tengo las blancas; cuando tengo las negras, gano porque soy Bogoljubow», solía decir. En las aperturas, imaginó la defensa 1.d4 Cf6 2.c4 e6 3.Cf3 Ab4+, que lleva su nombre, y fue un propagandista del peón dama, tema sobre el que escribió un libro.

BOI, Paolo, 1528-1598. Italiano. Fue el mejor jugador italiano y, probablemente, el mejor del mundo en el siglo XVI.
Si es cierta la leyenda, Paolo Boi tuvo una vida agitada. Como jugador profesional, fue a Madrid, con otros compatriotas suyos, para enfrentarse a los españoles, a la cabeza de los cuales estaba el campeón Ruy López. Se cuenta que, después de vencer a sus adversarios españoles, fue capturado a la vuelta por piratas y convertido en esclavo. Tras recobrar la libertad gracias a las apuestas ganadas al ajedrez, acabó sus días en Nápoles, donde, según algunas fuentes, murió envenenado.

BOLESLAVSKI, Isaak Efremovitch, 1919-1977. Ruso. Isaak Boleslavski, vencedor *ex aequo* del torneo de los Candidatos de 1950, campeón de Ucrania en 1938, 1939 y 1940, y de Bielorrusia en 1951 y 1964, fue miembro del equipo de la URSS que venció

en las Olimpiadas de 1952 y en el Campeonato de Europa de 1957. Fue un teórico de primera fila en el campo de las aperturas, así como uno de los pioneros de la escuela soviética de ajedrez de la posguerra.

Su carrera. Boleslavski se inició solo en el ajedrez gracias a los libros, a partir de los nueve años. Durante una decena de años, apenas encontró rivales. La escuela soviética de ajedrez aún no existía, y los adversarios de categoría escaseaban. Esto explica su gusto por la teoría y su aproximación libresca al juego. Desde esta óptica, resulta aún más sorprendente la victoria de Boleslavski en el Campeonato de Ucrania de 1938. En efecto, aunque mostraba sus talentos como táctico, se encontraba aún débil en estrategia y en finales. También tenía una insuficiente preparación física. Sin embargo, poco a poco ascendió en la jerarquía rusa y pasó a ser miembro del equipo soviético. Aunque no fue convocado para el Campeonato del mundo de 1948, quedó tercero en el torneo interzonal del ciclo de la FIDE y se clasificó para el torneo de los Candidatos de 1950. Se mantuvo sin perder una sola partida hasta la última ronda, en la que se dejó alcanzar por su futuro yerno, Bronstein. Boleslavski pensaba que no tenía ninguna posibilidad de ganar al campeón del mundo, Botvinnik, que ya lo había batido siete veces. Según Bronstein, se dejó ganar deliberadamente porque prefería enfrentarse a Botvinnik en un torneo a tres, Botvinnik-Bronstein-Boleslavski, y no en un encuentro cara a cara. Pero su propuesta de encuentro triangular fue rechazada, y fue Bronstein quien ganó en el desempate. Este torneo representó un vuelco en su carrera. A partir de ese momento y del siguiente torneo de los Candidatos, ya no se situaría entre los primeros. Se dedicaría entonces a su tarea de teórico y entrenador. Primero asesoró a Bronstein contra Botvinnik, sin éxito. Después, dirigió a Smyslov y a Petrossian en su ascenso al título mundial.

Su estilo. Hizo grandes aportaciones en el terreno de las aperturas. Por ejemplo, la introducción de la india oriental a un alto nivel debe mucho a sus investigaciones. También profundizó en otras estructuras con un peón d6 retrasado, y demostró la viabilidad de la variante 1.e4 c5 2.Cf3 d6 3.d4 cd4 4.Cd4 Cf6 5.Cc3 Cc6 6.Ae2 e5 en la siciliana. Sus partidas revisten siempre un gran interés para los jugadores que desean comprender algunos sistemas de aperturas modernas.

BOTVINNIK, Mikhaïl Moïsseïevitch,

1911-1995. Ruso. Campeón del mundo de 1948 a 1957, de 1958 a 1969 y de 1961 a 1963. Seis veces campeón de la URSS, fue también miembro del equipo soviético que ganó todas las Olimpiadas entre 1954 y 1964, así como en los Campeonatos de Europa de 1961 y 1965.

Botvinnik, símbolo del ajedrez soviético y elevado a la categoría de leyenda viva, encarnó el juego científico, racional, que, por su vocación de planificarlo todo, parecía reflejar el régimen en el que vivió. Aunque dominó el mundo del ajedrez entre 1948 y 1963, nunca consiguió ganar un encuentro del Campeonato del mundo como poseedor del título (¡2 encuentros empatados y 3 derrotas!). Impuso una modificación de las reglas para acceder al título mundial, especialmente la propuesta de un encuentro de revancha automático para el campeón derrotado. Este sistema le permitió reconquistar dos veces su título de campeón del mundo.

Su carrera. Mikhaïl Botvinnik aprendió el ajedrez con un amigo en Leningrado cuando tenía doce años, y rápidamente ganó un torneo escolar. Dos años más tarde, en 1925, se enfrentó en Leningrado al campeón del mundo, Capablanca, en una sesión de partidas simultáneas. Ese día obligó al campeón a abandonar. Tras ganar el campeonato de Leningrado en 1930-1931, consiguió su primer título de campeón de la URSS por delante de Rioumine en 1931, después de tres intentos. En su calidad de campeón nacional se enfrenta al campeón checoslovaco, Flohr, en un encuentro en Moscú y Leningrado, controlado por las autoridades soviéticas que, en esta ocasión, aceptaron finalmente enfrentar a un campeón soviético con un competidor extranjero. Al principio,

Flohr aventajaba a Botvinnik, incluso por 4-2. El ruso lo igualó en la novena y décima partidas y acabó empatando el encuentro: 6 puntos para cada uno. Botvinnik y los jugadores de ajedrez de la URSS respiraron: Krylenko, comisario del pueblo para la Justicia, quedó satisfecho, y en adelante podrían desplazarse fuera de su país.

En su primera salida, quedó detrás del holandés Euwe, al que sin embargo ya había ganado en el torneo de Leningrado. Pero el primer gran éxito de Botvinnik en el extranjero tuvo lugar en 1936 en el torneo de Nottingham, que ganó *ex aequo* con el ex campeón del mundo, Capablanca, y por delante de los campeones o ex campeones del mundo, Euwe, Alekhine y Lasker. Dos años más tarde, en el torneo AVRO destinado a seleccionar al aspirante a disputar el título mundial a Alekhine, quedó tercero, a medio punto de Kérès y Fine, pero causó una gran impresión. A partir de entonces, empezaría a pensar en la conquista del título.

Aunque obtuvo un mal quinto puesto *ex aequo* en 1940, en el 12 Campeonato de la URSS, ganado por Bondaresski y Lilienthal, Botvinnik utilizó sus influencias en el mundo del ajedrez de la URSS para borrar ese mal resultado. En efecto, en 1941 se organizó un curioso campeonato para el título de campeón absoluto de la URSS, con la finalidad de designar al jugador soviético que debería desa-

Mikhaïl Botvinnik.

fiar al campeón del mundo, Alekhine. Botvinnik ganó ampliamente esa sesión de recuperación. Pero el encuentro para el máximo título contra el campeón francés se suspendió por la segunda guerra mundial. Este encuentro, convocado para 1946, en Nottingham, no fue posible por la muerte de Alekhine, que dejó el título vacante. En 1948, el mundo del ajedrez decidió organizar un torneo para designar el sucesor de Alekhine entre cinco jugadores: Botvinnik, Smyslov, Kérès, Euwe y Reshevsky. Había un sexto jugador previsto, el norteamericano Fine, que declinó la invitación. Cada jugador debía enfrentarse cinco veces a cada uno de los otros cuatro. Botvinnik se preparó cuidadosamente y ganó ampliamente este torneo por el título mundial, tres puntos por delante de su seguidor, Smyslov. Se inauguraba así el reino de Botvinnik.

Siendo ya campeón del mundo, Botvinnik dejó de jugar torneos. Lo mismo que haría Fischer veinte años más tarde. Daba prioridad a su trabajo como ingeniero electrónico. Pero, a diferencia del norteamericano, Botvinnik no abandonó del todo la competición. En 1951, conservó su título frente al aspirante ruso, Bronstein, con quien empató. Pero ya no dominaba el ajedrez como antes, y sólo consiguió ser quinto en el Campeonato de la URSS del mismo año.

Esta derrota lo estimularía, y demostró su resurgimiento ganando el título nacional en 1952. Sin embargo, este ardor no resultaría suficiente. En el Campeonato del mundo de 1954, de nuevo se tuvo que contentar con un empate, 12-12, frente a Smyslov, a quien acabaría por ceder el título mundial en 1957, con un resultado de 9,5-12,5. Botvinnik abordó el encuentro de revancha de 1958 con espíritu de conquista. Sus dos puntos fuertes, la voluntad y el trabajo analítico, le permitieron encontrar los puntos débiles de su rival y reconquistar su título.

Este escenario se repitió en 1960 contra la fulgurante estrella del ajedrez, Mikhaïl Tal. Botvinnik, que en tres años no había disputado más que un torneo, perdería su título contra él y lo recuperaría poco después, aprovechando las debilidades de su rival y su precario estado de salud. Mantuvo durante un lustro su título ganando con brillantez los torneos de Hastings 1961-1962, con el resultado de 8/9, y de Estocolmo 1962, con 8,5/9. Pero fue destronado de nuevo por Petrossian en 1963.

Cuando la FIDE suspendió el encuentro de revancha para el título mundial, Botvinnik, que no deseaba salir en cuartos de final en un nuevo ciclo, abandonó sus pretensiones a nivel mundial. Sus amigos intentaron sin éxito organizar en 1969 un encuentro entre Botvinnik y Fischer, pero éste rechazó las condiciones que se proponían. Botvinnik clausuró su carrera en el torneo de Leiden.

Defendió por última vez los colores de la URSS en 1970, en el «encuentro del siglo» contra el resto del mundo. Ganó a Matulovic por 2,5-1,5 y contribuyó a la estrecha victoria de su campo.

Su carácter. De la definición que él da de sí mismo: «Judío por sangre, ruso por cultura y soviético por educación», parece que este último rasgo es el dominante. Pretendía controlarlo todo, desde la dirección de la partida a las reglas de los campeonatos, ¡e incluso los pensamientos del adversario! Así, por ejemplo, hablando de su encuentro con Tal, cuenta cómo jugó en clave psicológica. Después de aplazar una partida en una situación desfavorable, se había planteado una salida milagrosa pillando a su oponente con la guardia baja. De hecho, Botvinnik, en la reanudación de la partida, no llevó consigo su inseparable termo, con la idea de hacer creer que iba a abandonar rápidamente. Tal cayó en la trampa y la partida acabó en tablas. Esta anécdota ilustra la voluntad del campeón soviético de no dejar nada a la improvisación. Sin embargo, Tal contaría después que ni siquiera reparó en la ausencia del termo.

Botvinnik, un personaje dogmático y a menudo sectario, mantenía unas relaciones conflictivas con sus congéneres. Tenía manía a Bronstein, al que calificaba de arrogante, y a su amigo, Vainstein (presidente de la Federación soviética y del Departamento de Planificación Financiera del KGB), del que sospechaba que había hecho todo lo posible para impedir un encuentro con Alekhine a pesar de las decisiones

de Stalin. Botvinnik mantenía igualmente malas relaciones con Smyslov y con el holandés Euwe. Se malquistó durante veinte años con Iouri Averbach, su antiguo segundo, que había tenido la audacia de ayudar a Tal en el Campeonato del mundo de 1960. No soportaba la actitud de los seguidores de Petrossian, ni el comportamiento de sus propios alumnos, Karpov y Kasparov. Los contactos amistosos no eran posibles hasta que se acababa la rivalidad en el tablero.

Sus ideas. Botvinnik se tomó muy en serio el juego del ajedrez. Rechazaba, por ejemplo, las partidas amistosas relámpago, y no quería saber nada de problemas de ajedrez sin relación con una partida concreta. Para acostumbrarse a reflexionar en condiciones desventajosas, pedía a sus acompañantes que fumaran frente a él. Su juego estaba marcado por la voluntad de penetrar en la «esencia de las posiciones». En varios sistemas de aperturas, mostró métodos de juego e ideas nuevas sobre las posiciones. Así, por ejemplo, en la defensa Nimzowitsch con las blancas, en la holandesa, en la francesa o en la Caro-Kann con las negras, por no hablar del muy agudo gambito Botvinnik, permanentemente sometido a profundos análisis y adoptado por los jugadores amantes de las grandes preparaciones.

Sostuvo e impuso el ritmo de 40 jugadas en 2.30 h, que, según él, aportaba el mejor nivel de juego y permitía un descanso a partir de la jugada 40. Este ritmo se mantuvo hasta los años noventa, en que fue remplazado por el de 40 jugadas en 2 horas, para evitar los aplazamientos. Para Botvinnik las partidas rápidas son una parodia del juego.

Botvinnik profesor. Dirigió los inicios de algunos de sus alumnos, como los campeones del mundo Karpov y Kasparov. Más tarde salieron de su escuela las jóvenes estrellas Ivantchouk, Shirov, Kramnik y muchos otros. Entre sus consejos célebres, insistía en la importancia de que un jugador publicara sus análisis para dar a conocer sus descubrimientos, cosa que él no dudaba en hacer. Su estilo de comentarista está por supuesto al mismo nivel que su juego: aunque consentía poner en cues-

tión sus análisis, siempre trataba de probar que tenía razón. Confesaba, asimismo, la influencia del campeón y pedagogo Tarrasch. Ambos tenían varios puntos en común: maestros del pensamiento, seguros de su superioridad, han formado a generaciones enteras. Botvinnik también intentó, aunque sin éxito, confeccionar un programa informático que fuera capaz de calcular inteligentemente.

BREYER, Gyula, 1893-1921. Húngaro. Campeón de Hungría en 1912, Breyer es citado a menudo como uno de los padres del pensamiento hipermoderno, junto a Réti y Nimzowitsch. Como teórico, trató de desarrollar ideas originales, en oposición a los principios clásicos defendidos por Tarrasch. Pero su muerte prematura, a los veintisiete años, no le permitió continuar con sus investigaciones. Dio su nombre a una variante popular de la apertura española y dejó para la posteridad una frase célebre: «Tras el 1.e4, el juego de las blancas da sus últimos estertores», aunque su autenticidad es dudosa. Era también, como su amigo Réti, un adepto del juego a ciegas, del que detentó el récord del mundo en 1921, con 25 partidas simultáneas.

BRONSTEIN, David Ionovitch, nacido en 1924. Ruso. Campeón de la URSS en 1948 y 1949, Bronstein obtuvo seis títulos de campeón de Moscú y la copa de la URSS en 1970. Ganó también las Olimpiadas con el equipo de la URSS entre 1952 y 1958, y los Campeonatos de Europa de 1957 y 1965.

Entre todos los jugadores que han tenido la talla de campeones del mundo sin llegar a conseguir el título, David Bronstein es sin duda el que ha estado más cerca de la consagración, pues empató en su enfrentamiento de 1951 contra el poseedor del título, Mikhaïl Botvinnik.

Su carrera. David Bronstein aprendió a jugar con su abuelo cuando tenía seis años. A partir de los trece años ganó varios torneos juveniles y, en 1945, consiguió por primera vez el Campeonato de Moscú, poco después de haber quedado tercero en el Campeonato de la URSS.

Pese a sus resultados, la Federación soviética no lo seleccionó para el interzonal de Saltsjöbaden en 1948. Obtuvo una participación gracias al apoyo de las federaciones extranjeras y ganó el interzonal, demostrando así su talla. En 1950 se creó el título de gran maestro, y Bronstein entró de forma natural en la primera promoción. En el torneo de los Candidatos de 1950, segunda etapa del Campeonato del mundo, terminó primero, *ex aequo* con su amigo Boleslavski. Ganó el encuentro de desempate y se enfrentó a su compatriota Botvinnik por el título mundial. Empató este encuentro, 12 puntos para cada uno, pero, según el reglamento, el título quedó en manos de su adversario. Por lo tanto, sólo es un oficioso «cocampeón del mundo».

Al año siguiente, ganó con Taïmanov el título de campeón del mundo de los estudiantes. ¡Hubiera tenido gracia que este título hubiese sido obtenido por el propio campeón del mundo de «todas las categorías»! Por otra parte, en su libro *El aprendiz de brujo*, escrito en colaboración con T. Fürstenberg, Bronstein se pregunta en tono de humor si no será él quien detente este título, nunca disputado desde...

Sus otros intentos por conquistar la corona mundial fracasaron en las fases de clasificación. Tras un segundo puesto en el torneo de los Candidatos en 1953, y un tercero en 1956, no volvió a competir por el título. En el interzonal de 1958, perdió en la última fase contra el modesto filipino Cardotto, y, finalmente, en 1964 perdió una partida decisiva contra Larsen y se desfondó. Pero siguió jugando en su país y aún ganó numerosos torneos.

El encuentro contra Botvinnik.

El encuentro de 1951 contra el campeón soviético, Botvinnik, ha pasado para muchos aficionados a las cimas de la historia del ajedrez. Este enfrentamiento entre dos estilos –el emprendedor e imaginativo de Bronstein y el científico de Botvinnik– despertó entusiasmo. Bronstein fue animado y aplaudido vivamente por sus seguidores, lo que exasperó al campeón del mundo. Mientras que Bronstein estaba en el nivel más alto, su adversario no había disputado una sola partida desde 1948. El encuentro resultó muy equilibrado,

pese a los errores de bulto por una y otra parte: Bronstein perdió un final elemental e hizo tablas; Botvinnik, por su parte, no consiguió ganar con una torre de más. A dos partidas del final, Bronstein dominaba y parecía estar a punto de conseguir el título. Pero se dejó alcanzar y no consiguió ganar la última partida. El empate beneficiaba al poseedor del título de campeón del mundo, y Bronstein tuvo que conformarse con el aprecio de los jugadores de ajedrez de todo el mundo. Como él mismo dice, acababa de perder dos títulos: ¡el de campeón del mundo y el de ex campeón del mundo!

La pugna entre los dos jugadores sobrepasó, de hecho, el simple marco de un encuentro. Botvinnik trataría de minimizar los éxitos de Bronstein, declarando que se debían a una práctica más regular del juego. Siempre insistiría en su propia superioridad estratégica. Es posible que no perdonara a Bronstein el haberse negado, en 1945, a firmar una carta a Stalin para pedir la organización de un encuentro Botvinnik-Alekhine por el título mundial.

En cuanto a Bronstein, éste se manifestó orgulloso de haber podido demostrar la viabilidad de sus ideas. Los dos tienen una visión diferente del ajedrez. Botvinnik se consideraba el abanderado del racionalismo y rechazaba las partidas relámpago; Bronstein es un apasionado que adora el juego. Le gusta jugar con un minuto para toda la partida, y más tarde disfrutará enfrentándose a los ordenadores. Es un jugador extremadamente creativo y uno de los pocos que ponen los logros artísticos por encima del aspecto deportivo.

Un jugador original.

Bronstein es un jugador repleto de ideas. Durante mucho tiempo deseó un Campeonato del mundo a ritmo acelerado. Se ha mostrado encantado del éxito de los torneos rápidos de los años noventa. También ha propuesto encuentros de partidas simultáneas, en las que cada uno de los protagonistas disponga de dos horas para disputar varias partidas a un tiempo. A él se debe un método interesante que consiste en anotar el tiempo de reflexión de los jugadores durante su partida con el fin de anali-

David Bronstein.

zar el origen de los errores y la manera de reflexionar del campeón. Publicó sus conclusiones en las crónicas del periódico *Izvestia*. Ha escrito, asimismo, libros apasionantes, entre ellos el famoso *Arte del combate del ajedrez* acerca del torneo de los Candidatos de 1953, estudiado por varias generaciones de jugadores rusos.

Por otra parte, Bronstein es un hombre recto que no ha tratado de barrer para casa. Nunca ha sido miembro del Partido Comunista, ayudó a Kortchnoï en su encuentro de 1974 frente a Karpov, el favorito del régimen, y se negó a firmar una carta condenando la fuga de Kortchnoï a Europa Occidental. Sus valientes decisiones fueron sancionadas por el régimen soviético, que le negó el derecho a jugar torneos en el extranjero desde 1980 a 1989.

BYRNE, Robert Eugene, nacido en 1928. Norteamericano. El joven Robert Byrne, campeón de Estados Unidos en 1972 tras ganar a los grandes maestros Reshevsky y Kavalek en una eliminatoria, y candidato al título mundial en 1974, formó parte del equipo de Estados Unidos que participó en varias Olimpiadas.

Aprendió el ajedrez a los ocho años junto con su hermano Donald. Los dos tuvieron la suerte de contar con los consejos de John Collins, entrenador del undécimo campeón del mundo, Fischer. Robert llegó a gran maestro en 1964, mientras que su hermano se con-

363

tentaría con el título de maestro. Participaron juntos en varias Olimpiadas, en las que Donald era capitán del equipo norteamericano del que formaba parte su hermano, en 1966 y 1968. A lo largo de su carrera, Robert Byrne ha conseguido numerosas victorias en América. Es también cronista del *New York Times*.

C

CAPABLANCA Y GRAUPERA, José Raúl, 1881-1942. Cubano.

Capablanca, tercer campeón del mundo, reinó en el mundo del ajedrez de 1921 a 1927. Símbolo del talento natural, poco ducho en el análisis y el trabajo de preparación, es considerado por algunos como el mayor genio de la historia del ajedrez. Ha ejercido gran influencia sobre el juego del campeón del mundo, Karpov.

Su carrera. Capablanca aprendió el ajedrez solo, a los cuatro años, observando cómo jugaba su padre con sus amigos. Progresó muy rápido y a los trece años batió a Corzo, el mejor jugador cubano, sin haber estudiado realmente el juego. Estudió en Estados Unidos, en la universidad de Columbia, en 1906. Paralelamente jugó partidas relámpago, e incluso ganó un torneo de partidas rápidas por delante del campeón del mundo, Lasker. Durante el invierno de 1908-1909, emprendió una gira de simultáneas por Estados Unidos. A su vuelta, en 1909, disputó un encuentro contra el campeón norteamericano, Marshall, al que apabulló (8 victorias, 1 derrota, 14 tablas). Gracias a su aplastante victoria sobre Marshall, consiguió que lo aceptaran en el torneo de San Sebastián de 1911, que sólo admitía a los maestros que hubieran obtenido al menos dos terceros premios en un torneo. Algunos jugadores, como Bernstein, impugnaron su participación, pero Capablanca los desafió ante el tablero ganando el torneo; su espléndida partida frente a Bernstein fue muy elogiada. Siguió su carrera como diplomático en la embajada de San Petersburgo en noviembre

de 1913, y quedó justo detrás del campeón del mundo, Lasker, en el torneo de San Petersburgo de 1914. Después se fue a América Latina y viajó mucho. Tras ganar un buen número de torneos en Nueva York y un encuentro contra Kostic, en 1919, se encontraba en condiciones de desafiar al campeón del mundo, Lasker. Las partidas tuvieron lugar durante la primavera de 1921, en La Habana. Lasker, que no pudo aclimatarse al calor de la isla en esa estación, perdió cuatro partidas, hizo tablas en diez y no ganó ninguna. Pidió jugar el final del encuentro en un lugar de clima más fresco, pero Capablanca se negó y Lasker le cedió el título sin disputar las restantes partidas. Aunque Capablanca no ganó todos los torneos en los que participaba, es unánimemente reconocido como campeón del mundo. Triunfal vencedor en los torneos de Nueva York de 1924 y 1927, su derrota contra Alekhine en el Campeonato del mundo de 1927 tuvo el efecto de un trueno. Convencido de poder recuperar el título, no tuvo, sin embargo, ocasión de hacerlo, pues Alekhine rechazó el encuentro de revancha. Capablanca siguió a pesar de todo participando con éxito en numerosos torneos; ganó el formidable torneo de Nottingham en 1936, *ex aequo* con el futuro campeón del mundo Botvinnik, por delante del campeón del mundo Euwe y de sus predecesores, Alekhine y Lasker. Su juego empezó a declinar, pero aún alcanzó los mejores resultados individuales en las Olimpiadas de 1939. En la última etapa de su vida daba clases de ajedrez por la radio norteamericana. Murió en Estados Unidos.

Las maniobras por el título mundial. Las intrigas de los campeones del mundo para conservar su título, y la dificultad de los aspirantes para desafiarlos, son una buena muestra del poder que tenía el campeón del mundo antes de la segunda guerra mundial. Tras su victoria sobre Marshall en 1909, los admiradores de Capablanca le sugirieron que jugara un encuentro contra Lasker por el título mundial. Se negó; pero, cuando dos años más tarde, empezó a hacer gestiones en este sentido, Lasker impuso unas condiciones inaceptables (el aspirante

debía ganar el encuentro por 2 puntos de ventaja para hacerse con el título). Tuvo que esperar diez años para tener una nueva oportunidad de encontrarse con Lasker. Se reunió un fondo de 20 000 dólares, de los cuales 11 000 estaban garantizados para el poseedor del título. Hay que decir que Lasker estaba dispuesto a ceder su título a Capablanca sin combatir, ¡pues le consideraba excesivamente bueno!

Tras su victoria, el cubano decidió reglamentar las condiciones de un encuentro por el título. El protocolo de Londres, adoptado en 1922 en un torneo que reunió a los mejores grandes maestros, estableció, entre otras condiciones, que el aspirante al título debía reunir un fondo mínimo de 10 000 dólares. Esta cláusula, que algunos consideraban excesivamente restrictiva, no facilitaba el ascenso de los aspirantes. De hecho, no habría un encuentro por el título en 6 años.

Tras su derrota ante Alekhine, Capablanca, que pensaba que podía reconquistar el título con una preparación adecuada, se dio cuenta de que no tenía derecho a organizar un encuentro de revancha. Alekhine nunca le dio ocasión de hacerlo.

De esta manera, las leyes arbitrarias impuestas por los campeones privaron a los aficionados al ajedrez de varios esperados encuentros: Lasker-Capablanca, cuando Lasker estaba en plena forma, y la revancha Alekhine-Capablanca, con un «Capa» menos diletante.

La facilidad natural. El campeón norteamericano, Reuben Fine, decía, a modo de ilustración de las ventajas de un precoz aprendizaje del juego, que para Capablanca el ajedrez era una verdadera lengua materna. La aparente simplicidad de su juego resultaba asombrosa, y la réplica de sus adversarios parecía siempre condenada al fracaso. Era un juego intuitivo. Él mismo cuenta que, por miedo a los críticos, había jugado en una partida un movimiento desarrollado conforme a los principios que enunciaban sus contemporáneos, pero inferior a lo que él «sentía».

Capablanca no estudiaba mucho el juego, ¡excepto los finales! Los primeros estudios que realizó en su vida sobre las aperturas fueron en 1917, para dar clases a una joven compatriota de doce años a la que consideraba con buenas dotes. Normalmente, era su talento natural el que le hacía alzarse con la victoria. Esta facilidad irritaba en ocasiones a sus adversarios, a los que respondía sobre el tablero. En San Sebastián, en 1911, ridiculizó en una partida relámpago al gran maestro Nimzowitsch, que había declarado que el joven cubano no era aún un campeón.

Considerado por algunos como una máquina de jugar, durante mucho tiempo se le tuvo por imbatible. Y de hecho, durante diez años, de 1914 a 1924, se mantuvo invicto. Fue Réti quien, en el torneo de Nueva York, puso fin a su invencibilidad: su «hazaña» figuró en la primera plana del *New York Times*. A lo largo de toda su carrera, «Capa» no perdió en total más que 36 partidas. A pesar de todo, era capaz de jugar partidas muy tácticas y, gracias a su talento, se permitía ganar sin forzar, contentándose habitualmente con dominar hasta que la posición estuviera madura para una de sus famosas «pequeñas combinaciones».

CHAROUSEK, Rudolf, 1873-1900.

Húngaro. Pese a su corta vida, estuvo entre los mejores jugadores del mundo a finales del siglo XIX.

Muy buen táctico, aficionado a los gambitos, en particular al gambito de rey, en 1896 ganó el torneo de Budapest *ex aequo* con el campeón ruso, Tchigorine, y por delante de los más grandes del momento: Pillsbury, Janowski, Schlechter y Tarrasch. El torneo de Berlín, que ganó en 1897, supuso un hito en su carrera. Aquejado de tuberculosis, no pudo mantener ese nivel de juego. Murió tres años después.

D

DESCHAPELLES, Alexandre Louis Honoré, 1780-1847. Francés. Considerado el mejor jugador durante más de veinte años, marcó, como su compatriota Philidor algunos años antes, la historia del ajedrez.

Prácticamente, sólo disputaba partidas en las que daba de salida una ventaja a su adversario (un peón y dos jugadas). Dejó de jugar en los años veinte, cuando no le fue posible ganar a su discípulo La Bourdonnais en esas condiciones.

Durante mucho tiempo no tuvo rival, y abandonó el ajedrez por el whist, que le permitió ganar mucho dinero. En este juego, dio su nombre a una famosa jugada.

DOLMATOV, Serguëï, nacido en 1959. Ruso. Campeón juvenil del mundo en 1978 y campeón olímpico con el equipo de Rusia en 1992, fue candidato al título mundial en 1991.

Educado por el entrenador ruso Dvoretsky, aprendió el juego y progresó junto a su inseparable compatriota Yusupov. La carrera de los dos amigos se entrecruzó. En 1978, Dolmatov ganó el campeonato del mundo junior por delante de Yusupov, con medio punto de ventaja, y le sucedió en el palmarés. En el torneo de los candidatos de Wijk aan Zee, en 1989, Dolmatov se reencontraría ante el tablero con su amigo. Dominó el encuentro, pero fue alcanzado *in extremis* por Yusupov y resultó eliminado en las partidas de desempate.

Detrás de Kasparov en los Campeonatos del mundo, Dolmatov consiguió una hermosa victoria en el open de Moscú en 1989 y en el torneo de Hastings de 1990, frente a un buen número de candidatos al título mundial. Técnico excelente, Dolmatov calcula bien las variantes. Sin embargo, todavía no ha conseguido imponer su talento en los grandes torneos.

DONNER, Johannes Hendricks (Jan Hein), 1927-1988. Holandés. El gran maestro Donner, campeón de Holanda en 1954, 1957 y 1958, es el principal sucesor del ex campeón del mundo, Euwe.

Donner inició su carrera bastante tarde. No aprendió el juego hasta los catorce años, y ganó su primer torneo importante en 1950, el de Hoogovens, por delante del ex campeón del mundo, Euwe. Después quedó en un segundo plano por un tiempo. A partir de los treinta años, empezó a acumular éxitos, entre los que destacaron los de

Hoogovens, en 1963, y Venecia, en 1967, por delante del campeón del mundo titular, Petrossian. Terminó segundo en 1970, en Leiden, detrás del campeón del mundo, Spassky, pero por delante de los prestigiosos Botvinnik y Larsen. Su estilo, más bien clásico, podría compararse a los de los campeones de mundo Capablanca o Euwe. Descuidaba las aperturas, ¡pese a que Euwe aseguraba que las conocía mejor que Capablanca! Su tenacidad le permitía defender posiciones inferiores. Sus escritos obtuvieron un premio literario en Holanda en 1987. Al final de su vida sufrió de parálisis.

DREÏEV, Alekseï Sergueïevitch, nacido en 1969. Ruso. Dreïev, doble campeón del mundo cadete en 1983 y 1984, campeón de Europa junior en 1989, candidato al título mundial en 1991, miembro del equipo de Rusia que ganó las Olimpiadas de 1992, 1994 y 1996, y el Campeonato de Europa de 1992, se impuso en los años noventa como un jugador de primerísimo plano.

A pesar de los éxitos en las competiciones juniors, Dreïev necesitó cierto tiempo para confirmar las expectativas que creó. No le fue fácil participar en los torneos internacionales, dada la gran competencia de jóvenes estrellas de su país. En enero de 1981, pese a su clasificación propia de un buen gran maestro, ¡aún no tenía el título de maestro internacional!

A partir de los veinte años, todo empezó a acelerarse. Con el título de gran maestro en el bolsillo (en julio de 1989), se clasificó en el torneo zonal de Lvov en 1990. Tras figurar entre los once primeros en el interzonal de Manila, en 1990, fue candidato al título mundial adulto. Se plegó en octavos de final frente al indio Anand, cuyo juego lo desestabilizó. Anand, que había terminado el tercero detrás de Dreïev en el Campeonato del mundo cadete de 1984, se tomó así la revancha.

Dreïev atravesó entonces un período menos brillante. Su clasificación bajó y no consiguió superar el interzonal de Bienne de 1993. Su vuelta al núcleo de la elite mundial se materializaría con dos victorias: en Wijk aan Zee, en 1995, ganó a su compatriota Bareïev en finales, en un torneo por eliminación

365

directa; en Bienne, el mismo año, ganó ampliamente por delante de Shirov y Gelfand.

Aunque con las blancas casi únicamente juega 1.d4, con las negras es un gran especialista en la defensa francesa y sus variantes semieslavas. Es un jugador posicional con muy buena técnica de finales.

DURAS, Oldrich, 1882-1957.

Checo. Campeón de Checoslovaquia en 1905, 1909 y 1911, está considerado como uno de los mejores jugadores del mundo antes de la primera guerra mundial.

Oldrich Duras ganó varios grandes torneos: Barmen en 1905, *ex aequo* con el célebre Rubinstein; después, uno tras otro, Viena y Praga en 1908, por delante de los grandes maestros Schlechter, Maroczy y Rubinstein, así como Breslau en 1912, también *ex aequo* con Rubinstein. Obtuvo, asimismo, numerosos segundos y terceros puestos. Especialmente fuerte en la defensa, era muy buen táctico, aunque menos buen estratega. Fue también autor de problemas y estudios de ajedrez.

E

EHLVEST, Jaan, nacido en 1962.

Estonio. Campeón de Europa junior en 1983, candidato al título mundial en 1983 y cuarto en la Copa del mundo en 1989, figuró entre los diez mejores jugadores de la clasificación mundial.

A pesar de sus irregulares resultados, obtuvo puestos de honor en numerosos torneos. Tercero en la etapa de Copa del mundo de Belfort en 1988, tras los intocables Kasparov y Karpov, quedó cuarto en la clasificación general de esa copa. Más tarde, quedó segundo *ex aequo* en los supertorneos de Belgrado, 1989, y Novgorod, 1995, en ambas ocasiones detrás del campeón del mundo, Kasparov, y tercero en Horgen, 1995, delante de Kasparov, pero detrás de las figuras Kramnik e Ivantchouk. Su mayor éxito es una victoria en el torneo de Reggio Emilia

de 1990, por delante del ex campeón del mundo, Karpov, y de la joven figura ucraniana, Ivantchouk. Formó parte del equipo soviético en las Olimpiadas de 1988 y también en el Campeonato del mundo de 1989, ganando la medalla de oro ambas veces.

EUWE, Machgielis (Max), 1901-

1981. Holandés. El doctor Euwe, trece veces campeón de Holanda, se convirtió en 1935 en el quinto campeón del mundo al derrotar a Alekhine. Perdió su título contra el propio Alekhine en 1937. Es importante su influencia como pedagogo y autor. Auténtico aficionado, incluso en la cima de su gloria ejercía como profesor de matemáticas. Fue presidente de la FIDE de 1970 a 1978.

Max Euwe.

Su carrera. Euwe aprendió el juego a los cuatro años, pero no participó en sus primeros grandes torneos hasta que tenía cerca de veinte. En 1921 empató un encuentro con el gran maestro Maroczy, y, en 1926, perdió por un punto en un encuentro de entrenamiento contra Alekhine, que llegó a campeón del mundo pocos meses más tarde. Adquirió experiencia en los encuentros midiéndose con los mejores jugadores. En 1928, perdió contra el gran maestro alemán Bogoljubow, y en 1931, contra el ex campeón del mundo Capablanca. Empató un encuentro con el gran maestro checoslovaco Flohr, en 1932. En 1928, conquistó el torneo de La Haya, considerado como un Campeonato del mundo de aficionados. Ganó el torneo de Hastings por dos veces: en 1930-1931, por delante del ex campeón del mundo, Capablanca, y en 1934-1935, por delante de Capablanca y del futuro campeón del mundo, Botvinnik. En 1935 vivió el acontecimiento más importante de su carrera: el encuentro de Campeonato del mundo contra el poseedor del título, Alekhine, en Holanda. Al final de un verdadero torneo (cada partida se desarrollaba en un lugar diferente), Max Euwe resultó campeón del mundo para sorpresa general. Su reinado resultaría corto, pues, al contrario que sus predecesores, Euwe tuvo la deportividad de aceptar el encuen-

tro de revancha, ganado por Alekhine en 1937. La victoria de Euwe en 1935 ha sido minusvalorada en ocasiones, ya que hay quienes piensan que en esa época Alekhine bebía mucho, lo que mermaba sus capacidades. Sin embargo, según Euwe, estas consideraciones son exageradas. Cuando consiguió el título, nadie podía pretender ser claramente superior a él.

Por otra parte, no hay que dejar de lado algunos logros de Euwe. Aunque sea verdad que le falta una victoria en el torneo de Nottingham, en 1936, en el que participaron, entre otros, cinco de los trece campeones del mundo de la historia del ajedrez. Pese a que tuvo un arranque fulgurante, 6 puntos sobre 7, sólo terminó tercero *ex aequo*.

Tras la muerte de Alekhine, en 1946, Holanda esperaba que las autoridades ajedrecistas otorgaran a Euwe el título vacante, ya que era el único antiguo campeón del mundo vivo. Sin embargo, en el primer torneo de posguerra, el de Groninga, en 1946, Euwe perdió una ocasión de situarse como candidato ideal para el título al quedar segundo por detrás de Botvinnik.

Pidió un año sabático para prepararse para el Campeonato del mundo de 1948. Pero cosecharía su mayor derrota ajedrecista, al quedar 4 puntos sobre 20, con una sola victoria. El título fue para Botvinnik.

Declinó la invitación al torneo de los Candidatos de 1950 y participó en el de 1953. Consiguió el puesto catorce de quince, con 11,5 puntos sobre 28. Obtuvo el consuelo de ganar a Geller en una partida de antología, pero fue el fin de su carrera.

El pedagogo. Euwe fue un jugador completo, y un autor de libros sobre el juego que serían útiles para gran número de aficionados con deseo de progresar. Como pedagogo, en alguna medida fue el sucesor del «Praeceptor Germanae», Siegbert Tarrasch. Como primer teórico moderno de las aperturas, incluso antes que la escuela soviética, escribió una serie de artículos sobre este tema que son el antecedente de las actuales enciclopedias de ajedrez. También escribió una serie sobre los finales, y otra sobre el medio juego (terreno a menudo descuidado por la literatura ajedrecística) en colaboración con Kramer. Desarrolló las principales tácticas en *Posición y combinación*, y los principios estratégicos del medio juego en uno de sus libros más conocidos, *Juicio y plan,* en el que principalmente explica las estructuras de peones y la manera en que hay que jugarlos, siguiendo un esquema elaborado con su amigo, Kmoch, autor de un célebre libro sobre *El arte de jugar los peones.*

El dirigente. Una vez acabada su carrera de jugador, Euwe ocupó la presidencia de la FIDE de 1970 a 1978. Impuso su independencia frente a la presión que ejercía la URSS. El campeón del mundo, Botvinnik, «patriarca del ajedrez soviético», declaró púdicamente en sus libros que no «compartía los puntos de vista de Max Euwe» sobre la política de la FIDE. Más explícitos, los archivos del KGB revelan que las autoridades soviéticas reprochan a Euwe y a la Federación holandesa el apoyar y dar asilo en los Países Bajos a jugadores disidentes, como Sosonko y Kortchnoï. Euwe tuvo que hacer frente también a las presiones conjuntas de los países comunistas y árabes al organizar las Olimpiadas de 1976 en Israel, en Haifa. En esa ocasión, aparecieron en los documentos soviéticos mezquinas acusaciones acerca de su avanzada edad (setenta y cinco años).

F

FILIP, Miroslav, nacido en 1928. Checo. Campeón de Checoslovaquia en 1950, 1952 y 1954.
El gran maestro internacional Filip ha participado dos veces en el prestigioso torneo de los Candidatos: terminó penúltimo en el torneo de Amsterdam, en 1956, y último en el de Curaçao, en 1962.

FINE, Reuben, 1914-1993. Norteamericano. Este gran maestro, campeón de Estados Unidos en seis ocasiones, fue uno de los mejores jugadores del mundo de los años treinta. Contribuyó a la victoria del equipo de Estados Unidos en tres Olimpiadas consecutivas: 1933 (Folkestone), 1935 (Varsovia) y 1937 (Estocolmo). Jugador muy rápido, fue también campeón de ajedrez relámpago de Estados Unidos entre 1942 y 1945.
Se alzó con los torneos de Año Nuevo de Hastings (1935-1936), de Zandvoort en 1936 (adelantando al campeón del mundo, Euwe), de Amsterdam (con el campeón del mundo, Alekhine), de Leningrado, Moscú, de Margate (con el estonio Kérès) y de Ostende (con Kérès y el suizo Grob), en 1937.
Reuben Fine se dio a conocer, sobre todo, en el mítico torneo organizado por la radio holandesa AVRO, que tenía por finalidad designar al aspirante para disputar a Alekhine el título de campeón del mundo. Los campeones Capablanca, Euwe, Alekhine y Botvinnik participaron en él. Fine se puso rápidamente en cabeza. Alcanzado por Kérès, acabó el segundo en el desempate y se situó como un claro aspirante para los años venideros. El estallido de la guerra y la muerte de Alekhine cambiarían las tornas. En 1947, le propusieron que se midiera por el título en un torneo a seis en La Haya y Moscú. Pero sus actividades profesionales como psicoanalista habían ido en aumento y no contaba con suficiente respaldo financiero. Por lo tanto, rechazó participar en el torneo. Es autor de un tratado sobre finales y de la primera edición de la enciclopedia norteamericana sobre las aperturas,

Modern Chess Openings. Además, ha desarrollado teorías freudianas sobre el carácter del jugador de ajedrez.

FISCHER, Robert James (apodado Bobby), nacido en 1943. Norteamericano. Campeón de Estados Unidos en 1958, 1959, 1960, 1961, 1963, 1965 y 1967; campeón del mundo en 1972; segundo tablero del equipo «resto del mundo» en el encuentro contra la URSS de 1970; muchos lo consideran como el mayor campeón de todos los tiempos. Personaje intransigente, defendió la causa de los jugadores de ajedrez mejorando las condiciones de juego y aumentando los premios. Se retiró de la competición tras la conquista del título que nunca defendió, dejándoselo a Anatoli Karpov. Protagonizó una efímera vuelta al ajedrez en 1992.

Su carrera. Bobby, de origen alemán por parte de padre y suizo por parte de madre, aprendió el ajedrez con su hermana a los seis años. Este niño prodigio realizó una doble hazaña al participar a los catorce años en el Campeonato de Estados Unidos de 1957-1958, fase de clasificación del campeonato del mundo, y haciéndose con el título por delante del famoso Samuel Reshevsky, uno de los mejores jugadores del mundo. En el interzonal de 1958 de Portoroz, quedó quinto. Consiguió el título de gran maestro al clasificarse para el torneo de los Candidatos, en el que cada jugador disputaba cuatro partidas contra cada uno de sus adversarios. Quedó quinto *ex aequo.* Aunque aún era joven para ganar, se defendió muy bien ante la elite mundial. Consiguió varias veces seguidas el Campeonato de Estados Unidos, ciertamente menos importante que su homólogo ruso, pero en el que participaban jugadores excelentes, como Reshevsky y Byrne. Tras su cuarta victoria consecutiva en ese torneo, se organizó un encuentro entre él y Reshevsky. Fischer, que estaba en desacuerdo con los horarios del encuentro, dejó de jugar cuando iban 5,5 iguales.
En 1962, tomó la delantera en el interzonal, superando por 2,5 puntos a los soviéticos Geller y Petrossian. Sin embargo, en el torneo de los

367

Candidatos, disputado a cuatro vueltas, sólo consiguió ser cuarto, lejos de los soviéticos Petrossian, Geller y Kérès. El hecho es que éstos habían establecido una auténtica estrategia colectiva. Economizaban energías (haciendo tablas entre ellos) y concentraban sus esfuerzos frente a Fischer, que tenía que medirse con cada uno de ellos. Fischer protestó contra la injusticia y la trampa que ello suponía, y denunció la fórmula del torneo, negándose a participar en tales condiciones. El caso es que en 1964 los vencedores del interzonal se enfrentarían en encuentro y no en torneo, tal como opinaba el norteamericano, que, desgraciadamente, no participó en esa prueba. Su categoría se reafirmó en el campeonato de Estados Unidos de 1963-1964, en el que ganó con el perfecto resultado de 11/11: ¡un hito difícil de superar! En 1967, participó de nuevo en el interzonal, que tuvo lugar en Túnez, y dominó ampliamente el torneo. Pero, una vez más, entró en conflicto con los organizadores y abandonó el torneo. En ausencia de Fischer, que en 1967 no participó en ningún torneo, Spassky consiguió ser ese año campeón del mundo.

Tras una larga ausencia, la vuelta de Fischer al más alto nivel fue impresionante. Fue seleccionado para el equipo «resto del mundo» que se enfrentó a la URSS en 1970, y derrotó al ex campeón del mundo, Petrossian, por 3-1.

Bobby Fischer.

Dominó fácilmente a sus adversarios en el interzonal de Palma de Mallorca de 1970. Su primer encuentro de los Candidatos tuvo lugar en Vancouver, contra Mark Taïmanov. El ruso, que tenía buenas posiciones, no resistiría mucho tiempo frente a los recursos de su adversario, y Fischer ganó por 6-0. Su siguiente adversario, fue el danés Larsen, que fue su auxiliar en el torneo de los Candidatos de 1959. Larsen, el único jugador que derrotó a Fischer en un interzonal, estaba optimista. Pero acumuló las derrotas y perdió, como Taïmanov, por 6-0.

A continuación, Fischer ganó su encuentro frente al antiguo campeón del mundo Petrossian con el resultado de 6,5 a 2,5.

El encuentro por el máximo título tuvo lugar en Reykjavík, en 1972, y la victoria de Fischer sobre Spassky desencadenaría el entusiasmo. Este encuentro entre dos grandes campeones simbolizaba de alguna manera la oposición entre la URSS comunista, poseedora del título desde la posguerra, y los Estados Unidos capitalistas. ¡Fischer se convertiría con su título en el héroe de Occidente!

Algunos opinaban que Fischer seguiría siendo invencible hasta el año 2000. Pero, al igual que su compatriota Morphy en el siglo pasado, Fischer abandonaría la competición en la cima de su gloria. No participó en ningún torneo más, y no defendió su título frente a Anatoli Karpov, dejando huérfano al mundo occidental.

En los años ochenta, hubo rumores periódicos anunciando su vuelta, y la revelación de contactos llevados en secreto por el propio Karpov creó expectativas en el mundo entero. Pero en esa época, su nombre sólo sonaba en los torneos gracias al «reloj de Fischer», que concedía un tiempo de reflexión suplementario tras cada jugada. En 1992, en un golpe de efecto, volvió a disputar un encuentro contra su amigo Spassky. La experiencia recuerda los decepcionantes «remakes» del cine. Fischer se impuso a Spassky, que ya no pertenecía a la elite mundial. Ninguno de los grandes maestros consideraba suficiente el nivel de Fischer para luchar contra los mejores. Su última idea, el Fischer-RandomChess (que retoma posiciones

muy antiguas), consiste en modificar las reglas del juego tirando a suertes la posición de las piezas en la primera fila. No parece destinada a un porvenir tan duradero como el «reloj Fischer», que ha sido adoptado en ciertas competiciones.

Una gran personalidad. Aunque la meta principal de Fischer era conseguir el título mundial, nunca sacrificó sus exigencias ni sus convicciones. En 1961, interrumpió su partida con Reshevsky a causa de un altercado con el organizador. Más tarde renunció a participar en las competiciones más prestigiosas para protestar contra las estrategias de los equipos soviéticos. Con ocasión del interzonal de Susa, en Túnez, se negó a jugar las partidas durante el *sabbat*, tal como prescribe la religión judía. Las autoridades trasladaron sus partidas, poniéndoselas más tarde una tras otra. Protestó, se retiró en las dos siguientes partidas y partió hacia la capital. El gran maestro Gufeld cuenta que Fischer llevaba tal ventaja que podía clasificarse pese a ese paso atrás. Pero las conversaciones telefónicas para convencerlo de que siguiera fueron tan largas que no pudo volver al torneo a tiempo para su enfrentamiento con Larsen. Esta tercera retirada supuso la exclusión automática del torneo. Sus intransigentes reclamaciones se renovaron con ocasión de su encuentro de 1972 contra Spassky, para el que Fischer puso unas draconianas condiciones previas. A lo largo del encuentro, acentuó la presión, exigiendo jugar sin cámaras, que daban una luz excesiva. Superado por la situación, perdió la segunda partida por abandono. ¡Resultó muy complicado hacerle volver al tablero para las siguientes partidas!

La personalidad de Fischer hizo correr mucha tinta y alimentó las comidillas. Además, mantuvo relaciones conflictivas con ciertos periodistas. Este ser de espíritu independiente no buscaba el consenso y no dudó en dar, en el número de enero-febrero de 1964 de la revista *Chessworld*, su lista de los diez mejores jugadores de todos los tiempos y sus cualidades: Morphy (el más preciso); Staunton (el mejor analista de aperturas); Steinitz (original en las aperturas); Tarrasch (estilo contundente); Tchigorine (agresivo en el ataque); Alekhine (imaginativo y muy complicado); Capablanca (simplicidad); Spassky (muy contundente); Tal (sacrificios espectaculares); y Reshevsky (calculador como una máquina). Aparte de Staunton, más bien subestimado, la lista no presenta grandes sorpresas. Sin embargo, es evidente la ausencia de Lasker y, sobre todo, la de su contemporáneo Botvinnik. ¡Una manera de atizar viejos rencores! Hay que señalar que en 1967 algunos pasaron a formar parte de una nueva lista de Fischer, en la que incluyó a Lasker, ¡pero a ningún jugador de la posguerra!

Prácticamente solo frente al sovietizado mundo del ajedrez, algunas de sus tomas de posición reforzaron su impopularidad. Siempre tuvo una actitud ambigua con respecto a sus orígenes judíos, incluyendo algunas manifestaciones de antisemitismo. Por otra parte, se convirtió en un «fuera de la ley» para los Estados Unidos en 1992, tras jugar su encuentro con Spassky en Yugoslavia, pese al embargo.

Su estilo. Fischer combina el talento natural de Capablanca y la capacidad de trabajo de Alekhine. Su estilo es directo, más bien clásico. Estima el poderío del par de alfiles, y su gran técnica le permite conseguir pequeñas ventajas a partir de posiciones simples. Estudió a Capablanca, pero podía montar también grandes números de ataque. Fischer domina a sus rivales en todos los terrenos. Su única debilidad, según Spassky, reside en una relativa dificultad para captar el momento crucial de la partida. El norteamericano, muy maximalista, pretendía ganar todo, y a menudo corría riesgos desmedidos para conseguir remotas posibilidades de avance. Esta manera de abordar el juego le ha valido, en cualquier caso, muchas más victorias que derrotas.

Su repertorio de aperturas es más bien reducido, pero lo conoce perfectamente. Opina que «los que no juegan 1.e4 con las blancas son unos cobardes». Hacia el final de su carrera, se permitió, sin embargo, algunas «debilidades», al jugar 1.c4 (en una partida famosa de su encuentro con Spassky, por ejemplo) o 1.b3. Pero, en sus comienzos, practicó el 1.Cf3 seguido de un desarrollo del alfil en g2. Esta variante de la india oriental, su antigua apertura favorita, le serviría más tarde como arma contra la francesa o la siciliana. Con las negras, juega indefectiblemente la siciliana Najdorf contra 1.e4, permitiéndose crear un efecto sorpresa en sus adversarios las pocas veces que ha sido infiel a su defensa fetiche. La india oriental y la Grünfeld son sus réplicas favoritas en los juegos cerrados. A Fischer, un jugador moderno, siempre le ha gustado inspirarse en los pioneros del ajedrez y en los maestros del siglo XIX. En las aperturas utiliza ideas de Steinitz, Charousek o Staunton. A pesar de que en una entrevista afirmaba que «no creía en la psicología, sino en las buenas jugadas», Fischer sabía mostrarse temible en la guerra de nervios. Conseguía hipnotizar a sus adversarios, tanto ante el tablero como fuera de él. Por ejemplo, en 1971, Taïmanov perdió la quinta partida de un encuentro al dejarse capturar una torre en una jugada. ¡Este error propio de un debutante tenía su origen en un análisis realizado por Taïmanov junto con tres grandes maestros soviéticos en un aplazamiento de la partida!

FLOHR, Salo, 1908-1983. Ruso de origen checoslovaco. Gran jugador en los años treinta, fue considerado en esa época como claro aspirante al título mundial.

En 1933, Flohr empató con Botvinnik, la estrella ascendente del ajedrez soviético, tras ir dominando por 2 puntos. Sus victorias en Hastings de 1931 a 1935, en Moscú en 1935 (*ex aequo* con el futuro campeón del mundo, Botvinnik, por delante de los antiguos campeones del mundo Lasker y Capablanca), en Margate en 1936 (por delante de Capablanca), en Podebrady en 1936 (por delante de Alekhine) y en Kemeri en 1937 (*ex aequo* con Reshevsky y Petrov y por delante de Fine, Kérès y Alekhine) son impresionantes. Tras su mayor hazaña individual en las Olimpiadas de 1937, pasó a ser considerado por la FIDE como «candidato oficial» para desafiar al campeón del mundo, Euwe. Éste estuvo a punto de llegar a las manos con Flohr, pero perdió su encuentro de revancha con Alekhine, que no hacía caso de los deseos de la FIDE. Las pretensiones del ruso cesaron tras sus malos resultados en el torneo AVRO de 1938, donde quedó último, detrás de los mejores jugadores del momento. En el torneo de los Candidatos de 1950, se clasificó de nuevo último, alejándose definitivamente del pelotón de cabeza. Su participación en los Campeonatos del mundo se limitaría a un puesto de comentarista o de asistente de su amigo Botvinnik.

Flohr fue un gran táctico que, a finales de los años treinta, evolucionó hacia un estilo clásico, con predominio posicional y técnico. Muy bueno en finales, no siempre sabía decidir en el medio juego, y tenía que contentarse habitualmente con partidas en tablas.

G

GAPRINDACHVILI, Nona, nacida en 1941. Georgiana. Campeona del mundo de 1961 a 1978, fue la primera mujer que obtuvo el título de gran maestro internacional, en 1980.

A los doce años se fijó en ella un entrenador, y la joven Nona fue enviada a casa de una tía suya, en Tbilisi, la capital de Georgia. Nueve años más tarde, en 1961, se hizo con el título mundial femenino al ganar a la rusa Bykova. Defendió victoriosamente su título frente a la rusa Kouchnir en 1965 y en 1969, pero lo perdió en 1978 contra la joven georgiana Maïa Tchibourdanidzé (¡de diecisiete años!). A partir de Nona Gaprindachvili, se produjo una verdadera fiebre por el ajedrez entre las mujeres de Georgia, país que ganó las Olimpiadas tras el desmembramiento de la URSS.

GELFAND, Boris, nacido en 1968. Bielorruso. Campeón de Europa junior en 1988, número 3 mundial en 1990 y candidato al título mundial en 1991 y 1994, es uno de los mejores jugadores de los noventa. Ganó también las Olimpiadas con el equipo de la URSS en 1990.

Al comienzo de su carrera, el bielorruso parecía seguir el mismo camino que el ucraniano Ivantchouk. Como éste, no consiguió ganar el Campeonato del mundo junior y, un año des-

369

pués que él, ganó el Campeonato de Europa de 1988... ¡por delante de Ivantchouk! Como el ucraniano, no consiguió ganar dos años seguidos esa prueba, pero desveló sus talentos en el torneo cerrado en Linares, en el que «sólo» fue segundo, detrás de Kasparov (el propio Ivantchouk había ganado ese torneo por delante de Karpov). Ivantchouk y Gelfand quedaron conjuntamente en la primera plaza del interzonal de Manila de 1990, y ambos ganaron su primer encuentro de los Candidatos –Gelfand eliminó con dificultades al yugoslavo Nikolic– antes de ceder en cuartos de final.

Por el contrario, al revés que su joven rival ucraniano, consiguió imponerse en el interzonal de Bienne, en julio de 1993, para el Campeonato de la FIDE. En el primer encuentro, se tomó la revancha ante el inglés Adams, que le había derrotado en la final del torneo de Tilburg, en 1992. En cuartos de final, ganó un tenso encuentro frente al ruso Kramnik, secundado por Joël Lautier. Siguiendo el nuevo reglamento del ciclo de la FIDE, Gelfand volvió a encontrarse en semifinales con el poseedor del título, Anatoli Karpov. Era un encuentro esperado, pues nadie, excepto el inglés Short, había ganado a Karpov en un encuentro. El enfrentamiento tuvo lugar en la India, en Shangi Nagar. Tras dos tablas, Gelfand ganó una partida. Pero Karpov demostró que siempre era temible en las confrontaciones cara a cara y ganó el encuentro.

El palmarés de Gelfand en torneos es impresionante. Venció en el Open de Palma de Mallorca en 1989, por delante de 183 jugadores, entre ellos numerosos grandes maestros; ganó también en los supertorneos de Moscú, en 1992; Dos Hermanas, en 1994; Belgrado, en 1995; Viena y Tilburg, en 1996.

Como Fischer, Gelfand prefiere con las negras la siciliana Najdorf y la defensa india oriental, pero juega principalmente 1.d4 con las blancas.

GELLER, Efim Petrovitch, nacido en 1925. Ucraniano. Candidato al título mundial en 1953, 1956, 1962, 1965, 1968 y 1971; campeón de la URSS en 1979; campeón de Ucrania en 1950, 1957, 1958 y 1959; el gran maestro Geller posee uno de los mejores historiales entre los jugadores de ajedrez. Fue también miembro del invencible equipo de la URSS en siete Olimpiadas; en el Campeonato del mundo de 1985; en seis Campeonatos de Europa, y en el encuentro URSS «resto del mundo» de 1970.

Geller es el único jugador que puede vanagloriarse de haber conseguido un resultado positivo frente a los campeones del mundo Botvinnik, Smyslov, Petrossian y Fischer. Su currículo registra también victorias contra Euwe, Tal, Spassky y Karpov, y más de treinta victorias contra campeones o ex campeones del mundo.

Sin embargo, nunca llegó a jugar el encuentro definitivo por el título. Tuvo su mejor oportunidad en 1962, en el torneo de los Candidatos de Curaçao, donde él y Kérès quedaron a medio punto del vencedor, Petrossian.

El gran maestro Efim Geller es, junto con Bronstein y Boleslavski, uno de los pioneros que contribuyeron a desarrollar la apertura india oriental. Hizo también grandes contribuciones a la española cerrada, al gambito de dama variante Tartacower y a la siciliana. Geller no se distingue tanto por la invención de jugadas nuevas como por la elaboración de auténticos sistemas.

GLIGORIC, Svetozar, nacido en 1923. Yugoslavo. Doce veces campeón de Yugoslavia, candidato al título mundial en 1953, 1959 y 1968, el gran maestro Gligoric está considerado como uno de los mejores jugadores de su tiempo. Vencedor con Yugoslavia en las Olimpiadas de 1950, fue el quinto tablero del encuentro URSS-«resto del mundo» de 1970.

Fue uno de los jugadores que hizo sombra a la hegemonía soviética después de la segunda guerra mundial. Sin embargo, pese a sus numerosos puestos de honor en los torneos, nunca ha supuesto una auténtica amenaza para los poseedores del título mundial. En los dos torneos de los Candidatos de Yugoslavia, en 1953 y 1959, lo sobrepasaron los jugadores soviéticos. Diez años más tarde, de nuevo un soviético, el ex campeón del mundo, Tal, lo eliminó en cuartos de final de los encuentros de los Candidatos.

Svetozar Gligoric fue uno de los primeros que jugó la defensa india oriental, en la que es un especialista reconocido. Como periodista, es autor de una crónica difundida en numerosos periódicos internacionales: «La partida del mes». Fue también árbitro en los Campeonatos del mundo.

GRANDA ZÚÑIGA, Julio, nacido en 1967. Peruano. Fue brillante vencedor de los torneos de Amsterdam en 1995 y 1996, por delante de los mejores jugadores mundiales (entre otros, las superestrellas Kamsky, Ivantchouk y Timman).

El éxito de este jugador es sorprendente. En efecto, Zúñiga no ha abierto un solo libro de ajedrez en su vida. Se cuenta que cuando alcanzó su primer éxito en Amsterdam, el peruano preguntaba si su adversario abría con 1.d4 o 1.e4, mientras que casi todos los grandes jugadores se preparan durante horas antes de una partida de torneo, analizando el juego del adversario con sus bases de datos. Tiene un talento natural extraordinario, y un estilo muy original. Sus lagunas teóricas dan lugar a un juego sin prejuicios, repleto de jugadas sorprendentes.

GRECO, Gioacchino, 1600-1634. Italiano. Está considerado por algunos como el mejor jugador de su tiempo. Un auténtico profesional y gran viajero, Greco, apodado *el Calabrés*, fue también autor de varios libros.

GRÜNFELD, Ernst Franz, 1893-1962. Austriaco. Fue un habitual de los torneos, de los que en varias ocasiones salió vencedor, durante la primera mitad del siglo XX.

Grünfeld ha dado nombre a un sistema de aperturas modernas, la defensa Grünfeld, que concede a las blancas un centro de peones con la esperanza de poder atacarlo.

GULKO, Boris, nacido en 1947. Norteamericano de origen ruso. Campeón de la URSS en 1977 y de Estados Unidos en 1994, fue candidato en 1994 al título mundial de la PCA de Kasparov. Representó en varias ocasiones a Estados Unidos en las Olimpiadas y ganó el título mundial por equipos con Estados Unidos en 1993.

Maestro a los dieciséis años en la URSS, Gulko obtuvo muy buenos resultados desde el inicio de su carrera, con seis victorias seguidas entre 1973 y 1974, una victoria en el torneo zonal soviético en 1975 y en el Campeonato de la URSS en 1977. Hasta 1979 dio la talla de un gran jugador. Deseoso de abandonar definitivamente la URSS, cometió el error de solicitar un visado de emigración y él y su mujer, también entusiasta del ajedrez, toparon con el KGB. Durante tiempo permanecieron como rehenes de la Unión Soviética. Fueron apoyados por jugadores de todo el mundo, y algunos llegaron a vestir en las Olimpiadas de 1982 una camiseta con la leyenda «Liberad a Gulko». Finalmente, pudieron salir en 1986, y se instalaron en Estados Unidos. Gulko participó en los encuentros para el título mundial de la PCA, de Kasparov, en los que perdió frente a Short. La conquista del título mundial con los colores de Estados Unidos, con ocasión de los Campeonatos del mundo ante Ucrania y Rusia, representó una victoria simbólica frente a la URSS, que acababa de hundirse...

GUNSBERG, Isidor Arthur, 1854-1930. Inglés de origen húngaro. Ha pasado a la historia del ajedrez como el que intentó batir, en los Campeonatos del mundo de 1890 y 1891, al primer campeón oficial, Steinitz.

Su enfrentamiento con Steinitz tuvo lugar tras su victoria de 1885, en Hamburgo, por delante de jugadores como Blackburne o Tarrasch. Vencedor del torneo de Bradford en 1888, disputó también numerosos encuentros, ganando a su compatriota Blackburne en 1887 y empatando con el ruso Tchigorine en 1890.

GUREVITCH, Mikhail, nacido en 1959. Belga de origen ruso. Cocampeón de la URSS en 1985, el gran maestro Gurevitch, antiguo número 5 mundial, fue durante mucho tiempo auxiliar del campeón del mundo, Kasparov, antes de serlo de su amigo Anand. Mikhail Gurevitch llevaba mucho tiempo jugando al ajedrez cuando obtuvo sus primeros éxitos internacionales. De hecho, aún no tenía ningún título internacional cuando se clasificó el primero *ex aequo* en el campeonato

de la URSS de 1985. Clasificado para el interzonal en México, desgraciadamente no pudo acudir. Ganó diversos torneos y dos años más tarde, tras un salto espectacular, figuró en el décimo puesto mundial. En 1989 ganó el torneo de Reggio Emilia, por delante de jugadores tan conocidos como Andersson, Ehlvest o Ivantchouk, y el «pequeño torneo» de Tel-Aviv, con 10,5 puntos de 11 posibles. Figuró entre los favoritos en el interzonal de Manila, en 1990, y parecía encaminarse hacia una clasificación indudable. Pero perdió las dos últimas rondas ante Anand y Short, contra el que había apostado desde el principio por las tablas al escoger la tranquila variante de cambio de la francesa. Acabó en el puesto doce de un torneo en el que sólo se clasificaban once... Después ha ganado el torneo de Munich de 1991, pero no parece ya en condiciones de poder seguir el endiablado ritmo de los jóvenes campeones de los años noventa.

H

HAÏK, Aldo, nacido en 1952. Francés. Campeón de Francia en 1972 y 1983, es el primer francés de la posguerra que ha obtenido, en 1977, el título de maestro internacional FIDE. Aldo Haïk es también el primer francés que consiguió una norma de gran maestro, en el Campeonato del mundo por equipos de 1985. Es cronista de ajedrez en el *Figaro*.

HJARTARSON, Johann, nacido en 1963. Islandés. Campeón de Islandia en 1980 y 1984, fue candidato al título mundial a mediados de los años ochenta.

Después de ganar el interzonal de Szirak en 1987 ante el ruso Salov, se clasificó para los encuentros de los Candidatos. Enfrentado al temible Viktor Kortchnoï en la primera vuelta, no tenía buenos pronósticos. Sin embargo, pronto tomó la delantera. Alcanzado en el último momento por su adversario, jugó la prórroga con gran maestría y ganó el encuentro. Cedió en la vuelta siguiente ante el ex

campeón del mundo, Karpov, sin la menor posibilidad de imponerse. En 1988, obtuvo estupendas victorias en Akureyri (por delante de los famosos grandes maestros soviéticos Polougaïesvski, Gurevitch y Dolmatov) y en Munich (por delante de los antiguos candidatos Hübner, Ribli y Yusupov), así como en Reykjavík en 1992 (*ex aequo* con Shirov). Desde entonces, no ha podido mantenerse en la cumbre de la jerarquía mundial.

HORT, Vlastimil, nacido en 1944. Alemán, de origen checo. Seis veces campeón de Checoslovaquia, vencedor en numerosos torneos en los años setenta, estuvo considerado durante mucho tiempo como uno de los mejores jugadores no soviéticos.

Vlastimil Hort se clasificó para los encuentros de los Candidatos de 1977. Enfrentado al antiguo campeón del mundo, Spassky, se defendió bien hasta un trágico «zeitnot», que resultó el momento más sombrío de su carrera. Teniendo la delantera, se quedó paralizado por los nervios, no hizo una jugada a derechas y perdió por tiempo. Desde entonces, no ha vuelto a tener ocasión de disputar un encuentro de los Candidatos.

HÜBNER, Robert, nacido en 1948. Alemán. Campeón de la República Federal Alemana desde 1964, tres veces candidato a los campeonatos del

Robert Hübner.

mundo de 1971, 1980 y 1983, estuvo durante tiempo entre los cinco mejores jugadores del mundo.

Perdió en los Campeonatos del mundo de 1971 contra el ex campeón del mundo Petrossian. En 1980 cayó en finales frente a Viktor Kortchnoï, y en 1983 fue derrotado por otro ex campeón del mundo, el ruso Smyslov. En este último encuentro, los dos jugadores estaban igualados, y Hübner fue eliminado ¡tras tirar a suertes!

Al revés que los jugadores soviéticos, que, aunque «oficialmente» aficionados, sólo trabajaban en su carrera ajedrecística, Robert Hübner es un papirólogo famoso. También es conocido por sus prolongados análisis y por haber desarrollado una variante de la defensa Nimzowitsch que lleva su nombre.

I

ILLESCAS CÓRDOBA, Miguel, nacido en 1965. Español. Está considerado como uno de los mejores jugadores españoles.

Este jugador debió durante tiempo su fama a su nacionalidad: ha sido invitado con regularidad a los grandes torneos organizados en España durante los años ochenta y noventa. Aunque quedaría, con diferencia, el peor clasificado de los grandes jugadores, se codeó con los campeones del mundo, Karpov y Kasparov, y aprovechó esta oportunidad para mejorar su juego. Poco a poco fue adquiriendo experiencia y terminó por plantar cara a los mejores jugadores del mundo. Algunos años después, en 1996, ganó, *ex aequo* con el búlgaro Topalov, el supertorneo de Madrid. Desde entonces está en el más alto nivel.

IVANTCHOUK, Vassili, nacido en 1969. Ucraniano. Campeón de Europa junior en 1987, miembro del equipo soviético vencedor en las Olimpiadas de 1990, llegó a ser el número 2 mundial en 1991.

Candidato al título mundial en 1991, Ivantchouk ha sido citado a menudo como uno de los posibles sucesores del campeón del mundo, Gari Kasparov.

Es un fantástico jugador, pero a veces le falta un poco de sangre fría.

Unos inicios prometedores. Pese a su talento y a varios intentos, Vassili nunca fue campeón del mundo junior. Sin embargo, ya entonces pertenecía a la elite mundial. Consiguió su primera gran victoria en el Open de Nueva York en 1988, por delante de una pléyade de grandes maestros. Fue invitado al prestigioso torneo de Linares en 1989, y se impuso ante la elite mundial, entre ellos, a Anatoli Karpov. Nunca un jugador tan joven había salido vencedor en una competición de ese nivel. Ivantchouk mejoró ese resultado en 1991 en el mismo torneo, ganando a los campeones Kasparov y Karpov.

En ese momento, muchos vieron en él un aspirante a rivalizar con el campeón del mundo, Kasparov. Pese a su conocida falta de seguridad, en el interzonal de Manila de 1990 demostró que podía soportar reveses sin quedar abatido; una derrota en la primera vuelta frente a Chandler lo estimuló y lo llevó a ganar cinco partidas seguidas. Terminó en el primer puesto, en compañía de Boris Gelfand, y se clasificó para los encuentros de los Candidatos.

En Riga derrotó a su primer adversario, el ruso Youdassine, con un resultado inapelable de 4,5 a 0,5, y se situó como favorito del ciclo.

Un jugador emotivo. En cuartos de final, en Bruselas, se enfrentó al ruso Yusupov, que, a diferencia de Ivantchouk, tuvo muchas dificultades para clasificarse en octavos de final, pero que contaba, sin embargo, con una gran experiencia en encuentros. Con la partida bastante avanzada, Ivantchouk iba dominando. Pero perdería su sangre fría en la octava partida, que era decisiva (con unas tablas, su clasificación estaba asegurada). En una situación compleja, agotó una hora para calcular lo que creía que podía ser una variante forzosa de tablas. Yusupov dio un vuelco a la situación y ganó finalmente la partida.

La prórroga se disputó a dos partidas rápidas. La primera fue extraordinaria: Yusupov encontró la inspiración de los románticos y realizó sacrificio tras sacrificio sobre el enroque de Ivantchouk, pues tenía un ataque de mate.

En la siguiente, Ivantchouk estuvo a punto de perder por tiempo cuando su adversario le propuso compartir el punto. Ivantchouk prefirió abandonar, pero finalmente el resultado se registró como tablas.

Dos años después, no consiguió clasificarse en el interzonal FIDE, de Bienne, y tampoco participó en el ciclo rival PCA. A continuación, tendría éxitos en torneos, entre ellos el de Linares de 1995 (por delante de Karpov, Shirov y Topalov); el de Horgen de 1995 (*ex aequo* con el ruso Kramnik con dos puntos de ventaja sobre Kasparov, al que ganó por primera vez con las negras), y el de Wijk aan Zee de 1996 (por delante de las estrellas ascendentes, Anand y Topalov). Ganaría también numerosos puestos de honor, pero han aparecido nuevos campeones, y ya no es el único que puede desbancar o derrotar a Karpov y Kasparov.

El estajanovista del ajedrez. Ivantchouk impresiona a los espectadores y a los organizadores por su mirada perdida, calculando sus variantes sin mirar al tablero, pero también por su extremo nerviosismo y sus cambios de humor. A pesar de su apodo de «estajanovista del ajedrez», capaz de pasarse diez horas al día analizando, a veces se satura de jugar y se contenta con unas rápidas tablas sin gracia, como en Dortmund en 1995.

Su repertorio de aperturas es enormemente completo. A lo largo de su corta carrera ya las ha jugado todas, ¡tanto con las blancas como con las negras!

IVKOV, Borislav, nacido en 1933. Yugoslavo. Campeón del mundo junior en 1951, campeón de Yugoslavia en 1958, 1963 y 1972 y candidato al título mundial en 1965, fue uno de los mejores jugadores de los años sesenta.

En el interzonal de 1964, se clasificó gracias a un artículo del reglamento que estipulaba que sólo se podían clasificar simultáneamente tres representantes de un mismo país. El caso es que ¡había cinco soviéticos entre los seis primeros! Perdió su encuentro de los Candidatos frente a Larsen. En 1970, disputó el encuentro URSS-«resto del mundo» como último tablero y perdió contra el estonio Kérès.

J

Janowski, David, 1868-1927. Francés de origen polaco. Una figura de comienzos de siglo muy famosa por su juego decididamente ofensivo. Janowski detestaba las partidas en tablas. Era intrépido y corría a menudo excesivos riesgos, teniendo que pagar el precio de su audacia. Fue derrotado en dos encuentros por el campeón del mundo Lasker: en 1909, en un encuentro sin trascendencia deportiva, y en 1910, en un encuentro por el título mundial. El propio Janowski decía de su juego que era «como María Estuardo, reina de Escocia. Hermoso pero desgraciado».

K

Kamsky, Gata, nacido en 1974. Norteamericano de origen ruso. Campeón de Estados Unidos en 1991, campeón del mundo por equipos con Estados Unidos en 1993, finalista del campeonato del mundo de la FIDE contra Anatoli Karpov en 1996, es una de las estrellas indiscutibles del mundo del ajedrez.

Una ascensión irresistible. Campeón junior de la URSS en 1987, cuando contaba doce años, Kamsky adquirió en Occidente una reputación muy prometedora. Desgraciadamente, el régimen vigente no permitía que ese talento aflorara. Consecuentemente, Kamsky aprovechó la ocasión de su participación en el Open de Nueva York de 1989 para instalarse definitivamente en Estados Unidos. En seguida, enlazó un torneo con otro, lo que le permitió alcanzar, con el sistema de cálculo de la clasificación mundial, la octava plaza cuando todavía no tenía el título de maestro internacional. Los grandes maestros norteamericanos no siempre han visto con buenos ojos la llegada de jugadores soviéticos, que se llevan los premios de los torneos. Afirman que su clasificación está muy sobrevalorada, pese a que Kamsky quedara segundo en el muy importante Open GMA, de Palma de Mallorca, en diciembre de 1989. También protestaron cuando la FIDE decidió clasificarlo automáticamente para el interzonal de 1990. Una modesta posición de 48 *ex aequo*, con 5,5 puntos sobre 13, parecía darles la razón.

Después de eso, Kamsky participó en el tradicional torneo de Tilburg, disputado en dobles rondas, en compañía de los vencedores del interzonal, Gelfand e Ivantchouk, y de los candidatos Short y Nikolic. Coincidió también con el campeón norteamericano Seirawan, que no se había vuelto contra él. Al final de la primera vuelta, Kamsky iba delante ¡por 7 a 5,5! A pesar de algunas dificultades, ganó el torneo, *ex aequo* con Ivantchouk. Luego, participó en los más importantes torneos y demostró que podía codearse con los más grandes. Sólo entonces empezaron a creer en él.

Un programa infernal. Durante el año 1993, se clasificó para el ciclo FIDE (del que era campeón Karpov). Su programa estaba muy cargado. Tras ganar al holandés Van der Sterren en octavos de final del ciclo FIDE, se enfrentó a Anand, al que muchos consideraban un futuro campeón del mundo. Después de cinco partidas, Anand iba por delante, con 3,5 a 1,5. Sus posiciones eran muy favorables y le hubiera sido fácil alcanzar el 5 a 0. Pero el indio tuvo una crisis nerviosa cuando estaba cerca de la victoria y perdió las partidas 6 y 7. En la prórroga, que se disputó con partidas rápidas, Anand, pese a tener fama de un juego muy rápido, cayó por 2 a 0. Antes de su enfrentamiento con Anand, Kamsky tuvo que disputar su encuentro del ciclo PCA. Enfrentado a Kramnik, designado por Kasparov como su sucesor, ¡ganó con el resultado inapelable de 4,5-1,5!

¡Kamsky seguiría en liza en los dos ciclos! En el ciclo PCA, su victoria contra Short fue aplastante: ¡una derrota, unas tablas y cinco victorias! Y también dominó a Salov en el ciclo FIDE, por cuatro victorias y tres tablas, sin perder una sola partida. Contaba entonces con quince días de vacaciones, antes de encontrarse de nuevo con Anand para la semifinal PCA, cuyo vencedor se clasificaría para enfrentarse a Kasparov.

Agotado, Kamsky perdió por 6,5 a 4,5. Tampoco ganaría el título FIDE: en junio-julio de 1996, en Elista, se encontró en la final con el ruso Karpov. El encuentro por el título era al mejor de 20 partidas, con la vuelta a los aplazamientos en el reglamento. Karpov tomó rápidamente la delantera y le aventajó en 3 puntos. A pesar de sus últimos intentos, Gata Kamsky perdió el encuentro. Contrariamente a lo que algunos imaginaban, Kamsky no consiguió reunificar los dos títulos.

En los torneos, sus resultados son menos espectaculares, a pesar de una estupenda victoria en el torneo de Dos Hermanas, en 1995, *ex aequo* con Karpov y Adams (con unos mejores resultados).

Una actitud criticada por los organizadores. El joven Gata, sistemáticamente acompañado por su padre, Rustam, aunque irreprochable ante el tablero, ha tenido algunas refriegas con los organizadores de los torneos y con algunos de sus colegas. Las acusaciones de Rustam Kamsky, sus frecuentes reclamaciones, su injerencia en la preparación de su hijo y sus peleas con sus asistentes hacen temer a los organizadores que algunos patrocinadores se retiren. Kamsky, abiertamente enfrentado con Kasparov, al que acusa, junto con su padre, de querer sabotear su carrera, tiene a veces dificultades para conseguir ser invitado a los grandes tor-

373

Gata Kamsky.

neos. En 1997, anunció que renunciaba al ajedrez para dedicarse a sus estudios de medicina.

KARPOV, Anatoli Evguenievitch,

nacido en 1952. Ruso. Campeón de la URSS en 1976 y 1988 (*ex aequo* con Kasparov); duodécimo campeón del mundo de 1975 a 1985; número 1 o 2 mundial durante más de veinte años, de 1975 a 1996: la carrera de Karpov recuerda la de los primeros campeones del mundo: Steinitz y Lasker.

Fue también campeón del mundo de partidas semirrápidas en 1988, y su récord de victorias en torneos (140) no ha sido igualado. En las competiciones por equipos, Karpov ha participado en las victorias de la URSS en las Olimpiadas de 1972, 1974, 1980, 1982, 1986 y 1988; en los Campeonatos del mundo de 1985 y 1989, y en los Campeonatos de Europa de 1973, 1977, 1980 y 1983. Fue también primer tablero en la victoria de la URSS contra el «resto del mundo» en 1986.

Su carrera. Anatoli Karpov se inició en el ajedrez con su padre a los cuatro años. Progresó rápidamente y participó desde muy pronto en competiciones escolares. A los trece años se inscribió en la escuela de ajedrez por correspondencia que dirigía el ex campeón del mundo, Botvinnik. Su talento se desarrolló e hizo rápidos progresos. Paralelamente, siguió estudios de Econo-

Anatoli Karpov.

mía. Ganó el Campeonato del mundo junior en 1969, en Estocolmo, y el título de gran maestro en 1970, y en seguida fue candidato al título mundial adulto. Tras sus victorias de 1973 y 1974 en las fases de clasificación, se encontró con el campeón del mundo, Fischer. Este último puso unas condiciones inaceptables por las autoridades, y se retiró. Karpov llegó así a campeón del mundo por incomparecencia. Para probar a todos que se merecía el título, participó en múltiples torneos, en los que estableció unos resultados impresionantes. Ganó ampliamente torneos que reunían a los mejores jugadores del momento (2 puntos por delante de su inmediato seguidor en Bad Lauterberg, en 1977; 2,5 puntos en Las Palmas) y se impuso en multitud de otros torneos. En 1978, en Baguio, Karpov conservó su título frente a Kortchnoï, ganándolo merecidamente por 6 victorias contra 5. En 1981, en Meran, defendió nuevamente su título contra Kortchnoï, aplastando a su adversario en una confrontación carente de suspense.

En 1984, le tocaría al joven Gari Kasparov poner a prueba al poseedor del título. Se haría con la corona mundial tras tres encuentros, entre 1984 y 1986. Karpov trató de recuperar su título a lo largo de otros dos encuentros, en 1987 y en 1990. El primero terminó con el resultado de 12-12, con lo que Kasparov mantuvo el título; el segundo, con victoria de Kasparov por un resultado de 12,5-11,5.

A pesar de estos fracasos, Karpov no abandonó la lucha por el título: no había nadie más que Kasparov capaz de ganarle. Sin embargo, en 1992, contra todo pronóstico, Karpov cayó en semifinales de los encuentros de los Candidatos frente al inglés Nigel Short. La exclusión por la FIDE del campeón titulado, Kasparov, y de su candidato, Short, volvió a dar a Karpov una oportunidad de disputar el título de «campeón del mundo de la FIDE». Así, en 1993, volvió a tener una corona mundial al derrotar al holandés Jan Timman. Multiplicaría sus victorias en torneos. En 1996, Karpov consiguió mantener su título FIDE frente al norteamericano de origen tártaro, Gata Kamsky.

Su conquista del título. La carrera de Karpov comenzó verdaderamente con

la conquista del título de campeón del mundo. En 1973, participó en el interzonal de Leningrado y quedó en primer puesto empatado, clasificándose para los cuartos de final de los encuentros de los Candidatos. Derrotó al gran maestro soviético, Polougaïevski, por 3 victorias a 0 (con cinco tablas), y mostró en esa ocasión sus capacidades de defensor blindado. En efecto, su adversario no consiguió atravesar la defensa de Karpov, pese a sus posiciones ventajosas. Después, Karpov ganó la cuarta partida y planteó una resistencia de gran nivel en la quinta.

Esta tenacidad, manifiesta a lo largo de toda su carrera, le ha proporcionado un dominio psicológico decisivo. En semifinales se enfrentó al ruso Boris Spassky. Contra todo pronóstico, Karpov perdió la primera partida con las blancas. En lo que seguiría del encuentro, Karpov, que se empeñaba en jugar 1.e4 como Fischer, introdujo una novedad, saliendo en 1.d4. Se recuperaría del tropiezo inicial y dominaría a Spassky. En la final se enfrentó a Viktor Kortchnoï. ¡El vencedor de este encuentro debería enfrentarse al campeón del mundo, Fischer, que era considerado por algunos como imbatible! Viktor Kortchnoï y Karpov ya se habían enfrentado ante el tablero en torneos y en partidas de entrenamiento. Por otra parte, el entrenador de Karpov, Furman, había trabajado mucho tiempo con Kortchnoï. El encuentro parecía decidido cuando Kortchnoï era dominado por 3-0. Pero éste consiguió un golpe de efecto en la partida 19, y sobre todo en la 21, en la que aplastó a Karpov, que podría haber abandonado en la 13 jugada, tras un error de bulto que atribuiría a una mala preparación. Pese a su cansancio, Karpov, que consiguió hacer tablas en las últimas partidas, ganó, con lo que obtuvo el derecho a disputar la corona mundial.

Pero Fischer, que no había jugado desde su victoria sobre Spassky, exigió un reglamento especial para ese encuentro; en particular, previó que el vencedor fuera el primero que ganara diez partidas, pero también que el encuentro se detuviera a nueve iguales. Estas condiciones fueron rechazadas, y Fischer, intransigente, prefirió renunciar. De esta manera, Karpov consiguió ser el duodécimo campeón del mundo sin combatir, como dicen sus detractores, que olvidan sus victorias en los encuentros de los Candidatos.

El encuentro de Baguio contra Kortchnoï: la guerra fría.

En 1978, Karpov se enfrentó con Kortchnoï por el título de campeón del mundo. Este encuentro tomó un sesgo político. Kortchnoï, que había abandonado la URSS en 1976, con ocasión del torneo de Amsterdam, estaba considerado como un enemigo del régimen comunista. Se emplearían todos los medios de presión contra él y su familia. En los torneos, ningún ciudadano de la URSS podía jugar contra Kortchnoï, excepto en las pruebas del Campeonato del mundo. En el encuentro habría todo tipo de peripecias, más relacionadas con la guerra fría que con el ajedrez. El equipo de Kortchnoï afirmó, por ejemplo, que se enviaban mensajes codificados a Karpov utilizando los sabores de los yogures que consumía durante las partidas. Karpov tomó en seguida la delantera y, cuando iban 5 puntos contra 2, el encuentro estaba prácticamente decidido. Sin embargo, Karpov tenía dificultades para concluir, y Kortchnoï consiguió remontar increíblemente e igualar a 5 puntos. Pero, gracias a una apertura poco inspirada de Kortchnoï, Karpov acabó ganando, para gran alivio de la URSS.

Los métodos soviéticos ensombrecieron, sin embargo, la imagen del campeón, que aprovechó su influencia en el seno de la Federación soviética de ajedrez para conseguir ventajas del régimen. Sus declaraciones afirmando que sus dos pasiones eran «el ajedrez y el marxismo» no contribuyeron precisamente a su popularidad. Su condición de miembro del Comité Central de las juventudes comunistas de la URSS, que le hacía aparecer como el arquetipo del soviético modelo, fue jaleada en su país, pero poco apreciada en Occidente.

Su rivalidad con Kasparov, la pérdida del título.

Tras Kortchnoï, un nuevo aspirante se vislumbraba en la persona de Gari Kasparov. Karpov se enfrentó a él en 1984. Vencería el primero que obtuviera seis victorias. El encuentro empezó como una corrida de toros, y la estocada final a Kasparov parecía casi una formalidad: 4-0 para Karpov tras sólo nueve partidas.

Parecía que iba a repetirse el desastre de Kortchnoï en 1981. Pero Karpov ya no corría riesgos. Se sucedieron las partidas en tablas y, como no se contabilizaban, el encuentro se eternizaba. Finalmente, Karpov marcó un quinto punto. El resultado estaba cerca del 6-0 que sólo Fischer conseguía imponer a sus rivales. Pero Karpov perdió su sangre fría. Falló una ocasión de tomar ventaja en la partida 31, perdió la 32, dejó pasar una oportunidad en la 41 y después perdió dos partidas seguidas. Finalmente, el encuentro se interrumpió por razones de salud.

El encuentro se retomó en 1985 con un nuevo reglamento: 24 partidas máximo, conservando el campeón el título en caso de igualdad, y con un encuentro de revancha en caso de derrota. Hasta las dos terceras partes, el encuentro estuvo equilibrado; después, Kasparov tomó la delantera. Karpov perdió, con las blancas, la última partida decisiva que le hubiera permitido mantener su título. Kasparov ganó también el encuentro de revancha en 1986. Entre tanto, casi había terminado el siguiente ciclo de clasificación, Karpov, que no había podido participar, salió clasificado directamente para la final. Batió a su compatriota Andrei Sokolov a comienzos de 1987.

A finales del mismo año, disputó un nuevo encuentro con Kasparov. Los dos jugadores estaban empezando a conocerse bien... Como en su confrontación de 1985, el duelo estaba equilibrado. Cuando faltaban dos partidas para el final, Karpov se adelantó. Se encontraba en la posición que tenía Kasparov dos años antes. Unas tablas con las negras y sería campeón del mundo. Sometido a un largo combate en un inicio de partida Réti, Karpov reflexionó mucho tiempo. Un error decisivo de Kasparov dio a Karpov la oportunidad de recuperar su título en una sola jugada. Presionado por el tiempo y resignado o paralizado por lo que estaba en juego, no aprovechó la ocasión y perdió la partida. Kasparov se mantuvo como campeón: el traspaso de poderes fue total.

Su mayor éxito en un torneo: Linares 1994.

Cuando llegó a campeón del mundo de la FIDE en 1993, Karpov tenía necesidad de mostrarse digno de su título. En 1994, le dio la

ocasión de hacerlo el torneo de Linares, que hacía las veces de campeonato del mundo oficioso. Allí estaban todos los grandes jugadores, incluido Kasparov. Karpov, estimulado por su título de campeón FIDE, consiguió una hazaña excepcional de 3000 Elo. Ciertamente, en ocasiones tuvo suerte (el ruso Bareïev se puso en jaque mate en una jugada de un final en la que los dos jugadores estaban igualados), pero su resultado fue excepcional: 11 sobre 13. «¡Y he fallado buenas oportunidades con Shirov y Kamsky!», añadió. Kasparov trató de seguirlo, pero tras una derrota contra el joven ruso Kramnik, la suerte estaba echada. Karpov venció el torneo con 2,5 puntos de ventaja sobre los segundos (Shirov y Kasparov).

Su estilo.

Karpov, al tiempo que ha sido muy criticado por encarnar el espíritu de la URSS, ha sido también denunciado por muchos por la aridez de su juego, que, retomando la expresión de su antiguo mentor Botvinnik, «es tan fecundo como una mujer estéril». Kasparov, por su parte, explica que el juego de Karpov es eficaz, pero que sería inútil tratar de copiarlo. En efecto, Karpov es un jugador intuitivo: no es casualidad que haya estudiado tanto el juego del tercer campeón del mundo, Capablanca. Los dos campeones se parecen: saben dónde colocar las piezas y tienen una técnica probada en las posiciones simplificadas, especialmente en los finales.

Mientras en su vida privada Karpov es un tranquilo coleccionista de sellos, en el tablero es un ganador. Decir de Karpov que tiene un juego gris es desconocer las enseñanzas profilácticas de Nimzowitsch. En realidad, mientras el campeón del mundo, Petrossian, utilizaba la profilaxis, es decir, el arte de impedir que su adversario realizara sus planes, para no perder, Karpov la utiliza para ganar. A diferencia de Fischer o de Kasparov, no es un jugador maximalista que quiera ganar todas las partidas, sino un jugador que trata de alzarse con la victoria final, es decir, el torneo. Medio punto de ventaja lo satisface habitualmente. Esta táctica le ha permitido imponerse a menudo y durante mucho tiempo.

Karpov es un luchador, un defensor fuera de serie, que consigue defender y salir airoso de posiciones a menudo muy comprometidas.

Al comienzo de su carrera, Karpov era un jugador extremadamente rápido, excelente en las partidas relámpago. Sus adversarios padecían a veces dos tropiezos con el tiempo en una sesión de juego. Jugaba principalmente 1.e4 con las blancas, y la española con las negras. Más tarde, después de sus encuentros con Kasparov, se volvería un jugador lento, frecuentemente en «zeitnot», que abría casi siempre en 1.d4 y que jugaba la Caro-Kann.

En su momento había explicado que la elección de esta apertura en su encuentro de 1973 contra Boris Spassky tenía que ver con consideraciones sobre la estrategia del encuentro, pero que siempre le había dado una impresión de pasividad desesperante. ¡No sabía que veinte años después sería su principal defensa!

La evolución de su juego puede explicarse, en parte, por una falta de confianza tras la pérdida del título. Pero su memoria le juega también malas pasadas y se olvida de las variantes. Esto explica su tiempo de reflexión y la opción por aperturas menos tácticas.

KASPAROV, Gari Kimovitch,

nacido en 1963. Ruso. Este jugador, decimotercer campeón del mundo, que ha obtenido la mejor clasificación mundial de todos los tiempos (Elo de 2 820), es quizás el mejor jugador actual. Vencedor de la Copa del mundo de 1989, vencedor para la URSS o Rusia de las Olimpiadas en 1982, 1986, 1988, 1990, 1992, 1994 y 1996, de los Campeonatos de Europa de 1980 y 1992 y segundo tablero de la URSS en el encuentro de 1984 contra el «resto del mundo», Gari Kasparov lo ha ganado todo. Ha contribuido a hacer populares los torneos rápidos y ha conseguido el circuito de 1994.

Una fulgurante carrera. ¿Será un signo del destino? El propio nombre de Kasparov, nacido en Bakú, Azerbayán, contiene el nombre de Karpov como si estuviera destinado a engullir a su predecesor. Kasparov es, en realidad, el nombre rusificado de su madre, Kasparian, que decidió adoptar a la muerte de su padre, Weinstein, cuando sólo tenía siete años. Como anécdota,

en 1975, a los doce años, perdió su primer encuentro, en simultáneas, contra el nuevo campeón del mundo Anatoli Karpov, después de haberse defendido bien.

Consiguió en 1976 el título de campeón junior de la URSS, lo que representaba una hazaña en el primer país ajedrecista del mundo. En el campeonato del mundo cadete, quedó el tercero *ex aequo*. Al año siguiente obtuvo los mismos resultados y, a pesar de ser el competidor más joven, este nuevo tercer puesto lo consideró un segundo fracaso.

Tuvo por entrenador al ruso Nikitin, que explica en la biografía de su cachorro la tremenda manía que éste tenía al campeón del mundo, Karpov. Cuenta también que la Federación soviética no alentaba realmente los progresos de los jóvenes campeones, que se perfilaban como una amenaza. A los quince años, Gari se clasificó para el Campeonato de la URSS de adultos y quedó en un buen noveno puesto.

En 1979, cuando no tenía más que quince años y ninguna clasificación internacional, fue enviado a disputar el torneo de grandes maestros de Banja Luka, en el que participaba el antiguo campeón del mundo, Petrossian. En una inusitada hazaña, conquistó el torneo dos puntos por delante sobre el segundo y consiguió su primera nominación de gran maestro. Participó por primera vez con la selección nacional en los campeonatos de Europa de Skara, en 1980. Jugó como suplente y obtuvo una marca de 5,5/6. Tras sus dos fracasos como cadete, pasó a ser campeón del mundo junior en 1980, en Dortmund, por delante de Short. Fue seleccionado para la Olimpiada de Malta de 1980 y representó también a la URSS como último tablero.

Como gran maestro, tuvo un encuentro con Karpov en competición por equipos y consiguió dos tablas. El campeón titular vio en él una amenaza importante. En el supertorneo de Moscú, Karpov se impuso aún ampliamente, pero Kasparov quedó segundo e hizo tablas contra el campeón del mundo. A los dieciocho años, Kasparov ganó el Campeonato de la URSS en 1981, *ex aequo* con Psakhis. Era su primer título, y el «águila de Bakú», como se le conocía, era ya una superestrella del ajedrez.

En 1982, participó por primera vez en el interzonal de Moscú. Considerado ya a los diecinueve años como el favorito, reveló su gran clase y ganó el torneo. Siendo muy brillante en los torneos, iba a tener que demostrar sus capacidades en los encuentros. La victoria en su primer encuentro contra Beliavski parecía fácil, pero el test decisivo le esperaba en la semifinal. Se enfrentaba al jugador más experimentado en torneos, al enemigo de la URSS, el neosuizo Viktor Kortchnoï. Ambos ya se habían enfrentado en las Olimpiadas. En efecto, Karpov, que debía jugar en el primer tablero de la URSS contra Suiza, había cedido en el último momento su puesto a Kasparov. ¿Querría probar a la joven estrella? Kasparov estuvo a la altura y consiguió una de sus más famosas partidas.

El reencuentro entre Kasparov y Kortchnoï prometía. Sin embargo, las autoridades soviéticas parecían reticentes, y se las arreglaron para que Kasparov y Smyslov, el otro clasificado soviético, no pudieran ir a Pasadena, la ciudad norteamericana donde estaba previsto el encuentro. Kortchnoï ganó, pues, por renuncia. Kasparov, apoyado por Aliev, el futuro jefe del KGB, ejerció presiones para anular esta decisión; finalmente, tuvo lugar el encuentro contra Kortchnoï. Salió vencedor, lo que le permitió enfrentarse a Smyslov por el título mundial. El antiguo campeón del mundo no pudo contra la juventud de su adversario, que triunfó ampliamente sin perder una sola partida. En 1984, Kasparov se enfrentó a Karpov en Moscú, en un encuentro complicado que sería interrumpido antes del final por las autoridades de la FIDE. Se organizó un nuevo encuentro y Kasparov se hizo con la corona. Reiteró su hazaña en un encuentro de revancha concedido a Karpov, y de nuevo en 1987, también contra Karpov. En este último encuentro, conservó su título tras empatar a 12 puntos, después de haber ganado la última partida. Demostró que ha aprendido todas las enseñanzas de su mentor, el campeón del mundo Botvinnik, hasta en el hecho de conservar su título por la simple igualdad de 12-12, como lo había hecho su antecesor en su día. Un quinto encuentro opuso a Karpov y Kasparov en Nueva York y Lyon en 1990. Kasparov, que quería demostrar

Gari Kasparov.

su superioridad aplastando a Karpov, tuvo que contentarse con una victoria por el estrecho resultado de 12,5 a 11,5. Sus otros adversarios para el título mundial, Short y Anand, no podrían superar a Karpov.

En 1988, Kasparov empezó su ascenso en la clasificación Elo y la pregunta era hasta dónde iba a llegar. Hoy día, la clasificación de los mejores jugadores del mundo no deja de subir, llevándolos a más de 2 700; pero, durante tiempo, una clasificación así sólo la detentaba el campeón del mundo. Alcanzar la marca de Fischer (2 785) se consideraba mayoritariamente poco realista. El público ajedrecista no salió de su asombro cuando Kasparov se acercó a ese umbral mítico y lo superó. La apoteosis se produjo cuando sobrepasó la barrera de los 2 800 puntos. Sus adversarios, estupefactos, lo consideraban inalcanzable. El ruso Bareïev, que se encontraba entre los mejores jugadores, llegó a declarar que, con Kasparov, «las piezas se mueven de diferente manera».

Después del torneo de Tilburg de 1981, donde quedó 6-8, Kasparov consiguió siempre la primera posición, solo o *ex aequo*. Ganó la Copa del mundo, una nueva prueba que contabilizaba los resultados de cuatro torneos en los que participaban los jugadores más señalados, y que él contribuyó a organizar. Karpov, su eterno rival, quedó segundo. Diez años después (!) del fallo de Tilburg, sufrió un «fracaso»: en Linares

sólo consiguió el segundo puesto, a medio punto de Ivantchouk, y quedó 3-4 en Amsterdam, medio punto por detrás de Salov y Short. Estos resultados, que serían considerados excelentes para cualquier otro jugador, demuestran que Kasparov ya no era invencible, al menos en torneos, pero no había nadie que pareciera capaz de desafiarle en un encuentro.

El camino hacia el título. Este período está marcado por algunos momentos cruciales. En el interzonal de 1982 ocupaba el pelotón de cabeza, pero sólo se clasificaban dos puestos. La partida más importante del torneo era, con seguridad, la que le enfrentaba al sueco Andersson. En una posición desventajosa, y a lo largo de un «zeitnot» mutuo, propuso unas tablas cuando le tocaba jugar a su adversario (algo que, en principio, no estaba autorizado). El sueco, consecuente con su fama de jugador prudente al que no gustaba la pelea, aceptó compartir el punto. Kasparov, que se había librado de una buena, demostró seguidamente su gran clase ganando el torneo.

Kasparov perdió la primera partida contra Kortchnoï. Éste dominaba en el marcador y llevaba también la iniciativa en el tablero. Entonces, el suizo cometió un error en la sexta partida. No aceptó las tablas, ya que estaba en una posición ventajosa, pero no concreta, y Kasparov ganó la partida con un sutil final de torres, una especialidad de su adversario. Con un refinamiento casi sádico, Kasparov empleó, con las blancas y con las negras, la partida catalana, una de las aperturas favoritas de Kortchnoï.

El tan esperado encuentro Karpov-Kasparov se celebró en Moscú en el vestíbulo de columnas de la Casa de los Sindicatos, símbolo del prestigio ajedrecístico (varios campeones del mundo han jugado allí) y político (es el lugar donde se exhiben los restos mortales de los jefes de Estado de la URSS). Tras un mal arranque, Kasparov quiso limitar las pérdidas. Karpov, que aspiraba a ganar por un resultado meridiano de 6-0, se lanzó a una agotadora serie de cortas partidas de tablas. Esta estrategia aburría al público y provocó un cambio del lugar del encuentro. Karpov, disgustado con ese traslado,

empezó a perder. A instancias de las autoridades soviéticas, «por causa de la salud de los jugadores», se interrumpió el encuentro, con el resultado de 5-3 para Karpov. Kasparov se rebeló y aseguró que pretendían impedir que ganara. Aunque iba perdiendo, aseguraba que tenía del 30 al 40 % de posibilidades de conseguirlo si el encuentro proseguía, mientras que la propuesta era reiniciarlo con un resultado de iguales. Su argumentación era, sin embargo, bastante poco lógica: aunque el poseedor del título lo conservaría en caso de que quedaran iguales a 12, sin embargo, se puede pensar que esta fórmula ofrecía más posibilidades de conseguirlo a Kasparov.

Se organizó un nuevo encuentro limitado a 24 partidas. Gari lo consiguió frente a Karpov en la última partida, inaugurando una nueva era.

Un hombre moderno. Como jugador moderno, Kasparov no dudaría en hacer publicidad de una bebida refrescante. Puso en pie un circuito de torneos rápidos de eliminación directa, con posibilidades de atraer al público por su espectacularidad. En esa prueba sufrió una humillación en Londres al ser eliminado en la primera vuelta por Chess Genius, ¡un programa de ordenador! La noticia figuró en la primera plana de los periódicos, cosa que sus fabulosas victorias nunca habían conseguido. Los periodistas vieron en ello un símbolo de la superioridad de la máquina sobre el ser humano. Puede que sea ése el momento en que nació en Kasparov la idea de un encuentro contra el monstruo de IBM, «Deep Blue». En 1996, se enfrentó ante las cámaras de la televisión al ordenador que era capaz de calcular millones de posiciones por segundo. Su derrota en la primera partida daría una extraordinaria publicidad al acontecimiento. Al reanudarse, venció finalmente por 4-2. ¡El honor estaba a salvo!... Pero sólo hasta mayo de 1997, fecha en que, para sorpresa general, el campeón cayó por 2,5-3,5 frente a «Deeper Blue», una versión mejorada de la máquina.

Su estilo. Kasparov, influido por Alekhine, es el arquetipo del jugador moderno, extraordinariamente bien preparado. No duda en decir que

Fischer era todavía un aficionado. Con él cambian los veredictos sobre las aperturas. El calificativo «poco claro» desaparece, y sólo se mantiene en los comentarios con la finalidad de no desvelar los hallazgos. Hay innumerables variantes de más de veinte jugadas, se exploran a fondo los esquemas antiguos y los nuevos esquemas, en ocasiones hasta el jaque mate.

Los progresos de la informática son muy útiles para Kasparov y la generación que se inspira en él. Las bases de datos permiten prepararse contra los adversarios y contra los ordenadores, y sirven para verificar los aspectos tácticos. Así, por ejemplo, en la undécima partida de su encuentro contra Anand, Kasparov hizo verificar sus análisis por medio de un programa de juego. En cualquier caso, las ideas en las aperturas y las finuras en el orden de las jugadas provienen del propio jugador. Gracias a una memoria fabulosa, consigue almacenar todo un repertorio de novedades teóricas que va volcando ante sus adversarios. Kasparov no es un superhombre imbatible, pero tiene una memoria prodigiosa –él mismo desmintió la historia según la cual se aprendió de memoria un libro la víspera de un examen–. Con la edad, sin embargo, se queja de que ya no se acuerda de sus análisis. ¿Será coquetería por parte de este gran campeón que no quiere admitir sus derrotas, o será una realidad fisiológica? Alcanzó el apogeo de su carrera entre 1987 y 1992, y a partir de ahí ha tenido que admitir algunas derrotas.

El número trece. El decimotercero campeón del mundo, Gari Kasparov, parece creer en la magia de las cifras. Nació un 13 de abril, y asegura que las partidas número trece le traen suerte. Sin embargo, en sus cinco encuentros con Karpov, y en su enfrentamiento con Short, las partidas número trece siempre acabaron en tablas. ¡Anand fue el único que cayó ante el sortilegio!

KÉRÈS, Paul, 1916-1975. Estonio. Este jugador, candidato al título de campeón del mundo en siete ocasiones, campeón de la URSS en 1947, 1950 y 1951, era un caballero del tablero. Gozaba de una popularidad universal, y muchos hubieran que-rido que fuera campeón del mundo. Cuando su país fue anexionado por la URSS, formó parte del equipo soviético después de la segunda guerra mundial; con él consiguió ganar siete Olimpiadas, de 1952 a 1964, y el encuentro contra el «resto del mundo» de 1970.

Unos comienzos brillantes. Kérès aprendió el ajedrez alrededor de los diez años y progresó jugando por correspondencia. Intentó regularmente aperturas arriesgadas, y desarrolló su afición por el ataque y las complicaciones. Así disputaría 150 partidas al mismo tiempo. Sus primeros pasos victoriosos en los torneos internacionales desvelaron a un jugador dinámico que realizaba brillantes combinaciones.

Con ocasión de las Olimpiadas de 1935, siendo primer tablero de Estonia, jugó por primera vez contra los grandes jugadores del mundo y dio la talla. Sus victorias en Tallin, Praga, Viena y, sobre todo, en Semmering, en 1937, lo convirtieron en un firme candidato al título de campeón del mundo.

En esa época, los candidatos oficiales no disputaban encuentros. El campeón del mundo tenía libertad de aceptar los desafíos y de escoger a los aspirantes. En 1938, el famoso torneo AVRO de Holanda fue considerado como la manera de designar al jugador que se enfrentaría al campeón titular, Alekhine. Kérès rivalizaba con el norteamericano Fine y brilló en las primeras rondas, que ganó con las negras. Los dos campeones quedaron a la cabeza del torneo con el mismo número de puntos. En el desempate, Kérès fue declarado vencedor y todo el mundo esperaba que desafiara a Alekhine por el título.

Pero, a causa de las circunstancias históricas, el encuentro no se realizaría nunca. En 1948, dos años después de la muerte de Alekhine, se organizó un nuevo torneo por el título en La Haya y en Moscú. Kérès, convertido en ciudadano soviético tras la anexión de los estados bálticos por la URSS, era uno de los favoritos, pero perdió sus cuatro primeras partidas contra Botvinnik, y únicamente salvó el honor en la última partida. Algunos piensan que dejó escapar voluntariamente su oportunidad por razones políticas...

El eterno segundo. Curiosamente, este jugador, que parecía el más firme adversario del poseedor del título, nunca consiguió clasificarse para el encuentro final. En el primer torneo de los Candidatos, en 1950, quedó a dos puntos de los vencedores, Boleslavski y Bronstein. En 1953 y en 1956, quedó segundo detrás de Smyslov; en 1959 fue una vez más segundo, detrás de Tal, y en 1962, ¡volvió a ser segundo detrás de Petrossian! Era como el «Poulidor del ajedrez»... Sabiendo que Smyslov, Tal y Petrossian ganaron al titular del mundo, Botvinnik, es lógico pensar que Kérès no estuvo lejos del título supremo. En cualquier caso, siguió ganando numerosos torneos hasta su muerte, en 1975.

Su juego. Dado lo audaz de sus aperturas, Kérès se granjeó al principio de su carrera la fama de ser un atacante intrépido. No dudaba en jugar gambitos, y sometía a sus adversarios a una eficaz presión. Después, su juego evolucionó. Pasó de ser un atacante fogoso a ser un jugador de juego posicional con predominio defensivo.

Su nombre está asociado a un furibundo ataque a la bayoneta en la siciliana Schéveninguen (1.e4 c5 2.Cf3 d6 3.d4 cd4 4.Cd4 Cf6 5.Cc3 e6 6.g4!?), llamada variante Kérès.

KHALIFMAN, Aleksandr, nacido en 1966. Ruso. Campeón de Europa junior en 1986, candidato al título mundial en 1994, campeón de Rusia en 1996, es un gran maestro de primerísimo orden.

Tras sus éxitos juveniles, Khalifman tuvo que esperar hasta 1990 para confirmar las esperanzas que había suscitado. Después de conseguir el gran torneo de Nueva York, formó parte de los vencedores del torneo de Moscú, teóricamente clasificatorio para la segunda Copa del mundo (que finalmente se anuló). No participó en el interzonal de 1990, pues no consiguió clasificarse en el difícil torneo zonal soviético. Pero sólo fue un pequeño revés, pues en 1993 se clasificó para su primer encuentro de los Candidatos. Perdió contra Salov, que lo dominó ampliamente (cuatro derrotas, dos tablas y ninguna victoria).

A pesar de estar instalado en Alemania, representa a su país, Rusia, cuyo campeonato ganó en 1996, quedando

Alekhine (a la izquierda) y Capablanca (a la derecha), en un torneo internacional, en 1914, en Petrogrado.

Viktor Kortchnoï.

por delante de los célebres grandes maestros Dreïev y Bareïev.

KORTCHNOÏ, Viktor, nacido en 1931. Suizo de origen ruso. El gran maestro Kortchnoï, campeón de la URSS en 1960, 1962, 1964 y 1970, fue candidato al título mundial y disputó dos veces el encuentro por el título contra Anatoli Karpov, en 1978 y 1981. Se encuentra entre los mejores jugadores que nunca han sido campeones del mundo. Es una figura emblemática de la época de la guerra fría. Desde los años sesenta hasta los años noventa, su nombre figuró constantemente en el más alto nivel, recordando la longevidad de los campeones del mundo Steinitz o Lasker. Como ellos, Kortchnoï es un combatiente. Es intransigente, tanto ante el tablero como en la vida, y no acepta componendas.

Su carrera soviética. Al principio de su carrera, Kortchnoï estaba muy bien visto por las autoridades soviéticas. Su título de campeón de la URSS junior lo hizo muy popular. Cuenta en su biografía, *El ajedrez es mi vida (Chess is my Life)*, que consiguió su título de maestro gracias a las presiones ejercidas sobre sus adversarios.

Los éxitos se fueron acumulando, y fue candidato al título mundial en el torneo de Curaçao en 1962, y luego en 1968. En 1978 resultó derrotado en semifinales por el ex campeón del mundo Petrossian. En 1974, de nuevo perdió en la final de los Candidatos contra el joven ruso Karpov.

El disidente ruso. Después de perder la final contra Karpov, abandonó definitivamente la URSS en 1976. Su marcha marcó un giro en su carrera, como lo demostraría su participación en los dos encuentros URSS-«resto del mundo», primero en las filas de la URSS y luego en el equipo contrario.

En un mundo ajedrecístico dominado por los grandes maestros soviéticos, se le consideró como un paria. En esa difícil situación puso en juego sus fuerzas y su combatividad. Su enorme motivación era proporcional a la tensión que lo rodeaba. De nuevo candidato al título mundial, se enfrentó a sus antiguos compatriotas Spassky, Petrossian y Polougaïevski. En 1978, Kortchnoï derrotó a Spassky en la final de los Candidatos en un tenso encuentro en el que los jugadores se negaron a reflexionar juntos ante el tablero. El mismo año disputó el encuentro por el título contra Karpov. El poseedor del título ganó merecidamente. De nuevo aspirante en 1981, no consiguió jugar suficientemente bien y fue dominado absolutamente por Karpov.

De 1976 a 1984, fue apartado de todos los torneos jugados por los representantes de la URSS. Los soviéticos sólo estaban autorizados a jugar con él para defender el título. Mientras tanto, adquirió la nacionalidad suiza, ganó el Campeonato de Suiza en 1982, 1984 y 1985 y disputó varias competiciones con el equipo helvético.

El deshielo. En el torneo de Londres de 1984, Karpov y Kortchnoï se estrecharon la mano antes de disputar una partida del torneo. Esta imagen «histórica» señalaba el fin de su cuarentena. La reconciliación tenía una significación enorme, unos años antes de la caída del régimen y algunos meses antes de la caída de Karpov.

Kortchnoï sigue disputando con regularidad el Campeonato del mundo sin conseguir llegar al último encuentro. Su vitalidad es impresionante y, con más de sesenta años, da a menudo pruebas de más energía que los jóvenes grandes maestros. Reprocha su falta de creatividad a la generación joven, que, según él, está tan excesivamente ocupada en hacerse con las últimas novedades, que tiene dificultades para asimilar el espíritu del juego. Esto no le ha impedido formar a nuevos talentos, principalmente a Piket y, ocasionalmente, a Lautier, a quien enseñó las sutilezas de la inglesa.

El más encarnizado adversario de Kortchnoï es la lucha contra el tabaco. Tras una decisión de la FIDE, que prohibía fumar en la sala del torneo, se ve obligado a fumar fuera de la sala mientras espera la jugada de su adversario.

Su estilo. La táctica preferida de Kortchnoï consiste en empujar a sus adversarios a correr riesgos y hacer sacrificios, dejándoles creer que llevan la iniciativa. Como formidable cazador de peones, sabe entonces dar un vuelco a la situación en su favor, sacando partido de una ventaja material. Es un gran defensor que ama la lucha y se bate siempre como un león. Con las negras, sus armas favoritas son la defensa Grünfeld, la española abierta y la defensa francesa. En la variante Tarrasch de esta última, demuestra en particular las posibilidades de defensa y de ataque con un peón aislado. Con las blancas, juega casi sistemáticamente 1.c4 o 1.d4. En el medio juego, su fuerza reside en la investigación de las complicaciones y en su voluntad de sumergirse en la posición. Esta estrategia le ha llevado a menudo al «zeitnot», y entonces se ve obligado a hacer un número de circo para escapar cuando está a punto de perder por tiempo.

KOTOV, Aleksandr Aleksandrovitch, 1913-1981. Ruso. Pertenece a los jugadores soviéticos de la posguerra que instauraron la hegemonía de la URSS. Sus resultados deportivos vienen marcados por su victoria en el interzonal de Estocolmo, en 1952.

En el famoso torneo de los Candidatos de 1953, quedó en una posición media, pero ganó el primer premio de belleza por un sacrificio de dama extraordinario, en una partida contra Averbach. Kotov es autor de numerosas obras sobre el campeón del mundo, Alekhine, y sobre el ajedrez en la Unión Soviética, y su nombre está ligado al libro *Pensar como un gran maestro.* En él desarrolla sus análisis sobre los métodos de reflexión de los mejores jugadores y sobre la manera de trabajar sus debilidades.

KRAMNIK, Vladimir, nacido en 1975. Ruso.

Campeón del mundo cadete en 1991, candidato a los títulos mundiales de la FIDE y de la PCA en 1994, es el número 1 del mundo a fecha de 1 de enero de 1996. Muchos consideran que tiene madera de futuro campeón del mundo. Ha ganado también las Olimpiadas (1992, 1994 y 1996) por equipos con Rusia.

Su éxito. Cuando Kramnik tenía una clasificación Elo de 2 625 y no era aún maestro internacional, ¡Kasparov lo consideraba el jugador más dotado de su generación! Le dio a conocer imponiendo su presencia en el equipo ruso que participó en las Olimpiadas de 1992 en Manila. Jugando en el último tablero, realizó un resultado de 8,5 sobre 9. Desde entonces, continúa progresando rápidamente.
Es un jugador brillante en los torneos: ganó los de Chalkidiki en 1992; de Dortmund en 1995 (por delante de Karpov); de Horgen en 1995 (*ex aequo* con Ivantchouk, y por delante del campeón del mundo, Kasparov); de Belgrado en 1995 (*ex aequo* con el bielorruso Gelfand). Por el contrario, tiene dificultades en los encuentros. Ciertamente, consiguió derrotar ampliamente al francés Lautier en un encuentro amistoso. Pero en el ciclo del Campeonato del mundo de la FIDE, después de una difícil victoria contra Youdassine, que era de un nivel inferior, perdió contra Gelfand en cuartos de final. Algunos meses antes, había sido eliminado limpiamente por el norteamericano Kamsky en el campeonato del mundo de la PCA.

El supuesto sucesor de Kasparov. Kramnik ha llegado a ser muy pronto un adversario para el campeón del mundo, Kasparov. En partidas largas, le ganó en el torneo de Linares en 1994 y en el torneo de Dos Hermanas en 1996, que conquistó con 6 puntos sobre 9, *ex aequo* con el búlgaro Topalov. En partidas rápidas, le ganó también en los torneos de Moscú y de Nueva York. Desde entonces, el mundo del ajedrez se pregunta: ¿conseguirá Kramnik, que

asistía a Kasparov en su encuentro por el título contra Anand en 1995, derrotar al campeón del mundo, contrariamente a lo que hizo el indio?

Su juego. Kramnik es un jugador práctico que posee asimismo una comprensión muy profunda del juego. Le falta muy poco para llegar a ser el mejor jugador del mundo.
En aperturas, es un especialista en la semieslava y en la siciliana Svechnikov o Richter-Rauzer. Con las blancas, prefiere los juegos cerrados y semicerrados (1.Cf3 muy a menudo), aunque juega 1.e4 en los encuentros importantes. Su juego demuestra que tiene una gran maestría posicional y una gran confianza en sí mismo.
Tal vez le faltan algunas cualidades deportivas. Su antiguo profesor, Botvinnik, se muestra severo. Atribuye sus dificultades en los encuentros a la falta de rigor en la higiene de su vida: en efecto, Kramnik fuma y bebe mucho...

L

LA BOURDONNAIS, Louis Charles Mahé de, 1795-1840. Francés.

Fue el mejor jugador de la primera mitad del siglo XIX.
Sucesor de Philidor y de Deschapelles, que fue su maestro, La Bourdonnais se impuso como el mejor jugador del mundo después de su victoria en un encuentro-maratón, disputado en varias fases, contra el irlandés MacDonnell, en 1834.
Aunque cayó enfermo poco tiempo después, viajó a Inglaterra, donde el salón del Divan lo había invitado a formar a jugadores e impartir sus enseñanzas. Murió al poco tiempo de su llegada y está enterrado en Londres.

LARSEN, Bent, nacido en 1935. Danés.

Uno de los mayores jugadores de los años sesenta y setenta. Larsen, candidato al título mundial en 1965, 1968 y 1971, campeón regular de Dinamarca y Escandinavia, es uno de los pocos jugadores que en su día puso en cuestión la supremacía soviética.

Bent Larsen aprendió el ajedrez con su padre y un amigo a los siete años. A los doce años, frecuentaba un club. Su utilización del gambito de rey deja ver sus influencias románticas. Gracias a su actuación en las Olimpiadas, llegó a maestro internacional en 1954; progresó rápidamente y fue acumulando éxitos: campeón de Dinamarca y luego de Escandinavia en 1955 y gran maestro internacional en 1956. Al clasificarse para el interzonal de Portoroz de 1958, se imaginaba colocado ya para el torneo de los Candidatos. Por desgracia, quedó decimosexto, y aunque fue efectivamente a Bled en 1959, lo hizo como auxiliar de Fischer, que entonces tenía sólo dieciséis años. En el siguiente ciclo, las diferencias con su federación le impidieron disputar el torneo zonal. Aún tendría que esperar. En 1960, Larsen compartió el primer premio del torneo de Beverwijk con el futuro campeón del mundo, Petrossian, y después tuvo que hacer el servicio militar, durante el que encontró pocas ocasiones de jugar. En 1964 se clasificó finalmente para los encuentros de los Candidatos. Para evitar amaños entre compatriotas, es decir, entre los jugadores de la URSS, el principio del torneo se había remplazado por enfrentamientos directos. Larsen perdió en semifinales contra Letton Tal, tras un reñido encuentro.
A lo largo del año 1967 alcanzó su mejor nivel: victoria en el torneo de La Habana; victoria en el de Winnipeg (*ex aequo* con Darga, por delante de los soviéticos Spassky y Kéres); en el interzonal de Sousse (dominado por Fischer, que renuncia), y, finalmente, en Mallorca (por delante de los ex campeones del mundo Smyslov y Botvinnik). Larsen jugó 66 partidas en cuatro meses, aunque es cierto que los torneos de esa época incluían muchas menos rondas que los actuales.
Luego vendría una victoria en el encuentro de los candidatos, en 1968, en cuartos de final contra Portisch. Larsen perdió en semifinales contra Spassky. Dos años más tarde, jugó como primer tablero en el encuentro URSS-«resto del mundo», por delante de Fischer, en el segundo tablero del mismo equipo. Otro encuentro con Fischer tuvo lugar en 1971, con ocasión de un encuentro de Candidatos,

381

en el que Larsen perdió por el inapelable resultado de 0-6. Esta derrota lo afectó profundamente y abandonó la carrera por el título.

Tradición y modernismo. Larsen, un jugador original, no ha dudado en introducir de nuevo en el máximo nivel algunas aperturas relegadas desde comienzos de siglo, como la apertura vienesa o la apertura del alfil. Inspirándose en esquemas hipermodernos, jugaría 1.g3 o 1.b3, la apertura que lleva su nombre.

Enormemente influido por las teorías de Nimzowitsch, Larsen se opuso pese a todo a las enseñanzas de su maestro en cierto número de aspectos. En efecto, declaraba, saliendo al paso de los principios de su antecesor, que «no hay que bloquear al peón aislado, sino capturarlo».

LASKER, Emanuel, 1868-1941.

Alemán. Lasker, segundo campeón del mundo de ajedrez, realizó la hazaña de conservar su título durante veintisiete años, de 1894 –fecha de su victoria sobre Steinitz– a 1921 –cuando fue derrotado por Capablanca–. Jugador de éxito precoz, doctor en matemáticas y en filosofía, estuvo en primer plano de la escena hasta una edad avanzada: a los sesenta y siete años disputó con éxito el torneo de Moscú. Fue también jugador de bridge de alto nivel y participó representando a Alemania en numerosos torneos internacionales.

El joven vencedor del gran Steinitz.
Al joven Emanuel, excelente alumno en matemáticas, le atrajo rápidamente el ajedrez. Pese a las resistencias de su familia, se lanzó a la competición y consiguió sus primeros éxitos. Cuando era aún poco conocido, desafió a su compatriota Tarrasch a un encuentro en 1894. Este último, de experiencia y talento ya consagrados, le pidió que primero demostrara sus aptitudes. Después de vencer en varios torneos, Lasker decidió probar suerte, no ya contra Tarrasch, sino contra el campeón del mundo titulado, Wilhelm Steinitz. Éste aceptó y el encuentro se desarrolló en 1894, en Nueva York, y luego en Filadelfia y Montreal. La juventud de Lasker contrastaba con la

experiencia de Steinitz, que decaería hacia el final del encuentro. El 26 de mayo, cuando había conseguido imponerse con un margen de 5 puntos, Lasker se convirtió a los veintiséis años en el segundo campeón del mundo. Sus detractores consideraron que debía su título a sus mejores condiciones físicas. Sin embargo, los años siguientes confirmaron un talento que no sería desmentido nunca: ganó el torneo de San Petersburgo en 1896, por delante de Steinitz y del norteamericano Pillsbury y fue vencedor del prestigioso torneo de Hastings en 1895. El encuentro de revancha por el título de campeón del mundo tuvo lugar en 1896-1897. Lasker venció a su adversario con 8 puntos de ventaja. Este encuentro marcó el cierre definitivo de la carrera de Steinitz.

El largo reinado de un campeón.
Después de haber probado su valía, Lasker retomó sus estudios y se doctoró en matemáticas en 1902. Se sentía atraído por las ciencias y la filosofía, y mantuvo relaciones amistosas con Albert Einstein. Pese a que a este último no le interesaba nada el ajedrez, Lasker, por su parte, seguía con mucha atención las teorías de su sabio amigo. En 1904 volvió al tablero. Superado por un recién llegado, el norteamericano Marshall, no ganó su primer torneo. El norteamericano, envalentonado por su triunfo, lo desafió para el

Emanuel Lasker.

título mundial, pero Lasker no tuvo dificultad en derrotarlo en 1907, por 8 victorias y 7 tablas.

En 1908, en Dusseldorf, Alemania, Emanuel Lasker se enfrentó por fin a Siegbert Tarrasch, que desde hacía tiempo tenía talla de campeón del mundo. Los dos jugadores se llevaban mal, y si Lasker había progresado desde 1894, Tarrasch probablemente no tenía la misma fuerza que antes. Lasker venció muy claramente y ganó por 8 victorias frente a 3, terminando cinco partidas en tablas.

El más curioso encuentro del Campeonato del mundo fue el de 1910, que opuso a Lasker y Schlechter y terminó en empate, igualados a 1 victoria. Cuando estaban a una partida del final, el austriaco iba dominando; Schlechter, de natural pacífico y prudente, pero probablemente ofuscado por la ventaja que llevaba, empezó de pronto a adoptar posiciones de riesgo. Lasker consiguió entonces igualar y conservar el título. El mismo año, Lasker disputó de nuevo el título contra David Janowski, al que ya había vencido en un encuentro en 1909. Como ya le había ocurrido con Marshall, Lasker no se permitía la menor derrota. Marshall y Janowski eran, desde luego, brillantes atacantes y buenos tácticos, pero no poseían, como su adversario, una comprensión profunda del juego y de sus bases posicionales.

Únicamente el cubano Capablanca consiguió arrebatar el título a Lasker, en 1921, en un encuentro en el que el clima de La Habana haría aún mayores las dificultades de Lasker: perdió cuatro partidas y abandonó la lucha, sin haber conseguido doblegar ni una sola vez a su adversario.

Sin embargo, contrariamente a su predecesor, Steinitz, Lasker continuaría brillando en los torneos, incluso después de haber perdido su título. En el torneo de Nueva York de 1924, quedó vencedor por delante de Capablanca y Alekhine.

Diez años más tarde, por causa de sus orígenes judíos, Lasker se vio envuelto en otra batalla: los nazis le confiscaron sus bienes y tuvo que abandonar Alemania. A los sesenta y siete años, consiguió entonces quedar el tercero del torneo de Moscú, justo detrás del futuro campeón del mundo, Botvinnik, y el gran maestro Flohr, ¡pero por delante de Capablanca! Al año siguiente, participó en el torneo de Nottingham, su último gran torneo, y quedó en la primera mitad del palmarés. Lasker murió cinco años después, en 1941, en Estados Unidos.

Una nueva aproximación: la psicología. *El arte del combate en el ajedrez*: el título de esta obra del ruso David Bronstein, dedicada al torneo de los Candidatos de Zurich, en 1953, describe bien la filosofía del segundo campeón del mundo. A Lasker, que retomó en gran medida las teorías de Steinitz, se le considera muy a menudo como el padre de la aproximación psicológica al ajedrez. Sabía cómo sacar partido de las debilidades de cada uno de sus adversarios.

¿Se debe, pues, considerar, como lo hacía el gran maestro húngaro Réti, que Lasker iba contra los principios que él mismo había enunciado con la única finalidad de tener más posibilidades de ganar? En efecto, parece que en el tablero Lasker hacía jugadas de menor nivel que las que describía y recomendaba en sus propias obras. Esta táctica particular desconcertaba a sus adversarios, que no podían comprender su juego. Esto es lo que opinaba Réti. Pero Lasker desmentiría estas hipótesis y afirmaría que siempre había aplicado los principios de su *Manual de ajedrez*.

Lo que está claro es que las partidas de Lasker son a menudo peligrosas. Parece que el equilibrista se va a caer, pero se recompone de maravilla. «El buen jugador es siempre afortunado», resaltaba su sucesor, Capablanca; al menos, ésa es la impresión que produce.

En el terreno de las aperturas, Lasker, que no estableció un verdadero sistema, dejó algunas contribuciones interesantes: plantea, por ejemplo, un plan contra el gambito de dama (1.d4 d5 2.c4 e6 3.Cc3 Cf6 4.Ag5 Ae7 5.e3 Ce4) y otra defensa, llamada Lasker, contra el gambito Evans.

LAUTIER, Joël, nacido en 1973. Francés. Campeón del mundo juvenil en 1988 y candidato al título mundial en 1994. Si se exceptúan los grandes maestros nacidos en el Este y nacio-

nalizados franceses, como Alekhine o Tartacower, Lautier es el primer francés, después de Philidor y La Bourdonnais, en los siglos XVIII y XIX, que se sitúa entre los mejores del mundo.

Una carrera precoz. Joël Lautier, un jugador muy joven, llamó la atención, en los años ochenta, en el círculo parisino Caïssa. En opinión de todos, tenía un gran porvenir. Se consideraba que «tenía madera de gran maestro». Por otra parte, Lautier era ambicioso y quería llegar a ser campeón del mundo. En 1986, ganó el Campeonato del mundo de menores de doce años en Puerto Rico, por delante de los prodigios húngaros Zsusza y Judit Polgar, más conocidas que él en ese momento. Era el primer joven francés que conseguía un título mundial.

Campeón del mundo junior. La revelación de Lautier se produjo en el Campeonato del mundo junior de 1988, en Adelaida. Probablemente nunca hubo un campeonato de un nivel tan alto: en él participaron los soviéticos Ivantchouk y Gelfand, ya superestrellas mundiales. La clasificación de Joël era muy inferior a la suya, pero al revés que la mayoría de sus compañeros, que consideraban que era sólo una ocasión para entrenarse en la competición de alto nivel, él creía en sus posibilidades y se preparó para batirse con los mejores. Llevó a cabo toda la carrera en el pelotón de cabeza, pero abordó la última ronda en una situación desfavorable. Superado por el sueco Hellers y el armenio Akopian, jugó con las negras contra el búlgaro Dimitrov. Joël tenía clara la situación: para ganar hay que desestabilizar a los adversarios. Para lograrlo, aunque buen conocedor de la apertura francesa, escogió jugar la siciliana Najdorf, la apertura favorita del campeón del mundo –Fischer–. Hay que señalar que Fischer es uno de los maestros y modelos de Joël, que ha estudiado detenidamente su libro *Mis sesenta mejores partidas*. La apertura fetiche de Fischer le iba a traer suerte. Aplazó un final dama contra torre y peón y, cuando concretó un poco más tarde su ventaja, ganó en la misma jugada el título. Lautier, con quince años, era el más

joven campeón junior del mundo. Sería el inicio de una auténtica notoriedad. Su carrera empezó a conocer altos y bajos. Consiguió el título de gran maestro, pero no obtuvo mayores éxitos hasta 1990. Para conseguir su objetivo, tuvo que superar varias etapas de clasificación. La primera era el torneo zonal de Lyon de 1990: una amplia victoria le aseguraba la participación en el interzonal de Manila. Allí, tras un notable arranque, perdió partidas cruciales hacia el final y acabó en un puesto medio. Tendría que esperar aún tres años para probar suerte de nuevo en el siguiente ciclo.

Durante este tiempo, iba progresando jugando varios grandes torneos y especialmente se colocó en segundo lugar en Chaldiki, en 1992, y primero en Pamplona, en 1992-1993. Finalmente, llegó el momento tan esperado con el interzonal de Bienne. Lautier pugnaba por una de las diez plazas de clasificación y consiguió muy buenos resultados. La última partida lo enfrentó al ruso Gurevitch: dotado de unos nervios resistentes, el francés ganó esa partida decisiva y se clasificó para el encuentro de los Candidatos.

Su adversario era el holandés Jan Timman. Este último, considerado favorito, estaba de hecho muy acostumbrado a moverse en este nivel, pero, a pesar de todo, algunos jugadores apostaron por Lautier. Sin embargo, se dejó tomar la delantera por un punto y tuvo que ganar la octava partida del encuentro para igualar y jugar la prórroga. Pero como la historia no siempre se repite, después de una considerable ventaja, perdió esa partida definitiva. Al ser eliminado de la competición por el título mundial, se reenganchó a los torneos.

Las partidas contra Kasparov. En efecto, fue invitado a la Meca del ajedrez, el torneo de Linares, y por primera vez se enfrentó con el decimotercero campeón del mundo, Gari Kasparov, al que consideraba el mejor. En la última ronda, Kasparov, que tenía las blancas, dio la sorpresa jugando una apertura no habitual; la partida que siguió fue enloquecida y en ella las complicaciones dieron un giro ventajoso para el francés. Derrotar a Kasparov con las negras era una

383

Joël Lautier (en 1984).

hazaña singular, que probaba que Lautier podía llegar al más alto nivel. Lautier terminó el torneo en un aceptable quinto puesto.

Kasparov se tomó la revancha con las blancas en las Olimpiadas de Moscú de 1994. Al año siguiente se organizó en Amsterdam un torneo a doble ronda con cuatro jugadores, que reunía a Kasparov, a Lautier, al búlgaro Topalov y al holandés Piket. En las tres primeras rondas, la supremacía de Kasparov era tal, que parecía evidente que quedaría vencedor del torneo. Pero en los encuentros de vuelta, después de que el encuentro de ida se saldara en tablas, tenía que enfrentarse de nuevo a Lautier con las blancas. Una apertura siciliana permitió a Kasparov ejecutar un plan que tenía reservado desde hacía mucho tiempo. Pero le falló su prodigiosa memoria y, después de un sacrificio importante, no consiguió realizar sus sesudos encadenamientos. Lautier se impuso de nuevo, y finalmente se colocó en la última etapa con la misma puntuación que Kasparov en las Olimpiadas. La última ronda alcanzó una tensión increíble: víctima de los mismos fallos de memoria que en su encuentro contra Piket, Kasparov volvía a estar en una posición insostenible y se vio obligado a abandonar. Durante ese tiempo, Lautier se debatiría en una posición que no era en absoluto más envidiable. Su adversario no era, sin embargo, capaz de sacar adelante el

plan para ganar, y Lautier consiguió su primer gran torneo de categoría 18, por delante de Kasparov. Manteniéndose como número 1 francés en 1996, Lautier sigue participando en prestigiosos torneos, pero aún peca de irregular. Figura entre los jugadores más inclinados al estudio del juego y al análisis de las partidas, y posee un repertorio muy completo de aperturas. Juega habitualmente 1.d4 o 1.c4 con las blancas, y domina numerosas variantes con las negras.

LEGAL, Kermur de, 1702(¿?)-1792. Francés. Legal, uno de los maestros del siglo XVIII.

Este jugador dejó más huella en su época por haber imaginado un tablero de mates que figura actualmente en todos los manuales ajedrecistas, que por sus cualidades de gran jugador. Está considerado como el mejor jugador francés hasta el surgimiento de su alumno Philidor, pese a que no ha llegado hasta nosotros ninguna de sus partidas y que nunca se demostró la realidad de su potencia.

LEKO, Peter, nacido en 1979. Húngaro. En 1994, con dieciséis años, se convirtió en el más joven gran maestro del momento.

Aunque en sus comienzos estaba considerado como un jugador demasiado posicional y excesivamente sólido, su estilo ha evolucionado y ahora Leko juega de manera más agresiva. Su mejor resultado actual es un tercer puesto en el supertorneo de Dortmund de 1995, por detrás de Kramnik y del campeón del mundo FIDE, Karpov, pero por delante de las superfiguras Ivantchouk, Lautier, Short, Piket, Bareïev y Beliavski. Este torneo de categoría 16 reunió a los mejores jugadores mundiales.

LEONARDO DA CUTRI, Giovanni, 1542-1587. Italiano. Está considerado como el mejor jugador del siglo XVI, junto con Paolo Boi y Ruy López.

Su vida, a semejanza de la de su compatriota Boi, está envuelta en la leyenda, hasta el punto de que es difícil distinguir qué es verdadero y qué falso. Apodado el «caballero errante» por el rey Sebastián de Portugal, se supone que murió envenenado por los Borgia.

LILIENTHAL, Andor, nacido en 1911. Húngaro. Gran maestro de estilo más bien táctico, Lilienthal jugó contra los campeones de la preguerra y obtuvo grandes éxitos. Después de la guerra, aunque participó en el torneo de los Candidatos, sólo accedió a la lucha por el título mundial como auxiliar de Smyslov en los Campeonatos del mundo.

Lilienthal, nacido en Moscú, pasó toda su juventud en Budapest, donde aprendió el oficio de sastre. No descubrió el ajedrez hasta los dieciséis años, y se hizo profesional tres años después. Jugó en Berlín y en París, en el café de la Régence, donde frecuentó a los mejores jugadores.

Las principales gestas de Lilienthal son su partida contra Capablanca en el torneo de Año Nuevo de Hastings, en 1934-1935, y su victoria en el Campeonato de la URSS de 1940 (*ex aequo* con Bondarevski y por delante de Botvinnik y de Kérès). Invitado a un torneo en Moscú poco después, decidió abandonar Hungría para instalarse en la URSS, donde conoció a su mujer. Después de la guerra fue designado candidato para el torneo de 1950. Pero habían pasado los años, y la determinación de la generación joven pudo con él: quedó el último del torneo, junto con el gran maestro Flohr.

Lilienthal, amigo de Alekhine desde joven, entablaría también una gran amistad al final de su vida con otro campeón del mundo, Fischer.

LJUBOJEVIC, Ljubomir, nacido en 1950. Yugoslavo. Campeón de Yugoslavia en 1977 y 1982, y tercer mejor jugador del mundo a comienzos de los ochenta, el gran maestro Ljubojevic es una personalidad sobresaliente del mundo del ajedrez.

Ljubojevic, jugador imprevisible, sería capaz de ganar una etapa de la Copa del mundo –el torneo de Barcelona en 1989, *ex aequo* con Kasparov–, y al mismo tiempo quedar penúltimo en la etapa siguiente en Rotterdam.

Como excelente jugador en las cadencias aceleradas –desde el blitz hasta las partidas rápidas–, consiguió en 1993 el torneo Melody Amber de Mónaco, disputado en partidas rápidas de 25 minutos, la mitad a ciegas. Superando así al ex campeón del mundo Karpov y a las figuras actuales, Anand e Ivantchouk. Pero Ljubojevic no ha conseguido, sin embargo, clasificarse nunca como candidato al título mundial. Su estilo de ataque y su juego particularmente creativo adolecen de falta de solidez.

LÓPEZ DE SEGURA, Ruy, hacia 1530-1580.

Español. Está considerado por muchos como el mejor jugador del siglo XVI.
Era sacerdote y se hizo rico gracias a las rentas que le otorgó Felipe II y al apoyo financiero de un duque italiano. Es también autor de una obra de éxito en la que recoge la siguiente recomendación: «Debéis colocar el tablero de tal manera que al adversario tenga el sol de frente». ¡Qué tiempos aquellos! López dio su nombre y el de su país a la apertura española, o Ruy López 1.e4 e5 2.Cf3 cc6 3.Ab5.

M

MacDonnell, Alexander, 1798-1835.

Fue el mejor jugador del Reino Unido de mediados del siglo XIX.
En 1834 midió sus fuerzas en Londres contra La Bourdonnais. Como consecuencia de la derrota de MacDonnell en este encuentro, La Bourdonnais pasó a ser el mejor jugador del mundo.

MAROCZY, Geza, 1870-1951.

Húngaro. Maroczy, un excelente jugador de comienzos del siglo, vencedor con Hungría en las Olimpiadas de 1927, perteneció a la primera generación de grandes maestros en 1950.
Tras aprender el juego a los quince años, estrenó su carrera internacional en el torneo de Hastings en 1895. Ganó por dos veces el torneo de Montecarlo, en 1902 y 1904, y después los de Ostende y de Barmen, en 1905, y el de Viena, en 1908. Cuando no quedaba el primero, Maroczy figuraba siempre arriba en el palmarés. Aunque apareció muy poco en las grandes competiciones entre 1908 y 1918, retomó la senda del éxito en 1928 y quedó el primero ex aequo con los rusos Alekhine y Bojoljubow en Carlsbad.
Era un gran estratega y poseía una técnica universalmente reconocida en los finales. Dio su nombre a la formación de peones llamada «tenaza Maroczy» (peones e4 y c4), empleada especialmente en la siciliana: 1.e4 c5 2.Cf3 Cc6 3.d4 cxd4 4.Cxd4 g6 5.c4.

MARSHALL, Frank James, 1877-1944.

Norteamericano. Fue el mejor jugador norteamericano de principios de siglo, y ganó las Olimpiadas con el equipo de Estados Unidos en 1931, 1933, 1935 y 1937.
El estilo de ataque y las brillantes combinaciones de Marshall han quedado grabadas en todas las memorias. Sin embargo, sus resultados desiguales dan prueba de la poca solidez de su juego: era capaz de todo al ganar en Cambridge Springs en 1904, en Nuremberg en 1906 y en Dusseldorf en 1908, pero también realizaba torneos muy malos. No resistía ante los más grandes, que lo dominaban por su comprensión de las posiciones. Así, perdió por 5-12 en 1905 contra Tarrasch, por 3,5-11,5, en 1907, en su encuentro del campeonato del mundo contra Lasker, y por 8-1 contra Capablanca en 1909.
Tras esos reveses, trató de afirmar su juego, pero no consiguió grandes éxitos. Su victoria contra Levitsky en Breslau, en 1912, en la que la jugada ganadora consistió en colocar su dama en una casilla controlada cuatro veces por su adversario (Dg3), ha pasado a los anales de la historia. Dio su nombre a una dudosa defensa, 1.d4 d5 2.c4 Cf6, y al popular gambito Marshall de la española.

MECKING, Henrique, nacido en 1952.

Brasileño. Candidato al título supremo en 1974 y 1977 y clasificado como tercero en el baremo mundial en 1977.
Mecking, un niño prodigio, fue campeón de Brasil a los trece años, y dos años más tarde ganó el zonal de Buenos Aires. Promovido a gran maestro en 1972, se impuso a partir del año siguiente en el interzonal de Petrópolis. Tras llegar a los cuartos de final en el campeonato del mundo en 1974, perdió su encuentro contra el soviético Kortchnoï. Ganó el interzonal de 1976 en Manila, y de nuevo cedió en cuartos de final contra un soviético, Polougaïevski. Según los analistas rusos, lo perdieron sus debilidades posicionales. Cuando estaba en el zenit de su carrera, contrajo una extraña e incurable enfermedad, la miastenia: se retiró de la competición y se le dio por perdido para el ajedrez. Desde entonces se consagró a la religión católica y se hizo sacerdote. Una recuperación inesperada le permitió participar, en 1979, en el interzonal de Río, pero el resultado fue decepcionante. Su enfermedad se agravó y Mecking desaparecería durante diez años de la escena mundial.
En 1991-1992, volvió para perder merecidamente frente a Nikolic y a Seirawan, situados entre los mejores jugadores del mundo. Desde entonces, no ha vuelto a recuperar su mejor nivel.

MENCHIK-STEVENSON, Vera, 1906-1944.

Inglesa de origen checo. Primera campeona del mundo, de 1927 a 1944.
Nacida en Rusia, Vera Menchik fue la primera mujer que disputó torneos internacionales contra los mejores jugadores del mundo. Entrenada por el húngaro Maroczy, dio un vuelco al panorama del ajedrez, sobre todo al vencer al campeón del mundo Euwe, así como a los grandes maestros Reshevsky y Sultan Kahn.
Casada con un inglés, murió durante un bombardeo en la segunda guerra mundial.

MIESES, Jacques, 1865-1954.

Alemán. Aunque no conquistó ningún gran torneo, excepto el de Viena en 1907, Mieses dejó huella a comienzos de siglo por su intrépido juego.
Mientras sus contemporáneos, bajo la influencia de Steinitz, de Tarrasch y de la escuela vienesa, evolucionaban hacia el juego posicional y realizaban partidas consideradas poco brillantes, Mieses perpetuó la tradición romántica, practicando gambitos y más a menudo los juegos abiertos. Inclinado a los sacrificios, se ganó la simpatía del público y consiguió gran número de premios de belleza en recompensa por sus aperturas de ataque y su juego imaginativo.

MILES, Anthony (Tony), nacido en 1955.

Inglés. Campeón del mundo junior en 1974 y campeón de Gran Bretaña en 1982, es uno de los mejores jugadores de comienzos de los ochenta.

385

Aunque curiosamente siempre fracasó en las clasificaciones para los encuentros de los candidatos, tiene en su haber importantes victorias en el torneo rápido de Bath, en 1983, en el que batió a Karpov en el final, y en el torneo de Tilburg en 1984-1985. Fue seleccionado para jugar en el equipo del «resto del mundo», que se enfrentó a la URSS en 1984. Pero después no consiguió mantener su nivel; su clasificación va bajando y se le invita muy rara vez a los grandes torneos. El juego muy posicional de Miles no es obstáculo para que realice partidas muy complejas. Además de ser durante mucho tiempo el principal partidario de la muy aguda variante del dragón de la siciliana, también es conocido por haber ensayado diversas aperturas excéntricas. En este terreno, su golpe maestro fue la victoria contra el campeón del mundo, Karpov, en 1980, en el campeonato del mundo por equipos, en el que, para asombro de los espectadores, jugó 1.e4 a6.

MOROZEVITCH, Aleksandr, nacido en 1977. Ruso. Una de las grandes promesas rusas actuales.
Morozevitch hizo su entrada en la escena mundial con una estruendosa victoria en el torneo de Londres, en 1994, con un resultado de 9,5 puntos sobre 10. Aunque aún no ha confirmado su talento en los más importantes torneos, los amantes del juego ofensivo confían en verlo progresar en la jerarquía mundial. Es un atacante nato, que no duda en emplear el gambito de rey contra los mejores, así como otras aperturas antiguas, como la defensa Tchigorine del gambito de dama.

MORPHY, Paul Charles, 1837-1884. Norteamericano. Campeón del mundo antes de que existiera el título.
Paul Morphy hizo una fulgurante aparición en el mundo del ajedrez en el siglo XIX. Su victoria, a los veinte años, en el torneo norteamericano de Nueva York, lo lanzó a la escena mundial. Buscando adversarios de su talla, Morphy atravesó el Atlántico, derrotó a los campeones del Viejo Mundo y después se retiró. Aún hoy se le considera uno de los mejores jugadores de todos los tiempos.

Un meteoro. Auténtico niño prodigio, el joven Morphy aprendió el ajedrez con su padre a los ocho años. También aprovechó las enseñanzas de un tío suyo, que practicaba mucho el juego contra adversarios locales. Progresivamente, Morphy fue sobresaliendo entre los adultos: ganó a su tío a ciegas y, sobre todo, a los doce años ganó un encuentro contra el maestro Lowenthal. Después de su victoria en Nueva York –el torneo más difícil de Estados Unidos– y de su aplastante victoria sobre Paulsen, marchó a Europa, instalándose en Londres en 1858. El mejor jugador inglés, Howard Staunton, le negó entonces el encuentro que querían organizar unos aficionados. A pesar de estar en juego una importante suma de dinero, puso como pretexto un trabajo muy importante, mientras no dejaba de insistir en su deseo de batirse con el prodigio norteamericano. No habría nada que hacer: los dos jugadores jamás disputarían el encuentro. Morphy aplastó a todos los demás ingleses y después dejó Inglaterra y se fue a París, donde despertó el entusiasmo tanto por sus victorias en los encuentros como por una sesión de partidas simultáneas a ciegas contra ocho jugadores (6 ganadas y 2 tablas). Seguidamente se enfrentaría con el mejor jugador alemán –y posiblemente el mejor jugador del mundo después de él–, Adolf Anderssen. Pero seguía persistiendo la herida que le infligió el

Paul Morphy.

rechazo de Staunton, que conseguiría desestabilizar su equilibrio y su carrera.

La retirada. Morphy volvió a los Estados Unidos en 1859, pero su triunfo en el ajedrez no le granjeó el reconocimiento de sus compatriotas. Tocado en su amor propio y sintiéndose rechazado por América como lo había sido por Staunton, abandonó definitivamente el juego. Toda su vida rechazaría con vehemencia que lo considerasen un profesional del ajedrez. Intentó una carrera de abogado, pero tampoco tuvo éxito. A los treinta y ocho años, Morphy atravesó un período de depresión.

Para muchos, el nombre de Morphy está ligado al juego abierto, a las combinaciones sutiles llevadas a cabo con un rey situado en el centro. Sin embargo, en su tiempo fue criticado, como lo recuerda Réti, por intercambiar las damas cuando podía ganar un peón. Su superioridad provenía, de hecho, de una notable comprensión de las posiciones.

N

NAJDORF, Miguel, 1910-1997. Argentino de origen polaco.
El nombre de Miguel Najdorf evoca para mucha gente una personalidad atractiva del mundo del ajedrez. Está considerado como unos de los mejores grandes maestros de la posguerra, fue dos veces candidato al título mundial y un periodista apasionado, que, con más de ochenta años, seguía las competiciones. Huyendo de la amenaza nazi, Najdorf abandonó Polonia en 1939 y se instaló en Buenos Aires, donde gozaría toda su vida de gran popularidad. En 1948 no participó en el torneo que debía designar al campeón del mundo. Según el gran maestro Bronstein, Botvinnik, todopoderoso entonces en la URSS, no quiso encontrarse con Najdorf, que lo había humillado al vencerlo en 1946 en el torneo de Groninga. En 1950 y 1953, Najdorf tuvo la posibilidad de participar en las pruebas del Campeonato del mundo, pero fracasó en el torneo de Candidatos, sin conseguir inquietar a sus rivales soviéticos.

Ha dado su nombre a una de las aperturas más populares, la variante Najdorf de la siciliana: 1.e4 c5 2.Cf3 d6 3.d4 cxd4 4.Cxd4 Cf6 5.Cc3 a6.

NIKOLIC, Predrag, nacido en 1960.

Bosnio. Clasificado entre los veinte mejores jugadores del mundo, fue campeón de Yugoslavia en 1980 y 1984. Después de Gligoric, en los años cincuenta y sesenta, y Ljubojevic, en los setenta y ochenta, la nueva estrella yugoslava sería el bosnio Nokolic. Sus victorias de Reykjavík en 1986, ante el campeón del mundo, Tal, y su victoria en Sarajevo en 1987 son sus mejores resultados. En 1990, formó parte de los once primeros del interzonal de Manila y se convirtió en candidato. Su adversario en cuartos de final fue el joven bielorruso Gelfand, uno de los favoritos del ciclo. Nikolic resistió muy bien y sólo cayó en el desempate. En 1994 ganó el torneo de Wijk aan Zee con 1,5 puntos de ventaja sobre el segundo. El mismo año alcanzó la final del torneo de partidas rápidas de París, pero perdió contra el campeón del mundo, Kasparov.

NIMZOWITSCH, Aaron, 1886-1935.

Danés de origen letón. Nimzowitsch, principal representante de la escuela hipermoderna, ha pasado a la historia del ajedrez como un jugador de talento, y también como un gran pedagogo.

Las bases del juego posicional habían sido puestas por Steinitz y divulgadas después por Tarrasch; pero aún quedaban algunas concepciones por afinar y juicios que había que verificar y desarrollar. Esto fue lo que hizo la escuela hipermoderna, que se llamó así como reacción al libro de Tarrasch, *La partida de ajedrez moderna*.

La obra de Nimzowitsch, *Mi sistema,* sigue siendo un libro citado constantemente como manual de referencia. El jugador expone en él, con un gran sentido pedagógico, los diferentes principios que rigen el arte del ajedrez: la columna abierta, la posesión de la séptima fila por una torre, el bloqueo del peón aislado y de los peones colgantes, el control del centro mediante las piezas (en oposición a la clásica ocupación del centro por los peones) y el principio de la profilaxis, que, dicho de

otra manera, consiste en impedir la realización de los planes del adversario. Nimzowitsch va guiando así paso a paso al lector hacia la maestría que permite jugar una posición y elaborar un plan. Por supuesto, no pudo dejar de alimentar la polémica y arremetió abiertamente contra Tarrasch en uno de sus artículos, titulado «*La partida de ajedrez moderna* del doctor Tarrasch ¿representa verdaderamente una concepción moderna?». Sus oponentes fueron deliberadamente sarcásticos, pero Nimzowitsch les dio réplica en el mismo tono. Algunos, como los campeones Larsen y Petrossian, han señalado el papel innegable que ha jugado *Mi sistema* en su formación ajedrecística. Otros tienen un espíritu más crítico, como el campeón inglés Short, que tenía a Nimzowitsch como su jugador preferido y que, tras analizar su juego, se declara muy decepcionado; o como el gran maestro holandés Timman, que confiesa que no pudo leerlo hasta el final. Otra obra de Nimzowitsch, *La práctica de mi sistema*, ilustra los grandes principios de juego del danés y tuvo también gran éxito. Aunque nunca fue candidato al título máximo, Nimzowitsch consiguió éxitos notables como jugador. Así, por ejemplo, ganó el torneo de Dresde, en 1926, con 8,5 puntos sobre 9, concediendo sólo las tablas al futuro campeón del mundo, Alekhine. Tres años más tarde, sobrepasó a Capablanca y a Rubinstein en Carlsbad. En 1921 lanzó un desafío al campeón del mundo Capablanca, pero fracasó (sería Alekhine quien disputaría el título). Nimzowitsch dio principalmente su nombre a dos aperturas: la defensa Nimzowitsch del peón de rey 1.e4 Cc6, poco utilizada, y la muy popular defensa Nimzo-India 1.d4 Cf6 2.c4 e6 3.Cc3 Ab4, que han practicado todos los grandes.

NOGUEIRAS, Jesús, nacido en 1959.

Cubano. Segundo en el torneo internacional de Taxco en 1985.

Tras su calificación detrás del holandés Timman en 1985, Jesús Nogueiras accedió al torneo de los Candidatos que tuvo lugar el mismo año en Montpellier. Obtuvo unos resultados mediocres: se clasificó entre los últimos. En el siguiente ciclo estuvo a

punto de clasificarse como candidato y participó en la primera (y única) Copa del mundo de la Asociación de grandes maestros en 1988-1989, pero quedó el último.

NUNN, John, nacido en 1955.

Inglés. Campeón de Europa junior en 1975, consiguió sus principales triunfos en los años ochenta. Nunn, un táctico fino, jugador de ataque, es también conocido por sus escritos en el campo de las aperturas y de los finales. Como niño especialmente dotado, John Nunn entró muy joven en Oxford y realizó unos estudios brillantes hasta obtener un doctorado en matemáticas. Analista riguroso y teórico de las aperturas, John Nunn ha contribuido ampliamente por medio de sus obras a promover una nueva vía en la literatura ajedrecística. Apoyándose en las investigaciones del norteamericano Ken Thompson, autor del célebre sistema de explotación informática Unix, ha publicado también varias recopilaciones de finales verificados por medio del ordenador, en las que trata de sistematizar los resultados en esquemas útiles para el jugador de torneos. Los primeros trabajos de Ken Thompson consistían en crear un programa capaz de calcular exactamente todas las posibilidades de finales simples de cinco piezas o peones (incluidos los reyes). Una vez introducidas en una base de datos, se podían extraer todas las conclusiones según una lógica científica.

O

O'KELLY DE GALWAY, Albéric,

1911-1980. Belga. O'Kelly, trece veces campeón de Bélgica, obtuvo el título de gran maestro internacional en 1956.

Albéric O'Kelly fue alumno del gran maestro Akiba Rubinstein, al que conoció durante la segunda guerra mundial. En 1947 disputó el ciclo del Campeonato mundial. Poco después consiguió una victoria en el torneo zonal de Hilversum, pero renunció a participar en el torneo interzonal de 1948, en Suecia. Ganó el tercer

Campeonato del mundo por correspondencia, que se desarrolló entre 1959 y 1962.

Seguidamente, O'Kelly fue árbitro de los Campeonatos del mundo Petrossian-Spassky de 1966 y 1969, y de la final del encuentro de los Candidatos entre Karpov y Kortchnoï en 1974. Participó también como analista y periodista en la revista *Europe Échecs*.

OLAFSSON, Fridrik, nacido en 1935. Islandés. Situado entre los mejores jugadores occidentales, el gran maestro Olafsson es varias veces campeón de Islandia y de Escandinavia. Su carrera por el título mundial en 1959 acabó con un penúltimo puesto en el torneo de los Candidatos. Obtuvo victorias en los torneos de Hastings en 1955-1956, de Reykjavík en 1957 y de Beverwijk en 1959.

Sucedió como presidente de la FIDE al ex campeón del mundo, Euwe, tras derrotar a Gligoric, con quien había participado ¡treinta años antes! en el torneo de los Candidatos. En las elecciones de 1982, fue derrotado por el filipino Campomanes.

P

PANNO, Oscar, nacido en 1935. Argentino. Campeón del mundo junior en 1953, joven candidato al título mundial en 1956.

Oscar Panno participó en los años cincuenta en el prestigioso equipo de Argentina con Najdorf y Pilnik. Pero no pudo luchar contra la armada soviética en el torneo de los Candidatos de Amsterdam de 1956. Tras fracasar en el interzonal de Portoroz en 1958, se dedicó a sus estudios y a su profesión de ingeniero.

Ha dado nombre a una variante de la apertura india oriental.

PETROSSIAN, Tigran Vartanovitch, 1929-1984. Armenio. Pese a ser héroe nacional en su país, el noveno campeón del mundo (de 1963 a 1969), Tigran Petrossian, nunca consiguió suscitar el entusiasmo del público, que a menudo le reprochaba su juego

excesivamente prudente y su tendencia a hacer tablas. Sin embargo, el cuatro veces campeón de la URSS, miembro habitual del equipo soviético y candidato al título mundial ininterrumpidamente desde 1953 a 1980, dejó una huella considerable en su época.

Unos comienzos irregulares. En 1941, tras aprender el ajedrez en un campo de pioneros en la URSS, el joven Tigran se inscribió en el club de pioneros de Tbilisi. Allí hizo asombrosos progresos, convirtiéndose en menos de un año en uno de los mejores jugadores. Entre los trece y los quince años estudió los libros de Nimzowitsch y se entrenó mucho en partidas a ciegas, con lo que no dejó de perfeccionarse. Ganó los campeonatos de Georgia y de Armenia y fue dos veces campeón junior de la URSS.

Sin embargo, su primera participación en el Campeonato de la URSS fue un fracaso: perdió su primera partida en sólo trece jugadas, y luego las trece partidas siguientes. Quedó 16 en el cuadro final, entre 20 candidatos. Sacó lecciones de su fracaso: Petrossian se vengaría ganando el título en 1959, 1961, 1969 y 1975.

En 1953 Petrossian fue candidato al título mundial por primera vez. Formaría también parte de la selección en 1956 y 1959. Pero su prudencia excesiva le impidió acercarse al primer puesto del torneo de los Candidatos, que le daría paso al encuentro con el campeón del mundo. Casi había que empujar al «Tigre», como le apodaban, pues le faltaba ambición. Algunos le reprochaban sus rápidas tablas. «Los principios de Petrossian nada tienen que ver con los intereses de la escuela soviética de ajedrez», llegó a escribir un crítico. En 1956, después del torneo de los Candidatos, pensó en abandonar el ajedrez.

Apoyado por un amigo, Petrossian reemprendió la competición y ganó el torneo de los Candidatos de 1962, en Curaçao. ¡Afortunadamente los suyos estaban allí para animarle! Aunque a veces estaban demasiado presentes, como su mujer Rona, de la que se cuenta que había solicitado el consejo de grandes maestros para ayudar al norteamericano Benko, el último del torneo, a batir a Kérès, uno de los

adversarios de Petrossian. En todo caso, este último se convirtió en 1963 en el aspirante contra el campeón del mundo, Botvinnik.

Campeón del mundo. El jugador, al que se creía desposeído de ambiciones, demostraría una gran fuerza de carácter. Petrossian conquistó el título por 5 victorias a 2 y 15 tablas. La quinta partida de su encuentro contra Botvinnik, en la que partiendo de una ventaja minúscula consiguió obtener una brillante victoria, representaba el símbolo del estilo del nuevo campeón y sirvió también para alimentar la leyenda. El gran maestro Kotov declaraba, como muchos otros, que Petrossian afirmaba que había analizado la posición en su casa, sacando la conclusión de que la estructura de peones debilitada de las negras daba una ventaja decisiva a las blancas. «Nada más falso –explicaría Petrossian en una entrevista–, y no podía conformarme con la posición allanada que parecía conducir directamente a las tablas.»

Suprimido el principio de los encuentros precedentes que le otorgaba el derecho a un encuentro de revancha, el derrotado campeón Botvinnik decidió no volver a competir por el título. Ahora era Petrossian el que tenía el deber de defender el título. En 1966 y en 1969, tuvo como adversario a Boris Spassky. El primer encuentro concluyó en victoria de Petrossian, pero Spassky se haría con la corona mundial en 1969.

Aunque, a continuación, Petrossian se clasificó de nuevo como candidato, en lo sucesivo encontraría en su camino adversarios bastante temibles. Fue el caso del norteamericano Fischer en 1971 y, sobre todo, de Kortchnoï, su íntimo enemigo, con el que mantendría unas espantosas relaciones, en 1974, 1977 y 1980.

Su estrategia: desmontar los ataques del adversario. ¿Cabe imaginar un jugador más prudente que Tigran Petrossian? Su táctica, que se apoya en los principios llamados «profilácticos» desarrollados por Nimzowitsch en *Mi sistema*, se reduce ante todo a impedir jugar a su adversario. Las malas lenguas llegarían a decir que, obnubilado por las posiciones de su adversario, se olvidaba de jugar su propio juego y de ganar. De hecho, sabiendo anticipar y calcular como el campeón del mundo, Tal, especialista en el ataque (Petrossian era notable en ajedrez relámpago), preveía las posibilidades de su adversario. Trataría, pues, de evitar de antemano las amenazas que a menudo en el cara a cara no era capaz de ver. ¡*Safety first* podría ser su lema! Tal comentaba de él, en broma, que ¡sentía llegar el peligro varios días antes! En cambio, en el torneo de Amsterdam de 1964, Petrossian, considerado un maestro en el arte de evitar los ataques de su adversario, se olvidó de que su dama estaba al descubierto: era la única baza posible para un adversario posicionalmente aplastado.

Sin embargo, para él los sacrificios eran moneda corriente, en particular el sacrificio de calidad (torre contra alfil o caballo), muchas veces posicional. Paradójicamente, Spassky, tras su derrota en el Campeonato del mundo, llegaría a decir que, en su opinión, el juego de Petrossian era ante todo táctico. Pero conviene recordar que, en una entrevista realizada en 1966, un periodista hizo la siguiente pregunta a Petrossian: «¿Por qué pieza siente usted debilidad?». Y él respondió: «Por cualquier pieza que yo tenga y con la que mi adversario no cuente, desde el peón a la dama».

El mejor ejemplo de su fuerza es el notable resultado que obtuvo en las Olimpiadas de 1958 a 1978: jugando contra gran número de adversarios de categoría, quedó invicto con 79 victorias y 50 partidas en tablas. Las defensas francesa y Caro-Kann se cuentan entre sus aperturas favoritas. Son como él: sólidas, pero poco atrevidas. Ha dado su nombre a una variante de la india occidental: 1.d4 Cf6 2.c4 e6 3.Cf3 b6 4.a3.

PHILIDOR, François André Danican, llamado, 1726-1795. Francés. Uno de los mejores jugadores del siglo XVIII.

Son pocos los nombres de campeones de ajedrez cuyos nombres figuran en los diccionarios normales: François André Danican, llamado Philidor, es una excepción. De todas formas, hay que reconocer que figura sobre todo por su talento como compositor. Autor de óperas cómicas en la época de Luis XVI, debe,

sin embargo, su gloria actual a su talento para el noble juego, pese a que sus partidas no han sido estudiadas, dado que su enorme superioridad sobre sus contemporáneos hacía que la lucha fuera desigual. Philidor, un asiduo al café de la Régence, uno de los templos ajedrecísticos de la época, a menudo debía aceptar dar ventaja en las partidas, saliendo con una pieza menos. Sus actuaciones provocaban la admiración de los espectadores, especialmente sus simultáneas a ciegas contra tres jugadores. En París, se impuso contra el sirio Stamma, y pasó a ser considerado unánimemente como el mejor jugador del mundo. Después de la Revolución, se instaló definitivamente en Gran Bretaña, a donde iba regularmente para disputar encuentros.

François André Danican, llamado Philidor.

El primer teórico del ajedrez. Su tratado, *Análisis del juego de ajedrez,* demuestra hasta qué punto sus ideas y su concepción del juego eran avanzadas para su época. En el campo de las aperturas, Philidor explicaría la defensa, poco empleada hoy en día, que lleva su nombre: 1.e4 e5 2Cf3 d6. Sobre el medio juego, haría esta célebre consideración: «Los peones son el alma del ajedrez», y daría una serie de recomendaciones para conducir una partida. Philidor estudió también varios finales que desde entonces llevarían su nombre y que aún hoy figuran en todos los tratados. Son dos sutiles maniobras de *zugzwang* –con dama contra torre por una parte, y torre y

alfil contra torre, por otra–, y una posición clásica en los finales torre y peón contra torre.

PIKET, Jeroen, nacido en 1969. Holandés. Campeón de Holanda en 1990, 1991 y 1994, y undécimo jugador mundial en 1995, Piket es una de las promesas de Europa occidental.

Fue entrenado por su compatriota de origen ruso Sosonko, y debutó disputando un gran número de competiciones juniors. Seguidamente, ayudado por Viktor Kortchnoï y con el apoyo del millonario holandés Van Osteroom, tuvo la oportunidad de disputar varios encuentros con los grandes. Ganó contra el ruso Polougaïevski en 1993 y contra el yugoslavo Ljubojevic en 1994. Piket fue el auxiliar de su compatriota Timman en la final de los Candidatos, que lo enfrentó al ex campeón del mundo, Karpov. Después, tras sobrepasar a Timman en la clasificación mundial, obtuvo su primer gran éxito en Dortmund, en 1994, ante Karpov. Atravesó entonces una mala racha y sólo conseguiría clasificarse entre los cien primeros. Volvió al máximo nivel en 1996 y ganó el torneo de Tilburg con el bielorruso Gelfand, por delante de Karpov.

PILLSBURY, Harry Nelson, 1872-1906. Norteamericano. Uno de los mayores jugadores del siglo XIX.

Pillsbury aprendió el juego a los dieciséis años e hizo rápidos progresos. Al comienzo de su carrera derrotó a Steinitz en un combate muy representativo del espíritu de la época: dio de salida un peón y una jugada de ventaja. ¡Es difícil imaginar al actual campeón del mundo jugando una partida en estas condiciones!

A los veintitrés años, conquistó su primer gran torneo y su mayor victoria: el torneo de Hastings, en 1895, por delante de los campeones del mundo Steinitz y Lasker y de los grandes maestros Schlechter, Tchigorine y Tarrasch.

Pillsbury es el inventor de un sistema de ataque en el gambito de dama en base a un caballo blanco en e5, sostenido por dos peones en d4 y f4. Una construcción de tal potencia que aún hoy en día la emplean los campeones. El mejor ejemplo sin duda es su utili-

389

zación por el campeón ruso, Kasparov, en los cuartos de final del encuentro de los Candidatos de Moscú en 1983. Pillsbury era conocido por su impresionante memoria, que le permitía, entre otras cosas, acordarse de una larga lista de nombres a cual más complicado.

PILNIK, Herman, 1914-1981. Argentino de origen alemán. Fue varias veces campeón de Argentina. Candidato al título mundial en 1956, Pilnik quedó en el último puesto del torneo.

POLGAR, Judit, nacida en 1976. Húngara. Judit Polgar es la primera jugadora de la historia del ajedrez que figura en el máximo nivel, y está situada entre los quince mejores jugadores del mundo. Disputa exclusivamente las competiciones antes consideradas masculinas y actualmente mixtas: las pruebas del Campeonato del mundo y las Olimpiadas. Fue «campeón» de Hungría en 1991, dejando para su hermana Zsusza la tarea de hacerse con el título mundial femenino.

Una familia de campeonas. La carrera de Judit Polgar no es nada casual. Su padre, Laszlo Polgar, organizó para sus hijas un programa de educación en el que el ajedrez tenía un lugar preferente. Al igual que Vera Menchik antes de la guerra, la mayor, Zsusza, se negó a verse relegada a las competiciones reservadas a las mujeres y reclamó el derecho de enfrentarse a los campeones masculinos. Antes que su hermana Judit, y a modo de aviso, ya hizo temblar a los grandes maestros. Superada por su hermana pequeña, aceptó jugar los Campeonatos femeninos, ganando el título mundial de 1996 con una auxiliar de lujo: la propia Judit. La más pequeña, Sofía, se mantiene en segundo plano, contentándose con una hazaña en el Open de Roma en 1989 y un resultado de 2 900 puntos Elo.

Hazañas precoces. Judit Polgar, la única jugadora femenina en un universo de hombres –lo que indujo a Kortchnoï a decir que sacaba partido de su sexo–, llama aún más la atención por el hecho de que se convierte, según las normas masculinas, en el más

Judit Polgar (en 1989).

joven gran maestro de todos los tiempos, a los quince años (récord batido después por Bracot). Sus detractores no tienen más remedio que inclinarse ante sus impresionantes trofeos de caza: Anand, Ivantchouk, Short, Shirov y también Topalov han caído ante ella. Aunque todavía no ha conseguido clasificarse como candidata al título de campeón del mundo, Judit cuenta ya con un prestigioso palmarés: una victoria en el campeonato de Hungría en 1991, por delante de los antiguos candidatos Adorjan, Sax y Portisch; victorias en los prestigiosos torneos de Hastings en 1992-1993 y de Madrid en 1994, con 1,5 de ventaja y pese a la presencia de figuras como Kamsky, Shirov, Salov o Bareïev; asimismo en Stornoway en 1995. Tiene también en su haber victorias en encuentros contra el ex campeón del mundo, Spassky, y el campeón holandés Piket. Judit es una jugadora agresiva y una especialista con las negras en la defensa siciliana y en la india oriental, que ha remplazado en su repertorio al gambito Benko de sus primeros tiempos. Sobre todo, es temible con las blancas: tras abandonar el gambito de rey que practicaba en sus inicios, juega únicamente 1.e4, pero ¡hay que ver con qué dinamismo!

POLOUGAÏEVSKI, Lev, 1934-1995. Ruso. Campeón de la URSS en 1967 y 1968, miembro en numerosas ocasiones del invencible equipo de

la URSS y candidato al título mundial en 1974, 1977 y 1980, Polougaïevski ocupa un puesto escogido entre los grandes campeones rusos de los años sesenta y ochenta.

Polougaïevski alcanzó la cima de su carrera cuando tenía más de cuarenta años. Candidato por tres veces, coincidiría para su desgracia con los mejores jugadores de su época. Primero, en 1974, se enfrentó al joven ruso Karpov, que lo dominó por su resistencia en la defensa; después, principalmente al exiliado ruso Kortchnoï, en dos ocasiones, en las semifinales de 1977 y 1980. Polougaïevski, que confesaba no tener carácter «asesino», al estilo de los campeones del mundo Fischer, Karpov o Kasparov, sino más bien el de un jugador tranquilo, como los campeones Smyslov o Petrossian, no se encontraba a gusto en un ambiente de guerra fría en la que los dos protagonistas no se estrechaban la mano. Así, tuvo dificultades para desarrollar sus cualidades contra Kortchnoï, el enemigo del régimen comunista.

Al final de su vida, se instaló en París y entrenó a jóvenes jugadores, entre ellos a Joël Lautier. Muerto en 1995, está enterrado en el cementerio de Montparnasse, no lejos de Alekhine.

La dedicación al análisis y a las preparaciones rigurosas. Tanto en las partidas aplazadas como en la preparación de las aperturas, Polougaïevski se caracterizó por su tendencia al trabajo analítico. Tenía una verdadera pasión por la defensa siciliana, y puso en pie una de las variantes más complejas, que lleva su nombre. Después de dedicar horas, días y meses a pulir su descubrimiento, «Polou» demostró finalmente la viabilidad de su idea, considerada errónea cuando la introdujo. Dedicó numerosas páginas a la elaboración de su variante en *Secretos de un gran maestro*. En su encuentro victorioso contra el virtuoso del ataque, el ex campeón del mundo, Tal, Polougaïevski hizo una demostración brillante de su profunda comprensión del juego. En ese encuentro, que tuvo lugar en Alma Ata en 1980, probó a todo el mundo que «su» variante podía resistir los ataques del más formidable «demoledor» de sicilianas.

Hay que señalar que incluso el campeón del mundo, Fischer, conocido por no desviarse nunca de 1.e4, jugaría contra él, para sorpresa general, 1.c4, para evitar la siciliana, en el interzonal de 1970. Poco antes de su muerte, y tras la publicación de su tratado, *Laberinto siciliano,* en 1994 se organizó en Buenos Aires en su honor un torneo temático sobre la siciliana, en el que participaron numerosos campeones de primera fila. Esta original iniciativa enlazó con una tradición abandonada y que estaba presente a principios de siglo: los torneos con una apertura obligatoria (a menudo gambitos).

PORTISCH, Lajos, nacido en 1937.

Húngaro. Ocho veces campeón de Hungría y siete veces candidato al título mundial, Portisch fue uno de los principales adversarios de los soviéticos entre los años sesenta y noventa. En torneos, Portisch fracasó en varias ocasiones en el primer encuentro eliminatorio: contra el ex campeón del mundo, Tal, en 1965 y frente al danés Larsen, en 1968. En 1974, el antiguo campeón del mundo, Petrossian, lo eliminó también en la primera vuelta. En 1977, ganó por primera vez un encuentro contra Larsen, pero cayó contra Spassky en la semifinal. En 1978, en las Olimpiadas de Buenos Aires, condujo al equipo de Hungría a una victoria histórica: ¡quedaron por delante de la URSS, una hazaña única! Participó también como candidato en los cuatro siguientes ciclos. Fue eliminado en semifinales por el alemán Hübner en 1980, y después, en 1983, en cuartos de final por el subcampeón del mundo, Kortchnoï. No consiguió clasificarse para el torneo de los Candidatos de 1985. Jugó finalmente su último encuentro como candidato en 1989, y perdió en semifinales contra el holandés Timman, después de estar a punto de ganar.

Un adversario difícil. Lajos Portisch, una figura de una pieza en el mundo de ajedrez, representó durante tiempo un serio obstáculo para los mejores jugadores. El campeón del mundo armenio, Petrossian, cuenta que necesitó varios años para definir la estrategia que le permitiría ganar al húngaro. En efecto, había sufrido cuatro derrotas sin poder conseguir la menor victoria: a Portisch, gran especialista de la preparación, nunca parecía cogerle por

sorpresa la apertura de su adversario. Petrossian daría finalmente con la clave en el encuentro de 1974. Según el campeón del mundo, Botvinnik, a Portisch siempre le faltaron algunas cualidades deportivas y un agudo sentido de la psicología.

PSAKHIS, Lev, nacido en 1958.

Israelí de origen ruso. Campeón de la URSS en 1980 y 1981.

Cuando se convirtió por primera vez en campeón de la URSS en 1980, Lev Psakhis no tenía siquiera el título de maestro internacional. Llegado a maestro, repitió al año siguiente, *ex aequo* con el futuro campeón del mundo, Kasparov. Algo más tarde, Psakhis obtuvo el título de gran maestro, pero no volvió a obtener éxitos tan importantes. Después, emigró a Israel.

R

RENET, Olivier, nacido en 1964.

Francés. Uno de los primeros franceses que ha conseguido llegar a gran maestro.

Es también uno de los primeros que ha practicado los sistemas de apertura utilizados por las figuras. Hay que recordar que tuvo la interesante experiencia de ser auxiliar de los dos enemigos de la guerra fría de los años setenta: Karpov y Kortchnoï. En efecto, este último aceptó que lo asistiera en el torneo de Wijk aan Zee celebrado en 1990; algunos meses después, Karpov lo llamó a su lado para el encuentro contra Kasparov en el Campeonato del mundo de 1990.

RESHEVSKY, Samuel Herman,

1911-1992. Norteamericano de origen polaco. Seis veces campeón de Estados Unidos, vencedor de las Olimpiadas con Estados Unidos en 1937, candidato al título supremo en 1948, 1953 y 1968, no consiguió, sin embargo, hacerse nunca con la corona mundial. Este campeón, asombrosamente longevo, realizaría la hazaña de jugar contra todos los campeones del mundo, excepto el primero, Steinitz, y el último, Kasparov.

Un niño prodigio. Asombrosamente precoz, el joven polaco, Reshevsky, comenzó su carrera con tan solo seis años: dio la vuelta al mundo disputando sesiones de simultáneas contra adultos y suscitó una admiración inmensa allí donde jugaba. ¡Cuando aún no sabía leer ni escribir, logró ganar a varios adultos en estas exhibiciones! Seguidamente, Reshevsky emigró a Estados Unidos, donde su familia se instaló definitivamente en 1920. Se dedicó a sus estudios hasta 1934.

Cuando volvió al ajedrez, participó en los principales torneos de los años treinta: Nottingham en 1936, donde quedó tercero, el torneo AVRO de 1938 y el prestigioso torneo-Campeonato del mundo de 1948.

Esta competición de 1948, única en la historia del ajedrez, debía designar al nuevo campeón del mundo, tras la muerte de Alekhine en posesión del título. Contrariamente a la costumbre de que el Campeonato del mundo se disputara en encuentros, se adoptó el sistema de torneo para clasificar a los cinco mejores jugadores mundiales.

A diferencia de su compatriota Fine, Reshevsky se beneficiaba de un apoyo financiero que le permitía jugar. Sin embargo, no pudo impedir que el ruso Botvinnik se hiciera con el título mundial. Aunque declinó la invitación al primer torneo de los Candidatos de 1950, probó suerte en el siguiente, en 1953. Sin contar con ayudas, sufrió frente a las preparaciones soviéticas, pese a lo cual acabó el segundo *ex aequo*, a dos puntos del vencedor ruso, Smyslov. Después ya no volvería a participar en los Campeonatos del mundo hasta 1968. De nuevo candidato, perdió su encuentro ante otra figura legendaria del ajedrez, Viktor Kortchnoï. Reshevsky disputó torneos hasta 1987.

Un juego intuitivo que privilegia la improvisación. Su débil conocimiento de las aperturas y su tendencia al «zeitnot» han jugado malas pasadas a Reshevsky. En efecto, jamás estudió las aperturas, y sus improvisaciones le consumían tiempo y muchas energías. Mientras sus adversarios se contentaban con recitar la variante, él debía reflexionar prolongadamente y, naturalmente, le faltaba tiempo. Su comportamiento en «zeitnot» era difícilmente soportable: el ruso Kotov lo describe pataleando, nervioso.

En una partida del encuentro de los Candidatos, llegó incluso a preguntar cuántas jugadas quedaban por jugar, a lo que, contrariamente a las reglas, contestó un espectador. Hay que señalar en su defensa que fue testigo de un mal ejemplo: un incidente semejante tuvo lugar en el torneo de Nottingham, en 1936, durante la partida Capablanca-Flohr. A la misma pregunta: ¿Cuántas jugadas quedan?, Flohr fue respondido por un participante en el torneo, ¡el campeón del mundo titular, Euwe!

Reshevsky, judío ortodoxo practicante, siempre insistió en respetar el *sabbat*, haciendo que se modificaran a lo largo de su carrera los horarios de sus partidas para mantenerse fiel a los principios de su religión.

RÉTI, Richard, 1889-1929. Húngaro. Uno de los más conocidos representantes de la llamada escuela hipermoderna.

Teórico como su contemporáneo Nimzowitsch, instigador de la corriente hipermoderna, como con anterioridad Steinitz, incluso como Philidor, Richard Réti trató de reseñar unos principios para vencer al adversario. Sus puntos de vista se enfrentaron a las concepciones de Tarrasch acerca de la importancia del centro y lo llevaron a desarrollar un nuevo sistema de apertura con las blancas: 1.Cf3 2.c4 3.g3 4.Ag2.

Para el Réti jugador, la lógica debía imponerse por ella misma a lo largo de una partida: la victoria tenía que provenir de un pensamiento profundo y riguroso. Pero su voluntad de explicarlo todo según un plan único se considera demasiado restrictiva. El alemán Lasker, por ejemplo, considera que el planteamiento de Réti supone serios límites que le impiden percibir toda la riqueza del juego. Tratar, en efecto, de explicar el desenlace de una partida por consideraciones filosóficas, y no por variantes, le parece muy arriesgado. En descargo de Réti, hay que reconocer que muchos grandes maestros han realizado y realizan esta práctica. Aún hoy en día, es corriente oír, incluso por parte de los más grandes, algunos comentarios que dan una idea lineal de la partida: mejor desarrollo; luego, ventaja en el centro; a continuación, ataque al rey, y, finalmente, combinación fulgurante... Por otra parte, a menudo se publica un análisis extremado, que describe una defensa para el adversario y que echa por tierra rápidamente el juicio anterior. Así pues, parece demostrado que la situación que «sólo podía ser ventajosa pues no se había conculcado ningún principio» no era tan segura.

Estas reservas no nos deben hacer olvidar que una aproximación de este tipo, aunque no siempre alcanza la verdad exacta en cuanto al desarrollo objetivo de una partida, presenta un gran valor pedagógico. El aficionado, leyendo a Réti y a Tarrasch, adquiere unos reflejos y unos conocimientos que lo ayudan en sus inicios. Lo mismo que el científico que empieza a aprender la física de Newton antes que las teorías relativistas o cuánticas, el debutante comprende los objetivos principales que hay que tener en cuenta, sin fijarse en los detalles sutiles que aún no está en condiciones de captar completamente.

Éste es pricipalmente el objetivo que persigue Réti en su libro *Los grandes maestros del tablero*, en el que preconiza el aprendizaje de la táctica a través del estudio de Anderssen, antes que el de la estrategia a través del análisis de Steinitz, pues no deja de ser verdad que, para concretar una ventaja posicional, a menudo hay que recurrir a una combinación.

RIBLI, Zoltan, nacido en 1951. Húngaro. Ribli, tras diversos éxitos en competiciones juniors y en los Campeonatos de Hungría de 1973, 1974 y 1977, llegó al más alto nivel en 1982, con una victoria en el interzonal de Las Palmas.

En los encuentros de los Candidatos, eliminó al filipino Torre y se enfrentó en las semifinales del ciclo mundial con el veterano ruso y antiguo campeón del mundo, Smyslov. A raíz de un embrollo con la FIDE, al no aceptar la URSS el lugar del encuentro, Ribli fue declarado vencedor por renuncia; pero poco después, cuando se disputó efectivamente el encuentro, perdió frente al ruso. En 1985, Ribli participó en el torneo de los Candidatos, pero quedó lejos del primer puesto.

Es un jugador muy rápido, que realiza a menudo unas tablas cortas, pero no consigue imponerse en los grandes torneos. Por otra parte, su falta de agresividad le ha privado de varias invitaciones.

ROMANICHINE, Oleg, nacido en 1952. Ucraniano. Su título de campeón de Europa junior en 1973 le convirtió en una de las grandes promesas de la URSS de los años setenta.

En 1977, Oleg Romanichine ganó, *ex aequo* con el ex campeón del mundo, Tal, el torneo de Leningrado, por delante del campeón del mundo titular, Karpov. Hubo después una larga etapa en la que no consiguió confirmar su puesto en el más alto nivel. Después, volvió en 1992 en Altensteig y en Polanica Zdroj, donde se clasificó primero. Dio, en cualquier caso, la gran sorpresa al clasificarse para el encuentro de los Candidatos de la PCA. En esta competición organizada por Kasparov, Romanichine se enfrentó en 1994 al joven indio, Anand, uno de los cinco mejores jugadores del mundo del momento: no pudo resistir y perdió.

RUBINSTEIN, Akiba, 1882-1961. Polaco. Vencedor con Polonia en las Olimpiadas de 1930, Rubinstein está considerado como uno de los jugadores más potentes de la primera mitad del siglo XX. Sin embargo, nunca conquistó un Campeonato del mundo. Su juego es muy interesante de estudiar, tanto por su tratamiento límpido de las posiciones como por su técnica en los finales.

Se conoce poco de la juventud de Rubinstein: sólo sabemos que aprendió el juego a los dieciocho años. A la tercera intentona, en 1907-1908, ganó el Campeonato de todas las Rusias y después el famoso torneo de San Petersburgo de 1909, empatado con el campeón del mundo, Lasker. Este resultado lo convertiría en pretendiente al título mundial.

Tras sus cuatro victorias en 1912 en San Sebastián, Pistyan, Breslau y en el Campeonato de Rusia, se previó un encuentro a veinte partidas contra el campeón del mundo, Lasker, a finales del año 1914. Éste sería para Rubinstein el año de todas las decepciones: favorito, con Capablanca y Lasker, en el torneo de San Petersburgo, no dio la talla y quedó lejos de sus rivales; en cuanto a su encuentro contra Lasker, se vería anulado por la guerra.

Tras el fin de las hostilidades, Rubinstein volvió a la competición y enlazó de nuevo con la buena racha: consiguió importantes victorias en Viena en 1922, en el Campeonato de Polonia en 1927 y en Rogaska Slatina en 1929; también logró varios puestos de honor. Consiguió otro triunfo en Hamburgo, en 1930, donde, en el primer tablero, obtuvo el mejor resultado de la historia de las Olimpiadas (88,2 %).

En 1932, su salud se deterioró. Se vio obligado a internarse en un sanatorio y pasó por grandes dificultades económicas. La *Wiener Schachzeitung* y el *British Chess Magazine* lanzaron una llamada de auxilio para recoger fondos. Entre 1933 y 1944, desaparecería del mundo del ajedrez.

Akiba Rubinstein quedó muy marcado por la primera guerra mundial, y también por la segunda. Siendo judío, encontró refugio en un sanatorio, en Anvers, y consiguió escapar de los alemanes. En esa época conoció al jugador belga Albéric O'Kelly de Galway, futuro campeón del mundo por correspondencia, con el que disfrutaría analizando algunas variantes. También jugaría con su hijo Sammy, que se convertiría en campeón de Bélgica.

Akiba Rubinstein.

S

SAINT-AMANT, Pierre Charles Fournier de, 1800-1872. Francés. Uno de los mejores jugadores del siglo XIX.

Saint-Amant disputó en 1843 dos encuentros contra el inglés Staunton. Aunque ganó el primero, tuvo que doblegarse claramente en el segundo: Staunton pasó entonces a ser considerado el mejor jugador del mundo.

SALOV, Valeri, nacido en 1964. Ruso. Campeón del mundo cadete en 1980, campeón de Europa junior en 1984, candidato al título mundial en 1988 y 1994, clasificado como quinto jugador mundial en 1994, es uno de los mejores jugadores de finales de la actualidad. Su afamada técnica hace de él un jugador respetado, aunque, desgraciadamente, tiene problemas de salud.

Tras aprender el juego con su padre a los ocho años, Valeri dio muestras de su talento y consiguió varios títulos en la categoría junior. En 1984, cuando no era aún gran maestro, el campeón del mundo, Karpov, se fijó en él y le pidió que le hiciera de auxiliar. Salov estuvo, pues, junto con su antecesor, en la preparación de los encuentros del Campeonato del mundo, Karpov-Kasparov. Aprendió su oficio y, deseoso de perfeccionarse, estudió el juego en profundidad. Sus progresos se materializaron en una victoria en el interzonal de Szirak, en 1987, algunos meses después de haber perdido un encuentro por el título de campeón de la URSS. Salov fue lanzado entonces como candidato. En octavos de final, opuso una gran resistencia frente al holandés Timman, pero acabó por doblegarse. Su puesto de candidato le valió también para ser nominado a disputar la Copa del mundo de la Asociación de grandes maestros, en 1988 y 1989, en la que obtuvo el tercer puesto, detrás de los intocables Karpov y Kasparov. Sus admiradores esperaban verlo figurar en un buen puesto al final del torneo interzonal de Manila de 1990, pero su salud y el clima lo obligaron a abandonar el torneo después de siete de las trece rondas previstas. Se desquitaría al

año siguiente, conquistando el torneo de Amsterdam con el inglés Short, ¡por delante de Karpov y de Kasparov! Finalmente, en 1993 volvió a ser candidato al título mundial. Realizó una verdadera exhibición frente al ruso Khalifman, al que derrotó 5 a 1; en el colmo del lujo, en la última partida, que concluyó como un virtuoso suscitando el entusiasmo, se permitió rechazar unas tablas que le habrían calificado automáticamente para la siguiente vuelta, en el curso de la cual, en 1994, se tomó la revancha contra Timman, vencedor sobre él seis años antes. Siguió un brillante éxito en Tilburg, donde ganó al ruso Bareïev. Si se había beneficiado en su primer encuentro del torneo de los Candidatos al título mundial de la baja forma de Khalifman, le tocaría saborear la derrota en la siguiente vuelta contra el joven prodigio Kamsky: cayó claramente en semifinales por 1,5 a 5,5.

Valeri Salov, instalado en España desde 1992, dirige su carrera jugando, según confesión propia, «de forma económica» y da preferencia a las posiciones simplificadas. Confía en su gran maestría posicional y en su técnica, ya legendaria. Aunque nunca juega 1.e4, sin embargo fue el ganador en 1995 de un torneo temático sobre la siciliana (las jugadas 1.e4 c5 2.Cf3 y 3.d4 eran obligatorias), por delante de los grandes especialistas en esta apertura.

Decidido adversario del campeón del mundo, Kasparov, Salov ha declarado que su compatriota «no estaría siquiera entre los diez primeros del mundo sin su preparación en las aperturas». Salov se niega a avalar las iniciativas de Kasparov y no participa en las pruebas de la PCA creadas por éste.

SAX, Gyula, nacido en 1951. Húngaro. Campeón de Europa junior en 1972, candidato al título mundial en 1988 y 1991.

Sax fue durante tiempo un habitual de los torneos de alto nivel. Aunque no cuenta con victorias en estos grandes torneos, tiene, sin embargo, un buen palmarés, gracias sobre todo a sus éxitos en los torneos *open*.

Su primera clasificación como candidato, en 1988, siguió a su victoria en Subotica, en 1984, frente a los ingleses Short y Speelman. Enfrentado precisamente a Short el año siguiente, no pudo

393

394

hacerle frente y cayó eliminado rápidamente. En su segunda clasificación, en 1990, se benefició de la nueva fórmula del interzonal: en vez del «todos contra todos», en el que cada jugador se enfrenta a cada uno de los otros al menos una vez, en esa ocasión el torneo se planteó según la fórmula suiza: cada jugador disputaba 13 partidas; cada vez se enfrentaba a un jugador que había obtenido el mismo número de puntos que él en la partida precedente. Sax, que estaba acostumbrado a esta fórmula por su participación en numerosos torneos *open* que funcionaban así, consiguió clasificarse. Perdió en octavos de final contra Kortchnoï. Desde entonces, su clasificación ha descendido, y ya no participa en los grandes acontecimientos.

Sax posee un juego de ataque maravilloso. Cuando juega con las blancas, abre generalmente con el peón de rey: este ataque funciona la mayoría de las veces.

SCHLECHTER, Carl, 1874-1918.

Austriaco. El juego de Schlechter, calificado de poco arriesgado pero muy representativo de la escuela vienesa, anuncia de alguna manera el del campeón del mundo, Petrossian, o el del gran maestro sueco Andersson.

Esta clase de jugadores, que plantean una resistencia muy buena y son muy duros de doblegar, no obstante, se contentan demasiado a menudo con compartir el punto. El encuentro que Schlechter disputó contra Marco en 1893, en el que las diez partidas quedaron en tablas, es perfectamente ilustrativo de ello. Schlechter obtuvo victorias en Munich en 1900, en Viena y Praga en 1908, y en Hamburgo en 1910. También empató un encuentro con el campeón alemán Tarrasch.

¿Estuvo el austriaco Carl Schlechter a punto de ser campeón del mundo en 1910? Este enigma ha hecho correr mucha tinta. Hay un hecho cierto: pese a que iba por delante con una victoria y ocho tablas, no consiguió ganar al campeón del mundo, Lasker. ¿Por qué este jugador tan pacífico, normalmente criticado por su propensión a hacer tablas, se empeñó en jugar para ganar en la decisiva décima partida, cuando con unas tablas le era suficiente para hacerse con el título? Algunos hablan de su confusión. Otros se refieren a una cláusula del reglamento que le hubiera impuesto

ganar por un margen de dos puntos, apuesta especialmente difícil en un encuentro a 10 partidas. A la luz de las recientes investigaciones, parece más verosímil la primera versión. Este ejemplo muestra, en todo caso, la falta de un verdadero protocolo para alcanzar el título que el poseedor podía manejar a su antojo.

SEIRAWAN, Yasser, nacido en 1960. Norteamericano. Campeón del mundo junior en 1979, campeón de Estados Unidos en 1981 y 1986, candidato al título mundial en 1988 (eliminado por el inglés Speelman); Yasser Seirawan es también redactor jefe de una de las principales revistas de ajedrez americanas, *Inside Chess*.

Aunque nunca ha conseguido éxitos rutilantes en torneos, Seirawan ha ganado varias partidas contra los mejores, incluidos Karpov y Kasparov. En 1960, ganó un encuentro contra el holandés Timman. Tiene un aspecto cuidado y viste con elegancia: en una ocasión, fue proclamado «soltero del mes» por una revista femenina norteamericana.

SHIROV, Alexei, nacido en Letonia en 1972 y nacionalizado español en 1996. Campeón del mundo cadete en 1988 y número 3 mundial en 1994, es uno de los jugadores más apreciados por el público debido a su intrépido estilo. Hoy juega con España.

Shirov dio muy pronto muestras de su talento ganando en competiciones junior. Sin embargo, tuvo que pelear fuerte en la URSS: en 1986, siendo todavía un desconocido, disputó un encuentro por un título junior contra un chico de su edad. Este joven adversario era nada menos que Gata Kamsky, que después se convertiría en candidato al título mundial y al que volvería a encontrar años más tarde en los más importantes torneos. Sus mayores éxitos son sus victorias en los torneos de Bienne en 1991, de Munich en 1993 y el muy brillante segundo puesto en el gran torneo de Linares, en 1994, donde acabó detrás del campeón del mundo FIDE, Karpov, empatado con Kasparov, campeón del mundo PCA.

Sin embargo, su audaz juego tiene un doble filo: en la competición por el Campeonato del mundo, no se clasificó ni en el ciclo FIDE de 1993, ni en el ciclo PCA de 1994.

El sucesor de Tal. El séptimo campeón del mundo, el «mago» Tal, vencedor de Botvinnik en 1960, sorprendió en su tiempo al mundo del ajedrez por su juego particularmente original y audaz. Tal consiguió derrotar, además de a Botvinnik, a los más grandes, como Kérès, Smyslov y Polougaïevski, co-rriendo riesgos insensatos y cometiendo incluso errores posicionales. ¿Sería imaginable, hoy día, cuando han progresado tanto las técnicas defensivas, que un jugador consiguiera imponerse mediante un juego similar a los mejores? Se podría pensar que no. Sin embargo, treinta años más tarde, el joven Alexei Shirov, letón como Tal, juega de la misma manera que su predecesor. Realiza combinaciones espectaculares y no duda en meterse en las complicaciones más intrincadas, lo que provoca admiración. Sus sólidas preparaciones para la jungla de variantes de algunas aperturas le aseguran numerosas victorias.

Las enseñanzas de Botvinnik, el soviético campeón del mundo y fundador de una escuela de ajedrez en Rusia, se basan en la lógica y los resultados del trabajo analítico. Este método ha dado sin duda sus resultados. Shirov demuestra, por su parte, que la imaginación y la audacia todavía pueden triunfar.

En 1993, en el prestigioso torneo de Linares, hubo una partida que llamó particularmente la atención por lo asombrosa: la que jugó Shirov contra Kramnik. Desengañado, el jugador ruso declararía que había perdido con una torre de más. Shirov, molesto por este comentario, publicaría unos análisis en los que justificaba lo fundamentado de su sacrificio. Al año siguiente, en el mismo torneo, volvería a ganar a Kramnik tras haber propuesto una vez más el sacrificio de una de sus torres.

SHORT, Nige, nacido en 1965. Inglés. Campeón de Gran Bretaña en 1984 y 1987, número 3 mundial en 1989, forma parte de la elite mundial desde 1985.

Un progreso constante. Desde muy joven, Short ocupa la primera línea de la escena ajedrecista. Su primer encuentro con un campeón del mundo tuvo lugar en una sesión de simultáneas entre Karpov y las mejores promesas inglesas. Perdió ese encuentro, pero fue saludado como un jugador muy prometedor. En 1980, Short participó en el Campeonato del mundo y quedó detrás del joven soviético Kasparov, contra el que hizo tablas. Al año siguiente, aunque partía de favorito en esa competición, «sólo» quedó tercero. Volvió a encontrarse con Karpov en 1982, en el prestigioso torneo de grandes maestros, Philips & Drew. Esta vez, el cara a cara acabó en tablas después de una encarnizada resistencia del adolescente, que fue, sin embargo, el último del torneo, de un nivel excesivamente alto para él. Este fracaso no entorpecería su ascenso, pero el título de campeón del mundo junior se le escaparía una vez más en 1982, y en 1983, en Belfort, donde escandalizaron sus estruendosas declaraciones, mezcla de fanfarronería y provocación. Durante ese tiempo, Kasparov había alcanzado la talla de un campeón del mundo.

El giro se produjo en 1984 y 1985. Short ganó el Campeonato de Gran Bretaña y disputó un encuentro contra el campeón de Estados Unidos, Lev Alburt. En ese momento, en que no era el favorito, consiguió una victoria magistral: ¡7 a 1! Después vino el interzonal. Se clasificó merecidamente para el torneo de los Candidatos al eliminar al filipino Torre y al holandés Van der Wiel en un encuentro de desempate. Tuvo por fin la oportunidad de enfrentarse a la elite y aprendió rápido, aunque quedó únicamente a mitad de la clasificación.

Short, de nuevo candidato en 1988, derrotó al húngaro Sax antes de perder ante su amigo, compatriota y vecino de West Hampstead, Jonathan Speelman. Mientras tanto, su palmarés va ganando consistencia con una victoria en el torneo de Reykjavík, en 1987, en el que consiguió una marca equivalente a la de gran maestro cinco rondas antes del final, y una victoria en un torneo cuadrangular de categoría 17 (por delante de Karpov, Ljubojevic y Timman), entre otras.

Hacia el encuentro por el título contra Kasparov. Su mayor éxito tuvo lugar en el ciclo del Campeonato del mundo 1990-1993. El interzonal de

Nigel Short (en 1976).

1990, en Manila, constituye una dura prueba eliminatoria. Short, obligado a ganar con las negras en una variante insulsa contra el ruso Gurevitch, que trató de hacer tablas, realizó una hazaña y una vez más figuró entre los candidatos al título mundial.

Su primer adversario fue Speelman, contra el que quiso tomarse la revancha. Tras una lucha tensa, ganó la prórroga y tuvo que jugar contra una de las estrellas en ascenso, el bielorruso Gelfand. Short se impuso y se preparó para enfrentarse a Karpov. Cuando los especialistas ya le daban por perdido, hizo gala de su originalidad en las aperturas y consiguió lo imposible. Enfrentado al holandés Timman en la final, ganó y pasó a disputar el título contra Kasparov. Los dos jugadores hicieron múltiples declaraciones al borde del insulto, y sorprendería verlos unidos para organizar el encuentro sin la colaboración de una FIDE en decadencia. En cuanto al encuentro propiamente dicho, careció de suspense. En la primera partida, Short jugó con las negras y consiguió, mediante un penoso «zeitnot», una posición mejor. Kasparov propuso las tablas, pero Short se negó y perdió por tiempo. A continuación, sería arrastrado al 5-0. Aún no tenía experiencia en este tipo de encuentros. Entonces multiplicó sus asaltos y obtuvo pese a todo algunas posiciones dominantes, aunque no concluyó más que una vez, y, lógicamente, perdió.

Fue excluido como Kasparov por la FIDE por haber organizado el encuentro, y volvió a ella en 1995. Después, en 1996, ganó los torneos de Parnu y de Groninga, y consiguió varios puestos de honor.

Short es un jugador agresivo y un excelente conocedor de 1.e4. Aunque normalmente emplea las aperturas clásicas, a veces puede jugar también algunas variantes personales.

SMYSLOV, Vassili Vassilievitch, nacido en 1921. Ruso. Campeón de la URSS en 1949, ha ganado también con su país numerosas competiciones por equipos. Aunque Smyslov no tuvo el título de campeón del mundo más que un año, de 1955 a 1956, es un ejemplo de longevidad: entre 1948 y 1985, fue ocho veces candidato al título mundial.

El ascenso hacia el título supremo. En 1912, en el club de San Petersburgo, Vassili Smyslov ganó a Alexandre Alekhine. Sí, se trataba de Alexandre Alekhine, que contaba entonces veinte años y que se convertiría en campeón del mundo en 1927. Pero no estamos hablando de Vassili Smyslov, el séptimo campeón del mundo, sino de su padre, del que heredó la pasión por el ajedrez. El joven Vassili que nos ocupa, nacido en 1921, creció, por tanto, en un ambiente propicio: su padre poseía un centenar de libros sobre ajedrez.

Smyslov ganó el campeonato de Moscú en 1942, se convirtió en gran maestro en 1943, se clasificó segundo en el Campeonato de la URSS en 1944 y participó en su primer torneo internacional en Groninga, en 1946. Se clasificó tercero, detrás de los campeones Euwe y Botvinnik. Este buen resultado le permitió participar, dos años más tarde, en 1948, en el Torneo-Campeonato del mundo, donde quedó segundo tras Botvinnik, que se hizo con el título. Smyslov tuvo seguidamente que superar la etapa del torneo de los Candidatos. En 1950, en Budapest, fue tercero detrás de Bronstein y Boleslavski. En 1953, ganó el famoso torneo de los Candidatos de Zurich y se preparó para enfrentarse a Botvinnik. El encuentro tuvo lugar en 1955; pero, al igual que su compatriota Bronstein tres años antes, Smyslov empató el encuentro (7 victorias, 7 derrotas, 10 tablas) y el título se le escapó.

Un año más tarde, quedó en el primer puesto en el vigésimo segundo Campeonato de la URSS, empatado con Geller, pero perdió el encuentro de desempate. Entre 1953 y 1956, dejando de lado esta derrota, Smyslov ganó todo lo que emprendió y, naturalmente, se clasificó de nuevo al ganar el torneo de los Candidatos de Amsterdam en 1956. Estaba considerado en ese momento como el mejor jugador del mundo y salió favorito.

Esta vez Smyslov ganó su encuentro frente a Botvinnik: 6 victorias a 3, con 13 tablas. Entonces llegó el encuentro de vuelta, para el que Botvinnik se preparó intensamente: recuperó lo que consideraba suyo por 7 victorias contra 5 y 11 tablas.

Una larga carrera. La cima de la carrera de Smyslov ya quedaba atrás. En 1964 se clasificó una vez más para el encuentro de los Candidatos, pero perdió contra Geller por 5,5 contra 2,5. Desde ese momento no conseguiría mantener el nivel. Sin embargo, veinte años más tarde realizaría una hazaña. En efecto, en 1984 con sesenta y un años, consiguió, para sorpresa general, clasificarse para los encuentros de los Candidatos. En cuartos de final eliminó al alemán Robert Hübner. En esta ocasión, el Campeonato del mundo inauguró un sistema de desempate más que discutible: en caso de igualdad, los dos jugadores dejarían el tablero y se lo jugarían a

Vassili Smyslov.

la ruleta. Smyslov tenía los números rojos; Hübner, los negros (el color que figura en la bandera alemana). Ironías del azar, en la primera tirada salió el cero, en la siguiente, la suerte favoreció al veterano. En semifinales, Smyslov derrotó al húngaro Ribli. Tuvo que enfrentarse en la final contra Gari Kasparov, un obstáculo esta vez insalvable, y se doblegó ante el futuro campeón del mundo. Aún participaría Smyslov en el torneo de los Candidatos de Montpellier, en 1985, y en varias competiciones del tipo «veteranos contra mujeres» en los años noventa.

Entre la pérdida de su título y la apoteosis de 1984, Smyslov ganaría, sin embargo, más de una veintena de torneos internacionales: el Memorial Capablanca de La Habana, en 1964 y 1965; el Jubileo del 50 aniversario de la Revolución de Octubre, en Moscú en 1967; el Memorial Rubinstein, en Polanica Zdroj en 1968; los torneos de Amsterdam de 1971; de Reikjavík de 1974, y de São Paulo en 1978, por citar sólo algunos.

Participaría también en el «encuentro del siglo», que enfrentó a la URSS contra el «resto del mundo» en 1970. Frente a Reshevsky y Olafsson, marcó 2,5 puntos sobre 4. En 1984, en la segunda edición de este encuentro, jugó dos partidas contra el yugoslavo Ljubojevic: perdió la primera e hizo tablas en la segunda.

Creativo y pedagogo. Smyslov, partidario de un estilo clásico, busca, según confesión propia, la armonía y la verdad. Sus gustos le llevaron naturalmente a estudiar a los jugadores románticos, y luego a enlazar lógicamente con los clásicos y los modernos. En su recopilación de partidas, Smyslov explica que, desde su punto de vista, este aprendizaje, siguiendo el orden cronológico de las ideas, constituye un buen método. Dotado de una gran visión táctica, se encuentra también entre los grandes especialistas en finales. Escribió especialmente, en colaboración con su compatriota Löwenfisch, una célebre obra sobre las finales de torres, que aún mantiene su vigencia en la actualidad.

Smyslov tiene numerosas ideas y es importante su contribución al mundo de las aperturas. Con las negras, pro-

fundizó en la defensa eslava sobre 1.d4, y, en la Grünfeld, creó una variante que lleva su nombre. En la española cerrada, Smyslov introdujo nuevos movimientos: después de 1.e4 e5 2.Cf3 Cc6 3.Ab5 a6 4.Aa4 Cf6 5.0-0 Ae7 6.Te1 b5 7.Ab3 d6 8.c3 0-0 9.h3, imagina 9... Dd7 y 9... h6, la variante Smyslov, así como otras ideas sobre 9... Ca5, la variante de Tchigorine, y 9... Cd7, la de Ragozin. Fuera del ajedrez, Smyslov es un amante de la música, una afición transmitida por su padre. ¡Le gustaba cantar en las cenas de clausura de los torneos!

SOKOLOV, Andreï Iourievitch,
nacido en 1963. Ruso. Al comienzo de los años ochenta, el mundo del ajedrez asiste al surgimiento de un meteoro: campeón del mundo junior en 1982, candidato al título mundial en 1985 y 1988, Andreï Sokolov se convierte en 1987 en el número 3 mundial.

Sokolov, ganó en 1984, cuando sólo era maestro internacional, el Campeonato de la URSS, con un punto de ventaja sobre el segundo. Este resultado le valió su selección para el equipo de la URSS que se enfrentaría al «resto del mundo» ese mismo año, en Londres. De las tres partidas contra el filipino Torre, ganó una y perdió las otras dos. Ese mismo año fue también seleccionado para las Olimpiadas.

En 1985, acabó a medio punto de los vencedores del Campeonato de la URSS, clasificándose así para el interzonal, en el que quedó en tercer puesto. En el torneo de los Candidatos, llegó primero empatado con Yusupov y Vaganian. Se situó así entre los cuatro semifinalistas, de nuevo en liza por el título mundial. Tras aplastar al armenio Vaganian por 6-2, en 1986, en la semifinal de los Candidatos, quedó el mismo año segundo en el gran torneo Bugojno, a 1 punto de Karpov, que acababa de perder el título mundial y al que disfrutó ganándole. En la final de los Candidatos, dominada claramente por su compatriota Yusupov, Sokolov consiguió dar un vuelco a la situación de manera milagrosa y se clasificó 7,5 a 6,5 para su encuentro con Karpov. En él, perdió por 3,5-7,5, y encajó mal la derrota. En el ciclo siguiente, resultó eliminado para sorpresa general por el canadiense Spraggett. Sus últimas hazañas fueron sus victorias frente a Kasparov y Karpov, en la copa del mundo en 1988.

SOKOLOV, Ivan, nacido en 1968.

Bosnio. El gran maestro se reveló como uno de los más importantes jugadores de los años noventa al ganar el título de campeón de Holanda en 1995.

Forma parte de los jugadores que, gracias a sus excelentes resultados en los buenos torneos, han conseguido una clasificación muy alta, incluso antes de participar en un torneo de primer orden junto con los grandes del juego. Huyendo de la guerra que asoló Sarajevo, Sokolov se instaló en 1992 en Holanda. Ese año se clasificó el número veinte mundial y, gracias a esta situación, pudo participar en los más prestigiosos torneos. Sus más señalados éxitos tuvieron lugar en 1995 con una victoria en Ter Apel, un segundo puesto en el torneo de categoría 17 en Groninga (detrás del campeón del mundo FIDE, Karpov) y el título de campeón de Holanda. Aunque poseía este título nacional, participó en las Olimpiadas de 1996 defendiendo los colores de Bosnia.

Influido por Alekhine, Sokolov es un jugador muy creativo; practica muy a menudo aperturas que la teoría ha abandonado y a las que él da nueva vida con sus ideas. Su principal fuerza reside en su capacidad de concentración: al revés que la mayoría de sus colegas, no abandona su asiento durante la partida y parece irradiar una gran energía.

SPASSKY, Boris, nacido en 1937.

Francés de origen ruso. Décimo campeón del mundo, de 1969 a 1972, Boris Spassky ha quedado marcado como el ruso que perdió frente al americano Bobby Fischer. Pese a sus numerosos éxitos, su título de campeón del mundo junior, sus títulos de campeón de la URSS y sus notables victorias, esta derrota marcó su vida.

Un talento precoz. Spassky, nacido en una familia muy aficionada al juego –su hermana fue campeona de la URSS en el juego de las damas–, aprendió el ajedrez a los cinco años y consiguió desarrollar su talento muy rápidamente.

Sin embargo, no lo conseguiría todo a la primera. A los diez años perdió una partida contra el campeón junior de la URSS, Kortchnoï, que jugaba a ciegas contra él. Lloró, pero rápidamente hizo progresos y se convirtió en candidato a maestro dos años después, lo que equivale aproximadamente a un Elo de 2 100. Según confesión propia, en esta época practicaba un juego sólido y posicional. Cuatro años más tarde, en 1953, participó en su primer torneo en el extranjero, en Bucarest, en el que ganó al mejor jugador del momento, Vassili Smyslov. Gracias a su resultado en este torneo, consiguió el título de maestro internacional. Tras terminar tercero en el Campeonato de la URSS, llegó lógicamente a campeón del mundo junior en 1955. Ese mismo año fue también candidato al título mundial con diecisiete años. El americano Fischer era el único más precoz que él.

Los intentos y los fracasos. En el torneo de los candidatos de Amsterdam, en 1956, quedó 3-7, y todo el mundo esperaba verlo en el ciclo siguiente. Fracasó desde el principio: al intentar ganar, en vez de asegurarse la clasificación en una competición que sólo representaba una primera etapa eliminatoria, perdió su última partida en el zonal, el vigésimo quinto Campeonato de la URSS. En el siguiente ciclo, volvió a fracasar en el zonal. Tres años más tarde, en 1966, figuró de nuevo entre los candidatos al título mundial. El torneo de los Candidatos cambió de fórmula y a partir de entonces pasaría a llamarse «encuentro de los Candidatos».

Tuvo un primer adversario temible, el estonio Paul Kérès. Tras una derrota en la primera partida, Spassky ganó finalmente. Seguidamente, ganó frente a Geller en semifinales, sobre todo gracias a su mejor comprensión de la siciliana cerrada. La final contra el ex campeón del mundo, Tal, en condiciones ciertamente disminuidas por sus problemas de salud, se presentaba apasionante. Tal no consiguió hacer frente a las aperturas escogidas por Spassky, que ganó y, por primera vez en su vida, fue aspirante al título frente a Petrossian. En esta primera confrontación con el armenio, en 1966, el repertorio de aperturas de Spassky se reveló

insuficiente. Empleó en varias ocasiones con las negras el esquema «hipopótamo» (doble fianchetto, caballos en e7 y d7, peones el la sexta fila). Leonard Barden, en su prólogo al libro de Cafferty sobre Spassky, cuenta que éste ponía grandes esperanzas en su capacidad para derrotar la variante Caro-Kann del campeón del mundo, Petrossian. No sólo se estrellaría contra esta defensa, que consideraba inferior, sino que la utilizaría sin éxito, ocho años después, en su encuentro contra Karpov. También en esta línea fue sorprendente su opción de la apertura polaca (1.d4 b5) en una partida decisiva... Spassky perdió.

La conquista del título mundial. En el siguiente ciclo, Spassky fue de nuevo aspirante frente a Petrossian. El encuentro, comparado con el de 1966, se planteó en esta ocasión en términos diferentes. Spassky estaba mejor preparado y rodeado de Bondarevski y Krogious como auxiliares. El encuentro era incierto según los pronósticos. Fischer y Larsen, por su parte, daban ganador a Petrossian. En la quinta partida, Spassky se puso en cabeza; su adversario lo alcanzó en la undécima, pero el aspirante consiguió ganar 1 punto de ventaja poco después. Ya no volvería a ser alcanzado, y ganó por 12,5 a 10,5. Tenía un juego espléndido, en el que combinaba la estrategia posicional con ataques tácticos, y su supremacía era incontestable: en 1969 se convirtió en el nuevo campeón del mundo.

Pero Spassky, poseedor de ese título tan apreciado para la URSS, no sabía aún que le iba a ocurrir lo irreparable: lo perdería en 1972, contra el representante del enfrentamiento con su país, el norteamericano Fischer.

La derrota contra Fischer. La preparación del encuentro contra Fischer debió de ser muy trabajosa. Tras el desmembramiento de la URSS, se publicaron varios documentos del KGB en los que se revelaba que el régimen soviético, consciente de la amenaza que representaba Fischer, pidió a los mejores jugadores de su país que aconsejaran sobre la mejor manera de derrotar al norteamericano. Para desgracia de Spassky, las recomendaciones de los antiguos campeones fueron totalmente contradictorias: Petrossian preconizaba, frente a 1.e4, cualquier defensa excepto 1... e5; Smyslov, por el contrario, creía que Spassky debía orientarse hacia un juego clásico en base a 1... e5. Y lo mismo ocurrió con el resto de las aperturas. Spassky, por su parte, debió suponer que ninguno de los asesores tenía la respuesta, ya que ni uno ni otro habían conseguido vencer a Fischer.

Su derrota lo hizo sospechoso para las autoridades: se le acusó de no haberse preparado suficientemente. No era la primera vez que sufría las iras del poder: en 1960, en el Campeonato del mundo de los estudiantes, su rápida derrota frente al norteamericano Lombardy, (¡auxiliar de Fischer en Reikjavík!) le costó selecciones y torneos posteriores. Después de 1972, Spassky fue capaz, sin embargo, de probar que seguía perteneciendo a la elite, como lo demostró su victoria en 1973 en el Campeonato de la URSS, con un punto de ventaja sobre Karpov, Kortchnoï, Polougaïevski, Kouzmine y Petrossian, mientras que Tal y Smyslov quedaban aún más alejados.

En 1973, el joven ruso Karpov le cerró el camino en semifinales y arrebató finalmente el título a Fischer, que perdió por incomparecencia. Sin embargo, aunque el norteamericano había desaparecido, las penalidades de Spassky no habían terminado. El joven ruso Kortchnoï, disidente de la URSS, se perfilaba como una amenaza. Spassky perdió ante él en 1978. De nuevo, se encontraba en el banquillo de los acusados por haber dejado en mal lugar a la URSS. Spassky abandonó su país y se instaló en Francia, donde goza de un particular estatuto de residente extranjero. Cuando los funcionarios de la URSS le pidieron que devolviera su pasaporte soviético, Spassky preguntó si en adelante podría jugar con Francia. Recibiría tenues excusas por parte de la embajada de la URSS, que, aunque no lo quería en su equipo, tampoco quería verlo jugar defendiendo otros colores.

Su último gran éxito tuvo lugar en 1983, en el torneo de Linares, donde quedó medio punto por delante de Karpov. En 1985, acabó jugando con Francia en el Campeonato del mundo por equipos y se integró también en el equipo olímpico. Sin embargo, su participación en el Campeonato de Francia decepcionó a sus seguidores: no ganó, a pesar de que no se enfrentó a ningún gran maestro. Pareció caer en el olvido hasta el día en que reapareció en escena, en medio de una polémica, con ocasión de un encuentro contra su amigo Fischer. A semejanza de lo que ocurrió en el primero, cayó claramente ante él.

Un jugador aparte. Jugador de un carácter melancólico, Boris Spassky mostró, durante sus mejores años, un estilo casi universal. Jugaba de vez en cuando al gambito de rey y realizaba con facilidad ataques resueltos; pero también se le ha visto jugar sutiles partidas posicionales.

Según sus entrenadores, el juego de Boris Spassky evolucionó a lo largo de su carrera. El primero, Zak, le enseñó los recursos de sus inicios, como la variante de Leningrado: 1.d4 Cf6 2.c4 e6 3.Cc3 Ab4 4.Ag5!⚬. En contacto con él, Spassky profundizó en el juego posicional. El segundo, Tolouch, que estuvo junto a él desde 1952 a 1960, le enseñó el ataque. El tercero, Bondarevski, le hizo volver a un juego más posicional y fortaleció su solidez, y, desde luego, le ayudó a controlar sus nervios. Como ejemplo de su temperamento inquieto, se puede citar el Campeonato de la URSS en Moscú, en 1961, en el que Spassky propuso doce veces las tablas ¡en diecinueve partidas! Más tarde diría: «¡Doce veces! ¡Qué barbaridad, hoy no haría eso!», antes de volver a caer en sus viejos defectos, más por descuido que por miedo a perder.

Spassky es el único entre los trece campeones del mundo que no ha escrito un libro; sólo ha publicado unos pocos análisis.

SPEELMAN, Jonathan Simon, nacido en 1956. Inglés. Campeón de Gran Bretaña en 1978 y 1985, dos veces candidato al título mundial.

En 1987, Speelman quedó primero *ex aequo* en el torneo interzonal de Subotica, y se convirtió así por primera vez en candidato al título mundial. Se clasificó muy holgadamente: 4-1, contra el norteamericano Seirawan en su primer encuentro. En cuartos de final, la suerte le enfrentó a su amigo y compatriota Nigel Short. En un tenso encuentro, Speelman consiguió imponerse. En 1989, en semifinales, cayó en la última partida del encuentro ante el holandés Timman, pero conquistó una reputación de gran jugador. En torneos, especialmente con ocasión de la primera Copa del mundo, no consiguió destacar. Al figurar entre los ganadores del Open de clasificación de 1990, se clasificó a pesar de todo para la siguiente Copa del mundo, que por desgracia se anuló poco después. Se clasificó automáticamente para los encuentros de los Candidatos de 1990, y de nuevo el azar lo enfrentó a Short. El encuentro resultó equilibrado y hubo que recurrir a la prórroga. Speelman perdió. A pesar de que poco a poco lo han ido superando los talentos de las nuevas generaciones, ha conseguido notables victorias contra los mejores en partidas rápidas.

Matemático en sus orígenes, Speelman es conocido por su juego complejo y su afición a las posiciones densas. Es igualmente un gran especialista en finales, y un magnífico analista.

SPIELMANN, Rudolf, 1883-1942. Austriaco. Una de las grandes figuras de la primera mitad del siglo XX.

Se considera a Rudolf Spielmann, con mayor o menor acierto, el último jugador romántico. O quizás más exactamente, un jugador neorromántico. Spielmann, radicalmente opuesto a los principios científicos del campeón del mundo, Steinitz, prefería las partidas de ataque con sacrificios clave. El austriaco explicaría muy bien su punto de vista en su libro *El arte del sacrificio en el ajedrez*. Para él, los tradicionales sacrificios de la dama son, de hecho, pseudo-sacrificios, combinaciones en las que se obtienen forzosamente beneficios. Los verdaderos sacrificios son para él las inversiones en las que no se pueden calcular con certeza los réditos, y para los que hay que fiarse de la intuición, de la experiencia, del juicio de la posición, de la imaginación y del valor. Pese a que las horas de análisis puedan llevar a descubrir un fallo, las soluciones a una partida deben hallarse ante el tablero, sin mover las piezas y sin poder rehacer las jugadas. Según esto, los sacrificios «incorrectos» del campeón del mundo, Tal, lo hubieran hecho feliz.

Consciente de sus límites, Spielmann declaró que pensaba que podía manejar el arte de la combinación tan bien como el campeón del mundo, Alekhine, pero que, por el contrario, no contaba con su talento para conducir las posiciones críticas.

En las aperturas, Spielmann trató de resucitar varios gambitos, entre otros, con éxito, el gambito de rey.

SPRAGGETT, Kevin, nacido en 1954. Canadiense.

Dos veces candidato al título mundial, obtuvo su primera clasificación en el interzonal de Taxco, en 1985, donde acabó cuarto. Aunque antes de 1985 Spraggett no había conseguido ninguna victoria rutilante, su clasificación no fue realmente una sorpresa: según el baremo mundial, el gran maestro Spraggett poseía el cuarto mejor Elo del torneo. En la siguiente etapa, en el torneo de los Candidatos de Montpellier, el mismo año, empezó por perder sus seis primeras partidas frente a una oposición muy fuerte y, a pesar de su avance final, no pudo evitar quedar el último.

Tres años más tarde, le tocaba a Canadá organizar el torneo. Como el país organizador cuenta automáticamente con una plaza para uno de sus representantes, Spraggett fue candidato de oficio para el título mundial. Se vió enfrentado a la estrella en ascenso del momento, Andreï Sokolov, finalista en el precedente ciclo. Pese a que Spraggett no era ni de lejos favorito, llevaría a cabo una hazaña y se clasificaría tras un encuentro interminable y varias partidas de desempate. En la siguiente vuelta, sólo perdió por un punto ante el soviético Yusupov.

Seguidamente, como no contaba con una clasificación suficiente para participar en los supertorneos, Kevin Spraggett pasaría a disputar principalmente *opens*, y su segundo puesto en Hastings constituye una notable excepción.

STAHLBERG, Gideon, 1908-1967. Sueco.

Stahlberg, campeón de Suecia de 1929 a 1939, de Escandinavia en 1928 y 1939, participó en los dos primeros torneos de los candidatos, en 1950 y 1953.

Sus mejores resultados son, además de varios puestos en torneos, sus victorias en encuentros contra los célebres grandes maestros Spielmann en 1933 y Nimzowitsch en 1934, así como su empate de 1938 frente a Paul Kérès, entonces uno de los mejores del mundo.

STAMMA, Philippe, siglo XVIII. Sirio.

Uno de los mejores jugadores de su época.

Stamma marcó una época, aunque perdiera ante el francés Philidor en un encuentro en Londres en 1747. Es autor de varios libros, eclipsados por los escritos de Philidor.

STAUNTON, Howard, 1810-1874. Inglés.

Mejor jugador inglés del siglo XIX, dejó el recuerdo –no precisamente glorioso– de haberse negado a enfrentarse al prodigio norteamericano, Morphy.

En efecto, en 1858, el joven norteamericano Morphy llegó a Londres con la finalidad de medirse con los mejores jugadores de Europa. Sin ceder para nada en sus principios, Staunton, que se proclamaba entonces el mejor del mundo, se negó a cualquier enfrentamiento con el norteamericano. El gran maestro ruso Bronstein, «co-campeón del mundo» en 1951, recuerda sobre todo las ediciones comentadas de Shakespeare publicadas por el campeón inglés.

Si Staunton fue uno de los mejores jugadores de su época, el décimo campeón del mundo, Fischer, fue, sin embargo, uno de los pocos que le reconocieron un puesto entre los más grandes. En la defensa holandesa, dio su nombre al gambito Staunton 1.d4 f5 2.e4. Su nombre está también asociado a las piezas de los juegos modernos, utilizados universalmente hoy, que fueron creadas por su amigo Nathaniel Cook.

STEIN, Leonid, 1934-1973. Ruso.

Triple campeón de la URSS en 1963, 1965 y 1967.

El gran maestro Stein, muerto prematuramente, tuvo, sin embargo, ocasión de cosechar algunos impresionantes éxitos. Se impuso, entre otros, en el torneo de Moscú en 1971, empatado con Karpov. En este torneo participaron cinco antiguos o futuros campeones del mundo: Smyslov, Tal, Petrossian, Spassky y Karpov.

STEINITZ, Wilhelm (William), 1836-1900. Norteamericano de origen

Wilhelm Steinitz.

austríaco. Steinitz, primer campeón oficial del mundo y padre del ajedrez moderno, lo inventó casi todo. Conservó su título durante casi treinta años, de 1866 a 1894.

El primer campeón del mundo.

Wilhelm Steinitz, nacido en una familia numerosa judía, aprendió el juego con un compañero de escuela. En Viena, donde hizo sus estudios, se dejó llevar por su pasión por el ajedrez. En adelante consagraría todo su tiempo al juego; integró el estilo de sus contemporáneos y desarrolló, sobre todo, sus cualidades de ataque. Le apodaron el «Morphy austriaco», comparándolo con el brillante norteamericano, el mejor jugador del mundo en esa época. Cuando participaba en el torneo de Londres de 1862, Steinitz decidió quedarse en Inglaterra, y más tarde pidió la nacionalidad. Muy pronto hablaría el inglés correctamente; su dominio de la lengua le daría una superioridad manifiesta en los enfrentamientos polémicos. En 1863, ya disputó encuentros contra el inglés Blackburne. En 1866, tras batir al campeón de la época, el alemán Anderssen, en un encuentro disputado en Londres, Steinitz se autoproclamó campeón del mundo, inventándose el título. ¡Un auténtico innovador! ¿Se puede considerar que posee el título desde ese día? Más joven que Anderssen, se impuso en todo caso como el más grande de su

399

generación. En los encuentros que disputó, batió con claridad a varios jugadores ingleses: Bird en 1866, Zukertort en 1872, y Blackburne en 1870 y 1876. En esta época, Steinitz, que tuvo varios encontronazos con los británicos, decidió marchar a Estados Unidos.

El primer match del campeonato. El primer encuentro oficial por el título de campeón del mundo tuvo lugar en 1886. Steinitz tenía que defender su título frente a Zukertort, contra el que había perdido en el importante torneo de Londres en 1883. Zukertort estaba decidido. El encuentro se dividió en cuatro etapas. Steinitz perdió la primera fase por 4 a 1 en Nueva York. Pero se repuso a continuación, ganando claramente en San Luis y Nueva Orleans (10 victorias, 5 derrotas, 5 tablas). Su supremacía sería reconocida unánimemente. Más tarde se presentó otro aspirante en La Habana en 1889: el ruso Tchigorine, al que dominó ampliamente. Gunsberg sería un adversario más difícil: el encuentro se desarrolló en Nueva York en 1891, y Steinitz ganó por 6 victorias a 4, con 9 tablas. Pero su trono se movería más con ocasión de su nuevo encuentro con Tchigorine, en 1892, en Londres. Hasta la última partida, que perdió, a pesar de ir dominando, por un error de bulto, Tchigorine iba muy igualado en el juego y sólo caería por 10 a 8 y 5 tablas. Invicto en los encuentros del Campeonato del mundo, Steinitz era, en cambio, menos convincente en los torneos. En 1873 y 1882, consiguió, sin embargo, el torneo de Viena.

Sería necesario un jugador una generación más joven que él para arrebatarle la corona. El alemán Lasker lo destronó en 1894, y de nuevo lo derrotó en 1897. Steinitz acabó sus días en Nueva York, pobre y con sus facultades mentales mermadas. Se dice que en esta época había lanzado públicamente un desafío a Dios, al que se proponía ganar dándole un peón y la salida de ventaja.

El primer pensador moderno. En el siglo XIX, cuando aparece Steinitz, se puede decir –caricaturizando– que el ajedrez era un juego de ataque y que los gambitos constituían la forma natural de empezar una partida, que continuaba habitualmente con el acoso al rey del adversario. La ventaja del alfil sobre el caballo no era algo muy admitido, así como tampoco la fuerza del par de alfiles. Más tarde, en sus artículos en su revista *International Chess Magazine* (1885-1891) y en su libro *Modern Chess Instructor*, el campeón del mundo expondría sus teorías y haría del juego del ajedrez un arte complejo y estratégico.

Steinitz desarrolló la concepción lógica de que una posición equilibrada no puede ganarse desde la nada: para conseguirla hay que tener una posición superior. Explicaba que el ataque al rey sólo puede ser victorioso en el caso de que el atacante lleve ventaja. Recíprocamente, animaba al ataque cuando se posee la ventaja, so pena de perderla. Enunciaba así el principio de las acumulaciones favorables, que debe llevar a la ventaja y al triunfo.

Steinitz manifestó también su preferencia por las posiciones intrincadas. Este aspecto fue un tanto desdibujado por su vulgarizador, Tarrasch, que prefería la claridad. Réti vio en ello las primicias de la aproximación hipermoderna y lo consideró como un verdadero precursor. En la española, las aperturas que Steinitz aplicaba eran a menudo descabelladas (1.e4 e5 2.Cf3 Cc6 3.Ab5 f6), pero su juego seguía ligado al modesto movimiento del peón: 1.e4 e5 2.Cf3 Cc6 3.Ab5 d6 o bien 1.e4 e5 2.Cf3 Cc6 3.Ab5 a6 4.Aa4 d6, la defensa Steinitz mejorada. Hacia el final de su vida, cada vez más interesado por las variantes extrañas y las experiencias audaces, adoptaría con gusto posiciones tan cerradas, que todas sus piezas debían batirse en retirada. Pese a estos intentos fantasiosos o poco concluyentes, las investigaciones de Steinitz han hecho progresar el juego de manera considerable. Su sucesor en el título de campeón del mundo, el alemán Lasker, le rindió un hermoso homenaje representando sus ideas y prolongando sus análisis.

Un carácter difícil. Steiniz, un aficionado a la crítica y a la polémica, tuvo enfrentamientos con varios jugadores. En 1867 protagonizó un violento altercado con el inglés Blackburne, al que escupió en pleno rostro. Algunos aseguran que Blackburne hizo saltar por la ventana al campeón del mundo después de que éste empezase la pelea.

SULTAN KAHN, Mir, 1905-1966. Indio. Campeón de Gran Bretaña en 1929, 1932 y 1933.
Tras aprender el juego del ajedrez indio y ser campeón de su país, Sultan Kahn fue descubierto a los veinte años por sir Umar Hayat Kahn, que le enseñó el juego occidental. Sultan Kahn se hizo rápidamente con las nuevas reglas y obtuvo importantes victorias. Consiguió ganar al campeón del mundo, Capablanca, en una partida y al gran maestro francés, Tartacower, en un encuentro.
Enfermo de malaria, dejó de jugar en 1935 y se retiró.

SZABO, Laszlo, nacido en 1917. Húngaro. Ocho veces campeón de Hungría, el gran maestro Szabo fue en tres ocasiones candidato al título mundial, en 1950, en 1953 y en 1956. Jugador agresivo al principio de su carrera, ganó en Hastings en 1938-1939, por delante de Euwe, y, en 1946, fue cuarto en el prestigioso torneo de Groninga, detrás de los tres campeones del mundo: Botvinnik, Euwe y Smyslov, pero por delante de algunos ilustres maestros. Después, evolucionó en su juego hacia un estilo más pacífico y ganó numerosos torneos.

T-U

TAÏMANOV, Mark Evguenievitch, nacido en 1926. Ruso. Campeón del mundo de los estudiantes, campeón de la URSS, dos veces candidato al título mundial, doble campeón del mundo de veteranos, Taïmanov es para muchos el arquetipo del jugador optimista, que tiende a quitar importancia a las amenazas de su adversario. Maestro internacional a los veinticuatro años, gran maestro a los veintiséis, fue ya candidato al título mundial en 1953. Entonces quedó a mitad del cuadro y no volvería a ser candidato hasta diecisiete años más tarde. Su clasificación se debió en parte al extraño comportamiento de Matulovic en su par-

Tigran Petrossian (izquierda) y Boris Spassky (derecha). ▶

tida de la última ronda del torneo interzonal. El yugoslavo jugó sin interés en la posición, lo que levantó, evidentemente, ciertos rumores... Seguidamente, Taïmanov experimentó la mayor derrota de su carrera: ¡0-6 contra el norteamericano Fischer! Hay que decir que el ruso, a pesar de sus buenas posiciones, se ofuscó y cometió importantes errores: durante una partida, inmerso en sus cálculos, vio todas las defensas que podría utilizar su adversario. Fischer le parecía diabólico, y perdió seguridad en la partida. Más tarde, perdió un final elemental e hizo tablas; en otro momento llegó a dar una torre en una jugada...

Entre estas dos participaciones como candidato al título mundial, Taïmanov ganó el Campeonato de la URSS de 1956, tras un encuentro de desempate contra Spassky y Averbach. Terminó igualmente en primer puesto en una docena de torneos.

En 1993 y 1994, unos cuarenta años después de ser campeón del mundo de estudiantes, en 1952, Taïmanov recibió el título de campeón del mundo de los veteranos, *ex aequo* con Bronstein. Tiene especial apego por dos aperturas: la defensa Nimzowitsch, sobre la que escribió un libro y una de cuyas variantes lleva su nombre (1.d4 Cf6 2.c4 e6 3.Cc3 Ab4 4.e3 Cc6), y la siciliana, en la que imaginó un plan original en base a Cge7.

Melómano y excelente pianista, Taïmanov fue también actor en una película *(El concierto de Beethoven)* en la que, curiosamente, interpretaba el papel de un violinista.

TAL, Mikhaïl Nekhemievitch,

1936-1992. Leton, Una joven estrella hace aparición en la Unión Soviética en los años sesenta. Con apenas veinte años, Mikhaïl Tal sorprende por sus victorias, que a menudo consigue a base de numerosos sacrificios. Es criticado por su juego, pese a lo cual va a arrasar hasta el punto de hacer tambalearse al campeón del mundo, Botvinnik, y convertirse después en el octavo campeón del mundo. Pasaría a la historia como el «mago de Riga».

Un meteoro. Tal, un niño prodigio dotado para los estudios en general y para el cálculo matemático en particu-

lar, aprendió el juego a los ocho años con su padre. Sin embargo, no se incorporaría muy pronto a la elite: hasta los diecisiete años no jugó su primera partida seria contra un gran maestro. Cuando se piensa que ocho años después era ya ex campeón del mundo, uno se hace cargo de su rápido progreso.

Tras un segundo puesto en el Campeonato letón de 1954, Tal obtuvo el título de maestro de la URSS en el mismo año, después de una victoria contra el campeón de Bielorrusia, Saïgin. En los Campeonatos de la URSS por equipos, se le presentó la ocasión, como primer tablero de Letonia, de medirse con los mejores jugadores. Su primer éxito se produjo en 1955, cuando ganó la semifinal del Campeonato de la URSS individual. En la final de 1956, quedó 5-7, a 1 punto de los vencedores. En la siguiente edición del campeonato, en 1957, Tal se situó quinto *ex aequo* (11,5/19) en la semifinal, bastante lejos del futuro campeón del mundo, Petrossian (14,5); pero consiguió ganar la final y se convirtió en campeón de la URSS a los veinte años. A partir de entonces, formaría parte de la elite mundial.

Al año siguiente, en 1958, no decepcionó las expectativas que había suscitado, consiguiendo el título *in extremis* mediante una victoria en la última ronda contra otro futuro campeón del mundo, el ruso Spassky. Dado que este

Mikhaïl Tal.

campeonato era clasificatorio para el ciclo mundial, el mismo año participó en el interzonal de Portoroz, en el que se llevó un nuevo triunfo. Lo consiguió por delante de los grandes maestros Gligoric, Benko, Petrossian, Fischer y Olafsson, que también se clasificaron como candidatos. En 1959, tras una tercera plaza en el Campeonato de la URSS, detrás de Petrossian y de Spassky, Tal ganó el torneo de Zurich, por delante de Gligoric y de Fischer.

Llegó por fin el torneo de los Candidatos, que se organizó en cuádruple ronda. Además de los clasificados del interzonal, Tal tenía que enfrentarse al estonio Kérès y al ruso Smyslov. Pese a una derrota al final de la primera ronda, ganaría ampliamente con 20 puntos sobre 28. No había quien lo detuviera, ni siquiera el campeón del mundo titular, Botvinnik, al que ganó por 12,5 a 8. Su clara victoria llenó de felicidad a todos los partidarios del juego desbocado y valiente. A los veinticuatro años se convirtió así en campeón del mundo.

Una mala pasada. El encuentro de revancha tuvo lugar a comienzos de 1961. Tal, debilitado por problemas de salud, tuvo que doblegarse por 8-13. Unos meses más tarde, ganó el torneo de Bled por delante de Fischer. Su salud seguía jugándole malas pasadas: en el torneo de los Candidatos de Curaçao, en 1962, tuvo que abandonar después de haber disputado 21 de las 28 partidas. Tal consiguió aún ganar buenos torneos, pero ya no estaba en condiciones de repetir sus éxitos en los Campeonatos de la URSS y se contentó con puestos honoríficos. En 1964, quedó cuarto en el interzonal de Amsterdam y se clasificó para los encuentros de los Candidatos que se disputaron en 1965. Allí acabó con el húngaro Portisch y batió al danés Larsen; pero perdió en la final frente a Spassky. El mismo año ganó el Campeonato de Letonia.

En el ciclo siguiente (1967-1969), Tal batió a Gligoric en cuartos de final, pero perdió seguidamente contra su bestia negra, el ruso de Leningrado, Kortchnoï. Disputó también el encuentro URSS—«resto del mundo» de 1970 y quedó igualado con el argentino Najdorf: una victoria y dos en tablas cada uno. En esta época, ya no parecía capaz de reconquistar su título de número 1 mundial.

En 1972, después de una victoria en el torneo de Suhumi, Tal reanudó los éxitos ganando el Campeonato de la URSS, con una gran ventaja sobre el ruso Tukmakov. Lo enlazó en 1973 con victorias en Wijk aan Zee, Holanda, por delante del ruso Balashov, y en Tallinn, con 1,5 puntos por delante del ruso Polougaïevski. En el Memorial Tchigorine de Sotchoi del mismo año, ganó una vez más por delante del ex campeón, Spassky: parecía que había vuelto al estrellato del ajedrez, dominado en ese momento por el norteamericano Fischer. Tal resultó invicto en 70 partidas, con las únicas derrotas del Memorial Ilmar Raud, frente al desconocido Uusi, en 1972, y la que sufrió frente a Balashov en abril de 1973, en un torneo por equipos. ¡Un récord extraordinario para un jugador mundialmente conocido por su afición al riesgo! Algunos soñaron entonces con una confrontación de campeonato del mundo Tal-Fischer, los dos jugadores más populares del momento.

Nuevas desilusiones, nuevo renacimiento.

Tal, muy esperado en el interzonal de Leningrado, se hundió sin embargo con 8,5 puntos sobre 17, muy lejos de los dos vencedores, *ex aequo,* Kortchnoï y Karpov (13,5). Karpov ganaría en 1974 el ciclo de clasificación y llegaría a campeón del mundo a raíz de la retirada de Fischer. Este período estaría marcado para el público por una doble decepción: la eliminación de Tal del torneo y, seguidamente, el anuncio de la retirada del americano Fischer.

El año 1973 trajo otra desilusión para Tal: quedó noveno en el Campeonato de la URSS, a 3,5 puntos del vencedor Spassky. Sus resultados fluctuaban al ritmo de su salud. Ganó varios torneos en 1974: Lublin, Halle, Novi Sad, y el Campeonato de la URSS, *ex aequo* con Beliavski; pero, en 1975, sus resultados fueron mediocres y no consiguió clasificarse para los encuentros de los Candidatos de 1976. Volvió en 1977 y ganó el Campeonato de la URSS de 1978. Al año siguiente estaba de nuevo situado en el máximo nivel. Tal ganó el torneo Tierra de los hombres, empatado con el nuevo campeón del mundo, Karpov, por delante de la elite mundial, y se impuso en el interzonal de 1979 de forma espectacular con 2,5 puntos más que el segundo, Polougaïevski. ¿Era, pues, la vuelta de Tal? No. A lo largo de los encuentros de los Candidatos, que se desarrollaron en 1980 en Alma Ata, fue derrotado en cuartos de final por Polougaïevski, 3 victorias a 0. Tal ya no representaba una amenaza para el título mundial. Muchos años más tarde, en 1988, ganaría el único Campeonato del mundo de ajedrez relámpago que se ha organizado.

Con su desaparición, en 1992, el público perdió al «mago de Riga», cuyas partidas fascinaron siempre a los partidarios de la audacia y la imaginación.

Un estilo sorprendente. Tal había declarado: «Hay dos tipos de sacrificios: los correctos y los míos». Sin embargo, aunque sus sacrificios se salían de todo posible análisis, ¡le reportaron buen número de victorias! Este particular estilo hace de Tal un directo sucesor del austriaco Rudolf Spielmann, autor del *Arte del sacrificio en el ajedrez.* Para éste, un verdadero sacrificio es una combinación que no se puede calcular hasta el final en un tiempo limitado, pero que el adversario no podrá refutar en el mismo tiempo. El espíritu emprendedor existe, y el más fuerte ganará en las posiciones complejas.

Los errores cometidos por sus adversarios, sometidos a una presión continua, han llevado a decir que ¡Tal los hipnotizaba! Se cita, por ejemplo, al gran maestro Benko, quien, para protegerse, ¡llegaría a llevar gafas oscuras durante toda la partida!

Un jugador con buen humor. Las réplicas jocosas de Tal sorprendían a más de uno. Cuando le preguntaron por las posibilidades que tenía el joven norteamericano Fischer, entonces con quince años, de conquistar el título mundial, respondió que tenía una probabilidad de ser campeón del mundo... junior. Más adelante, una vez que le pidieron un autógrafo, firmó con el nombre de Fischer precisando: «Puedo firmar en su nombre pues le he ganado muy a menudo» (acababa, en efecto, de ganarle en el torneo de los candidatos de Yugoslavia). Con ocasión del encuentro Petrossian-Spassky, después de que Spassky rechazara las tablas en una posición inferior, el gran maestro Flohr le preguntó si, en su opinión, Spassky tenía realmente posibilidades. A lo que Tal contestó: «Sí, tiene posibilidades». «¿De qué?», preguntó Flohr, sorprendido. «De hacer tablas», respondió inmediatamente Tal. Imposible también no tomárselo a broma cuando, en el prólogo de una recopilación de las partidas comentadas de Karpov, escribió: «Karpov es un gran deportista: no sólo juega al ajedrez, sino que practica también el billar y el dominó».

Enfrentado a grandes problemas de salud, Tal se sometió a diversos tratamientos y se volvió progresivamente dependiente de la morfina. Un día respondió a un periodista que le preguntaba sobre esta cuestión: «No soy morfinómano, sino Tchigorinómano». Hacía referencia así al gran maestro Tchigorine, fundador de la gran escuela rusa en el siglo XIX, en oposición al norteamericano Morphy, el mejor jugador del momento.

403

TARRASCH, Siegbert, 1862-1934.

Alemán. Tarrasch, considerado por sus contemporáneos como el mejor jugador del mundo de finales del siglo XIX, dejó pasar su oportunidad de vencer al viejo campeón, Steinitz, en beneficio de su compatriota Lasker. Fue autor de obras de referencia y dejó también una imagen de pedagogo dogmático.

Su carrera. Tarrasch, niño precoz, aprendió a leer y a escribir a los cuatro años. A los seis leía todos los libros que caían en sus manos, y los «entendía», añadía él mismo. Se inició en su carrera ajedrecista frecuentando los clubes alemanes de su ciudad natal, Breslau, y después de Berlín, donde siguió estudios y donde se relacionó, entre otros, con el hermano de Emanuel Lasker. A los dieciocho años, relajó sus estudios para dedicarse al ajedrez, hasta el día en que asistió a la clase de fisiología del profesor Dubois-Reymonds. Fue una revelación: Tarrasch se dedicaría desde entonces prioritariamente a la medicina. A los veinte años, decidió mar-

para no sucumbir a la tentación del ajedrez.

Pero su pasión por el ajedrez era la más fuerte y consiguió sus primeros grandes resultados en los Congresos, torneos organizados por los clubes alemanes. En ellos se encontraría con los mejores maestros alemanes, así como con los maestros extranjeros. Su segunda plaza en el torneo internacional de Hamburgo, en 1885, dio lugar a un elogioso artículo de Steinitz, el campeón del mundo. En 1889, ganó el importante torneo de Breslau, y se aseguró así una invitación de la Federación británica para su primer torneo en el extranjero, el de Manchester de 1890, que ganó.

Algún tiempo después conoció al ruso Tchigorine en un encuentro organizado por el club de San Petersburgo. Pese a un buen debut, que le abrió las puertas del éxito, decayó y los dos adversarios quedaron iguales. Seguidamente conquistó varios torneos, lo que llevó a varios especialistas a reconocer en él a un verdadero campeón.

Su carrera ajedrecística iba, sin embargo, detrás de su familia y de su profesión de médico. Tarrasch rechazó así invitaciones para participar en un encuentro del Campeonato del mundo contra Steinitz. Cuando finalmente disputó un encuentro por el título mundial, en 1908, contra Lasker, daría la impresión de que había pasado demasiado tiempo y de que no estaba en su mejor forma: perdió el encuentro. Aún más grave quizás para él: Nimzowitsch, otro jugador dogmático, señaló en sus libros sus errores y lo relegó a la categoría de los jugadores que pertenecían al pasado.

Sin embargo, algunas reglas enunciadas por Tarrasch, relativas a los finales, siguen siendo interesantes de conocer, como la que consiste en colocar la torre detrás del peón pasado, dicho de otra manera, detrás del peón que ya no tiene nada enfrente.

Aportaciones indiscutibles. Tarrasch contribuyó ampliamente a la difusión de los principios y las técnicas planteadas por Steinitz. Pese a ello, se le puede reprochar su enfoque dogmático, y el análisis simplista que hizo de las conclusiones del campeón del mundo. Su tono, por muy pedagógico que sea,

deja entrever una excesiva rigidez que le impide percibir toda la complejidad del juego. Así, para él, el centro debe estar ocupado por los peones, y el juego de las piezas debe ser libre. En la española, defiende la variante abierta. Esta opción es reveladora: frente a las maniobras de rodeo y el juego apretado que se plantea en la variante cerrada, Tarrasch prefiere una mayor movilidad de las piezas negras, dando prioridad al juego de las figuras. Se aferra de esta manera a la posesión del centro por parte de los peones y a la ventaja de espacio. Condena las defensas que no responden a sus criterios, como la variante Rubinstein de la francesa (1.e4 e6 2.d4 d5 3.Cc3 dxc4), y, sobre todo, da un valor excesivo al peón aislado. Por ello no vacila en denunciar la defensa clásica «ortodoxa», mientras defiende «su» variante 1.d4 d5 2.c4 e6 3.Cc3 c5. Hoy día, en que jugadores, como Karpov, tienen más miedo a la debilidad del peón aislado que confianza en su fuerza, la variante Tarrasch del gambito de dama apenas se emplea; Spassky y Kasparov la jugaron, sin embargo, en Campeonatos del mundo.

Por el contrario, la variante Tarrasch de la francesa (1.e4 e5 2.d4 d5 3.Cd2) ha sido muy popular. Está en línea con los principios de su autor, que después la rechazaría por juzgarla finalmente ineficaz. Sin embargo, ha permitido a Karpov obtener importantes victorias contra el peón aislado.

Caracteres y contradicciones. Apodado el «Praeceptor Germanae» por su cierta arrogancia, Tarrasch disputó en 1894 un encuentro contra Walbrodt en condiciones muy particulares. Se jugaba sin reloj, y los jugadores podían reflexionar a su antojo. Tarrasch escribió, con la modestia que le caracterizaba, que nunca se había visto un juego más correcto que el suyo.

En el torneo de Hastings de 1895, su inquebrantable confianza en sí mismo le jugó algunas malas pasadas. Seguro de que había llegado a la jugada treinta que marcaba el control de tiempo, no hizo caso a las advertencias de su adversario y no tuvo más remedio que constatar su error, pagando con una derrota por tiempo.

Su mal carácter puede resultar a veces

divertido, como cuando explica su derrota frente a Lasker por el clima marítimo de Dusseldorf, situado a más de doscientos kilómetros de la costa... Tachado de dogmatismo, algunas veces también cambiaba de parecer. Por ejemplo, aunque se le asocia a la española abierta, la rechazó en un libro sobre el torneo de Ostende de 1907, recomendando la española cerrada.

TARTACOWER, Xavier, 1887-1956. Francés de origen polaco. Es uno de los jugadores más interesantes de la preguerra, y el más famoso periodista de ajedrez de este siglo.

El buen estilo que envuelve los escritos de Tartacower no debe ocultar un pensamiento profundo y un talento no menos interesante. Tartacower, al que le gustaba llamarse campeón del mundo de los periodistas, cuenta en su notable libro, *Os habla Tartacower,* que estuvo a punto de jugar un encuentro por el verdadero título contra Alekhine. Cuando participaba en el torneo de Londres de 1927, se encontró en cabeza, empatado con Nimzowitsch, a una ronda de la final. Al tiempo que él iba ganando brillantemente, su rival luchaba desesperadamente con un peón de menos. Tartacower estaba seguro de que quedaría primero. Los organizadores, apoyados por los Federación británica, habían decidido dar al vencedor de ese torneo una asignación económica para un encuentro con el campeón del mundo. Para su desgracia, el adversario de Nimzowitsch no consiguió el triunfo y, como ocurre a menudo, queriendo forzar el destino acabó incluso por perder. Al no poder dividir el premio entre los dos vencedores, los organizadores desistieron de su propósito. Tartacower es el inventor de la muy actual catalana –que creó tras prometer a los organizadores de un torneo que pensaría una apertura–, y también ensayó las más extrañas combinaciones. Como verdadero investigador, se podría decir que creó la 1.b4, la apertura que llamaría *orangután,* en borrador. También creó un sistema de defensa muy eficaz en el gambito de dama, sistema que tuvo un gran papel en numerosos Campeonatos del mundo. Además de la catalana y la variante Tartacower del gambito de dama, su obra más famosa es un *Breviario del ajedrez,* que ha formado a generaciones de jugadores franceses.

Finalmente, fuera del mundo del ajedrez, Tartacower actuó en la Resistencia con el sobrenombre de teniente Cartier. Desde Londres, donde había ido siguiendo a De Gaulle, se lanzó varias veces en paracaídas detrás de las líneas enemigas.

TCHERNINE, Aleksandr, nacido en 1960 en Rusia. Actualmente tiene la nacionalidad húngara. Campeón de Europa junior en 1980, candidato al título mundial en 1985.

Tchernine, tras terminar cuarto *ex aequo* en el interzonal de Túnez de 1985, batió a su compatriota Gavrikov en un encuentro de desempate. Seguidamente participó en el torneo de los Candidatos de Montpellier y quedó a mitad de la tabla. En el mismo año, representó a la URSS en los Campeonatos del mundo por equipos.

El juego del gran maestro Tchernine se considera excesivamente prudente. Si bien su técnica y su preparación le permiten superar a los grandes maestros «normales», parecen insuficientes para batir a los mejores jugadores mundiales.

TCHIGORINE, Mikhaïl Ivanovitch, 1850-1908. Ruso. Campeón de su país en 1899, 1901 y 1903, Tchigorine sigue siendo el desventurado adversario de Steinitz en dos campeonatos del mundo. Aunque no consiguió el título, hizo vibrar a toda Rusia y al gran León Tolstoi en persona. Después de su muerte, la escuela soviética, que se considera heredera suya, lo distinguió con honores.

Su carrera. Al revés que muchos campeones, Tchigorine aprendió el ajedrez relativamente tarde. Cuando tenía veinte años, seguía recibiendo por parte de sus adversarios más fuertes la ventaja de un peón. No consiguió sus primeros éxitos hasta los treinta cumplidos.

Aunque la posteridad ha conservado la imagen de un jugador de ataque, algunos, como el campeón del mundo, Euwe, han señalado que sus derrotas se debían a menudo a errores de bulto en el cálculo, más que a faltas posicionales. A semejanza de los jugadores que de-

sarrollan poco a poco su talento, Tchigorine era capaz de pasar por alto combinaciones simples, al tiempo que ponía en pie secuencias mucho más complicadas. Ganó varios torneos: San Petersburgo en 1879 y 1905; Nueva York en 1889; Budapest en 1896; Viena en 1903. Empató un encuentro contra el alemán Tarrasch en 1893. En dos ocasiones, en 1889 y 1892, tuvo la oportunidad de arrebatar a Steinitz su título de campeón del mundo; pero perdió los dos encuentros y el título se le escapó.

La herencia de Tchigorine. En su presentación del ajedrez en la Unión Soviética, el gran maestro Kotov y el maestro Youdovitch se detuvieron a explicar el carácter decididamente moderno de Tchigorine, en oposición a los puntos de vista «positivistas» y a la «estrechez doctrinal» enunciados por Steinitz y Tarrasch. Kotov y Youdovitch repararían así una injusticia, ya que Tchigorine no aparecía en la galería de retratos que trazó el húngaro Réti en *Los grandes maestros del tablero.* Se omite muy a menudo mencionar que las ideas de Tchigorine son anteriores a la escuela hipermoderna fundada por Nimzowitsch.

Muy partidario de los comienzos abiertos, Tchigorine practicó a menudo el gambito de rey y el gambito Evans, relativamente arrinconados hoy. Imaginó sobre todo una de las varian-

Mikhail Tchigorine.

tes estrella de la española: 1.e4 e5 2.Cf3 Cc6 3.Ab5 a6 4.Aa4 Cf6 5.0-0 Ae7 6.Te1 b5 7.Ab3 d6 8.c3 0-0 9.h3 Ca5 10.Ac2 c5 11.d4 Dc7 12.Cbxd2. Esta larga variante, que aún se sigue jugando hoy en el máximo nivel, se ha mantenido intacta durante decenios, mientras que actualmente hay novedades que son refutadas en unas semanas, o incluso en unos días. Tchigorine experimentó también una idea original en la francesa, en su encuentro contra Tarrasch: 1.e4 e6 2.De2. Pero, contra la apertura del peón de dama, presentaría algunas dificultades; intentó la india vieja y la india oriental. También aquí encontraría una nueva respuesta: 1.d4 d5 2.c4 Cc6, llamada después defensa Tchigorine.

Su estilo romántico en el juego medio encierra una visión más profunda. Tchigorine lanzó sus fuerzas contra su adversario y empleó su talento táctico para vencerlo; pero también trató de justificar sus tomas de posición frente a los nuevos clásicos.

TEICHMANN, Richard, 1868-1925. Alemán. Consiguió su mayor éxito con un primer puesto en el torneo de Carlsbad en 1911. En efecto, quedó por delante de afamados grandes maestros, como Schlechter y Rubinstein, y de un recién llegado a la competición, el debutante Alekhine, futuro campeón del mundo.

Teichmann, un jugador más bien posicional, era capaz de combinaciones brillantes; pero se le reprochaban sus excesivamente frecuentes partidas en tablas. Sus amigos le apodaban «Ricardo V», porque muy a menudo quedaba el quinto en los torneos.

TIMMAN, Jan Hendrik, nacido en 1951. Holandés. En los años ochenta, en un momento en que el ajedrez está dominado por los países del Este, en general, y por los soviéticos, en particular, obtuvo el tercer puesto de la clasificación mundial, detrás de Karpov y Kasparov. Fue varias veces campeón de Holanda y ha estado considerado durante tiempo como el mejor jugador de Occidente.

Su carrera. Cuando ya había empezado sus estudios, Timman decidió dedicarse al ajedrez. Durante su juventud, estudió detenidamente las obras de los antiguos campeones del mundo, Euwe y Botvinnik. Timman participó en numerosos torneos organizados en Holanda y se enfrentó a los mejores. Obtuvo victorias como las de los torneos de Netanya, en 1975, de Niksic (*ex aequo* con el ruso Gulko) y de Amsterdam, en 1978, y acumuló puestos de honor. En 1979, derrotó en un encuentro al soviético Polougaïevski, varias veces campeón de la URSS. En 1982, empató con Kortchnoï, entonces subcampeón del mundo, en un encuentro amistoso a 6 partidas.

Curiosamente, aunque era uno de los jugadores más fuertes del momento, no conseguiría clasificarse en 1985 en los encuentros de los Candidatos. Allí batió al ex campeón, Tal, tras una partida de desempate, pero perdió ante Yusupov en las semifinales.

Cinco años después, en 1990, Timman llegó a la final de los Candidatos, pero sucumbió ante el ex campeón del mundo, Karpov. Empezaba a creer en sus posibilidades; pero no llegaría a dominar a los más grandes en los torneos. En 1991, se tomó la revancha sobre Yusupov en las semifinales de los encuentros de los Candidatos. Perdió la final frente a Short; pero, excluidos Kasparov y Short de la Federación, recibió la oferta de disputar el Campeonato del mundo contra Karpov. Una vez más, Timman fracasó ante Karpov.

En el siguiente ciclo, alcanzó los cuartos de final y perdió contra Salov. Muchos anunciaron entonces el declive del holandés, que acumulaba varios malos resultados. Consiguió salir a flote con una victoria en el importante Memorial Donner, pero resistió con dificultades el endiablado ritmo de la nueva generación.

El analista y el jugador. Jan Timman es un apasionado del análisis, y durante bastante tiempo ha publicado sus hallazgos en la revista holandesa *New in Chess*, de la que es editor. Por lo demás, el entrenador de Yusupov, Dvoretsky, expone en esa misma revista sus conclusiones sobre el estilo del holandés, al que reprocha su falta de sentido del riesgo. A esta argumentación, que pretende explicar la victoria de su pupilo, Timman responde con los contraanálisis.

El aficionado puede sumergirse con gusto en los análisis que ha publicado Timman. *El arte del análisis* ha aparecido en varias lenguas, y cada nueva traducción o reedición ha sido corregida y aumentada con nuevos comentarios y nuevas variantes, a veces sugeridas por los lectores. *Schaakwerk*, una obra en dos volúmenes, no es menos interesante. El lector descubre en ella otra faceta del campeón: la afición a la composición de estudios.

Su talento de jugador polivalente ha hecho de Timman un adversario temible. El carácter imprevisible de sus aperturas, sobre todo, hace casi inútil cualquier preparación previa.

TIVIAKOV, Sergueï, nacido en 1973. Ruso.

Célebre por su victoria en el Open de Belgorod en 1989, ganó en 1990 el Campeonato del mundo cadete. Después de conseguir brillantes victorias en los torneos *open*, Tiviakov ya está en condiciones de participar en las principales competiciones.

La ausencia de invitaciones a los torneos hizo que Tiviakov participara al principio en numerosos *open*. Venció en Moscú, en 1992, ante cincuenta y nueve jugadores, entre ellos una pléyade de grandes maestros. En 1993, acabó tercero, *ex aequo*, en el interzonal de Groninga, y este resultado le permitió disputar los cuartos de final del Campeonato del mundo de la nueva federación, la PCA. Tiviakov perdió, tras un encuentro muy reñido, frente al inglés Adams. Aunque afirma no sentirse inferior a los mejores, todavía no ha conseguido una victoria mayor.

Hoy por hoy, Tiviakov está considerado como el gran especialista de la variante del dragón de la siciliana, una de las aperturas más complejas y salvajes del ajedrez.

TOPALOV, Vesseline, nacido en 1975. Búlgaro.

Tras unos prometedores comienzos, en 1996 irrumpe de manera estruendosa en los torneos más relevantes. Topalov figura hoy entre los cinco primeros del mundo.

En 1989, apenas con catorce años, Topalov se haría notar por su brillante resultado en el Campeonato de Europa junior. Acabó fracasando en la carrera por el título, pero le quedaría la satisfacción de haber batido al vencedor,

Serper. Más tarde, su marcha a España –donde se celebran numerosos torneos *open*– supone un hito decisivo en su carrera. En efecto, ganó una serie de «pequeños» torneos y su clasificación subió rápidamente por encima de los 2 600 puntos. En 1994, su victoria en las Olimpiadas sobre Kasparov causó sensación y le abrió las puertas de los grandes torneos. No obstante, Topalov cosecharía dos serios fracasos en las clasificaciones para el Campeonato del mundo. En el ciclo de la FIDE, terminó con 5,5/13 puntos en el interzonal de Bienne. En el ciclo PCA, recién creado por Kasparov, sólo obtuvo 6 puntos sobre 11 y acabó vigésimo en el interzonal de Groninga.

No obstante, seguiría consiguiendo puestos de honor y, en 1995, ganaría los torneos de Polanica Zroj y de Elenite.

En 1996 se confirmó de forma evidente su talento. Topalov ganó todos los grandes torneos de categoría 17, 18 y 19. En el torneo VSB, de Amsterdam, terminó primero *ex aequo* con el campeón del mundo Kasparov, tras derrotar a éste. Luego acabó primero *ex aequo* con el español Illescas en Madrid; primero, también *ex aequo* con el ruso Kramnik, en el torneo de Dos Hermanas, por delante de Anand y Kasparov. Por último, fue primero, en solitario, en Novgorod. Sólo pasó por un momento de debilidad en Dortmund. ¡El único en seis meses! A lo largo de este período alcanzó un Elo de 2 750.

Vesseline Topalov.

Su juego. Topalov es capaz de cualquier apertura con las blancas, con preferencia por 1.e4; pero sus numerosas victorias han demostrado que es también dinámico y agresivo con las negras, lo que no deja de ser un hecho bastante raro. Su modestia le ha llevado a declarar a la revista francesa *Europe Échecs*: «En la actualidad, basta no cometer errores de bulto para ganar».

Topalov no vacila, por ejemplo, a la hora de jugar el dragón de la siciliana contra los mejores jugadores del mundo, e incluso se atreve con la defensa Benoni. Estas variantes, que durante mucho tiempo se han considerado poco ventajosas o poco sólidas, recobran carta de nobleza gracias a su audacia. Esto demuestra, una vez más, que la apreciación de las aperturas varía en función de los jugadores y de los análisis.

TORRE, Eugenio, nacido en 1951.

Filipino. Su mayor éxito fue la victoria sobre el campeón del mundo, Karpov, en el torneo de Manila de 1976.

Antes de que su compatriota Florencio Campomanes resultase elegido presidente de la FIDE, Eugenio Torre fue el primer filipino del que se oyó hablar en el mundo ajedrecístico. Tras la victoria sobre Karpov, su clasificación para los encuentros de los Candidatos, gracias a un primer puesto *ex aequo* en el torneo interzonal de Toluca en 1982, representó el segundo gran éxito de su carrera. Pero en 1983 cayó eliminado en cuartos de final ante el húngaro Ribli. Torre ha jugado también en 1984 con el equipo «resto del mundo» en un encuentro contra la URSS, en el que venció al ruso Andreï Sokolov.

UHLMANN, Wolfgang, nacido en 1935.

Alemán. Candidato al título mundial en 1971, uno de los mejores jugadores no soviéticos de su tiempo. Uhlmann disputó varias veces las Olimpiadas con la RDA, y representó al «resto del mundo», en el séptimo tablero, en un encuentro contra la URSS disputado en 1970 en Belgrado. Jugador posicional, es uno de los grandes especialistas de la defensa francesa, que practica casi exclusivamente contra 1.e4. El campeón del mundo, Karpov, le pidió consejo respecto a esta apertura para prepararse contra Kortchnoï.

V-Y-Z

VAGANIAN, Raphaël, nacido en 1951.

Armenio. Campeón de la URSS en 1989, figuró durante largo tiempo entre los mejores del mundo.

Vencedor con 1 punto de ventaja en el interzonal de Bienne de 1985, en el torneo de los Candidatos de Montpellier del mismo año llegó a las semifinales, en las que perdió frente a Andreï Sokolov. Tres años después, perdió en octavos de final frente al húngaro Portisch.

Miembro habitual del equipo de la URSS en las competiciones por equipos, contribuyó a las victorias de su país antes de representar a la Armenia independiente.

Se le considera el más importante jugador armenio tras el campeón del mundo, Petrossian. Es también uno de los mejores conocedores de la defensa francesa, junto con Uhlmann.

VAN DER STERREN, Paul, nacido en 1956.

Holandés. Van der Sterren es un caso aparte en el mundo del ajedrez: durante bastante tiempo no pasó de ser un maestro «ordinario», y tuvo que esperar hasta los treinta y tres años para llegar a gran maestro. Se ha dado a conocer por sus obras, escritas en colaboración con el ex campeón del mundo, Euwe.

En 1993, Van der Sterren se clasificó para el interzonal de Bienne. Poco después, dio la sorpresa al ganar el Campeonato de Holanda con 2 puntos de ventaja. Su segundo puesto en el interzonal le valió la admiración universal: a los treinta y siete años, rubricaría allí una hazaña excepcional. Este resultado le permitiría disputar los encuentros de los Candidatos en 1994; pero cayó eliminado en los cuartos de final ante el joven prodigio norteamericano, Gata Kamsky, futuro finalista.

VIDMAR, Milan, 1885-1962.

Yugoslavo. Uno de los mejores jugadores de la primera mitad del siglo XX.

Vidmar acabó tercero en los torneos de Viena de 1907 y de Praga en 1908, donde se colocó entonces por delante de muchos grandes maestros. En 1911, acabó segundo en el prestigioso torneo de San Sebastián, detrás del futuro campeón del mundo, Capablanca. Luego, ganó el torneo de Viena en 1915 y 1917, el de Berlín en 1918, el de Hastings en 1925-1926, y consiguió en 1926 el tercer puesto en el torneo de Semmering. En fin, fue el árbitro del famoso torneo-Campeonato del mundo de 1948.

Gran jugador de ataque, Vidmar se mostraba particularmente brillante en las partidas rápidas. Fue también un eminente profesor y presidente de la Academia de las Ciencias yugoslava; publicó obras de electrotecnia, leídas, entre otros, por el campeón del mundo Botvinnik, asimismo especialista en la materia.

YOUDASSINE, Leonid, nacido en 1959.

Israelí de origen ruso. Campeón olímpico con el equipo de la URSS en 1990, candidato al título mundial en 1991 y 1994.

Consagrado primero a los estudios de ingeniería, Youdassine apareció tardíamente en la escena mundial del ajedrez. Cinco veces vencedor en el Campeonato de Leningrado, segundo en el Campeonato de la URSS en 1990, Youdassine no obtendría su título de gran maestro hasta 1990. Su clasificación para los encuentros de los Candidatos en el torneo interzonal de 1990 fue una sorpresa. Pero, enfrentado al número 2 mundial, Ivantchouk, no tuvo apenas oportunidad de demostrar su talento y perdió claramente por 0,5-4,5. Se clasificó de nuevo tres años después, esta vez bajo bandera israelí; pero se cruzó con Kramnik, que estaba entonces en plena ascensión y se convertiría dos años más tarde en el número 1 de la clasificación. Sacando provecho a su talento como táctico, Youdassine libró un combate difícil y resistió mucho mejor de lo previsto. Sin embargo, no dio la talla suficiente y perdió por 2,5-4,5.

Influido por su entrenador, Nekrassov, Youdassine practica el yoga y se interesa en detalle por las filosofías orientales. Su perfecto equilibrio seguramente tiene mucho que ver con ello.

Desde que se ha instalado en Israel, Youdassine observa la religión judía de forma muy estricta: en la Copa de Europa de clubes, se niega incluso a anotar sus jugadas durante el *sabbat*.

407

YUSUPOV, Artur, nacido en 1960. Alemán de origen ruso. Campeón del mundo junior en 1977, candidato al título mundial en tres ocasiones, ganador de múltiples competiciones por equipos con la URSS, Yusupov es uno de los más grandes jugadores de los años ochenta. En 1987 ocupó el tercer puesto mundial.

Yusupov pertenece a la misma generación que Kasparov –le lleva tres años– y se ha beneficiado de las enseñanzas del ruso Dvoretsky, al que algunos consideran el mejor entrenador del mundo. Sus constantes progresos lo llevaron en 1977 a ganar el Campeonato del mundo junior. En 1985, accedió al máximo nivel clasificándose por primera vez como candidato al título supremo. En 1986, llegó a la final y se enfrentó a su compatriota Andreï Sokolov; pero, tras haber ido con 2 puntos de ventaja, Yusupov perdió súbitamente tres partidas seguidas y quedó eliminado. ¿Lo traicionaron los nervios? Cuando se sabe que Yusupov demostrará a lo largo de toda su carrera una solidez sin fisuras, resulta difícil responder afirmativamente.

Clasificado para el ciclo siguiente (1987-1990), Yusupov era uno de los favoritos. Eliminó a su compatriota Ehlvest, pero decepcionó ganando por la mínima al canadiense Spraggett. En el encuentro siguiente, se enfrentó al ex campeón del mundo, Karpov. Aunque estaba muy lejos de tener los pronósticos a su favor, Yusupov conseguiría las mejores ocasiones. Ambos jugadores permanecieron empatados durante bastante tiempo, en esta situación el público empezaba a poner en duda las posibilidades de Karpov. Pero éste recuperó finalmente su juego en la última partida y se impuso por 4,5-3,5.

Cuando la URSS se derrumbó y la criminalidad empezó a aumentar, Yusupov, gran maestro de primera fila, vió su carrera amenazada en 1990. Un día, de vuelta a casa, fue agredido por unos atracadores que le dispararon una bala en el vientre. Tardaría varios meses en recuperarse de la herida.

En el ciclo 1991-1993, Yusupov ofreció una asombrosa resistencia a sus contrincantes. Todo empezó en octavos de final, en los que se enfrentó a su amigo y compañero de entrenamiento, Dolmatov. Dominado durante todo el encuentro, hasta la penúltima partida, Yusupov consiguió dar la vuelta a la situación de forma milagrosa: ganó y se clasificó en la prórroga. En la siguiente ronda, se repetiría el mismo escenario, esta vez frente la ascendente estrella ucraniana, Ivantchouk. Acorralado contra la pared, Yusupov crearía extraordinarias partidas de ataque y se clasificó. Pero en semifinales se produciría la desilusión: perdió frente al holandés Timman, al que había derrotado en las semifinales del encuentro de los Candidatos de 1986.

En lo sucesivo, el empuje de los jóvenes talentos pondría las cosas más difíciles: en 1994, Yusupov perdió en la primera ronda de los Candidatos frente al indio Anand, ¡y se convirtió en su auxiliar!

Así, aunque nunca consiguió llegar al encuentro por el título, Yusupov disputó todos los encuentros de los Candidatos durante diez años. Aunque no ha podido igualar a los más grandes, ha hecho una brillante carrera y ha obtenido excelentes resultados.

Un estilo evolutivo. Yusupov ha asimilado perfectamente las enseñanzas de Dvoretsky sobre el medio juego y el final, y exhibe un gran talento como jugador posicional. Hacia finales de los ochenta, perfeccionaría su estilo y realizaría sacrificios sin reservas. Su encuentro de 1992 frente a Ivantchouk es muy elocuente al respecto. Con las blancas, Yusupov practica preferentemente las aperturas cerradas. Con las negras, sus especialidades son la defensa francesa, la española abierta, la defensa Petrov y el gambito de dama.

Profesor y autor. Muchos jugadores de primera línea publican libros con sus mejores partidas, y algunos analizan también las partidas de sus colegas, pero es raro encontrar una obra que recoja las aportaciones modernas y los hallazgos más recientes. Desde luego, no hay nada que objetar a que los grandes maestros del presente rehúsen divulgar los secretos que dan consistencia a su técnica y a su talento. En este sentido, Yusupov es una excepción: sigue la tradición de Botvinnik, Bronstein y Kotov y publica en colaboración con su entrenador, Dvoretsky, tratados sobre la actualidad del ajedrez. Además, entre ambos han formado a muchas promesas rusas.

ZUKERTORT, Johannes Hermann, 1842-1888. Inglés. El primero que se enfrentó a Steinitz, en 1886, con el título de campeón del mundo en juego. Tras su victoria sobre Anderssen, en 1866, Steinitz se proclamó campeón del mundo de ajedrez. Resuelto a demostrar su fuerza, Zukertort se enfrentó a él en 1872, pero perdió con claridad. Luego derrotó a su rival en el torneo de Londres de 1883 y se llevó la victoria.

Zukertort, que siempre se negó a considerarse inferior a Steinitz, se postuló más tarde como mejor jugador del mundo. Parecía obligada la celebración de un encuentro que permitiera dilucidar cuál de los dos pretendientes tenía razón: se organizó en Estados Unidos, en 1886. Tras un comienzo muy aparatoso, Zurkertort se vino abajo. El mundo del ajedrez reconoció la supremacía de su adversario.

Los problemas de salud impidieron que Zurkertort jugara al más alto nivel durante un tiempo. Después de su intento de arrebatar el título a Steinitz, su carrera apenas ofrece proezas dignas de mención. En 1887, disputó un encuentro con su compatriota, Blackburne, y fracasó. Con ello se desvanecieron sus pretensiones al primer puesto. Murió en 1888 de una hemorragia cerebral sobrevenida tras disputar una partida.

Ha dado su nombre a la apertura Zukertort-Réti 1.Cf3, y dejó tras de sí una reputación de fantasioso, ya que pretendía ser un experto en muy diversas materias.

Los palmarés

Estos palmarés presentan los resultados de los principales campeonatos internacionales.

El palmarés internacional

Campeonato del mundo individual

En 1866, tras su victoria sobre Adolf Anderssen, Wilhelm Steinitz se proclamó campeón del mundo. Sin embargo, el primer Campeonato del mundo oficial data de 1886.

Hasta la segunda guerra mundial, el Campeonato del mundo se disputaba en la modalidad de encuentro, y el poseedor del título podía elegir libremente a su adversario y dictaba las condiciones de juego.

En 1948, la muerte de Alekhine dejaría el título vacante y se organizaría un torneo con cinco jugadores (el sexto, Reuben Fine, declinó la invitación). Después, el título se disputaría por medio de varios ciclos sucesivos: primero se disputaban los torneos zonales, que permitían a los vencedores acceder a los torneos interzonales; una vez celebrados éstos, los jugadores clasificados, llamados «candidatos», disputaban un torneo o diversos encuentros que servían para designar al aspirante al título mundial.

En 1993, Kasparov, campeón vigente, y Short, aspirante al título, decidieron jugar la final al margen de la Federación Internacional y bajo los auspicios de una nueva federación: la Professional Chess Association. La FIDE decretó su exclusión y organizó a su vez un encuentro para designar su propio campeón. Desde entonces, hay un campeón del mundo PCA y otro de la FIDE.

1886, Nueva York, Saint Louis y Nueva Orleans, Estados Unidos.
W. Steinitz bate a J. Zukertort por 12,5-7,5 (10 victorias, 5 tablas, 5 derrotas).

1889, La Habana, Cuba.
W. Steinitz bate a M. Tchigorine por 10,5-6,5 (10 victorias, 1 tablas, 6 derrotas).

1890-1891, Nueva York, Estados Unidos.
W. Steinitz bate a I. Gunsberg por 10,5-8,5 (6 victorias, 9 tablas, 4 derrotas).

1892, La Habana, Cuba.
W. Steinitz bate a M. Tchigorine por 12,5-10,5 (10 victorias, 5 tablas, 8 derrotas).

1894, Nueva York, Filadelfia (Estados Unidos) y Montreal (Canadá).
E. Lasker bate a W. Steinitz por 12-7 (10 victorias, 4 tablas, 5 derrotas).

1897-1898, Moscú, Rusia.
E. Lasker bate a W. Steinitz por 12,5-4,5 (10 victorias, 5 tablas, 2 derrotas).

1907, Nueva York, Filadelfia, Baltimore, Chicago y Memphis, Estados Unidos.
E. Lasker bate a F. Marshall por 11,5-3,5 (8 victorias, 7 tablas).

1908, Düsseldorf y Munich, Alemania.
E. Lasker bate a S. Tarrasch por 10,5-5,5 (8 victorias, 5 tablas, 3 derrotas).

1910, Viena (Austria) y Berlín (Alemania).
E. Lasker y C. Schlechter empatan el encuentro, 5-5 (1 victoria, 8 tablas, 1 derrota). El campeón conserva el título.

1910, Berlín, Alemania.
E. Lasker bate a D. Janowski por 9,5-1,5 (8 victorias, 3 tablas).

1921, La Habana, Cuba.
J. R. Capablanca bate a E. Lasker por 9-5 (4 victorias, 10 tablas).

1927, Buenos Aires, Argentina.
A. Alekhine bate a J. R. Capablanca por 18,5-15,5 (6 victorias, 25 tablas, 3 derrotas).

1929, en varias ciudades de Alemania y Holanda.
A. Alekhine bate a E. Bogoljubow por 15,5-9,5 (11 victorias, 9 tablas, 5 derrotas).

1934, en varias ciudades de Alemania.
A. Alekhine bate a E. Bogoljubow por 15,5-10,5 (8 victorias, 15 tablas, 3 derrotas).

1935, en varias ciudades de Holanda.
M. Euwe bate a A. Alekhine por 15,5-14,5 (9 victorias, 13 tablas, 8 derrotas).

1937, en varias ciudades de Holanda.
A. Alekhine bate a M. Euwe por 15,5-9,5 (10 victorias, 11 tablas, 4 derrotas).

1948, La Haya (Holanda) y Moscú (URSS).
Torneo-Campeonato del mundo entre 5 jugadores.

1° M. Botvinnik, 14/20;
2° V. Smyslov, 11; 3°ˢ P. Kérès y
S. Reshevsky, 10,5; 5° M. Euwe, 4.

*1950, Budapest, Hungría, torneo de los
Candidatos:*
1°ˢ D. Bronstein e I. Boleslavski, 12/18;
3° V. Smyslov, 10; 4° P. Kérès, 9,5;
5° M. Najdorf, 9; 6° A. Kotov, 8,5;
7° G. Stahlberg, 8; 8°ˢ S. Flohr,
A. Lilienthal y L. Szabo, 7.
Encuentro de desempate:
D. Bronstein bate a I. Boleslavski: 7,5-
6,5 (3 victorias, 9 tablas, 2 derrotas).
▶ **1951, Moscú, URSS, encuentro
por el título:**
M. Botvinnik y D. Bronstein empatan: 12-12 (5 victorias, 14 tablas y 5
derrotas). El campeón conserva el título.

*1953, Zurich y Neahausen, Alemania,
torneo de los Candidatos:*
1° V. Smyslov, 18/28;
2°ˢ D. Bronstein, P. Kérès y S. Reshevsky, 16;
5° T. Petrossian, 15; 6°ˢ E. Geller y
M. Najdorf, 14,5;
8°ˢ A. Kotov y M. Taïmanov, 14;
10°ˢ I. Averbach e I. Boleslavski, 13,5;
12° L. Szabo, 13;
13° S. Gligoric, 12,5; 14° M. Euwe,
11,5; 15° G. Stahlberg, 8.
▶ **1954, Moscú, URSS, encuentro
por el título:**
M. Botvinnik y V. Smyslov empatan:
12-12 (7 victoria, 10 tablas, 7 derrotas). El campeón conserva el título.

*1956, Amsterdam, Holanda, torneo de los
Candidatos:*
1° V. Smyslov, 11,5/18; 2° P. Kérès, 10;
3°ˢ D. Bronstein, E. Geller, T. Petrossian,
B. Spassky y L. Szabo, 9,5; 8°ˢ M. Filip
y O. Panno, 8; 10° H. Pilnik, 5.
▶ **1957, Moscú, URSS, encuentro
por el título:**
V. Smyslov bate a M. Botvinnik por
12,5-9,5 (6 victorias, 13 tablas, 3 derrotas).
▶ **1958, Moscú, URSS, encuentro
por el título:**
M. Botvinnik bate a V. Smyslov por
12,5-10,5 (7 victorias, 11 tablas, 5 derrotas).

*1959, Bled, Zagreb y Belgrado, Yugoslavia,
torneo de los Candidatos:*
1° M. Tal, 20/28; 2° P. Kérès, 18,5;
3° T. Petrossian, 15,5; 4° V. Smyslov,
15; 5°ˢ R. Fischer y S. Gligoric, 12,5;
7° H. Olafsson, 10; 8° P. Benko, 8.
▶ **1960, Moscú, URSS, encuentro
por el título:**
M. Tal bate a M. Botvinnik por 12,5-
8,5 (6 victorias, 13 tablas, 2 derrotas).
▶ **1961, Moscú, URSS, encuentro
por el título:**
M. Botvinnik bate a M. Tal por 13-8
(10 victorias, 6 tablas, 5 derrotas).

*1962, Curaçao, Antillas holandesas, tor-
neo de los Candidatos:*
1° T. Petrossian, 17,5/21; 2°ˢ E. Geller
y P. Kérès, 17; 4° R. Fischer, 14;
5° V. Kortchnoï, 13,5; 6° P. Benko, 12;
7° M. Filip, 7; 8° M.Tal, 7 (retirado por
enfermedad en la última ronda).
▶ **1963, Moscú, URSS, encuentro
por el título:**
T. Petrossian bate a M. Botvinnik por
12,5-9,5 (5 victorias, 15 tablas y 2 derrotas).

1965, encuentros de los Candidatos.
Cuartos de final:
Riga, URSS:
B. Spassky bate a P. Kérès: 6-4.
Moscú, URSS:
E. Geller bate a V. Smyslov: 5,5-2,5.
Bled, Yugoslavia:
M. Tal bate a L. Portisch: 5,5-2,5.
B. Larsen bate a B. Ivkov: 5,5-2,5.
Semifinales:
Riga, URSS:
B. Spassky bate a E. Geller: 5,5-2,5.
Bled, Yugoslavia:
M. Tal bate a B. Larsen: 5,5-4,5.
Final:
Tbilisi, URSS:
B. Spassky bate a M. Tal: 7-4.
▶ **1966, Moscú, URSS, encuentro
por el título:**
T. Petrossian bate a B. Spassky por
12,5-11,5 (4 victorias, 17 tablas, 3 de-
rrotas).

1968, encuentros de los Candidatos.
Cuartos de final:
Soukhoumi, URSS:
B. Spassky bate a E. Geller: 5,5-2,5.

Amsterdam, Holanda:
V. Kortchnoï bate a S. Reshevsky: 5,5-
2,5.
Belgrado, Yugoslavia:
M. Tal bate a S. Gligoric: 5,5-3,5.
Porec, Yugoslavia:
B. Larsen bate a L. Portisch: 5,5-4,5.
Semifinales:
Malmö, Suecia:
B. Spassky bate a B. Larsen: 5,5-2,5.
Moscú, URSS:
V. Kortchnoï bate a M. Tal: 5,5-4,5.
Final:
Kiev, URSS:
B. Spassky bate a V. Kortchnoï: 6,5-
3,5.
▶ **1969, Moscú, URSS, encuentro
por el título:**
B. Spassky bate a T. Petrossian por
12,5-10,5 (6 victorias, 13 tablas, 4 de-
rrotas).

1971, encuentros de los Candidatos.
Cuartos de final:
Vancouver, Canadá:
R. Fischer bate a M. Taïmanov: 6-0.
Moscú, URSS:
V. Kortchnoï bate a E. Geller: 5,5-2,5.
Las Palmas, España:
B. Larsen bate a W. Uhlmann: 5,5-3,5.
Sevilla, España:
T. Petrossian bate a R. Hübner: 4-3.
Semifinales:
Denver, Estados Unidos:
R. Fischer bate a B. Larsen: 6-0.
Moscú, URSS:
T. Petrossian bate a V. Kortchnoï: 5,5-
4,5.
Final:
Moscú, URSS:
R. Fischer bate a T. Petrossian: 6,5-
2,5.
▶ **1972, Reykjavík, Islandia, encuentro
por el título:**
R. Fischer bate a B. Spassky por 12,5-
8,5 (7 victorias, 11 tablas, 3 derrotas).

1974, encuentros de los Candidatos.
Cuartos de final:
Augusta, Estados Unidos:
V. Kortchnoï bate a H. Mecking: 7,5-
5,5.
Moscú, URSS:
A. Karpov bate a L. Polougaïevski:
5,5-2,5.

411

Rotterdam, Holanda:
T. Petrossian bate a L. Portisch: 7-6.
San Juan, Argentina:
B. Spassky bate a R. Byrne: 4,5-1,5.
Semifinales:
Odessa, URSS:
V. Kortchnoï bate a T. Petrossian: 3,5-1,5.
Leningrado, URSS:
A. Karpov bate a B. Spassky: 7-4.
Final:
Moscú, URSS:
A. Karpov bate a V. Kortchnoï: 12,5-11,5.
▶ 1975, encuentro por el título:
A. Karpov campeón del mundo por incomparecencia del adversario.

1977-1978, encuentros de los Candidatos.
Cuartos de final:
Ciocco, Italia:
V. Kortchnoï bate a T. Petrossian: 6,5-5,5.
Lucerna, Suiza:
L. Polougaïevski bate a H. Mecking: 6,5-5,5.
Rotterdam, Holanda:
L. Portisch bate a B. Larsen: 6,5-3,5.
Reykjavík, Islandia:
B. Spassky bate a V. Hort: 8,5-7,5.
Semifinales:
Évian, Francia:
V. Kortchnoï bate a L. Polougaïevski: 8,5-4,5.
Ginebra, Suiza:
B. Spassky bate a L. Portisch: 8,5-6,5.
Final:
Belgrado, Yugoslavia:
V. Kortchnoï bate a B. Spassky: 10,5-7,5.
▶ 1975, Baguio City, Filipinas, encuentro por el título:
A. Karpov bate a V. Kortchnoï: 16,5-15,5 (6 victorias, 21 tablas, 5 derrotas).

1980, encuentros de los Candidatos.
Cuartos de final:
Velden, Holanda:
V. Kortchnoï bate a T. Petrossian: 5,5-3,5.
Bad Lauterberg, Alemania:
R. Hübner bate a A. Adorjan: 5,5-4,5.
Alma Ata, URSS:
L. Polougaïevski bate a M. Tal: 5,5-2,5.

Xalapa, México:
L. Portisch bate a B. Spassky: 7-7, Portisch se clasifica por haber ganado una partida con las negras.
Semifinales:
Buenos Aires, Argentina:
V. Kortchnoï bate a L. Polougaïevski: 7,5-6,5.
Abano Terme, Italia:
R. Hübner bate a L. Portisch: 6,5-4,5.
Final:
Merano, Italia:
V. Kortchnoï bate a R. Hübner: 4,5-3,5 y abandono de Hübner.
▶ 1981, Merano, Italia, encuentro por el título:
A. Karpov bate a V. Kortchnoï: 11-7 (6 victorias, 10 tablas, 2 derrotas).

1983-1984, encuentros de los Candidatos.
Cuartos de final:
Moscú, URSS:
G. Kasparov bate a A. Beliavski: 6-3.
Bad Kissingen, Alemania:
V. Kortchnoï bate a L. Portisch: 6-3.
Velden, Holanda:
V. Smyslov bate a R. Hübner: 5-5, después 7-7, tras la prórroga, y se echa a suertes el vencedor.
Alicante, España:
Z. Ribli bate a E. Torre: 6-4.
Semifinales:
Londres, Gran Bretaña:
G. Kasparov bate a V. Kortchnoï: 7-4.
V. Smyslov bate a Z. Ribli: 6,5-4,5.
Final:
Vilnius, URSS:
G. Kasparov bate a V. Smyslov: 8,5-4,5.
▶ 1984-1985, Moscú, URSS, encuentro por el título:
A. Karpov-G. Kasparov 25-23 (5 victorias, 3 derrotas, 40 tablas). Suspensión del encuentro por la FIDE.
▶ 1985, Moscú, URSS, segundo encuentro por el título:
G. Kasparov bate a A. Karpov por 13-11 (5 victorias, 16 tablas y 3 derrotas).
▶ 1986, Londres (Gran Bretaña) y Leningrado (URSS), encuentro de revancha por el título:
G. Kasparov bate a A. Karpov por 12,5-11,5 (5 victorias, 15 tablas, 4 derrotas).

1985-1986-1987, torneo de los Candidatos.
Montpellier, Francia:
1os A. Yusupov, R. Vaganian y A. Sokolov, 9/15; 4os J. Timman y M. Tal, 8,5; 6os B. Spassky y A. Beliavski, 8; 8os V. Smyslov y A. Tchernine, 7,5; 10os Y. Seirawan, N. Short y L. Portisch, 7; 13os V. Kortchnoï y Z. Ribli, 6,5; 15º J. Nogueiras, 6; 16º K. Spraggett, 5.
Encuentro por el 4º puesto:
J. Timman y M. Tal empatan: 3-3. Timman se clasifica por sus mejores resultados en el torneo.

1986, semifinales:
Minsk, URSS:
A. Sokolov bate a R. Vaganian: 6-2.
Tilburg, Holanda:
A. Yusupov bate a J. Timman: 6-3.
1986, «primera final»:
Riga, URSS:
A. Sokolov bate a A. Yusupov: 7,5-6,5.
1987, «segunda final»:
Linares, España:
A. Karpov bate a A. Sokolov: 7,5-3,5.
▶ 1987, Sevilla, España, encuentro por el título:
G. Kasparov y A. Karpov empatan: 12-12 (4 victorias, 16 tablas, 4 derrotas). El campeón conserva el título.

1988-1989-1990, encuentros de los Candidatos.
Octavos de final:
Saint-Jean, Canadá:
A. Sokolov bate a K. Spraggett: 3-3. Luego, 6,5-5,5 en la prórroga.
J. Hjartarson bate a V. Kortchnoï: 3-3. Luego, 4,5-3,5 en la prórroga.
L. Portisch bate a R. Vaganian: 3,5-2,5.
J. Timman bate a V. Salov: 3,5-2,5.
A. Yusupov bate a J. Ehlvest: 3,5-1,5.
N. Short bate a G. Sax: 3,5-1,5.
J. Speelman bate a Y. Seirawan: 4-1.
A. Karpov se clasifica de oficio para los cuartos de final.
Cuartos de final:
Londres, Gran Bretaña:
J. Speelman bate a N. Short: 3,5-1,5.
Seattle, Estados Unidos:
A. Karpov bate a J. Hjartarson: 3,5-1,5.
Anvers, Bélgica:
J. Timman bate a L. Portisch: 3,5-2,5.

Quebec, Canadá:
A. Yusupov bate a K. Spraggett: 3-3. Luego, 5-4 en la prórroga.
Semifinales:
Londres, Gran Bretaña:
A. Karpov bate a A. Yusupov: 4,5-3,5.
J. Timman bate a J. Speelman: 4,5-3,5.
Final:
Kuala Lumpur, Malaisia:
A. Karpov bate a J. Timman: 6,5-2,5.
► 1990, Nueva York (Estados Unidos) y Lyon (Francia), encuentro por el título:
G. Kasparov bate a A. Karpov: 12,5-11,5 (4 victorias, 17 tablas, 3 derrotas).

1991-1992-1993, encuentros de los Candidatos.
Octavos de final:
Riga, Letonia:
V. Ivantchouk bate a L. Youdassine: 4,5-0,5.
Madrás, India:
V. Anand bate a A. Dreiev: 4,5-1,5.
Sarajevo, Yugoslavia:
J. Timman bate a R. Hübner 4,5-2,5.
B. Gelfand bate a P. Nikolic: 4-4. Luego, 5,5-4,5 tras la prórroga.
Londres, Gran Bretaña:
N. Short bate a J. Speelman: 4-4. Luego, 5,5-4,5 tras la prórroga.
Wijk aan Zee, Holanda:
V. Kortchnoï bate a G. Sax: 4-4. Luego, 5,5-4,5 tras la prórroga.
A. Yusupov bate a S. Dolmatov: 4-4. Luego, 6,5-5,5 tras la prórroga.
A. Karpov se clasifica de oficio para los cuartos de final.
Cuartos de final:
Bruselas, Bélgica:
N. Short bate a B. Gelfand: 5-3.
A. Karpov bate a V. Anand: 4,5-3,5.
J. Timman bate a V. Kortchnoï: 4,5-2,5.
A. Yusupov bate a V. Ivantchouk: 4-4. Luego, 5,5-4,5 tras la prórroga.
Semifinales:
Linares, España:
N. Short bate a A. Karpov: 6-4.
J. Timman bate a A. Yusupov: 6-4.
Final:
San Lorenzo de El Escorial, España:
N. Short bate a J. Timman: 7,5-5,5.
Kasparov y Short crean la PCA (Professional Chess Association) y disputan su encuentro al margen de la FIDE, que los excluye y organiza otro encuentro entre Timman (finalista) y Karpov (el mejor clasificado de los semifinalistas).
► 1993, Londres, Gran Bretaña, encuentro por el título PCA:
G. Kasparov bate a N. Short: 12,5-7,5 (6 victorias, 13 tablas, 1 derrota).
► 1993, Zwolle, Arnhem, Amsterdam (Holanda) y Yakarta (Indonesia), encuentro por el título FIDE:
A. Karpov bate a J. Timman: 12,5-8,5 (6 victorias, 13 tablas, 2 derrotas).

1992-1994-1995, encuentros de los Candidatos. Ciclo PCA.
Cuartos de final:
Nueva York, Estados Unidos:
N. Short bate a B. Gulko: 4-4. Luego, 6,5-5,5 tras la prórroga.
M. Adams bate a S. Tiviakov: 4-4. Luego, 6,5-5,5 tras la prórroga.
V. Anand bate a O. Romanichine: 5-2.
G. Kamsky bate a V. Kramnik: 4,5-1,5.
Semifinales:
Linares, España:
G. Kamsky bate a N. Short: 5,5-1,5.
V. Anand bate a M. Adams: 5,5-1,5.
Final:
Las Palmas, España:
V. Anand bate a G. Kamsky: 6,5-4,5.
► 1995, Londres, Gran Bretaña, encuentro por el título PCA:
G. Kasparov bate a V. Anand: 10,5-7,5 (4 victorias, 13 tablas, 1 derrota).

1994-1995, encuentros de los Candidatos. Ciclo FIDE.
Octavos de final:
Wijk aan Zee, Holanda:
V. Kramnik bate a L. Youdassine: 4,5-2,5.
V. Anand bate a A. Yusupov: 4,5-2,5.
J. Timman bate a J. Lautier: 4,5-3,5.
B. Gelfand bate a M. Adams: 5-3.
V. Salov bate a A. Khalifman: 5-1.
G. Kamsky bate a P. Van der Sterren: 4,5-2,5.
A. Karpov se clasifica de oficio para las semifinales.
Cuartos de final:
Sanghi Nagar, India:
V. Salov bate a J. Timman: 4,5-3,5.
B. Gelfand bate a V. Kramnik: 4,5-3,5.
G. Kamsky bate a V. Anand: 4-4. Luego, 6-4 tras la prórroga.

Semifinales:
Linares, España:
A. Karpov bate a B. Gelfand: 6-3.
G. Kamsky bate a V. Salov: 5,5-1,5.
► 1996, Elista, Rusia, encuentro por el título FIDE:
A. Karpov bate a G. Kamsky: 10,5-7,5 (6 victorias, 9 tablas, 3 derrotas).

Campeonato del mundo por correspondencia

1950-1953: 1er campeonato.
1° C.J.S. Purdy (Australia), 10,5/13;
2° H. Malgren, 10;
3° M. Napolitano, 10.

1956-1959: 2° campeonato.
1° V.V. Ragozin (URSS), 11/14;
2° L. Endzelins, 10,5;
3° L. Schmid, 10,5.

1959-1962: 3er campeonato.
1° A. O'Kelly de Galway (Bélgica), 6,5/9;
2° P. Doubinine, 6;
3° A. Lundqvist, 5,5.

1962-1965: 4° campeonato.
1° V. Zagorovski (URSS) 9,5/12;
2° G. Borissenko, 8,5;
3° R. Arlauskas, 7,5.

1965-1968: 5° campeonato.
1° H. Berliner (Estados Unidos), 14/16;
2° J. Hybl, 11;
3° K. Husak, 11.

1968-1971: 6° campeonato.
1° H. Rittner (RDA), 12,5/15;
2° V. Zagorovski, 12;
3° J. Estrine, 10.

1972-1976: 7° campeonato.
1° J. Estrine (URSS), 12/16;
2° J. Boey, 11,5;
3° V. Zagorovski, 11.

1975-1980: 8° campeonato.
1° J. Sloth (Dinamarca), 11/14;
2° V. Zagorovski, 11;
3° W.T. Kosenkov, 10,5.

413

1977-1983: 9° campeonato.
1° T.O. Oim (URSS), 13/16;
2° F. Baumbach, 12,5;
3° A.J. Mikhaïlov, 12,5.

1978-1984: 10° campeonato.
1° V.V. Palciauskas (Estados Unidos), 11,5/15;
2° J.S. Morgado, 10,5;
3° K. Richardson, 10.

1986-1992: 11° campeonato.
1° G. Sanakoev (Rusia), 11,5/15.

1993-1997: 12° campeonato.
1° M. Oumanski (Rusia), 12/15.

Campeonato del mundo femenino

Antes de la segunda guerra mundial, el título de campeona del mundo se disputaba en torneo y, en los primeros años, coincidiendo con las Olimpiadas masculinas. Después, se instauró un sistema similar al del campeonato masculino.

1927, Londres, Gran Bretaña.
1ª V. Menchik, 10,5/11;
2ª K. Beskow, 9;
3ª P. Wolff-Klamar, 7.

1930, Hamburgo, Alemania.
1ª V. Menchik, 6,5/8;
2ª P. Wolff-Klamar, 5,5;
3ª W. Henschel, 4,5.

1931, Praga, Checoslovaquia.
1ª V. Menchik, 8/8;
2ª P. Wolff-Klamar, 4;
3ª A. Stevenson, 3,5.

1933, Folkestone, Gran Bretaña.
1ª V. Menchik, 12/12;
2ª E.C. Price, 4;
3ª D. Heelchrist.

1934, Rotterdam, Holanda.
Encuentro por el título: V. Menchik bate a S. Graf por 3-1.

1935, Varsovia, Polonia.
1ª V. Menchik, 9/9;

2ª R. Herletska, 6,5;
3ª G. Harum, 6.

1937, Semmering, Austria.
Encuentro por el título:
V. Menchik bate a S. Graf por 11,5-4,5.

1937, Estocolmo, Suecia.
1ª V. Menchik, 14/14;
2ª C. Benini, 10;
3ªs S. Graf y M. Lauberte.

1939, Buenos Aires, Argentina.
1ª V. Menchik, 18/19;
2ª S. Graf, 16;
3ª B. Carrasco.

1950, Moscú, URSS.
1ª L. Rudenko, 11,5/15;
2ª O. Rubzova, 10,5;
3ªs V. Borissenko y E. Bykova, 10.

1953, Moscú, URSS.
E. Bykova bate a L. Rudenko: 8-6.

1956, Moscú, URSS.
Encuentro triangular. 1ª O. Rubzova, 10/16; 2ª E. Bykova, 9,5; 3ª L. Rudenko, 4,5.

1958, Moscú, URSS.
Encuentro de revancha. E. Bykova bate a O. Rubzova: 8,5-5,5.

1960, Moscú, URSS.
E. Bykova bate a K. Zvorikina: 8,5-4,5.

1962, Moscú, URSS.
N. Gaprindashvili bate a E. Bykova: 9-2.

1965, Riga, URSS.
N. Gaprindashvili bate a A. Kouchnir: 9-2.

1969, Tbilisi y Moscú, URSS.
N. Gaprindashvili bate a A. Kouchnir: 8,5-4,5.

1972, Riga, URSS.
N. Gaprindashvili bate a A. Kouchnir: 8,5-7,5.

1975, Tbilisi, URSS.
N. Gaprindashvili bate a N. Aleksandria: 8,5-7,5.

1978, Picunda, URSS.
M. Tchibourdanitzé bate a N. Gaprindashvili: 8,5-6,5.

1981, Tbilisi, URSS.
M. Tchibourdanitzé y N. Aleksandria empatan: 8-8. La campeona conserva el título.

1984, Volgogrado, URSS.
M. Tchibourdanitzé bate a I. Levitina: 8-5.

1986, Sofía (Bulgaria) y Boriomi (URSS).
M. Tchibourdanitzé bate a E. Akhrnilovskaia: 8,5-5,5.

1988, Telavi, URSS.
M. Tchibourdanitzé bate a N. Iosselani: 8,5-7,5.

1991, Manila, Filipinas.
W. Xie Jun bate a M. Tchibourdanitzé: 8,5-6,5.

1993, Montecarlo, Mónaco.
W. Xie Jun bate a N. Iosselani: 8,5-2,5.

1996, Linares, España.
Z. Polgar bate a W. Xie Jun: 8,5-4,5.

Campeonato del mundo junior

1951, Birmingham, Gran Bretaña.
B. Ivkov (Yugoslavia).

1953, Copenhague, Dinamarca.
O. Panno (Argentina).

1955, Anvers, Bélgica.
B. Spassky (URSS).

1957, Toronto, Canadá.
W. Lombardy (Estados Unidos).

1959, Münchenstein, Suiza.
C. Bielicky (Argentina).

1961, La Haya, Holanda.
B. Parma (Yugoslavia).

1963, Vrnjacka Banja, Yugoslavia.
F. Gheorghiu (Rumanía).

1965, Barcelona, España.
B. Kurajica (Yugoslavia).

1967, Jerusalén, Israel.
J. Kaplan (Puerto Rico).

1969, Estocolmo, Suecia.
A. Karpov (URSS).

1971, Atenas, Grecia.
W. Hug (Suiza).

1973, Teesside, Gran Bretaña.
A. Beliavski (URSS).

1974, Manila, Filipinas.
A. Miles (Inglaterra).

1975, Tjentiste, Yugoslavia.
V. Tchekhov (URSS).

1976, Groninga, Holanda.
M. Diesen (Estados Unidos).

1977, Innsbrück, Austria.
A. Yusupov (URSS).

1978, Graz, Austria.
S. Dolmatov (URSS).

1979, Skien, Noruega.
Y. Seirawan (Estados Unidos).

1980, Dortmund, Alemania.
G. Kasparov (URSS).

1981, México, México.
O. Cvitan (Yugoslavia).

1982, Copenhague, Dinamarca.
A. Sokolov (URSS).

1983, Belfort, Francia.
K. Georgiev (Bulgaria).

1984, Kiljava, Finlandia.
C. Hansen (Dinamarca).

1985, Sharjah, Emiratos Árabes Unidos.
M. Dlugy (Estados Unidos).

1986, Gausdal, Noruega.
W. Arencibia (Cuba).

1987, Baguio City, Filipinas.
V. Anand (India).

1988, Adelaida, Australia.
J. Lautier (Francia).

1989, Tunja, Colombia.
V. Spasov (Bulgaria).

1990, Santiago, Chile.
I. Gurevitch (Estados Unidos).

1991, Mamaia, Rumanía.
V. Akopian (URSS).

1992, Buenos Aires, Argentina.
P. Zarnicki (Argentina).

1993, Kozhikode, India.
I. Miladinovic (Yugoslavia).

1994, Mathinos, Brasil.
H. Gretarsson (Islandia).

1995, Halle, Alemania.
R. Slobodjan (Alemania).

1996, Medellín, Colombia.
E. Sutovskij (Israel).

Campeonato de Europa junior

En Groninga, Holanda, hasta 1987.

1972. G. Sax (Hungría).
1973. O. Romanichine (URSS).
1974. S. Makarichev (URSS).
1975. J. Nunn (Inglaterra).
1976. A. Kotchiev (URSS).
1977. L. Ftacnik (Checoslovaquia).
1978. S. Taulbut (Inglaterra).
1979. J. Van der Wiel (Holanda).
1980. A. Tchernine (URSS).
1981. R. Akesson (Suecia).
1982. C. Hansen (Dinamarca).
1983. J. Ehlvest (URSS).
1984. V. Salov (URSS).
1985. F. Hellers (Suecia).
1986. A. Khalifman (URSS).
1987. V. Ivantchouk (URSS).

En Arnhem, Holanda, hasta 1991.
1988. B. Gelfand (URSS).
1989. A. Dreïev (URSS).
1990. G. Serper (URSS).
1991. R. Djurhuos (Noruega).

1992. Sas Van Gent, Bélgica.
A. Aleksandrov (Bielorrusia).

1993, Vejen, Dinamarca.
V. Borovikov (Rusia).

1995, Holon, Israel.
J. Shulman (Bulgaria).

1996, Siofok, Hungría.
A. Shariyazdanov (Rusia).

Campeonato del mundo para veteranos

Competición disputada en forma de *open* con el sistema suizo.

1991, Bad Wörischen, Alemania.
V. Smyslov (Rusia).

1992, Bad Wörischen, Alemania.
E. Geller (Rusia).

1993, Bad Wilbad, Alemania.
M. Taïmanov (Rusia).

1994, Bienne, Suiza.
M. Taïmanov (Rusia).

1995, Bad Liebenzell, Alemania.
E. Vassioukov (Rusia).

1996, Bad Liebenzell, Alemania.
A. Souétine (Rusia).

Olimpiadas

1927, Londres, Gran Bretaña (16 equipos).
1. Hungría (G. Maroczy, G. Nagy, A. Vaida, A. Steiner, K. Havasi), 40 puntos.
2. Dinamarca, 38,5 puntos.
3. Inglaterra, 36,5 puntos.

415

1928, La Haya, Holanda (17 equipos).
1. Hungría (G. Nagy, A. Steiner,
A. Vajda, K. Havasi,), 44 puntos.
2. Estados Unidos, 39,5 puntos.
3. Polonia, 37 puntos.

1930, Hamburgo, Alemania
(18 equipos).
1. Polonia (A. Rubinstein,
X. Tartacower, D. Przepioka,
K. Makarczyk, P. Frydman),
48,5 puntos.
2. Hungría, 47 puntos.
3. Alemania, 44,5 puntos.

1931, Praga, Checoslovaquia
(19 equipos).
1. Estados Unidos (I. Kashdan,
F. Marshall, A. Dake, I. Horowitz,
H. Steiner), 48 puntos.
2. Polonia, 47 puntos.
3. Checoslovaquia, 46,5 puntos.

1933, Folkestone, Gran Bretaña
(15 equipos).
1. Estados Unidos (I. Kashdan,
F. Marshall, R. Fine, A. Dake,
Simonson), 39 puntos.
2. Checoslovaquia, 37,5 puntos.
3. Suecia, 34 puntos.

1935, Varsovia, Polonia
(20 equipos).
1. Estados Unidos (R. Fine,
F. Marshall, A. Kupchik, A. Dake,
I. Horowitz),
54 puntos.
2. Suecia, 48,5 puntos.
3. Polonia, 47 puntos.

1937, Estocolomo, Suecia
(19 equipos).
1. Estados Unidos (S. Reshevsky,
R. Fine, I. Kashdan, F. Marshall,
I. Horowitz), 54,5 puntos.
2. Hungría, 48,5 puntos.
3. Polonia, 47 puntos.

1939, Buenos Aires, Argentina
(26 equipos).
1. Alemania (E. Eliskases, P. Michel,
L. Engels, Becker, Reinhardt),
36 puntos.
2. Polonia, 35,5 puntos.
3. Estonia, 33,5 puntos.

1950, Dubrovnik, Yugoslavia
(16 equipos).
1. Yugoslavia (Z. Gligoric, V. Pirc,
P. Trifunovic, B. Rabar, M. Vidmar
junior, S. Puc), 45,5 puntos.
2. Argentina, 43,5 puntos.
3. RFA, 40,5 puntos.

1952, Helsinki, Finlandia
(25 equipos).
1. URSS (P. Kérès, V. Smyslov,
D. Bronstein, E. Geller,
I. Boleslavski, A. Kotov), 21 puntos.
2. Argentina, 19,5 puntos.
3. Yugoslavia, 19 puntos.

1954, Amsterdam, Holanda
(26 equipos).
1. URSS (M. Botvinnik, V. Smyslov,
D. Bronstein, P. Kérès, E. Geller,
A. Kotov), 34 puntos.
2. Argentina, 27 puntos.
3. Yugoslavia, 26,5 puntos.

1956, Moscú, URSS
(34 equipos).
1. URSS (M. Botvinnik, V. Smyslov,
P. Kérès, D. Bronstein,
M. Taïmanov, E. Geller), 34 puntos.
2. Yugoslavia, 26,5 puntos.
3. Hungría, 26,5 puntos.

1958, Munich, Alemania
(36 equipos).
1. URSS (M. Botvinnik, V. Smyslov,
P. Kérès, D. Bronstein, M. Tal,
T. Petrossian), 34,5 puntos.
2. Yugoslavia, 29 puntos.
3. Argentina, 25,5 puntos.

1960, Leipzig, Alemania
(40 equipos).
1. URSS (M. Tal, M. Botvinnik,
P. Kérès, V. Kortchnoï, V. Smyslov,
T. Petrossian), 34 puntos.
2. Estados Unidos, 29 puntos.
3. Yugoslavia, 27 puntos.

1962, Varna, Bulgaria
(37 equipos).
1. URSS (M. Botvinnik,
T. Petrossian, B. Spassky, P. Kérès,
E. Geller, M. Tal), 31,5 puntos.
2. Yugoslavia, 28 puntos.
3. Argentina, 26 puntos.

1964, Tel-Aviv, Israel (50 equipos).
1. URSS (T. Petrossian,
M. Botvinnik, V. Smyslov, P. Kérès,
L. Stein, B. Spassky), 36,5 puntos.
2. Yugoslavia, 32 puntos.
3. RFA, 30,5 puntos.

1966, La Habana, Cuba
(52 equipos).
1. URSS (T. Petrossian, B. Spassky,
M. Tal, L. Stein, V. Kortchnoï,
L. Polougaïevski), 39,5 puntos.
2. Estados Unidos, 34,5 puntos.
3. Hungría, 33,5 puntos.

1968, Lugano, Suiza (53 equipos).
1. URSS (T. Petrossian, B. Spassky,
V. Kortchnoï, E. Geller,
L. Polougaïevski, V. Smyslov),
39,5 puntos.
2. Yugoslavia, 31 puntos.
3. Bulgaria, 30 puntos.

1970, Siegen, Alemania
(60 equipos).
1. URSS (B. Spassky, T. Petrossian,
V. Kortchnoï, L. Polougaïevski,
V. Smyslov, E. Geller), 27,5 puntos.
2. Hungría, 26,5 puntos.
3. Yugoslavia, 26 puntos.

1972, Skopje, Yugoslavia
(63 equipos).
1. URSS (T. Petrossian, V. Kortchnoï,
V. Smyslov, M. Tal, A. Karpov),
42 puntos.
2. Hungría, 40,5 puntos.
3. Yugoslavia, 38 puntos.

1974, Niza, Francia (73 equipos).
1. URSS (A. Karpov, V. Kortchnoï,
B. Spassky, T. Petrossian, M. Tal,
G. Konzmine), 46 puntos.
2. Yugoslavia, 37,5 puntos.
3. Estados Unidos, 36,5 puntos.

1976, Haifa, Israel
(48 equipos, boicot del bloque
del Este).
1. Estados Unidos (R. Byrne,
L. Evans, L. Kavalek, J. Tarjan,
W. Lombardy, K. Commons),
37 puntos.
2. Holanda, 36,5 puntos.
3. Inglaterra, 35,5 puntos.

1978, Buenos Aires, Argentina
(66 equipos).
1. Hungría (L. Portisch, Z. Ribli,
G. Sax, A. Adorjan, I. Csom,
L. Vadasz), 37 puntos.
2. URSS, 36 puntos.
3. Estados Unidos, 35 puntos.

1980, La Valetta, Malta
(82 equipos).
1. URSS (A. Karpov,
L. Polougaïevski, M. Tal, E. Geller,
Y. Balashov, G. Kasparov),
39 puntos.
2. Hungría, 39 puntos.
3. Yugoslavia, 35 puntos.

1982, Lucerna, Suiza
(92 equipos).
1. URSS (A. Karpov, G. Kasparov,
L. Polougaïevski, A. Beliavski,
M. Tal, A. Yusupov), 42,5 puntos.
2. Checoslovaquia, 36 puntos.
3. Estados Unidos, 35,5 puntos.

1984, Tesalónica, Grecia
(88 equipos).
1. URSS (A. Beliavski,
L. Polougaïevski, R. Vaganian,
V. Tukmakov, A. Yusupov,
A. Sokolov), 41 puntos.
2. Inglaterra, 37 puntos.
3. Estados Unidos, 35 puntos.

1986, Dubai, Emiratos Árabes
Unidos (108 equipos).
1. URSS (G. Kasparov, A. Karpov,
A. Sokolov, A. Yusupov,
R. Vaganian, V. Tchekovski),
40 puntos.
2. Inglaterra, 39,5 puntos.
3. Estados Unidos, 34,5 puntos.

1988, Tesalónica, Grecia
(107 equipos).
1. URSS (G. Kasparov, A. Karpov,
A. Yusupov, A. Beliavski, J. Ehlvest,
V. Ivantchouk),
40,5 puntos.
2. Inglaterra, 34,5 puntos.
3. Holanda, 34,5 puntos.

1990, Novi Sad, Yugoslavia
(107 equipos).
1. URSS (V. Ivantchouk, B. Gelfand,

A. Beliavski, A. Yusupov,
L. Youdassine, E. Bareïev),
39 puntos.
2. Estados Unidos, 35,5 puntos.
3. Inglaterra, 35,5 puntos.

1992, Manila, Filipinas
(102 equipos).
1. Rusia (G. Kasparov, A. Khalifman,
S. Dolmatov, A. Dreïev, V. Kramnik,
A. Vijmanavine), 39 puntos.
2. Uzbekistán, 35 puntos.
3. Armenia, 34,5 puntos.

1994, Moscú, Rusia
(124 equipos).
1. Rusia 1 (G. Kasparov, V. Kramnik,
E. Bareïev, A. Dreïev, E. Tiviakov,
P. Svidler), 37,5 puntos.
2. Bosnia-Herzegovina, 34,5 puntos.
3. Rusia 2 e Inglaterra, 34,5 puntos.

1996, Ereván, Armenia
(114 equipos).
1. Rusia (G. Kasparov, V. Kramnik,
A. Dreïev, P. Svidler, E. Bareïev
S. Roublevski), 38,5 puntos.
2. Ucrania, 35 puntos.
3. Estados Unidos, 34 puntos.

Olimpiadas
femeninas

1957, Emmen, Suiza
(21 equipos).
1. URSS, 10,5 puntos.
2. Rumanía, 10,5 puntos.
3. RDA, 10 puntos.

1963, Split, Yugoslavia
(15 equipos).
1. URSS, 25 puntos.
2. Yugoslavia, 24,5 puntos.
3. RDA, 21 puntos.

1966, Oberhausen, Alemania
(14 equipos).
1. URSS, 22 puntos.
2. Rumanía, 20,5 puntos.
3. RDA, 17 puntos.

1969, Lublin, Polonia (15 equipos).
1. URSS, 26 puntos.

2. Hungría, 20,5 puntos.
3. Checoslovaquia, 19 puntos.

1972, Skopje, Yugoslavia
(23 equipos).
1. URSS, 11,5 puntos.
2. Rumanía, 8 puntos.
3. Hungría, 8 puntos.

1974, Medellín, Colombia
(26 equipos).
1. Rumanía, 13,5 puntos.
2. URSS, 13,5 puntos.
3. Bulgaria, 13 puntos.

1976, Haifa, Israel
(23 equipos, boicot del
bloque del Este).
1. Israel, 17 puntos.
2. Inglaterra, 11,5 puntos.
3. España, 11,5 puntos.

1978, Buenos Aires, Argentina
(32 equipos).
1. URSS, 16 puntos.
2. Hungría, 11 puntos.
3. RDA, 11 puntos.

1980, La Valetta, Malta
(42 equipos).
1. URSS, 32,5 puntos.
2. Hungría, 32 puntos.
3. Polonia, 26,5 puntos.

1982, Lucerna, Suiza
(45 equipos).
1. URSS, 33 puntos.
2. Rumanía, 30 puntos.
3. Hungría, 26 puntos.

1984, Tesalónica, Grecia
(51 equipos).
1. URSS, 32 puntos.
2. Bulgaria, 27,5 puntos.
3. Rumanía, 27 puntos.

1986, Dubai, Emiratos Árabes
Unidos (49 equipos).
1. URSS, 33,5 puntos.
2. Hungría, 29 puntos.
3. Rumanía, 28 puntos.

1988, Tesalónica, Grecia
(56 equipos).
1. Hungría, 33 puntos.

417

2. URSS, 32,5 puntos.
3. Yugoslavia, 28 puntos.

1990, Novi Sad, Yugoslavia (164 equipos).
1. Hungría, 35 puntos.
2. URSS, 35 puntos.
3. China, 29 puntos.

1992, Manila, Filipinas (37 equipos)
1. Ucrania, 13,5 puntos.
2. Georgia, 13 puntos.
3. Azerbayán, 12,5 puntos.

1994, Moscú, Rusia (81 equipos).
1. Georgia, 32 puntos.
2. Hungría, 31 puntos.
3. China, 27 puntos.

1996, Ereván, Armenia (74 equipos).
1. Georgia, 30 puntos.
2. China, 28,5 puntos.
3. Rusia, 28,5 puntos.

Campeonato del mundo por equipos

Se disputa en 9 rondas, con equipos de 6 jugadores y dos suplentes en 1985, y después con equipos de 4 jugadores y dos suplentes en 1989 y 1993. Se celebra en Lucerna, Suiza.

1985 (9 países, más un equipo para África).
1. URSS (A. Karpov, A. Yusupov, R. Vaganian, A. Sokolov, A. Beliavski, V. Smyslov, A. Tchernine, L. Polougaïevski), 37,5 puntos.
2. Hungría, 34,5 puntos.
3. Inglaterra, 30,5 puntos.

1989 (9 países, más un equipo para África).
1. URSS (A. Karpov, A. Beliavski, J. Ehlvest, R. Vaganian, V. Ivantchouk, M. Gurevitch), 27,5 puntos.
2. Yugoslavia, 22,5 puntos.
3. Inglaterra, 21,5 puntos.

1993 (10 países).
1. Estados Unidos (G. Kamsky, A. Yermolinsky, B. Gulko, G. Kaidanov, J. Benjamin, L. Christiansen), 22,5 puntos.
2. Ucrania, 21 puntos.
3. Rusia, 20,5 puntos.

1997 (10 países).
1. Rusia (E. Bareïev, P. Svidler, A. Khalifman, S. Rublevsky, A. Dreïev, U. Sviaginsev), 23,5 puntos.
2. Estados Unidos, 23 puntos.
3. Armenia, 21 puntos.

Campeonato de Europa

1957, Viena, Austria (4 equipos).
1. URSS, 41 puntos.
2. Yugoslavia, 34 puntos.
3. Checoslovaquia, 24,5 puntos.
4. RDA, 20,5 puntos.

1961. Oberhausen, Alemania (6 equipos).
1. URSS, 74,5 puntos.
2. Yugoslavia, 58,5 puntos.
3. Hungría, 53 puntos.

1965, Hamburgo, Alemania (6 equipos).
1. URSS, 66 puntos.
2. Yugoslavia y Hungría, 57 puntos.

1970, Kapfenberg, Austria (8 equipos).
1. URSS, 52,5 puntos.
2. Hungría, 41 puntos.
3. RDA, 39,5 puntos.

1973, Bath, Gran Bretaña (8 equipos).
1. URSS, 40,5 puntos.
2. Yugoslavia, 34 puntos.
3. Hungría, 33 puntos.

1977, Moscú, URSS (8 equipos).
1. URSS, 41,5 puntos.
2. Hungría, 31 puntos.
3. Yugoslavia, 30 puntos.

1980, Skara, Suecia (8 equipos).
1. URSS, 36,5 puntos.
2. Hungría, 29 puntos.
3. Inglaterra, 28,5 puntos.

1983, Plodiv, Bulgaria (8 equipos).
1. URSS, 38 puntos.
2. Yugoslavia, 33 puntos.
3. Hungría, 31 puntos.

1989, Haifa, Israel (28 equipos).
1. URSS, 36 puntos.
2. Yugoslavia, 33 puntos.
3. RDA, 31,5 puntos.

1992, Debrecen, Hungría (40 equipos).
1. Rusia, 25 puntos.
2. Ucrania, 22,5 puntos.
3. Inglaterra, 21,5 puntos.

1997, Pula, Croacia (34 equipos).
1. Inglaterra, 22,5 puntos.
2. Rusia, 22,5 puntos.
3. Armenia, 22 puntos.

Los encuentros URSS- «resto del mundo»

Dos encuentros, en 1970 y 1984, enfrentaron a un equipo «resto del mundo» contra la armada soviética. La URSS ganó en ambas ocasiones, pero por un apretado resultado. En 1970, el equipo «resto del mundo» sorprendió con sus 4 victorias en los 4 tableros principales, lo que se consideró un signo precursor del triunfo que Fischer conseguiría dos años más tarde frente a Spassky.

1970, Belgrado, Yugoslavia.
La URSS bate al equipo «resto del mundo»: 20,5/19,5.
Encuentro disputado con 10 tableros en cuatro rondas (el primer jugador es soviético).
1er tablero:
B. Spassky - B. Larsen: 1,5-1,5;
L. Stein - B. Larsen (ronda 3): 0-1.
2º tablero:
T. Petrossian - R. Fischer: 1-3.

3er tablero:
V. Kortchnoï - L. Portisch: 1,5-2,5.
4° tablero:
L. Polougaïevski - V. Hort: 1,5-2,5.
5° tablero:
E. Geller - Z. Gligoric: 2,5-1,5.
6° tablero:
V. Smyslov - S. Reshevsky: 1,5-1,5;
V. Smyslov - F. Olafsson (ronda 4): 1-0.
7° tablero:
M. Taïmanov - W. Uhlmann: 2,5-1,5.
8° tablero:
M. Botvinnik - M. Matulovic: 2,5-1,5.
9° tablero:
M. Tal - M. Najdorf: 2-2.
10° tablero:
P. Kérès - B. Ivkov: 3-1.

1984, Londres, Gran Bretaña.
La URSS bate al equipo «resto del mundo»: 21/19.
Encuentro con 10 tableros en cuatro rondas (el primer jugador es soviético).
1er tablero:
A. Karpov - U. Andersson: 2,5-1,5.
2° tablero:
G. Kasparov - J. Timman: 2,5-1,5.
3er tablero:
L. Polougaïevski - V. Kortchnoï 1-2;
V. Tukmakov - V. Kortchnoï (ronda 4): 0,5-0,5.
4° tablero:
V. Smyslov - L. Ljubojevic (rondas 1 y 4): 0,5-1,5;
V. Tukmakov - L. Ljubojevic (rondas 2 y 3): 1,5-0,5.
5° tablero:
R. Vaganian - Z. Ribli: 1,5-2,5.

6° tablero:
A. Beliavski - Y. Seirawan (rondas 1 y 2) 2-0;
A. Beliavski - B. Larsen (rondas 3 y 4): 0,5-1,5.
7° tablero:
M. Tal - J. Nunn (rondas 1 y 3): 1,5-0,5;
O. Romanichine - J. Nunn (ronda 2): 0,5-0,5;
M. Tal - M. Chandler (ronda 4): 0,5-0,5.
8° tablero:
I. Razuvaïev - R. Hübner: 2-2.
9° tablero:
A. Yusupov - A. Miles: 1,5-1,5;
O. Romanichine - A. Miles (ronda 4): 0,5-0,5.
10° tablero:
A. Sokolov - E. Torre: 2-1;
O. Romanichine - M. Chandler (ronda 3): 0,5-0,5.

419

Las reglas oficiales del ajedrez

*Las reglas del ajedrez, establecidas por la FIDE,
abarcan el conjunto de las circunstancias del juego
que se pueden dar a lo largo de un torneo.*

El texto inglés constituye la versión original de las reglas de juego del ajedrez, tal como fue aprobada en el 67 Congreso de la FIDE que se celebró en septiembre-octubre de 1996, en Ereván. Entraron en vigor el 1 de julio de 1997.

En estas reglas, los términos «jugador» y «él» deben entenderse tanto en sentido masculino como femenino.

Introducción

Las reglas del ajedrez no pueden abarcar todas las situaciones susceptibles de aparecer durante una partida, ni tampoco regular todas las cuestiones administrativas. En los casos no contemplados explícitamente por un artículo de las reglas, se impone aplicar una decisión correcta por analogía con las situaciones que sí se tratan en ellas. Estas reglas dan por supuesto que los árbitros poseen la competencia, el buen criterio y la absoluta objetividad que la situación requiere. Un reglamento excesivamente detallado constreñiría la libertad de apreciación de los árbitros, y les impediría hallar la solución dictada por la lógica, la ecuanimidad y la consideración de factores especiales. La FIDE solicita a todos los jugadores y a todas las federaciones de ajedrez que acepten este criterio.

Las federaciones que ya apliquen –o quieran aplicar– reglas más detalladas pueden hacerlo, siempre que:
a) no contradigan en absoluto las reglas oficiales de la FIDE;
b) se limiten a los territorios que dependan de tales federaciones;
c) no se apliquen durante los encuentros, campeonatos o pruebas clasificatorias de la FIDE, ni en torneos que

puedan servir para la clasificación o la obtención de un título de la FIDE.

Las reglas del juego

Artículo 1: Naturaleza y objetivos del ajedrez

1.1. El ajedrez se juega entre dos contendientes que mueven alternativamente sus piezas sobre una superficie cuadrada llamada «tablero». El jugador que tiene las piezas blancas inicia la partida. Se dice que a un jugador «le toca jugar» cuando el oponente ha completado su jugada.

1.2. El objetivo de cada jugador es poner al rey contrario en «jaque», de manera que el adversario carezca de cualquier jugada legal capaz de impedir la captura del rey en la siguiente jugada. Cuando un jugador consigue esta posición, se dice que ha dado «mate» al adversario, y gana la partida. El jugador que ha recibido el mate pierde la partida.

1.3. Si la posición impide que ningún jugador pueda dar mate, la partida es tablas.

Artículo 2: La posición inicial de las piezas en el tablero

2.1. El tablero se compone de 64 casillas de idénticas dimensiones y alternativamente claras (casillas blancas) y oscuras (casillas negras). El tablero se coloca entre los dos jugadores de manera que la casilla correspondiente al ángulo derecho de cada uno de ellos sea blanca.

2.2. Al comienzo de la partida, un jugador tiene dieciséis piezas claras (piezas «blancas»), y el otro dieciséis piezas oscuras (piezas «negras»).

Estas piezas son las siguientes:

Un rey blanco representado usualmente por el símbolo

Una dama blanca representada usualmente por el símbolo

Dos torres blancas representadas usualmente por el símbolo

Dos alfiles blancos representados usualmente por el símbolo

Dos caballos blancos representados usualmente por el símbolo

Ocho peones blancos representados usualmente por el símbolo

Un rey negro representado usualmente por el símbolo

Una dama negra representada usualmente por el símbolo

Dos torres negras representadas usualmente por el símbolo

Dos alfiles negros representados usualmente por el símbolo

Dos caballos negros representados usualmente por el símbolo

Ocho peones negros representados usualmente por el símbolo

2.3. La posición inicial de las piezas en el tablero es la siguiente:

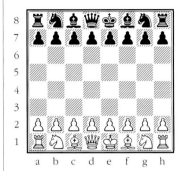

2.4. Las ocho hileras de casillas verticales se llaman «columnas». Las ocho hileras de casillas horizontales se llaman «filas». Una línea recta de casillas del mismo color, enlazadas por los ángulos, se llama «diagonal».

Artículo 3: El movimiento de las piezas

3.1. Ninguna pieza puede desplazarse a una casilla ocupada por otra pieza del mismo color. Si una pieza se desplaza a una casilla ocupada por una pieza enemiga, captura a ésta; el jugador que realiza la jugada debe retirar inmediatamente la pieza capturada del tablero. Según los artículos 3.2-3.5, se dice que una pieza amenaza a una casilla cuando puede realizar una eventual captura en la misma.

3.2. *a)* La dama se puede desplazar a cualquier casilla de la columna, la fila o las diagonales en que se encuentra.

b) La torre se puede desplazar a cualquier casilla de la fila o columna en que se encuentra.

c) El alfil se puede desplazar a cualquier casilla de las diagonales en que se encuentra.

Al efectuar sus movimientos, la dama, la torre o el alfil no pueden rebasar una casilla ocupada por otra pieza.

3.3. El caballo se desplaza a una de las casillas más próximas a la que se encuentra, pero que no sea de su misma columna, fila o diagonal. No pasa directamente por ninguna casilla intermedia.

3.4. *a)* El peón se desplaza hacia adelante, a la casilla inmediatamente por delante de él en su misma columna, si está libre, o:

b) en su primer movimiento, puede avanzar dos casillas de su misma columna, siempre que estén libres, o

c) se puede desplazar en diagonal a una casilla ocupada por una pieza enemiga, situada diagonalmente frente a él en la columna contigua, y captura dicha pieza.

d) Cuando un peón ataca una casilla atravesada por otro peón enemigo que ha avanzado dos casillas en su primer movimiento, puede capturar este peón como si el mismo hubiera avanzado una sola casilla. Esta captura sólo puede hacerse como respuesta inmediata al citado avance, y se llama «captura al paso».

e) Cuando un peón alcanza la fila más alejada de su posición inicial, se debe cambiar, como parte integrante de la misma jugada, por una dama, una torre, un alfil o un caballo del mismo color. El jugador puede elegir, sin limitarse a las piezas que han sido capturadas anteriormente. El cambio de un peón por otra pieza se llama «promoción», y la pieza promocionada entra en juego de inmediato.

3.5. *a)* El rey puede desplazarse de dos formas diferentes:

i) a una de las casillas contiguas que no esté atacada por una o varias piezas enemigas;

ii) mediante el «enroque». Éste es un movimiento del rey y de una torre de su mismo color que se considera una sola jugada del rey y se efectúa del modo siguiente: el rey se desplaza dos casillas desde su posición inicial sobre la misma fila y en dirección a la torre; a continuación, la torre pasa por encima del rey a la primera casilla que éste ha franqueado.

(1) El enroque es ilegal:
[a] si el rey ya se ha movido, o
[b] si se ha movido la torre con que se pretende efectuarlo.

(2) El enroque está momentáneamente impedido:
[a] si la casilla inicial del rey, la que éste ha de atravesar o la que ocupará están atacadas por una o varias piezas enemigas;
[b] si hay cualquier pieza entre el rey y la torre con la que quiere efectuar el enroque.

b) El rey está «en jaque» si lo atacan una o varias piezas enemigas, aun cuando esas piezas no puedan moverse.

No es obligatorio anunciar el jaque. Un jugador no puede hacer un movimiento que deje a su rey en jaque.

Artículo 4: El desplazamiento de las piezas

4.1. Cada jugada debe efectuarse con una sola mano.

4.2. El jugador a quien corresponde jugar puede rectificar la posición de una o varias piezas en sus casillas, siempre que exprese antes su decisión (diciendo, por ejemplo, «compongo»).

4.3. Salvo lo dicho en el artículo precedente, si el jugador a quien corresponde jugar toca deliberadamente sobre el tablero:

a) una o más piezas del mismo color, debe mover o capturar la primera pieza tocada que pueda mover o capturar, o

b) una pieza de cada color, debe capturar la pieza enemiga con la suya o, si esto no es posible, mover o capturar la primera pieza tocada que se pueda mover o capturar. A falta de otra evidencia, se considera que el jugador ha tocado primero su propia pieza.

4.4. *a)* Si un jugador toca deliberadamente una torre y luego su rey, el caso se regulará según el artículo 4.3 y no podrá efectuar el enroque con esa torre.

421

b) Si un jugador toca primero el rey, o el rey y la torre simultáneamente, con intención de enrocarse, y el enroque en ese lado es ilegal, podrá elegir bien mover el rey, bien enrocarse con la otra torre, si esto es posible. Si el rey no tiene jugadas legales posibles, puede efectuar cualquier otra jugada legal.

4.5. Si ninguna de las piezas tocadas puede moverse o ser capturada, el jugador puede hacer cualquier otra jugada legal.

4.6. Si el adversario infringe los artículos 4.3 o 4.4, el jugador sólo puede reclamar antes de que él mismo toque deliberadamente una pieza.

4.7. Cuando se deja una pieza en una casilla, sea a resultas de una jugada legal o como parte de ésta, dicha pieza no puede desplazarse a otra casilla. La jugada se considera completada cuando se cumplen todas las condiciones del artículo 3.

Artículo 5: Partida terminada

5.1. *a*) La partida la gana el jugador que da mate al rey contrario con una jugada legal. Esto pone fin a la partida de inmediato.

b) La partida la gana el jugador cuyo adversario declara que abandona. Esto pone fin a la partida de inmediato.

5.2. La partida es tablas cuando el jugador a quien corresponde jugar no puede efectuar ningún movimiento legal y no tiene a su rey en jaque. Se dice entonces que el rey está «ahogado». Esto pone fin a la partida de inmediato.

5.3. La partida es tablas cuando los dos jugadores lo deciden de común acuerdo durante la partida. Esto pone fin a la partida de inmediato. (Véase el artículo 9.1.)

5.4. La partida puede ser tablas si la misma posición se repite por tres veces en el tablero. (Véase el artículo 9.2.)

5.5. La partida puede ser tablas si ambos jugadores han realizado las últimas 50 jugadas consecutivas sin que se haya movido ningún peón ni

capturado pieza alguna. (Véase el artículo 9.3.)

Las reglas de la competición

Artículo 6: El reloj de ajedrez

6.1. El «reloj de ajedrez» es un reloj doble, esto es, dos mecanismos de relojería con sus respectivas esferas horarias, ligados entre sí de forma que sólo uno de ellos pueda funcionar cada vez. La expresión «reloj de ajedrez» designa en este reglamento a uno de esos dos mecanismos y a su esfera.

La «caída de la bandera» significa que se ha agotado el tiempo concedido a un jugador.

6.2. Cuando se utiliza un reloj de ajedrez, cada jugador tiene que hacer cierto número de jugadas, o todas ellas, en un tiempo determinado; se puede conceder un lapso de tiempo suplementario tras cada jugada. Todo esto debe ser precisado con antelación. El tiempo que un jugador no consuma en un período del juego se añadirá al período siguiente, excepto en la modalidad «tiempo diferido».

En la modalidad «tiempo diferido», los dos jugadores reciben un «tiempo de reflexión principal». También se benefician de un «tiempo suplementario fijo» por cada jugada. El descuento del tiempo principal empieza una vez consumido el tiempo suplementario. Si el jugador detiene el reloj antes de consumir el tiempo suplementario, el tiempo de reflexión principal no varía, cualquiera que sea la proporción del tiempo suplementario utilizada.

6.3. Cada esfera tiene una «bandera». Inmediatamente después de que ésta caiga, se aplicarán las disposiciones del artículo 8.1.

6.4. El árbitro decide en qué lado se coloca el reloj de ajedrez.

6.5. En el momento fijado para el inicio de la partida, se pone en marcha el reloj del jugador que posee las piezas blancas.

6.6. Un jugador pierde la partida si no comparece ante el tablero antes de que pase una hora desde el momento fijado para el inicio de la partida (salvo que el reglamento de la competición o el árbitro decidan otra cosa).

6.7. *a*) Durante la partida, cada jugador, tras completar la jugada, detiene su reloj y pone en marcha el de su adversario. Un jugador debe tener siempre la posibilidad de detener su reloj. Mientras no lo haga, se considera que su jugada no se ha completado, salvo que la jugada efectuada ponga fin a la partida. (Véanse los artículos 5.1, 5.2 y 5.3.)

El tiempo que media entre la ejecución de la jugada en el tablero y la detención del reloj se considera parte integrante del tiempo concedido al jugador en cuestión.

b) Cada jugador debe manipular el reloj con la misma mano utilizada para efectuar la jugada. Está prohibido dejar el dedo sobre el botón o dejarlo planear sobre él.

c) Los jugadores tienen que manipular el reloj de forma correcta. Está prohibido golpearlo con violencia, cogerlo o darle la vuelta. Las manipulaciones incorrectas se penalizarán de acuerdo con el artículo 13.4.

6.8. Se considera que la bandera ha caído cuando el árbitro constata este hecho o cuando uno de los jugadores reclama en forma debida que se constate.

6.9. Al margen de lo dispuesto en los artículos 5.1, 5.2 y 5.3, pierde la partida el jugador que no realice el número de jugadas establecido en el tiempo que tiene concedido. Sin embargo, la partida es tablas si el adversario no puede dar mate con ninguna sucesión de jugadas legales (es decir, que no pueda imponerse al peor juego posible del contrario).

6.10. Toda indicación facilitada por el reloj se considera definitiva si no hay defectos evidentes. El reloj que presente un defecto evidente deberá ser remplazado forzosamente. El árbitro decidirá según su mejor criterio los tiempos que debe marcar el nuevo reloj.

6.11. Si las dos banderas han caído y al árbitro le resulta imposible determinar cuál de ellas lo hizo primero, la partida continuará.

6.12. *a*) Si hay que interrumpir la partida, el árbitro parará los relojes.

b) Un jugador puede parar ambos relojes para solicitar la presencia del árbitro.

c) El árbitro decidirá la reanudación de la partida.

6.13. Si se ha producido una irregularidad y/o si hay que volver a colocar las piezas en una posición anterior, el árbitro utilizará su mejor criterio para decidir los tiempos que debe marcar el reloj.

6.14. Se autoriza la presencia en la sala de juego de pantallas, monitores o tableros de demostración que reproduzcan la posición en curso, las jugadas y el número de ellas que se han efectuado, así como relojes que marquen también el número de jugadas. Sin embargo, ningún jugador puede efectuar reclamaciones que se apoyen en lo expuesto por estos medios.

Artículo 7: Las posiciones ilegales

7.1. *a*) Si en el curso de una partida se constata que la posición inicial de las piezas era incorrecta, se anula la partida y se juega otra nueva.

b) Si durante una partida se constata que la posición del tablero no se ajusta a lo dispuesto en el artículo 2.1, la partida continúa, pero la posición existente se transferirá a un tablero dispuesto correctamente.

7.2. Si una partida ha comenzado con los colores invertidos, deberá continuar, salvo que el árbitro decida lo contrario.

7.3. Si un jugador tira una o varias piezas, debe restablecer la posición con su propio tiempo. Si es necesario, el adversario tiene derecho a poner su reloj en marcha otra vez, para hacer que se cumpla esta regla.

7.4. Si en el curso de una partida se comprueba que se ha hecho una jugada ilegal, o que las piezas han sido desplazadas de sus casillas, se restablecerá la posición previa a la irregularidad. Si esto no fuera posible, la partida continuará a partir de la última posición identificable previa a la irregularidad. Los relojes se reajustarán según lo dispuesto en el artículo 6.13. En caso de jugada ilegal, se aplicará el artículo 4.3 a la jugada que la remplace; hecho esto, la partida continuará.

Artículo 8: La anotación de las jugadas

8.1. En el curso de la partida, cada jugador está obligado a anotar sus jugadas y las del adversario en la planilla prescrita para la competición. Debe hacerlo jugada tras jugada, de la manera más clara y legible que le sea posible y de acuerdo con el sistema de notación algebraica (anexo E).

Si lo prefiere, el jugador puede replicar a la jugada de su adversario antes de anotar; pero sólo si ha anotado su propia jugada anterior.

Ambos jugadores deben anotar en la planilla cualquier oferta de tablas que se haga durante el transcurso de la partida (anexo E.12).

Si un jugador está incapacitado para anotar, sea por razón física o religiosa, el árbitro le restará una parte del tiempo concedido al inicio de la partida.

8.2. La planilla de la partida debe permanecer a la vista del árbitro en todo momento.

8.3. Las planillas de partida son propiedad de los organizadores de la competición.

8.4. Si un jugador dispone de menos de cinco minutos en su reloj y no puede beneficiarse de un tiempo adicional de 30 segundos o más por cada jugada, no está obligado a cumplir las exigencias del artículo 8.1. El jugador debe completar la planilla inmediatamente después de la caída de una bandera.

8.5. *a*) Si, en aplicación del artículo 8.4, ninguno de los jugadores está obligado a anotar, el árbitro o su asistente deben procurar estar presentes para anotar. En este caso, el árbitro parará los relojes tras la caída de una bandera. Entonces, ambos jugadores completarán sus planillas, utilizando la del árbitro o la de su adversario.

b) Si, en aplicación del artículo 8.4, sólo uno de los jugadores no está obligado a anotar, debe completar su planilla tras la caída de una bandera. Si le toca jugar, puede utilizar la de su adversario. El jugador no puede realizar su jugada antes de completar su planilla y devolver la del adversario.

c) Si no se ha completado ninguna planilla, los jugadores deben reproducir la partida en otro tablero, bajo el control del árbitro o de su asistente, los cuales deberán anotar previamente la posición final de la partida.

8.6. Si las planillas no pueden demostrar que un jugador ha sobrepasado el tiempo preestablecido, la siguiente jugada se considerará como la primera del siguiente período de tiempo, salvo que sea evidente que se han realizado más jugadas.

Artículo 9: Las tablas

9.1. Un jugador sólo puede proponer tablas tras realizar una jugada en el tablero y antes de parar su reloj. La oferta realizada sin respetar estas condiciones es válida, pero infringe el artículo 12.5. La oferta de tablas es siempre incondicional.

En ambos casos, la oferta no se puede retirar y es válida hasta que el adversario la acepte, sea de forma oral o realizando una jugada; o bien hasta que la partida acabe de otro modo.

Cada jugador anotará la oferta de tablas en su planilla, representándola mediante el signo (=).

9.2. La partida es tablas a petición del jugador a quien corresponde jugar, cuando la misma posición, por tercera vez (no necesariamente de forma consecutiva):

423

a) va a producirse, y el jugador en cuestión anota su jugada en la planilla y declara al árbitro su intención de ejecutarla; o bien

b) acaba de producirse.

Las posiciones del tipo *a* y *b* se consideran idénticas cuando, tocándole jugar al mismo jugador, piezas iguales y del mismo color ocupan las mismas casillas y todas ellas tienen las mismas posibilidades de juego.

Las posiciones son diferentes si se puede capturar un peón al paso, o si las posibilidades de enroque no coinciden en una y otra posición.

9.3. La partida es tablas a petición del jugador a quien corresponde jugar:

a) si las últimas 50 jugadas consecutivas de cada parte se han hecho sin que se haya producido movimiento de peón ni captura de pieza, o

b) si escribe en su planilla y anuncia su intención de efectuar una jugada que implique que las últimas 50 jugadas consecutivas de cada parte se harán sin que se produzca movimiento de peón ni captura de pieza.

9.4. Si un jugador realiza una jugada sin haber reclamado tablas como lo estipulan los artículos 9.2 o 9.3, pierde tal derecho durante esa jugada.

9.5. Si un jugador reclama tablas en aplicación de los artículos 9.2 o 9.3, parará inmediatamente ambos relojes y no tendrá derecho a retirar su petición.

a) Si la petición demuestra tener fundamento, se declarará tablas de inmediato.

b) Si la petición se demuestra injustificada, el árbitro anulará la mitad del tiempo que resta en el reloj del solicitante, hasta un máximo de tres minutos, y añadirá tres minutos en el de su adversario. La partida continuará con la realización de la jugada propuesta.

9.6. La partida es tablas cuando se produce una posición que impide dar mate con cualquier sucesión de jugadas legales, sea cual sea el juego del adversario. Esto pone fin a la partida de inmediato.

Artículo 10: Los finales de partida por K.O.

10.1. Un final de partida por K.O. es la última fase de una partida en la que todas las jugadas pendientes deben realizarse en un tiempo limitado.

10.2. Si a un jugador le quedan menos de dos minutos en su reloj, puede reclamar las tablas antes de que caiga su bandera. Entonces parará su reloj y llamará al árbitro.

a) Si el árbitro considera que el adversario no hace ningún esfuerzo para ganar por medios normales, o si no hay posibilidad de ganar por medios normales, decretará tablas. En caso contrario, aplazará su decisión para más adelante.

b) En el último de los casos mencionados, el adversario tendrá dos minutos suplementarios de tiempo de reflexión, y la partida continuará en presencia del árbitro.

c) Tras tomarse un tiempo para decidir, el árbitro puede decretar tablas *a posteriori*, incluso aunque ya haya caído una bandera.

10.3. Las jugadas ilegales no implican forzosamente la pérdida de la partida. De acuerdo con el artículo 7.4, la primera y la segunda jugadas ilegales efectuadas por un jugador supondrán que el árbitro conceda dos minutos suplementarios a su adversario; la tercera jugada ilegal de este mismo jugador implicará que el árbitro lo declare perdedor.

10.4. Si las dos banderas han caído y no es posible decidir cuál lo hizo primero, la partida es tablas.

Artículo 11: La puntuación

11.1. El jugador que gana una partida recibe un punto (1), y el perdedor, cero puntos (0). En caso de tablas, cada jugador recibe medio punto (1/2).

Artículo 12: La conducta de los jugadores

12.1. A los jugadores se les exige un comportamiento ejemplar.

12.2. Durante la partida, a los jugadores les está prohibido utilizar notas u otras fuentes de información, recibir consejos o analizar la partida en otro tablero.

La planilla de la partida se utilizará exclusivamente para anotar las jugadas, los tiempos indicados por los relojes, las ofertas de tablas y los hechos relativos a una reclamación.

12.3. Durante una sesión de juego, no se pueden hacer análisis en la sala donde se desarrolla, ni por los jugadores ni por los espectadores. Los jugadores que han concluido sus partidas tienen la consideración de espectadores.

12.4. Los jugadores no pueden abandonar el «área de juego» sin permiso del árbitro. El área de juego abarca el espacio de juego, los aseos, el quiosco de bebidas, la zona para fumar situada aparte y otros emplazamientos decididos por el árbitro. El jugador a quien toca jugar no puede abandonar el espacio de juego sin permiso del árbitro.

12.5. Está prohibido distraer o molestar al adversario bajo ningún concepto; esto incluye la reiterada oferta de tablas.

12.6. La infracción de los artículos 12.2 a 12.5 (en parte o en su totalidad) dará lugar a las penalizaciones contempladas en el artículo 13.4.

12.7. Si un jugador se niega obstinadamente a respetar las reglas del juego, pierde la partida. El árbitro decidirá la puntuación de su adversario.

12.8. Si los dos jugadores son sancionados en aplicación del artículo 12.7, ambos pierden la partida.

Artículo 13: El papel del árbitro (véase la «Introducción»)

13.1. El árbitro velará por el estricto cumplimiento de las reglas de juego.

13.2. El árbitro actuará en el mejor beneficio de la competición, procurará que ésta se desarrolle en buenas condiciones, sin que nada moleste a los jugadores, y velará por la buena marcha de la competición.

13.3. El árbitro supervisará las partidas, sobre todo cuando a los jugadores les quede poco tiempo; hará que se apliquen las decisiones que tome y sancionará a los jugadores en caso necesario.

13.4. El árbitro puede imponer las siguientes sanciones:

a) una amonestación;

b) la adición de tiempo al adversario;

c) la disminución de tiempo al jugador incriminado;

d) la declaración de la pérdida de la partida;

e) la expulsión del torneo.

13.5. El árbitro puede conceder a uno o ambos jugadores un lapso de tiempo suplementario si la partida se ha visto perturbada por acontecimientos ajenos a la misma.

13.6. El árbitro no debe intervenir en la partida para indicar el número de jugadas efectuadas, salvo cuando, en aplicación del artículo 8.5, al menos un jugador ha consumido todo su tiempo. Se abstendrá de informar a un jugador que su adversario ha hecho una jugada, o que se ha olvidado de parar su reloj.

13.7. Los espectadores y los jugadores de otras partidas no deben hablar ni intervenir en forma alguna en una partida. Si es necesario, el árbitro expulsará de la sala de juego a los infractores.

Artículo 14: La FIDE

14.1. Las federaciones miembros pueden solicitar a la FIDE una decisión oficial sobre cualquier problema relativo a las reglas del juego.

ANEXOS

A. Las partidas aplazadas

1. *a*) Si una partida no ha terminado al concluir el tiempo prescrito, el árbitro exigirá al jugador a quien corresponde mover que ponga su «jugada bajo sobre». El jugador debe escribir su jugada en la planilla sin ambigüedades, meter su planilla y la del adversario en un sobre, sellar éste y, sólo entonces, detener su reloj, sin poner en marcha el del adversario. Hasta que no ha parado su reloj, el jugador conserva el derecho a modificar su jugada secreta. Si el jugador realiza su jugada en el tablero después de que el árbitro le haya dicho que la meta en el sobre, debe anotarla en la plantilla y meter ésta en el sobre.

b) Si un jugador al que le toca jugar aplaza la partida antes de que finalice la sesión, se le contará como consumido el tiempo que falta para dicha finalización.

2. En el sobre se harán constar los siguientes datos:

a) los nombres de los dos jugadores;

b) la posición existente en el momento del aplazamiento;

c) el tiempo consumido por cada jugador;

d) el nombre del jugador que ha hecho la jugada secreta;

e) el número de esta jugada;

f) la oferta de tablas, si ésta se ha efectuado antes del aplazamiento;

g) la fecha, la hora y el lugar de reanudación de la partida.

3. El árbitro comprobará la exactitud de las informaciones escritas en el sobre y asumirá la custodia de éste.

4. Si un jugador propone tablas antes de que su adversario aplace la partida, la oferta será válida hasta que este último la acepte o la rechace, tal como establece el artículo 9.1.

5. Antes de la reanudación de la partida, se restablecerá la posición existente en el momento del aplazamiento, y los relojes indicarán los tiempos consumidos por ambos jugadores.

6. La partida se da por acabada si los jugadores acuerdan tablas antes de la reanudación, o si uno de ellos notifica al árbitro que abandona.

7. El sobre sólo se abrirá en presencia del jugador que ha de contestar a la jugada secreta.

8. Salvo en los casos mencionados en los artículos 6.9 y 9.6, pierde la partida el jugador que ha puesto en el sobre una jugada

a) ambigua, o

b) falsa, de manera que sea imposible establecer su verdadero significado, o

c) ilegal.

9. Si a la hora fijada para la reanudación,

a) está presente el jugador que debe responder a la jugada secreta, se ejecuta ésta y se pone el reloj en marcha;

b) el jugador que debe responder a la jugada secreta está ausente, se pone en marcha su reloj. Cuando llegue, puede parar su reloj y llamar al árbitro. Entonces se abrirá el sobre y se ejecutará en el tablero la jugada secreta. El reloj se volverá a poner en marcha;

c) el jugador que ha puesto la jugada en el sobre está ausente, el adversario tiene derecho a anotar su respuesta en la planilla, introducir ésta en un nuevo sobre, parar su reloj y poner en marcha el del adversario, en vez de realizar su jugada de forma normal. Entregará el sobre al árbitro, para que lo guarde y lo abra cuando llegue el adversario.

10. Pierde la partida el jugador que llegue con más de una hora de retraso a la reanudación de la partida aplazada.

Sin embargo, no se aplicará esta disposición si el jugador que se retrasa es el que ha puesto la jugada en el sobre y resulta que:

a) el jugador ausente gana la partida porque el sobre contiene una jugada de mate, o

b) el jugador ausente ha provocado tablas porque su jugada secreta ahoga al rey enemigo o conduce a una de las situaciones descritas en el artículo 9.6, o

425

c) el jugador presente ante el tablero ha perdido la partida en virtud del artículo 6.9.

11. *a*) Si el sobre que contiene la jugada secreta ha desaparecido, la partida se reanudará a partir de la posición existente en el momento del aplazamiento y con los tiempos de reloj correspondientes a dicho momento. Si no se puede restablecer el tiempo consumido por cada jugador, el árbitro decidirá sobre esta cuestión. En ambos casos, el jugador que ha hecho la jugada secreta la ejecutará sobre el tablero.

b) Si resulta imposible restablecer la posición, la partida se anulará y se jugará una nueva.

12. Si en la reanudación de la partida se ha colocado un tiempo incorrecto en alguno de los relojes y un jugador lo denuncia antes de efectuar su primer movimiento, debe corregirse el error. Si éste no se denuncia a tiempo, la partida continuará sin corrección alguna, salvo que el árbitro considere que las consecuencias sean demasiado graves.

13. La duración de la sesión correspondiente a una partida aplazada será controlada por el árbitro. La hora de su comienzo y la de su terminación se anunciarán anticipadamente.

B. El juego rápido

1. Una partida rápida es aquella en la que se deben realizar todas las jugadas en un tiempo limitado, de 15 a 60 minutos.

2. La partida se desarrollará de acuerdo con las reglas de la FIDE, salvo que éstas entren en contradicción con las siguientes reglas.

3. Los jugadores no están obligados a anotar las jugadas.

4. Una vez que cada jugador haya efectuado al menos tres jugadas, no se aceptará ninguna reclamación relativa a la incorrecta colocación de una pieza, a la orientación del tablero o a la puesta en marcha del reloj.

5. El árbitro sólo aplicará los artículos 4 y 10 de las reglas del juego si uno o ambos jugadores lo reclaman.

6. Se considera que una bandera ha caído cuando un jugador lo reclama en forma debida. El árbitro se abstendrá de anunciar la caída de una bandera.

7. Para reclamar la victoria por tiempo, el solicitante debe parar los dos relojes y llamar al árbitro. La reclamación será válida si, una vez parados los relojes, su bandera sigue levantada y la de su adversario está caída.

8. Si ambas banderas están caídas, la partida será declarada tablas.

C. El ajedrez relámpago

1. Una partida de ajedrez relámpago es aquella en la que se deben realizar todas las jugadas en un tiempo límite inferior a 15 minutos.

2. La partida se desarrollará según las reglas del juego rápido descritas en el anexo B, salvo que entren en contradicción con las reglas siguientes.

3. Se realiza un movimiento ilegal cuando está funcionando el reloj del adversario. En tal caso, éste puede reclamar la victoria antes de efectuar su propia jugada. Una vez ejecutada ésta, no se puede corregir la jugada ilegal.

4. Para ganar, un jugador debe tener los «medios para dar mate». Se entiende por tal que cuente con material suficiente para llegar a una posición, eventualmente con ayuda del adversario, en la que, tocándole jugar a éste, no pueda evitar el mate en la siguiente jugada. Así, dos caballos y un rey contra un rey solo son insuficientes; por el contrario, una torre contra un caballo es material suficiente.

5. El artículo 10.2 de las reglas del juego no se aplica.

D. Los finales de partida por K.O. cuando no hay arbitraje posible

1. En las partidas que se juegan según el artículo 10, un jugador puede reclamar tablas si le quedan menos de dos minutos en el reloj y su bandera aún no caído. En caso contrario, esto pone fin a la partida. El jugador puede argumentar que:

a) el adversario no puede ganar con los medios normales, o

b) el adversario no realiza ningún esfuerzo para ganar con los medios normales.

En el primer caso, el jugador debe anotar la posición final, que será verificada por el adversario.

En el segundo caso, el jugador debe anotar la posición final y presentar una planilla completada antes de que finalice la partida. El adversario verificará la planilla y la posición final.

La reclamación se someterá al juicio de un árbitro ajeno a la competición. Su decisión será inapelable.

E. La notación algebraica

La FIDE no acepta en sus torneos y encuentros otro sistema de notación que no sea el algebraico. Asimismo, preconiza la utilización de este sistema en los libros de ajedrez y en la prensa especializada. Las planillas que empleen cualquier otro sistema de notación no serán aceptadas como prueba en los casos previstos al efecto. Si un árbitro advierte que un jugador utiliza un sistema de notación diferente al algebraico, debe comunicarle esta obligación.

Descripción de la notación algebraica:

1. Cada pieza se designa con la primera letra (mayúscula) de su nombre: Ejemplos: R = rey, D = dama, T = torre, A = alfil, C = caballo.

2. Los jugadores pueden utilizar la primera letra del nombre de la pieza que es de uso común en su idioma. Ejemplos: B = *bishop* (alfil, en inglés), L = *loper* (alfil, en holandés). En la prensa, se recomienda la utilización de dibujos para designar las piezas.

3. Los peones no se designan con su primera letra, sino que se reconocen por la ausencia de ella. Ejemplos: e4, d4, a5.

4. Las 8 columnas (de izquierda a derecha para las blancas, y de derecha a izquierda para las negras) se designan con las letras minúsculas a, b, c, d, e, f, g y h, respectivamente.

5. Las 8 filas (de abajo arriba para las blancas, y de arriba abajo para las negras) se numeran 1, 2, 3, 4, 5, 6, 7 y 8, respectivamente. En consecuencia, las piezas y los peones blancos están colocados inicialmente en las filas primera y segunda; los peones y las piezas negras están colocados en las filas séptima y octava.

6. De acuerdo con estas reglas, cada una de las 64 casillas se identifica mediante una combinación exclusiva de letra y número.

8	a8	b8	c8	d8	e8	f8	g8	h8
7	a7	b7	c7	d7	e7	f7	g7	h7
6	a6	b6	c6	d6	e6	f6	g6	h6
5	a5	b5	c5	d5	e5	f5	g5	h5
4	a4	b4	c4	d4	e4	f4	g4	h4
3	a3	b3	c3	d3	e3	f3	g3	h3
2	a2	b2	c2	d2	e2	f2	g2	h2
1	a1	b1	c1	d1	e1	f1	g1	h1
	a	b	c	d	e	f	g	h

7. El desplazamiento de una pieza se indica mediante (a) la primera letra de la misma y (b) la casilla de llegada. No hay guión entre (a) y (b). Ejemplos: Ae5, Cf3, Td1.

8. Cuando una pieza captura otra (o un peón), se intercala una cruz (x) entre (a), primera letra de la pieza en cuestión, y (b), casilla de llegada. Ejemplos: Axe5, Cxf3, Txd1.
Cuando un peón captura una pieza (o un peón), hay que indicar no sólo la casilla de llegada, sino también la columna de salida, con una cruz (x) entre ambas. Ejemplos: dxe5, gxf3, axb5.
En caso de captura «al paso», la casilla de llegada es aquella donde el peón realiza la captura al paso. A continuación de la notación se añade «a.p.».

9. Si dos piezas idénticas pueden llegar a la misma casilla, la pieza desplazada se indica así:
(1) Si ambas piezas están en la misma fila, mediante (a), primera letra de la pieza, (b), columna de partida, y (c), casilla de llegada.
(2) Si ambas piezas están en la misma columna, mediante (a), primera letra de la pieza, (b), fila de partida, y (c), casilla de llegada.
(3) Si ambas piezas están en columnas y filas diferentes, la notación preferida es la (1).
En caso de captura, se coloca una cruz (x) entre (b) y (c).
Ejemplos:
(1) Hay 2 caballos en las casillas g1 y d2, y uno de ellos va a f3. Se escribe Cgf3 o Cdf3, según el caso.
(2) Hay 2 caballos en las casillas g5 y g1, y uno de ellos va a f3. Se escribe C5f3 o C1f3, según el caso.
(3) Hay 2 caballos en las casillas h2 y d4, y uno de ellos va a f3. Se escribe Chf3 o Cdf3, según el caso.
Si hay captura en f3, los ejemplos precedentes se modifican con la inserción de una cruz: (1) Cgxf3 o Cdxf3, (2) C5xf3 o C1xf3, (3) Chxf3 o Cdxf3, según los casos.

10. Si dos peones pueden capturar la misma pieza (o el mismo peón) del adversario, el peón que se desplaza se indica mediante la letra de la columna de partida, una x y la casilla de llegada. Ejemplo: si hay 2 peones blancos en las casillas c4 y e4 y una

pieza (o un peón) negra en la casilla d5, la notación de la jugada de las blancas será cxd5 o exd5, según el caso.

11. En caso de promoción de un peón, se indica su desplazamiento, seguido inmediatamente por la primera letra de la pieza promocionada. Ejemplos: d8D, f8C, b1A, g1T.

12. Una oferta de tablas se anota así: (=).

Principales abreviaturas:
0-0 = enroque con la torre h1 o con la torre h8 (enroque corto)
0-0-0 = enroque con la torre a1 o con la torre a8 (enroque largo)
x = captura
+ = jaque
# = jaque mate
a.p. = captura «al paso»
(=) = oferta de tablas

Ejemplo:
1.d4 Cf6 2.c4 e6 3.Cc3 Ab4 4.Ad2 0-0 5.e4 d5 6.exd5 exd5 7.cxd5 Axc3 8.Axc3 Cxd5 9.Cf3 b6 10.Db3 Cxc3 11.bxc3 c5 12.Ae2 cxd4 13.Cxd4 Te8 14.0-0 Cd7 15.a4 Cc5 16.Db4 Ab7 17.a5 etc.

La notación de las partidas

La transcripción de las partidas y las posiciones
se puede hacer mediante diversos sistemas que utilizan
abreviaturas o signos convencionales.

La notación algebraica

Llamada también notación francesa, fue inventada por Philippe Stamma, célebre jugador del siglo XVIII, que la utilizó por primera vez en su obra, *El noble juego del ajedrez*, aparecida en 1745. Philidor contribuyó a su popularización.

La Federación Internacional de Ajedrez (FIDE) sólo acepta este sistema de notación en sus torneos y encuentros; asimismo, preconiza su utilización en los libros de ajedrez y en la prensa especializada. Es la notación que se ha utilizado en esta obra, salvo en el comienzo de la partida «iniciación».

La principal virtud de esta notación es que constituye un auténtico lenguaje internacional. Esto posibilita un rico intercambio de informaciones.

Otros sistemas de notación de partidas

El sistema Forsyth. Fue inventado por el escocés David Forsyth en el siglo XIX. Sólo es útil para indicar una posición de forma muy condensada.

Describe el tablero desde la casilla a8 hasta la casilla h1. Sobre las casillas ocupadas por alguna pieza, se anota la inicial de la pieza, en mayúscula para las blancas y en minúscula para las negras. Se cuenta cada casilla vacía, y para *n* casillas sucesivas de una fila que están vacías se anota *n*. Se separan las casillas mediante guiones, y las filas mediante comas. Ejemplo de aplicación para la posición inicial de las piezas y los peones:
t,c,a,d,r,a,c,t,-p,p,p,p,p,p,p,p,-8-8-8-8-P,P,P,P,P,P,P,P,-T,C,A,D,R,A,C,T
Este sistema se usa de manera restringida y exige cierta práctica.

La notación descriptiva. Las casillas del tablero se designan nombrando primero la fila, y luego la columna. Las filas se numeran de 1 a 8; cada bando las numera a partir de su primera fila. Cada columna lleva el nombre de la pieza que ocupa el extremo inferior de la misma al comienzo de la partida.

Principales signos convencionales

0-0	= enroque con la torre h1 o la torre h8 (enroque corto)
0-0-0	= enroque con la torre a1 o la torre a8 (enroque largo)
x	= captura
+	= jaque
#	= jaque mate
a.p.	= captura «al paso»
!	= buena jugada
!!	= jugada excelente
?	= mala jugada
??	= muy mala jugada
?!	= jugada dudosa
!?	= jugada interesante
=	= posición equilibrada
±	= las blancas tienen ligera ventaja
±	= las blancas tienen clara ventaja
+−	= las blancas tienen ventaja decisiva
∓	= las negras tienen ligera ventaja
∓	= las negras tienen clara ventaja
−+	= las negras tienen ventaja decisiva

Hay muchos signos más, aunque de uso más limitado.

Para las negras

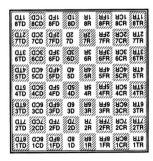

Para las blancas

428

Por ejemplo, si las blancas realizan su primera jugada y adelantan el peón de e2 a e4, anotarán: 1.P4R.
Esta notación, muy utilizada en otro tiempo en Francia e Italia, ha ido cayendo en desuso debido a la relativa dificultad de su aplicación, especialmente si se compara con la notación algebraica.

La notación Gringmuth. La inventó a principios de siglo el ruso Gringmuth, compositor de problemas, y mezcla los principios de la notación algebraica y los de la notación descriptiva.

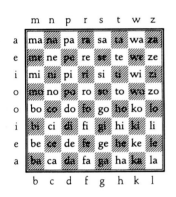

Por ejemplo, para indicar la primera jugada blanca e4, se escribe: «gego-sesi». Esta notación, utilizada en las partidas por correspondencia, ha sido sustituida por el código Udemann.

La notación postal. Se llama también notación de Koch. Es una notación numérica empleada sobre todo en el juego por correspondencia. Las filas se numeran de 1 a 8 a partir de las blancas, y las columnas, de 1 a 8, de izquierda a derecha a partir de las blancas. Cada casilla se designa con un número de dos cifras: el primero indica la columna, y el segundo, la fila.

	1	2	3	4	5	6	7	8	
8	18		38		58		78		8
7		27		47		67		87	7
6	16		36		56		76		6
5		25		45		65		85	5
4	14		34		54		74		4
3		23		43		63		83	3
2	12		32		52		72		2
1		21		41		61		81	1
	1	2	3	4	5	6	7	8	

Para anotar una jugada, se indica la casilla de partida y luego la de llegada, sin precisar la pieza jugada, salvo en caso de promoción. El enroque se anota como movimiento del rey.

Por ejemplo, la primera jugada blanca e4 se escribe: 1.5254.

El código Udemann. Lo inventó Louis Udemann (1854-1912), y es similar a la notación postal, con la única diferencia de que las cifras son sustituidas por letras.

429

Panorama de los productos informáticos

Desde los años ochenta, los productos informáticos se han diversificado: programas de juego y entrenamiento, bases de datos y páginas de Internet han conocido un gran desarrollo.

La lista de instrumentos informáticos que presentamos no pretende ser exhaustiva. Su objetivo es dar una idea general de los diferentes productos y guiar al jugador en su elección.

Los ordenadores dedicados al ajedrez

Los ordenadores llamados «dedicados», conocidos también con el nombre de «tableros electrónicos», son máquinas que juegan al ajedrez de manera autónoma. Los dos principales criterios para seleccionar estos aparatos son los siguientes: la presentación –en «bandeja» (con el tamaño de un tablero cuyas casillas tengan 2 o 3 cm de lado) o «de viaje» (es decir, de pequeñas dimensiones)– y la potencia del programa. A partir de 16 kilooctetos de memoria, la máquina tiene un nivel equivalente al de un jugador de club medio (unos 1 600 puntos Elo). Por debajo de ellos, la calidad del juego es mediocre. A partir de 32 kilooctetos, la máquina tiene un nivel similar al de un buen jugador de competición.

Los más simples y más fáciles de manejar son los aparatos llamados «autorreplicantes». De madera y con mayores medidas –las casillas tienen entre 3 y 5 cm de lado–, no necesitan teclado de entrada: basta con el desplazamiento de las piezas. Éstas tienen unos sensores que indican el movimiento al ordenador. Éste indica su respuesta mediante un sistema de diodos que se encienden en la casilla donde está la pieza que se desplazará, y luego en la casilla adonde irá.

Los programas de juego

La mayoría de ellos tienen en la actualidad interfases similares. Se puede establecer una infinidad de ritmos, modular la potencia de juego del programa (niveles prerregulados, limitación de la profundidad de cálculo o del tiempo de reflexión para cada jugada), consultar las bases más o menos importantes –los formatos CBF (formato de ChessBase), CAF (formato Chess-Assistant) y PGN (formato «en línea») son los más utilizados actualmente–, analizar una partida, abrir bibliotecas de aperturas tentaculares... En resumen, estos programas ofrecen un impresionante abanico de posibilidades. Se puede evaluar la fuerza de un programa de muchas maneras: resultados en torneos (como por ejemplo el Aegon, en el que se enfrentan hombres y máquinas) y encuentros o, en especial, las rejillas de clasificación. En cuanto a éstas destaca la sueca y, sobre todo, la LT2 (abreviatura de *Louguet Test* 2ª versión, creada a partir de una serie de tests elaborados por Fréderic Louguet).

Las bases de datos

En un ordenador equipado con los programas adecuados, se puede cargar una base de datos (colección de partidas cifradas, con casi un millón de partidas en el caso de las más completas) y seleccionar éstos en función de múltiples criterios –por ejemplo, cuáles han sido los últimos gambitos Botvinnik que ha jugado Kramnik con las negras–, combinados con informaciones de carácter estadístico. El desarrollo a gran escala de los CD-ROM ha incrementado considerablemente la flexibilidad de la gestión de las «megabases». Éstas se utilizan habitualmente para completar la preparación teórica a todos los niveles.

Los programas de entrenamiento

Después de las consolas electrónicas, bastante rudimentarias, ha aparecido el programa CT-Art (el arte de la táctica en ajedrez), de carácter más didáctico. Este programa propone una ayuda detallada y explicativa que responde a esquemas tácticos: sistema de flechas de diferentes colores para indicar el movimiento de las piezas y su papel en la combinación, miniejercicios en cada test para indicar la combinación de referencia, posibilidad de jugar en un tablero anexo para verificar la respuesta o analizar eventuales alternativas...

Las bandejas conectables al PC

Permiten evitar la fatiga ocular provocada por una prolongada consulta de la pantalla. En efecto, las jugadas se realizan en una bandeja de madera conectada al PC, lo cual aúna fuerza del programa y comodidad del juego.

Las páginas de Internet

Casi todas las direcciones de Internet proponen enlaces *(links)* con otras páginas. A menudo, un periódico del país en cuestión o una página local siguen los principales acontecimientos en directo (retransmisión de las jugadas de una partida, fotografías, análisis, etc.), y dichos enlaces permiten acceder rápidamente a la información. También posibilitan jugar o dialogar con colegas de todo el mundo.

• **http://www.fide.com:** la página de la Federación Internacional de Ajedrez. Permite consultar reglamentos, clasificaciones internacionales, etc.

• **http://www.iccf.com:** la página de la Federación Internacional de Juego por Correspondencia (ICCF: International Chess Correspondence Federation). Resultados de los torneos por correspondencia en curso: Campeonatos del mundo, Copas del mundo, Olimpiadas. Informaciones diversas.

• **http://www.cam.org/sqechec/index.html:** la página de la Federación quebequesa.

• **http://www.dux.ru/chess/:** página rusa que proporciona información sobre el ajedrez en Rusia.

• **http://www.chessweb.com:** página «Chess Planet». Enlaces para conocer los resultados de los torneos, etc.

• **http://www.chess.cafe.com:** archivos, artículos históricos sobre el juego, etc.

• **http://www.chesscenter.com/twic/twic.html:** página de Mark Crowther. Edita cada semana un boletín, *The Week In Chess* (TWIC), con un resumen de la actualidad y los resultados de los torneos. Por otra parte, tiene disponibles números antiguos e indica la página local que sigue cada uno de los grandes torneos.

• **http://www.tcc.net/chess/chess.html:** dirección de la revista americana *Inside Chess*, del GMI Yasser Seirawan.

• **http://nic.net4u.nl:** dirección de la revista holandesa (editada en inglés) *New In Chess*.

• **http://www.chessbase.com:** dirección de la empresa que fabrica el programa de base de datos ChessBase. Sigue la actualidad de algunos torneos.

• **http://www.tas.nl:** dirección de la empresa que fabrica el programa de base de datos, Tasc.

Glosario

A

a ciegas: la partida a ciegas la disputa un jugador que no ve el tablero. Recibe información de las jugadas de palabra o por escrito. Algunos jugadores llegan a disputar varias partidas a ciegas de forma simultánea.

ahogado (rey): posición en la que el jugador a quien corresponde jugar no puede realizar ningún movimiento legal. Cuando se da, la partida es tablas.

alfil (bueno o malo): un alfil se llama «bueno» (o «malo») cuando los peones de su bando están situados mayoritariamente en casillas del color contrario al (o del mismo color) de las casillas por las que él evoluciona.

alfiles de colores opuestos: alfil de las blancas y alfil de las negras que evolucionan por casillas de colores opuestos.

análisis: estudio de las jugadas realizadas durante una partida.

análisis *post mortem*: análisis de la partida realizado por los dos jugadores una vez concluida la misma.

apertura: las primeras jugadas de una partida, que forman la fase de desarrollo.

aplazamiento: suspensión de una partida al cabo de un plazo de tiempo preestablecido, llamado «sesión de juego». La partida continúa posteriormente.

aspirante: contrincante del campeón del mundo en un encuentro con el título mundial en juego.

ataque de diversión: ataque de peones en el flanco de dama, con el objetivo de debilitar la estructura del adversario, realizado por el bando que está en minoría en dicho flanco (aparece con frecuencia en las variantes de cambio del gambito de dama).

ataque de mate: ataque contra el rey contrario que termina en mate.

ataque doble: ataque simultáneo de dos piezas a una pieza o un peón enemigo.

auxiliar: jugador encargado de ayudar a otro jugador en la preparación de las partidas y en el análisis de las partidas aplazadas.

B

bandera: dispositivo de un reloj no electrónico, destinado a indicar al jugador que aún le queda tiempo.

batería: disposición de las piezas para realizar un jaque o un ataque a la descubierta.

bayoneta (a la): el ataque a la bayoneta es una ofensiva brutal que se caracteriza por un avance de dos casillas realizado por el peón b o g.

blitz: palabra alemana que significa «relámpago» y designa una partida en la que cada jugador dispone de algunos minutos, generalmente cinco, para realizar todas sus jugadas. Se utiliza también la expresión «partida relámpago».

bloqueo: disposición que impide el avance de un peón enemigo, colocando ante él una pieza o un peón propios.

C

caer: perder por haber sobrepasado el tiempo de reflexión.

calidad: ventaja de una torre sobre un alfil o un caballo. A veces se habla de pequeña calidad para designar la ventaja de un alfil sobre un caballo.

cambio: mutua captura de piezas del mismo valor.

candidato: jugador clasificado para el torneo de los Candidatos o para el encuentro de los Candidatos, es decir, la última fase del Campeonato del mundo, que sirve para designar el aspirante al título mundial.

captura (en situación de): una pieza o un peón están en «situación de captura» cuando no tienen defensa, o cuando la pieza es atacada por otra de valor inferior.

captura al paso: cuando un peón avanza dos casillas, puede ser capturado en la jugada siguiente por un peón enemigo como si sólo hubiese avanzado una casilla. Esta jugada se llama «captura al paso».

casillas conjugadas: en el final, se dice que dos casillas son «conjugadas» cuando, si el rey está en una de ellas, el bando contrario debe responder situando su rey en la otra. Este concepto, que generaliza el principio de oposición, ha sido objeto de un profundo estudio por parte del pintor surrealista Marcel Duchamp.

centralización: hecho de dirigir una o varias piezas hacia el centro. La centralización del rey es una regla clásica de los finales de partida.

centro: el conjunto de las casillas centrales e4, d4, e5 y d5.

ciclo mundial: conjunto de las competiciones que tienen por objeto designar un nuevo campeón del mundo. Desde 1948, cada ciclo dura tres años.

clásico: califica al estilo de juego típico de Steinitz y sistematizado por Tarrasch. Preconiza la ocupación del centro mediante los peones y la libertad de acción de las piezas.

clavar: impedir el desplazamiento de una pieza porque, de hacerlo, dejaría a su rey en jaque (clavada absoluta) o, más generalmente, porque posibilitaría la captura de otra pieza (clavada relativa).

columna: conjunto de ocho casillas consecutivas y verticales. Hay ocho columnas, numeradas desde la a hasta la h. En la posición inicial, las torres están colocadas en las columnas a y h; los caballos, en las columnas b y g; los alfiles, en las columnas c y f; la dama, en la columna d, y el rey, en la columna e.

columna abierta: columna sin ningún peón.

columna semiabierta: columna en la que uno de los bandos sólo tiene un peón.

combinación: serie de jugadas realizadas por un jugador que, si es acertada, obliga al contrario a replicar con jugadas forzadas.

componer: es colocar las piezas en su sitio. El jugador que desea rectificar la posición de una o varias piezas sin jugarlas, debe hacerlo anunciando previamente «compongo».

control de tiempo: control dirigido a verificar que el jugador ha efectuado todos sus movimientos dentro del tiempo establecido.

cortar al rey: en el final, impedir que el rey enemigo pueda franquear una columna o una fila.

D

dama loca: la dama loca es un sacrificio continuo de la dama, que, en caso de ser capturada, daría lugar sistemáticamente a una posición de rey ahogado.

defensa Alekhine: 1.e4 Cf6 es una defensa hipermoderna que incita a las blancas a adelantar sus peones centrales, con la idea de atacarlos después.

defensa Benoni: defensa agresiva de las negras en la apertura de peón dama: 1.d4 Cf6 2.d4 c5 3.d5, o directamente 1.d4 c5 2.d5. Era una especialidad de Tal.

defensa Caro-Kann: 1.e4 c6 es una variante con fama de sólida pero pasiva. Botvinnik y Karpov la han jugado de forma asidua.

defensa eslava: 1.d4 d5 2.c4 c6 es la apertura que practicaron Alekhine y Euwe en sus Campeonatos del mundo, y la favorita de Smyslov. Se habla de semieslava cuando las negras juegan e6 antes de mover su alfil Ac8.

defensa francesa: 1.e4 e6 es una de las defensas favoritas de Botvinnik y Kortchnoï.

defensa Grünfeld: 1.d4 Cf6 2.c4 g6 3.Cc3 d5 es una defensa que concede un centro de peones para atacarlos con las piezas, como postula la concepción hipermoderna. La han practicado Botvinnik, Smyslov y Fischer.

defensa holandesa: 1.d4 f5 es una de las defensas preferidas de Botvinnik. Tiene fama de ser una defensa agresiva.

defensa moderna: 1.e4 g6 es un sistema rehabilitado por los hipermodernos.

defensa Pirc: 1.e4 d6 es una defensa que puso de moda Botvinnik hacia el final de su carrera. Es la favorita de los jugadores amantes de una lucha compleja.

defensa rusa: 1.e4 e5 2.Cf3 Cf6 es una defensa con fama de sólida, pero que a menudo sólo aspira a las tablas. Llamada también «defensa Petrov», ha sido practicada por Petrossian y Karpov.

defensa siciliana: 1.e4 c5 pasa por ser la defensa más activa contra la apertura del peón rey. Es la defensa favorita de Fischer y Kasparov.

demolición del enroque: deterioro de la estructura de peones que protegen al rey, después de que éste se haya enrocado.

desarrollo: movilización de las piezas.

diagrama: esquema que reproduce en un libro, una revista o un periódico la posición de las piezas en el tablero en un momento de la partida.

doblar las torres: situar las dos torres en la misma columna.

E

Elo: debe su nombre al profesor Arpad Elo (su creador), y se trata de un sistema de clasificación de los jugadores, sobre una escala que comienza en 2 000 puntos para la clasificación internacional. Un maestro tiene una clasificación en torno a los 2 000 puntos, y la de un gran maestro supera los 2 500 puntos. El récord de puntos lo detenta Kasparov, con 2 820.

emparejamiento: pareja de dos contrincantes en una ronda de un torneo.

Enciclopedia: antología yugoslava de aperturas que es una referencia internacional obligada. Hay también una enciclopedia de las combinaciones y una enciclopedia de los finales, así como enciclopedias rusas análogas.

433

encuentro: serie de partidas disputadas por 2 jugadores o 2 equipos.

enfilada: jaque al rey o, más generalmente, ataque a una pieza no protegida que, tras el desplazamiento de ésta, implica la captura de otra pieza situada tras ella.

enroque: movimiento simultáneo del rey y una torre. Hay dos variantes: el enroque corto (se escribe 0-0), en el flanco de dama, y el enroque largo (se escribe 0-0-0), en el flanco de rey.

erizo: disposición de una apertura de las negras con fianchetto de dama, peones en a6, b6, d6 y e6 y el peón c cambiado por el peón d blanco.

estrategia: consideraciones de carácter general sobre la más adecuada disposición de las piezas.

estudio: posición de final de partida en la que un bando debe hallar la forma compleja en que se consigue la victoria o las tablas.

F

FEDA: siglas de la Federación Española de Ajedrez.

fianchetto de dama: colocación de un alfil en b2, en el caso de las blancas, o en b7, en el caso de las negras.

fianchetto de rey: colocación de un alfil en g2, en el caso de las blancas, o en g7, en el caso de las negras.

FIDE: siglas de la Federación Internacional de Ajedrez.

fila: conjunto de ocho casillas consecutivas y horizontales. Hay ocho filas, numeradas de 1 (fila inicial de las piezas blancas) a 8 (fila inicial de las piezas negras).

final de partida: fase de una partida en la que quedan pocas piezas sobre el tablero. Pese a su denominación, esta fase puede abarcar la mayoría de las jugadas realizadas durante la partida.

flanco de dama: las columnas desde la a hasta la d.

flanco de rey: las columnas desde la e hasta la h.

fortaleza: disposición en la que el bando con inferioridad material consigue construir una posición inexpugnable.

G

gambito: sacrificio realizado en la apertura, por lo general de un peón.

gambito Benko: 1.d4 Cf6 2.C4 c5 3.d5 b5 es un gambito, muy popular y agresivo, que sacrifica un peón para abrir las columnas a y b a las torres negras. Se llama también «gambito del Volga».

gambito de Budapest: 1.d4 Cf6 2.c4 e5 es una ambiciosa apertura que apunta a una rápida movilización de las piezas negras.

gambito de dama: 1.d4 d5 2.c4 es la apertura más corriente de las partidas cerradas. Existen las variantes del gambito de dama aceptado (2… dxc4), las variantes de la defensa eslava (2… c6) y las de la defensa clásica (2… e6).

gambito de rey: 1.e4 e5 2.f4 era la apertura preferida por los románticos en el siglo XIX. Aunque actualmente está en desuso, ha sido jugada muy a menudo por Bronstein y Spassky.

gambito Evans: 1.e4 e5 2.Cf3 Cc6 3.Ac4 Ac5 4.b4 fue creada por el teniente Evans. Junto con el gambito de rey, este sacrificio fue la apertura preferida por los jugadores de ataque del siglo XIX.

ganar un tiempo: conseguir una posición economizando una semijugada.

GMA: siglas con las que se conoce a la Grand Master Association, agrupación de grandes maestros creada en 1987.

G.M.I.: abreviatura de gran maestro internacional, título otorgado por la FIDE.

G.M.I.F.: abreviatura de gran maestro internacional femenino, título otorgado por la FIDE.

H

hacer tablas: empatar una partida. En este caso no hay ganador ni perdedor. También se dice «repartirse el punto», pues, en los torneos, ambos jugadores reciben 0,5 puntos.

hipermoderna (escuela): principios del juego desarrollados en los años treinta (control del centro por las piezas, juego en posiciones cerradas, etc.). Sus representantes más célebres fueron Nimzowitsch y Réti.

hipopótamo: disposición de una apertura de las negras con doble fianchetto y desarrollo de los caballos en e7 y d7.

horquilla: ataque simultáneo a dos piezas realizado por un caballo o un peón.

I

Informador: publicación trianual de origen yugoslavo que ofrece alrededor de 800 partidas de alto nivel comentadas por sus protagonistas. Es una obra de referencia indispensable que todos los jugadores de ajedrez deben tener en cuenta.

iniciativa: ventaja del bando que dicta el curso de los acontecimientos.

inicio Réti: 1.Cf3, seguido del desarrollo g3 y Ag2, y luego del ataque al centro negro mediante c4. Este inicio ilustra la concepción hipermoderna, que busca controlar el centro con la acción de las piezas y no ocupándolo con peones.

intercepción: acción que rompe el apoyo mutuo de dos piezas enemigas colocando entre ellas una pieza propia.

interzonal: torneo que clasifica a los candidatos al Campeonato del mundo. Los torneos zonales dan acceso a él.

isolani: peón central aislado.

J

jaque a la descubierta: jaque dado por una pieza al desplazarse otra que estaba situada en su trayectoria hacia el rey.

jaque al rey: situación en la que se ataca al rey.

jaque doble: jaque efectuado por dos piezas al mismo tiempo.

jugada: movimiento de una pieza o un peón (ejemplo: 30.Cf5 es la jugada ganadora), o movimiento de las blancas y réplica de las negras (ejemplo: una partida de 40 jugadas); en el último caso se habla de semijugada para designar un único desplazamiento, como 30.Cf5.

jugada candidata: jugada considerada por un jugador durante su reflexión.

jugada intermedia: jugada ejecutada en medio de una combinación.

jugada secreta: última jugada antes del aplazamiento, escrita en secreto por uno de los jugadores e introducida en un sobre que se entrega al árbitro.

K-L

K.O.: fase en la que un jugador ya no recibe tiempo suplementario, sea cual sea el número de movimientos que queden por jugar.

liquidar: cambiar varias piezas para iniciar el final.

M

maestro FIDE y **maestro FIDE femenino:** títulos otorgados por la FIDE.

mate: jaque al rey que no se puede parar. Esta jugada gana la partida.

mate del pasillo: mate dado por una dama o una torre, gracias a un jaque horizontal a un rey situado en la primera o la octava fila.

mate del pastor: mate contra un rey que no se ha movido, dado en f7 o en f2 por una dama apoyada por un alfil. Ejemplo: 1.e4 e5 2.Ac4 Ac5 3.Dh5 Cc6 4.Dxf7 mate.

mate por asfixia: mate dado por un caballo, cuando el rey enemigo está bloqueado por sus propias piezas.

material: conjunto de piezas y peones.

mayoría: ventaja de uno o varios peones en un flanco.

medio juego: fase de la partida que media entre la apertura y el final.

M.I.: abreviatura de maestro internacional, título otorgado por la FIDE.

M.I.F.: abreviatura de maestro internacional femenino, título otorgado por la FIDE.

miniatura: partida que no acaba en tablas y comprende pocas jugadas (habitualmente, menos de 20).

minoría: desventaja de uno o varios peones en un flanco.

N

norma: resultado conseguido en un torneo que se ha de repetir por tres veces para acceder al título de maestro internacional (norma de M.I.), maestro internacional femenino (norma de M.I.F.), gran maestro internacional (norma de G.M.I.) o gran maestro internacional femenino (norma de G.M.I.F.).

notación: sistema para anotar las jugadas. Los más conocidos son la notación algebraica (la más empleada) y la notación descriptiva (en desuso, salvo en los países anglosajones).

novedad: en la apertura, jugada que aún no ha sido catalogada.

O

Olimpiadas: competición por equipos nacionales que se disputa cada dos años.

open: competición disputada según el sistema suizo por gran número de jugadores.

oposición: en el final de peones, disposición en la que ambos reyes están separados por una casilla (separación vertical, horizontal o diagonal). En esta posición, un jugador «tiene la oposición» cuando le toca jugar a su oponente. Cuando los reyes está separados por un número de casillas impar y superior a 1, se habla entonces de oposición alejada.

P

parar (o evitar) un jaque: realizar un jugada que permita al rey salir de la posición de jaque.

435

partida catalana: 1.d4 Cf6 2.c4 e6 3.g3 es una de las variantes favoritas de Kortchnoï. Esta apertura apunta a un juego posicional.

partida cerrada: partida que comienza con 1.d4 d5.

partida con ventaja: partida en la que uno de los bandos empieza con uno o varios peones y/o con una o varias piezas de menos, y a veces con varias jugadas de retraso.

partida escandinava: 1.e4 d5 propicia un juego animado. Era practicada por los románticos, y actualmente despierta un renovado interés.

partida escocesa: 1.e4 e5 2.Cf3 Cc6 3.d4 es una variante que se jugó sobre todo en el siglo XIX y que ha vuelto a poner de moda Kasparov.

partida española: 1.e4 e5 2.Cf3 Cc6 3.Ab5 es la variante más jugada en las aperturas abiertas.

partida india: 1.d4 Cf6 es la defensa más frecuente en la apertura del peón dama. Hay diversas variantes: la india oriental (2.c4 g6), la india occidental (2.c4 e6 3.Cf3 b6), la Nimzo-india (2.c4 e6 3.Cc3 Ab4) y la vieja india (2.c4 d6).

partida inglesa: 1.c4 es un inicio que apunta a una lucha posicional. Ha sido muy practicado por Botvinnik, Petrossian y Kortchnoï.

partida italiana: 1.e4 e5 2.Cf3 Cc6 3.Ac4 cayó en desuso tras la segunda guerra mundial, pero se ha vuelto a estudiar después de que Karpov la utilizase en un Campeonato del mundo.

partida rápida: partida con menos de una hora de tiempo para cada jugador.

partida semiabierta: partida que comienza con 1.e4 y en la que las negras no replican con 1... e5.

436

partida semicerrada: partida que comienza con 1.d4 y en la que las negras no replican con 1... d5.

patzer: nombre alemán que significa «jugador flojo».

PCA: siglas de la Professional Chess Association. Creada en 1993 por Kasparov y Short, esta asociación organiza desde entonces su propio Campeonato del mundo.

peón aislado: peón que no tiene ningún peón de su bando en las columnas contiguas.

peón pasado: peón que no tiene por delante de él, ni en su columna ni en las contiguas, ningún peón enemigo.

peón retrasado: peón situado en una columna semiabierta que no puede ser defendido por un peón de su bando.

peones colgantes: estructura de peones en c4 d4 para las blancas (c5 d5 para las negras), sin peones del mismo bando en las columnas b y e. Es una estructura típica de ciertas variantes del gambito de dama.

peones doblados: peones del mismo bando situados en la misma columna.

peones ligados: en el final, peones del mismo bando en columnas contiguas.

pieza mayor o **pesada:** la dama o la torre.

pieza menor o **ligera:** el alfil o el caballo.

plan: conjunto de jugadas obedientes a un esquema que persigue un fin preestablecido.

planilla: hoja con líneas numeradas sobre las que el jugador debe anotar los movimientos realizados durante una partida de un torneo.

posicional: dícese del juego caracterizado por maniobras que explotan las características estáticas de la posición (estructura de peones, falta de espacio...) sin recurrir a cálculos complicados.

problema: posición en la que las blancas deben encontrar un mate en un determinado número de jugadas. La solución debe ser única.

profilaxia: serie de jugadas encaminadas a impedir que el adversario desarrolle sus amenazas.

promoción: transformación obligatoria del peón que alcanza la octava o la primera fila. El peón se cambia por cualquier pieza, a excepción del rey. Así, un bando puede tener, por ejemplo, varias damas.

R

reanudación: continuación de una partida después de un aplazamiento.

refutación: variante que cuestiona una línea de juego.

reloj: dispositivo que permite medir y controlar el tiempo de reflexión de los dos jugadores.

resultado: cálculo del nivel de un jugador en el curso de un torneo, en términos de clasificación Elo. Una norma de gran maestro equivale a un resultado superior a 2 600 puntos.

rey despojado o **rey desnudo:** rey que se ha quedado solo porque han desaparecido piezas y peones.

rey en el centro: rey que no se ha enrocado y permanece en una columna central.

ritmo: tiempo concedido a los jugadores en las llamadas partidas «ritmadas». Un ejemplo de ritmo es 40 jugadas en 2 horas, luego 20 jugadas en 1 hora y, finalmente, 1 hora para el K.O.

romántico: estilo del siglo XIX caracterizado por un juego abierto, orientado fundamentalmente al ataque y a los sacrificios.

ronda: conjunto de partidas que se disputan al mismo tiempo durante un torneo.

S

sacrificio: pérdida voluntaria de material, que se espera compensar por otras vías (iniciativa, ataque, posesión del centro, etc.).

semijugada: *véase* jugada.

sesión de juego: duración limitada de una partida en un torneo. Según el reglamento, a su finalización, la partida se acaba (final de partida por K.O.) o continúa posteriormente (partida con aplazamiento).

simultánea: forma de juego en la que un jugador de alto nivel disputa varias partidas al mismo tiempo contra otros tantos adversarios.

sistema suizo: torneo en el que, en cada ronda, se enfrentan jugadores que tienen, en la medida de lo posible, el mismo número de puntos.

sobrecarga: defensa simultánea –y por tanto, frágil– de varios objetivos por una misma pieza.

sobreprotección: consiste en proteger un punto fuerte más veces que ataques recibe.

stonewall: palabra inglesa que significa «muro de piedra» y designa la disposición de los peones en d4, e3, y f4 en el caso de las blancas, o en d5, e6 y f5 en el caso de las negras.

T

tablas: *véase* hacer tablas.

tablas de salón: partida de tablas sin combate.

tablero: conjunto de 64 casillas sobre las que se desarrolla el juego, o puesto de un jugador en una competición por equipos: el jugador de mayor nivel juega en el primer tablero del equipo; el más inferior, en el último.

táctica: consideraciones que permiten calcular las jugadas futuras.

técnica: capacidad para sacar rendimiento a una ventaja, especialmente en los finales.

teoría: conjunto de series de jugadas catalogadas.

torre loca: la torre loca es un continuo sacrificio de la torre, que, en caso de ser capturada, daría lugar a una posición de rey ahogado.

V-Z

variante: serie de jugadas.

zeitnot: palabra alemana que significa «necesidad de tiempo» y designa la fase de una partida en la que al jugador le queda poco tiempo para realizar sus últimas jugadas.

zigzaguear: maniobrar lentamente para mejorar la posición.

zonal: torneo que es la primera etapa del Campeonato del mundo.

zugzwang: palabra alemana que significa «obligación de jugar» y designa la posición en la que la obligación de realizar una jugada implica la pérdida de la partida. Se habla de «zugzwang» recíproco cuando pierde el jugador a quien corresponde jugar.

437

Índice

439

441

443